# MONVMENTA GERMANIAE HISTORICA

INDE AB ANNO CHRISTI QVINGENTESIMO
VSQVE AD ANNVM MILLESIMVM
ET QVINGENTESIMVM

EDIDIT

SOCIETAS APERIENDIS FONTIBVS
RERVM GERMANICARVM MEDII AEVI

---

AVCTORVM ANTIQVISSIMORVM TOMI V PARS PRIOR

IORDANIS ROMANA ET GETICA

BEROLINI
APVD WEIDMANNOS
MDCCCLXXXII

# Iordanis Romana Et Getica Recensvit Theodorvs Mommsen... - Primary Source Edition

Jordanes

**Nabu Public Domain Reprints:**

You are holding a reproduction of an original work published before 1923 that is in the public domain in the United States of America, and possibly other countries. You may freely copy and distribute this work as no entity (individual or corporate) has a copyright on the body of the work. This book may contain prior copyright references, and library stamps (as most of these works were scanned from library copies). These have been scanned and retained as part of the historical artifact.

This book may have occasional imperfections such as missing or blurred pages, poor pictures, errant marks, etc. that were either part of the original artifact, or were introduced by the scanning process. We believe this work is culturally important, and despite the imperfections, have elected to bring it back into print as part of our continuing commitment to the preservation of printed works worldwide. We appreciate your understanding of the imperfections in the preservation process, and hope you enjoy this valuable book.

# MONVMENTA GERMANIAE HISTORICA

INDE AB ANNO CHRISTI QVINGENTESIMO
VSQVE AD ANNVM MILLESIMVM
ET QVINGENTESIMVM

EDIDIT

SOCIETAS APERIENDIS FONTIBVS
RERVM GERMANICARVM MEDII AEVI

AVCTORVM ANTIQVISSIMORVM TOMI V PARS PRIOR

IORDANIS ROMANA ET GETICA

BEROLINI
APVD WEIDMANNOS
MDCCCLXXXII

# IORDANIS

# ROMANA ET GETICA

RECENSVIT

THEODORVS MOMMSEN

BEROLINI
APVD WEIDMANNOS
MDCCCLXXXII

Nomen auctoris Iordanes fuit, nam ita eum appellat et codicum familia primaria[1] et qui solus ex auctoribus antiquioribus eum adlegat geographus Ravennas: posteriorum enim scriptorum testimonio ex iis ipsis quos habemus libris similibusve pendentium non utimur[2]. neque rarum ea aetate id nomen fuit: nam ita nominantur et consul ordinarius a. 470[3] et alii quidam, quorum tituli Christiani[4] actave ecclesiastica[5] nomen servaverunt. Iornandes dicitur in codicum familia secunda (p. 53 inscr. et p. 126, 24), sed ut huius quoque antiquissimus testis epitome Middlehillensis (S) cum classibus codicum duabus aliis stet, nec recte mendo ex librariorum incuria orto Iacobi Grimmii[6]

Auctoris nomen et condicio

---

1) Habent p. 126, 24 *Iordannis* HP, *Iordanis* deteriores casu primo; *Iordanis* casu secundo in inscriptione Romanorum p. 1, 1 et Geticorum p. 53 et in horum subscriptione quicumque nomen habent melioris familiae libri. auctor ut *Iordanes* appelletur, requirit grammatica; *Iordanis* tamen et hic in libris est et similiter scribitur ibi *Heraclis*, *Epifanis* et sic porro cum itacismo tum ut vulgari, ita non recepto: immo constat ea aetate utrumque in usu fuisse. ita tegulae extant C. I. L. X, 8045, 14 inscriptae *vir excellentissimus Narsis fecit*, cum *Narses* sit in titulo pontis urbani ib. vol. VI n. 1199; similiter alternant *Iohannes* et *Iohannis* aliaque vocabula (v. Schuchardt, *Vokalismus des Vulgärlateins* 1, 229. 3, 112). itaque cum vel eo tempore litteris aliquatenus imbuti veram formam retinuerint corrupta reiecta, non perspicio, cur barbarismo non recepta auctoritate firmato nostrum sermonem sine ulla utilitate exornemus.

2) Medii aevi auctoribus non innotuit nisi sub nomine Iordanis, nimirum Widukindo (l. 1 c. 18 M. G. SS. 3, 425), Herigero Lobiensi, Hermanno Contracto Augiensi, Mariano, Ekkehardo, Bernoldo, Sigeberto, Hugoni Flaviniacensi (cf. Mon. Germ. SS. VIII p. 313 not. c*, item p. 315), Godefredo Viterbiensi.

3) Rettulerunt de eo filio Iohannis Vandali Iohannes Antiochenus fr. 206. 208 (4 p. 616. 617 Muell.) et Theophanes I p. 160 ed. Bonn., nec fortasse diversus est Iordanes is cuius meminit Constantinus Porphyrogennetus de them. p. 15 Bonn., cum et ipse appelletur magister militum per Orientem.

4) Mur. 1972, 10: *hic positus est Iordanis*.

5) Vide infra p. XIII. extat item Nili auctoris saec. IV epistula (3, 127 ed. Leonis Allatii Romae 1668) nscripta Ἰορδάνῃ διακόνῳ.

6) *Abhandlungen der Berl. Akademie* 1846 p. 1—59 = *kleine Schriften* 3, 171—235. *Diphthonge nach weggefallenen Consonanten* (acta acad. Berol. a. 1845) p. 231.

doctrina cum Germanico veriloquio veri speciem aliquam vindicavit. patrem Iordanes habuit, si vera lectio est G. 50, 266, Alanoviiamuthem, avum Pariam notarium Candacis eius. qui Sciros Sadagariosque Alanorumque quosdam in Scythiam minorem et Moesiam inferiorem duxit: ipse 'quamvis agrammatus' ut ait homo non sine causa modestus, item notarius fuit apud Candacis sororis filium Gunthigem sive Bazam. Gunthigis filius Andagis eius qui a. 451 in campis Catalaunicis sub Attila militans Theoderidum regem Vesegotharum interemit (G. 40, 209), nepos Andelae, de prosapia Amalorum, apud Romanos magistri militum officium sustinuit, per Thracias fortasse, ut similiter Gildo principis Maurorum filius comes primum, deinde magister militum per Africam factus est. ex patroni loco etiam de Iordanis condicione coniectura capienda est. notarii enim munus cum aliquando apud privatos servile [7], in re militari gregalium [8] fuisset. labente aetate qui eo fungebantur apud imperatores et magistratus maiores non ultimum locum inter officiales tenebant: ita noti sunt imperatorum 'tribuni et 'notarii', item 'tribuni et notarii praetoriani', nempe praefectorum praetorio, cum ordinum inferiorum notarii magis utantur vocabulo exceptorum. reges autem gentium barbararum et ipsi mature eiusmodi notarios adsciverunt: ita regum Vandalorum notarii passim nominantur [9], idemque de Attila efficitur ex Anonymo Valesiano c. 38: 'Orestes Pannonius eo tempore, quando Attila in Italiam venit, se illi iunxit et eius 'notarius factus fuerat: unde profecit et usque ad patriciatus dignitatem pervenit'. idem Prisco quoque (fr. 8 p. 78 Muell.) dicitur Attilae ὀπάων καὶ ὑπογραφεύς. similes igitur notarios tam Candac habuit dux et fortasse rex Alanus, quam Gunthigis ex regio genere Gothorum oriundus et ad magisterium militum, per Thracias fortasse, ut supra diximus, promotus. non infima igitur condicione in saeculo Iordanes usus est eoque magis insigni, quod quodammodo ei hereditaria fuit.

Origo Cuius nationis Paria eiusque filius et nepos fuerint, ex supra dictis non efficitur; certe Alanum eum fuisse neque inde tuto colligitur, quod apud ducem Alanorum officium administravit, neque ex eo quod, in domini honorem fortasse, filio nomen imposuit cum Alanorum vocabulo nescio quomodo compositum. itaque cum Iordanes ipse dicat in epilogo ex Gothorum gente originem se trahere, id quominus vere dixerit nihil obstat. sed fortasse paullo aliter res explicanda est. eo ipso loco, quo suam originem Iordanes enarrat, item sic scribit: 'Sauromatae, quos Sarmatas dicimus, et 'Cemandri et quidam ex Hunnis parte Illyrici ad Castramartenam urbem' — oppidum intellegitur Castra Martis Daciae ripensis — 'sedes sibi datas coluerunt: ex quo ge-'nere fuit Blivila dux Pentapolitanus' (scilicet Pentapoleos in Africa Cod. Iust. 12, 59, 3, Procop. bell. Vand. 2, 21) 'eiusque germanus Froila et nostri temporis Bessa patri-

---

[7] Scaevola (Dig. 40, 41, 3) ex testamento affert fideicommissariam libertatem Sticho 'notario' datam; Paulus (Dig. 29, 1, 40 pr.) casum refert eius qui 'notario suo' testamentum dictarit, defunctus deinde antequam litteris id perscriberetur. 'Ser(vus) not(arius) et act(or)' est in titulo urbano vol. VI n. 9130, 'notarius' domini cuiusdam in altero n. 9705; duoviri cuiusdam Teanensis 'alumnus et n(ot)arius' servus fortasse et ipse in titulo C. I. L. X, 4789.

[8] 'Notarius legati' est in titulo Lambaesitano C. I. L. vol. VIII n. 2755. cf. Cauer eph. epigraph. 4 p. 432 sq.

[9] Dahn, *Könige der Germanen* 1, 221. sub Odoacro 'Marcianus v(ir) e(gregius) notarius regni' eius nominatur in papyro Mariniana n. 82.

'cius'. horum duo primi quod sciam praeterea non commemorantur: Bessae autem inter insignes duces aetatis Iustinianae passim meminerunt Procopius et Agathias eumque ille (Goth. 4, 11) dicit a. 551 maiorem fuisse septuagenario, hic (3, 2) postremo eius meminit referens de exilio eius a. 554, ut tempora quoque recte conveniant. iam de origine eius sic scribit Procopius (bell. Goth. 1, 16; similiter bell. Pers. 1, 8):
οὗτος Γότθος μὲν ἦν γένος τῶν ἐκ παλαιοῦ ἐν Θρᾴκῃ ᾠκημένων, Θευδερίχῳ τε οὐκ ἐπισπομένων, ἡνίκα ἐνθένδε ἐς Ἰταλίαν ἐπῆγε τὸν Γότθων λεών[10]. Bessa igitur teste Iordane in tali re sane locuplete ex Sarmatis illis Cemandrisve Hunnisve oriundus in Dacia ripensi sedes habentibus cum nihilominus Gothus habitus sit, scilicet ex Gothis Moesiacis non profectis in Italiam cum Theoderico, id ipsum recte transferemus etiam ad populos Candaci parentes 'Sciros Sadagirios certosque Alanos', ut qui licet stirpis fortasse diversae Gothorum nomen et Gothica studia et ipsi adsciverint. omnino aut valde fallor aut toto loco 50, 265 — 51, 267 qui enumerantur populi in Dacia ripensi, Thracia, Moesia', Scythia minore constituti, id est praeter supra dictos et Gothos qui dicuntur minores etiam Rugi quidam, extra patriam Gothos magis quam sui quisque populi se esse adserebant, et ita Iordanes cum Gothum se ferat, nequaquam Alanum se esse negat[11]). et vere deprehendimus apud Iordanem studia duplicia, altera nationis Gothorum, cuius laudes et cum iis coniunctas fraudes probabile est non ipsum excogitavisse, sed mutuatum esse ab auctore Cassiodorio, altera ipsi propria, explicanda ex iis quae eum de se narrare vidimus.

Cassiodorii de rebus Gothorum libros cum Iordanes in Geticis suis in compendium redegerit, vitia auctoris Iordanianis quoque insideant necesse est, scilicet et levitas summa, ne quid gravius dicam, et laudis Gothorum ultra iustum modum augendae studium. illius inter alia documentum est, quod in tripertita historia (9, 30) legem codicis Theodosiani (9, 40, 13) anno 382 a Gratiano latam non dubitavit subscriptione omissa ita describere, ut anni 390 fieret, quo post Gratianum regnabat Valentinianus II. idem auctor natione Romanus, sed studia Gothica fortasse ob id ipsum exaggerans et totus imbutus disciplina Theodericiana, quomodo tradita sibi Gothorum causa immutarit, in chronicis, cum auctorem eius Prosperum habeamus, tamquam manu tangitur. sed Amalorum laudes et 'Gothici sanguinis nobilitatem' (c. 44, 233) et reliqua partium Gothicarum vestigia ex Cassiodorianis ad Getica haec propagata ut persequamur in universum opus non est. placet unum addere, quod tetigit quidem Papencordtius in libro de Vandalis p. 383 sq., sed ut aliqua retractatione indigere videatur, dico obtrectationem auctoris in Vandalos per totum librum spirantem. nam non solum post relictam Scadinaviam quos primos Gothi vincunt, Vandali sunt (c. 4, 26), sed postea quoque universa historia nationis Vandalicae apud Iordanem eo redit, quod, ut ait c. 16, 89, 'sub (Gothi) dextera saepe Vandalus iacuit'. ita Vandali a Gothis victi ex antiqua Dacia in Pannoniam transmigrant dedentes se imperatori Constantino (c. 22). ita deinde narratione et ad tempora et ad rerum causas aliaque omnia (v. Papencordt

<small>Studia Gothica auctoris Cassiodoriana</small>

---

[10] Etiam secundum Iordanem c. 57, 292 Theodericus omnes Gothos in Italiam duxit 'qui tamen ei 'consensum praebuerunt'.

[11] Cf. Iac. Grimm *kleine Schriften* 3, 176.

l. c.' pessime perturbata Vandali dicuntur concitante Stilichone (c. 22, 115), sed item metu Gothorum (c. 31, 161) a. 406 ex Pannonia in Gallias transiisse, mox a. 409 ob eandem causam in Hispanias sese recepisse (c. 31, 162): quo cum Gothi eos persecuti essent, saepe victos (c. 31, 163) et in Callaeciam reiectos (c. 32, 166) postremum in Africam abiisse (c. 33, 167) nec nisi interveniente Alarico Gothos impeditos esse, quominus etiam in Africam eos persequerentur (c. 33, 173). Gizericus deinde conditor regni Africani cum acerba obiurgatione depingitur (c. 33, 168), quamquam additur successores eius per multos annos regnum feliciter possedisse, nec causa latet. inter duos populos licet proxime coniunctos odia vetusta quae videntur fuisse [12], ne eo quidem tempore plane sopita sunt. quo regnavit Thrasamundus affinis et amicus regis Theoderici: certe et in Ennodii panegyrico [13] hostilis in Vandalos animus multo evidentius apparet quam affinitatis gratia et in ipsius Cassiodorii Thrasamundo vivo editis chronicis brevibus licet et exilibus nescio quae exacerbatio peculiaris inest adversus Vandalos bis testata, primum ad a. 427 [14], ubi quasi germen deprehenditur victoriarum supra relatarum ficticiarum, deinde ad a. 491: 'Vandali pace suppliciter postu-'lata a Siciliae solita depraedatione recedunt'. iam vero historiam Gothicam cum Cassiodorius scripserit proximis post obitum Theoderici (†526) annis, tum cum obitum Thrasamundi (†523) secuta esset caedes Amalafridae uxoris eius sororisque Theoderici et exorta discordia inter Gothos et Vandalos ea, quae utriusque regni ruinae primaria causa evasit, non mirum est et antiqua odia et nova ita apud rerum Gothicarum scriptorem erumpere. ut vel apud Iordanem ubivis deprehendantur.

*Iordanis subditus imperii Orientis*

Sed ut studia Gothica Cassiodoriana passim apud Iordanem agnoscuntur, ita spiritus ipsius quoque scriptoris item vestigia libello impresserunt. foederatorum institutum diu proprie Gothicum. scilicet ut imperio Romano milites ab ea natione ex pacto praestarentur stipendio iusto remunerandi [15], si Iordanem audimus, tamquam cardo est rerum tam Gothicarum quam imperii Orientis. id quod maxime elucet ex vetustatis colore ficticio quo adornatur. nam secundum hunc auctorem propter stipendia non ut oportebat Gothis soluta et bellum Dacicum Domitiani exarsit (c. 13, 76) et bellum Gothicum quo periit Decius (c. 16, 89), et suscepta est expeditio Alarici (c. 29, 146); similemque ob causam bellum quoque coepit inter Aetium et Vesegothas (c. 34, 176). Gothi hi foederati intra limites Romanos recepti ipsi sunt Gothi Moesiam et Thracias habitantes ii de quibus supra exposuimus et ex quibus Iordanem vidimus oriundum

---

12) Cf. Olympiodorus fr. 29 (4 p. 64 Muell.): οἱ (Οὐάνδαλοι τοὺς Γότθους Τροῦλους καλοῦσι διὰ τὸ λιμῷ πιεζομένους αὐτοὺς τροῦλαν σίτου παρὰ τῶν Οὐανδάλων ἀγοράζειν ἑνὸς χρυσίνου. ἡ δὲ τροῦλα οὐδὲ τρίτον ξέστου χωρεῖ.

13) C. 13 p. 413 Sirm.: 'quid castigatas Vandalorum ventis parentibus eloquar depraedationes? quibus 'pro annua pensione satis est amicitia tua. evagari ultra possibilitatem nesciunt: duce sapientia affines esse 'meruerunt, quia oboedire non abnuunt'.

14) Vide quae adnotavimus ad c. 32, 166.

15) C. 13, 76. 16, 89. 19, 106. 21, 110 (ubi haec sunt 'solacia'). 111. 112. 28, 145. 29, 146. 34. 176. de ipsis foederatis videantur Orosius 1, 16; Malchus fr. 11 p. 119 Muell.: ἐπὶ Ζήνωνος πρέσβεις ἦλθον ἐκ Θρᾴκης τῶν ὑποσπόνδων Γότθων, οὓς δὴ καὶ φοιδεράτους οἱ Ῥωμαῖοι καλοῦσιν quaeque dixi ego in Hermae vol. 6 p. 350. hi sunt 'fortissimi Moesii', quorum e stirpe Dorostori Aetius genitum se esse gloriatur (c. 34, 176). — Hos mercenarios quasi intueri nobis videmur, ubi Constantinopolim mirantur (c. 28) et diripiunt quidem urbem Romam et ipsi, sed non inclementer 'ut gentes' (c. 30, 156).

esse, conveniuntque egregie studia Gothica huiusce libelli cum origine eius ex castris Danuvianis. — Cassiodorii sine dubio vestigia legens auctor de summa re publica ita iudicat mundum ab imperatore pendere, imperatoris autem salutem a studiis in eum Gothorum. ita Athaulfus Vesegotharum rex Placidiam Honorii sororem ideo uxorem ducit, ut terrorem iniciat adversariis 'adunata Gothis re publica' (c. 31, 160). similiter eodemque omnino auctore Iordanes hoc praecipue in Theoderico laudat, quod consentiente et adprobante imperatore Zenone Italia potitus est et, ut ipsius quodammodo verbis utar, sibi conflixit, illi vicit (c. 57, 291). id cur factum sit, eo evidentius apparet, quod vere plane aliter res evenerunt: nam Zeno imperator Theodericum non dimisit nisi postquam bis expeditionem contra ipsum rex suscepit et Constantinopolim tantum non expugnavit, vi coactus igitur et maiori malo minus praeferens (vide quae exposui ad nova fragmenta Iohannis Antiocheni Hermae vol. 6 p. 333). at Gothi scriptores litibus et pugnis illis suppressis Theodericum de consilio Zenonis et ei magis quam sibi consulentem narrant Italiam intravisse. eodem animo praemium ab imperatore in Theodericum collatum consulatum ordinarium 'summum bonum primum-'que in mundo decus' auctor praedicat (c. 57, 289). non aliter ipsum Theodericum Romanorum pariter atque Gothorum regem res narrari voluisse annalium Ravennatium reliquiae luculenter ostendunt, et ut fucati hi colores ipsius regni Theodericiani statum illustrant, ita ne Cassiodorio quidem, nedum Iordani proprii sunt. sed cum narrationem rerum post obitum Theoderici gestarum in neutro opere ex Cassiodorio sumptam esse constet, qui ibi apparent affectus iure ad ipsum Iordanem referantur. quod si qui dicat vere haec referri sine spiritu ullo, non repugno: immo admiratoribus rerum sine ira et studio enarrandarum iure commendabitur belli Gothici extremi relatio Iordaniana. sed de regni Theodericiani excidio qui ei subditus fuit nullus ita referre potuit, ut rettulit Iordanes, potuit Gothus in Moesia Thraciave degens non alienus a gentilicia quadam superbia, sed in hoc bello partes Byzantiorum secutus. scilicet si eum audimus, cum Theodericus moriens in eadem fidelitate, qua expeditionem in Italiam susceperat, suos 'principem Orientis placatum semper propitiumque 'habere iussisset post deum' ('terrenum sine dubio deum' imperatorem appellat c. 28, 143), ii in pace vixerunt tutante illo puerum 'regnantem et matrem viduam'. at cum Athalarico defuncto mater in tutelam se matrimoniumque Theodahadi dedisset et ab eo vita privata esset, Iustinianus ad ultionem 'susceptorum suorum' Belisarium in Italiam misit, eumque iustae poenae fortem executorem tantis laudibus Iordanes extollit, ut prae eo imperatoris quodammodo obliviscatur. haec est narratio qualis publice edebatur Constantinopoli, ut similiter redit apud Marcellinum causa belli publice enuntiata caedes Amalasuenthae. recte denique auctor in eo finit, quod ultima Amalae gentis, Theoderici neptis Mathesuentha in domum imperatoriam adsumitur nupta fratris imperatoris filio Germano et ita 'laudanda progenies laudabiliori principi 'cessit' (c. 60, 315). natus ex eo matrimonio patre defuncto filius postumus Germanus 'coniuncto Amalorum genere cum stirpe Aniciorum spem adhuc utriusque generis 'domino praestante promittit' (c. 60, 315). harum rerum Iordanes quodammodo spectator fuit (nam obiit Germanus Serdicae in Dacia mediterranea ibidemque probabile est filium natum esse), et si quid certi in mente habuit de infante eo tempore, quo scripsit, vix anniculo, potest cogitavisse de successione eius in imperium Romanum manente ita in domo Iustiniani, sed delata simul ad progeniem Amalorum, quo sine dubio maius et felicius nihil accidere potuit homini Gotho addicto imperio Orientis [16]). — Vandalis debellatis quod Africa 'in libertatem regni Romani revocata est' (c. 33, 172), redit quidem apud Cassiodorium, apud quem (var. 11, 13) Iustinianum Augustum Roma ita alloquitur: 'si Libya meruit per te recipere libertatem, crudele est me 'amittere quam semper visa sum possidere', ut Marcellinus quoque scribit ad a. 534: 'provincia Africa ... volente deo vindicata est', nimirum in libertatem. neque tamen haec ex Cassiodorio Iordanes mutuatus est in historiam Cassiodorianam nequaquam relata, sed utitur uterque coloribus apud Byzantios legitimis, ut Iustinianus edicto a. 534, quo praefecturam praetorii Africanam constituit, ita praefatur (Cod. Iust. 1, 27, 1) contigisse sibi, 'ut Africa per nos tam brevi tempore reciperet libertatem' et a Procopio (b. Goth. 2, 6) Zeno dicitur Theodericum in Italiam misisse, ἐφ' ᾧ ἐλευθέρα τε καὶ βασιλεῖ κατήκοος ἔσται.

Vt Orientis imperii studia apud Iordanem primum locum obtinent, cum Gothica propter ea demum et quodammodo per ea vigeant, sic et res Alanorum ita tractavit et in universa narratione Moesiae et Scythiae regiones ita respexit, ut sine dubio non fecit Cassiodorius.

*Favor auctoris in Alanos*

Ad Alanos quod attinet, favor cum inde apparet, quod in unico quem ex corpore vitarum imperatoriarum deprompsit loco G. 15, 83 imperatoris Maximini praeter patrem Gothum etiam matrem Alanam posuit. tum ex comparatione Alanorum et Hunnorum G. 24, 126. 127. c. 43, 226 sq. denique bella a Vesegothis in Gallia et Hispania contra Vandalos et Alanos gesta ad illos solos restrinxit, quos acerbe et inique exagitat, cum ea utrique genti communia essent et ipsius regni Africani reges 'Vanda-'lorum et Alanorum' dicerentur (Victor Vitensis de pers. Vand. 2, 13, 39. 3, 2, 3). Cassiodorius autem etsi Vandalorum odium Iordani praeivit, cur simul de Alanis taceret, causa nulla erat. — In Romanis denique c. 287 mala fraude Alamannis expulsis Alani introducuntur, neque dubium est eo loco vocabulum sua sponte Iordanem mutasse.

*Libri scripti in Moesia*

Multo gravius est ad auctorem recte intellegendum et adhibendum, quod maiorum suorum suumque domicilium, id est provincias Romanas duas Scythiam caput habentem Tomos eique conterminam Moesiam inferiorem habentem caput Marcianopolim, ita narrationis cardinem facit, ut quo magis regiones inde distent, eo minorem earum notitiam eum appareat habuisse: quod paullo accuratius persequi oppidis quorum nomen in Geticis ponit expensis non videtur supervacaneum esse. — Ex Asia et Africa Iordanes non nominat nisi pauca et fere vulgaria, Ephesum, Trapezunta (vide infra), Alexandream, ut exceptionem faciant praeter Gangra Paphlagoniae nescio quo casu obiter memorata tantummodo Constantinopoli vicina loca Ilium et Chalcedon, de cuius statu quae proferuntur, testem de visu produnt. Hispaniarum una civitas Barcino comparet, Galliarum paullo plures, scilicet propter regnum Vesegotharum Tolosanum,

---

16) Quod Schirreno placet p. 90 Italos imperio Orientis addictos Germanum patrem sibi imperatorem Occidentis destinasse et de ea spe morte eius immatura deiectos filium ei substituisse, vix admittet qui intellexerit Iustinianum plane abhorruisse a rei publicae divisione renovanda et Occidentis imperio restituendo. ceterum in futurorum somniis investigandis brevis esse requiro.

Arelate Arverna Aureliana Bituriges Tolosa Vienna, Germaniae unum Mogontiacum, Illyrici occidentalis Vindobona et Salonae. in Italia autem demptis iis locis, quos rerum narratio propter proelia similesque res gestas evitare nullo modo potuit, ut sunt Consentia, Dertona, Forum Iulii, Placentia, Pollentia, Vulsinii, item quorum mentio fit in debellatione Gothorum per Belisarium enarranda Syracusae Regium Neapolis Perusia Ariminum, quae omnia obiter neque ulla explanatione addita memorantur, quinque tantum urbes restant, de quibus paullo accuratius Iordanes scribat, Roma scilicet, deinde Ticinum, sed ut ne hoc quidem Gothorum scriptor enuntiet sedem fuisse regum Gothorum, item Mediolanum 'Liguriae metropolis et quondam regia 'urbs', denique Ravenna regia urbs, ut ait, et Aquileia 'metropolis Venetiarum', harum duarum situm et viciniam pro re diligenter enarrans. quae omnia optime conveniunt Iustiniani subdito homini in Moesia degenti: nam Ravenna non minus quam Constantinopolis sedes imperii fuit, Aquileia autem provinciis illis tamquam porta Italiae. ex Ravennae urbis descriptione si eluceret auctorem eam vidisse, ad Cassiodorium magis id quam ad Iordanem referremus: at tantum abest, ut id eluceat, ut e contrario duo auctores testes citentur earum rerum, in quibus qui Ravennam ipse nosset nullum omnino adhibuisset.

Iam vero ubi nos convertimus ad regiones Danuvianas, scaena mutatur. fluviorum qui nominantur omnium tamquam rex est Danuvius et ut de ipso multa et varia narrantur (cf. praesertim 12, 75. 55, 280), affluentium eius aliorumque huius regionis amnium complurium nomina enuntiantur. ex partibus ea aetate extra imperium Romanum constitutis notitia auctori est aliqua Scythiae, ubi notabile est Var Danapri vocabulum Hunnicum auctori intellectum. praeterea liminis septentrionalis Ponti oppida Graecae originis ad Trapezuntem usque propter id ipsum admissam p. 62, 4. 66, 4 non indiligenter recenset. neque ignotae ei sunt Dacia et Pannonia scilicet quae ita dicebantur aetate antiqua. civitatium autem nominantur Scythiae provinciae Tomi et Noviodunum; Moesiae inferioris Odessus, Marcianopolis, Durostorum, Novae, Nicopolis, Abrittus; origines referuntur Tomorum, Marcianopolis, Nicopolis, ad hanc degentes Gothi pastores accurate describuntur; Durostoro natales Aetii vindicantur loco ab ipso auctore inserto, ut hic scriptorem evidenter appareat in rebus patriis versari. — Similiter tractantur eiusdem dioeceseos, scilicet Thraciarum, provinciae aliae Haemimontus, cuius nominantur Anchialus et Hadrianopolis; Thracia, unde afferuntur Philippopolis et Beroa; Europa, cuius oppidorum Arcadiopolis et Bizye auctor meminit, ut mittamus ipsam Constantinopolim. in his Anchialus maxime celebratur cum origine relata tum laudatis thermis 'inter reliqua totius mundi thermarum innumerabilium 'loca praecipue ad sanitatem infirmorum efficacissimis' (c. 20, 109). denique ex dioecesi Illyrici Thracicae vicina commemorantur in provincia Moesiae inferiori contermina Dacia ripensi Vtus, Almus, Oescus, Castra Martis: in Dacia mediterranea Naissus; in Dardania Castra Herculis; in Moesia superiore Singidunum; in Savia Bassianae et Sirmium; in Macedonia Thessalonica, Cyrrhus, Pella, Europus, Methone, Pydna, Beroea, Dius; in Thessalia Heraclea et Larissa. ulterius non habet nisi Athenarum mentionem exilem. in his primum notabile est quod de Castris Martis supra (p. VI) iam occupavimus: nam tres viros ex ea regione oriundos, in his clarissimum ducem Bessam sine dubio nominat utpote domestica notitia sibi notos, cum praesertim statim sui ipsius generis enarrationem adiungat. item notabile est ad duo oppida, scilicet ad ipsa illa Castra Martis et ad Naissum, ab auctore adnotari illud in Illyrico situm esse, hoc primum esse in Illyrico: quae oppida cum vere sint in confiniis dioecesium Illyricianae et Thracicae, deprehendimus auctorem in ipsa dioecesi Thraciarum morantem eiusque finium gnarum. denique in Romanarum rerum libello quae habet de his regionibus in provinciarum formam redactis, omnia quidem descripsit ex Rufo et Floro, sed primum cum in reliquis provinciis enarrandis sibi satisfaceret expilato illo, solas Illyricianas bis tractavit et c. 214—221 ad Rufum et c. 241—247 ad Florum, deinde de suo addidit cum c. 217 Daciarum duarum vocabula ripensis et mediterraneae tum c. 221. 283 Philippopolis nomen barbarum Pulpudeua nusquam praeterea memoratum. — Scripsit igitur haec auctor oriundus, ut supra diximus, ex 'Gothis' Moesiacis, qui cum ante Theodericum in his partibus consedissent, eum in Italiam secuti non sunt, degens in oppido aliquo dioeceseos Thraciarum, puta Tomis vel Marcianopoli vel Anchiali, et ea potissimum selegit, quae Moesiacum hominem Thracicumve tangerent comprehensa fere inter Sirmium, Larissam Thessaliae, Constantinopolim: nam Chalcedonis commemoratio recte pro Constantinopolitana accipietur. — Cui libellorum origini accommodatum est, quod nationes, quarum incursiones 'quotidianae' auctorem terrent (Rom. extr., Get. 2, 37. 23, 119), Bulgari Venethae Sclaveni Antae ii ipsi sunt, qui ea aetate Moesiam et Thraciam potissimum infestabant, ad quas excursiones mox sermo redibit, cum agetur de tempore quo libri scripti sunt. item accommodatum est summum studium auctoris tam in Germanum quam in Belisarium. Germanus enim Iustiniani fratris filius creatus magister militum per Thraciam has regiones a barbaris liberarat victoria ita clara, ut solum nomen eius Sclavenos ab incursionibus deterreret, eumque eo ipso tempore tutorem suum immatura morte ereptum hae regiones iusta comploratione lugebant [17]. Belisarius autem, quem laudibus extollit supra privatum [18], oriundus fuit ex Germana oppido Daciae mediterraneae [19]. eodem redit quod novit Vulfilam episcopum et primatem, ut ait, Gothorum minorum in Moesia (c. 51, 267) aliud eiusdem regionis decus illustre. etiam convenit, quod in praefatione Geticorum libellum auctor Castalio amico ita commendat, ut si quid desit ipse addat 'ut vicinus genti', itaque non obscure significat se degere in locis a primariis Gothorum sedibus longe remotis, quales fuerunt Thraciae. denique conveniunt quae narrat Iordanes Get. 19, 104 de pestilentia quam 'nos ante hos novem annos experti sumus'. nam cum scripserit, ut infra videbimus, anno p. Chr. 551, morbus significatur grassatus anno 542 vel 543. de pestilentia eius temporis, per quam Procopius (anecd. c. 18 p. 112 Bonn.) ait dimidiam partem hominum tum viventium interiisse, quae tradita accepimus (collecta sunt apud Clintonum in fastis ad a. 542) ostendunt eam a. 541 in Aegypto exortam mense Octobri a. 542 Byzantium pervenisse ibique per quattuor menses ingentem stragem fecisse, mox a. 543, ut ait Marcellini continuator, Italiae

---

[17] Vide infra p. XIV.
[18] Get. 33, 171. 60, 315: 'victor ac triumphator Iustinianus imperator et consul Belisarius Vandalici 'Africani Geticique dicentur': item in ipso indice Geticorum (v. p. XV). cf. Get. 33, 171. Rom. 368. 375.
[19] Procopius bell. Vand. 1, 11.

solum devastasse 'Oriente iam et Illyrico peraeque attritis'. itaque Thracias devastarit necesse est eo ipso tempore, quod Iordanes indicavit [20]).

His tam angustis terminis finitum circulum nemo opinor ad Cassiodorium referet. nam quamquam Gothi ante Theodericum ad sinistram Danuvii et in ora septentrionali Ponti degebant et ipse Theodericus ante Italiam Moesiam obtinuit et per aliquot annos Novas tamquam regni sedem habuit, ipse certe eiusque disciplinae homines quid secuti sint in Italiam translati, res gestae clare loquuntur. immo hic Iordanem tenemus historiam Gothorum Cassiodorianam ita excerpentem, ut Moesiaca et Thracica potissimum retineret. nam quidquid supra proposuimus, non ita comparatum est, ut a Cassiodorio abiudicandum sit, quem non dubitamus historiae Gothicae foederatorum laudes inseruisse et celebrasse Theodericianas de Bulgaris victorias et multum fuisse in rebus Moesogothorum singillatim explicandis. sed sine dubio longe plura attulit de Italiae oppidis et Theoderici regis gestis ibi et institutis, idque premendum est talia plane desiderari, qualia vel in brevissimo Cassiodorii chronico leguntur ad a. 500: 'Theodericus Romam cunctorum votis expetitus advenit et senatum suum mira 'affabilitate tractans Romanae plebi donavit annonas, atque admirandis moeniis deputata per singulos annos maxima pecuniae quantitate subvenit. sub cuius felici imperio plurimae renovantur urbes, munitissima castella conduntur, consurgunt admiranda palatia, magnisque eius operibus antiqua miracula superantur'.

Haec habuimus de patria et origine Iordanis quae proferremus. post notariatum pariter atque Cassiodorius vita saeculari relicta monachus factus est teste ipso [21]): praeterea autem tam quae codices quidam de condicione eius in ecclesia enuntiant quam quae viri docti similia coniecerunt, parum probanda videntur esse. scilicet 'episcopum' eum dicit librorum ordo primus in titulo Romanorum, 'episcopum Ra-'vennatem' ordo tertius eorundem in titulo Geticorum: illud ab auctoritate satis defensum videndum ne conciliari possit cum loco quem sibi ipse tribuit monachi: hoc neque testimonio idoneo commendatur et sine dubio originem duxit ex accurata Ravennae urbis descriptione. — Iordanem episcopum Crotonensem a. 551 [22]) et Iordanem defensorem ecclesiae Romanae a. 556 [23]) quod viri docti quidam ab horum libellorum auctore non diversos esse contenderunt, nititur sola similitudine nominis non admodum rari. speciosius est quod ab Iacobo Grimm [24]) propositum multi postea tenuerunt

*Auctoris condicio ecclesiastica*

---

20) Non recte Schirrenus p. 88 ex hoc loco collegit Iordanem eo tempore in Oriente versatum esse.

21) Aliter verba 'ante conversionem meam' (c. 50, 266) accipi nequeunt. cf. Rom. praef. 4: 'quatinus . . . te . . . ad deum convertas', item Cassiodorius de orthographia praef. (gramm. Lat. ed. Keil 7, 144): 'post commenta psalterii, ubi . . . conversionis meae tempore primum studium laboris impendi'. complura alia loca similia collegit Muratorius in praefatione ad Iordanem.

22) Papa Vigilius in damnatione Theodori episcopi Caesareae Cappadociae a. 551 (Mansi 9 p. 60): 'nos '. . . cum Dacio Mediolanensi . . . Paschasio Aletrino atque Iordane Crotonensi fratribus et episcopis nostris'. attulit Selig Cassel *magyarische Alterthümer* (Berolini 1848) p. 302, ita explicans, qui factum sit, ut Cassiodorii origine Bruttii volumina dispensator eius Iordani eiusdem regionis episcopo commodarit. quod ut non inepte excogitatum est, ita vincitur indiciis plurimis et certissimis originis libellorum Thracicae.

23) Papa Pelagius ep. 5 (al. 6) ad episcopos Tusciae: 'directam a vobis relationem defensore ecclesiae 'nostrae Iordane deferente suscipientes satis mirati sumus' cet. scripta est epistula (edita apud Mansium 9, 716) XV kal. Mart. XV p. c. Basilii v. c. = p. C. 556. attulit idem Cassellus l. c., ad historiographum rettulit Schirren p. 87.

24) Script. min. 3 p. 182.

Vigilium eum, cui Iordanes Romana inscripsit, fuisse papam eius nominis a. 538—555. nam tempora recte conveniunt potestque addi et Vigilium a partibus imperatoris contra Gothos stetisse et annos 547—554 Constantinopoli exegisse ab imperatore propter controversias de tribus capitulis quae dicuntur eo evocatum. item fortasse addi potest quod supra vidimus Castalium, cui Getica Iordanes inscripsit, ipsius et Vigilii 'communem amicum' vixisse in locis genti Gothorum vicinis, id quod Romae degenti aptum est [25]). sed non sine iusta causa Adolfus Ebert [26]) monuit parum apte monachum, qualis fuit Iordanes, papam Vigilium non solum adloqui tamquam parem sibi sine ulla splendidi officii significatione, sed etiam hortari, ut relicto saeculo ad deum se convertat, id est ad exemplum auctoris et ipse monachus fiat, sane, si papa is fuit, subabsurde. omnino hoc quoque inventum ut ex eo genere est, quod tirones admirantur, ita acri et experto iudici nequaquam probari poterit, immo quod parum Latine, sed re optime dicitur a posse ad esse non valere conclusionem, id si quid video hic quoque tenendum est neque indulgendum speciosis, sed certa sequenda.

*Libelli scripti a. 551*

Quo tempore Romanorum librum scripserit, ipse Iordanes ait in praefatione c. 4, scilicet res se narraturum 'in vicesimum quartum annum Iustiniani imperatoris' et denuo c. 363: 'Iustinianus imperator regnat iam ann. XXIIII'. qui est annus a k. Apr. a. 551 incipiens [27]). et vere narratur mors Germani, quae evenit autumno a. 550 [28]), filiumque ex eo postumum natum esse (c. 383), item incursiones 'quotidianae' Sclavenorum et Antarum, scilicet expeditio ab iis a. 550 in Thraciam suscepta [29]), denique (c. 386. 387) victoria Langobardorum de Gepidis a. 551 reportata [30]), ut mittam

---

25) Schirrenus adicit Vigilium, quippe qui ipse ad imperatorem scribat (constitutum de tribus capitulis ed. Migne p. 104) 'Graecae linguae, sicut cunctis et maxime pietati vestrae notum est, sumus ignari', de Graecorum historiis ab amico eruditiore voluisse edoceri. quod si ita est, non penitus amicum novisse videtur.

26) *Geschichte der christlich-lat. Litteratur* I p. 563.

27) Ita enim secundum legem a. 537 (Iustiniani nov. 47; cf. Chr. Pasch. I p. 617 ed. Bonn.) anni Iustiniani numerantur.

28) Secundum Procopium 3, 40. 4, 20 anno XVI belli Gothici, id est 550, Germanus iter faciens in Italiam Serdicae in Dacia mediterranea ab imperatore subsistere iussus est propter metum incursionis barbarorum Transdanuvianorum: quibus domum reversis biduo ante diem itineri in Italiam suscipiendo destinatum Germanus morbo correptus obiit. duces autem ei substituti exercitum Salonas duxerunt ibique hiemem exegerunt. unde colligitur Germanum obiisse anno maiore ex parte exacto, filium postumum natum esse aut anno eo extremo aut ineunte sequenti.

29) Rom. extr., Get. 5, 37. 23, 119. Intelligitur ipsa illa incursio Sclavenorum et Antarum, propter quam Germanus pergens in Italiam Serdicae substiterat. Procopius l. c.: Σκλαβηνῶν ὅμιλος ὅσος οὔπω πρότερον ἀφίκετο ἐς Ῥωμαίων τὴν γῆν, Ἴστρον δὲ ποταμὸν διαβάντες ἀμφὶ Ναισὸν ἦλθον. narrat deinde eos Thessalonicam petituros fuisse, sed metu Germani, qui olim contra Antas rem bene gesserat (Procop. bell. Goth. 3, 37), omissa Macedonia abiisse in Dalmatiam tum non parentem imperatori Orientis: mox nuntio accepto de morte Germani plures catervas Danuvium transiisse neque impediente iam duce illo tripertito exercitu in Europa provincia a. 550/1 hiemasse. Procopius l. c.: Σκλαβηνοὶ δὲ οἵ τε τὰ πρότερα ἐν τῇ γῇ τῇ βασιλέως γενόμενοι ... καὶ ἄλλοι οὐ πολλῷ ὕστερον Ἴστρον τε ποταμὸν διαβάντες καὶ τοῖς προτέροις ἀναμιχθέντες κατέθεον ἐν πολλῇ ἐξουσίᾳ τὴν Ῥωμαίων ἀρχήν ... ἐς τρία μέντοι τέλη σφᾶς αὐτοὺς διελόντες οἱ βάρβαροι οὗτοι ἀνήκεστα ἐν Εὐρώπῃ τῇ ὅλῃ ἔργα εἰργάσαντο, οὐκ ἐξ ἐπιδρομῆς ληιζόμενοι τὰ ἐκείνῃ χωρία, ἀλλ' ὥσπερ ἐν χώρᾳ οἰκείᾳ διαχειμάζοντες οὐδέν τε δεδιότες πολέμιον. similia narrantur l. 4 c. 25. in hac ipsa regione cum Iordanes degeret, explicatur ita, ut supra monuimus, tam eius amor in Germanum quam quae significat de rerum statu in praesentiarum.

30) Procopius b. G. 4, 25. Gepidae cum Sclavenos Danuvium transeuntes adiuvarent, propter id Romanis exosi erant non minus quam Sclaveni ipsi: unde intelligitur, cur Iordanes victoriam Langobardorum summis laudibus extollat.

expeditionem Iustiniani Hispanam [31]). contra nulla mentio fit rerum postea gestarum, Narsetis in Italiam missi mense Aprili a. 551, Totilae devicti a. 552. memineris autem auctorem scripsisse in Thracia, itaque prius rerum Constantinopoli gestarum notitiam accepisse quam Italicarum et magis illas curasse. — Getica auctor in praefatione ait se post coepta Romana elaborasse, deinde Romana resumpsisse. utrique libello eodem fere tempore finem impositum esse narratio confirmat: nam Germani mortem et filium natum in Geticis quoque commemorat (c. 14, 81. 48, 252. 60, 314) nec quicquam in Romanis refert quod postea acciderit. praeterea pestem, cuius in Geticis c. 19, 104 meminit, supra p. XII vidimus eam esse quae a. 542 Thracias et Illyricum, sequente Italiam devastavit, id quod et ipsum ducit ad a. 551. eodem igitur anno primum Getica, mox Romana Iordanes edidit: nam quod in horum praefatione illa se ait 'iam dudum' edidisse, intervallum aliquot mensium a tali scriptore omnino ita significari potuit.

Duorum libellorum, quos Iordanes elaboravit, Romanum ut tempore posteriorem, *Inscriptiones libellorum* ita ordine priorem esse se velle in praefatione ait, eumque ordinem libri quoque qui quidem utrumque habeant retinent. priorem inscripsit 'de summa temporum vel ori-'gine actibusque gentis Romanorum', si quidem sequimur libros optimos quosque: quod in ipsius libri exordio c. 6 'de cursu temporum' ait se scripturum esse, item c. 86 tamquam altero exordio facto transit ad 'Romanarum rerum ordinem actusque', inscriptionem confirmat. in praefatione scribens explicare se velle 'quando mundus 'coepit vel quid ad nos usque perpessus est', item in praefatione alterius libelli hunc citans sub indice 'de abbreviatione chronicorum', utroque loco argumentum magis quam titulum enuntiavit. a librariis editoribusve veniunt indices 'historia Romanae 'rei publicae', quod subscriptum est in libris interpolatis (*L*), et qui vulgo fertur 'de 'regnorum et temporum successione' a libris scriptis alienus. — Posteriorem libellum ad exemplum Cassiodoriani (Get. praef. 1), cuius epitome est, auctor inscripsit 'de 'origine actibusque Getarum': quem indicem et libri optimi quique (*HPVL*) praescriptum habent et ipse auctor respicit (1, 9: 'gens cuius originem flagitas' et c. 47, 245: 'omnem Gothorum texamus originem' et in fine: 'huc usque Getarum origo ac 'Amalorum nobilitas et virorum fortium facta'). praeterea quod subscribunt libri trium ordinum optimi quique (*PVO Atr.*): 'explicit de antiquitate Getarum actusque eorum, 'quos devicit Iustinianus imp. per fidelem rei publicae Belesarium cons.', item ipsius auctoris esse probabile est: certe summo studio Belisarii cum Iordanem flagrasse constet, hoc ad librarios eum propagavisse multo minus probabile est quam ipsum vel in libelli subscriptione professum esse.

---

31) Athanagildi adversus regem Vesegotharum Agilam rebellionis et patricii Liberii ad hunc adiuvandum expeditionis tempora magis inde definiuntur, quod Iordanes scribens a. 551 earum meminit (G. 58, 303), quam editi libelli tempora ex notitia earum rerum aliunde suppeditata. Isidorus hist. Goth. ad eram 587 (scilicet in recensione meliore) Athanagildum tyrannidem arripuisse ait anno tertio regis Agilae, id est anno 551; additamenta ad Victorem Tunnunensem (p. 372 Ronc.) ad a. 552 adscribunt: 'Agila mortuo Athanagildus 'qui dudum tyrannidem adsumpserat Gothorum rex efficitur'. Iordanes rerum Hispanarum eatenus gnarus, quatenus eae cum rebus Orientis coniunctae erant, cum significet anno 551 currente Iustinianum in eo fuisse, ut exercitum in Hispaniam mitteret (nam missum esse negat usus vocabulo 'destinatus'), probabile est Athanagildum a. 550 a rege legitimo defecisse. — De Liberio vide indicem s. v.

**Computationes libelli de rebus Romanis**

Dispositionem Romani libelli enarrare supervacaneum est: nam cum perspicua sit, pauca quae de ea re dicenda sunt aptius in auctoribus enarrandis significabuntur. — 'Summam temporum', quam in libelli indice posuit, ut in praefatione explicat, ita enarrat, ut a creatione mundi per generationes patriarcharum ad Abram sive Ninum, ab hoc per reges Assyriorum, Medorum, Persarum, Graecorum, id est Ptolemaeorum Aegyptiorum, Romanorum ad Iustinianum decurrat, ita tamen ut postquam ad finem regni Aegyptiaci pervenit (c. 85), Romae urbis historiam ab ipsis primordiis explicet, donec ad Augustum progressus c. 250 ad interruptum ordinem redit. chronologia operis non tam obscura est quam perturbata, contaminata scilicet ex duobus auctoribus [32], altero Hieronymo, cui Christi natalis incidit in annum mundi 5200, altero deperdito adscribente eum ad a. 5500. quae differentia cum ad chronica huius generis recte aestimanda pertineat, visa est diligentius exequenda esse. dedi conspectum computationum diversarum apud Iordanem repertarum interpretatione subscripta.

|  |  | anni |  |
|---|---|---|---|
| (c. 7) | ab origine mundi ad diluvium | 2242 [33] | ⎫ |
| (c. 9) | a diluvio ad Heber | 525 [34] | ⎬ (c. 11) fiunt 3308 |
| (c. 10) | ab Heber ad annum nati Abrahae, Nini XLII | 541 [35] | ⎭ |
| (c. 49) | reges Assyrii a XLII Nini ad finem regni |  | [1197 [36]] |
| (c. 57) | reges Medorum |  | 258 [37] |

---

32) Praeterea anni regum Romanorum c. 87. 106, item consulum reliquorumque eponymorum c. 111. 112 descripti sunt ex Rufio Festo ita, ut ad ipsius operis chronologiam non applicarentur; quam ob rem eos praetermisi.

33) Sic Hieronymus praef. p. 8 et posteriores omnes.

34) Numeri incorrupti sunt, nam anni quattuor patriarcharum c. 10: Arfaxath 135 + Cainan 130 + Sala 130 + Heber 130 summae c. 9: 525 recte respondent, respondetque item numerus 3308 c. 11. — Cainan alter, quem admisit Iordanes, comparet item apud LXX interpretes, certe ut nunc leguntur, Gen. 11, 12; apud Prosperum p. 523 Ronc., si quidem haec vere Prosperi sunt, non interpolatoris; apud Syncellum p. 617; in Chronico Paschali p. 43; apud Barbarum Scaligeri p. 179 ed. Schoen. eum fictum ad tegendum Lucae evangelistae de genealogia Christi errorem omiserunt optimi quique auctores et cum his Eusebius. Aegyptiacae bibliorum interpretationi mature insertus videtur esse (Kuenen *de stambom van den masoretischen Tekst des O. Testaments* Amstelaedami 1873 p. 48), tarde ex eius regionis scholis extra Aegyptum propagatus; certe qui eum agnoscunt auctores sectae Alexandrinae omnes esse aliunde quoque constat praeter Prosperum Prosperive interpolatorem nostrumque Iordanem. quam ob rem etiam hos duos probabile est adhibuisse compendium aliquod chronographicum sectae Alexandrinae. — Ceterum cum et hi quos enumeravi omnes et reliqui auctores Hebro dent annos CXXXIV, numerus CXXX error videtur esse Iordani proprius: quo emendato anni ab Adam ad Abram natum Syncelliani 3312 (p. 183) apud Iordanem quoque adsunt.

35) Numeri singulares: Falech 130 + Ragau 132 + Seruch 130 + Nachor 79 + Thara 70 summae c. 10: 541 item recte respondent. iidem numeri inveniuntur apud LXX interpretes et in plerisque aliis laterculis: observandum est errorem Eusebii vol. I p. 90 (non librariorum eius) Ragau dantis a. CXXXV contra ipsos Eusebianos calculos ab Iordane recte evitari.

36) Hi numeri cum descripti sint ex Hieronymianis et summam quoque annorum 1240 (c. 49) ex Hieronymo Iordanes adsciverit, numeri qui differunt scilicet hi:

|  | *Hieronymus:* | *Iordanes:* |
|---|---|---|
| c. 19 Armamitres | 38 | 35 |
| c. 25 Sphaerus | 20 | 30 |
| c. 32 Lamprides | 32 | 37 |
| c. 37 Mithraeus | 27 | 29 |

errores sint necesse est sive librariorum sive auctoris ipsius. summa autem illa annorum 1240 cum comprehendat annos Nini primos XLII, ei substituimus eam quam in computo Hieronymus posuit.

37) Numeri regum singulorum ab Hieronymianis non differunt nisi quod Phraorti c. 55 anni dantur XXII pro XXIII, quod retinui, cum etiam summa annorum CCLVIII uno minor sit Hieronymiana.

## PROOEMIVM. XVII

(c. 57) reges Persarum      230 [38]
(c. 72) Alexander magnus      5 [39]
(c. 71) reges Graeci      296 [40]

(c. 52) ab origine mundi ad regis Medorum Madidi a. IX, Romuli 1      4650 [41]
(c. 61) ab origine mundi ad templum Hierosolymitanum restitutum      4930 [42]
(c. 85) ab origine mundi ad Augusti XLII, Christi natalem      5500 [43]

---

38) Ipsum numerum Hieronymus non posuit, in calculo Persis tribuens annos 231; singuli numeri collecti totidem efficiunt, si quidem admittimus, quod admisit Hieronymus addita excusatione exili, Darii annum secundum pro duobus numerari, item Cyro damus a. XXX et reges qui non perannaverunt omittimus excepto Artabano, aut, quod eodem redit, Artabano quoque omisso Cyro tribuimus a. XXXI. apud Iordanem qui traditi sunt numeri (omissis regnis non annuis omnibus) efficiunt a. CCCXXXI, sed cum in Cyro errore XXXII esse videatur pro XXXI, probabile est summam quam posuit CCXXX veram esse. ceterum quod 'plus minus' vocabula ei addidit, confusionis ab Hieronymo commissae indicium est.

39) Alexandri annos, apud Hieronymum Abr. 1688—1692, Iordanes male ita rettulit, quasi numero eo qui sequitur comprehenderentur, continuum ordinem male interrumpens.

40) Iordanis numerus convenit laterculo Hieronymiano, cum ipse Hieronymus numerum ponat uno anno minorem.

41) Annus nonus Medidi, secundum Hieronymum Abrahae 1264, primus Romuli, secundum eundem Abrahae 1265, si cum Iordane ab Adam ad Abram natum numeramus a. 3308, incidunt in a. 4572 et 4573. Medidi annum nonum primumque Romuli eundem fere esse auctor sine dubio sumpsit ex Hieronymo numeravitque cum eo ab Abra nato ad primum Romuli annos 1264 vel 1265. cum ea numeratione male coniunxisse videtur alteram, qualis adest apud Prosperum p. 523 et Barbarum Scaligeri p. 191 Sch. et fere in omnibus similibus systematis fuitque sine dubio etiam in compendio quod in primordiis Iordanes secutus est, annorum ab origine mundi ad annum promissionis primum 3388 et hunc primum promissionis annum male confudisse cum primo Abrahae, cum sit eius a. LXXV. ita bis numeratis primis annis Abrahae LXXV Romuli primus fit annus mundi 1264 + 3388 = 4652. exigua duorum annorum differentia facile explicatur anno a quo et ad quem numeratur male aut admisso aut omisso, id quod calculatoribus sacrorum numerorum saepissime accidit.

42) Hic numerus cum ad Hieronymianos nullo pacto aptari possit, secundum doctrinam Syncelli (p. 457 Bonn.; cf. Clinton fast. Hell. 2 p. 375) et primus anni Cyri et primus sacerdotis Zorababel qui templum restituit incidunt in annum mundi 4932. profectus est igitur ex chronologia eadem, ex qua venit numerus qui sequitur.

43) Ad hunc numerum ut calculis nullis Eusebianis vel Eusebianorum similibus perveniri potest, ita incorruptus est; immo tenuerunt eum antiquissimi quique scriptores sectae christianae, ut Hippolytus, quippe qui (apud Photium cod. 202) scribat mundum per sex milia annorum duraturum esse, Christum autem venisse extremo millennio medio, et egregius chronographus Iulius Africanus (apud Syncellum p. 616). sed non ab Africano pendere Iordanem inde intellegitur, quod Cainan alterum Africanus non magis quam Eusebius admisit (Syncellus p. 149. 216) longe aliam viam ingressus, ut ad numerum illum perveniret (Eusebius 1 p. 99 Sch. cf. Syncellus l. c.). at ea quoque aetate, qua scripsit Iordanes, computatio annorum VD a mundo creato ad Christum natum nequaquam exoleverat: immo adest apud chronologos Aegyptiacos scholae Panodorianae et Annianae (Syncellus p. 617 cf. p. 150), apud Malalam Antiochenum (p. 227) auctorem saeculi septimi ineuntis, adeoque in annalibus Ravennatibus, ubi ad a. 495 adscriptum est (p. 668 ed. meae): 'fiunt ergo ab adventu domini usque ad consulatum Viatoris anni D, ab Adam autem anni VI milia'. qui numerus tribus tantum annis discedit a computatione annorum mundi Byzantia sive Romana, qualem et alii sequuntur et auctor Chronici Paschalis; nam secundum eam annus Chr. 495 est mundi 6003 (Ideler chronol. 2, 462). quid quod ad hunc numerum efficiendum auctores hi etiam Cainan altero usi sunt quamquam conficto ob aliam causam (Syncellus l. c.) videmus igitur Iordanem hic adseclam esse doctrinae Aegyptiacae, ita tamen, ut ei sese nequaquam mancipet, sed pro sua imbecillitate Hieronymianam et Panodorianam male confundat. nam cum secta Aegyptiaca de annis ante Abram natum eum ita vidimus convenire, ut propter suum errorem annos numeret 3308 pro 3312 (adn. 34). contra ab Abram nato adsunt apud eum numeri aut Hieronymiani aut Hieronymianis proximi: Assyrii 1197 + Medi 258 + Persae 230 + Alexander 5 + Ptolemaei 296 + Augustus (a. 16—42) 27. Fiunt anni 2013, id quod a computatione Hieronymiana annorum a nato Abram ad natum Christum 2015 pro condicione Iordaniorum non differt. itaque suas computationes si ipse sequeretur, Christus ei natus foret anno mundi non 5500, sed 5321.

XVIII  PROOEMIVM.

(c. 61) a prima templi Hierosolymitani aedificatione ad secundam   512 [44]

(c. 85) a Romuli anno primo ad Augusti XLII Christi natalem   755 [45]

spectus  Getica cum inter omnis generis vitia quibus laborant etiam inordinata sint et
licorum  perturbata tota, utile visum est dispositionem argumenti talem proponere. qualem illa
vitia permiserunt. cardo narrationis universae Gothorum est tam cum Getis (c. 5, 40.
9, 58) quam cum Scythis (c. 4, 29 cet.) aequiparatio, quo posito et de Getis Scythisque tradita historica vel pseudohistorica et Gothorum narrationes populares uberrimam
materiem Cassiodorii duodecim libris praebuerunt. utramque aequiparationem olim ex-
cogitatam Gothici auctores in rem suam verterunt non coacti locum in fabulosa antiquitate sibi ipsi comminisci, sed commentis usi a mirabilium exegetis dudum paratis.
vere narrationem Iordanes ait explicari secundum reges, scilicet secundum regum ex
chronico opinor Hieronymiano potissimum deductam seriem ab antiquissima aetate
decurrentem ad Romanos, sed ut passim ordo hiet. ita, ut mittam priora, post
Tiberium nominatur Domitianus, post hunc Severus, post Constantinum Valens, scilicet quod de imperatoribus interpositis non repperit auctor quod ad Gothos referret
aut certe quod ad Gothorum laudem pertineret: qua de re videnda sunt quae mox in
recensu auctorum dicemus sub Ammiano. interpositae sunt praeter rerum Gothicarum
narrationes ex diversis auctoribus petitas descriptiones locorum ex chorographia aliqua
desumptae, sicut sub oculis ponit tabula subiecta elaborata diligentius in priore parte
magis incondita, in posteriore ad brevem regum indicem fere redacta.

 Introductio chorographica 1—24.
  Oceanus 1—6.
  Insulae ad orientem 6.
   ad occidentem: minores 7. 8.
    Britannia 10—15.
    Scandia 9. 16—24.
 Gothorum egressus in Gothiscandiam. Berig rex 25.
 Gothi apud Vlmerugos 26.
  I. Gothi ad paludem Maeotidem. Ingressus in Scythiam. Filimer rex
   27—37.
   Scythiae descriptio 30—37 [46].
   Gothorum sedes tres 38—42.
  Studia sagittandi. Heroes 43.
  Tanausis rex devincit Vesosem regem Aegyptiorum. Scythae Parthi
   44—48.
   Tanais et Danapri descriptio 45. 46.
  Amazonum Scythicarum feminarum regnum in Asia 49—57.
   Caucasi descriptio 52—55.

---

44) Secundum Hieronymum aedes facta est a. Abr. 984, restituta a. 1496.
45) Secundum calculos Hieronymi Romuli annus primus est Abr. 1265, XLII Augusti Christi natalis Abr. 2016: efficitur numerus 752 a Iordaniano non multum recedens.
46) Hunc locum auctor postea citat c. 23, 119 tamquam 'initium expositionis vel catalogum gentium'.

## PROOEMIVM.

II. Gothi cis Danuvium in Moesia et Thracia (cf. 38. 39).
    Telephi et Eurypyli in Moesia regnum 58—60.
    Tomyris regina devincit Cyrum 61. 62.
    Antyrus rex vincit Darium, Xerxen repellit 63. 64.
    Gudilae regis filia Philippo Macedoni nubit: idem Odessum obsidet 65. 66.
    Sitalces Perdiccam vincit 66.
    Boerebista rex. Dicaeneus, Sullae aequalis 67 (cf. 39).
    Caesare dictatore, Augusto, Tiberio Gothi incolumes 68.
        Dicaenei disciplina 69—72.
    Comosicus rex 73.
    Corillus rex 73.
        Daciae descriptio 74.
        Danuvii descriptio 75.
    Diurpaneus rex. Bellum cum Domitiano 76—78.
        Ansium sive Amalorum genealogia 78—81.

III. Gothi super mare Ponticum 82 (cf. 38. 42).
    Maximinus imperator genere Gothicus quid gesserit sub Severo, Caracalla, Elagabalo, Alexandro, denique imperans ipse 83—88.
    Ostrogotha rex pugnat cum Philippo 89—93.
        Marcianopolis descriptio 93.
    eiusdem victoria de Gepidis: horum origo 94—100.
    Cniva rex pugnat cum Decio 101—103.
    Gothi tempore Galli et Volusiani, item Aemiliani 104—106.
    Gallieno imperante Gothi Asiam diripiunt 107—109.
        notabilia de Chalcedone, Ilio, Anchialo 107—109.
    sub Diocletiano collegisque Gothi quid fecerint 110.
    item sub regibus Ariarico et Aorico imperante Constantino I 111. 112.
    Geberich rex imperante eodem Vandalos devincit 113—115.
    Hermanaricus rex devincit Herulos Venetos Aestos 116—120.
        Hunnorum origo et progressus 121—128.
    Hermanarici pugnae cum Hunnis et excessus 129. 130.
    Ostrogothae et Vesegothae sese separant 130 (cf. 42. 82. 246).

### Res Vesegotharum.

Fritigernus cum suis in Thraciam et Moesias transit 131—136.
vincunt et occidunt Valentem imp. 137. 138.
Athanaricus rex pacem facit cum Gratiano et Theodosio I: moritur Constantinopoli 139—144.
Gothi cum Theodosio Eugenium devincunt 145.
Alarici I regis imperantibus Arcadio et Honorio res gestae ciusque mors 146—158.
    Ravennae descriptio 148—151.
Athaulfi regis res gestae 159—163.
Segerici regis res gestae 163.
Valliae regis res gestae 164—175.
    excursus de regno Vandalorum 166—173.
    excursus de Amalis maioribus Eutharici ad Vesegothas migrantibus 174.

Theoderidi I regis prima cum Romanis dissidia 176. 177.
   Attilae natura et mores 178—183.
   Vesegotharum cum Romanis foedus adversus Attilam 184—191.
   pugna in campis Catalaunicis; mors Theoderidi 192—217.
Thorismudi res gestae et mors; continuatur item narratio de rebus ab Attila gestis 218—228.
Theoderidus II rex 229—234.
Eurichus rex; simul explicantur imperatorum Occidentis a morte Valentiniani III ad Augustulum vices[47]. item regnum Odoacri 235—244 (cf. 284).
Alaricus II rex Vesegotharum ultimus 245 (cf. 297).

### Res Ostrogotharum.

Vinitharius rex vincit Antas, vincitur ab Hunnis 246—249.
Hunimundus rex 250.
Thorismud rex 250.
interregnum XL annorum 251.
Valamir rex 252—276.
   mors Attilae et dissolutio regni Hunnorum 254—263.
   sedes populorum Gothicorum ad Danuvium inferiorem; in his de origine auctoris 264—267.
Thiudimer rex: Macedoniam occupat 277—288.
Theodericus rex 289—304.
Athalaricus rex; Amalasuentha 305. 306.
Gothi debellantur ab Iustiniano 307—314.

Epilogus 315. 316.

*Computationes libelli de rebus Geticis*    Chronologia regni Gothorum vertitur in explicando numero annorum MMXXX, quot duravisse regnum Gothorum Iordanes ait c. 60, 313 secutus sine dubio numeros Cassiodorianos, de suo adiectis annis qui a morte Theoderici (a. 526) ad captum Vitigem (a. 540) fluxerunt. quem numerum cum dubitari nequeat aptatum esse ad chronographiam ea aetate receptam Hieronymianam, Gothorum regum principium ita refertur ad annum a. Chr. 1490, Abrahae 527. at ab eo anno quibus epochis Cassiodorius auctorve eius (nam eum in his pendere ab Ablabio probabile est) ad suam aetatem pervenerit, exilis quae superest epitoma non aperit, quamquam narrationem in universum apparet respicere cardines ea aetate receptos. coniecturis computationem deperditam supplere ut mei officii non est, ita adscripsi elegantissimam restitutionem Gutschmidii p. 141—148 paucis adiectis non meis, sed eius observationibus et explicationibus. ut acuta omnia sunt, ita dubia multa: hoc tamen non dubium chronologiam, cuius rudera servavit Iordanes, ordinatam fuisse, ut ait praefatio epitomatoris, 'per generationes et reges'.

---

47) In hac parte auctor propositi quodammodo oblitus non tam Vesegotharum res explicat quam Imperii Occidentis ruinam.

## PROOEMIVM.

|  | anni ante Chr. |
|---|---|
| generationes quinque primorum regum Gothorum a Berig ad Filimer (c. 4, 25. 24, 121), annorum c. CLXVII .... | 1490 [48])—1324 |
| Tanausis [49]) proxime ante Amazones (c. 7, 49), ann. c. XXXIII | 1323—1290 |
| Amazonum tres generationes (Lampeto et Marpesia — Menalippe et Hippolyte — Penthesilea) annorum C (c. 7, 52) . | 1289—1190 |
| A bello Troiano sive a morte Penthesileae (c. 8, 57) sive a morte Eurypyli (c. 9, 60) ad primum annum Cyri [50]) anni paene DCXXX (c. 10, 61), proprie DCXXXI ...... | 1190—559 |
| a Cyro ad Sullam ................ | 558—91 |
| Boerebista rex tempore Sullae (c. 11, 67)........ | 90—57 |
| Comosicus rex ................... | 56—23 |
| Corillus regn. a. XL (c. 12, 73); aetate Tiberii (c. 11, 68)[?] | 22 a. Chr.—18 p. Chr. |
| intervallum (c. 13, 76) generationis unius ...... | 19—50 |

| Amali | Balthae | | |
|---|---|---|---|
| Gapt [51]) | . . . . . . . . . . . . . . Dorpaneus rex | 51—83 |
| Hulmul | . . . . . . . . . . . . . . . . . . . . . . . | 84—117 |
| Augis | . . . . . . . . . . . . . . . . . . . . . . . | 118—150 |
| Amal | . . . . . . . . . . . . . . . . . . . . . . . | 151—183 |
| Hisarna | . . . . . . . . . . . . . . . . . . . . . . . | 184—217 |
| Ostrogotha rex | . . Nidada . . . . . . . . . . . | 218—250 |
| Humul | . . . . Ovida (Cniva rex?) . . . . . . . | 251—283 |
| Athal rex | . . . Helderich . . . . . . . . . . | 284—317 |
| Achiulf | . . . . Giberich rex [52]) . . . . . . . | 318—350 |
| Hermanarich rex | . . . . . . . . . . . . . . . . . . | 351—376 |
| Vinitharius | . . . . . . . . . . . . . . . . . . . . . | ...—... |
| Hunimundus | . . . . . . . . . . . . . . . . . . . . . | ...—... |
| Thorismud | . . . . . . . . . . . . . . . . . . . . . | ...—404? |
| interregnum a. XL (c. 48, 251) . . . . . . . | 405?—444? |
| Valamer | . . . . . . . . . . . . . . . . . . . . . | 445?—... |
| Thiudimer | . . . . . . . . . . . . . . . . . . . . . | ...—... |
| Theodericus | . . . . . . . . . . . . . . . . . . . . . | 475—526 |
| Athalaricus | . . . . . . . . . . . . . . . . . . . . | 526—534 |
| Theodahadus | . . . . . . . . . . . . . . . . . . . | 534—536 |
| Vitiges | . . . . . . . . . . . . . . . . . . . . . | 536—540 |

Fiunt anni regni Gothorum 1490 + 540 = 2030 (c. 60, 313)

---

48) Annus nititur testimonio Herodoti 4, 7: ἔτεα σφίσι (Scythis) ἐπείτε γεγόνασι τὰ σύμπαντα λέγουσι εἶναι ἀπὸ τοῦ πρώτου βασιλέος Ταργιτάου ἐς τὴν Δαρείου διάβασιν τὴν ἐπὶ σφέας χιλίων οὐ πλέω τοσαῦτα. pugnam ad Marathonem Hieronymus refert ad a. Abr. 1525 = a. Chr. 492. Gutschmid.

49) Tanausis rex aequalis Vesosis sive Sesostris regnavit secundum Eusebium ab a. ante Chr. 1374 ad a. 1319; magis iustos numeros ei Cassiodorius adsignavit. Gutschmid.

50) Hunc annum intellexit Iordanes, ultimum regni eius significavit. Gutschmid.

51) Vixerunt igitur et Dorpaneus rex et princeps Amalorum, quos iuxta ponit Iordanes c. 13, 78, secundum calculos Cassiodorii imperante Domitiano. Gutschmid.

52) Constantinus qui Vandalos in Pannonia collocavit (c. 22, 115), obiit a. 337; Vandali si per LXX (ita scilicet pro LX emendat Gutschmidius) annos ibi manserunt, in Galliam abierunt a. 406. victoria Giberichi de Vandalis sic incidit in a. c. 336. Gutschmid.

In Vitige subsistit narratio neque recensentur reges Gothorum qui postea fuerunt Ildebadus Erarichus Totila, quamquam primi et tertii auctor meminit, quoniam Constantinopolitanis hi non visi sunt legitime regnum obtinuisse: immo diserte ait auctor regnum Gothorum in Vitige finiisse (c. 14, 81. 60, 315).

*Auctores in margine laudati*   Auctores ubi extant, unde sumpta sunt quae leguntur apud Iordanem, sive ipse librum expilavit sive per alium, loca quae huc pertinent ut cum Iordanianis componerentur et ita quid in singulis aut additum esset aut erratum, facile pateret, ut potui curavi. contra locis similibus accumulandis aut valde fallor aut obscuratur magis quam adiuvatur iusta rerum indagatio: ea enim in eo consistit, ut ubi habemus tam expilatum librum quam expilantem, expilata semoveantur, quae restant comparentur et ponderentur. sed tamen plene id perfici non potuit propterea quod saepe dubitationi locus est, quam editorem non tam de tripode decidere oportet quam legentis iudicio subicere: etiam saepius duo auctores cum eundem librum expilarint, quodammodo medium locum tenent inter testes eos, quorum alter ab altero pendet, et eos, qui inter se communionem nullam nisi facti ipsius habent. haec ubi ita esse mihi visa sunt aut ubi per exceptionem similia afferenda erant, id quod raro evenit, auctoris nomini notam praemisi loci conferendi (cf.). — Deinde in auctoribus indicandis in duobus libellis diversam viam tenui. nam Romani libelli auctores ut plerumque facillime et certissime indicari possunt, praeterea pro exigua libri utilitate ab operosa diligentia cavendum fuit, ita in Geticis, quae licet ipsa infimi ordinis, pulcherrima quaedam et summi momenti capita sola servarunt, auctorum disquisitio difficillima est et saepe perplexa. ideo in Romanis plerumque satis habui ad singula capita auctorem cuius esset in margine laudare (locis sumptis ab auctore aut deperdito aut incerto IGNoti notam adscripsi) nec nisi per exceptionem, ibi fere ubi longius ab auctore Iordanes discessisset, illius verba subscripsi: in Geticis autem et quaecunque loca compilatorem ipsa adhibuisse iudicarem et ex affinibus quoque, de quibus modo dixi, potiora, totidem verbis in inferiore margine adieci. ita quae in Geticis quaestio est gravissima, ut deprehendantur ab auctore propter studia Gothica temere et fraudulenter interpolata, iam habebit paratum et certum fundamentum.

*Editionis ratio*   Editorum Iordanis nullum neque in apparatu neque in adnotatione iustis desideriis satis fecisse inter viros doctos convenit, quamquam postremus Clossius mediocriter quidem, sed non inutiliter in utraque re elaboravit. sane dolendum est auctorem pessimum, sed ut res se habet necessarium, ita autem comparatum, ut multo magis, quam in aliis auctoribus usu venit, utilitas eius pendeat a recta recognitione et iusto apparatu, per tot annos iacuisse multorumque egregiorum virorum laboribus damnum non exiguum ex parum apto et subinde fallaci instrumento illatum esse. *mit mehr als Ungeduld, mit einer Art von Verzweiflung warten wir seit wenigstens zwanzig Jahren auf die neue Ausgabe des Iordanis:* verba sunt Waitzii cum de Clossiana recognitione iudicium tulit ante annos et ipsos undeviginti. iam cum mihi sive contigisset sive accidisset, ut laborem ante multos annos privato consilio incohatum, sed intermissum et quodammodo abiectum in me reciperem societatis monumentorum patriorum edendorum publico consilio obtemperans, his quadraginta annis, per quos Iordaniana qui exposcunt in deserto errarunt, quantum fieri poterat paucissimi ut accederent curavi:

apparatum congessi, quae necessaria mihi visa essent adieci, cavi ne nimium mihi
proponerem. iam quae collegi cum trado collegis, volo reperiantur inter eos iusti
aliquot et aequi iudices, qui agnoscant medium me tenuisse inter levem celeritatem
et procrastinationem editori quam litteris utiliorem.

Auctorum qui de Iordane et Cassiodorianis scripserunt quamquam recensum dare *Commentarii recentiorum de Iordane*
non placet, quorundam commentariorum hoc loco mentio facienda est, cum et pro-
prie ad Iordanem pertineant et multa attulerint utilia et vera: dico Henrici de Sybel
'de fontibus libri Iordanis de origine actibusque Getarum' (Berolini 1838. 8. pp. 45):
Iacobi Grimm *über Iornandes und die Goten* in actis maioribus academiae Berolinensis
a. 1846 p. 1—59 et denuo in scriptorum minorum vol. 3 p. 171—235; Caroli Schirren
'de ratione quae inter Iordanem et Cassiodorium intercedat' (Dorpati 1858. 8. pp. 94):
Rudolfi Koepke *Deutsche Forschungen: die Anfänge des Königthums bei den Gothen*. Berlin
1859. p. 44—93: Alfredi a Gutschmid de Schirreni libello iudicium insertum Iahnii
annalium volumini LXXXV (1862) p. 124—151. ab his auctoribus quae sumpserim
recte et acute excogitata, suis locis cum debita laude significavi, ut item non tacui
quae mihi non probarentur, ubi dissentiendi causa et ratio ut afferrentur interesse mihi
visum esset; multa vero quae displicebant tacite praeterii. item tacite fere ab iisdem
viris et ab aliis eruditis adscivi, quae sola comparatione locorum continentur: nam
eiusmodi inventionis primos auctores persequi neque expedit neque omnino fieri potest.
profitemur in universum id quod talibus disquisitionibus fere commune est, plurima
deberi priorum diligentiae et si quid profecimus, profecisse nos umeris eorum innixos,
ut nostris deinde innitentur qui post nos venient.

Iam recensum dabimus auctorum, ad quos redire videntur quae refert Iordanes, *Auctores adhibiti in Romanis*
tam eorum quos ipsum adhibuisse probabile est quam quorum copias alio scriptore
interveniente adscivit. quos nomine citat excepto Cassiodorio et Hieronymo et Orosio
omnes ad secundum ordinem pertinere crediderim: nam cum in Romanis raro auctorem nominet, Getica, quae ipse ait epitomam esse historiae Cassiodorianae, non paucos habent, adsumptos opinor ex doctiore auctore, ut nominibus doctrinae non con-
temnendae speciem prae se ferentibus suam exilitatem ornaret. unde in operis principio, ubi paullo minus indiligenter rem gessit, auctorum laudationes frequentius longe
quam postea reperiuntur. nomina auctorum quae non enuntiantur uncis quadratis in-
clusi. in universum satis habui nomina ponere, plura addidi ibi ubi e re esse videbatur. incipiemus ab auctoribus adhibitis aut ad utrumque libellum aut ad solum Romanum conscribendum.

### AVCTORES LIBELLI DE ACTIBVS ROMANORVM.

I. [FLORI] epitomam ab ipso urbis Romae principio usque ad bellum Philippicum *Florus*
Iordanes in Romanis c. 87—209 ita secutus est, ut excepto uno loco 111—114 ex
Rufianis inserto aliena nulla interponeret, complura omitteret, multa in compendium
redigeret, pleraque autem ipsis verbis retentis redderet: id quod ubi Floriana inci-
piunt etsi auctorem non nominat, tamen satis significat verbis 'ut ipsorum', id est
Romanorum, 'verbis loquamur'. unde haec pars operis a grammaticis erroribus longe

minus inquinata est quam quae praeterea apud eum leguntur. a devicta Macedonia inde Iordanes a Floro ad Rufium se convertit, sed ut et insigniora quaedam, Galatarum in Asia cum Romanis proelium duce Manlio (c. 224), Parthorum de Crasso victoriam (c. 236. 237), Antonii et Cleopatrae interitum (c. 251—254), laudes Augusti (c. 255) propter admirabilem pulchritudinem Rufianae exilitati substitueret et. ut supra (p. XII) dixi, res Illyrici, quarum Iordani praecipua cura erat, postquam ad Rufium enarravit (c. 214—221), denuo c. 241—248 ad Florum repeteret addito praeterea narrationis Rufianae supplemento de Marmaridis et Garamantibus in Africa (c. 249). — Haec cum condicio sit excerptorum Florianorum apud Iordanem, ea quatenus perveniunt Florum edenti codicis instar sunt eiusque longe optimi, id quod recte intellexit et Florum suum ut aliis subsidiis ita Iordanis auxilio egregie reformavit Otto Iahn amicus quondam meus praestantissimus, cuius tum cum eo mihi communis laboris grata non minus quam luctuosa recordatio hodie animum subit. et adhibuit Iahnius non Iordanem editum totum corruptum, sed ex libris quos habui praestantissimum Heidelbergensem, unde factum est, ut ex hac mea Iordanis recensione ad Flori crisin novi non multum accedat. nihilo minus Flori libros denuo recognoscenti non inutilem eam futuram esse existimo. nam ut consentaneum est de lectione Iordanis iam libris eius plene excussis magis constare quam Iahnio constare potuit, ita is eo nomine erravit, quod praeter Heidelbergensem Monacensem quoque Pollingensem (*P* Iahnii) non solum adhibuit, sed etiam Heidelbergensi quodammodo aequiparavit, cum sit notae deterioris neque ullum locum in crisi teneat. sed ipsum quoque de Florianis Iordanis iudicium aliquatenus reformandum est. scilicet cum Flori crisis innitatur libris duobus Nazariano hodie Heidelbergensi et Bambergensi, ii ubi discedunt, Iordanes plerumque litem ita dirimit, ut alteri utri calculum addat, crediderimque iusto saepius editores recessisse a consensu Iordanis cum altero utro Flori libro. sed tamen consensus Iordanis cum altero utro codice non eandem vim habet. usus est enim, ut optime intellexit Iahnius, libro Bambergensis simillimo, antiquiore sane eo saeculis non paucis et pro aetate emendatiore, sed item inquinato mendis cum solo Bambergensi communibus. loci, ubi Iordanes et Bambergensis Flori contra Nazarianum in falsis consentiunt sunt inter alios Flor. 1, 3, 5 = Iord. p. 12, 3, ubi pro *citavere leges nefas* Nazariani illi substituunt *ut auderet leges nefas* plane ineptum, item Flor. 2, 7, 10 = Iord. p. 26, 31, ubi Florus scripsit *Aoum*, Nazarianus habet *dum* leviter corruptum, Bambergensis et Iordanes lectionem interpolatam *Sa(v)um*. e contrario errores in Nazariano admissos item apud Iordanem redire Iahnius p. XIII si quid video non recte contendit, ut ubi consentiant inter se Iordanes et Nazarianus, Bambergensis lectio auctoritate destituatur. nec magis, ni fallor, loci inveniuntur, ubi Flori libri duo in falsa aliqua lectione graviore conspirent contra Iordanem [53], cum adsint pauci, ubi vera lectio apud solum Iordanem invenitur diverse corrupta apud Florum, ut Flor. 1, 5, 2 = Iord. p. 12, 19

---

[53] Nam huiuscemodi consensus exempla quae Iahnius praef. p. VIII composuit aut talia sunt, ut duo librarii facile in eundem errorem sua sponte incidere potuerint, ut Flor. 1, 7, 9 *molientibus* (vel *monentibus*) *sedem* = Iord. p. 13, 20 *molientibus edem*; Flor. 1, 9, 2 *annum* = Iord. p. 14, 14 *annuum*, aut falsa; ita Flor. 1, 7, 8 = Iord. p. 13, 18 *res* ut in Bamb. et Naz. ita apud Iordanem quoque legitur omnino retinendum, reiciendum autem *rex* quod ex deteriore quodam libro Iordanis Iahnius adscivit.

*augeri* legit Iord. recte, *augure* Bamb., *augerit* Naz., item Flor. 1, 11, 10 = Iord. p. 15, 21 *Maenius* apud Iordanem est *menius*, in Bamb. *menenius*, in Naz. *moenibus*. sed non desunt errores utrique Flori libro cum Iordane communes, id est saeculo sexto antiquiores, ut Flor. 2, 2, 31 = Iord. p. 21, 35 *imperia gentium* pro *interiacentium*. — In Florianis his recensendis hoc tenui, ut Iordanis lectionem simpliciter repraesentarem neque ipse saperem ultra Florum talem, qualem Iordanis legit, itaque corruptelas ei aut cum utroque Flori libro aut cum Bambergensi solo communes in textu reliqui. quae apud Florum leguntur incorrupta, corrupta apud Iordanem, ita tractavi, ut in gravioribus corrupta in textu retinerem, vera in adnotatione apponerem, mendas tollerem leviores easque, quas ne tali quidem scriptori recte imputes. sane non facile est fines regere inter stultitiam auctoris saeculi sexti et librarii saeculi octavi, neque ignoro hodie editores fere eo magis in crisi sibi profecisse videri, quo pluribus salebris et barbarismis auctorem suum oneraverint et lectorem gravarint. iure tamen auctor quicumque est eorum tantum errorum condemnabitur, quos commisisse convictus est. universam variam lectionem Florianam in adnotatione non adscripsi, curavi tamen, ut de potioribus legenti facile constaret. quod si in Nazariani libri lectione indicanda a prioribus differo, mihi credi volo: ipse enim eum denuo contuli.

II. IAMBLICHVM in ipso principio libelli Iordanes ait Romanos laudasse, quod armis et legibus orbem terrae suum fecerint, eumque virum eruditissimum sequentem se 'aliqua de cursu temporum' scribere velle: ita certe verba acceperim, neque enim ne Iordanem quidem crediderim 'sequi' illud referre ad unam illam sententiam ex Iamblicho depromptam. si Chalcidenus intellegitur celebratissimus philosophus scholae neoplatonicae aetatis Constantinianae, illa sententia neque extat in iis quae ab eo habemus, et ita eam ab eius indole abhorrere, ut vix ab eo proficisci possit, harum rerum peritissimi viri certiorem me fecerunt, multo magis negantes eum aut scripsisse aut adeo scribere potuisse de cursu temporum commentarium, qualem hoc loco Iordanes significat. alter eius nominis scriptor Babylonius aetatis Marci et Veri, quamquam in inepta fabula Milesia, cuius epitomen Photius servavit, Romanorum imperatorum mentionem inicit, de cursu temporum certe non magis scripsit. nec magis cogitandum erit de aliquo eius nominis auctore praeterea ignoto, puta chronicorum scriptore eo, de quo c. IX dicetur: nam quod ipse Iordanes addit locum Iamblichi se in operis principio posuisse 'velut insigne quoddam ornamentum', necessario clarum illud nomen Chalcideni philosophi requirit. equidem suspicor auctorem iure sibi diffisum, ut patrocinium quoddam coepto operi pararet et libellum, sicut doctum virum decet, incoharet a scriptore aliquo citato, id quod item facit in altero, nomen elegisse splendidum Graeci philosophi, cuius sub umbra adquiesceret, sui propositi aut laudem aut reprehensionem in eum transferens et sententiam ei subministrans vulgarem undecumque arreptam. certe in hominem, quem mox videbimus plagii reum, eiusmodi suspicio non immerito cadit.

III. EVTROPII breviarium, quod pervenit ad a. 364, raro usurpatum est, scilicet ad sola c. 255. 257. 259. 260. 264. 267. 272. 282. 290. 294 libelli Romani partis eius, qua res sub imperatoribus gestae enarrantur, et ita ut singulis locis pauca tantum verba eaque fere ad origines moresque imperatorum pertinentia Hieronymianis ex Eutropio insererentur. exempli causa c. 259 ad 'Gaius Caesar' additum est 'cognomento Caligula', c. 272 ad 'Marcus Antoninus qui et Verus et Lucius Aurelius 'Commodus' additum 'affinitate coniuncti'.

*Rufus Festus*    IV. [RVFII FESTI] breviarium rerum gestarum populi Romani editum anno p. C. 369 Iordanes in libellum de rebus Romanorum ita transtulit, ut per capita 87. 111—114. 210—235. 239. 240. 261. 270. 272. 277. 280. 290. 291. 304 totum fere eodem ordine ibi repetatur: praeterea quae de Constantino et Constantio ex Rufii c. 26. 27 Iordanes sine dubio narraverat, hiatus post c. 302 intercepit. scilicet cum Floro duce narravisset, Italia itemque Sicilia et Africa quomodo Romanorum factae essent, reliquarum provinciarum accessionem duce potissimum Rufio executus est: nisi quod cum apud eum omissam esse Britanniam intellexisset, in ea Orosium (v. c. VII) in auxilium vocavit. hiatum Rufii nostri Iordanes c. 218 explet et alibi quoque ad verba eius castiganda utilis est.

*Hieronymus*    V. Ab HIERONYMO ex Eusebianis Latine versa et ad a. 378 continuata chronica Iordanes in Romanis pro fundamento sibi fuisse ait c. 11 nominatim citans 'Eusebium 'vel Hieronymum'. tempora tamen ante natum Abram aliunde sumpta sunt, item quae de rebus Romanis a Romulo ad Augustum exposuit c. 87—249, sed tam quae praecedunt c. 11—86 ab Adamo ad Cleopatram quam quae sequuntur c. 250—312 ex Hieronymo ita exscripta, ut reliqua excerpta Hieronymianis aut insererentur aut substituerentur: neque ob aliam causam Iordanes ait (v. p. XV) scripsisse se 'abbre-'viationem chronicorum'. quae excerpsit plerumque ad verbum reddit, raro graviter conturbat, ut accidit c. 76. — In Geticis Hieronymianum chronicum usurpatum est duobus locis c. 16, 89 et 19, 104, quos nihil impedit quominus ad Cassiodorium referamus: nam is quoque monachis suis id commendat (inst. div. litt. c. 17). — In Hieronymianis Iordanis lectiones nullas deprehendi nostris libris meliores consentaneum est; ita enim Hieronymiana habemus, ut crisis eorum magis seligendis recte traditis contineatur quam inveniendis novis. ad illud autem cum non minimae auctoritatis Iordaniana sint, quamquam ea res ab Hieronymianorum recognitore solo recte pertractari potest, addam locos qui ad id faciunt a me inventos signis codicum quae sunt apud Schoenium A(mandini), B(ernensis), F(reheriani Leidensis), M(iddlehillensis), P(etaviani Leidensis), R(egii Fuxensis) retentis, iudicio eis relicto ad quos ea res pertinet pertinebitve.

H. Abr. 347 R. 23 maminthus *AR Iord.*, mamynthus *P*, mamitus *F*, mamyrthus *M*, Μαμωθός *Eusebius*, mamichus *B*

H. Abr. 378 R. 24 macthaleus *Iord.*, magthaleus *M*, magchaleus *AP*, macchaleus *FR*, machaleus *B*, Manchaleus *Arm.*

H. Abr. 1456 R. 58 fundamenta iecerunt *AFMPR Iord.*, f. fecerunt *B*

H. Abr. 1670 R. 69 sidonem *APFR Iord.*, Sidonam *BM*

H. Abr. 1797 R. 76 philopater *B*, filopater *Iord.*, pilopater *F*, philopator *MPR*, philopatur *A*

H. Abr. 2118 R. 267 etesifontem *FP*, et tesifontem *Iord.*, ctesifontem *ABMR*

H. Abr. 2239 R. 280 Mammae *F*, Mamae *Iord.*, Mameae *reliqui libri*

H. Abr. 2380 R. 306 xxxiii *MP Iord. Eutropius*, xxxiiii *ABFR*

VI. [VICTORIS epitome] quae dicitur finiens a. 395 in Romanis ab eo inde tempore, quo desinit Hieronymus usque ad Theodosium, in quo ipsa finit, id est a c. 314 ad c. 318 adsumpta est. — In Geticis unum inde locum auctor adhibuit 26, 138, de quo vide quae dicuntur p. XLIII.

VII. OROSIVS PAVLVS (sic G. 9, 58), qui scripsit a. 417, citatur in Geticis 1, 4. 5, 43 (hic 'in primo volumine'). 9, 58. 24, 121, alibi quoque ibidem non raro adhibitus est, ut adnotatio ostendit, in Romanis autem inde ab imperatore Augusto (c. 255). eum librum cum ex Romanis constet ipsum Iordanem usurpasse, in Geticis quoque quae adsunt Orosiana probabile est non apud Cassiodorium eum invenisse, sed de suo addidisse, qua de re infra (p. XLIV) accuratius dicetur. fundamentum narrationis Orosius nusquam Iordani subministravit, sed lumina et colores ex eo sumpsit, quibus aut Cassiodorii aut annalium narrationem ornaret.

VIII. SOCRATIS] historiam ecclesiasticam usurpatam esse ab auctore fidem faciunt loci non multi, sed certi de posteris Gratiani R. 309—311, de Domnica uxore Valentis R. 314, de baptismate Theodosii I R. 315, de Vlfila G. 51, 267. quare quod in praefatione Geticorum Iordanes ait usum se esse praeter Latinas 'historiis 'Graecis', etsi quae in iis leguntur ex Graecis auctoribus derivata sine dubio a Cassiodorio fere accepit ipsaque verba illa fortasse ab eodem arripuit (cf. G. 2, 10), non mero mendacio Graecorum usum sibi vindicavit. eundemque hominem, cui debetur fluvius 'Potami cognomento' (G. 16, 93), nihilo minus adspiravisse ad aliquam linguae Graecae notitiam confirmant indicia plura. nam citat in Romanis Iamblichum et veriloquiis Graecis utitur G. c. 23, 117. 29, 148 et in ipsa suae ignorantiae confessione 50, 266 non illitteratum se dicit, sed magis docte agrammatum (cf. Vitruvius 1, 1, 12: 'non debet nec potest esse architectus grammaticus, uti fuit Aristarchus, 'sed non agrammatos'). ubi cum memor fuisse videatur loci act. apost. 4, 13 ὅτι ἄνθρωποι ἀγράμματοί εἰσιν καὶ ἰδιῶται, libros sacros Graece quoque novit, nam Graecum vocabulum Hieronymus non retinuit. simili doctrina R. 31 'allophylos' substituit pro 'alienigenis' Hieronymi (quod retinuit R. 33) et R. 64 scripsit de Artaxerxe 'qui Ma-'crochir dicebatur', cum apud Hieronymum sit 'Artaxerxes qui Longimanus cognomi-'nabatur'. neque enim ignorabat nomina propria non esse vertenda et allophylos ipsum Hieronymum (in Esai. 2) pro nomine gentis habuisse. denique etiam in orthographicis et grammaticis quaedam Iordanes habet non explicanda nisi ex Latinitate quae graecisset [54], ut eum Latinam linguam didicisse conicias in ludo litterario Graeco: neque id probabilitate caret, cum vixerit in Thracia, id est in ipsis confiniis linguarum duarum.

IX. CHRONICON QVODDAM ALEXANDRINVM. Ex sacris scripturis quod Iordanes ait R. 3 se relaturum esse tempora ante natum Abram 'per familiarum capita cur-'rentem', eo significat primam operis partem ad c. 11, ubi Hieronymum citat, non proficisci ex chronicis eius, quippe quae generationes eas non referant. pendere

---

54) Eo referenda est y vocalis cum diphthongo oe permutatio, ut non solum *Moesia* et *Mysia* confunduntur, sed scribitur adeo *Vsrus*, *Pynus*, *tragydia* pro *Oesro*, *Poeno*, *tragoedia*, item y littera in Latinis pro e vel u (*Lysitania*, *Culydonius*), et nomina propria Latina declinata Graece, ut *Curion*, *Zenon* — *Biturigas*, *Lingonas* — *Carthaginisii*, *Fossatisii*, *Sacromontisii*: vide de his ind. III.

auctorem ex tractatu aliquo chronologico sectae Alexandrinae hodie deperdito, qui contra Eusebium Cainan alterum agnosceret et Christi natales in annum mundi 5500 referret, supra p. XVII vidimus. ex eodem omnino auctore Iordanes deprompsit quae in principio operis ex Iudaeorum historia adiecit ad Hieronymiana, quorum cum pleraque pariter referantur apud omnes sacrae historiae scriptores, c. 57 proxime accedat ad Iosephum, duo certe loci c. 26 de Aegyptiaca doctrina Mosis rediens apud Syncellum et c. 81 de persecutione Iudaeorum Alexandreae et Antiochiae tempore Ptolemaei Alexandri, de qua praeterea nihil comperi, stabiliunt chronici eius originem ex Aegypto. fabula quoque c. 268 de statua Traiani apud Indos dedicata, quae et ipsa ab Iordane solo tradi videtur, ad eundem auctorem redire potest. denique ab eodem proficiscuntur quae de versionibus bibliorum traduntur c. 270. 276. 277. 280, similia ea relatis apud Epiphanium in libro de mensuris et ponderibus neque tamen inde profecta: immo utrumque auctorem haec sumpsisse ex nescio quibus annalibus inde colligitur quod apud Epiphanium anni adscripti sunt Hadriani et Caracallae et referuntur apud eundem media haec inter annalium excerpta alia. — Christiana pauca et vulgaria quae Iordanes addidit c. 256. 265 praetereo.

*Libellus de origine Romae*

X. [DE ORIGINE VRBIS ROMAE] commentarium quoddam Iordanes habuerit necesse est. inde quae profecta sunt, inserta Hieronymianis ita, ut emblema facile appareat, haec sunt:

(c. 38) *Aeneas* (*ex Troia*) *fugiens in Italiam venit, se quoque cum Latino Fauni filio Pici nepote Saturnique abnepote adfinitatis gratia iungens accepta filia eius in uxorem Lavinia: unitosque Frygas Italosque populos nominavere Latinos:* (c. 39) *et sic iam ex tunc et deinceps, quamvis in pauperrimo regno locoque angusto quod dicebatur agro Laurentum* (fortasse pro *agrum Laurentum*, id est *ager Laurens*) *regnaverunt post Latinum Aeneas et successores eius* [qui et Silvii sunt Albanique vocitati] *pro Albano urbe* [et pro postumo Aeneae] *idem Aenea, qui idcirco Silvius dictus est, quia Lavinia post mortem Aeneae, timens Ascanii invidiam, clam eum in silva generavit Aeneamque Silvium nominavit.*

(c. 51) *post innumerabiles ... Laurenti loci et Latio reges Silvios Albanosque, qui trecentos per annos in parte Italiae regnaverunt quamvis pauperrime,* [Amulius rex Numitoris fratris filiam] *Ream nomine, quae et* [Ilia] *vocabatur,* [Vestalem virginem fecerat]: *quae gravida inventa dum scelus suum nititur excusare, a Marte se compressam mentita est.* [ex qua genitis duobus geminis rex exponi praecepit]. *quos vagientes meretrix quaedam Lupa nomine cum audisset, statim tollens ad Faustulum pastorem adduxit. quos Acca uxor eius nutriens inter alios pastores conversari edocuit.*

(c. 52) *Romulus eiusque germanus* [collecta pastorum multitudine] *Romanae urbis aedificia inchoaverunt suoque de nomine iunior,* [qui germanum peremerat,] *urbem vocari Romam praecepit.*

Vncis inclusa sola ex Hieronymo proficisci potuerunt, quamquam etiam haec aliunde adsumpta esse magis probabile est. insunt autem in his plura quae in tanta diversitate fabularum alibi raro vel nusquam invenias: ita trecenti anni Silviorum apud Vergilium Aen. 1, 272 aliosque antiquiores redeuntes, a chronographis mature aboliti: ita Lupa ab Acca diversa item cum antiquioribus: ita Rea quae et Ilia: ita filius Aeneae ex Lavinia plerisque Postumus Silvius dictus, hic Aeneas Silvius: ita Romulus Remo iunior, id quod nusquam alibi legisse me memini. ut quaedam ex mera perturbatione originem duxerint, pleraque crediderim ex narratione proficisci simili ei quam servavit auctor originis gentis Romanae plenioremque quam nos legit Paulus Diaconus, effecta ex commentariis Vergilianis.

XI. 'ANNALES CONSVLVMQVE SERIES'[55]), quos in epilogo Romanorum evolvere iu- *Marcellinus comes* betur qui accuratius rerum praesentium statum infelicem cognoscere cupiat, quibusque scriptor et in hoc libello et in alterius parte utilia pleraque debet, cum continuatione Hieronymiana Marcellini comitis et auctario eius ut saepe ad verbum conveniunt, ita Iordanes adhibuit annales nostris auctores. primum cum Marcellini auctarium quod habemus subsistat mutilum in a. 548, Iordanes id usurpasse videtur deductum ad ipsum quo scripsit annum 551: nam quae narrat ad annos extremos pertinentia non minus quam priora ex libris potissimum petita videntur, neque improbabile est eiusmodi libellos ita venales prostitisse, ut, qui exemplar emeret, haberet res gestas ad ipsum qui currebat annum continuatas. id ut in coniectura positum est, ita constat ibi quoque, ubi Marcellinum habemus, Iordanem saepe afferre quae apud hunc desiderata nihilominus aperte veniunt ex eodem auctore. quam ob rem aut Marcellinum breviatum habemus, aut ipsum eius chronicon non est nisi epitome annalium pleniorum eosque, non Marcellinianos Iordanes adhibuit. id cum in universum pateat, mihi autem in edendis chronicis latius de eo argumento agendum sit, hic satis erit rem breviter tetigisse. — De annalibus adhibitis ad Geticorum partem eam, quae propter temporis rationes Cassiodorio tribui potest, in auctoribus Geticorum disputabitur.

XII. GETICA quod in praefatione Romanorum ante haec se absolvisse auctor ait, id *Auctoris Getica* res confirmat: nam passim illis in altero libello usus est et ubi differunt, Getica plerumque pleniora sunt et minus corrupta, Romana breviata magis et magis perturbata. notabilis est locus Rom. c. 373 = Get. 60, 311, ubi auctor Romana compilans primum Getica in epitomen redegit, deinde ex annalibus quaedam ita interposuit, ut ante scripta male divelleret (v. p. 49 not. 2). sed aliquoties ratio inversa est. ita Rom. 314 = Get. 26, 138 illo libro Iordanes ad verbum reddit auctorem Victorem quem dicunt, hoc liberius eum tractavit, scilicet quoniam adsumpsit Ammianum vel potius quae Cassiodorius ex Ammiano excerpsit (cf. p. XLIII). item si comparabis Rom. 344 in. et Get. 46, 242, Rom. 373 et Get. 60, 311, illa sequuntur ipsa verba auctoris Marcellini, haec longius ab iis absunt. etiam mors Valentiniani III Rom. 334 = Get. 45, 235 ex annalibus ita narratur, ut neuter locus ex altero descriptus esse possit. quam ob rem quae in utroque libro tractantur satis multa comparentur necesse est et expendatur, utrum Romana a Geticis pendeant an utraque narratio ab eodem auctore petita sit.

Auctores Geticis proprios etsi ad Romana non perpetuo adhibitos esse horum condicio evidenter demonstrat, ex Cassiodorianis quaedam Romanis quoque illata esse non certum quidem est, sed veri simile. ita quae de Illyrici cessione Valentiniana refert R. c. 329 cum redeant apud unum Cassiodorium eumque certum sit in historia de ea fuse egisse, scriptor rerum Illyricarum curiosus id inde videtur adscivisse. narratio de extremis temporibus imperii Occidentis (c. 335—339) cum non pauca tan-

---

[55] Similiter a Gregorio Turonensi hist. Franc. 2, 9 citantur 'consularia'. Epiphanius quoque adv. haeres. 2, 51 p. 482 Dind. consules quibus natus sit Christus citat ὡς ἔχει τὰ παρὰ Ῥωμαίοις ὑπατάρια.

gat a Marcellino aliena et nequaquam vulgaria, immo ex parte ex uno Iordane nota et cum Prisci horum temporum enarratione, quam breviavit Euagrius hist. eccl. 2, 16. ita coniuncta, ut eiusdem narrationis utraque epitome esse videatur. non sine specie veri conicias auctorem in his praeter consularia etiam Cassiodorianam ex Prisco desumptam narrationem usurpavisse.

## AVCTORES IN GETICIS ADHIBITI.

*Auctores adhibiti in Geticis*

*Iustinus*
I. POMPEIVS TROGVS citatur c. 6, 48. 10, 61, adhibetur praeterea c. 7, 50. c. 8. de fragmentis his diligenter et perite dixit Alfredus a Gutschmid in annalium Iahnii vol. 2 suppl. (1856/7) p. 193—202, ratus Iordanem auctoremve eius usum esse non epitoma Iustini, sed ipso Trogo. absunt sane ab Iustino non solum pleraque de Amazonibus c. 7 relata, quod caput Gutschmidius totum fere Trogo vindicat, sed etiam quae de Sorno Medorum rege c. 6, 47 traduntur; et ut illius narrationis origo parum evidens est, ita locus de Sorno cum reliqua narratione ita coniunctus, ut aliunde adsumptus esse non videatur. nihilominus cum compilatori, quem Iordanes in epitomam redegit, multa et varia scripta Graeca patuerint, fieri potest, ut hanc narrationem ex duobus auctoribus conflarit. e contrario quae habet Iordanes conspirantia cum Iustinianis, cum in rebus tum in vocabulorum propriorum corruptelis (ut sunt *Marpesia* pro *Marpessa* c. 7, 49 et *Vesosis* pro *Sesosis* c. 6, 47) propius ad haec accedunt quam accessura fuisse credibile est, si integrum Trogum compilator adhibuisset. ceterum saepius et Iustinus et epitomator eius Orosius ita reperiuntur simul adhibiti, ut cautela opus sit in excerptis eorum separandis.

*Vergilius*
II. VERGILIVS ('Mantuanus' c. 1, 9): 1, 9. 5, 40. 7, 50.

*Livius*
III. LIVIVM c. 2, 10 citari secundum locum Taciti ibi adlegatum duabus relationibus male confusis recte opinor statuit Sybelius p. 11: nec credibile est Livium vere dubitasse de Britannia, continensne sit an insula.

*Strabo*
IV. STRABO 'Graecorum nobilis scriptor' c. 2, 12 citatur de Britannia eodemque capite passim adhibetur.

*Mela*
V. POMPONIVS MELA citatur c. 3, 16, adhibetur nomine suppresso per totum c. 2, item c. 5, 44. 45. 12, 75.

*Lucanus*
VI. LVCANVS c. 5, 43.

*Iosephus*
VII. IOSEPHVS 'annalium relator verissimus' c. 4, 29. eum Cassiodorius (inst. div. litt. c. 17) monachis suis commendat tamquam 'paene secundum Livium' et Latine versum monachis suis reliquit.

*Dio Chrysostomus et Cassius Dio*
VIII. DIO 'celeberrimus scriptor annalium' c. 2, 14 citatur de Britannia eodemque capite alibi quoque adhibetur de Ravenna c. 29, 151. idem auctori est qui c. 9, 58 laudatur 'Dio historicus et antiquitatum diligentissimus inquisitor, qui operi suo 'Getica titulum dedit', item c. 5, 40 'Dio qui historias (Gothorum) annalesque Graeco 'stilo composuit', item c. 10, 65 'Dio historicus' scribens de Odessi obsidione, ut similiter ait Suidas: Δίων ὁ Κάσσιος χρηματίσας, ὁ ἐπίκλην Κοκκήιος (οἱ δὲ Κοκκηιανός) ... Νικαεύς ... ἔγραψε Ῥωμαϊκὴν ἱστορίαν ἐν βιβλίοις π΄ ... Περσικά, Γετικὰ ἐνόδια. sed Geticorum librum tam Cassiodorius quam Suidas male tribuerunt Cassio Dioni con-

tra testem utroque longe magis idoneum Philostratum in vita Dionis Chrysostomi sic scribentem (vit. soph. 1, 7 p. 487): ὡς δὲ καὶ ἱστορίαν ἱκανὸς ἦν ξυγγράφειν, δηλοῖ τὰ Γετικά· καὶ γὰρ δὴ καὶ ἐς Γέτας ἦλθεν, ὁπότε ἠλᾶτο, nam Βορυσθενιτικὸν inscriptam orationem intellegere non potuit homo minime imperitus. index operis videtur fuisse Γετικὰ ἐνόδια, id est Getica collecta in itinere. ex iis Cassiodorium Cassiodoriive auctorem probabile est et alia hausisse et locum Thucydideum de Sitalce (cf. ind. pers. s. v.).

IX. CORNELIVS [TACITVS] 'annalium scriptor' c. 2, 13 citatur eodemque capite de Britannia passim adhibetur, sed Agricola solus, non annales, quantum apparet. eiusdem locum de sucino (Germ. 45) item sub Cornelii nomine citat Cassiodorius var. 5, 2. *Tacitus*

X. CLAVDIO PTOLEMAEO 'orbi terrae descriptori egregio' acceptus refertur locus c. 3, 16—19 de Scandia. eundem, Latine puto redditum, Cassiodorius (inst. div. litt. c. 25) in bibliotheca monasterii sui iis exponit, quos 'notitiae nobilis cura flam-'maverit'. *Ptolemaeus*

XI. [DICTYIS] in fabula de Telepho c. 9 auctor adhibuit non quam nos habemus Latinam interpretationem, sed ipsum archetypum Graecum deperditum (v. p. 71 not. 1). *Dictys*

XII. [SOLINI] collectanea Cassiodorius ipsa adhibuisse non videtur, quamquam loci quidam (c. 5, 46. 7, 53—55) apud utrumque leguntur ita similia, ut de communi auctore dubitari nequeat. crediderim ex eadem chorographia cum originum rerum mirabilium enarratione coniuncta, ex qua sua Solinus adsumpsit, Cassiodorium descriptiones locorum hausisse, quibus rerum narrationem aut ornat aut onerat. *Solinus*

XIII. [Ad MAPPAM GEOGRAPHICAM] redeunt loci Geticorum figuras quales mappa ostendat describentes[56]. ita c. 5, 30 depingitur Scythia verbis his: 'in modum fungi 'primum tenuis, post haec latissima et rotunda forma exoritur ... longe se tendens 'lateque aperiens', item c. 50, 264: 'Pannonia in longo porrecta planitie'. item c. 12, 75: 'Danuvius ... sexaginta ... hinc inde suscipiens flumina in modum spi-'nae, quem costas ut cratem intexunt'. item c. 3, 16: 'insula magna nomine Scandza 'in modum folii citri lateribus pandis per longum ducta concludens se'. ea quoque quae sequuntur de ostiis fluviorum Vistulae et Vagi ad mappam descripta videri observavit Muellenhoff *Weltkarte des Augustus* p. 31 [57]). etiam recensus insularum occani Indici c. 1, 6 eodem ordine redit apud Iulium Honorium similis mappae expilatorem. eandem originem produnt quinque loci quibus regiones populive determinantur secundum quattuor caeli partes, scilicet Callaecia c. 44, 230; Pannonia c. 50, 264; Vandali c. 22, 114; Dacia c. 12, 74; Scythia c. 5, 31 (cf. 33) respondente descriptione earum non aetati Cassiodorii, sed saeculo fere secundo. nam ut provinciae quattuor supra dictae eae sunt quae fuerunt ante Diocletianum, ita Vandalorum ipse Iordanes ait antiquas sedes determinari suo tempore dudum ab iis relictas. ubi regiones et populos examinamus, qui pro finibus nominantur, similiter reicimur ad aetatem melio- *Mappa geographica*

---

56) Monui de ea re in actis minoribus Lipsiensibus a. 1851 p. 101, probavitque coniecturam Muellenhoffius *Weltkarte des Augustus* (Kiliae 1856) p. 29.

57) Quae de Tauro traduntur c. 7, 52 — 55, errore Muellenhoffius *Weltkarte* p. 34 ex mappa repetivit immemor locorum Solinianorum quos adscripsi. immo haec venerunt ex auctore eo de quo dixi sub c. XII.

rem. nam regiones Albania p. 62. 2, Dalmatia p. 126, 15, Germani p. 62, 1, Hiberia p. 62, 2, Lusitania p. 116, 22, Moesia superior p. 126, 14, Noricum p. 126, 15, Persis p. 62, 2, Pontus p. 62, 2, Seres p. 61, 19, utrique aetati pariter fere apta sunt, at antiquiori soli populi qui nominantur, qui sunt Autrigones p. 116, 20, Bastarnae p. 75, 11, Gothi p. 87, 16, Hermunduri p. 87, 16, Iazyges p. 75, 11, Marcomani p. 87, 16, Roxolani p. 75, 10, Sarmatae p. 75, 11. scilicet praeter Gothos, qui fortasse vere Gothini sunt [58]), et Sarmatas utrique aetati pariter convenientes quinque reliquorum populorum nomina post tertium saeculum non comparent, cum antea saepissime eorum mentio fiat. quid quod harum indicationum quaedam affinitas est cum tabula Peutingerana. Daciae fines satis respondent: nam cernuntur in tabula supra Apulum et Napocam *Venadi Sarmate* et *Alpes Bastarnice*, ubi Iordanes nominat Sarmatas et Bastarnas, nec longe absunt orientem versus *Roxulani Sarmate* respondentes Aroxulanis Iordanis; Iazyges secundum nostrum auctorem ab occasu Dacis contermini a tabula absunt. item cum Iordanes antiquam Vandalorum regionem scribat comprehendi inter Marcomanos, Hermunduros, Gothos, Istrum, in Peutingerana Hermunduri et Gothi desunt, Vandali autem perscripti sunt ad sinistram Danuvii et super eos scriptum 'Marcomanni'. utut de illa finium indicatione iudicabitur, hic quoque constat secundi saeculi condiciones explicari, cum praesertim quae praeterea apud Iordanem inveniuntur regionum populorum oppidorum vocabula omnia sexto saeculo recte conveniant [59]). — At exceptionem faciunt loci duo praeterea simillimi alter de Moesia c. 9, 59 descriptus ex chorographia Orosii in eodem capite citati, alter de Suabia [60]) c. 55, 280 a Cassiodorio opinor ad ipsius locorum notitiam formatus: nam Suabi ut a Suebis non

---

[58]) Viri docti, in his qui diligentissime haec perscrutatus est Zeussius (*die Deutschen* p. 447), propter solum hunc locum admiserunt Vandalos imperante Constantino Daciam Transdanuvianam sedem habuisse, neque dubium est Iordanem id significare voluisse. sed si recte demonstravi haec eum de mappa posuisse, videndum est annon recte eam intellexerit. scilicet si cum Tacito Hermunduris sedem attribuimus ad caput Albis fluvii, Gothos autem Iordanis habemus pro Gothinis, demonstratio finium apud Iordanem relata apte convenit sedibus quas Vandali habuerint necesse est bello Marcomanico; crediderimque Iordanem, cum Gothinos pro Gothis haberet, ii autem eo tempore in 'Scythia' habitarent, propterea Vandalos in Dacia Transdanuviana collocavisse et ob eam causam bellum inter Vandalos et Gothos post amissam a Romanis Daciam collocavisse.

[59]) Quae ex utroque Iordanis libello colliguntur indicationes geographicae demptis iis, quas ab auctoribus antiquioribus transtulit, repraesentant eum rerum publicarum statum qui tum fuit. scilicet in partibus Occidentis quae ad Italiam pertinent, eam provinciarum ordinationem sequuntur, quae instituta ab imperatoribus mansit sub Theoderico; extra Italiam pro provinciis imperatoriis substituta sunt regna quae tum fuerunt. de partibus Orientis quae traduntur in universum conveniunt cum Notitia provinciarum edita paullo ante a. 535, id est eo ipso tempore, quo scripsit Cassiodorius, Synecdemum dico Hieroclis, quodque auctor novit imperium Orientes, id est quod fuit sub Iustiniano ante bella ab eo in Occidente gesta. differunt Hierocles et Iordanes eo, quod ille Pannoniam (sic nude) cum civitatibus duabus solis Sirmio et Bassianis imperio Orientis adiudicat, contra Iordane teste c. 58, 300 Sirmium certe sub Theoderico fuit, quocum convenit Procopius anecd. 18 p. 108 Bonn.: κατέτεινε ἡ Γότθων ἀρχὴ πρὸ τοῦδε τοῦ πολέμου ἐκ Γάλλων τῆς γῆς ἄχρι τῶν Δακίας ὁρίων, οὗ δὴ πόλις τὸ Σίρμιόν ἐστι, ut mittam auctores Gothos Cassiodorium chron. a. 504 et var. 8, 10 et Ennodium paneg. p. 410 Sirm. at cum Theodericus hanc regionem non cum reliqua Italia et Illyrico obtinuerit, sed postea demum Gepidis eripuerit, probabile est Orientis imperatorem provinciis Theoderico iure concessis hanc non adnumerasse, itaque Hieroclem statum rerum enarrare eum, qualis esse debuit secundum imperatores Byzantios, Iordanem, id est Cassiodorium eum qui tum fuit. eodem referendum est, quod paullo post obitum Theoderici Amalasuentha 'contra Orientis principis votum Romanum fecit esse Danuvium' (Cassiodor. var. 11, 1).

[60]) Cum Savia provincia, quae et ipsa non raro Suavia dicitur, Suaborum agrum Iordanes confudit, sed ut quid Cassiodorius voluerit dubium esse non possit. vide indicem locorum.

diversi sunt, ita illo nomine vix ante sextum saeculum appellantur, denique inter quos habitare dicuntur populi Franci Burgundiones Thuringi Bainvarii Cassiodorianae aetatis sunt omnes; Baiuvarios adeo qui nominent tempore primi, Iordanes sunt et supparis aetatis auctor laterculi cuiusdam populorum Francici[61]. sane ut Ravennae situs describitur c. 29, 149 simili ratione, sed certe non de mappa, ita etiam sine ea populos sibi notos ad eam formam Cassiodorius describere potuit. — Ceterum utrum Cassiodorius usus sit ipsa mappa mundi saeculi fere secundi an epitome inde confecta tali, qualem repraesentant nobis libelli qui extant Iulii Honorii et geographi Ravennatis, incertum est; nam etiam quae de figura provinciarum apud Iordanem leguntur, ut Scythiae cum fungo comparatio, in eiusmodi compendio scripta esse potuerunt. commendat hanc originem, quod ipsam Iulii Honorii cosmographiam Cassiodorius (inst. div. litt. c. 25) magnis laudibus extollit, potestque eam adhibuisse forma pleniore quam nos eam habemus.

XIV. DEXIPPVS c. 22, 113 citatur, ubi agitur de Vandalorum profectione ab Oceano ad fines imperii Romani. praeterea veriloquium de Herulis c. 23, 117 quod Ablabio acceptum refertur venit a Dexippo. probabile est utroque loco Dexippum per Ablabium citari.

*Dexippus*

XV. FABIVS, a quo sumpta est pars descriptionis Ravennae c. 29, 151, quinam fuerit, nescio. possis conicere ibi, ubi Iordanes legerit Fabium, Cassiodorium nominavisse Ablabium: sed ei opinationi non multum tribuo.

*Fabius*

XVI. [AMMIANVS] res gestas ipse ait scripsisse se ab exordiis Nervae ad interitum Valentis; superat operis operumve pars postrema inde ab annis extremis Constantii II. iam Iordanes quidquid habet ex historia Romana ad hanc aetatem (a. 353—378) pertinens, scilicet c. 24, 126. 127. 128[62]. c. 25. 26, ex Ammiano sumpsit, pauca sane, quoniam a Constantino ad Valentem saltu transiit: id quod fecit consulto, eo quod post Claudii et Aureliani victorias fere ad tempora Valentis ipso Ammiano teste 31, 5, 17 'Gothi per longa saecula siluerunt immobiles' aut certe clades tantum suas annalibus inscribendas dederunt (cf. Anon. Vales. 31). optime igitur Schirrenus p. 31 coniecit ea quoque quae ex simili auctore deprompta leguntur c. 16, 89—93. 18, 101. 20, 109. 21, 111. 112 (vide quae adnotavimus ad c. 16, 93. 18, 101. 103. 20, 108) pertinentia ad imperatores a Philippo ad Constantinum I proficisci ex commentariis Ammiani deperditis. inter Domitianum et Philippum quod solum ex Romanis historiis auctor interposuit caput de Maximino ipse ait ex Symmacho proficisci. narrationem c. 17 de bello inter Gothos et Gepidas gesto quaeque traduntur de Gebericho et Ermanaricho c. 22. 23. 24 eo minus dubitari potest non ex Ammiano petita esse, quod Ermanarichus secundum Iordanem a fratribus Saro et Ammio interfectus est, secundum Ammianum 31, 3, 2 propter Hunnorum metum voluntariam mortem sibi conscivit. ea denique, quae de

*Ammianus*

---

61) Muellenhoff in actis maioribus acad. Berolinensis a. 1862 p. 537. adsentitur Waitzius *deutsche Verfassungsgeschichte* 2² p. 74.

62) In descriptione Hunnorum apud Iordanem multa inesse ita sumpta ex Ammiano, ut ipsa eius verba redeant, in adnotatione demonstratur: addendum p. 91, 10 verba *quod genus* (Hunnorum) *expeditissimum multarumque nationum grassatorem Getae ut viderunt, pavescunt* venire ex Ammianis 31, 2, 12: *hoc expeditum indomitumque hominum genus* (Hunnorum) . . . *per rapinas finitimorum grassatum* et c. 3, 1: *Huni . . . Ermenrichi pagos repentino impetu perruperunt.*

Gothorum fortiter factis sub Diocletiano et Constantino afferuntur c. 16, 91. 21, 110, ad illam, quam Ammianus testatur, victoriarum Gothicarum intermissionem aliquatenus explendam Cassiodorius aut ex Orosio adscivit aut ad Orosium interpolavit. — Ceterum quae ex Ammiano quatenus superest exscripta apud Iordanem leguntur, omnium optime ostendunt non solum quanta levitate Cassiodorius rem perfecerit (cuius culpae tamen partem in Iordanem transferre licebit), sed etiam quam mala fide studio Gothorum suorum tradita perverterit: quod insigni exemplo monstrat narratio de evasione Fritigerni c. 26, 136.

Continuator Ammiani

XVII. [CONTINVATOR AMMIANI] aliquis videtur adhibitus esse in iis quae interposita sunt inter excerpta Ammiana, quae finiunt c. 26, 138, et Prisciana, quae incipiunt c. 34', 178: quamquam Prosper quoque, item consularia in his usurpata sunt. Koepkius (*Anfänge des Königthums* p. 81) cogitavit de Eunapio propter epitomatoris eius Zosimi locum 4, 34 de expeditionibus Fritigerni et Alathei Safracisque: sed similitudo non ea est quae sufficiat.

Rufinus

XVIII. [RVFINI] Aquileiensis (c. a. 345—410) praefationem versionis commentariorum Origenis de epistula Pauli ad Romanos paullo mutatam et Castalio inscriptam Iordanem malo plagio Geticis praeposuisse Sybelius primus animadvertit (v. p. 53). quod ait Schirrenus p. 22 non plagium eum committere voluisse, sed a Rufino citando utpote orthodoxae fidei addictum abstinuisse, aliena proferre se insinuavisse insertis verbis p. 53, 4 'ut quidam ait', mihi non probavit: ea enim qui legit referat necesse est non ad praefationem, sed ad figuram de pisciculis ex Graecorum stagnis sublectis.

Prosper

XIX. [PROSPERI] continuatio Hieronymianorum ad annos perveniens 379—455, ex qua Cassiodorius chronicum a. 519 editum potissimum compilavit quamque item monachis suis (inst. div. litt. c. 17) commendavit, ad Getica duos solos locos[63] contribuit c. 34, 177 narrationem de Litorio cum ipsis consulibus ex Prospero translatam (v. ind. person.) alteramque c. 42, 223 de papae Leonis ad Attilam legatione ex eodem auctam. ad Cassiodorium haec redire inde sequitur, quod in Romanis annalium Prosperianorum nullum vestigium reperitur.

Priscus

XX. PRISCVS 'historicus' natione Thrax ex Panio oppido provinciae Europae citatur c. 24, 123. 34, 178. 35, 183. 42, 222. 49, 254. 255: praeterea ex fragmentorum eius alibi servatorum cum Iordanianis consensu certum est proficisci ab eo locos c. 24, 126. 36, 184. 42, 223. 43, 225, verisimile c. 3, 21[64]. scripsit is ἱστορίαν Βυζαντιακὴν καὶ τὰ κατὰ τὸν Ἀττήλαν teste Suida, cum in excerptis Constantinianis aut

---

63) Errore Hertzbergius (*Historien des Isidorus* p. 50) ex Prosperi adnotatione ad a. 453: 'Attila ... 'mortuo magna primum inter filios ipsius certamina de obtinendo regno exorta sunt' ait Iordanem hausisse c. 50, 259. nam verborum tenor differt, nec recte is qui de dissidiis illis accurate refert, generale exordium plane necessarium creditur mutuatus esse ab auctore de singulis tacente.

64) Narrationes duae de Scrithofinnis Procopii b. Goth. 2, 15 et Iordanis 3, 21 vel potius Cassiodorii aperte ab eodem auctore pendent, et cum utrumque constet Prisciana adhibuisse, non improbabile est ea quoque venire a Prisco, quamquam ad Attilam certe haec non pertinent possuntque item sumpta esse ex nescio quo mirabilium scriptore Graeco. de iisdem quae narrat Paulus diaconus hist. Lang. 1, 5 cum non ex Iordane petita sint, sed Procopianis similia, ea statuendum est Paulum hausisse ex Secundo Tridentino (vide quae exposui *Neues Archiv* 5 p. 72 sq.), Secundum ex Cassiodorio. — Rom. 333 cum referatur de bello Marciani adversus Nubades et Blemmyes, mero casu de eodem praeterea unus Priscus (fr. 21 p. 100 Muell.) nobis testis est, neque enim ex Prisco illa Iordanes adscivit, sed ex consularibus suis.

ἱστορία Βυζαντική inscribatur aut Γοτθική: probabile autem est vel in ipso indice Attilae eum nomen posuisse, cum satis constet Priscum et ab Attila incepisse et maxime elaborasse in explicandis rebus regis, ad quem ipse a. 448 inter legatos ivit quemque propter eum solum ita novimus, ut ex eorum saeculorum viris non Romanis solius Attilae vivida imago hodie supersit. perveniunt Prisci fragmenta ad a. 471 probabiliterque statuunt viri docti eum substitisse ad a. 472, cum Malchus incipiat a sequenti Leonis imperatoris septimo decimo (Mueller vol. 4 p. 69). — Priscianorum egregiam partem Iordanes servavit duobus locis, scilicet historiae Vesegotharum inseruit indolis Attilae adumbrationem et expeditionum duarum in Galliam susceptarum narrationem a c. 34, 178 ad c. 43 extr., Ostrogotharum autem rebus a c. 49, 254 ad c. 50. 263 interposuit narrationem de morte Attilae et sepultura, item de dissolutione imperii post ipsius obitum [65]. utriusque loci principio Prisci nomine citatur exordiaque, maxime prioris, nullo modo cum praecedentibus coniunguntur, sed plane abrupta procedunt. item distinguuntur duo loci argumento, quod totum vertitur in Attilanis et regis Hunnorum indolem et res gestas solas respicit, ut apud Iordanem neque de Attila quicquam legatur, quod non sit Prisci, neque quicquam Prisci, quod non sit cum Attilae rebus coniunctum. sed omnium maxime capita haec distinguit propria nobilitas et egregium scriptoris ingenium eo magis insignia, quod tamquam faces e tenebris Prisciana haec emicant ex Iordanianis et luce quidem vix temerata: nam inter Prisciana locos, quos probabile sit Iordanem aliunde adscivisse, non repperi nisi tres [66], primum c. 40, 209, ubi victoriae meritum in proelio in campis Catalaunicis pariter atque in chronico Cassiodoriano male ad Gothos trahitur, alterum de papae Leonis ad Attilam legatione c. 42, 223 ex Prosperi chronico auctum, tertium de caede Bledae c. 35, 181, non tam quod eius praeterea soli annales Romani meminerunt quam quod sententia addita 'librante iustitia detestabili remedio crescentem deformes exitus invenisse' Prisci gravitati et simplicitati parum convenit. neque enim auctores tam dissimiles cogitari possunt quam sui dissimilis est Iordanes, scilicet vulgaris et Priscianus. illic omnia exilia hiantia tumentia luxata obscura interpolata: hic narratio recte et plane procedit. interponuntur orationes similiaque (p. 107, 3. 110, 12. 124, 13), quibus rerum status optime explicatur et magnae res condigna gravitate illustrantur, ut pulcherrimum de Attila mortuo carmen omnes Alexandri laudationes longe post se relinquit. variorum populorum proprietates recte distinguuntur notabilisque est locus p. 125, 20 de armorum diversitate. homines depinguntur ad vitam et verum (p. 105, 15. 110, 1. 123, 18), causae rerum rationesque et perite indicantur et religiose, ut quid in coniectura positum sit, non taceatur (ita de Attilae militum numero p. 105, 12, de pyra p. 112, 19, de Honoria p. 115, 11). sermo quoque totus differt. sententiae interponuntur, rhetoris sane, quem locum Priscum tenuisse traditur, iusto frequentiores nec semper

---

[65] Fortasse quae de filiis Attilae Iordanes habet c. 50, 266. 53, 272 (cf. 52, 268), item ad Priscum redeunt, cum praesertim in Priscianis excerptis aliis similiter atque apud Iordanem Dingizich Romanis infestus appareat, Ernach magis amicus. in enarrandis rebus Moesiacis et Thracicis post Attilae excessum Iordanes relata apud Priscum et sibi ipsi visa et audita contaminavisse videtur.

[66] Accedunt his minora studio Gothico fucata ea quae mox commemorantur, item Ablabiana ea de quibus agitur p. XXXIX.

egregiae, sed minime inscitae (p. 107, 1. 23. 108, 11. 109, 13. 113, 16. 125, 13. 128. 2); item figurae et similitudines non infelices (ut p. 110, 3: 'reliqua si dici fas 'est turba regum . . . ac si satellites nutibus Attilae attendebant et ubi oculo ad-'nuisset, absque aliqua murmuratione cum timore et tremore unusquisque adstabat' et p. 112, 13: 'velut leo venabulis pressus speluncae aditus obambulans nec audet insur-'gere nec desinit fremitibus vicina terrere'). ipsi illi Gothici colores tumidi et inepti in his rarescunt (cf. praesertim adn. ad c. 40, 210, item p. 107, 17. 109, 18. 110, 1) et solitis soloecismis quamquam non abstinet epitomator (qui enim potuit?), tamen ex barbarico iam videmur in civilem vitam rediisse et pro infantia monachi Moesiaci humanos sermones exaudire. omnino de Prisco similiter evenit, atque supra in Floro vidimus, ut narrationis pulchritudo et barbari Alexandri laudes insignes etiam per Cassiodorianos calamistros elucentes humilis scriptoris animum ferirent et tamquam numine verae historiae tactus describeret ea magis quam compilaret. ut a legationis Prisci ad Attilam pulcherrima descriptione, quam ipsam habemus, haec longe absunt, ita egregius rerum scriptor vel apud Iordanem minus dissimilis sui evasit quam expectaris. hoc autem nomine reliqua Prisciana longe vincuntur a reliquiis quas Iordanes servavit, quod cum illa tractent argumenta communia fere et tenuia, hic versamur in penetralibus historiae et summae gravitatis rebus.

Quae de Prisco Iordanis auctore in narrationibus Attilanis posuimus ut expleantur, non omittenda est quaestio, unde Gregorius Turonensis hist. Franc. 2, 7 petiverit narrationem de duabus Attilae in Galliam expeditionibus ita comparatam, ut demptis piis excursibus ad sanctuaria sanctosque Tungrenses, Mettenses, Aurelianenses, Romanos pertinentibus sine dubio miraculorum scriptori propriis reliqua Iordanianis simillima et quodammodo paria sint [67]. ea similitudo talis est, ut aut ex ipso Iordane auctoreve eius Cassiodorio Gregorius sua petierit necesse sit aut certe uterque pendeat ab auctore communi. sed illi coniecturae adversantur cum indicia quaedam in ipsa narratione sese prodentia [68] tum praesertim, quod Gregorius mox Aetii indolem enarrans auctorem laudat Renatum Profuturum Frigeridum, cui item deberi quae praecedunt in eiusdem Aetii rebus gestis potissimum versantia ratio suadet. sed Frigeridum auctorem a

---

[67] Ipsa adscripsi adiectis paginis Iordanianis, ut de re facile quivis iudicet. — Hist. Franc. 2, 6: 'Chuni a Pannoniis egressi [p. 116, 1] ut quidam ferunt . . . . . . c. 7. (Attila) Mauriacum campum adiens '[p. 108, 6] se praecingit ad bellum . . . . . . Aetius cum Gothis [p. 107, 3 sq] Franciscque [p. 108, 3] con-'iunctus adversus Attilanem confligit. at ille ad internicionem vastari suum cernens exercitum fuga dilabitur. 'Theodorus vero Gothorum rex huic certamini succubuit [p. 111, 20] . . . . . verumtamen Aetius patricius 'cum Thorismodo victoriam obtinuit [p. 112, 3] hostesque delevit. expletoque bello ait Aetius Thorismodo: 'festina velociter redire in patriam, ne insistente germano patris regno priveris [p. 113, 12]. haec ille 'audiens cum velocitate discessit [p. 113, 16] quasi anticipaturus fratrem et prior patris cathedram adepturus. 'simili et Francorum regem dolo fugavit. illis autem recedentibus Aetius spoliato campo victor in patriam 'cum grandi reversus est spolio. Attila vero cum paucis reversus est, nec multo post Aquileia a Chunis 'capta, incensa atque diruta [p. 114, 5. 18], Italia pervagata atque subversa est [p. 114, 20]. Thorismodus, 'de quo supra meminimus, Alanos bello edomuit [cf. p. 115, 20]. ipse deinceps post multas lites et bella a 'fratribus oppressus ac iugulatus interiit [p. 116, 12]'.

[68] Extrema scilicet Gregorius paullo accuratius refert quam Iordanes. nam Thorismodum bello domuisse Alanos Iordanes innuit magis quam enuntiat, similiterque periisse eum insidiis ita narrat, ut fratrum mentionem non faciat, cum reliqui auctores diserte scribant insidias ei struxisse fratres Theudericum et Fridericum (cf. Idacius ad a. 453; Prosper ad a. 454, Isidorus hist. Goth. 30). denique regis Francorum Iordanes mentionem non fecit.

PROOEMIVM.   XXXVII

nemine praeterea laudatum aetatisque plane incertae in rebus Attilanis et ipsum pendere a Prisco et per se probabile est (nam in universum de Attila quae posteri tradiderunt, ei auctori potissimum debent) et ipsa illa Aetii egregia descriptio[69]) vel maxime suadet: simillima enim est Priscianae Attilae et iis coloribus adumbrata, quos Prisci esse constat.

XXI. ABLABII 'descriptoris Gothorum gentis egregii verissima historia' adlegatur c. 4, 28, item laudatur 'Ablabius historicus' c. 14, 82. 23, 117 ab alio nullo nominatus[70]. id nomen vel potius signum formatum consuetudine quae a tertio inde saeculo invaluit (nam ex ἀβλαβής factum est ut Alethius Epiphanius Eugenius Eusebius Euanthius aliaque complura ex similibus bonae significationis adiectivis[71]) cum et consul ordinarius a. 331 gesserit (C. I. L. III, 352) et alii non pauci[72]), nullus inter eos est cui cum aliqua probabilitate historiam illam Gothicam tribuas, nec solum aetas scriptoris in coniectura posita est, sed ne hoc quidem constat, num Graecus fuerit an Romanus Gothusve et utrum Graece scripserit an Latine. nam signa illa Latina declinatione ex Graecis plerumque vocabulis formata etsi in Occidente coeperunt, utrique parti imperii communia sunt, quaeque ex Ablabio Iordanes affert, veriloquium quoque Graecum de Herulis c. 23, 117, tam ex Graeco quam ex Latino auctore derivari potuerunt. — Optandum foret, ut de Ablabio accuratius constaret: nam quae adsunt apud Iordanem petita ex narrationibus Gothorum, ut constat Iordanem debere Cassiodorio, ita si quid video Cassiodorius ex Ablabianis sublegit. Cassiodorium natione Bruttium, fortasse ne linguae quidem Gothicae peritum (certe testimonia desunt) et per totam vitam in summa re publica versatum non solum parum probabile est carmina illa et fabulas ex ore popularium ipsum collegisse, sed id

---

69) Eam quoque (l. 2, 8) apponere visum est: 'modii corporis, virilis habitudinis decenter formatus, 'quo neque infirmitudini esset neque oneri, animo alacer, membris vegetus, eques promptissimus, sagittarum 'iactu peritus, conto impiger, bellis aptissimus, pacis artibus celebris, nullius avaritiae, minimae cupiditatis, 'bonis animi praeditus, nec impulsoribus quidem pravis ab instituto suo devians, iniuriarum patientissimus, 'laboris appetens, impavidus periculorum'.

70) Nam quod scribit Rupertus abbas Tegernseensis in epistula (edita apud Pezium et Hueberum cod. diplomat. VI, 2 p. 53) hac: 'E. benignissimo scientiae clavigero B. intimus amicus et ipsum introire et aliis 'introitum aperire. rogo benivolentiam tuam, dilectissime, ut aliquos ex subiectis mihi transmittere digneris, 'vel scilicet Plinium de naturali historia vel Ptolemeum de cosmographia vel Blavium de gestis Gothorum vel 'Marcellinum de situ Hierosolymorum et Constantinopolitanorum vel Lactantium de ira dei vel Augustinum 'contra Iulianum vel aliquod opus Tertulliani. Ieronymum in Iob vel Leviticum magnopere desiderarem si 'usquam haberi sperarem', venit sine dubio ex lectis ei Geticis Iordanis. — Simili, sed minus excusabili errore nuper Paulus Buchholz (die Quellen der historiarum decades des Flavius Blondus. Naumburgi 1881), p. 24 sq., 131 sq. contendit Blondum, qui modo Iordanem adlegat, modo Priscum Ablabiumve, praeter Iordanem ipsum Ablabium adhibuisse, quamquam quae affert Blondus ex Ablabio, omnia et ex parte ad verbum redeunt apud Iordanem: nisi forte hoc Ablabii est regem Francorum, cuius nomen in proelio Catalaunico narrando Iordanes non ponit, fuisse Meroveum.

71) Composuit eos Schirrenus p. 36—41 diligenter magis quam fructuose. addo Ablabium Muraenam ex vita Claudii Gothici c. 15, quoniam, licet epistula ipsa spuria sit, eius nominis antiquissimum quod norim exemplum praebet. ceterum ne quem deinceps decipiat sententia, quam sumptam 'ex sexto decimo Theo-'dosii imp. libro, capitulo videlicet undecimo, ad interrogata Ablavii ducis illi et omnibus rescriptam' referunt capitularia spuria (M. G. LL. II, 2 p. 91), moneo significari non rescriptum nescio quod Theodosii iunioris ad ducem Ablabium datum, ut visum est Schirreno, sed constitutionem Sirmondianam primam datam a Constantino ad Ablabium consulem a. 331, quae in quibusdam libris adscribitur Codicis Theodosiani l. XVI tit. 11 de episcopali iudicio (v. Haenel de const. Sirmondi p. 16).

72) De patrocinio quod Ablavii forma barbara apud quosdam viros doctos nacta est et de veriloquiis eius vocabuli quae dicuntur Gothicis humanum est tacere.

se fecisse ipse negat. nam qui scribit (c. 5, 38): 'nec eorum fabulas alicubi rep-
'perimus scriptas, qui eos (Gothos) dicunt in Brittania ... in servitutem redactos
'et in unius caballi pretio a quodam ereptos' et reprehendens eos qui de Gothorum
origine aliter atque ipse statuant adiungit 'nos potius lectioni credimus quam fabulis
'anilibus consentimus' (Cassiodorii enim magis haec omnia esse quam Iordanis paene
certum est), is satis significat quidquid referat, ex libris se sumpsisse, ipsiusque
huius de redemptione Gothorum ex Britannia fabellae aliquam commemorationem apud
auctorem sine dubio deprehendit. id autem si ita est, inter auctores qui citantur apud
Iordanem nullus est, cui has fabulas acceptas ferre possis excepto Ablabio. eius e contrario de Gothica historia merita vel in epitoma ita praedicantur, ut distinctum inter
auctores adhibitos memoratosve locum ei non possimus non tribuere. locos quibus adlegatur ubi examinamus, primum inde efficitur Ablabium non in rerum Romanarum
enarratione de Gothis dixisse, sed de ipsis rebus Gothicis commentarios edidisse, id
quod ex auctoribus apud Iordanem laudatis praeterea in Dionem Chrysostomum solum
cadit. deinde omnes ostendunt Ablabium egisse de Gothorum originibus. id quod
proxime coniunctum est cum narrationum illarum popularium relatione. denique primo
loco quae de 'priscis Gothorum carminibus paene historico ritu' afferuntur, ita coniuncta sunt cum Ablabii commemoratione, ut ad ipsum haec quoque pertinere videantur 73). praeterea ex tertio loco efficitur Graecos auctores ab Ablabio adhibitos esse,
cum ex eo citentur quae constat esse Dexippi. itaque cum non solum Gothica doctrina, qualis Iordanianis inest, sed Graeca quoque Cassiodorii ingenium superare videatur, etiam huius bonam partem per Ablabium suam eum fecisse crediderim. ea
praesertim quae ex Prisco citantur ab Ablabio proficisci inde probabile redditur, quod
quae de Vidigoia cantu maiorum celebrato traduntur duobus locis c. 5, 43 et 34, 178,
sine dubio ab eo auctore profecta sunt, a quo Gothicae narrationes veniunt, id
est si verum vidimus ab Ablabio, altero autem loco cum Prisci relatione ita implicita,
ut Cassiodorium utramque narrationis partem ipsum coniunxisse parum probabile sit.
item in narratione de origine Hunnorum quae Prisco accepta feruntur quaeque de
Haliurunnis narrantur nullo modo ad Priscum referenda ita pari tenore decurrunt,
ut magis credideris duas narrationes non conflavisse Cassiodorium, sed conflatas ante
expilavisse. — Haec si recte disputata sunt, fuit quidam sive Gothus sive Romanus
Graecusve Gothice doctus, certe qui pariter atque Amalasuintha tres linguas calleret,
nomine Ablabius, qui in Gothorum origines et res gestas inquirens tam ipsorum cantus vetustos in usum vocaret quam Graecorum auctorum narrationes. quo tempore

---

73) Similem sententiam cum olim Sybelius proposuisset, contra dixit Schirren p. 36 ipsumque Sybelium (*Königthum* ed. 2 p. 193) iam habet adsentientem. nihilo minus illa opinio eatenus mihi certa videtur, quatenus per barbaras has tenebras ad certam persuasionem perveniri potest. primum quod opponunt Ablabium non commemorari in migratione Gothorum e Scandia in Scythiam, sed tantummodo in rebus Scythicis, aliquid ponderis haberet, si narrationis alius auctor afferretur. at cum nullus adscribatur, non is Iordanes est, quem tuto contendas eo ipso loco, quo primum scriptore aliquo utitur, eius nomen posuisse. deinde quod aiunt loco primario c. 4, 28 carmina Gothorum non secundum Ablabium laudari, immo iuxta poni carmina et ipsum, verum est; sed ita compilatores omnes agunt egitque ipse Iordanes sive is Cassiodorius est, citans c. 2 Livium et Cornelium, ubi Tacitus adhibitus est Livium laudans. Iosephi quoque locus haud scio an et ipse ex Ablabio in Cassiodoriana venerit.

vixerit, parum constat; crediderim tamen scripsisse eum non multum ante Cassiodorium regnante Theoderico, ante quem Romanorum Gothorumque coniunctum regnum stabilientem vix credibile est virum doctum sive Gothum sive Romanum tale opus aggressurum fuisse. huic probabile est maximam et utilissimam partem historiae Gothicae Cassiodorianae deberi, neque omittendum primariam operis divisionem secundum tres Gothorum sedes relatam c. 5, 38—42 ipsi Ablabio quodammodo acceptam referri (c. 14, 82). singillatim Ablabiana ut persequamur quamquam fieri non potest, tamen ubi ad cantiones maiorum provocatur (ut de capillatis c. 11, 72) legesque Gothicae belagines commemorantur (c. 11, 69) aut nominum formae produnt scriptorem Gothice doctum, id quod cadit in descriptionem Scandiae (c. 3) et stemma Amalorum (c. 14) et Gepidarum originem (c. 17) et recensum populorum in dicione Hermanarici constitutorum (c. 23, 116), ibi probabile est Ablabium auctorem subesse.

XXII. SYMMACHVS 'in quinto historiae libro' c. 15, 83 (cf. c. 88) vitam imperatoris Maximini enarravit. secundum anecdotum cod. Caroliruhensis (infra p. XXXX) Symmachus consul ordinarius a. 485 (eum enim significari recte intellexit Vsener) 'parentes suos imitatus historiam quoque Romanam septem libris edidit', cuius praeter Cassiodorium nemo meminit. locus quem servavit Iordanes cum ad verbum fere conveniat cum narratione, quam legimus nos in vita Maximini corpori scriptorum historiae Augustae inserta sub nomine Iulii Capitolini, nisi quod Christianorum persecutionem Maximino exprobrat Symmachus secutus auctores christianos (Eusebius hist. eccl. 6, 28; Oros. 7, 19) eamque ruinae eius causam fuisse ait magis pro sua pietate quam pro veritate rei, dubium non est ex illo corpore Symmachum sua mutuatum esse.

*Symmachus*

XXIII. CONSVLARIVM vestigia in Geticis, scilicet in parte quae Cassiodorii aut est aut certe esse potest (nam de reliqua supra p. XXIX diximus), praeter paucissima Hieronymiana et Prosperiana, de quibus p. XXVI. XXXIV dictum est, apparent fortasse ad a. 411—427 c. 32, 165. 166, certo ad a. 455—477 per c. 45. 46: coeperunt igitur aut a fine Prosperi aut, quod magis crediderim, a fine Hieronymi. ita autem comparata fuerunt, ut in ea item perveniant quae loco modo citato disputavimus de annalium ab Iordane adhibitorum cum Marcellinianis et similitudine et diversitate. accedit in his, quod Cassiodorius scribens inter a. 526 et 533 Marcellini volumen editum a. demum 534 adhibere non potuit; ab eo autem haec proficisci, non ab Iordane probabile est, cum narrationis tenor nullo modo variet, neque defuisse Cassiodorio horum quoque temporum consularia vel ex chronico ab ipso a. 519 edito intellegatur. — Deinde in rebus Theoderici narrandis Cassiodorius adsumpsit, ut debuit et ut ante fecerat in chronico modo citato, consularia ea quae hodie dici solent Ravennatia tota imbuta spiritu regni Theodericiani, sive ea publico consilio edita sunt sive, quod prudentiores praeferent, a laudatore aliquo status praesentis. suis annalibus quamquam non usus est propter brevitatem, loci quos ibi Prosperiana brevians ob Gothica studia mutaverat, in Geticis plane similiter tractantur, ut demonstrabunt quae adnotavi c. 18, 103 de Decio, c. 28, 144 de Athanarico, c. 30, 154 de proelio Pollentino, c. 30, 156 de Roma capta, c. 32, 166 de Vandalorum in Hispanias 'fuga', c. 40, 209 de proelio in campis Catalaunicis, c. 42, 221 de obsidione Aquileiae. luculenter igitur in minore opere germina apparent maioris.

*Marcellinus comes*

**Cassiodorius**

XXIV. Flavius Magnus Aurelius CASSIODORIVS SENATOR [74]), de cuius vita nuperrime optime egit Hermannus Vsener (*Festschrift zur Philologenversammlung in Wiesbaden* 1877 p. 66 sq.), e Bruttiis originem trahens (var. 1, 4). avum habuit sub Valentiniano III (✝ 455) tribunum et notarium (var. 1, 5), patrem sub Odoacro et Theoderico summis officiis functum et ab hoc patricium factum (var. 1, 4. 5). ipse primaevus post a. 500 quaestor sacri palatii factus est (var. 9, 24: Vsener l. c. p. 69), mox patricius et ipse (Vsener l. c. p. 16. 70), deinde a. 514 consul ordinarius, postea magister officiorum (var. 9, 24; anecdotum apud Vsenerum p. 16), quod officium per multos annos retinuisse videtur (var. 9, 24: 'quo loco positus semper quaestoribus affuisti'), certe obtinuit cum obiit Theodericus a. 526 eique successit nepos Athalaricus (var. 9, 25), deposuit autem factus praefectus praetorio a. 533/4 (var. 9, 24. 25). Athalarici mortui a. 534 successorem Theodahadum publice laudavit (Haupt opusc. 3, 303) et ei quoque, item qui ei successit a. 536 Vitigi regi quaestorium officium exhibuit, neque a rebus publicis recessit ante a. 537/8 (var. 12, 16. 27). devictis Gothis vitam saecularem reliquit et monachus factus postquam nonagesimum tertium annum agens librum de orthographia edidit, grandaevus obiit. — Historiae Gothicae cum epitomam Iordanes se proponere ipse scribat in praefatione Geticorum —: 'suades, ut nostris verbis duo-
'decim Senatoris volumina de origine actusque Getarum ab olim et usque nunc per
'generationes regesque descendentem (sic) in uno et hoc parvo libello coartem' — et quae praeterea de eo opere tradita habemus ad iudicium de Iordanianis ferendum plane necessaria sint, componemus primum quae de eo supersunt testimonia profecta omnia ab ipso auctore, neque enim quisquam praeter ipsum et Iordanem eius meminit. eorum locorum tempore primus est epistula var. 9, 25 scripta a. 533 ante k. Sept. sub nomine Athalarici ad senatum urbis Romae: 'tetendit se (Cassiodorius) in antiquam prosapiam 'nostram lectione discens quod vix maiorum notitia cana retinebat. iste reges Gotho-
'rum longa oblivione celatos latibulo vetustatis eduxit. iste Amalos cum generis sui
'claritate restituit, evidenter ostendens in decimam septimam progeniem stirpem nos
'habere regalem. originem Gothicam historiam fecit esse Romanam colligens quasi in
'unam coronam germen floridum quod per librorum campos passim fuerat ante dis-
'persum. perpendite, quantum vos in nostra laude dilexerit, qui vestri principis na-
'tionem docuit ab antiquitate mirabilem, ut, sicut fuistis a maioribus vestris semper
'nobiles aestimati, ita vobis regum [*codd.* rerum] antiqua progenies imperaret'. idem praefectus praetorio et munus iniens in epistula ad senatum 11, 1 licet historiam non nominatim citet, regum Amalorum seriem (vide c. 14) inde aperte deprompsit, et 12, 20 ea citat quae Iordanes c. 30, 156 (ubi locum attulimus) in compendium redegit. denique in praefatione variarum, quae scripta videtur c. a. 538, sic ipsum adloquuntur amici: 'duodecim libris Gothorum historiam defloratis prosperitatibus condidisti: cum
'tibi in illis fuerit secundus eventus, quid ambigis et haec publico dare, qui iam
'cognosceris dicendi tirocinia posuisse?' ad haec nuper accessit codice Caroliruhensi servatus 'ordo generis Cassiodoriorum eorumque (*cod.* casiodorumq) qui scriptores ex-

---

[74]) Propter nomina videantur Vsener l. c. p. 16 et Rossius inscr. chr. 1 p. 431. legitimum nomen ei fuisse Senatori fasti ostendunt eo solo nomine utentes: Cassiodorius signum fuit pariter atque Ablabius similiaque (v. p. XXXVII). itaque etiam grammatica ratione forma in -*ius* sola probabilis est.

'titerint ex eorum progenie vel qui eruditi' (*cod.* vel ex quibus eruditis) editus ab
Vsenero l. c., unde huc pertinent extrema: 'Cassiodorus Senator vir eruditissimus
'et multis dignitatibus pollens iuvenis adeo dum patris Cassiodori patricii et praefecti
'praetorii consiliarius fieret et laudes Theodorichi regis Gothorum facundissime reci-
'tasset, ab eo quaestor est factus, patricius et consul ordinarius, postmodum dehinc
'magister officiorum et praefuisset [*scr. fere* praef. praet. suggessit] formulas dictio-
'num, quas in XII libris ordinavit et variarum titulum superposuit. scripsit praeci-
'piente Theodoricho rege historiam Gothicam originem et loca mores in [moresque XII
'*emendat Vsener*] libris annuntians'. librum, unde haec excerpta sunt, ideo potissimum,
quod Symmachi et Boethii vita ita enarratur, ut iudicii eorum et exitii mentio nulla
fiat, Vsenerus contendit a. 522 a Cassiodorio scriptum esse et propterea historiam Gothorum ante eum annum editam. sed id ut perite arguit, ita parum demonstravit.
nam cum et praefectura praetorii a. 534 adepta non obscure ibi commemoretur et variarum publicatio c. a. 538 facta, item in ipso principio Cassiodorius praeter honores
saeculares etiam 'monachus servus dei' dicatur, apertum est hoc apospasmatium aut
superesse ex libello post Cassiodorii conversionem edito aut, quod magis crediderim,
additamentis alienis auctum esse. nec rationem habet de variis quae dicuntur ad interpolatorem referre et hoc testimonio uti ad historiae Gothicae editionem definiendam.
e contrario ut probabile est iubente Theoderico historiam coeptam esse, ita omnia
suadent editam eam esse inter a. 526, quo obiit Theodericus, et a. 533, quo eam
commemorat epistula auctoris supra recitata. ita enim recte explicatur, Cassiodorius
certe laudibus suis nequaquam invidens cur extremis tantum officii sui annis eius
operis mentionem fecerit: item quod ex ipsa historia citari videtur septimum decimum
regnare Athalaricum, vivo Theoderico ita scribi non debuit. quod si ita Cassiodorius
narrationem finivit relato obitu Theoderici et successione Athalarici[75]), recte id convenit Iordanianis. nam non solum admiratio summi Theoderici, quam passim prae se
ferunt, ingenium Iordanis longe excedit, quippe qui ipse ultra tenuis hominis adversus
imperatorem qui nunc est legitimam devotionem non adspiret, sed etiam stili Cassiodoriani certa indicia eatenus deprehenduntur. ita in verbis c. 57, 296 'numquam
'Gothus Francis cessit, dum adviveret Theodoricus' nominativi usum recte Schirrenus
p. 11 Cassiodorio vindicavit[76]). — Cassiodorii libros, quo tempore Iordanes scripsit
viginti circa annis post Cassiodorium ipso etiamtum vivo, nondum vulgo sparsos, certe
in regione ea in qua versabatur Iordanes alibi non repertos ab ipsius auctoris dispensatore[77]) ad triduanam, si credis, lectionem sibi procuravit, sine dubio excusationem
sibi parans adversus eos, quos praevidebat questuros esse de narratione Cassiodoriana

---

[75]) Vsenerus l. c. p. 73 eum substitisse iudicat, si recte intellego, ad introitum Theoderici in Italiam
a. 489, propterea quod Iordanis de pugnis inter Odoacrum et Theodericum narratio affinitatem habet cum
chronicis Ravennatibus. sed earum pugnarum narrationem Cassiodorius ex iisdem chronicis petiisse probabile est (cf. p. XXXIX).

[76]) Chlodovechum Francum quod de Theoderico scribens Iordanes, pariter atque Cassiodorius, Lodoinum
appellat mirifica et fortasse perversa vocabuli formatione (cf. ind. pers.), sine dubio ex hoc ille adsumpsit.
contra quod Schirrenus p. 74 sq. provocat ad locos de Eutharico Amalo, additi sunt ii quidem ad successionem Athalarici commendandam, sed ob id ipsum pari iure vivo Theoderico scribi potuerunt.

[77]) Servo scilicet. eum Schirrenus p. 93 non habere debuit pro Castalio dispensatore pontificis Vigilii.

male luxata et fortasse interpolata: nobis ipsa destitutis standum est Iordanianis qualia qualia sunt. — Ad formam operis Cassiodoriani explicandam praeter supra disputata de auctoribus a Cassiodorio adhibitis non multa habemus quae proferamus. narrationum popularium ratio habita et Graeca doctrina egregia ut per se admiratione dignae sunt, ita neque sectae auctoris illud satis convenire supra observavimus et mediocriter tantum Graece doctum eum fuisse constat, quippe qui historiam ecclesiasticam ita adornarit, ut tres auctores Graecos rudi opera contaminaret se iubente ab Epiphanio scholastico Latine versos. immo utrumque meritum vidimus non tam Cassiodorii fuisse quam auctoris eius Ablabii, quem si teneremus, haberemus fortasse in hoc genere studiorum quem cum Herodoto componeremus. — Operis Cassiodoriani indicem fuisse probabile est eum ipsum quem epitomae Iordanes praescripsit 'de origine actibusque 'Getarum': eo enim ducit et Iordanis testimonium et quae de 'origine Gothica' historia Romana facta ipse auctor in variis (l. c.) scribit: historiam alibi appellans argumentum enuntiat, non titulum citat. duodecim libris ut reliqua fere Cassiodorii opera maiora ita hoc quoque divisum fuit. incepisse ab ipsis populi Gothici primordiis et 'per generationes regesque', id est per generationes regum descendisse Iordanes in praefatione innuit [78]).

Apud Iordanem quatenus Cassiodoriana perveniant ubi quaerimus, eo quod epitomator ait 'initium finemque et plura in medio se sua dictione permiscuisse', quamquam supra modum inepte dictum est [79]), prima postremaque prae ceteris sibi videtur vindicare, idque de postremis verum esse ex ipsa re colligitur, cum a. 526 Cassiodorius finem scribendi fecerit. de principio operis idem ita verum esse mox videbimus, ut Orosium Iordanes ibi de suo citarit, ulterius tamen id proferri non potest. nam cum id sequatur auctor, ut descriptione insularum Oceani viam sibi sternat ad Scandiam insulam describendam Gothorum antiquissimam sedem et ne Britanniae quidem descriptio, nedum Scandiae Iordani ullo modo tribui possit, quid huic hoc loco remaneat non perspicio. accedit quod locus de Hispania ab altero c. 44, 230 separari non potest. 'plura in medio' adiecta esse ut verum esse potest, ita non magni facio fidem illius sive notarii sive monachi, quem non puduit praefationem Rufino suffurari et Iamblichi locum comminisci. multo magis diffidemus homini ore rotundo adseveranti ex historiis Graecis et Latinis nonnullis 'convenientia' se addidisse. immo probabile est Graecorum auctorum usurpationem vere contineri in excerptis ex Socrate, quorum in utroque libello exilia quaedam vestigia adesse supra p. XXVII ostendi.

Restant stili diversitas studiorumque dissimilitudo auctorumque delectus. illo diligenter et erudite investigato Schirrenus compluribus locis recte agnovit sive Cassiodorianam proprietatem sive, quod fortasse rectius est, eius saeculi genus dicendi ornatum [80])

---

78) Ob infantiam scriptoris dubium est, utrum verba 'ab olim et usque nunc per generationes regesque 'descendentem' ad se referat an ad auctorem. cum 'volumina — descendentem' coniungere per Iordanem liceat, hoc magis probarim, quamquam Senatoris libri certe non perveniebant 'et usque nunc', quod secundum huius hominis consuetudinem significat 'ad tempus praesens'. sed ad ipsam rem non multum interest; partitionem enim epitomae omnino Iordanes ab auctore sumpsit.

79) Quod suasit Gutschmidius p. 124, ut verba 'initium finemque' iungantur cum praecedentibus 'addidi 'convenientia', ab ordine verborum simplici scriptori consueto nimium recedit.

80) Non is Cassiodorius fuit, qui novum scribendi genus excogitaret: immo usus est paratis neque aliud

longe abhorrens a tenuitate Iordanis, qualem et in Romanis deprehendimus et in Geticorum parte ad res post a. 526 gestas pertinente. sed flores illi non valde suaveolentes et aequabiliter per universum librum sparsi sunt et ubi minus apparent, ibi non immerito suspicabere non tam Cassiodoriana ab imitatore seposita esse quam verba ita contracta, ut 'floscula' quae dicit perirent. quam ob rem ut horum indiciorum ubi adsunt non minima vis est[81]), ita quod absunt parum probat.

Maius momentum est, id quod supra p. VII sq. iam tetigimus, in diversitate loci studiorumque. Cassiodorium supra vidimus fuisse Gothoromanum et aulicum Theoderici, Iordanem Moesogothum imperii Orientis subditum; iure igitur quaeritur, num possint partes operis demonstrari, quae cum a Cassiodorio scribi nequierint, necessario Iordani tribuendae sint. sed hac quoque via non longe progrediemur. sane quae de se suisque popularibus Iordanes profert c. 50. 51, maiore ex parte apud Cassiodorium non legit: nec magis legit apud eum acerbissima vituperia Arianorum c. 25, 131. 132. 26, 138, quae virus theologicum propria sibi inepta inhumanitate imbuit: nam Cassiodorium licet ipsum orthodoxae fidei addictum in historia scribenda Arianae doctrinae dominorum suorum memorem fuisse non solum consentaneum est, sed etiam chronico a. 519 demonstratur[82]). sed cum vel in iis locis quaedam insint, quae ex Cassiodorio proficisci aut certum est aut probabile, multo magis id pertinet, ut antea monui, ad reliquos locos etiam eos, qui colorem apertissime prae se ferunt non Gothoromanum, sed Moesogothicum. ita quae abiudices a Cassiodorio relata apud Iordanem, praeter ea quae temporum ratio ut Cassiodorio tribuamus non admittit, non multa reperiuntur.

Diacrisis inter Cassiodorium et Iordanem aut valde fallor aut tota pendet ab auctoribus. hunc enim cum ex Romanis intellegatur a recondita Graecaque doctrina totum abhorrere neque habuisse nisi commentaria illo saeculo vulgo usitata et adhuc fere servata, quidquid venit a Prisco, Dione altero utro, Strabone, Ptolemaeo, mihi est Cassiodorii. id ipsum pervenit ad Ammianum et Ablabium et si qui similes sunt, item ad ea quae cum horum excerptis ita coniuncta sunt, ut inde divelli nequeant; quibus originibus non solum melior, sed etiam longe maior pars libelli Getici continetur. e contrario ad deprehendenda Iordani propria proficiscendum est a libello Romano quosque ibi adhibuit auctores, eorum excerpta Geticis inserta videndum est num item ipsius sint. id quod uno loco mihi videtur extra dubium esse, dico in narratione de morte Valentis. eam in Romano libello c. 314 totidem verbis descripsit ex Victore epitomato, in

---

fecit nisi quod calamistros rhetorum Gallicanorum in aulam regis Gothici transtulit et rescripta emisit scholastica eloquentia aut ornata aut corrupta. saeculi quarti et quinti leges, maxime quae integrae extant, ut Diocletiani collegarumque de pretiis rerum venalium et novellae Theodosianae, similia multa habent, scriptoresque quoque eius saeculi, qui quidem eiusmodi cincinnos sectantur, sibi simillimi sunt. multa eius generis habet Ammianus alia si non egregia, certe ingeniosa, alia obscura et perplexa. sed ut auctorem ab auctore in talibus non facile distinguas, immo aperte agnoscatur scholastica disciplina in universum parilis, ita facillimum est eius generis scriptores distinguere ab iis qui communi et tenui, ne dicam vulgari et exili scribendi genere sibi satisfaciunt, quales sunt fere annalium auctores, ut Marcellinus et omnium maxime Iordanes.

81) Propterea curam egi, ut in hac editione potiora quae Schirrenus adnotavit repeterentur, scilicet ubi similibus locis compositis res illustrantur. solae argutiae sermonis ubi Cassiodorium produnt, cum attente legentis animum ipsae feriant, expressis verbis de iis non monui.

82) Prosper cum ad a. 380 adnotavisset: 'Ambrosius episcopus pro catholica fide multa sublimiter scripsit', Cassiodorius eum compilans catholicae fidem christianam substituit.

Getico cum universum bellum explicet ad Ammianum, in imperatoris morte narranda utriusque auctoris verba contaminavit, ut dubium esse nequeat apud Cassiodorium repertae narrationi Ammianae ipsum alteram inseruisse ex Romanis suis translatam. neque enim quisquam opinor contendet Cassiodorium, ut hunc locum, qui solus in Geticis Victorianus est, ex exili illa epitome adsumeret, Ammianum seposuisse. sed fortasse ulterius progredi possumus et Iordani adiudicare quaecumque veniunt ex Orosio. Cassiodorio hunc auctorem valde placuisse, certe ante conversionem eius, vix credet qui utrumque novit: quid quod vel post conversionem et ad monachos scribens (inst. div. litt. 17) sic de eo loquitur: 'Orosius quoque Christianorum temporum paganorumque collator praesto vobis est, si eum volueritis legere', satis frigide puto. at Iordani Orosius admodum placuit dignus ille magister tali discipulo: neque enim sine causa, ut Romanorum principium splendido nomine Iamblichi exornavit, ita Getica similiter in Orosii tutela collocavit. neque id ab eo abiudicari poterit, cum quod libri initium diserte sibi vindicat tum quod duae illae laudationes Iamblichi et Orosii pari passu procedentes omnino ab eadem manu veniunt. iam cum ex auctoribus ad Romana adhibitis unus Orosius etiam in Geticis saepius expilatus sit [83]), qui item unus citatur adiecto 'voluminis' numero (G. 5, 43), nascitur suspicio, annon Orosiana illa omnia ad Iordanem pertineant sintque ipsa illa quae sua dictione in medio interposuisse se contendit. huic coniecturae tantum abest ut quicquam obstet, ut saepissime Orosius introducatur tamquam lacinia vesti perfectae male insuta.

In summa re Geticorum libellus, quatenus in eo tractantur res morte Theoderici anteriores, mera epitome est, luxata ea et perversa, historiae Gothicae Cassiodorianae, nec sine iusta causa, quod de ipsa anecdoti Caroliruhensis scriptor refert, etiam in Iordanis epitomen quadrat, originem gentis et loca moresque eius ibi adumbrari. foederatio mercennariorum et provinciarum Danuvianarum res interveniente Iordane locum usurparunt, quem apud Cassiodorium obtinuit regnum Romanum pariter atque Gothicum magni Theoderici eiusque Romanae humanitatis admiratio et imitatio: ita ex multis pauca selegit eaque quae retinuit barbare inflavit et auxit. denique ut uno verbo dicam, historia Gothica a Cassiodorio, ut ipse ait, Romana facta per Iordanem facta est Moesiaca.

---

*Auctores usi Iordanianis*

Iordanes cum ut infimus auctorum Romanorum, ita ex ultimis sit eorum quos antiquae aetati adscribere solemus, alium scriptorem qui eadem aetate libellos eius adhibuerit nullum habemus [84]). *Secundum* Tridentinum episcopum, qui gesta Langobardorum scripsit, c. a. 612, aut ipsam Cassiodorii Gothicam historiam aut Iordanianam epitomam aliquatenus secutum esse et imitatum alio loco conieci (*Neues Archiv* vol. 5 a. 1880 p. 75); sed exilis gestorum illorum quae superest notitia ut ultra coniecturam

---

83) Pauca quae supra p. XXVI dixi in Geticis reperiri excerpta ex chronico Hieronymiano, ut a Cassiodorio abiudicemus, causam nullam esse ibi observavi.

84) Gregorium Turonensem non usum esse Iordani libellis in praefatione p. XXXVI explicuimus.

progrediamur non admittit. — Per barbara quae sequuntur saecula Getica usurpasse videtur, quamquam auctoris nomen non posuit, is qui scripsit SCHOLIA STATIANA quae sub Lactantii nomine feruntur (v. ind. IV s. v. strava), in quibus cum item Boethius adlegetur, ita certe ut nunc iacent sexto saeculo non sunt antiquiora. — Certo Iordanem adhibuit anonymus auctor quem GEOGRAPHVM RAVENNATEM nuncupamus: at is liber etsi profectus ex cosmographia saeculi fere VII exeuntis, ut nos eum habemus non antiquior est saeculo nono, nec certum est in primitiva recensione adfuisse excerpta Iordaniana. Ravennas 'Iordanem chronographum' vel 'cosmographum' (utraque enim praedicatione eum appellat) aliquoties laudavit (v. adn. ad p. 27, 23. 60, 6. 61, 13. 18. 62, 12. 63, 8. 82, 6. 104, 17), alibi nomine non posito expilavit (v. p. 55. 59. 62. 127, item ind. II s. v. *Caesarea* et *Vagus*). codex Iordanis quem habuit, duabus corruptelis medelam affert quae nostris libris omnibus insident, scilicet p. 62, 5 et *Callipolida* dat pro *callipoda* et *Trapezus*, ubi in libris nostris est *trapeiunta*. praeterea notabile est p. 59, 1, ubi libri nostri primi ordinis habent *rerefennae*, secundi *screrefennae*, utramque lectionem in codice Ravennatis fuisse videri, cum iuxta ponat *Rerefenos* et *Sirdifenos*.

*Geographus Ravennas*

Praeter librum Ravennati visum tam per medium aevum adhibiti [85] quam qui nobis praesto sunt codices scripti ad idem exemplar omnes redeunt neque id ab erroribus immune. in Romanis quae solus fere primus codicum ordo habet, id evidenter apparet cum ex hiatibus maioribus c. 137 et 303 tum ex erroribus in libris omnibus inventis, ut sunt p. 12, 21 *agituram* pro *agitaram*, p. 17, 27 *crassantem* pro *grassantem* (cf. p. 17, 22 *caurus* pro *gaurus*), p. 19, 33 *brattius* pro *bruttius*, p. 22, 32 *exiremis* pro *extremis*, p. 23, 2 *gladium* pro *cladium*. sed etiam Geticorum eadem condicio est. maiore hiatu nullo quamquam laborare videntur, singula vocabula exciderunt p. 73, 6. 119, 6, et adsunt errores communes inter alios hi: *trapeiunta* vel *trapeianta* pro *trapezunta* p. 62, 5; *cysum* (etiam Ravennas *cisson*) pro *cyrum* p. 68, 16; *basento* pro *busento* p. 99, 11; *regericus* pro *segericus* p. 100, 16; *congustiarum* pro *angustiarum* p. 101, 19. eorum errorum partem vel apud Paulum et Frechulfum adesse adnotatio ostendit. ex iis licet quidam ad quadratam scripturam redeant, ut permutata elementa C G, I T, I Z, cum alii rursus ad Scotticam ducant, ut permutatae *a co*, *a u*, *r s*, commune archetypum non quadratis, sed Scotticis litteris scriptum fuerit necesse est. — Verba continuo in archetypo scripta fuisse inde intellegitur, quod libri antiquissimi quique, praesertim *IIPV*, persaepe vocabula male separant: ita, ut uno exemplo defungar, p. 11, 5 in iis est *ioue moraret* pro *Iovem oraret*. — Compendia scripturae in archetypo ea tantum adfuisse videntur, quae Iordanis aetate in usu erant:

*Archetypum librorum nostrorum commune*

---

[85] Ex his qui ad criticen aliquam utilitatem habent vel certe ad classes codicum redigi potuerunt, infra suis locis inveniuntur: praeterea vero meum non esse putavi plenum recensum dare scriptorum qui per medium aevum Iordanis libellos utrumque alterumve utrum usurparint. adhibuerunt, quatenus vidi, *Paulus* diaconus ante a. 774 libellum utrumque; *Frechulfus* episcopus Lixoviensis ante a. 830 utrumque; *Widukindus* Corbeiensis (l. 1 c. 18 Mon. Germ. SS. III p. 425) a. 967 Geticum; *Heriger* Lobiensis a. 980 Geticum; *Landulfus* sagax inter a. 977 et 1026 Geticum; *Hermannus* Augiensis († 1054) Romanum; *Marianus* Scotus a. 1082 Romanum; *Bernoldus* Constantiensis a. 1100 Romanum; *Ekkehardus* Vraugiensis c. a. 1100 utrumque; *Hugo* Flaviniacensis a. 1102 Geticum; *Sigebertus* Gemblacensis a. 1112 utrumque; *Otto* Frisingensis a. 1143 utrumque. his posteriores omisi.

ut $\overline{pl.\ m.}$ p. 8, 3 et *mag. mil.* passim in Heidelbergensem librum aliosque optimos quosque sine dubio ex archetypo translata sunt. eodem referri poterunt, quamquam fortasse immutationem quandam subierunt, $\overline{ssti}$ p. 7, 31, $\overline{reipl}$ p. 11, 11, $\overline{impr}$, $\overline{scs}$, $\overline{ds}$, $\overline{dns}$. sed plura reperiuntur etiam in Heidelbergensi ab illa aetate aliena, ut $\overline{ml}$ = milia, $\overline{au}$ = autem, $\overline{uo}$ = vero, $\bar{e}$ = est, non multa tamen neque frequenter admissa, ut hoc quoque nomine is liber ad aetatis Romanae archetypum prope accedat.

**Primus ordo codicum**

Primus ordo librorum ut in universum et aetate et integritate duos alios superat, ita solus hodie habet libellum de actibus Romanorum cum Geticis ab ipso auctore coniunctum, quem tamen aliquando ne a secundo quidem ordine afuisse constat potestque fuisse item in archetypo ordinis tertii. magis proprium est huic ordini librorum, quod in exemplaribus antiquis et a principio integris (id est in *PV*, item in Augiensi deperdito cum libris ex eo derivatis) [86]) praemittitur carmen inscriptum: 'rescriptum Honorii 'scolastici contra illas epistulas exortatorias Senecae' (sic *PV*; 'in $\overline{XPI}$ nomine incipiunt 'versus Honorii scolastici ad Iordanem episcopum' *Paris.* 4860), cum subscriptione hac: 'explic. versus Honori scolastici ad Iordanem episcopum ad rescripta Senecae 'ad Lucillum quam (quae *Paris.*) ei scripserat exortatoria saeculum relinquere et veram 'amplectere philosophiam (ph. amplecti *Paris.*)', quod incipit:

Si fontis brevis unda latens demersa tenetur,
  ignotae et viles esse putantur aquae

editum apud Mabillonium in analectis (ed. 1723) p. 387 ex codice nostro *V* et nuper denuo in Riesii anthologia Latina n. 666 ex codice eodem et Parisino 4860. id ad chronica cum nullo modo pertineat, immo in eo Honorius nescio qui magistrum suum philosophiae christianae utpote Seneca meliorem laudibus extollat, mero casu in codice primario huius familiae Iordanis libellis praescriptum in apographa ita transiit, ut librarii posteriores magistrum, cuius nomen discipulus non ponit, pro Iordane chronicorum auctore haberent. aliae notae eaeque etiam certiores, quibus hic ordo a secundo et tertio discernitur, infra p. LXII dabuntur, ubi ostendimus, quibus locis primi ordinis libri duorum aliorum consensu emendentur. ceterum hoc ordine ut in Romanis solo, ita in Geticis primario fundamento Iordanis crisin inniti ita in evidentia est, ut singillatim de ea re disputare supervacaneum sit et hoc unum in quaestionem vocari et possit et debeat, num praeter hunc ordinem reliquis in ea crisi aliquis certe locus dandus sit.

Iam enumerabuntur qui huius ordinis sunt libri excerptave.

**Excerpta Frechulfi**

FRECHVLFVS Lixoviensis episcopus historiae, quam scripsit ante a. 830, complura inseruit ex utroque Iordanis libello petita alia epitomata, alia ad verbum repetita, quorum recensum diligenter dedit Aemilius Grunauer in commentario de fontibus historiae Frechulphi (Vitoduri 1864. 4.), repetivi ego in editionis margine inferiore. hoc duce ad Frechulfi optimum librum Sangallensem, quem contuli transmissum Berolinum, variam lectionem enotavi, sed in qua adhibenda cave ex silentio meo de lectione iudices: nam cum apud Frechulfum, ut fit in epitomis, multa desint, quid id esset indicare nolui, satis habens ubi utile esse videbatur Frechulfi lectionem disertis ver-

---

86) Ad codices Parisinum 4860 et Monacensem 11306 (v. p. LIII. LIV) accedit liber olim Reginensis S. Emmerami, iam Monacensis n. 14613, in quo legitur carmen Honorii ad Iordanem episcopum neque tamen ipsi Iordanis libelli.

bis indicare. adhibuisse eum librum similem nostris *HPV* intellegitur ex loco p. 73, 15, ubi error *boscusta* (*HPV*) pro *buruista* (*Y*) vel *boroista* (*OB*) huic ordini proprius similiter (*boscurta*) adest apud Frechulfum. proxime accedit ad *HP* codices (cf. inter alia p. 58, 11): his meliora si qua videtur habere (p. 10, 32 *cenninensium*, p. 11, 13 *paludem*, p. 11, 27 *cui ob honorem*, p. 15, 4 *frustrato*, p. 65, 3 *namque* pro *ante quos*), magis est ut corrupta describens Frechulfus ipse emendarit.

HEIDELBERGENSIS 921 (nobis *H*) membr. formae quadratae maioris scriptus est saec. VIII potius quam IX in Germania (nam ad *cognatum* p. 43, 22 adscripta est glossa Theotisca *suagur*), fortasse Fuldae, unde plures codices similis scripturae venerunt in monasterium S. Martini Mogontiaci a. 1037 conditum: translatos eo esse per Marianum Scotum probabiliter coniecit Giesebrechtius (apud Schmidium *Zeitschrift für Geschichtswissenschaft* 7, 564). eius monasterii fuisse constat ex praescriptione 'iste liber pertinet ad librariam sancti Martini ecclesie Maguntin. M. Sindicus 's(ub)s(cripsi)t 1479', de qua adnotatione in aliis quoque codicibus inventa dixerunt Lachmannus ad Lucretium p. 5 et Iahnius ad Florum p. VII. notae praeterea volumini inscriptae sunt hae: 1651 — $\frac{646}{566}$ — h 13. postea illatum est in bibliothecam Palatinam, ubi Heidelbergae cum esset id adhibuit Gruterus. cum reliquis Palatinis Romam migravit, deinde Parisios: denique devictis Gallis rediit Heidelbergam. specimen scripturae (*macedonia* p. 27, 13 — *flamminio* p. 27, 15) proponit Wilcken *Gesch. der Heidelberger Büchersammlungen* (1817) tab. 2 n. 2 (cf. p. 296). quaterniones fuerunt quindecim, quorum cum perierint primus et postremi folia duo postrema, remanserunt folia scripta 110 (numerantur folia 112, scilicet 1. 2. 112 vacua sunt, f. 17 errore duplicatum); insunt Iordanis Romana inde a p. 7, 26 *et finis* et Getica usque ad p. 135, 6 *regi*. — Litteratura est evidentissima et optima formae Anglosaxonicae: *a* littera saepe aperta est, *i* eminens aliquoties adest. emendatus est liber saeculo nono decimove naevis sublatis ab grammatista quodam, modeste tamen et ut paucis locis exceptis antiqua lectio adhuc cernatur [57]. — Codex licet omnium optimus sit, solus contra socios vix umquam verum servavit: nisi forte p. 90, 3 quod ex codicibus classis primae hic unus habet *quem perinuium*, cum in classis secundae optimo *O* sit *quam perinuium*, eatenus pristinam scripturam archetypi communis repraesentat, quod in eo fuit *quem peruium*: quamquam res requirit quod habent libri reliqui *quem inperuium*. sed in universum vinci Heidelbergensem librorum reliquorum huius classae consensu consentaneum est, cum duo certe qui sequuntur ex eodem archetypo descendant itaque errores singulis trium horum librorum proprii redarguantur duobus reliquis consentientibus. Heidelbergensis et duobus locis quaedam verba omisit, quae adsunt in reliquis omnibus:

    p. 110, 1 fide et consilio ut diximus clarus
        115, 2 obicientes exemplo veriti regis

et errores habet sibi proprios inter alios hos:

| p. 14, 19 annisus est *PVL* | anni sunt est *H* |
|---|---|
| 16, 30 ad *PVL Florus* | in *H* |
| 17, 31 diruit *PVL Florus* | diripuit *H* |

---

[57]) Aliquoties dubitabam, maxime ubi legebatur *e* et *ū*, utrum cauda lineolave a prima manu esset an postea accessisset.

| | | |
|---|---|---|
| 20, 29 | asina *PVL Florus* | sagina *H* |
| 22, 36 | nauium *PV* | nauigium *H* |
| 23, 39 | sed magnitudine *PV Florus* | ad magnitudinem *H* |
| 69, 11 | partus *PVLAOBXY* | partibus *H* |
| 78, 13 | ababa *PVLAOBXY Vita* | abara *H* |
| | 18 expertis *PVLXY*, exercitus *OB* | pertis *H* |
| 81, 12 | carporum *PVLOB*, caporum *XY* | corporum *HA* |
| 109, 22 | sacitate *PV*, sagacitate *LO*, sagacitatem *BXY* | sacietate *H*, societate *A* |
| 112, 6 | desiuit *PVABXY*, desenit *L*, desiuet *O* | denisit *H* |
| 119, 19 | urbem *PVL*, urbe *AOBXY* | om. *H* |
| 127, 7 | emimonti *P*, emi montis *VX*, hemi montis *AYZ*, enim montis *OB* | ei monti *H* |

Palatinus   VATICANVS PALATINVS 920 (nobis *P*), membranaceus fol. min. saec. X. olim ubi fuerit, ipse indicat f. 1 verbis his: 'codex sci Nazarii de monasterio quod dicitur 'Lauresham'; hic igitur liber est quem catalogus saeculi X bibliothecae Laureshamensis editus a Wilmannsio (mus. Rhen. 23, 387) indicat verbis his: 'historia Iordanis 'de summa temporum seu origine Romanorum lib. I'. ut alii Laureshamenses in Palatinam bibliothecam venit, ubi eum adhibuit Gruterus, et cum hac in Vaticanam. — Quaternionum est tredecim signatorum A—N et binionis, foliorum 107 (numeris recens inscriptis mendosis omisso folio inter 34 et 35, praetermisso autem suo loco numero 77). uterque commentarius integer est; adest in principio carmen Honorii. emendatus est liber similiter atque Heidelbergensis a manu non multum posteriore. — Contulerunt mihi Romana Augustus Mau, Getica Otto Hirschfeld; deinde ne quid erroris remaneret, ille ad huius editionis plagulas sibi transmissas totum librum denuo diligentissime relegit. — Summa fide Palatinus archetypum repraesentat nec nisi orthographia, quae passim corrupta est (v. ind. III), locum cedit Heidelbergensi. solus verum et ipse raro servavit propter causam eam de qua diximus:

p. 23, 29 treuia *P*, treuta *HV*

errores proprii non desunt, sunt tamen pauci:

p. 35, 26 ex *libri reliqui*, et *P*

ex Geticis plures dabimus cum agetur de libro Ambrosiano (p. L).

Valenciennensis   VALENCIENNENSIS (nobis *V*) olim S. Amandi P. 3. 6 sive n. 88 catalogi Mangeartiani (Pertz *Archiv* 11 p. 522), membranaceus saec. IX medii, formae quadratae quaterniones habet XVIII, quorum XVII signati sunt, extremi folium ultimum deficit. insunt Iunilii de institutione divinae scripturae libri duo; Eucherii sacrae scripturae inst. l. duo; eiusdem de quaestionibus difficilioribus; Iordanis libelli duo cum carmine Honorii. optime scriptus est, emendatus deinde manu saec. XI ad codicem notae deterioris, sed ut paucis locis exceptis pristina scriptura agnoscatur. nobis contulit quem tristi fato nuper ereptum nobis dolemus, Iohannes Heller. — Codex cum in universum proxime accedat ad *HP*, habet non solum errores quosdam sibi proprios:

p. 18, 28 pariter *reliqui*, picriter *V*

23, 19 nam *reliqui*, e manu nam *V*

63, 6 uidiuarii *HPLAXYZ*, uidioarii *OB*, uiriuarii *V*

130, 15 fuerit nec cumbarum indigeat lintres *reliqui*, futres *mediis omissis V*

et orthographiam corruptam (vide ind. III), sed etiam emendationis grammaticae et interpolationis prima vestigia, ut sunt

 p. 22, 14 hi imis *HP*, imis *Florus*, hiemis *V*
  26, 36 empsalae mecipsae *HP*, empsalem haec ipse *V*
  63, 17 secunda, tertia pro secundo, tertio

itaque quae propria habet licet vera, ut

 p. 13, 39 praeesse *VL*, praecesse *HP*
  16, 31 panes *V Florus*, paenes *HP*, poenes *L*

cum ex iis erroribus sint, quos librarius non ineptus inter scribendum tollere potuerit, videndum, ne coniecturae magis quam archetypo debeantur. ceterum interpolationes rarae sunt et modestae, neque libri utilitatem tollunt eo potissimum comprehensam, quod ex tribus libris *HPV* quod duo habent tertio dissentiente, id in communi omnium archetypo fuisse probabile est.

 FLORENTINVS LAVRENTIANVS (nobis *L*) plut. 65, 35 (Bandini II p. 752; Pertz *Archiv* 5 p. 668. 672; Waitz praef. ad Pauli hist. Lang. p. 34) folio maiore exaratus saec. XI scripta historica complura continet Prosperum Eutropium Orosium Iordanem Gregorium Turonensem continuitque olim praeterea Iosephum sive Hegesippum (cf. Bandini l. c.): sed haec omnia exarata sunt a librariis aliis atque is fuit qui descripsit libellos Iordanis. descripsit autem eos ex libro mutilo; nam codice ipso integro principium Romanorum deficit usque ad p. 6, 26 *uero roboam* spatio vacuo relicto paginae unius cum dimidia; item p. 22, 10 *tanta denique* — p. 27, 9 *proelio superatae*; item extrema pars Geticorum post verba p. 125, 21 *contis pugnantem*. librum emendaverunt duae manus, quarum prior (mihi *L*$^b$) ipsi librario aequalis sola in censum venit. eiusdem ordinis cum sit atque tres optimi, ut aetate ita emendatione iis longe cedit lateque iam hic serpit interpolatio grammatica, ut fortasse omitti potuerit. admisi tamen variam lectionem suppressis orthographicis plenam: nam sunt quidam loci, ubi vestigia veri solus ex hoc ordine retinet deflectens ad secundum:

 p. 70, 18 diu mederi *BXY*, dionederi *O*, diomede*e *L*$^a$, diomede *HPVL*$^b$
  73, 15 buruista *XY*, boroista *OB*, burusta *L*, boscusta *HPVA*
  109, 22 sagacitate *LO*, sagacitatem *BXY*, sacitate *PV*, sacietate *H*

neque absimile veri est archetypum Laurentiani diversum fuisse ab archetypo librorum *HPV* et quibusdam locis minus corruptum. sed haec virtus obscuratur interpolatione quam subiit perpetua. casu opinor factum est, quod uno loco:

 p. 82, 16 tradent *HL*, trahent *reliqui*

in errore cum Heidelbergensi consentit: nam non ex eo descriptum esse Laurentianum constat. mihi contulerunt Henricus Nissen et Benedictus Niese.

 FLORENTINVS LAVRENTIANVS plut. 67 cod. 17 membr. saec. XV (cf. Pertz *Archiv* et propago eius 5, 668. 672) habens Getica sola, descriptus est ex codice Laur. 65, 35, finiens item in *contis pugnantem* p. 125, 21.

 FLORENTINVS RICCARDIANVS 862 chart. saec. XV, habens Getica sola, teste Bethmanno et ipse descriptus est ex Laur. 65, 35.

 VINDOBONENSIS n. 3126, olim hist. prof. 477 chart. saec. XV 'liber M. pat(riar-'c)hae Aquileien.' (Pertz *Archiv* 5, 668. 10, 469; Endlicher n. 389) continens Prosperum, Iordanis Getica, gesta regum Francorum, vitam Apollonii Tyrii, Pauli historiam Langobardorum, nobis ex parte collatus a Wattenbachio, descriptus est ex Laur. 65, 35. habet inter alia p. 60, 5 *inmanes* pro *germanis* desinitque ubi deficit ille.

*Ambrosianus eiusque gemelli*

MEDIOLANENSIS AMBROSIANVS (C 72 inf., nobis *A*) membr. saec. XI/XII, continet Bedae historiam Anglorum, Pauli historias Romanam et Langobardicam (cf. Waitz praef. p. 31), Iordanis Getica, historiam Alexandri. Geticorum variam lectionem, sed parum accurate enotatam sibi ab Iosepho Antonio Saxio bibliothecae Mediolanensis praefecto una cum characterum specimine in aes inciso Muratorius in adnotatione editionis suae (a. 1723) publicavit; ego ipsum denuo contuli Mediolani. scriptus est compendiis multis et arbitrariis; ita *ciuīl* est et *ciuitatis* et *ciuitatem* cet. similiterque reperitur *gotħ*, *ostrog*, *gep*, item *theod* pro Theodorido, ut in talibus quem casum librarius significare voluerit, non semper certum sit. quem locum in crisi Iordaniana teneat aperient lectiones quae sequuntur compositae cum propriis Palatini:

p. 63, 14 inuitauerint] inuitauenerint *P*, inuenerit *A*
76, 6 sauini] sauicini *PA* (inde etiam 76, 4, *ubi* sauinus *P recte*, sauicinus *A*)
81, 4 remoti sub regibus] remotibus regibus *P*, remoti legibus *A*
17 de secundo] secundo *PAOB*
86, 7 adeunt] ad eum *P*, ad eam *A*
95, 1 ut sensit] subsensit *PA*
18 est *om. PA*
97, 19 quis quem] quisque *PA*
104, 17 Tibisia (*sic etiam Ravennas, similiter Priscus*)] tibussia *P*, tibusia *A*
105, 8 detestabili *om. PA*
10 magnae parti] magnae parte *P*, magna parte *A*
108, 12 momento] monento *P*, monente *A*
114, 19 per reliquas] reliquas *P*, in reliquas *A*
21 et *om. PA*
126, 19 Froila] proila *PA*

habuit igitur codicis Ambrosiani librarius archetypum optimis accensendum aut ipsum Palatinum aut gemellum eius [88]), sed eum temere excripsit et passim pro lubitu emendavit, quae interpolatio ut universum librum occupavit, ita latissime grassata esse deprehenditur in stemmate Amalorum [89]). itaque non mirum est post editionem Muratorianam,

---

[88]) Errorum communio si qua est inter Ambrosianum aliosque primi ordinis libros, diversam originem habet. nam ille licet alicubi cum Heidelbergensi in errore consentiat (v. p. XLVIII), p. 81, 12 cur pro *carporum* duo librarii scripserint *corporum*, in promptu est; *societate* autem p. 109, 22 tam ex *sacitate* Palatini originem duxisse potest quam ex *societate* Heidelbergensis. — *Statim* p. 113, 26, *iter* p. 115, 7 tam Laurentiani scriptor delevit quam Ambrosiani, quoniam male abundant. — Ibi quoque ubi consentit Ambrosianus cum tertio ordine *XYZ*, ut p. 91, 5 *percipiant*] suscipiant *AXYZ* — p. 108, 20 *propria*] sua *A*, sua propria *XYZ* — p. 110, 25 *relabuntur* (sic etiam Duac.)] *delabuntur XZ*, dilabuntur *AY* — p. 112, 5 *ad*] om. *AXY* — 115, 18 *indignationi*] indignationis *AXYZ*, emendationis studium plerumque certe in causa est. id ipsum cadit in locum p. 79, 15, ubi veram lectionem *degere* servatam in *OB* pro corrupto *dedere*, item in alterum p. 84, 4, ubi verum *iugo hemi* servatum in *XYZ* Ambrosianus coniectura facili (cf. p. 127, 7) adsecutus est. nam quod possis item coniicere librarium eius aut archetypum adhibuisse cum varia lectione hic illic adscripta aut ex pluribus exemplaribus lectionem suam composuisse, firmiora argumenta requirit.

[89]) Libros qui examinat, pro nota huius familiae (dico Ambrosianum, Reginae 639, Abrincensem) recte stemma hoc adhibebit. exempli causa p. 77 pro tradita lectione *Vinitharius genuit Vandillarium*: *Vandalarius genuit Thiudemer* tres hi libri ponunt interpolationem a reliquis omnibus alienam *et ipse Vandalarium patrem Tiudemer*.

cum reliqui classis primae libri aut parum noti essent aut prorsus ignoti, Ambrosiano quodammodo principatum delatum esse: nam multum praestat recensioni vulgatae superstructae libro cuidam ordinis secundi. re vera locum nullum in crisi tenet. id ipsum tamen ut intellegeretur et simul ne memoria aboleretur recensionis peculiaris, lectionem Ambrosiani integram admisi.

VATICANVS REGINAE n. 639 membr. saec. XI formae octonariae (inscriptum est 'volumen CCXXXI non (?) Petavianum') continet Iordanis Getica neque quicquam praeterea: deficit in fine mutilus p. 138, 20 *fortiori duci*. totum contulit Pertzius. cum plane consentiat cum Ambrosiano, examinatum abieci.

AVRANCHENSIS n. 154 scriptus saec. XIII exeunte in monasterio S. Mariae de periculo maris continet Victorem Vitensem, Iordanis Getica, Gildam de excidio Britanniae, Guilielmum Appulum. totus collatus est a Bethmanno. cum ad unguem consentiat cum duobus qui praecedunt aetate antecedentibus, omisi.

BAMBERGENSIS liber E. III. 14 membranaceus saec. XI inter ea quae continet multa et varia[90]) etiam Iordanis libellum utrumque habet, sed Romanum principio mutilum (incipit p. 16, 9 *itaque hunc diem*), collatus nobis a Waitzio. specimen dedi Geticorum praefationem et c. 3 et 52[91]). qui scripsit natione ut videtur Italus exemplar habuit familiae primae: nam diacritica ordinis primi adsunt, absunt quae proprie sunt secundae tertiaeve sive bona sive mala omnia. proxime accedit ad Laurentianum[92]). at Bambergensem qui exaravit, tradita sibi tractavit summa licentia, ut non barbarismos solos tolleret, sed ipsas res ad libitum immutaret. ita in praefatione pro *Senatoris voluminibus* substituit *senatorum*, mox ex *parvis* fecit *non parva* et sic deinceps. a crisi igitur liber plane arcendus est memorabilis propter solam emendationis perversae audaciam. p. 17, 27 Iordanem librarius interpolavit adhibita Pauli historia Romana.

Bambergensis et Oxoniensis

90) Exposuit de iis Waitzius apud Pertzium *Archiv* 9, 673. ex hoc libro Getica adhibuisse Ekkehardum Vraugiensem c. a. 1099 idem observavit Mon. Germ. SS. VI p. 5.

91) p. 53, 3 *uolente me paruo subuectu nauigii* — 4 *lazare* — 5 *manum* — 6 *senatorum* — 7 *actibusque — et reges descendentes* — 8 *imperia* om. — p. 54, 2 *seruiamus* — 3 *mencior* — 4 *ante haec* — *quorum* om. — *factas* — 6 *plurima* — *dicione* — 8 *commemorans* p. 57, 17 *scanciae* et sic deinceps aliquoties — *quod*] *quem* — *relinquimus* — p. 58, 2 *aretul solo* — 3 *de qua*] *quam* — 4 *pompeius* — 7 *determinans* — *ad orientem* — 8 *fluus* — *quodam*] *a q.* — 10 *exigente* — 11 *paruae*] *non paruae* — 14 *beluis*] *uis* (em. *bestiis*) — *terrae* — 16 *frigore*] *frigus* — 17 *ad. cons. quae*] *quae ad. cons.* — 19 *numerum* — 22 *percurrit* om. — *quo* — p. 59, 1 *crerefennae* — 2 *atque ouis auium*] *ouium auiumque* — 3 *prestet* — 4 *sueans* — *equos u. eximios* — 5 *sapherinos* — 8 *theutes uagoht* — 9 *pleni* — *inibi*] *ibi* — 10 *gaugigoht* — *gen. hom.* — 11 *promptissimi* — *otingens* — 12 *aeragnaricii finni*] *ragnaricifin* — 13 *uinobiloht* — p. 60, 2 *grinni ayanzii eunixite rugi arogi* — 3 *rodulf* — *regno* om. p. 127, 12 *agimus*] *aimus* (corr.) — *ostr. qui*] *gentem ostrogathorum que* — 13 *germano* — *fiudimer morabatur* — 14 *fluuios* om. — 15 *thidimer* — *pellois* — *fiudimer cum utroque manebat* — 16 *suae*] *eorum* — *fugitiua* — 17 *que* om. — *irruerunt* — 18 *tamen quauis pauci ille excepit* — 19 *hostium* om. — *fugam* — *scithicas petiit* — 20 *amnes fluento* — *uunni* — 21 *ad fratres thiudimeris gaudia* — *direxit sed*] *cum direxissent* — *moz* om. — p. 128, 1 *thiudimeris* — 2 *erelicua* om. — 3 *thiudimir et fiudimer* — 4 *dona* om. — *quae ad instar strenuae* om. — *accipere* — 5 *custodire* — *uidebant* — 6 *alia tamen stirpe non amala*] *quamuis alia stirpe tamen non amalorum* — 7 *cum* om. — 9 *discurrentes* om. — 10 *cum instantibus*] *quam praesentia* — 11 *de futuro*] *defunctorum* — *contrauersione* — *cum promittit* — *que* om. — 12 *accipiunt* — 13 *ann. incr. consc.* om. — 14 *cunctatur dare*] *tardaret* (corr. *traderet*) — *extitit supplicator tantum ut*] *promittit ut exinde* — *firma*] *stabilior* — 15 *gothosque*] *et gothos* — *datus* om. — *que* om. — Orthographica praeterii.

92) In tribus locis supra p. XLIX compositis p. 70, 18 (*diu mederi*), 73, 15 (*borbista*), 109, 22 (*sagacitatem*) Bambergensis pro Laurentiano stat contra *HPV*.

OXONIENSIS collegii Magdalenei Lat. 14 (antea n. 2155) membr. saec. XIV [93], descriptus diligenter a R. Pauli (*Neues Archiv* 1, 161 sq.), praecedentis simillimus, sed nequaquam ex eo descriptus, continet Aurelium Victorem, nomina provinciarum, tractatum de Assyriis, Pauli historiam Romanam, gesta regum Francorum, Iordanis Romana et Getica, Pauli historiam Langobardorum, Einhardi vitam Karoli, Monachum Sangallensem. Romanorum et principium deficit (incipiunt enim non eodem loco atque in Bambergensi, sed proximo p. 16. 10 *iam menibus urbis*) et transpositio in iis accidit: nam post *patebant* p. 26. 30 sequitur locus a p. 29, 21 *transgrediamur* ad p. 30, 11 *proelio*, deinde ponuntur antea omissa a p. 26, 30 *enimuero* ad *tigrane deuicto* p. 30, 11. cum contulisset nobis Reinoldus Pauli capita Romanorum extrema et Geticorum 1. 2. 60, intellectum est librum esse primi ordinis male interpolatum. exempli causa locus Get. 1, 6 sic legitur ibi: *ut in orientali plaga et indico occeano ypodem et iamnesia que quamuis peruste sole inhabitabiles tum omnino sui spacio in longum latumque sunt extense.* quaedam interpolationes communes ei sunt cum Bambergensi, ut Get. 1, 5 *et nulli ea pars cognita ni illi qui eam constituit* Oxon., *et nulli ea pars nisi ei qui eam constituit* Bamb., item Get. 1, 7 *haut procul] ut ait proconsul* Oxon., *hec ut proconsul* Bamb. sed licentia in Oxoniensi minus late vagata est quam in altero libro.

SALISBVRENSIS ecclesiae cathedralis n. 1027. 101 membr. saec. XIII teste Pertzio (*Archiv* 7, 103. 244) tam in libris quos continet quam in lectione consentit cum Oxoniensi Magd. 14. specimen non habui, nec desideravi.

Reichenaviensis    REICHENAVIENSIS (Augiensis) liber, quem ante a. 820 scripsit scribive iussit Reginbertus monachus († a. 846; cf. Neugart episcop. Constant. p. 548), inter alia complura historica, de quibus dixi ad Cassiodorii chronicon p. 573, posuit 'chronica Ior-'danis episcopi'. hoc ipsum volumen adhibuit Hermannus Augiensis († 1054) in chronicis compilandis [94], adnotans ad a. 551: 'hucusque Iordanis episcopus chronica sua 'de gestis Romanorum adbreviata perduxit'. deinde librum fuisse apud Cuspinianum ibidem (p. 587) demonstravi, qui eo usus est in opere de consulibus Romanorum edito a. 1553, sed scripto (secundum praefationem) a. 1515, id est aliquantum ante quam Romana Iordanis typis vulgarentur. nam praeter Getica, quorum adhibuit exemplar Romanis carens, et quem passim sub Iornandis nomine citat Hermannum Contractum, ipsius quoque Romani libelli Cuspiniano copiam fuisse intellegitur ex eis quae adnotat p. 576 ad a. 551: 'sic scribit Iornandes in chronica ad Vigilium in praefa-

---

93) Codex, quem Pertzius (Mon. Germ. SS. 2, 440. 728 et *Archiv* 7, 243) ait bibliothecae universitatis Oxoniensis n. 837, continentem Iordanis libellum utrumque, historiam miscellam, Pauli historiam Langobardorum, Einhardi vitam Karoli, monachum Sangallensem, hic ipse sit necesse est. nam liber Laudensis olim n. 837, hodie Laud. misc. n. 569 (*Neues Archiv* 2, 381) diversus est et indicatio numeri sine dubio perturbata; ea vero quae comprehendi dicuntur illo volumine, omnia redeunt in Magdaleneo n. 14 adeoque quae de Einhardo et Sangallensi Pertzius peculiaria et Oxoniensi libro propria refert accurate conveniunt cum descriptione Pauliana (p. 167) Magdalenei.

94) Mon. Germ. SS. vol. V p. 67 sq. ut excerpta ex Cassiodorii chronicis Hermannum ex hoc libro traxisse alibi docui (*Chronik des Cassiodorius* p. 574. 579), ita indidem etiam Iordanis Romana novit. ab eodem volumine pendet Bernoldus Constantiensis c. a. 1100 (Mon. Germ. SS. V p. 385 sq.), utrum per Hermannum an cum Hermanno, non quaesivi.

'tione: *ab ipso Romulo .... confeci.* in fine vero operis sic inquit: *hae sunt causae
'.... legendo cognoscet'.* post Cuspinianum codex non memoratur; sed extat inde descriptus Mogontiacensis olim, hodie Parisinus is qui sequitur.

PARISINVS liber Lat. n. 4860, antea Mogontiaci in bibliotheca S. Stephani, deinde et propago eius Colberti, c. a. 940 descriptus est ex libro Augiensi eo de quo modo diximus (vide quae exposui ad Cassiodorii chron. p. 574 sq.) et ut in aliis ita in Iordanis Romanis (Getica a libro absunt) in locum archetypi iam deperditi succedit. praescriptum est chronicis post praefationem: 'incipit chronica Iordanis episcopi de origine mundi et actibus 'Romanorum ceterarumque gentium', subscriptum: 'de origine vel actibus Romanorum 'liber Iordanis episcopi explicit feliciter. amen. amen. fiat fiat'. hoc ipsum volumen adhibuit Marianus Scotus in chronicis scriptis a. 1074[95]). ipsius libri et etiam magis archetypi deperditi antiquitas cum spem moveat posse ad diversam familiam eum pertinere et Romana Iordanis eo adhibito similiter emendari posse atque in Geticis prima familia et primaria emendatur ope librorum secundi tertiique ordinis, ea tota deponenda est. neque enim quicquam proprium habere hanc recensionem ductam ex libro tali, qualis est Heidelbergensis Palatinusve ita, ut librarius non indoctus sermonem reformaret, demonstrabit subiecta varia lectio a c. 358 ad finem operis[96]). apparatum enim futilibus istis adiectionibus onerare nolui, simul autem exemplo aliquo ostendere, quomodo in tali auctore versati sint scholastici saeculi noni decimique. similia enim secuti sunt per hos libros eius aetatis emendatores omnes, quorum temptamina pleraque suppressi.

---

95) MG. SS. vol. V p. 491 adn. 72. Cassiodoriana Scotum inde traxisse demonstravi Cassiodorii chronica recensens p. 580.

96) p. 46, 20 *multa* — 21 *parti aduerse* — 22 *magister militum* — 24 *nullique*] *nullius* — p. 47, 4 *excubitorum* — *imperator*] *in imperium* — 5 *misaelem* — 7 *misaelem* — *serdicam* — *exilium* — 8 *praeparauerauerat* — 9 *contudit* — *in gurgite iacuit*] *iecit in gurgitem* — 10 *euocatum* — 12 *suspicione* — *paula* — 13 *confossum* — *quartum mensem* — *senectuti suae* — 16 *iubante*] *adiuuante* — 19 *sancti*] *sanctae* — *inito*] *ininito* — *exercitus* — 21 *ab* om. — 22 *insidiatores* — 23 *coacta*] *cuneata* — *ingressos* — 24 *locumque* — *pompeio* — *clamide loricato* — 25 *palatium inuadente* — 27 *sociisque* — *proscriptis* — 28 *manubiis*] *manibus* — *anno* om. — p. 48, 1 *quod*] *qui* — *gestus* — 5 *deputatis*] *deputans* — 11 *theoderico et sic porro* — 14 *theodohadum et sic porro vel theodohat- vel theodoad-* — 15 *suoque filio*] *suum filium* — 16 *inultam* — 21 *ciuilibus bellis* — 23 *cyrillo marcello fara aliisque diuersis iudicibus* — 24 *ducem salomonem* — 25 *africam* — 29 *anhelanti suoque aduentu suspectae subueniret italiae* — *constructo*] *instructo* — 30 *tam nauale quam equestre agmen educens* — p. 49, 1 *uitigis* — *exercitui* — 2 *campaniam* — 3 *habebant* — 4 *at* — 5 *excusare* — *eo*] *eum* — 6 *uoti consensit* — 7 *rauennam* — *regnumque suum* — 10 *rauennam* — 15 *machinisque i. et turribus* — 17 *effugatum*] *fugauit* — 19 *theodoberto* — *ducentis milibus aduenerat* — 20 *ad alia*] *aliis* — 21 *de finibus italicis* — 22 *et opes*] *opes* — *principem*] *regem* — 28 *aduentum*] *aduentui* — 29 *persae* — p. 50, 1 *fugientem*] *fugientis* — 4 *in unius anni spatio* — *aduersus* — 6 *suos se fines*] *fines suos se* — 9 *constantino* — 10 *resistere* — *contra parthos*] *parthis* — 12 *agnoscat* — 13 *regem reginam et opes* — 14 *principe* — 15 *recrudescentibus animis* — *hellebado et sic porro* — 16 *adsistunt* — 17 *uix spatio* — 19 *regnum* — *ascitur* — 21 *et* om. — *macellos* — 24 *terrae* — 26 *repperiri* — *rauennam* — 27 *que* om. — *mari epyrum* — 28 *contiones et iurgia*] *contentionibus et turgiis* — 29 *qui*] *qui et* — p. 51, 1 *nauelem classem* — *romani portus* — 2 *recipit stationi* — *quam* om. — 5 *cum*] *eum* — *tybri* — 6 *gladio* om. — *hortatur exercitum* — 7 *ann. fac.*] *fac. ann.* — *totilam* — 8 *mutatione* — 9 *quiescente* — *sicilia* — 11 *militarique*] *militari* — 12 *mathesuenta th. r. nepte* — 13 *derelicta* — *matrimonium sumpta* — 14 *sardicensi* — 16 *deuastit* — 17 *africa*] *in africa* — *salomone stotza* — 18 *corruunt*] *concurrunt* — *iohannes* — 19 *gundharic* — 20 *eo i. e. trucidato* — 21 *que* om. — 22 *ei*] *et* — 23 *stotze perempto* — *suscesserat* — *urbe* — 24 *que* om. — *iohanni d. patricio* — 25 *troglite* — 26 *accipit* — *in* om. — *principi* — 27 *principali* — 29 *parthis* — *aduersos* — p. 52, 2 *iuuante* — 4 *matrimonium* — 7 *illam* — *magistro militum item cum gepidis* — 8 *gothisi in* — *ambabus* — 10 *burgarum* — 12 *rei publicae trogoediam* (sic) — 14 *ab* om.

MONACENSIS POLLINGENSIS n. 11306 saec. XII. insunt Eusebii historia ecclesiastica a Rufino Latine versa, Iordanis Romana cum carmine Honorii eiusdemque Getica, Karoli Alcuinique epistulae quaedam. classis primae est, nam habet in praefatione Geticorum p. 53, 3 *subuectu nauigii*, p. 53, 8 *dura imperia* (om. *satis*), item p. 127, 13 abest *et uidimer*. in Romanis proxime accedit ad librum Parisinum 4860 descriptus sine dubio et ipse ex Augiensi. sed et neglegenter scriptus et licet modeste interpolatus soloecismis aliquatenus sublatis. recte p. 68, 16 librarius *cyrum* dedit pro *cysum*, sed ex coniectura, cum in hac lectione et probi libri consentiant et ipse Ravennas. adhibuit librum ad Florum Iahnius contulimusque eum ad Romana ego, ad Getica Bethmannus. at non solum in pleno apparatu locus nullus ei dandus fuit, sed ne specimen quidem lectionis adscribere operae pretium visum est.

*res or-*
*primi*   Ad exemplum a PEVTINGERO acceptum, id ipsum opinor quod in bibliothecae Peutingeranae catalogo ms. (inter schedas Lucae Holstenii cod. Barb. 38, 90) recensetur sic: 'Iordanis episcopi liber de summa temporum vel origine actibusque Romanae 'gentis', Beatus Rhenanus Romana Iordanis primus edidit post Procopium Latine versum Basileae a. 1531. ille liber ubi hodie sit, ignoro: pessimum fuisse vel certe pessimam interpolationem inde prodiisse subiectum specimen [97]) declarat.

OXONIENSIS Seldenianus 16 (antea Seld. 3362) saec. XII vel XIII (cf. Waitz *Neues Archiv* 4, 384) continet excerpta ex libris Catonis de originibus, Iustino, aliis; Orosium; Eutropium et Pauli Romana libris XV; Iordanis Romana distincta in capita XCVI; abbreviationem Willelmi de gestis sequentium imperatorum; codicem Theodosianum. Inscriptio libri est 'Iordanis episcopi Ravennatis natione Gothi de gestis 'Romanorum ad Vigilium adbreviationis liber incipit', ubi quod Iordanis appellatur Ravennas, praeter hunc librum et sequentem in nullo alio Romanorum redit (cf. p. XIII). ipse codex, cuius partem extremam inde a c. 364 collatam habui a Paulio, nullius utilitatis est textum sistens totum ex arbitrio reformatum [98]).

OXONIENSIS collegii Balliolensis n. 125 (memorat eum Lelandus collect. 3, 62) saec. XV cum adnotationibus Gulielmi Malmesburiensis, continens eadem fere atque Seldenianus, in his Iordanis Romana cum indice modo relato, descriptus sit necesse est ex eo qui praecedit.

PARISINVS Lat. n. 2467 saec. XII continet Berengaudi expositionem in Apocalypsim,

---

[97]) c. 302—304: p. 38, 35 *diocletianus* semper — *triumpharunt* — p. 39, 1 *antecedentibus sibi liberis*] *ac de liberis cedentibus sibi liberis* — 5 *cappadociamque*] *in cappadocia*   c. 358—362: p. 46, 20 *aggreditur* — *mula insedens* om. — 21 *inimicus* — 22 item *rufinus alathortique mag. mil.*] *iterum suus gubernator magisterque militum* — 24 *nulliusque* — p. 47, 2 *exc. hum.* — 3 *aliquantulum* — 4 *excubitorum* — 5 *misaelem* — 7 *misaelem* — *perdicam* — *exilium* — 8 *idem*] *idem quoque* — 9 *contusit ingentibus*] *contusque ingentibus caesum* — *salsum in gurgitem iecit* — *sepultura cum*] *sepultum tamen* — 10 *euocatum* — 11 *praesentem* — *ordinarium*] *ordinari tum* — 12 *suspicione* — *pr. facti* — 13 *confossum perimit* — *hic*] *hoc* — *ante quartum mensem* — *senectuti suae*   c. 386—388: p. 52, 3 *longobardorum* — *theodahati* — 6 *LX*] *quadraginta* — *pugna* om. — 7 *illam* — *hac* — 8 *mil. idem*] *milide* — *gepidis* — *mundionis* — 10 *hae sunt causae* — *instantiam quotidianam bulgarorum antarum* — 12 *tragoedia*. — Subscr. *Iordanis de regnorum ac temporum successione libri finis.*

[98]) Specimen adieci c. 386—388: p. 52, 3 *theodahadi* corr. in *theodadi* — 6 *LX*] *quam quadraginta* — 7 *illam* — *mag. mil. idem* om. — 8 *gepidis* — 9 *pariter*] *partim* — 12 *dignam tragedia nostri temporis rem publicam*. — Subscriptio eadem est atque inscriptio.

fragmentum passionis S. Quintini, Bernardi librum de dispensatione et praecepto, Anonymi homiliam de paschate, S. Bernardi homiliam de annuntiatione dominica, priorem partem Romanorum Iordanis (ante prologum principium operis a verbo p. 3, 1 *Romani ut ait* usque ad v. 13 *hominum natura* legitur, suo tamen loco iterum descriptum) deficientem in medio folio in verbis p. 30, 8 *arma viderunt*. specimen quod habui docuit librum inutilem esse.

VINDOBONENSIS n. 451 (olim hist. prof. n. 600) membr. saec. XII (Endlicher n. 406) continet annales Fuldenses (Monum. SS. 1. 341), Iordanis Romanorum partem priorem, quae deficit in media pagina eo ipso loco, quo desinit Parisinus 2467, Rufi breviarium (v. praef. Foersteri p. 7). gemellus praecedentis est nec magis utilis.

PARISINVS Lat. n. 5766 membr. saec. XII, antea Thuani, deinde Colberti, continet Caesaris commentarios (v. Nipperdey praef. p. 42) et Iordanis Getica. hunc librum (sibi *B*), Vossius contulit cum editione Vulcanii, quae collatio adservatur Lugduni in bibliotheca publica impressorum XIII. O. 673. ex specimine, quod habui, intellexi primi ordinis quidem esse, sed ex pessimo genere interpolatorum [99].

CAESENAS MALATESTIANVS plut. 12 cod. 5 'scriptus per me Ioh. Pergulitanum pro 'magnifico et potenti domino domino Malatesta Novella de Malatestis et completus 'die III Ianuarii MCCCCLIIII', Getica sola continet. contulit eum Bethmann. primi ordinis est, sed ex eius generis deterrimis.

EKKEHARDVS Vraugiensis († post a. 1125) ut in chronicis (Mon. Germ. SS. VI p. 1 sq.) concinnandis Iordanis libellum utrumque passim adhibuit, ita continuo ordine iis inseruit ex Iordane fere solo compilata capita inscripta '*historia Gothorum*' (Mon. Germ. l. c. p. 119 inc. *Claudius Ptholomeus orbis terrae descriptor*, finit *huiusmodi fuisse legitur*), *de Amazonibus* (l. c. p. 121, inc. *Medio tempore habitationis*, finit *extitisse comperimus*), *de origine Hunorum* (l. c. p. 223, inc. *Filimer rex Gothorum — redeamus*), de Wisigothis (l. c. p. 124 *Wisigothae itaque* — p. 130 *pristinae libertati restituit*). ea capita cum saepe inveniantur seorsum descripta una cum similibus de historia Francorum, Langobardorum, Saxonum (v. Pertz *Archiv* vol. 7 p. 486 sq.), non raro in catalogis et alibi sub ipso Iordanis nomine recensentur. ita Palatinus tertius Gruteri codex est Ekkehardi. pendet Ekkehardus ex libro aliquo non bono ordinis primi.

EXCERPTA VERONENSIA Iordanis codicis Vaticani Palatini n. 927 scripti Veronae a. 1181 inserta sunt collectaneis hodie notis sub nomine Anonymi Valesiani, complexa locos desumptos ex Geticis hos: c. 55, 281 [*igitur*] *rex Theodemir* — § 282 *repedavit* (praescribitur: *item fuere et alii Gothi, ex quorum progenie Theodericus processit*) et c. 56, 288 *nec diu post hec* — 57, 293 *audacia intrat* et c. 57, 293 *indeque subreptive* — § 295 *regnator adsumit*. variam lectionem et misit mihi et ipse quoque edidit Carolus Zangemeister in musei Rhenani vol. 30 (1875) p. 309. ego praetermisi utpote desumpta ex libro ordinis primi parum bono, qui conveniret interdum

---

[99] Specimen esto praefatio p. 53, 3 *subuectu nauigii* — 4 *castule laxare* — 5 *adbrauiatione* — 7 *actibusque gestarum* — *et*] *ad* — *regesque descendentem*] *et reges descendentia* — 8 *duratis* — p. 54, 4 *ante hoc* — *auctas* — 5 *ex* om. — *ae*] *et* — 8 *commemorans* — *orans*] *ora* — *kme frater*.

cum emendationibus librorum interpolatorum; ita p. 131, 2 legit *inscio* pro *inconscio*, aeque atque Ambrosianus et Pollingensis[100]).

---

Secundus ordo codicum

Secundae classis cum quae hodie supersunt exemplaria integra Getica tantum habeant (nam Vindobonense n. 203 cum sua propagine ex hoc ordine primoque contaminatum est), olim Romana quoque eam habuisse constat. nam huius ordinis libros qui adhibuerunt Paulus et Landolfus, tam Romana quam Getica expilarunt, adsuntque item in epitome Phillippsiana (S), quae et ipsa huius classis est, ex utroque libello excerpta. quid quod eius ordinis qui extat liber antiquissimus Ottobonianus capite mutilus praeter Geticorum principium etiam Romana potest amisisse.

Hiatus huic ordini communes hi fere sunt:

p. 77, 4 vandiliarium vandalarius genuit *om. SOB*
86, 6 nam ibi .... civitatem *om. OB*
106, 11 abscisam truncatamque auribus *om. OB*
107, 9 non per bella ubi communis *om. OB*
119, 11 necdum Olybrio octavo mense in regno ingresso obeunte] nocte *OB*.

errorum iisdem libris communium exempla cumulare supervacaneum est; unum adnotabo, quoniam ad litteraturam communis archetypi pertinet, p. 126, 22 *parialdemeus OB* pro *paria id est meus*. praeterea miro modo passim per totam hanc familiam *enim* scribitur pro *autem*. verum hic ordo librorum una cum tertio servavit praesertim locis his:

| | |
|---|---|
| p. 53, 3 subuectum nauigio *BXY cum Rufino* | subuectu nauigii *HPVLA* |
| 8 dura satis *ABXY cum Rufino* | duratis *HPVL* |
| 111, 18 clade traxerunt *OBXY* | clade detraxerunt *HPVL*, clade detraxerant *A* |
| 20 ad(h)ortans *OBXY* | adortus *HPVL*, ad hortandum *A* |
| 127, 13 et uidimer *OBY* | *om. HPVA* |

ideoque ibi quoque, ubi quaestio ab sola librorum auctoritate pendet, consensus horum librorum sequendus erit. ita 85, 18 forma *tharvaro*, quae est in *OBXYZ*, propterea praelata est alteri *thurvaro* classis primae; quamquam cum in antiquissimis libris nullus error frequentior sit permutatione litterarum *u* et *a*, potest illa communio ad casum quoque non improbabiliter referri. ob eandem causam debuit fortasse p. 59, 11 edi *exesis* cum classe secunda (B) et tertia, cum prima habeat *excisis;* sed cum in Ottoboniano sit *exsis*, fieri potest ut archetypum classis secundae sic vocabulum *excisis* mutilaverit et Breslaviensis librarius inde coniectura fecerit *exesis*.

Item in Romanis, quae tertius ordo non habet, ex secundo sola excerpta Phillippsiana. verum verive vestigium haec sola servaverunt certe uno loco:

p. 15, 2 mutius *S*, veius *HPVL*, mucius *Florus*.

hiatus duo, qui hodie notis libris insident (p. XLV), utrum item in secundo ordine

---

[100] Sprevi excerpta Iordaniana inutilia et recentia, qualia sunt in codice Vindobonensi 3216 et in Guelferbytano n. 459 extravag. n. 115.

adfuerint necne, ignoratur, quoniam excerpta quae sola supersunt ad eas partes non perveniunt.

Classis haec sola contra reliquos consentientes verum servavisse non videtur; nam qui sequuntur loci ad id demonstrandum parum sufficiunt:

p. 72, 15 gothile *OB* (Κοθήλας), gudil(a)e *HPVLXYZ*, gadile *A*
119, 19 ar(e)uernate *OB*, preuernate *similiterve HPVLXYZ*

contra reliquos dissentientes verum servavit:

p. 79, 15 degere *AOB*, dedere *HPVL*, decore *XYZ*

Quibus locis in erroribus classis prima et secunda consentiant, ad tertiam exposuimus (p. LXII). ubi consentiunt in errore codices quidam classis primae et secundae, ut evenit locis his:

p. 81, 3 aegre ferentes *om. LOB*
88, 1 LX annos] *HPVLAOX*, xl annos *BY*
8 Golthescytha] *PV^bLY*, gothescytha *HV^aOB*

id sine dubio mero casu accidit.

Ab interpolatione grammatica princeps huius familiae immunis fuerit necesse est, cum ex libris quos habemus Ottobonianum certe ea vix attigerit; alibi autem temere immutatus fuit, ut p. 78, 18 *barbara lingua* substitutum est pro *patria*.

Iam singillatim testes recensebuntur.

PAVLVS DIACONVS historiae Romanae, quam scripsit ante a. 774, ex Iordanis libello utroque excerpta complura inseruit, pauca deinde historiae Langobardorum, quae utraque nos in editionis margine inferiore indicavimus. Flori locos ut Iordanes ipse, ita etiam compilator eius propter pulchritudinem saepius ad verbum reddidit: praeterea vero Paulum neque ineptum hominem neque indoctum cum nequaquam fugeret ab Iordane pessime res narrari, apud eum inventa in formam magis aptam redegit, cuius rei optimum exemplum suppeditat Geticorum caput 57. ibi cum Iordanes breviter et parum concinne exponat Theodericum in urbe Constantinopoli bonis omnibus frui potuisse, sed suos cum in Illyrico non optime vivere intellexisset, in Italiam secum duxisse, Paulus (15, 14) inde effecit narrationem plane argutam: 'dum huiuscemodi Theodoricus deliciis 'apud Constantinopolim afflueret, gens illius, id est Ostrogothae, dum eis propter fidei 'sanctionem praedas agere more solito non liceret nec tamen ab imperatore oblata sti-'pendia sufficere possent, coepere non minimam egestatis penuriam pati: execrantur 'foedus compositum, vituperant inutilem pactionem, mittuntque continuo ad Theodori-'cum qui dicerent, quas, dum ipse Graecorum epulis superflueret, inopiae miserias 'sustinerent' et quae sequuntur. similiter paullo post ubi scribit Zenonem Theoderico Italiam dedisse 'per pragmaticum' (plane ut in hist. Lang. 2, 12 Alboin episcopo Tarvisino bona ecclesiae confirmat 'per suum pragmaticum') 'sacri etiam velaminis dono', aperte suae aetatis coloribus traditam narrationem adiuvit. his similibusque ut abuteretur, qui Paulum alia secutum esse statueret quam ipsa quae habemus Iordaniana, ita aliis locis, ut in narratione de Aquileia ab Attila obsessa 14, 9, praeter Iordanem diversum eumque deperditum auctorem adhibuit. quae investigatio cum ipsa non huius loci sit, inde explicatur excerptorum Paulinorum ad verba Iordanis emendanda exigua utilitas. scilicet plerumque compendium tantum Iordanianorum dedit, aliis locis aut ampliavit ea aut contaminavit, ut ne id quidem, quid ex Iordane Paulus receperit, in hac editione ea brevitate quam res requirebat indicari potuerit quique accurate rem cognoscere cupit, ei adeunda sit ipsa Pauli historia Romana a Droyseno nuper ita recensita, ut ad singula capita auctor indicetur. ad crisin quod attinet, paucis locis Romanorum (p. 17, 21 *tepentes* et p. 17, 25 *numerata*), uno fortasse Geticorum (p. 132, 18 *aeream ei* pro *etiam et*) nostrorum librorum lectioni Paulina praeferri poterit. eorum autem ad ordinem secundum Paulus in nominibus propriis formandis proxime accedit, ut scribit *Theodicodo* p. 134, 17, *Ermenfredus* p. 135, 6, *Trapstila* p. 135, 8, *Theodatus* p. 136, 19. interpolationis tamen huic ordini propriae apud Paulum vestigia nulla deprehendi. mero casu cum errore Heidelbergensis consentit p. 23, 17.

*et Landulfi*  LANDOLFVS sagax inter a. 977 et 1026 et alia addidit ad Pauli historiam Romanam et ex Iordanis Geticis duos locos c. 24 et 35 ei inseruit. eum, cum aliter atque Paulus auctorum quos expilat ipsa verba retinere soleat, luculenter apparet habuisse codicem Ottoboniani simillimum, sed eo emendatiorem, confirmaturque ita quod modo significavimus Paulum et ipsum huius ordinis codicem usurpavisse videri. nam eadem volumina, quibus Paulus usus est, a Landolfo quoque potissimum usurpata esse inde colligitur, quod Originem gentis Romanae pleniorem Paulus et Landolfus soli adhibuerunt (cf. quae exposui in Hermae vol. 12 p. 401).

*et Herigeri*  HERIGER Lobiensis abbas gestis episcoporum Leodiensium, quae a. 979 vel paullo ante composuit, l. I c. 18. 19 (Mon. Germ. SS. 7 p. 172) locum inseruit de Hunis p. 87, 6 — 91, 9, quem ei suppeditavit 'Iordanis episcopus in historia de gestis Gothorum 'vel Getarum' ex secundae classis libro quodam depromptum, ideo autem notabilem, quod errores quidam huius ordinis libris quos novimus omnibus communes 89, 11 *magnas* pro *magas* et 89, 13 *terrae* pro *errare*, ab Herigerano excerpto absunt; quapropter variam lectionem eius infra adscripsi [101]). — Similiter HVGO FLAVINIACENSIS c. a. 1100 [102] et OTTO FRISINGENSIS c. a. 1143 [103]) usi uterque Iordanis chronico utroque huius ordinis librum videntur adhibuisse.

*Epitome Phillippsiana*  PHILLIPPSIANAE bibliothecae aliquando Middlehillii, hodie Cheltenhami adservatae codex (nobis *S*) hodie bipertitus 1885. 1896 membr. saec. IX antea fuit Parisiis in collegio Claromontano, deinde bibliothecae Meermannianae n. 821. inter excerpta histo-

---

101) p. 89, 6 *post*] *postea* — *interuallum* — *horosius hunorum* — 7 *omni*] *cum omni* — *extitisse*] *constitisse* — 8 *filime* — *egressum scantiae* — 10 *introisse superius*] *introisset sicut* — 11 *haliorunnas* — 12 *solitudine* — 13 *heremum* — *eorum*] *se earum* — 14 *quae*] *quod* — 16 *quod*] *quia* — *assignabant* — 18 *quod*] *quae* — 19 *quiete*] *fide* — 20 *interioris*] *ulteriore* — p. 90, 1 *inquirunt* — 2 *se uiae* — 3 *meotidem quae* (sic) *inperuiam* — *pelagus aestimanti*] *pecus existimabant* — 4 *quoque*] q. *ut* — 5 *inuidiam* — 6 *qui*] *quia* — 7 *iter*] *item* — *nullae ante aetati*] *ante hac aetate nulli* — 8 *diu.*] *per diu.* — *edicunt* — 9 *quam* — *didicerant* — 10 *prius* om. — 12 *aleildsuros*] *acildsuros* — *tuncorsos* — *insidebant* — 13 *alantis* — 15 *quos*] *quod* — p. 91, 1 *nigredinis* — 2 *deformis* — 3 *fiduciam turbidus prodit* — 4 *sec. gen.* — 5 *hinc*] *hi* — *uetustate* — 6 *tempestiuam* om. — *gratia cicatrices assumit* — 7 *quidem* om. — *argutis*] *acuti* — 8 *ad* om. — *arcos*.

102) Legitur apud hunc (Mon. Germ. SS. VIII p. 313) *Wisirmar*, ubi *uisurmar* est in *O*, p. 87, 11; *Balamir* cum *OB* p. 91, 19; *in Barinto amne*, ubi *Barentum OB*, p. 99, 11: contra casu opinor *Adricus* cum *H* p. 87, 7.

103) Apud hunc quoque 4, 21 (Mon. Germ. SS. XX p. 207) amnis appellatur *Barentus*; 4, 28 *receptis* est cum *SOB* p. 105, 18. sed adest *gentium* p. 105, 13.

rica diversa, quae in eo libro insunt ex ordine numerata, sub n. VIII (cod. 1896 q. XV—XIX) refertur 'liber Iordanis episcopi de summa temporum vel origine actibusque 'gentis Romanorum', item sub n. VIIII (cod. 1896 q. XX) 'origo gentis Getarum ex 'libro Iordanis excerptum'. prioris libri epitomator amplam partem descripsit, ex Geticis non multa selegit, sed ut consensus cum Ottoboniano et Bambergensi inde patefiat.

VATICANVS OTTOBONIANVS n. 1346 (nobis O) membranaceus est quart. min. saec. X foliorum 208. sequitur f. 132' 'excidium Troiae' nescio quod, incipiens 'Tetis 'dicta est mater Achillis, que de numero quinquaginta Nereidarum dicta est', finiens, ubi liber desinit mutilus, sic: 'sed veniente ad eum Postumio cum Albanos vicit et 'regnum Albanum inchabit et Larentinum finitum est'. quaterniones numerantur O–Z, deinde XV et sic porro. iam codex incipit in Geticis p. 58, 10 verbis *brachio exeunte*; deficit praeterea locus p. 60, 17 *inreparabiliter* ad 61, 16 *montem*, item folio exciso locus p. 116, 17 *didit occupandam* ad p. 117, 4 *pretermeat*. inscriptio deficit; subscriptio eadem est atque in reliquis bonis libris. collatum habui tam a Bethmanno quam longe accuratius ab optimo amico Ottone Hirschfeld. — Archetypum libri scriptum fuit litteris Scotticis: scilicet in erroribus huic libro propriis confunduntur passim

*a* et *u*:

    p. 78, 11 *mumae* pro *mamae*
    96, 11 *utrumque rem publicum* pro *utramque rem publicam*
    97, 3 *lutus* pro *latus*
    105, 1 *dispositus* pro *dispositas*
    106, 1 *baculam* pro *buculam*
    116, 6 *fagatum* pro *fugatum*

*r* et *s*:

    p. 78, 10. 12. 86, 17 *alexrand-* omnino pro *alexsand-*
    99, 11        *barent-* pro *busent-*

*i* et *l*:

    p. 75, 10 *malores* pro *maiores*
    86, 4 *agamemnon loco* pro *agamemniaco*
    96, 3 *prelens* pro *praeiens*

librarium imperite et indiligenter officio functum esse et haec exempla monstrant et alia plurima.

BRESLAVIENSIS REHDIGERENVS repos. n. 106 (nobis B) membr. saec. XI, 'liber 'S. Martini et S. Elifii martiris', itaque aliquando Coloniae adservatus; non continet nisi Getica. deficiunt folia duo a p. 101, 5 *ut Placidiam* ad p. 103, 1 *revocata* et a p. 110, 2 *non inmerito* ad p. 111, 15 *aspectu*. codex quamquam et aetate cedit Ottoboniano et integritate verbis passim ad arbitrium grammatici reformatis, tamen non solum ubi Ottobonianus deficit, classem hanc optime repraesentat, sed etiam suum locum tenet iuxta illum non ex eo pendens: ita hiatus Ottoboniani p. 85, 10. 92, 18. 104, 17. 106, 14. 17 in libro Breslaviensi non redeunt, similiterque errores illius non pauci ab hoc absunt. contuli ipse recognovique deinde ad huius editionis plagulas.

Conradus PEVTINGER qui Getica primus edidit a. 1515, necesse est secutus sit librum proxime accedentem ad Breslaviensem [104], quocum plurima a reliquis codicibus aliena communia habet [105], nec tamen ipsum expressit [106].

*Deteriores ordinis secundi*

VINDOBONENSIS n. 203 (olim hist. prof. 652; Endlicher n. 404) membr. saec. XI continet Iordanis Getica et Romana et inter utrumque libellum interpositum excerptum quod dicitur ex historia Gallica, de quo dixit Iac. Grimm *deutsche Mythol.* ed. 2 p. 269 sq. contaminatus est ex ordine hoc et primo. Romana vidimus prima classe librorum sola servata esse; Getica specimen subiectum [107] (praef. et c. 3) ostendit stare in universum cum ordine secundo, quocum et lectiones plurimas communes habent et hiatus quosdam (ut 58, 3), sed item multa habere ex ordine primo adscita [108]. contaminationem eo modo significatam extra dubium ponunt geminationes in libro Vindobonensi ita admissae, ut utraque lectio in ordinem verborum recepta sit; exempli causa p. 60, 5 *romanis OB*, *germanis* reliqui, *romanis germanis* Vindob.; ibidem *infesti pugnae saeuitia B* (quae interpolatio originem traxit ex lectione hiante codicis eiusdem familiae melioris *O pugna seuitia*), *pugnabant beluina saeuitia* reliqui, *alii infestae seuicia pugnae pugnabant beluina seuitia* Vindobonensis. in archetypo igitur lectioni verae ordinis primi superscripta fuit interpolata ordinis secundi. huic libro et derivatis ex eo propria sunt glossa *attingere* in textum admissa p. 53, 3 et emblema Rom. c. 324 p. 41, 32 *statim hostes . . . filium suum*.

VINDOBONENSIS n. 226 (antea Vniv. 690) saec. XII, olim Ioh. Cuspiniani, deinde Ioh. Fabri episcopi Vindobonensis (Endlicher n. 405), continet Iordanis Getica et Romana interposito excerpto ex historia Gallica supra dicto, praeterea Daretis historiam Troianam et vitam Apollonii Tyrii. descriptus est ex cod. Vindob. 203 [109].

VINDOBONENSIS n. 3221 (antea rec. n. 2129) chart. saec. XV (Endlicher n. 407) scriptus a. 1447, deinde a doctore Achacio Pehaim datus Ioh. Fuchsmageno, continet Aretinum de bello Gottico, Iordanis Getica, excerptum ex historia Gallica supra dictum, Daretem, Iordanis Romana. fluxit ex eodem libro.

---

104) Subieci quae editio c. 3 habet a Breslaviensi libro diversa: p. 58, 3 *cedri* — 4 *cuius*] *eius* — 5 *uistulae* — 11 *hic . . . uiuunt* adest — *ubi*] *ibi* — 14 *uero* adest — 20 *est* adest — p. 59, 1 *tres gentes*] *gentes tres* — 2 *ouium*] *auium* — 9 *sub humo plana ac fertili* — 10 *et* adest — 12 *et*] *ex* — *raumaricae ragnaricii* — p. 60, 5 *infestae saeuitia pugnae*.

105) Ita in capite citato cum Breslaviensi stat contra Ottobonianum p. 58, 22 *austrina signa* — p. 59, 11 *mixti* — 14 *cogeni* — p. 60, 2 *unixae* — 3 *non ante omnes sed ante multos*.

106) Glossa p. 58, 11 *hic . . . uiuunt*, quae a Breslaviensi abest, adest et in margine Ottoboniani et in editione principe. p. 106, 11 pro verbis '*ab ea parati* cum substituat Breslaviensis *eam putatis*, in editione utrumque est *ab ea parati eam putatis*; commune igitur archetypum habuerit necesse est *ab ea parati*. ᵉᵃᵐ ᵖᵘᵗᵃᵗⁱˢ

107) p. 53, 3 *stringere*] *attingere stringere* — 7 *actibusque* — *descendente* — p. 54, 1 *super omne autem*] *superat nos hoc* — 5 *retinere*] *tenere* — 6 *dictatione* — 8 *ut* (postea add.) p. 58, 1 *etenim*] *enim* — *cladius ptholymeus* — 2 *arctoo* — *scanzia et sic deinceps* — 3 *cedri* — *ducta*] *ductum* — *de qua . . . positam refert om.* — 5 *fluminis*] *fluuii* — 10 *exeunte* — 13 *ferentur* (corr.) — 15 *eorum*] *earum* — *ptholomeus* — 16 *frigus* — 19 *luce vicem.* — *nesc. clar.* — 22 *austrina signa* — *illos*] *illis* — p. 59, 1 *crefennae* — 2 *ouium auiumque* — 4 *thoringi* — 5 *saphyrinas pellas* — 8 *theutes uagoth peryio* — 9 *uno*] sic corr., m. 1 *incerta* — *plana ac fertili* — 11 *mixti euaprae* — 13 *eorum*] *horum* — 14 *cogniti*] *cogeni* — p. 60, 2 *acgansi eunixi ethelrugi* — 5 *germanis*] *romanis germanis* — inter grandiores et *pugnabant* ins. *alii* (suprascr. *s*) *infestae seuicia pugnae*.

108) Ita adest 58, 11 *quidem* omissum in *OB*, item 77, 4 *uandiliarium uandiliarius genuit* pariter in iisdem omissum, legiturque 59, 2 *ouium auiumque* et 59, 4 *suehans*, ubi *suethans* habent OB.

109) In loco discritico p. 60, 5 adest duplex lectio pariter atque in Vindobonensi 203, sed *aliis* pro *alii*. idem fere valet de iis qui sequuntur.

VINDOBONENSIS n. 3129 (olim Salisburgensis n. 33b) chart. saec. XV (Endlicher n. 408) cum adnotationibus Ioh. Hinderbach episcopi Tridentini (1465—1486) fuit aliquando Tridenti in episcopio (v. catalogus bibliothecae eius scriptus ab Ioh. Ben. Gentilottio editus apud Bonellium in monumentis ecclesiae Tridentinae vol. III part. 2 Tridenti a. 1765 p. 382 n. 86); continet Iordanis Romana, historiam Apollonii, Iordanis Getica. derivatus est ex eodem.

VINDOBONENSIS n. 3177 (antea hist. eccl. 75), scriptus a. 1501, fuit item Ioh. Fabri. continet Victorem Vitensem, Pauli historiam Langobardicam, Iordanis Getica, Callimachi Attilam. item descriptus ex eodem.

MONACENSIS 14506 olim RATISBONENSIS S. Emmerami F 9 membr. saec. XII praeter alia minora continet 'excerptum ex historia Gallica' id de quo modo diximus et Iordanis Romana, quae deficiunt p. 15, 19 in verbis *proh pudor uic.* descendit sine dubio ex codice Vindobonensi 203.

PRESSBVRGI apud Capucinos qui fuit liber chart. saec. XV, antea Theoderici Vlsenii medici Augustani, continens Iordanis Getica, Prosperi chronicon, excerpta ex Historia miscella, carmina quaedam Vlsenii, eum c. a. 1824 Endlicher Vindobonensis contulit, quam collationem Theodorus Karajan cum Bethmanno communicavit. descriptus est sine dubio ex Vindobonensi n. 203, nam dittographia secunda p. 60, 5 apud eum redit.

OXONIENSIS Dorvillianus X, 1, 3, 38 chart. saec. XV exeuntis continet Pauli historiam Langobardorum et Iordanis Getica. descriptus videtur esse non ex ipso Vindobonensi 203, sed ex archetypo eius: dittographiarum p. 60, 5 priorem habet inverso ordine (*germanis romanis*), in altera legit *infestae saeuitia pugnae* omissa lectione primaria. contulit nobis R. Pauli c. 1—7. 60. omisimus totum.

VINDOBONENSIS 3416 (antea hist. prof. 452) chart. saec. XV, antea Iohannis Fuchsmagen († 1499), deinde Cuspiniani. praeter Chronographum a. 354 continet scripta manu diversa Kadlubeki chronica Polonorum et Iordanis Getica in fine mutila (deficiunt p. 138, 8 *urbis aufugit*). de eo similiter iudicandum est atque de Oxoniensi modo dicto: ex duabus dittographiis p. 60, 5 priorem habet sic: *romanis uel germanis*, altero loco legit *infeste saeuitia pugne*.

GOTWICENSIS monasterii (id enim esse quod in libris scriptis corrupto vocabulo dicitur Cirtoicense recte editor intellexit) codicem Geticorum Iordanis nactus Aeneas Silvius (1405—1464) epitomam eorum fecit, ut ipse ait in epistula praemissa ad Iohannem de Carnaiali cardinalem: quam epitomam codices proponunt Veneti duo bibl. Marc. cl. X n. 14 et cl. XXII n. 153, Donaueschingensis n. 507 catalogi Barackiani, alii, edidit Raimundus Duellius (biga librorum rariorum. Francofurti et Lipsiae 1730. fol.). librum ab Aenea Silvio usurpatum similem fuisse Vindobonensi n. 203 ex multis indiciis intellegitur: p. 59, 1 *cresennae* legitur pro *Rerefennis*, auctor autem *Iordanes* dicitur, non *Iornandes*.

———

Tertia classis facile dignoscitur ex inscriptione Geticorum (Romana qui simul contineret huius ordinis liber nullus innotuit), quae haec est: 'in hoc corpore continentur

<small>Tertius ordo codicum</small>

'cronica Iordani episcopi Ravennatis civitatis [cf. supra p. XIII] de origine ac vocabulis
'gentis Gothorum aedita ad Castalium sumptaque ex auctoribus, id est Senatore Abla-
'bio Prisco Ioseppo Lucano Pomponio Dione Pompeio Trogo Virgilio Dicineo Comosaco
'Salmoxe Zeuta Deuxippo Libio Tito Orosio Paulo Simmacho Strabone Cornelio Claudio
'Tholomeo'. ita Cantabrigiensis, similiterque Atrebatensis Parisinus Brugensis Holmien-
sis: in compendium redegit Berolinensis sic: 'incipit prefatio Iordanis episcopi Ra-
'vennatis ad Castulum in historia Gothorum'. in iisdem libris, certe in Cantabrigiensi
Berolinensi Gandavensi, post absolutum opus subiciuntur 'nomina gentium huius histo-
'riae. Adogit ... Olibriones Rabari', excerpta scilicet simili ratione ex Iordanianis.
eo quoque nomine haec familia coniuncta est, quod Getica Iordanis hic medium locum
tenent inter Orosium et Ethicum qui praecedunt, et itinerarium Antonini quod sequitur.
Orosium praecessisse in Atrebatensi infra videbimus. praecessit item in libro Cantabrigiensi, quamquam Orosii exemplum cum Ethico iam separatum est numeris inscriptum O. 4. 34; sequitur itinerarium deficiens in verbis *item a Terracina* p. 56 Pind.
idem ordo est in Berolinensi, nisi quod itinerarium ab eo abest (cf. Car. Pertz cos-
mogr. Ethici p. 75). in Holmiensi hodie quidem desunt Orosius et itinerarium, sed
ut illum appareat adfuisse. in Parisino praecedit Orosius, sequitur historia Alexandri,
adfuit aliquando Ethicus. denique in Brugensi praecedit Orosius, sequitur historia Alexandri. itinerarii index in his libris hic est: 'incipit itinerarium provinciarum omnium
'antonini augusti imprimis provincia africe', id quod adnoto, quoniam similis inscriptio
est codicum itinerarii duorum, Blandiniani Gandavensis et allati ex Morinis, de quibus
itinerarii editores Pinder et Parthey praef. p. XV sq. egerunt, neque improbabile est
codicem principem huius familiae, quem infra videbimus fuisse Wandonis abbatis, tam
in Geticis Iordanis hanc propaginem dedisse quam itinerarii certam familiam ex eo
originem ducere.

Hiatus huic librorum ordini communis est inter alios hic:
p. 62, 16 *et antes nominantur sclaveni* om. *XYZ*
principem huius familiae *a* apertam habuisse litterae *u* similem errores ostendunt ei
proprii:

| *lectio vera:* | *lectio corrupta cl. III:* |
|---|---|
| p. 69, 12 mater | in utero |
| 97, 14 caesarea | cessuria |
| 102, 14 gunthamundus | gunthamandus |
| 113, 24 absentiam | absentium |
| 114, 1. 116, 10 tolosam | tholosum |

item litteras *r s* simillimas:

| p. 90, 12 boiscos | boircos |
|---|---|
| 118, 10 dertona | desetona |

sola haec classis verum servavit consentientibus in errore duabus aliis locis his:

| *cl. III:* | *cl. I. II:* |
|---|---|
| p. 108, 10 certatur | testatur |
| 109, 10 certamen ineunt | certamine |
| 124, 23 copercula | cuius fercula |

item dissentientibus aliis:

p. 59, 1 screrefennae *XYZ*, rerefennae *HPVL Rav.*, crefennae *OB*
  2 ouis auium *XYZ*, ouium *OB*, ouium auiumque *HPVLA*
 84, 4 iugo hemi *AXYZ*, iugum enim *HPV*, iugum cius *L*, iugum *O*, iugo *B*
 107, 17 diuersis gentium *XY*, diuersis gentibus et *OB*, superbarum gentium *HPVLA*
 125, 25 conspiratioque *XYZ*, conspiratoque *HPVA*, conspiratorumque *OB*

qui loci ita comparati sunt, ut neque de casu neque de coniectura recte cogitetur. nec recte opinor obicietur paucitas exemplorum. nam cum auctor talis sit, cui ipsi perturbatissima quaeque et ineptissima merito tribuas, in Geticis autem, in quibus solis diversae originis codices praesto sunt, non multi loci inveniantur ita desumpti ex auctoribus nobis servatis, ut in iis crisis certum fundamentum habeat, rari sint necesse est loci, ubi primi secundique ordinis librorum lectio ita vincatur a tertio, ut hanc evidenter appareat veram esse auctoris, illam ortam ex librariorum neglegentia.

Quibus locis consentiunt in erroribus classis tertia et primae codices quidam:
 p. 72, 15 medopam *PVLOB*, medorum *HXYZ*
  90, 4 cerua disparuit *HPVSOB*, om. *LXYZ propter homoeoteleuton*
  102, 2 egeritur *reliqui*, erigitur *LXYZ*

item classis tertia cum secunda:
 p. 84, 17 mirabiliter *reliqui*, miserabiliter *BXY ex interpolatione hominis Christiani*
  102, 19 exconsulem *reliqui*, et consulem *OXY (B deficit)*

ibi res redit aut ad corrigendi causam communem aut ad casum. interpolationes grammaticae cum passim deprehendantur, inveniuntur etiam aliae graviores: ita bis p. 78, 11. 80, 7 (hic tamen in solo *Y*) Alexander *Mamae* emendatus est in Alexandrum *Mammeae filium*, item 88, 7 gentibus quae enumerantur numerus *undecim* adiectus. denique ex *mag. mil.* 88, 3 factum est *magna milia*. quapropter etiam quod legitur 55, 4 in his libris *yppopodes*, cum in reliquis sit *hyppodem*, per se probabile coniecturae tribuendum est, cum praesertim geographus Ravennas a reliquis libris stet et ex Ethico Iordanem in hoc librorum ordine praecedente librarius archetypi verum petere potuerit.

Principem huius familiae librum deprehendit Bethmannus eum fuisse, quem Wando per a. 742—747 abbas S. Wandregisili monasterio suo legavit testibus gestis abbatum Fontanellensium (Mon. Germ. SS. II p. 287) inscriptum 'historia Iordanis episcopi 'Ravennatis ecclesiae Getarum'; nam episcopum Ravennatem auctorem in hoc solo ordine librorum appellari supra p. XIII vidimus. at is liber hodie desideratur et quod de secundo ordine dixi eum eo nomine potissimum a primo superari, quod exemplaria antiqua et bona huius extant, illius perierunt, id multo magis in tertium cadit. nam cum hunc quoque constet extitisse saeculo octavo, exemplarium quae habuimus antiquissimum est Cantabrigiense saec. XI excerpta tamen habemus hoc antiquiora codicis Duacensis, de quibus iam videamus.

DVACENSIS codex n. 753 saeculi X exeuntis vel incipientis undecimi compilationem rerum gestarum complectitur a monacho quodam Vedastino aut eodem tempore, quo liber scriptus est, aut non multo ante elaboratam et hoc solo codice nobis servatam. collectanea ea nuper prodierunt curante Waitzio nostro (Mon. Germ. SS. XIII p. 674 sq.), cui missum librum scriptum nos item pro re excussimus. auctor inter alia

*Excerpta Duacensia*

Iordanis, quem nomine quoque (scilicet ed. p. 678: *ut Iohannes* — sic errore — *Ravennatae urbis episcopus scribit*, item ubi locum p. 64, 20 exscribit, in margine est: '*sic Ior-* '*danis*') adhibuit Getica nec pauca inde ad verbum transcripsit. usus est codice huius ordinis ni fallor principe: certe etiam Vedastino coenobitae auctor episcopus est Ravennas, quaeque inde repetivit et ostendunt Iordanem eum legisse litteris Langobardicis scriptum (unde veniunt 60, 9 *ulmerachorum* pro *ulmerugorum* et 116, 7 *se mittens* pro *remittens*) et non solum sicubi huius familiae libri qui supersunt in diversa abeunt, meliori lectioni adsentit (ut 110, 15 *uobis* cum Z contra XY), sed habet etiam quae omittunt XYZ verba p. 62, 15 itemque aliquot locis contra eorum consensum antiquiorem scripturam servavit (ut 60, 8 *exientes*, 108, 3 *ribarii*, 110, 16 *magnum*, 110, 25 *autem*). ad crisin Iordanianorum licet excerpta Duacensia momentum raro afferant, si iusto tempore eorum copia mihi facta esset, apparatui critico varia lectio universa inserenda fuisset, ut feci quibusdam locis usus iis quae e Duacensi Bethmannus enotarat. iam sero nactus integra hoc certe loco pro supplemento editionis Waitzianae (p. 679 sq.) subieci elenchum excerptorum ex Iordane petitorum vel certe coniunctorum cum Iordanianis adscripta varia lectione, ubi a mea recensione discedunt. quem locum singula excerpta in compilatione Duacensi teneant si qui erit qui quaerat, adsumpta editione Waitziana facile intelleget.

[Veterum relatores hystoriarum] (*p.* 54, 10—16) totius — cognominant
    54, 14 miliariorumque

[est ut] (*p.* 58, 1—12) Claudius Ptholomeus — descriptor in oceani — insulae dispositae
    58, 2 oceani arctoi id est septemtrionali salo — scanzia *et sic vel* scandzia *postea* — 7 ad orientem — 8 gremium — 9 immenso — 10 exeunte — 12 esse *om.*

[in quibus insulis multae et diversae manserunt nationes, quarum omnium summum] (*p.* 65, 1) fuit studium inter alias gentes arcum intendere nervis, [certari missilibus, delectari cytharis. harum inquam nationum nomina quia fuerunt barbara nostraeque Latinitati dissona reliquimus. quae] (*p.* 60, 4. 5) gentes Germanis — sevitia, [ex quibus] (*p.* 59, 14) Dani [et Getae, quae primo Hostrogothi, id est orientales Gothi, nunc diviso vocabulo Vesegothi feruntur, feruntur egressi.] (*p.* 60, 6 — 61, 4) ex hac igitur — properant
    60, 8 nomen loco — 9 ulmerachorum — 13 filamer — fil. gad. *om.* — 17 inrep.] miserabiliter — 19 reddit — 20 attestatione — 21 a *om.* — 61, 1 philimer — inmenso *corr. in* emenso — optata potiti solo

(*p.* 61, 12 — 62, 3) Scythia [autem regio] Germaniae — fontem
    61, 13 stagnum — 14 illud — 15 ambitum — 16 in sinistra parte — 17 sinibus — 62, 1 arctoo — 3 ab hostio suo

(*p.* 62, 7 — 63, 18) in cuius Scithiae — habitasse
    62, 7 medio — 8 uastissimam — meotidam — 9 octo] uii — 12 flutaus — 14 aquilonem — 63, 1 nouietanense — 3 quia — 4 extenduntur *om.* — 6 uiduarii — 10 fortissimarum — fecundissima — 17 thraciasque — mare *om.*

(*p.* 64, 5—8) in prima sede — annalium
    64, 6 praefati unde loquimur] primi et antiqui gothi — phylimer — 7 salmoxen

(*p.* 64, 20—23) [in] tertia sede — serviebant. *hic in margine:* sic Iordanis.
    64, 21 supra — ut sup. dix. *om.* — effecti] caeteris effecti

(p. 66, 8—13) Tanausis rex [Scytharum vel *ex Oros.* 1, 14] Gothorum [qui Phylimer successerat] Versozen Aegyptiorum regi ad Phasim fluvium [*in marg.* a quo phasides aves exortae vel cognominatae sunt] occurrit — subiugavit

> 10 aegyptum — 12 uesosis *om.* — ibi eum in eius patria — 13 eum ledere nequiuisset

(p. 66, 15. 16) ex cuius exercitu [multi provintias contuentes subiectas] deserto suorum agmine in Asiae partibus resederunt

[Rome post exactos reges dum prudentia consulum et fortitudine populorum totus pene orbis terra marique fragore obviantium armorum concuteretur, tempore quo Ptholomeus Cleopatre filius regnum Aegyptiorum (*cf. p.* 73, 15) Lutiusque Cornelius Sylla Romanum potitus est consulatum, Gothi ab Asia migrantes Datiam invaserunt, (*cf. p.* 75, 8) quae trans Danubium posita corona cingitur montium, quam non minus annis CCCLII$^{bus}$ tenuerunt ad tempora usque Maximini Gothi, qui triennio Romanis imperavit. hic Maximus (*sic*) patre Gotho Micca nomine progenitus (*sequitur compendium narrationis p.* 78, 13 — 80, 8 *editum apud Waitzium p.* 680). potitus imperio ad tuitionem Romani imperii familiarem, quia ex vicino sanguine concretam, Gothorum alam ex Datia evocans in Barcilonam collocat incolasque veteres ferro solo eliminat. Gothi igitur talem occasionem nacti permissa obtinuerunt loca et post biennium Narbonam super ripam Rodani fluminis sitam non sine multo suorum sanguine, dein post quinquennium sua rabie depopulantes Tolosam indepti sunt foederatique cum Romanis annui stipendiarii sub XX$^{ti}$II$^{bus}$ imperatoribus annis manserunt CCXLVII].

[Sub Galerio imperatore partes Asiae — deleverunt] *compendium narrationis* p. 85, 18 — 86, 15 (*Waitz l. c.*).

[Sub Diocletiano — gladio peremerunt] *compendium narrationis* p. 86, 15 — 87, 3 (*Waitz l. c.*).

[Cum Theodosio virtute et prudentia consultissimo tunc iuris publici patricio, sed post victoriam consulatu Ausonii et Olibrii imperatore facto, contra Eugenium tyrannum, qui Gratiano imperatore occiso — preda recesserunt] *compendium narrationis* p. 93, 6—9. 95, 8. 9. 96, 10—19. 98, 16—18 (*Waitz l. c.*).

[Sed mox grave ferens res publica eos habere hostes quos consueverat adiutores regnique defensores, muneribus repropitiatos recepit foederatos (*cf. p.* 106, 13) fama interea et vera Rome perlata est ob diuturnam Romanorum atque Gothorum amicitiam Attilam Hunorum regem occidentalem atque comatam Galliam igne et ferro exterminari, et quaerebatur ut subveniretur, animabatur, ut armis tanta viri audacia premeretur. Hunos nam superius diximus secus litus Pontici maris manere quidem hieme, aestate campos velut animalia pervagare, venatione tantum usos vitam per longum tempus ita exegisse. sed ubi numerositate populi eorum excessit audatia, vicinarum gentium quietem turbare ceperunt fraudibus et rapinis. Ostrogothas sibi vicinos, qui longissimam oceani Germanici ripam insidebant, a quibus illi discesserant Gothi, quos notavimus ex Asia in Europae Galliam transisse, primo invadunt, sed mox repulsi, agilitate corporum confisi et agmine suorum, rursus crebro pertemptant, donec federatos recipiunt. Alanos quos dicunt Sclavos] (p. 90, 13 — 91, 9) pugna sibi pares — sevitia

> 91, 1 pauendae — nigredinis habens magis in facie puncta — 3 fiduciam — 5 suscipiant — 9 erecti

Wandalos quos nunc appellant Guenedos attemptaverunt, suis victoriis facile applicavere. gens Suavorum, id est Alamannorum, Gallis saepenumero infesta et ipsa Hunis cessit foederata. quod multis regnis terrarum non fuit ad minimum incommodum. haec apud Hunos agebantur, in quantum fides hystoriarum est credenda, temporibus Vespasiani filiorumque eius Titi atque Domitiani, qui Sarmatas atque Dacos evincere laborabat. enimvero elapsis annis CCC paulo amplius, dico autem imperii Theodosii iunioris et Archadii Honorii filio [sic], dum Innocentius papa nomen meritis evincens sedi Romanae curam administrabat, Gallia a deo relicta, quia pondere peccatorum aggravata stragem populi sui solvebat coacta, non hanc Iulianam neque Alemannicam coequare potuit mortiferam rabiem, quoniam haec quanto populorum numerositate multiplicior, tanto grandine et pernitie inmanior. is namque Attila Scytarum atque Hunorum dominus, calicem irae furorisque iusti iudicii propinaturus populis, tantis secum sociatis gentibus, quo via contulit, vivifica Christi aecclesiarum mysteria dissipavit, castra et civitates Christianitate viduavit et ubi post lamentabiles Christianorum cedes Parisius gravi barbarorum labore oppressa succubuit, circumquaque vastatis Aurelianis tenditur ipsaque agminibus hostium circumvallata perturbatur. sed inter agendum precibus beati Aniani eiusdem urbis episcopi ab Etio Romanorum patritio affabilitate, prudentia et belli fortitudine optimo, qui erat ex Italia patre natus Gaudentio, occurritur. cui in auxilio affuerunt duce rege Theoderico et filio eius Torismundo Gothi, (cf. p. 108, 3) id est Longobardi, Franci, Burgundiones, Sarmate, Armoriciani, Litigiani, Ribarii, Olibriones, Romani quondam milites. Attila excitus Romanorum fama ab Aurelianis recessit, bellum sitiens Romanis occurrit. convenitur itaque ab utroque populo in campos Maurianos qui Catalaunici dicuntur, centum — ab Etio prevenitur (*compendium narrationis* p. 108, 5 — 110, 10; *Waitz* p. 681).

[Vbi isdem patritius Gothis et caeteris populum talem adorsus est orationem] (p. 107, 3—20): prudentiae vestrae — desiderantur [armis prestolantur]

107, 6 suum] mundi sua spe — 7 se om. — 8 etenim] enim — 10 angit — nobis] n. romanis — 13 vel] aut — 14 his .. 15 romani] his accensi milites uerbis habetis ait theodericus rex romani — 18 nullum] hinc nullum — panit — 19 comites duci] milites ducis

[Interea] (p. 110, 11 — 111, 10) Attila — praecipitantur

110, 11 causa praecedente] pro montis vertice — 12 post] lectissima manus post — 13 rei om. — 15 consuetos — 16 uindictam — 18 iudicium — 20 campis — 21 notum — sunt om. — 22 testudinesque — 23 aciem alanos] acies — 24 nobis] n. erit — citam uictoriam — 111, 4 asserit — 5 maioribus nostris — 10 pugnam

[Circa horam — parte pugnantibus] *compendium narrationis* p. 109, 4. 5. 111, 24 — 112, 21. 113, 16—21; *Waitzius* p. 681.

Sequitur (p. 681 ed.) locus de Gallia comata insertis excerptis ex Notitia Galliae, quae citatur sub nomine 'hystoriae Marcelli consulis'; scilicet adhibuit scriptor librum Bertiniani similem (St. Omer 697 + 706), in quo Marcellini chronico subiuncta est Notitia illa. haec excipit locus Hieronymi ep. 123 de clade Galliarum et narratio de M. Marcello sumpta ex Pauli historia Romana, item de Cn. Pompeio sumpta indidem, sed ut Cn. Pompeium Hispaniae victorem a Cn. Pompeio Hierosolymorum expugnatore scriptor suo errore distinguat. interposita sunt fabulosa multa pertinentia ad Galliae civitatum origines. deinde pergitur sic:

[Verum non sola Germania atque Gallia a tanto hoste passa est discrimina: eadem namque coacta sustinuit Italia milite et rerum copia opulentissima. nam post tantae caedis exterminium Torismundus ad paternum solum reversus est Tolosamque] (*p.* 114, 1—22) ingreditur — Italiam'

114, 1 hic] qui — fortium] f. gothorum et superiorum gallorum — 3 de secessu] discessu — 4 dissolutionem — 5 congressione — obsidit — 11 quae in fastigio — 17 omnibus generibus t. adhibitis — et *om.* — 18 ut appareat] apparerent — 19 et hinc — 21 tic.] tycinum quod nunc dicitur papia — 22 demoliunturque

(*p.* 115, 14 — 116, 9) Reversus itaque — recessit

115, 14 suas] proprias — 15 dir. leg. — 116, 1 immineret] appareret — 3 torismundus — 6 spe *om.* — 7 remittens] se mittens — 8 et *om.*

*Hiatus codicis intercepit quae sequebantur.*

Codex ATREBATENSIS (nobis Z) collegiatae ecclesiae S. Mariae qui fuit hodie desideratur [110], sed adhiberi potuit collationis eius, quam fecit Heribertus Rosweydius, apographum adscriptum ad marginem exemplaris editionis Lindenbrogianae adservati in bibliotheca publica Hamburgensi [111]. recognitio etsi non indiligenter facta est, Rosweydius multa sine dubio adnotare aut noluit aut supersedit: quapropter silentio diffisi ibi tantum librum adlegavimus, ubi diserto testimonio de lectione constaret: neque enim tantae utilitatis est, ut ubi dubiis coniecturis lectio eius implicita foret, ad eum attendamus. similiter si quando adscripta dubitationem aliquam relinquebant, saepius ea suppressimus: ut p. 53, 4 in ed. est *castali*, superscriptum *e* pro *i*, ut dubium sit utrum *castale* an *castule* in Atrebatensi fuerit. item p. 59, 10 cum in ed. sit *athelnil*, deleta est *t*, sed utrum fuerit *ahelnil* an *ahelmi* (sic X), minus certum est. uno certe loco p. 110, 15 in hac familia cum Duacensi solum Atrebatensem verum servavisse supra p. LXIV observavimus; similiter 114, 22 solus tertii ordinis habet *demoliuntque*. e contrario non desunt mendae huic libro propriae, ut hiatus p. 73, 15. propius accedit ad Berolinensem Y quam ad Cantabrigiensem X etiam in erroribus (ita p. 126, 23 verba *mag. mil.* adsunt in X, absunt ab YZ), sed longe praestat Berolinensi eamque utilitatem praebet, quod ubicumque XZ consentiunt, de lectione libri principis huius ordinis fere decisum sit. ubi vero contra X stant YZ vel etiam, id quod raro evenit, tres libri in diversa omnes abeunt, archetypi lectio in coniectura posita est.

Codex Atrebatensis

---

110) Mentio eius fit in catalogo saec. XIII vel XIV bibliothecae monasterii Atrebatensis S. Vedasti (Antonius Sanderus bibl. Belgica I [1641] p. 64) sic: 'historia Orosii et Iordanis'. Robertus Gale in praefatione ad patris Thomae Itinerarium Britanniarum (Londini 1709. 4.) p. IV quod ait patrem in itinerario Antonini recensendo adhibuisse variam lectionem a Bentleio ex codice Atrebatensi desumptam, pertinet sine dubio ad eundem librum, quem praeter Getica etiam itinerarium continuisse ut reliquos huius familiae probabile est; observantque editores Bentleianum itinerarii librum conspirare fere cum libris Gandavensi et Morino, quos supra p. LXII ad hanc familiam revocavimus. codicem eum, quem Galii possederunt eiusdem generis (nobis X), ipsum esse Atrebatensem quominus statuamus, obstat et lectionis XZ diversitas et quod itinerarium in libro a Bentleio adhibito integrum fuit, mancum in Galiano.

111) Nuper Heitzius professor Argentoratensis misit ad me alterum eiusdem editionis exemplar, aliquando 'bib. domus prof. societatis Iesu Antv(erpiensis)', cui praescriptum est: 'contuli cum vetusto exem-'plari in membrana ecclesiae collegiatae S. Mariae Atrebati. habetur post Orosium in magno 4to. dedit eum 'librum ecclesiae Iacobus Arondelli canonicus. H(eribertus) R(oseweydius)', archetypum igitur Hamburgensis, cuius in locum infelici clade deleti substitutum nunc adservatur in bibliotheca publica Hamburgensi. — Inde errores quidam apographi emendantur, ut 62, 12 in Z '*flutaus* fuit ut in XY, non *fluitans*; 67, 12 *sortitae*, non *fortiter*.

LXVIII  PROOEMIVM.

*Cantabrigiensis*  CANTABRIGIENSIS (nobis *X*) *Trinity College* O. 4. 36, antea Galii n. 64[112]), fol. membr. saec. XI exeuntis, quid contineat praeter Iordanis Getica, supra exposui. contuli ipse et lectionem rettuli plenam. codex est eorum qui toti conferri potuerint huius ordinis optimus, sed habet sibi proprios et hiatus (ut p. 92, 12. 127, 4) et errores complures.

*Berolinensis*  BEROLINENSIS Lat. fol. 359 membr. saec. XII (nobis *Y*) fuit aliquando monasterii S. Lamberti Laetiensis (Liessies) in Hannonia (recensetur in catalogo librorum eius monasterii apud Sanderum bibl. Belg. vol. II a. 1643 p. 27 sic: 'Iordanes episcopus 'Ravennas, historia Getarum, liber unus'), postea apud Lebeau iure consultum Avesnensem, ubi cum excussit Bethmannus, deinde in bibliotheca nostra regia. contuli ipse; lectionem rettuli suppressis mendis ei propriis, id est ubi solus stat contra reliquos libros omnes consentientes. interpolationem subiit sibi peculiarem; ita p. 121, 21, ubi Atrebatensis, Cantabrigiensis, Parisinus 5873 pro *dediticiis* dant corruptum *delitiis*, ei Berolinensis substituit *reliquis*, p. 128, 2 pro *herilieua* Cantabrigiensis et Parisini 5873 Berolinensis dat *herili sua*, p. 68, 16 ex *cysum* fecit *cydnum*, p. 61, 11 pro *edicere*, quod habent reliqui libri et ex hoc ordine Cantabrigiensis, in Atrebatensi est *ediscere*, in Berolinensi Parisino Brugensi *edisserere*. solus ubi verum habet (ut p. 63, 3 *qua* pro *quia*), coniectura in causa est.

*Deteriores ordinis tertii*  PARISINOS libros duos hodie disiunctos 4880 et 5873 aliquando unum volumen ita effecisse, ut quae in priore desunt folia (secundum numerationem antiquam) 49—64 in altero inveniantur, et res ostendit et ad priorem partem P. Pithoeus (nam eius manum agnovit qui mea causa examinavit A. Schoene) haec subnotavit: 'recepi hunc librum 'a P. Daniele idib. Octob. 1570, ex quo detraxi (?) quaterniones duos, in quorum 'posteriore fuerant abscisa folia quatuor quorum ultimum quod remanserat finem Aethici 'cosmographiae continebat'. prior codex continet post Orosium f. 48 principium Geticorum usque ad verba praefationis p. 53, 6 *de origine actibusque*, posterior foliis 49—60 (numerationis scilicet antiquae) quae sequuntur inde a verbis *getarum ab olim* usque ad p. 138, 20 *cessit et* fine mutila, praeterea Callisthenis vitam Alexandri, ut mittam ea quae bibliopega solus adiunxit. ex hoc libro sumpta est varia lectio quam a Pithoeo acceptam Fornerius ad marginem editionis suae (cum Cassiodorio Paris. 1579, rep. 1583. 1589) publicavit. eundem (sibi *A*) Vossius contulit cum editionis Vulcanii exemplari hodie adservato in bibliotheca Lugdunensi impr. XIII. O. 673. codex Berolinensi fere aequiparandus est, ut modo hic modo ille propius accedat ad huius familiae archetypum neuterque careat mendis sibi propriis. ad auctoris crisin nullam ex eo utilitatem redundare declarat specimen adiectum praefationem et c. 3 complectens [113]).

---

112) Eius meminit Robertus Gale p. IV praefationis ad patris Thomae editionem itinerarii Britanniarum (Londini 1709. 4.) verbis his: 'penes me est in pergamenis pars illa itinerarii quae Africam Sardiniam Sici-'liam Italiamque peragrat'. cf. Parthey et Pinder praef. itin. p. XXXI.

113) p. 53, 3 *litoris*] *maris* — 4 *castale laxare* — 5 *habet* — *id*] *hoc* — 7 *actibusque* — *generationes*] *egnationes* (sic) — 8 *ab eo*] *habeo* — 9 *nollet* — p. 54, 1 *implendum* — *autem*] *enim est* — 3 *eiusdem* — 8 *tu ut*] *ut tu* — *dominus t. amen* om. p. 58, 1 *etenim*] *enim* — *tholomeus* — 2 *oceano* — *scandzia et sic deinceps plerumque* (p. 59, 13. 60, 1 *scandze*) — 7 *ad orientem* — *lacum* om. — 8 *premium* —

PROOEMIVM. LXIX

BRVGENSIS membr. fol. saec. XIV, olim abbatiae S. Mariae de Dunis (Terduyn) prope Brugam, iam Brugae est in seminario, ubi eum contulit Bethmann iudicavitque ex eodem libro descriptum, ex quo venit Berolinensis.

STOCKHOLMIENSI bibliothecae quem librum intulit Ioh. Gabr. Sparwenfeldt (Lilieblad cat. libr. mss. quibus bibl. regiam Holmiensem auxit I. G. Sparwenfeldt. Holmiae 1706. 4.), eum specimine sumpto huic ordini adiudicavit Bethmannus.

GANDAVENSIS capituli membranaceus fol. saec. XV exeuntis, cui in fine adscripsit idem librarius haec: 'hoc volumen comparavit Raphael de Marcatellis dei gratia epi-'scopus Rosensis abbas S. Bavonis iuxta Gandavum a. d. 1492', continet historiam naturalem animalium cum figuris, Iordanis Getica, Iohannis de Thurocz chronicon Hungariae, Rogeri carmen de destructione Hungariae, Aeneae Silvii historiam Bohemicam. specimen lectionum enotavit Bethmann; huius ordinis est, sed inutilis.

Eiusdem ordinis libri commemorantur hi:

BATAYLIENSIS MONASTERII a. 1538 descripsit Lelandus collect. 3, 68 sic: 'Chro-'nicon Iordanis episcopi Ravennatensis integrum: praefiguntur historiae nomina auto-'rum, quorum testimonio usus est, et in fine recenset nomina barbararum gentium, id 'est populorum Germaniae. Itinerarium Antonini mancum, in quo nihil de Britannia'.

CANTVARIENSEM librum 'ex quodam registro sive indice bibliothecae Cantua-'riensis' idem Lelandus collect. 3, 120 recenset sic: 'Chronica Iordanis episcopi Raven-'naten. de rebus gestis Gotthorum. Itinerarium Antonini'.

ST. OMER n. 717 membr. saec. XI secundum catalogum continet continuitve praefationem Orosii, Ethicum, Iordanis Getica, historiam tripertitam. Geticis praescribitur: 'in hoc corpore continetur chronica Iordanis ep. Rav. civ. de origine ac vocabulis 'gentis Gothorem aedita ad Castalium': sed maxima pars eorum abscissa ex volumine hodie desideratur.

De codicibus Iordanis, quorum ne ordinem quidem determinare potuimus cui ad-  *Libri deperditi*
scribendi sint, quas Bethmannus collegit quaeque praeterea casu magis quam consilio succreverunt indicationes, hoc loco composui si non ad crisin, fortasse ad alia quandoque utilia futura.

Liber 'cuiusdam de gestis Gothorum' qui Bobii fuit secundum catalogum saec. X (Muratori antt. Ital. 3 p. 819) num fuerit Iordanis, parum constat. in inventario a. 1461 non comparet.

Cameraci in S. Benedicti (teste Sandero bibl. Belg. 2, 27) servabatur 'Iordanis 'historia Getarum liber unus'. ibi iam non extat.

Casini inter volumina, quae Desiderius abbas tum, postea a. 1086 papa creatus scribi iussit, secundum Petrum diaconum III, 63 fuit quo continebatur 'historia Ior-'danis episcopi de Romanis et Gothis'.

---

*euoluit* — 9 *inmenso* — 10 *exeunte* — 12 *esse* om. — 15 *tamen*] *tantum* — *earum* — *tholomeus* — 16 *frigus* — 19 *lucem claram* — p. 59, 1 *circuisse* — *que*] *qui* — 4 *thoringi* — 8 *hallim* — 9 *una planitie ac fertiles* — 10 *ahelmil* rocte — 11 *mixti* — *exesis* — 12 *et his*] *et lethis* — *raumarice ragnarici* — 14 *cognitio* — p. 60, 1 *nimiam proceritatem* — 2 *aigandzi* — *gethel* — *rannii* — 3 *roduf* — 4 *gremium*

In inventario rerum monasterii Centulensis sive S. Richarii in Picardia a. 831 facto (d'Achery spicil. ed. 2 vol. II p. 311) recensetur 'historia Iordanis de summa 'temporum et de origine actibusque Romanorum uno volumine'.

Gratzi in bibliotheca universitatis fol. 42, 59 codex est saec. XII exeuntis adservatus olim in S. Lamperti in Austria cum hac praescriptione: 'hos historiogra-'phos in uno volumine, sed sub XXIIII librorum distinctione comprehendere proposuit 'Hartwicus: Orosium, Ottonem Fris. ep., Romanam historiam, Iordanem, Trogum 'Pomp., Honorii chronica, Reginonis chronica, Livium, Nicophorum vel Geor . . . .' (cf. Wattenbach apud Pertzium *Archiv* 10, 623). in ipso volumine Iordanis libelli non adsunt.

Apud Silvestrum Maurolycum teste catalogo librorum eius (cod. Vat. Christ. 2099 saec. XVI) fuit codex continens 'Gepidarum gesta et Pauli diaconi hist. Lang. 'membr. fol.'.

Murbaci secundum catalogum a. 1464 (Matter *lettres et pièces rares* Parisiis 1846 p. 69) fuerunt Iordanis historiarum libri duo.

In 'Consignatione librorum illustriss. princ. et ducis Mediol. et Papie facta in castro 'Papie 1426' (servat eam ms. bibl. Vniv. Paviae in Ticinensibus XXXV, 3) recensetur 'Cronica Gothorum et aliorum regum. Volentem . . . pacem custodiens DCCCLXIII'. prima verba principium sunt Geticorum Iordanis, postrema finis Langobardicae historiae Pauli diaconi.

Treveris in S. Maximini fuit volumen continens 'Gesta Getarum' teste catalogo eius bibliothecae ex cod. Brux. 6833 edito a Reiffenbergio *annuaire de la bibl. royale de Belgique* 3, 124.

Weihenstephani in bibliotheca secundum catalogum saec. XII (cod. Monac. 21521 et inde Pez thes. 1 praef. p. XXV) fuit 'chronica Iordanis'. in bibliothecam Monacensem id volumen non pervenit.

---

Editiones    Editiones factae sunt esseve dicuntur hae.

1. Geticorum cum Pauli historia Langobardorum Augustae Vindelicorum 1515 cura Conradi Pevtingeri (v. supra p. LIX).
2. utriusque libelli cum Procopii libris historicis Latine versis. Basileae 1531 cura Beati Rhenani (v. supra p. LIV).
3. utriusque libelli cum Zosimo Procopio Agathia Basileae (1531) cura Levnclavii.
4. Geticorum post Cassiodorii opera Parisiis 1579 (indice mutato vel repetita editione 1583. 1588. 1600) cura Fornerii.
5. Romanorum non integrorum in Sylbvrgii scriptoribus hist. Rom. Francofurti 1588.
6. utriusque libelli sub titulo 'Iustiniani Augusti historia' cum Procopio et Agathia Lugduni 1594 cura Simonis G. Silvii.
7. utriusque libelli cum Isidoro et Procopio Lugduni Batavorum 1597 (indice mutato 1617) cura Bonaventurae Vvlcanii.
8. Geticorum cum Cassiodorii operibus Aureliae Allobrogum 1609 (denuo 1622. 1637. 1650. 1656) cura Petri Brossei.

9. Romanorum in scriptoribus historiae Romanae qui prodierunt Aureliae Allobrogum a. 1609, repetiti sunt Ebroduni 1621. Amstelaedami 1625. 1630. Lugduni Bat. 1648. Heidelbergae 1743. 1778.
10. utriusque libelli in GRVTERI historiae Augustae scriptoribus Latinis minoribus Hanoviae 1611.
11. utriusque libelli cum Isidoro et Paulo Hamburgi 1611 cura Friderici LINDENBROG.
12. utriusque libelli in BIBLIOTHECA PATRVM COLONIENSI vol. VI, 2 (1618), 718.
13. Geticorum post Hugonis Grotii historiam Gothorum Vandalorum et Langobardorum Amstelaedami apud ELZEVIRIOS 1655.
14. utriusque libelli in BIBLIOTHECA PATRVM MAXIMA LVGDVNENSI vol. XI (1677) p. 1052.
15. Geticorum cum Cassiodorii operum vol. 1 Rotomagi 1679 cura Iohannis GARETI.
16. utriusque libelli in MVRATORII scriptorum rerum Italicarum vol. 1 (Mediolani 1723).
17. utriusque libelli cum versione Gallica, quam fecit A. Savagner, Parisiis Panckoucke 1842.
18. Stephanus Endlicher quam a. 1848 inchoavit neque absolvit editionem Geticorum, eius unicum quod superest exemplum a Karajano dono sibi datum nuper Miklosichius intulit bibliothecae publicae Vindobonensi. praemissa est 'brevis 'notitia literaria de Iordane'. varia lectio nulla adiecta est.
19. Geticorum Stuttgartiae 1866 (ed. 2) cura Caroli Aug. Clossii.

---

Haec de apparatu. in eo perficiendo magnopere me adiuverunt collectanea Bethmanni, qui in usum editionis futurae per multos annos libros ad quadraginta contulit inspexitve eosque in certas classes digessit, quamquam nec quae inde effecit satis mihi fecerunt nec varia lectione operose magis quam perite et diligenter composita contentus esse potui. superest ut paucis exponam, quamnam rationem in editione adornanda equidem tenuerim. selegi ex libris vetustis hos:

| | | |
|---|---|---|
| *H* Heidelbergensem | *O* Ottobonianum | *X* Cantabrigiensem |
| *P* Palatinum | *B* Breslaviensem | (*Y*) Berolinensem |
| *V* Valenciennensem | | (*Z*) Atrebatensem, |
| *L* Laurentianum | | |
| *A* Ambrosianum | | |

ex his lectionem plenam rettuli libri Heidelbergensis, plenam dempta orthographica (quid ita significetur, expositum est in praefatione indicis III) sequentium septem, plenam demptis propriis erroribus Berolinensis libri; Atrebatensem denique olim deperditum ibi tantum attuli, ubi diserto testimonio de eo constabat (v. p. LXVII). in omnibus non attendi nisi ad primum librarium, qui si quid correxit, reiectam scripturam repositamque litterulis $^a$ $^b$ (sic $V^a$ $V^b$) distinxi; emendatorum adnotationes (sic $V^2$) fere sprevi, quoniam plerumque rem egerunt ex ingenio vel, ut fecit corrector Valenciennensis, adhibito libro aliquo ordinis deterioris. his adiunxi excerpta

Geographi Ravennatis        Pauli diaconi et Landolfi
*S* Cheltenhamensia         Frechulfi.

quos auctores ad manus fuerint, singulis paginis subscripsi. plagulae impressae et Romae curavi ut denuo recognoscerentur ad libros Vaticanos duos Palatinum et Ottobonianum et ipse iterum relegi ad libros quos domi habebam Heidelbergensem Breslaviensem Cantabrigiensem Berolinensem. quo facto cum hoc mihi videar adsecutus esse, ut errores in variam lectionem pauci se insinuarint, simul infelicissimo casu accidit, ut funesto incendio, quod proximo anno accidit paucis diebus post absolutam textus impressionem, una cum domo mea quattuor illi libri toti et cum his maiore ex parte Vindobonensis n. 203 interirent.

Ex iudicio, quod de singulis libris singulisque eorum ordinibusque supra tuli, efficitur, quas leges in Iordanianis recensendis secutus sim, Geticis scilicet. nam in Romanis cum praeter excerpta Cheltenhamensia non adsint nisi primi ordinis libri, res facilis est et expedita. Geticorum cum tres ordines librorum supersint, quaenam cuiusque eorum auctoritas sit, anceps quaestio est eoque magis implicita, quod in singulis ordinibus codicum condicio admodum dispar est. Iordanes cum scripserit eo sermone, quo tunc vulgo utebantur, soloecismi eius non tam aequales offendebant quam posteros imbutos medii aevi scholastica doctrina. propterea multo magis quam reliqui auctores grammatistarum eius aetatis emendationem subiit, procedente tempore ut civilior et humanior, ita sui magis dissimilis evadens. ab hac interpolatione immunes manserunt soli duo libri Heidelbergensis saeculi octavi et Palatinus noni, scilicet si primam manum respicimus, nam posteriores emendatores hos quoque invaserunt. modestis finibus eam admiserunt qui scripserunt Valenciennensem saeculo nono et decimo Ottobonianum; late grassata est ab undecimo inde saeculo, dominans in Laurentiano Breslaviensi Atrebatensi Cantabrigiensi Berolinensi itemque in reliquis a nobis omissis. accedit, quod ii ipsi codices, quibus grammatistae pepercerunt, Heidelbergensis et Palatinus item probe et religiose scripti sunt, cum Ottobonianus aetate iis non multum inferior neque magnopere interpolatus a librario veniat neglegentissimo. eatenus illi duo libri soli fundamentum praebuerunt, quibus tuto insisteremus. at si respicimus eam lectionis diversitatem, quae non ab interpolatione grammatica pendet, tantum abest, ut primae classis privilegium ad eam item perveniat, ut fortasse, si adessent libri secundi et etiam magis tertii ordinis sua bonitate Palatinos aequantes, eos potissimum prae his sequeremur. nam stemma codicum, quod ex supra positis efficitur, hoc fere est:

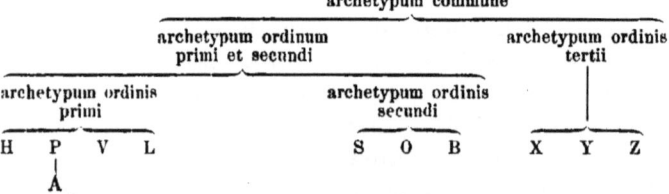

haec si recte posuimus, libera electio est non solum ibi, ubi tres ordines dissentiunt, sed ibi quoque, ubi ab una parte stant *HPVLASOB* contra *XYZ*: e contrario ubicumque aut *HPVLAXYZ* stant contra *SOB* aut *SOBXYZ* contra *HPVLA*, classis solitaria vincitur. sed id ita temperandum est, ut interpolationis et emendationis suspicio quamquam a nullo genere librorum plane abhorret[114]), in secundum et tertium multo magis quam in primum cadat, consensusque illorum librorum nullam vim habeat, ubi ad interpolationis communionem revocari potest[115]). solitariae autem singulorum librorum lectiones ita comparatae, ut eiusdem ordinis reliqui libri cum reliquis ordinibus consentiant, iusta auctoritate destituuntur originem habentes aut errorem aut coniecturam. — Post fundamentum lectionis positum quod incipit coniecturarum et opinationum mare magnum et aestuosum. ab eo quantum fieri potest abstinui; ita enim auctor comparatus est, ut iusta in plerisque scriptis ratiocinatio nimios errores et incredibiles ineptias non auctoris esse, sed librariorum in Iordane ita deficiat, ut lectio quo magis inepta, his libellis eo magis apta videri possit.

Quod olim cogitaram subscribere praefationi grati animi testimonium erga bibliothecarum moderatores et reliquos horum nostrorum studiorum fautores, quorum benivolentia effectum est, ut haec recensio librorum Iordanianorum diu expetita auctior et emendatior prodeat, id quominus perficerem fortuna mihi invidit. nam animus non sustinet gratias agere iis, quibus ipsa volumina saecularia restituere iam nequeo. benivolentiam eorundem optimorum virorum quamquam in hac calamitate etiam magis expertus sum, mihi infelix liber quamdiu ero mei infortunii tristissima memoria manebit.

---

[114]) Ita loco p. 59, 2 de quo supra p. LXIII dixi pristinam scripturam *ouis auium*, quae sola ferri potest, servavit ordo tertius. ex corruptela in archetypo primi secundique ei substituta, quam suspicor fuisse *ouium auium*, natae sunt lectiones interpolatae ambae classis secundae *ouium*, classis primae *ouium auiumque*.

[115]) Saepenumero haesitavi, quatenus consensui secundi tertiique ordinis confiderem: ut p. 61, 15 *per omnem Meotidis aditum* per se absurdum fortasse mutari debuit cum *BXY* in *ambitum*. sed tamen et illud ab inepto auctore scribi potuit et hoc a librariis pluribus non ineptis per coniecturam reponi.

Berolini m. Novembri a. MDCCCLXXXI.

## NOTARVM INDEX.

*H* = codex Heidelbergensis saec. VIII (v. p. XLVII)
*P* = codex Palatinus saec. IX (v. p. XLVIII)
*V* = codex Valenciennensis saec. IX (v. p. XLVIII)
*L* = codex Laurentianus saec. XI (v. p. XLIX)
*A* = codex Ambrosianus saec. XI (v. p. L)
*S* = excerpta Cheltenhamensia saec. IX (v. p. LVIII)
*O* = codex Ottobonianus saec. X (v. p. LIX)
*B* = codex Breslaviensis saec. XI (v. p. LIX)
*X* = codex Cantabrigiensis saec. XI (v. p. LXVIII)
*Y* = codex Berolinensis saec. XII (v. p. LXVIII)
*Z* = codex Atrebatensis (v. p. LXVII)

---

## CORRIGENDA.

p. XLVIII v. 14 saec. X] *scr.* saec. IX
 3, 10 lecticaverint] *scr.* lectitaverint
 16, 6 Tusciae *Zangemeister conicit auctorem adsumpsisse ex Orosio 7, 19, 5*
 33, 20 *adhibuit Iordanes Orosium 6, 22, 6*
 38, 32 *verba primo proelio fortasse accesserunt ex Eutropio 9, 24*
 41, 3 imperium d. t. s. t. coeperunt *Orosii sunt 7, 36, 1*
 42, 6 Get. 64] *scr.* Get. 164
 61, 9 *scr.* tantum Magog (*cf. p. 174 not. 4*)
 63, 11 *adde* pulularunt *H*
 71 *not. 4 dele: intelleguntur quae modo praecedunt*
 72, 1 *adde* pustulavit *H*
 86, 9 ad *omittendum fuit cum HPVLA*
 112, 8 *scr.* adversi, Gothos inquiret

# DE SVMMA TEMPORVM
# VEL ORIGINE ACTIBVSQVE GENTIS ROMANORVM.

Vigilantiae vestrae, nobilissime frater Vigili, gratias refero, quod me longo per tempore dormientem vestris tandem interrogationibus excitastis. deo magno gratias, qui vos ita fecit sollicitos, ut non solum vobis tantum, quantum et aliis vigiletis. mactae virtutis et meriti. vis enim praesentis mundi erumnas cognuscere aut quando coepit vel quid ad nos usque perpessus est, edoceri. addes praeterea, ut tibi, quomodo Romana res publica coepit et tenuit totumque pene mundum subegit et hactenus vel imaginariae teneat, ex dictis maiorum floscula carpens breviter referam: vel etiam quomodo regum series a Romulo et deinceps ab Augusto Octaviano in Augustum venerit Iustinianum, quamvis simpliciter, meo tamen tibi eloquio pandam. licet nec conversationi meae quod ammones convenire potest nec peritiae, tamen, ne amici petitionibus obviemus, quoquo modo valuimus, late sparsa collegimus. et prius ab auctoritate divinarum scripturarum, cui et inservire convenit, inchoantes et usque ad orbis terrae diluvium per familiarum capita currentes, devenimus ad regnum Nini, qui Assyriorum in gente regnans omnem pene Asiam subiugavit, et usque ad Arbacem Medum, qui distructo regno Assyriorum in Medos eum convertit tenuitque usque ad Cyrum Persam, qui itidem Medorum regnum subversum in Parthos transtulit, et exinde usque ad Alexandrum Magnum Macedonem, qui devictis Parthis in Grecorum dicione rem publicam demutavit. post hec quomodo Octavianus Augustus Cesar subverso regno Grecorum in ius dominationemque Romanorum perduxit. et quia ante Augustum iam per septingentos annos consolum, dictatorum regumque suorum sollertia Romana res publica nonnulla subegerat, ab ipso Romulo aedificatore eius originem sumens, in vicensimo quarto anno Iustiniani imperatoris, quamvis breviter, uno tamen in tuo

---

*P V S(index adest, praefatio deest).* — *Muratori rer. Ital. script. tom. 1 p. 222ª.*

1. 2 incipit liber iordanis episcopi de summa temporum uel origine actibusque gentis romanorum (lege felix *add.* V) *PVS*    3 uigilantiae uestrae] *V*, uigilantia eum *P*, uigilantiae tuae *Par.*    longo per tempore] *P*, longa per tempora *V*    7 addis *V*    12 conuersationis *P*    ammonenes *P*    15 assyriorum *P*    16 penem *P*    subiungauit *P*    19 dicione] *P*, ditione *V*    20 augusto *P*    22 regnumque *P*    24 uicesimo *V*

nomine et hoc parvissimo libello confeci, iungens ei aliud volumen de origine actusque Getice gentis, quam iam dudum communi amico Castalio ededissem, quatinus
diversarum gentium calamitate conperta ab omni erumna liberum te fieri cupias et
ad deum convertas, qui est vera libertas. legens ergo utrosque libellos, scito quod
diligenti mundo semper necessitas imminet. tu vero ausculta Iohannem apostolum,
qui ait: 'carissimi, nolite diligere mundum neque ea que in mundo sunt. quia mun- ep. 1, 2, 15–17
'dus transit et concupiscentia eius: qui autem fecerit voluntatem dei, manet in ae-
'ternum'. estoque toto corde diligens deum et proximum, ut adimpleas legem et
ores pro me, novilissime et magnifice frater.

*P V.*

1 actibusque *V*     5 mundum *V*

IGN. Romani, ut ait Iamblicus, armis et legibus exercentes orbem terrae suum fece- 6
runt: armis si quidem construxerunt, legibus autem conservaverunt. quod et ego,
sequens eruditissimum virum, dum aliqua de cursu temporum scribere delibero, necessarium duxi opusculo meo velut insigne quoddam ornamentum praeponere. cupio
namque ad inquisitionibus amici fidelissimi, ex diversis voluminibus maiorum praelibans 5
aliqua floscula pro captu ingenii mei in unum redigere et in modum storiunculae tam
annorum seriae quam etiam eorum virorum, qui fortiter in re publica laboraverunt,
gesta strictim breviterque collegere. quod quamvis simpliciter reor dictum videri 7
doctissimis, gratum tamen fore aestimo mediocribus, dum et brevia sine fastidio le-
gant et sine aliquo fuco verborum quae lecticaverint sentiant. ab originem etenim 10
orbis primaque creatione tam hominis quam elementorum et usque orbis terrae diluvio
secundum veredici legislatoris verba Mosei duo milia ducentos quadraginta et duo
annos collegimus. in quibus annis adhuc rudi et simplici hominum natura non reges,
sed familiarum capita suo in genere erant. quorum tamen ordo huiuscemodi fuit. 14

cf. Gen. 5   Adam protoplastus primusque mortalium vixit annos CCXXX et genuit Seth. 8
Seth vixit an. CCV et genuit Enos.
Enos autem vixit an. CXC et genuit Cainan.
Cainan item vixit an. CLXX et genuit Malelehel.
Malelehel vixit an. CLXV et genuit Iareth.
Iareth vero vixit an. CLXII et genuit Enoch. 20
Enoch vero vixit an. CLXV et genuit Mathusala.
Mathusala vixit an. CLXVII et genuit Lamech.
Lamech quoque vixit an. CLXXXVIII et genuit Noe.

Noe vero sexcentorum erat annorum, quando diluvium mundi crudelissima faci- 9
nora expiavit. a cuius regimine vel ab ipso diluvio usque ad confusionem linguarum, 25
que item ob delecta aedificantium turrem facta est in campo Sennahar, et usque
Heber, in quo Hebreorum genus et lingua prisca remansit, quia nec in illa conspiratione interfuit, sunt anni DXXV per familias sic.

---

P V S.

1 romani u. a. a. armis et *in litura* V   amblicus V, iamblicius S, iamblitius P   2 construxerunt P²   4 insigne] signe S   5 ad inquisitionibus] PS, ad inquisitiones V   7 serie S, seriem V
rem publicam VS   8 collegere] PS, colligere V   uidere PS   10 et sine] e**ine P¹, etsine *potius
quam* etsin P²   origine VS   11 homines Pᵃ   diluuium V   12 ducentos PS, cc V
duo] PS, duos V   13 annus Pᵃ   colligimus VS   14 huiuscemodo P   15 ann̄ vel an̄ HPS
*plerumque*, annos V *plerumque*, annis L *plerumque: nos in talibus librum principem (hic P, deinceps H) ex-
pressimus*   17 *et deinceps* uix *et* gen̄ *per compendium* P   18. 19 malelehel] *libri cum Prospero et
Eusebio I p. 79 Sch.* (Μαλελεήλ)   19 et genuit] ege S   20. 21 enoch enoc P   21. 22 math*usala
mathusala S, matusala matusala V, matusalā matusala P, τὸν Μαθουσάλα *Eusebius*   24 diluuium] VS, di-
luuio P   26 sennahar] S, senanahar P, sennaar V   28 DXXV] lxxu V

1*

10  Arfaxath, filius Sem, nepus Noe, qui post diluvium anno secundo est genitus, *cf. Gen. 10* vixit annos CXXXV et genuit Cainan.

Cainan vero vixit an. CXXX et genuit Sala.

Sala autem vixit an. CXXX et genuit Heber.

5  Heber quoque vixit an. CXXX et genuit Falech.

A confusione ergo linguarum et primatu Heber, a quo Hebrei, et usque nativitatem Abrahae, quando et primus rex in mundo in gente regnabat Assyriorum Ninus anno regni sui XLII, supra scripto familiarum serie currentes, fiunt anni DXLI sic.

Falech vixit an. CXXX et genuit Ragau.

10  Ragau vixit an. CXXXII et genuit Seruch.

Seruch autem vixit ann. CXXX et genuit Nachor.

Nachor vero vixit an. LXXVIIII et genuit Thara.

Thara quoque vixit an. LXX et genuit Abram.

11  Simul ergo ab Adam et usque ad nativitatem Abrahae, id est ab ortu mundi et
15 usque quadragesimo secundo anno regis primi Assyriorum Nini, ut superius diximus, per familias capitaque eorum fiunt generationes viginti, anni autem IIICCCVIII, unde iam relictis familiis regum seriem persequamur et, sicut Eusevius vel Hieronymus, primum Assyriorum, deinde Medorum Persarumque et Grecorum currentes, ad Romanum
19 quomodo delatum est vel quali tempore, latius, si dominus permiserit, exequamur.

12  Origo ergo regum regnorumque antiqua Assiria nobis amplexanda est, in qua *Hier. Abr. 1* primus Ninus Beli filius, urbem sui nominis fabricans Niniven, regnavit an. XLII, ‖ ubi a primo anno ipsius Nini et usque in ultimum annum Thonos Concoloros, quem *Hier. A. 1197* Greci Sardanafalum appellant, quem occidit Arbaces Medorum praefectus, regnum illud transferens in Medos, regnatum est a regibus trigenta et sex per annos mille
25 ducentos quadraginta sic.

13  Ninus rex Assyriorum post nativitatem Abrahae regnavit ann. x. *Hier. A. 1*

14  Semiramis uxor Nini annis XLII. hanc dicunt quasi Babyloniae conditricem, quam- *Hier. A. 11* vis non legatur quia condidit, sed quia reparavit. ‖ sub ea Abram adolescit in Chaldea. *Hier. A. 10*

15  Zameis, qui et Ninias, filius Nini et Semiramidis, ann. XXXVIII. ‖ cuius trecessimo *Hier. A. 53. 75*
30 tertio anno facta est promissio ad Abram, cum esset annorum LXXV.

16  Arius ann. XXX. ‖ cuius decimo anno centenarius Abraham genuit filium Isaac. *Hier. A. 91. 100*

17  Aralius an. XL. ‖ huius in ultimo regni anno nascuntur gemini Isaac, id est Iacob *Hier. A. 121. 160* et Esau.

18  Xerses, qui et Baleus, an. XXX. ‖ in huius regni tempore Iacob, germanum fugiens *Hier. A. 161*
35 Esau, descendit in Aegypto solus ditatusque cum turba ascendit. *Gen. 32*

19  Armamitres ann. XXXVIII. ‖ Iacob a servitute soceri Laban recedens ad patrem *Hier. A. 191* revertitur. *Gen. 32*

20  Belochus ann. XXXV. ‖ hoc regnante Ioseph aduliscens somnia sua fratribus narrat *Hier. A. 229* et patri. *Gen. 40. 41*

---

*P V S.* — *Mur. p. 222ᵇ v. 3* -nan vero. — *Mur. p. 223ᵃ v. 32* Aralius.

6 primatum *S*    eber *V ut passim*    ebrei *V*    usque] usque ad *V*    7 habrahae *P* primo *S*    8 XLII] xliii *Hieronymus*    supra (supras *P*) scripto ... serie] *PS*, supra scriptam .. seriem *V: intellege si supra scriptam f. seriem percurrimus*    11 autem om. *Vᵃ*    11. 12 nacbor nacbor *P* 14 habrahae *P*    15 quadragesimum secundum *V*    anno] *S*, annum *V*, an. *P*    16 generationum *P* 17 iam] tan⋆ (fuit tam) *S¹*, tantum *S²*    uel] *PS*, seu (*V*)    20 asiria *V*, asseria *S*, a seria *P* 21 XLII] *P*, alii *S*, lii *V*    22 quem] que *S*    23 greci sardanafalum] *VS*, regis ardana falum *P* appellant *P*    25 ducentos] *VS*, duocentos *P*    26 asyrriorum *P*    ubrahae *P*    decim *P* 27 annis] *PV*, ann *S*    28 condit *P*    29 Ζάμις ὁ καὶ Νινύας *Eusebius*    trecessimo iii *P*, trecessimo (tric- *V*) tertio *VS: vicesimo tertio requiritur*    30 abraham *V*    31 filium isaac *in litura V*    33 esao *P*    34 Βαλαιός *Eusebius*    35 discendit *Pᵃ*    aegypto] *PS*, aegyptum *V*    38 XXXV] *VS*, xxxi *P*

| | | |
|---|---|---|
| Hier. A. 264<br>Gen. 47 | Baleus an. LII. ‖ huius anno trecensimo Iacob famis penuria discendit in Egypto ibique filium suum repperit praepositum terrae totius Egypti. | 21 |
| Hier. A. 316. 307<br>Gen. 50, 5 | Altadus ann. XXXII. ‖ hoc regnante Iacob defunctus est ‖ in Aegyptum, cuius cadaber Ioseph cum magno honore vocat in terra Chanaan. | 22<br>4 |
| Hier. A. 347. 361 | Maminthus ann. XXX. ‖ sub istius regni tempore moritur Ioseph et Hebreos depraement Egyptii gravissima servitute. | 23 |
| Hier. A. 378 | Macthaleus ann. XXX. ‖ et hoc regnante servitus perdurat in Egypto Hebreorum. | 24 |
| Hier. A. 408. 426 | Spherus ann. XXX. ‖ huius regni temporibus ultimis Ambra ex tribu Levvi genuit Moysen. | 25<br>9 |
| Hier. A. 428<br>Act. apost. 7, 22 | Mamilus ann. XXX. ‖ hoc regnante adoliscens Moyses omnem philosophiam dedicit Aegyptiorum. | 26 |
| Hier. A. 456<br>Exod. 2 | Sparethus ann. XL. ‖ quo tempore Moyses occiso Egyptio in terra fugit Madia. | 27 |
| Hier. A. 498. 505 | Astacades ann. XL. ‖ huius regni anno octavo Moyses CCCCXXX anno repromissionis populum Hebraeum in signis et virtutibus educit ex Egypto eisque in heremo per annos quadraginta legem exponit. | 28<br>15 |
| Hier. A. 538.<br>545. 546 | Amyntas ann. XLV. ‖ huius nono anno moritur Moyses. ‖ et Hiesus Nave ducatum populo praebit. | 29 |
| Hier. A. 583.<br>573. 580 | Belochus an. XXV. ‖ sub quo Gothonihel iudex Hebraeorum ‖ et sacerdotium continet Finees. | 30<br>19 |
| Hier. A. 608. 613 | Belepares ann. XXX. ‖ quo tempore Hebraeorum iudex Aod Allofilique infesti omnino. | 31 |
| Hier. A. 638 | Lamprides ann. XXXVII. ‖ et in huius regno ipse iudex Ebreis perdurat Aod. | 32 |
| Hier. A. 669<br>Iudic. 3 | Sosares ann. XX. ‖ et huius temporibus quamvis senis tamen adhuc consistit Aod pugnadque cum alienigenis et vincit iubatus a deo. | 33<br>23 |
| Hier. A. 690 693 | Lamperes ann. XXX. ‖ quo regnante Iudaeis praeerat Deborra et Baroch. | 34 |
| Hier. A. 720. 733<br>Iudic. 7, 1 | Pannias ann. XLV. ‖ sub cuius tempora Iudeis praefuit Gedeon, ‖ qui et Ieroboal. | 35 |
| Hier. A. 765.<br>776. 773 | Sosarmus ann. XVIIII. ‖ sub cuius tempora Thola ‖ et Abimelech iudices erant Hebraeorum. | 36 |
| Hier. A. 784. 796 | Mithreus ann. XXVIIII. ‖ sub quo Iudeis praeerat Iair. | 37 |
| Hier. A. 811.<br>826. 833 | Tautanes ann. XXII. ‖ cuius sub regno iudices Hebraeorum Hesebon ‖ et Labdon. ‖ | 38 |
| Hier. A. 835<br>IGN. | nam et ipso tempore Greci Troiam vastaverunt; ‖ unde Aeneas fugiens in Italiam venit, se quoque cum Latino Fauni filio Pici nepotem Saturnique abnepotem adfinitatis gratia iungens accepta filia eius in uxore Labinia. unitosque Frigas Italosque populos nominavere Latinos. et sic iam ex tunc et deinceps, quamvis in pauperrimo regno | 30<br><br><br>39 |

---

*P V S.*

1 Βαλαιός *Eusebius* trecesimo *S*ᵃ, trencensimo *S*ᵇ, tricesimo *V*, xxuii *Hieron.* eagypto (sic) *S*, aegyptum *V*   3 Altadas *Hieronymus*   aegypto *VS*   Iacobi mortem ad Balaei a. XLIV refert *Hieronymus*   4 iosep *V*   cum agno *S*   uocat in terra] *P¹S*, reuocat in terram *P²V*, locat in terra *edd.*  5 Maminthus vel Mamitus *libri Hieronymi*, Μαμυθός *Euseb.*   depraement] *PS*, deprimunt *V*   6 grauissima *P*ᵃ   7 mactaleus *V*ᵃ: Magthaleus *Hier.* (Middl.), Macchaleus *idem (libri plerique)*   8 spherus] *S Hier. (libri plerique)*, sperus *PV Hier.* (Middl.), Σφαῖρος *Euseb.*   xxx] xx *Hieronymus*   ambram vel amram *Hier.*   l**ui *S¹*, leui *VS²*   10 mamilus] *libri*, Μάμυλος *Euseb.*   12 sparethus] *PV Hier.* (Fux.), sphaerethus *S*, Sparetus *Hier.* (Middl.), Σπαρθέως (?) *Eusebius*   terra f. madia] *PS*, terram f. madian *V*   13 Ascatades *Hier.*, Ἀσχατάδης *Euseb.*   repromisionis *P*ᵃ   14 haebreorum (*V*) eisque] estque *S*   16 amyntas] *PS*, amintas *V*: Amyntes *Hier.*, Ἀμύντης *Euseb.*   18 othonihel *V* 20 Bellepares *Hieronymus*   aoth *V semper*   allofili alienigenae sunt Hieronymo, ἀλλόφυλοι Eusebio l p. 110 Sch.   21 xxxvii] xxxii *Hieronymus et Eusebius l p. 66 Sch.*   22 senis] *PS*, senex (*V*)   23 iubatus] *PS*, iutus *V*   24 debbora *S*   25 Πανυάς *Eusebius*   tempore *V*   ierobaal *V* 26 tempore *V*   28 mithreus] *libri*, Μιθραῖος *Eusebius*   xxviiii] xxuii *Hieron. et Euseb.*   praeerant *P*ᵃ   29 fautanes *P: Ταυτάνης Eusebius*   xxii] xxxii *Hieron. et Eusebius*   hesebon] *libri*: Ἐσεβών *requiritur*   30 ipso] in ipso *V*   31 nepote *V*   abnepote *V*   32 iugens *P* unitosque] *PS*, unitos *V*

lŏcoque angusto, quod dicibatur agro Laurentum, regnaverunt post Latinum Aeneas et successores eius, qui et Silvii sunt Albanique vocitati, pro Albano urbe et pro postumo Aeneae idem Enea, qui idcirco Silvius dictus est, quia Lavinia post mortem Aeneae, timens Ascanii invidiam, clam eum in silva generavit Aeneamque Silvium nominavit. ‖ ante quem, ut superius diximus, Italiae regnatum est a Iano, Saturno, Pico, Fauno Hier. A. 939 adque Latino per annos circiter CLXXX.

40    Teuteus ann. XL. ‖ sub quo Samson ille ultra fortis fortissimus iudix Hebraeorum. Hier. A. 841. 841
41    Thineus ann. XXX. ‖ hoc regnante anno octavo decimo Heli sacerdos, audito nuntio Hier. A. 883. 900; cf. 1. Sam. 4
     filiorum arcaque testamenti ablata, cadens mortuus est.
42    Dercylus ann. XL. ‖ sub quo aliquantum tempus Saul rex Hebreorum, aliud vero Hier.A.913.941 David rex ex tribu Iuda constitutus regnavit.
43    Eupales an. XXXVIII. ‖ hoc regnante anno trecesimo secundo Salomon templum do- Hier. A. 953. 954 mini inchoavit et perfecit singulariter in mundo per annos septem.
44    Laosthenes ann. XLV. ‖ et hoc regnante Assyriis Salomon regnat Hebraeis, Saddoch Hier. A. 991. 1000 vero et Achias Selonitis prophetant.
45    Pritiades ann. XXX. ‖ sub quo, iam mortuo Salomone, inter Roboam et Ieroboam reg- Hier. A. 1036. 1021 num dividitur Hebraeorum et alii Iudaei, alii dicuntur Israhelitae.
46    Ofrateus ann. XX. ‖ sub isto in parte Iudeorum regnat Iosaphat; ‖ Israhelitarum vero, Hier. A. 1066. 1082. 1043 caeleri morte Nabad ‖ et Baaz, ‖ Ela ‖ et Ambri obeuntibus, ‖ tenebat regimen Achab Hier. A. 1045 1069. 1071. 1083 cum Hiezabel.
47    Ofrathanes ann. L. ‖ sub quo Ioram, ‖ Ochozias ‖ et Gotholia ‖ et Ioas parti Iudae reg- Hier. A. 1096. 1107. 1115. 1116. 1123 nabant; ‖ Israheli vero Ochozias, ‖ Ioram ‖ et Ieu principatui unus post alium successerunt. Hier. A. 1105. 1107. 1119
48    Acrazapes ann. XLII. ‖ sub quo Amesias in Iuda regno ascitus obtinet principatum; ‖ Hier. A. 1136. 1163 Israheli vero Ioachab ‖ et Ioas unus post alium regnat. Hier. A. 1147. 1164
49    Thonos Concoloros, quem Greci Sardanafalum nominant, ann. XX. ‖ sub quo Iude- Hier. A. 1178. 1192 orum Azarias qui et Ozias, ‖ Israhelitis vero Roboam. Hier. A. 1180

     Regnum ergo Assyriorum post annorum numero mille ducentos et quadraginta Hier. A. 1197 finem tantae diuturnitatis accepit ad Medosque translatum est. ‖ nam Arbaces prae- Hier. A. 1198 fectus Medorum Sardanafalum occisum¹⁾ regnum eius invasit et in Medos deduxit.

50    Arbaces Medorum rex ann. XXVIII. ‖ sub quo regnat adhuc Azarias qui et Ozias Hier. A. 1198. 1192 Iudae in partae. ‖ in Israhel autem post Roboam paucis diebus fuerat Zacharias rursus- Hier. A. 1222 que Sellum, quibus successerat Maneae.
51    Sosarmus ann. XXX. ‖ in Iudae parte regnabat Ioatham, ‖ Israhelitis Faceae, ‖ quando Hier. A. 1226. 1244. 1242. 1241 et quinto decimo eius anno prima Olympiades coepta est nominari. ‖ tunc etenim post IGN.

---

*P V S L*(inc. v. 27 regnum) *Freculfus I*, 3, 11 (a 34 tunc). — *Mur. p. 223ᵇ v.* 2 -tati pro Albano.

1 agro Laurentum] *immo* Laurolavinium    2 uotiati *S*    3 aenea eidem *PS*, aenea eiusdem (*V*)
7 teuteus] *libri*: Τευταῖος *Eusebius*    8 thineus *S*    10 dercylus] *P*, derculus *V*, dergylus *S*
12 salamon *P*    14 saddoch] *PS*, sadoch *V*    15 selonitis] *PS*, selonites *V*. ὁ Σιλωνίτης *Eusebius*
16 Περτιάδης *Eusebius* (*Graec.*) *et Hier.* (*Fux.*), Peritiades *Euseb. Arm. I p. 66*, Piritiades *Hieronymi libri plerique* sub quo *cet.*] *ad a. XXXI Laosthenis refert Hieronymus*    18 ofrateus] *libri*, Ὀφραταῖος *Euseb.*
19 Nadab et Baasan *Hieronymus*    23 acrazapes] *PS cum Hier.*, ascrazapes *V*, Ἀχραγάνης *Eusebius*
amesias] *libri*, Amessias *Hier. et Euseb.*    25 Thonos Concoloros (concolores *Voss.*) *Hieron.*, Θῶνος ὁ λεγόμενος Κονχόλερος *Euseb.*    sardanafalum] *PS*, sardanapallum *V*    26 israhelitas *S*    uero roboam] Ieroboam *requiritur*    27 annorum numero] *PS*, annos numero *V*, annorum numerum *L*    ducentos] *VS*, duocentos *PL*    28 finem] inem *vel* •inem (finem *P²*) *P*    ad] a *L*    praefectos *P*    29 sardanafalum occisum] *PS*, sardapalum occisum *L*, sardanapallo occiso *V*    *post* deduxit *ins.* regnum medorum *S*
30 ozias] *SL*, odias *PV*    31 zachacrias *L*, zacchacrias *VS*    rursumque *L*    32 sellum] *L*, sellom *PVS*: Σελοὺμ *Eusebius*    maneae] *PVS*, manaem *L*: Manaem *Hier.*, Μαναήμ *Euseb.*    33 iudeae *L*
faceae] *PVL*, facee *S*, Φακεέ *Euseb.*    34 eius] eis *P*    olympiades] *VS*, olympiade *P*, olimpiade *L*    enim *Fr.*

---

1) *Sardanapalli occisi non meminit Hieronymus.*

innumeraviles, ut ita dicam, Laurenti loci et Latio reges Silvios Albanosque, qui trecentos per annos in parte Italiae regnaverunt quamvis pauperrime, Amulius rex Numitoris fratris sui filiam Ream nomine, que et Ilia vocabatur, Vestalem virginem fecerat. quae gravida inventa dum scelus suum nititur excusare, a Marte se conpressam mentita est. ex qua genitis duobus geminis rex exponi praecepit. quos vagientes meretrix quaedam Lupa nomine cum audisset, statim tollens ad Faustulum pastorem adduxit. quos Acca uxor eius nutriens inter alios pastores conversari aedocuit.

Madidus ann. XL. ‖ quo Medis regnante Iudeis regnabat Achas, ‖ Israhelitis alius Faceae. ‖ annoque Madidi nono, septima Olympiade Romulus ‖ eiusque germanus, quos inter pastores diximus enutritos, collecta pastorum multitudine Romane urbis aedificia inchoaverunt suoque de nomine iunior, qui germanum peremerat, urbem vocari Romam praecepit. cuius actus seriemque successorum eius saltu quodam modo praetergrediens externa regna, ut coepi, percurram et cum se locus obtulerit, ad eum ordinem redeam. tantum qui legis, adverte ab origine mundi et huius usque magnae urbis exortu ann. fuisse IIIIDCL.

Cardices ann. XIII. ‖ sub quo Ezechias, filius Achas, succedens regnat Iudaeis. ‖ nam Israhelitarum gentes supra dicti Madidi iam quinto decimo anno a Salmanassar Chaldeorum rege Medorum sunt in montibus transductae captivae, postquam regnassent in Samaria ann. CCL.

Deiocis ann. LIII. ‖ huius tempore primo Hebraeorum Iuda Manasses ductus captivus et ferreis vinculis inligatus fertur paenitentiam egisse. cuius et canticum paenitentiae legitur. ‖ postea vero reversus in regno successorem reliquid filium suum Ammon.

Fraortes ann. XXIII. ‖ sub quo Iosias rex Iudeorum, ‖ qui lucos succidit et gentium idola de suo regno abiecit deumque caeli integre coluit.

Cyaxares ann. XXXII. ‖ sub quo Iudaeis regnat Ioachas, cui successit Eliachim, qui et Ioachim, ‖ alterque Ioachim primo adhuc Cyaxare vivente successit, in quo et finis regni evenit.

Astiages ann. XXXVIII. ‖ huius anno octavo Iudaei de Hierusolyma captivantur a Nabochodonosor rege Babyloniorum. ‖ sic regnum Medorum, quod per ann. CCLVIII regnavit, distructum est et in Persas translatum, ‖ quia Cyrus rex Persarum et Darius Medorum, filius supra scripti Astiages, parentela coniuncti nepus avunculusque fuerunt: inruentesque super Baltasar abnepotem Nabochodonosor regem Babyloniae, id est Caldeorum, regnum eius pervadunt¹). ‖ mortuoque Dario Cyrus et suum, id est Persa-

---

H (inc. 26 et finis) P V S L Freculfus l. c. (ad v. 6 vagientes). — Mur. p. 224ᵈ v. 7 -duxit quos.

1 laurentis Fr.    et latio] PVSL, in laceo Fr.    regis L    abanosque Pᵃ    2 italiae] it. praedicta Fr.    3 fr. sui numit. Fr.    4 conpressa P    5 quos L    8 Medidus Hieronymus achas] P¹V¹S, achaz P²V²L    alius faceae] Osee Hieronymus    9 romalus Lᵃ    12 quo amodo S    14 exortu] P¹SL, exortum P²V    anni L    16 Cardyceas Hieronymus    achas] P¹S, achaᵃ V¹, achaz P²V²L    17 iam qu. d. a. s. d. madidi L    salmanassar (salmanasar L)] sic Hieronymus (Scal.), Sennacherib Hieronymi libri reliqui, Sennacherim qui et Salmanassar Prosper    18 regem P    20 Iuda om. L    manases L    21 cuius et] cuius L    22 Amon Hier. (Ammon Scal.), Ἀμώς Eusebius    23 XXIII] sic Iordanes, xxiiii Hieronymus    lucus PS    24 abcit S¹, abicit S²    25 xxxiii L    qui et ioachim om. L    26 in quo om. L    27 regnis L    28 astiages] HPVL, astigis S    hierosolima L    29 nabochodonosor] HPS, nabuchodonosor VL cum Hier. et Euseb.    Babyloniorum] babylloniorum P, Chaldaeorum Hier.    CCLVIII] Iordanes, ccluii Hier.    31 astiages] HPV, astigis SL    32 subper L    nabochodonosor] HPS, nabuchodonosor VL    est] es P

---

1) cf. Iosephus ant. 10, 11, 4: Βαλτάσαρος .. ἐστίν, ἐφ' οὗ τὴν αἵρεσιν τῆς Βαβυλῶνος συνέβη γενέσθαι .. τῶν μὲν οὖν Ναβουχοδονοσόρου τοῦ βασιλέως ἐκγόνων τὸ τέλος τοιοῦτο παρειλήφαμεν γενόμενον. Δαρείῳ δὲ τῷ καταλύσαντι τὴν Βαβυλωνίων ἡγεμονίαν μετὰ Κύρου τοῦ συγγενοῦς ἔτος ἦν ἑξακοστὸν δεύτερον, ὅτι τὴν Βαβυλῶνα εἷλεν, ὃς ἦν Ἀστυάγους υἱός.

rum et affinis sui Darii, hoc est Medorum cum illud quod captivaverat tertio regno potitus ammodum Persarum gentem elevavit. quae gens a Cyro praedicto et usque ad Darium, filium Arsami, regnavit per ann. pl. m. CCXXX, et sic ad Grecos devenit post reges decem Persarum de gente.

58. Cyrus Persa ann. XXXII. hic fere quinquaginta milia Iudaeorum laxata captivitate regredi fecit in Iudaea: qui constructo altari templi fundamenta iecerunt. cumque a vicinis gentibus impediretur, opus usque ad Darium remansit inperfectum. *Hier. A. 1456*

59. Cambises ann. VIII. et sub isto opus inpeditum a vicinis consistet nec aedificatur. *Hier. A. 1487*

60. Magi duo fratres regnant mensibus VIII. *Hier. A. 1495*

61. Darius ann. XXXVI. ‖ cuius anno secundo reaedificatum est templum a Zorobabel et Iesu filio Iosedech ‖ quingentesimo duodecimo anno post primam sub Salomone aedificationem, ‖ ab Adam vero plus minus IIIIDCCCCXXX. *Hier. A. 1495. 1496 Esr. 1. 3 Hier. praef. p. 9 IGN.*

62. Xerses deinde, filius Darii, ann. XX. regnavit Persis, Medis atque Chaldeis. *Hier. A. 1532 cf. c. 57*

63. Artabanus menses VII. *Hier. A. 1552*

64. Artaxerses, qui Macrochir dicebatur, ann. XL. *Hier. A. 1553*

65. Xerses menses duo. *Hier. A. 1593*

66. Sogdianus menses VII. *Hier. l. c.*

67. Darius cognomento Notus ann. XVIIII. *Hier. l. c.*

68. Artaxerses qui et Mnemon, Darii et Paresatidis filius, ann. XL. ipse est ab Hebreis qui dicitur Asverus, sub quo liber Hester confectus est. *Hier. A. 1612*

69. Artaxerses qui et Ochus ann. XXVI. ‖ hic etenim Sidonem subvertit Aegyptumque suo subegit imperio ‖ Syriamque cunctam invasit. *Hier. A. 1652. 1670 IGN.*

70. Arses, filius Ochi, ann. IIII. sub quo Iaddus maximus et insignis pontifex Iudaeorum. *Hier. A. 1678*

71. Darius, filius Asarmi, ann. VI. ‖ hunc Alexander Magnus Macedo occidit regnumque eius in suo redegit dominio, qui Alexandriam in suo nomine condidit; ‖ ubi regnatum est a regibus Grecorum per ann. CCXCVI sic. *Hier. A. 1682. 1687 Hier. A. 1985*

72. Alexander Magnus post morte Darii ann. V. *Hier. A. 1668*

73. Ptholomeus, Lagi filius, ann. XL. ‖ hic iterum gentem Hebraeorum captivam ducit in Aegypto. *Hier. A. 1693 1695*

74. Ptholomeus Filadelfus ann. XXVIII. ‖ hic captivitatem Iudaeorum relaxatam muneribusque Eleazaro pontifice Iudaeorum placato divinas scripturas per septuaginta interpretes ex Hebrea lingua vertit in Greca. *Hier. A. 1733. 1736*

---

*H P V S L Paulus h. R. 1, 20 (20 sub quo — confectus est). — Mur. p. 224[b] v. 13 Xerses.*

1 sui] ui *V*  est] es *H[a]P*  2 potitus] *P[2]VS[a]I,2*, potius *HL[1]*, potis *P[1]*, potitu (?) *S[1]*  gentem] regnum *L*  3 pl. m. *per compendium HPVSL*  4 decem] *omissis scilicet regibus iis qui non perannaverunt*  post gente ins. regnum persarum *S*  5 XXXII] XXX *Hieronymi libri plerique*, XXXI *Hier. (Amand.) et Eusebius*  6 Iudaea] *H[1]S*, iudea *PL*, iudaeam *H[2]V*  altare *L*  iecerunt *L*  8 constat *L[b] (L[a] inc.)*  9 VIII] uiii *Hier. Euseb.*  10 XXXVI] xxui *V[a]*  11 solomonem *P*  13 serses *P*  XX] XX* *V*  15 artaxerxes *PS*, artarxerxes *VL*  machochir *HPVSL*: Longimanus *Hieronymus*  16 xerxes *S*  duos *L*  18 notus] *HPVS*, nothus *L*  19 artaxerxes *L*  mnemon] minmon *HPVS*, minnon *L*  paresatidis] *libri*, Parysatidis *Hieronymus*  20 assuerus *L*  21 artaxerxes *PS*, artarxerxes *L*  22 sir. que cunctam inu. egiptumque suo subegit imperio *L*  23 arsex *L*  filius ochi] filiosochi *HP*  iaddais *S*  maximus] *V[b]SL cum Hieronymo*, matimus *HP*, ma**mus *V[a]*  25 sasarmi *P*, saarmi *V*: Arsami *Hieronymus*  VI] uie *S*  26 in s. n.] s. n. *L*  27 post sic ins. regnum Macedonum *S*  28 mortem *L*  29 ptholomeus] *H plerumque*, *P plerumque*, *V plerumque*, 8 semper, *L plerumque*, ptolomeus *L raro*, pholomeus *H semel* (p. 9 v. 3) *P semel*, tholomeus *V semel*  lai *L*  ebreorum gentem *L*  duxit *L*  30 aegypto] *HPS*, aegyptum *V*, egyptum *L*  31 XXVIII] xxxuiii *Hieronymus*  captiuitate *V*  Iudaeorum] daeorum *S*  33 greca] *HP*, graeca *S*, graecam *V*, grecam *L*

Hier. A. 1771.
1785.       Ptholomeus Euergetis ann. xxvi. || huius temporibus Hiesus filius Syrach sapientiae 75
librum scripsit.

Hier. A. 1797.
1801.       Ptholomeus Filopater ann. xvii. || sub hoc item victi Iudaei et sexaginta milia eo- 76
Hier. A. 1807.
1809. rum caesa ab Anthioco rege Syriae¹), || quando et pontifex magnus Onias.

Hier. A. 1814.  Ptholomeus Epifanis ann. xxiiii. hic directo Scopa principe militiae capit Iu- 77
Hier. A. 1820. daeam; || rursusque Anthioco Scopa superante Iudaeam sibi sociat in amicitia Antiochus.

Hier. A. 1838.
1841.       Ptholomeus Filomitor ann. xxxv. || sub hoc rege Aristobolus Iudeus peripaticus 78
Hier. A. 1848. filosophus scripsit commentarios in libros Moysi et regi obtulit Ptholomeo. || Antiochus
Hier. A. 1853. autem agens contra legem Iudaeorum multos interemit. || contra quem Iudas, qui et
Macchabeus, arma commovit.

Hier. A. 1873.  Ptholomeus Euergetis ann. xxviiii. hoc regnante Ionathas dux Iudaeorum prae- 79
clarus, qui cum Romanis Spartiatisque foedus iniit.

Hier. A. 1902.
1913.       Ptholomeus Fiscon, qui et Soter, ann. xvii. || sub hoc Aristobolus Ionathae filius 80
rex pariter et pontifex constituitur Iudaeorum.

Hier. A. 1919.
IGN.        Ptholomeus, qui et Alexander, ann. x. || quo regnante multa Iudaeorum populus 81
tam ab Alexandrinis quam etiam ab Anthiocensibus tolerabat.

Hier. A. 1929.
1913.       Ptholomeus, qui a matre fuerat eiectus, ann. viii. || Iudaeis tunc regnat Ianneus, 82
qui et Alexander.

Hier. A. 1937.
1941.       Ptholomeus Dionisus ann. xxx. || sub cuius regno Alexandra, que et Salina, uxor 83
Alexandri regis Hebraeorum, Hierosolimis regnat. ex cuius aetate Iudaeos rerum
confusio et variae clades oppresserunt.

Hier. A. 1967.
1950.       Cleopatra ann. xxii. || qua regnante Iudaei in amicitias Romanorum se sociantes 84
eorum iam legibus vivent, quia Pompeius regnum ab Aristobolo sublato Hircanum
Hier. A. 1984 fratrem eius praefecerat. || hanc si quidem Cleopatram Romanus ductor suscipiens An-
Hier. A. 1985. tonius et suo socians lateri contra cives proprios dimicat. || quem Augustus Octavianus 25
1988.       in certamine superans Actiatico in litore, egit, ut utrique iugales se ipsos peremerent,
Iord.       regnumque eorum in Romanorum imperio devenit, || ubi et usque actenus, et usque in
Hier. A. 1987 finem mundi secundum Danielis prophetia regni debetur successio. || et quod abhinc
Augustalis exoritur potestas, animo recondendum est.

Hier. A. 1974  Augustus imperator, qui et Octavianus dicebatur, a quo posteri principes Augusti 85
sunt vocati, tam cives patrios rebellans quam etiam gentes exteras superans, singularem
Hier. A. 2015 sibi vindicat principatum, regnans per ann. lvi. || huius quadragesimo secundo anno
imperii dominus noster Iesus Christus de sancta virgine natus, ut verus deus ita et verus

---

*H P V S L.* — *Mur. p. 225ᵃ v. 22 Iudaei.*

1 euergetis] *HPSL*, euergites *V*    syrach] *HPVS*, sirach *L*    3 pholomeus *H*    filopater] *libri, item Hieronymus (Bern. Frch.), Philopater Hier. (libri plerique)*    xx(?)xuii (*sed omnia a m. 2 in litura*) *H* inter milia et eorum *repetit* hoc item victi iud. et sexaginta *S*    4 anthioc-] *H pleromque, S pleromque, P semper,* anthioch- *VS aliquoties,* antioch- *H aliquoties*    5 epifanis] *HPVS,* ephanis *L*    scopa] sco *P* 6 anthioco scropa superante] *HPS,* antiochus oscopa superante *V,* anthiochus scopa superato *L Hier.*    amitiam *L*    7 filomitor] *HPVS,* filometor *L*    peripaticus *Hier.*    8 libris *S*    10 macchabeus] *HS,* machabeus *PV,* machabaeus *L*    11 euergetis] *SL,* aenergetis *HP,* aeuergetes *V*    hoc regnante om. *L*    13 sother *L*    xvii] xxiii *P*    caristob. *H*    17 regnat ianneus] *HVS,* regnabat ianneus *L,* regnat anneus *P*    19 dionisus] *HPS,* dionisius *VL cum Hier.*    xxx] uiii *L*    20 hebraeorum] iudeorum *L*    hierosolimis] *HVL,* hyerosolimis *S,* hierosolimis *P*    22 sese *L*    23 uiuent] uiuunt *VL*    ab om. *L*    24 antoninus *HPS*    26 actiatico *V*    egit] coegit *S*    se] semet *L* 27 imperio] *HPS,* imperium *VL*    28 prophetiam *L*    29 augustalis *V*    31 uocati] appellati *(in marg. m. 1 uocati) V*    rebellans] *libri:* aut scribe aut explica debellans    ext. g. *L*    32 lvi] *S et sic Hieronymus,* alui *L,* lxii *HPV*    quadragesimo om. *Lᵃ*    33 iħs XPS *libri*    et uerus] uerus *S*

---

1) *Hieronymus ad Philopatoris a. V:* victi Iudaei et lx milia armatorum ex numero eorum caesa. ad a. *XI:* Antiochus rex Syriae victo Filopatore Ptolomaeo Iudaeam sibi sociat.

homo, in signis et virtutibus ammirandis enituit ‖ anno ab origine mundi ⅤD, ab urbe IGN.
86 Romae autem conditione anno DCCLV. et quia Romanarum rerum ordine actosque
inquirere statuisti et nos breviter tuis percunctationibus responderre sumus polliciti,
necessarium est ergo nobis ea interim, que ad tempora Augusti imperatoris dicuntur,
5 omittere et rursus ad Romanae urbis primordia repedare originemque Romuli eius
conditoris exponere simulque successorum eius regum consolumque annos actosque ad
liquidum demonstrare, qui sunt hi.
87   Ab origine urbis Romae et usque Tarquinium regem cognomento Superbum, qui Ruf. 2
et expulsus est, numerantur anni CCXLIII. nam ‖ primus ille et urbis et imperii con- Florus 1,
10 ditor Romulus fuit Marte, ‖ ut ipsorum verbis loquamur¹), ‖ genitus et Rea Silvia. hoc de c. 2
se sacerdos gravida confessa est. nec mox fama dubitavit, cum Amullii regis imperio
abiectus in profluentem cum Remo fratre non potuit extingui, si quidem et Tiberinus c. 3
amnem repressit et relictis catulis lupa secuta vagitum uber ammovit infantibus, ma-
88 trisque gessit officium. sic repertos apud arborem Faustulus regii gregis pastor tulit
15 in casam atque educavit. Alba tum erat Latio caput, Iulii opus: nam Labinium pa- c. 4
tris Aeneaeae contemserat. ab his Amullius iam septima subole regnabat fratre pulso
Numitore, cuius ex filia Romulus. igitur statim prima iuventutis facie patruum ab c. 5
arce deturbat, avum reponit. ipse fluminis amator et montium, apud quos erat edu-
89 catus, moenia novae urbis agitabat. gemini erant: uter auspicaretur et regeret, ad- c. 6
20 hibere placuit deos. Remus montem Aventinum, hic Palatinum occupant. prius ille
sex vultures, hic postea, sed duodecim vidit. sic victor augurio urbem excitat, plenus c. 7
spei bellatricem fore: id assuetae sanguine et preda aves pollicebantur. ad tutelam c. 8
novae urbis sufficere vallum videbatur: cuius dum angustias Remus increpat, saltu
24 transilivit. dubium an iussu fratris, occisus est. prima certe victima fuit munitionem-
90 que urbis novae sanguine suo consecravit. imaginem urbis magis quam urbem fecerat:
incolae deerant. erat in proximo locus: hunc asylum facit, et statim mira vis homi- c. 9
num Latini Tuscique pastores, etiam transmarini Fryges, qui sub Aena, Arcades,
qui sub Euandro duce influxerant. ita ex variis quasi elementis congregavit corpus
unum populumque Romanum ipse fecit. res erat unius aetatis, populus virorum. ita- c. 10
30 que matrimonia a finitimis petita quia non impetrabantur, manu capta sunt. simulatis quippe ludis equestribus virgines quae ad expectaculum venerant praede fuere.
91 haec statim causa bellorum. pulsi fugatique Veientes. Ceninensium captum ac direp- c. 11

---

*H P V S L Freculfus 1, 3, 12 (a 22 ad). Paulus h. R. 1, 2 (23 cuius — 24 occisus est: interponuntur Hieronymiana; 27 Latini — 29 fecit). — Mur. p. 225ᵇ v. 27 -stores etiam.*

1 anni *V*    urbe] *HPS*, urbis *VL*    2 anni *V*    post DCCLV ins. reg. Roman. *S*    romanorum *PS*    ordinem *L*    actosque] *HP*, actusque *VSL*    4 necessarum *S*    ego *Sᵃ*    eam *S*
6 regnum *V*    actosque] *HPS*¹, actusque *VS*²*L*    7 hii *HP*    8 usque] usque ad *V*    cognomi-
nento *P*    9 et exp.] exp. *PᵃL*    10 romolus *S* perpetuo    11 grauidam *V*    amull-] *HPS* hic
et deinceps, amul- *VL*    12 abiectus] *Florus (Nas.)*, abiectos *libri*, iactatus *Flor. (Bamb.)*    tiberinus
amnem] *S cum Floro*, tiberinus (tiberius *Pᵈ*) amnis *HP*, tiberinum amnem *V*, tiberinus amnis *L*    13 uber
ammouit] *HPS Flor. (Bamb.)*, ubera mouit *L*, ubera admouit (*V*) *Flor. (Nas.)*    14 repertus *H*
regis *L*    grecis *S*    pator *P*    15 alba tum] *Florus*, ablatum *libri*    labinium] *HPSL*, laui-
nium (*V*)    17 filia] filiis *Pᵈ*    facie] *libri et Flor. (Nas.)*, face *Flor. (Bamb.)*    patrum *Pᵈ*
19 regerent *H*    20 occupant] *HPSL*, occupa••• *V*¹, occupat *V*² *Flor.*    21 uidit] *libri*, uidet *Florus*
25 fecera•• (fecerat *V*²) *V*¹    26 erat] erant *H*    locus] *libri et Fr.*, lucus *Florus*    hunc] huius *L*
mira uis] mirabilis *L*    27 tusciaeque *L*    etiam] quidam etiam *Florus*    aena] *HPVSᵃ*, aenea *SᵇL*
*Florus*    archades *L*    28 confluxerunt *Fr.*    30 finitimis] finitibus *S*    31 quippe] que *L*
ad expectaculum] *HPL*, ad spect. *VS*    32 haec] hac *L*: et haec *Florus*    fatigatique *L*    uegentes *P*    ceninensium *Fr.*, Caeninensium *Florus*, ceniensium *S*, geniensium *HPVL*    ac (ae *HP*)
d. (dirutum *Fr.*) om. *L*

---

¹) ut ipsorum verbis loquamur *inseruit Iordanes*.

tum est oppidum. spolia insuper opima de rege Agrone Feretrio Iovi manibus rex
reportavit. || Savinis proditae portae per virginem Tarpeiam, non dolo, sed puella
praetium rei quae gerebant in sinistris petierat, dubium clypeos an armillas. illi ut
et fidem solverent et ulciscerentur, clypeis obruere. ita ammissis intra moenia hostibus
atrox in ipso foro pugna, adeo ut Romulus Iovem oraret foedam suorum fugam siste-
ret. hinc templum et Stator Iuppiter. tandem funeribus intervenere raptae laceris
comis: sic pax facta cum Tatio foedusque percussum. secutaque res misera dictu,
ut relictis sedibus suis novam in urbem hostes demigrarent et cum generis suis avi-
tas opes pro dote sociarent. auctis brevi viribus hunc rex sapientissimus statum rei
publicae inposuit: iuventus divisa per tribus, in aequis et armis ut ad subita bella
excubaret, consilium rei publicae penes senes esset. qui ex auctoritate patres, ob
aetatem senatus vocabatur. his ita ordinatis repente, cum contionem haberet ante
urbem apud Caprae paludes, e conspectu ablatus est. discerptum aliqui a senatu
putant ob asperius ingenium: sed oborta tempestas solisque defectio consecrationis
speciem praebuere. cui mox Iulius Proculus fidem fecit, visum a se Romulum adfir-
mans augustiore forma, quam fuisset: mandare praeterea, ut se pro numine acceperent: Quirinum in caelo vocari: placitum diis, ut gentium Roma potiretur.

Successit Romulo Numa Pompilius, quem Curibus Savinis agentem ultro petiverunt ob inclitam viri religionem: ille sacra et caerimonias omnemque cultum deorum
inmortalium docuit: ille pontifices augures salios ceteraque sacerdotia: annumque in
XII menses, festos dies nefastosque discripsit. ille ancilia adque palladium, secreta
quedam imperii pignora, Ianumque bifrontem. Fidem pacis ac belli, in primis focum
Vestae virginibus colendum dedit, ut ad simulacrum caelestium siderum custus imperii flamma vigilaret. haec omnia quasi monitu deae egregiae, quo magis barbari
acciperent. eo denique ferocem populum redegit, ut quod vi et iniuria occuparat imperium, religione atque iustitia gubernaret.

Excepit Pompilium Numam Tullus Hostilius, cuius in honorem virtutis regnum
ultro datum. hic omnem militarem disciplinam artemque bellandi instituit. itaque
mirum in modum exercita iuventute provocare ausus Albanos gravem et diu principem
populum. sed cum pari robore frequentibus proeliis utrique comminuerentur, misso in
conpendium bello Horatiis Curiatiisque, trigeminis hinc atque inde fratribus, utriusque
populi fata permissa sunt. anceps et pulcra contentio exituque ipso mirabilis. tribus
quippe illinc vulneratis, hinc duobus occisis, qui supererat Horatius addito ad virtutem dolo, ut distraheret hostem, simulat fugam singulosque prout sequi poterant, ad-

---

*H Γ V S L Freculfus l. c. (ad 7 percussum). 1, 3, 12 (9 hunc — 17 potiretur). 1, 3, 13 (19 ob — 24 vigilaret). 1, 3, 14 (27 Tullus — 28 bellandi).*

1 opim *S*   manibus] manibus suis *Florus*   2 sauinis] *libri*   3 clypeos ... 4 ulciscerentur om. *S*   4 clypeos *V*   5 sistere *L*   6 funeribus] *libri et Fr.*, furentibus *Florus (Bamb.)*, seuientibus *Florus (Naz.)*   7 misera] *libri*, mira *Florus*   8 noua in urbe *L*   hoste *libri*   demicarent *S*   suis om. *L*   9 dote] de *L*   breuis *L*   11 esset] essent *L*, esset sed(?) *H*   12 aetate *S*   senatus uocabatur] *HPVS Florus (Bamb.)*, senatus uocabantur *Flor. (Naz.)*, senes uocabantur *L* is *P*   13 apud caprae paludem *Florus*, apud paludem capud capri *Fr.*   15 cui] qui *S*   16 angustiore *L*   mandares *P*   17 placidum *L*   18 numma *L*   pampilius *L*ᵃ   curribus *HPL* 20 auguros *H*, augures *PSL*   21 festos] fastos *Florus*   nefastoque *V*   22 bifrontem] geminum *Florus*   ac] *SL*, ae *HP*, e *V*   24 flamma] *SL Florus*, flammam *HV*, flamma in *P*   monitu deae] *SV Florus*, moantu deae *H*, mo (*sequitur spat. 7 litt. vacuum*) *P*, montantu deae *L*   egregiae] *HPL*, gregiae *VS*, Egeriae *Florus*   25 eo denique (eodemque *L*) ferocem om. *in litura H*   27 excipit p. n. tullus om. *in spatio vacuo S*   excipit *Florus*   numan *H*, nummam *L*   tullius *VL*   cuius in honorem] *S Flor. (Bamb.)*, cuius honorem *HPVL*, cui in honorem *Florus (Naz.)*, cui ob honorem *Fr.*   28 instituit] condidit *Florus*   29 exercitam iuuentutem *L*   ausus] aus s *P*   30 utraque *L*   comminuerentur *HP* 31 atque om. *L*   32 inceps *P*   33 superarat *L*   34 simul ad *HPV*   prout sequi ut prosequi *L*

2*

ortus exsuperat. sic (rarum alias decus) unius manu parta victoria est. quam ille  Florus 1, 3, 5
mox parricidio foedavit. nam flentem spolia circa se sponsi quidem, sed ostis, sororem viderat: hunc tam inmaturum amorem virginis ultus est ferro, ut auderet leges,
97 nefas: sed abstulit virtus parricidam et facinus infra gloriam fuit. nec diu in fide c. 6
Albanus: nam Fidenate bello misit in auxilium ex foedere: medii inter duos expecta-
vere fortunam. sed rex callidus ubi inclinare socios ad ostem videt, tollit animos, c. 7
quasi mandasset. spes inde Romanis, metus hostibus. sic fraus proditorum irrita
fuit. itaque hoste victo ruptorem foederis Mettum Furetium religatum inter duos cur- c. 8
ros pernicibus equis distrait Albamque ipsam quamvis parentem, emulam tamen diruit, cum primus omnes opes urbis ipsumque populum Romam transtulisset: prorsus c. 9
ut consanguinea civitas non perisse, sed in suum corpus redisse rursus videretur.
98 Ancus deinde Marcius nepus Pompilii ex filia, pravo ingenio. igitur et muro 1, 4, 1. 2
moenia amplexus est et influentem urbi Tyberinum ponte commisit Ostiamque in ipso
maris fluminisque confinio coloniam posuit, iam tunc videlicet praesagiens animo futurum, ut totius mundi opes et comeatus illo velut maritimo urbis ospitio receperentur.
99 Tarquinius postea Priscus quamvis transmarinae originis regnum ultro petens 1, 5, 1
accepit ob industriam atque elegantiam, quippe qui oriundus Corintho Grecum ingenium Italicis artibus miscuisset. hic et senatus maiestatem numero ampliavit et cen- c. 2
turiis tribus auxit, quatenus Actius Nevius numerum augeri prohibebat, vir summus
augurio. quem rex in experimentum rogavit, fierine posset, quod ipse mente coe- c. 3
perat. ille rem expertus augurio, posse respondit. 'adquin hoc', inquid, 'agitaram c. 4
'cutem illam secari novacula posse'. et augur, 'potes', inquid: et secuit. inde Ro- c. 5
100 manis sacer auguratus. neque pace Tarquinius quam bello promptior: duodecim
namque Tusciae populos frequentibus armis subegit. inde fasces trabeae curules anuli c. 6
phalere paludamenta praetextae, inde quod aureo curru, quattuor equis triumphatur,
togae pictae tunicaeque palmate, omnia denique decora et insignia, quibus imperii
dignitas aeminet, sumpta sunt.
101 Servius Tullius deinceps gubernacula urbis invadit, nec obscuritas inhibuit quam- 1, 6, 1
vis matre serva creatum. nam eximiam indolem uxor Tarquinii Tanaquil liberaliter
educaverat et clarum fore visa circa caput flamma promiserat. ergo inter Tarquinii c. 2
mortem annitente regina substitutus in locum regis quasi in tempus regnum dolo par-
102 tum sic egit industriae, ut iure adeptus videretur. ab hoc populus Romanus relatus c. 3

---

*H P V S L Freculfus 1, 3, 15* (12 et muro — 14 posuit). *1, 3, 16* (16 Tarquinius — 27 sunt).
*1, 3, 17* (a 28 Servius). — *Mur. p. 226ᵃ v.* 1 rarum.

1 alias] *Florus*, alius *HPV*, aliis *SL*    2 parricidio *L*    foedauit] *VS*, fedauit *HP*, faedauit *L*
quidem] uidens quidem *L*    3 ut auderet] (-rit *Hᵃ*) *libri et Florus* (Bamb.), citauere *Flor.* (Nas.): *scr.* ut
audiret    5 misit] *libri et Iord. et Flori*, missi *requiritur*    auxilium *P*    ex] et *L*    7 mandasset]
*Florus P²*, mandassit *S*, mandasit *HP¹V*, munda sit *L*    romanis] nostris *Florus*    irritam *S*    8 uicto]
*SL*, uicio *P*, uitio *HV*    furetium] *libri et Florus* (Bamb.), sufetium *Florus* (Nas.), *requiritur* fufetium
10 primus] prius *Florus*    transtulisset] transtulisse sed *L*    12 prauo] *HᵇPVSLᵇ*, f•auo (?) *Hᵃ*, praua
*Lᵃ*, raro *Florus* (Bamb.), pari *Florus* (Nas.), *recte*    igitur om. *L*    13 interfluentem *Florus*    tybe-
rium *P*    pontem *PL*    15 receperent *P*    17 intustriam *P*    chorintho *V*    ingeniom *Pᵃ*
18 italis *L*    19 acius neuius *Fr.*, atius (attius *Nas.*) naeuius (vel neuius) *Flori libri*    20 experimentom
*Pᵃ*    posset] *Florus*, possit *libri et Fr.*    coeperat] *libri et Fr.*, conceperat *Florus*    21 rem experius
*H*, rem experis *P*, est rem expertus *S*    adquin] ad quem *Fr.*    inquid] int *S*    agitaram] *Florus*,
agituram *libri et Fr.*    22 cutem] *HPᵃSL*    illa *S*    secari] resecari *S*    romanus *L*
23 duodece *HP*, duodecen *L*, duodece• (duodecim *m.* 2) *S*    24 tusiae *S*    25 paludimenta *L*
triumphator *H*    28 seroulus *P*, ser•ius (seruius *m.* 2) *L*    lullius *S*    •ubernacula (gub- *m.* 2) *V*
29 liberali (*spat. vac. 4 litt.*) ducauerat *P*    30 clarem *H*, clareim *PV*, claram *Fr.*    uiso *Lᵃ*    tar-
tarquinii *H*    31 annitentem *HPV*    substitutus *om. L*    in tempus] non t. *P*, ad t. *Fr.*
32 ab] ad *VL*    populus romanus] *Fr.*, populus romanos *libri*

Florus 1, 6, 3 in censum, digestus in classes, decuriis atque collegiis distributus, summaque regis sollertia ita est ordinata res publica, ut omnia patrimonii dignitatis aetatis artium officiorumque discrimina in tabulas referrentur ac sic maxima civitas minimae domus diligentia conteneretur.

1, 7, 1 Postremus fuit omnium regum Tarquinius, cui cognomen Superbo ex moribus
c. 2 datum. hic regnum avitum, quod a Servio tenebatur, rapere maluit quam expectare, missisque in eum percussoribus scelere partam potestatem non melius egit quam ad-
c. 3 quisiverat. nec abhorrebat moribus uxor Tullia, que, ut virum regem salutaret, supra
c. 4 cruentum patrem vecta carpento consternatos equos exegit. sed ipse in senatum caedibus, in plebem verberibus, in omnes superbia, que crudelitate gravior est
c. 5 bonis, grassatus cum sevitiam domi fatigasset, tandem in ostes conversus est. sic
c. 6 valida Latio oppida capta sunt, Ardea, Ocricolum, Gavii, Suessa Pometia. tum coque cruentus in suos. neque enim filium verberare dubitavit, ut simulantis transfu-
c. 7 gam apud hostes hinc fides esset. quo a Gaviis ut voluerat recepto et per nuntios consulenti quid fieri vellet, eminentia forte papaverum capita virgula excutiens, cum per hoc interficiendos esse principes vellet intellegi, qua superbia sic respondit, || ut
c. 8 senserant[1]) || tamen. de manubiis captarum urbium templum erexit. quod cum inau-
c. 9 guraretur, cedentibus ceteris diis, mira res dicitur extitisse: resistere Iuventas et Terminus. placuit vatibus contumacia numinum, si quidem firma omnia et aeterna pollicebantur. sed illud horrentius, quod molientibus edem in fundamentis humanum caput repertum est. nec dubitavere cuncti monstrum pulcherrimum imperii sedem
c. 10 caputque terrarum promittere. tamdiu superbiam regis populus Romanus perpessus est, donec aberat libido: hanc ex liberis eius inportunitatem tolerare non potuit.
c. 11 quorum cum alter ornatissimae feminae Lucretiae stuprum intulisset, matrona dedecus ferro expiavit, imperium regibus abrogatum.

1, 8, 1 Haec est prima aetas populi Romani et quasi infantia, quam habuit sub regibus septem, || per annos, ut diximus, CCXLIII [2]), || quadam fatorum industria tam variis ingenio,
c. 2 ut rei publicae ratio et utilitas postulabat. nam quid Romolo ardentius? tali opus
c. 3 fuit, ut invaderet regnum. quid Numa religiosius? ita res poposcit, ut ferox popu-
c. 4 lus deorum metu mitigaretur. quid ille militiae artifex Tullus? bellatoribus viris quam necessarius, ut acueret ratione virtutem. quid aedificator Ancus? ut urbem
c. 5 colonia extenderet, ponte iungeret, muro tueretur. iam vero ornamenta Tarquinii et
c. 6 insignia, quantam principi populo addiderant ex ipso abitu dignitatem? actus a Ser-
c. 7 vio census quid effecit, nisi ut ipsa se nosset Romana res publica? postremo Superbi illius inportuna dominatio nonnihil, immo vel plurimum profuit. sic enim effectum
Ruf. 2 est, ut agitatus iniuriis populus cupiditate libertatis incenderetur. || mutataque regali dominatione ad consolum infulas se conferret; qui bini in annis singulis rem publicam gubernantes sequenti anno ab aliis venientibus succedebantur, scientesque se annis tantum singulis praeesse in populo taliter erga alios agebant, qualiter eos

---

*H P V S L Freculfus l. c.* (ad 4 conteneretur). — *Mur. p. 228ᵇ v.* 10 -dibus in plebem.

5 postremus *P*  superbos *S*, superbus *L*  moribus] meritis *L*  6 seruitio *H*  maluit] maluit it *H*. malumit *Pᵃ*  7 egit] regit *L*  9 sequos *Pᵃ*  exigit *V*  10 suberbia *P*  11 crassatus *L*  12 latio oppida] opp. latio *Flor.* (Bamb.), opp. in latio *Flor.* (Nas.)  ocricolum] *HPVS*, ocriculum *L*  gauii] *HPVL*, gaui *S*  pomedia *P*  tunc *L*  coque] *HP*, quoque *rel.*  13 cruentos *L*  simulanti *Florus*  14 hic *L*  quo] partemque *L*  ut uol. recepto (receptos *S*)] recepta ut uol. *L*  18 resistere] *libri.* restitere *Florus*  19 nominum *L*  21 monstr. purcherrimum *S*, pulch. monstr. *L*  23 inportunitate *libri*  27 ccxliiii *S*  29 populus *bis H*  30 tullius *L*  31 edifigcatur *S*  34 qui defecit *H*  36 regalum *L*  37 se conferret] reconferret *L*  39 sing. tant. *L*  praecesse *HP*

---

1) ut senserant *addit Iord.*
2) per annos ut d. CCXLIII *addit Iord., cf. c.* 87.

112 erga se acturos postea cupiebant. qui ordo usque ad Augustum Caesarem obtenuit Rufus privilegium, per viris DCCCCXVI in ann. CCCCLVIII. novem si quidem annos sine
113 consulibus, sed tantum sub tribunos plebis fuit, quattuor sine iudicibus¹). nam post exactos reges annum unum quinis diebus singuli senatorum rem publicam obtenuerunt²) et tunc duobus creatis consulibus Bruto et Collatino ordinem in posterum
114 usque ad Pansam et Sergium servaverunt per ann. praenotatos. et quia omnium consulum nomina actosque conscribere et mihi tedium et tibi, qui legis, fastidio fore praecavi, aliqua exinde praelibans multa supersedi, quod pene a nonnullis iam usurpatum esse breviatumque opus cognovi.
115 Igitur primi consolum Brutus et Collatinus, quibus ultionem sui moriens matrona Florus I, 9, 1 mandaverat, populus Romanus ad vindicandum libertatis ac pudicitiae decus quodam quasi instinctu deorum concitatus regem repente destituit, bona diripit, agrum Marti suo consecrat, imperium in eosdem libertatis suae vindices transfert, mutato tamen,
116 ut diximus, et iure et nomine. quippe ex perpetuo annuum placuit, ex singulari du- c. 2 plex, ne potestas solitudine vel mora corrumperetur, consulesque appellavit pro regibus, ut consulere civibus suis debere meminissent tantumque libertatis novae gaudium c. 3 intercesserat, ut vix mutati status fidem caperent alterumque ex consulibus Lucretiae maritum tantum ob nomen et genus regium fascibus abrogatis urbem dimitterent.
117 itaque substitutus Oratius Publicola summo studio annisus est ad augendam liberi c. 4 populi maiestatem. nam et fasces ei pro contione summisit et ius provocationis adversus ipsos dedit et ne species arcis offenderet, eminentes aedes suas in plana sub-
118 misit. Brutus vero favori civium etiam domus suae clade et parricidio velificatus est. c. 5 quippe cum studere de revocandis in urbem regibus liberos suos conperisset, protraxit in forum, et contione media virgis cecidit securique percussit, ut plane publicus parens in locum liberorum adobtasse sibi populum videretur.
119 Liber iam hinc populus Romanus prima adversus exteros arma pro libertate c. 6 corripuit, mox pro finibus, deinde pro sociis, tum gloria et imperio, lacessentibus adsidue usque quaque finitimis: quippe cum patrii soli gliba nulla sit, sed statim c. 7 hostile pomerium mediusque inter Latium adque Etruscos quasi in quodam bivio conlocatus omnibus portis in hostem incurreret, donec quasi contagio quodam per c. 8 singulos itum est et proximis quibusque correptis totam Italiam sub se redigerunt.
120 nam Porsenna rex Etruscorum ingentibus copiis aderat et Tarquinios manu redu- I, 10, 1 cebat. hunc tamen quamvis et armis et fame urgueret occupatoque Ianiculo in ipsis c. 2

---

*H P V S L Freculfus 1, 4, 2* (10 primi — 16 meminissent; 24 a securique *quibusdam mutatis*). — *Mur.* p. 227ᵃ v. 10 Igitur.

1 erga se ac (*om. eos*) *in litura L*ᵇ    aucturos *HPV*    qui ordo] quo ordine *L*, qui ord*** (*m. 2* ordo) *V*    2 in annos *VL*    3 plebs *L*    iudicibus] ducibus *L*    6 sergium] Hirtium *Rufus* 7 actosque] *HPVS*, actusque *L*    fastidium *SL*    8 praecabui *libri*    11 ac] ae *P*    12 matri *H* 13 consegrat *P*    15 morra *S*    16 consulere] *libri et Florus* (Bamb.), consulere se *Florus* (Naz.) que] qui *S*    17 incesserat *Florus*    18 urbem] *libri et Flori et Iord.*    19 pybicola *L*    annisus est] anni sunt est *H*    liberi] *Florus*, liberis *libri*    20 ei] et *S*    conditione *S*    ius] eius *S* 21 specie *Florus*    artis *L*, arci *S*    ostenderet *L*    eminenti (teminenti *P*) sedes *libri*    22 fauori] *Florus*, fauoris *libri*    23 cum studeret *L*, constudere *P*, custudere *S*    de om. *Florus*    protraxit *HP* 24 securique] securiqeae *S*, securi vel et securi *Flori libri*    27 sociis] socus *Lᵃ*    tunc *L*    lacescentibus *HPVS*, lascessentibus *L*    28 gliba nulla *S*    31 itu *P*, situm *L*    32 etrucorum *S*    tarquinius *libri*

---

1) Consules fuerant a Bruto et Publicola in Pansam et Hirtium numero DCCCCXVI ... per annos CCCCLXVII: novem enim annis Romae consules defuerunt ita: sub decemviris annis duobus, sub tribunis militaribus annis tribus, sine magistratibus Roma fuit annis quattuor *Rufus*: in quibus quaedam Iordanes *male mutavit*.
2) Romulus regnavit annos XXXVII: senatores per quinos dies annum unum *Rufus*.

urbis faucibus incubaret, sustenuit, reppulit, novissimae etiam tanta admiratione per-
culit, ut superior ultro cum pene victis amicitiae foedera feriret. ‖ nam Mucius Scevola Romanorum fortissimus regem per insidias in castris ipsius adgreditur. sed ubi frustrato circa purpuratum eius ictu tenetur, ardentibus mox focis intulit manum terroremque geminat dolo. 'en, ut scias', inquid, 'quem virum effugeris: idem tre-
'centi iuravimus'. cum inter immane dictu hic interritus, ille trepidaret, tamquam manus regis arderet. sic quidem viri. set ne sexus alter a laude cessaret, ecce et virginum virtus. una ex obsidibus regi data elapsa custodiae Cloelia per patrium flumen equitabat. rex quidem tot tantisque virtutum territus monstris valere liberosque esse iussit. Tarquinii tamen diu dimicaverunt, donec Arruntem filium regis manu sua Brutus occidit superque ipsum mutuo vulnere expiravit, plane quasi adulterum ad inferos usque sequeretur.

Nec secus Latini a Mamilio Tusculano duce apud Regilli lacum expugnantur, vincuntur atque subiciuntur. Satricum adque Corniculum, Soraque et Alsium eorum urbes captas provinciaque effecta. de Verulis et Bobillis pudet, sed triumphavere Romani. Tibur nunc suburbanum et aestivae Praenestae deliciae nuncupatis in Capitolio votis petebantur: idem tunc Fesulae quod Charrae nuper: idem nemus Aricinus, quod Hercylius saltus: Fregellae, quod Caesoriacum: Tiberis quod Eufrates. Curiolos quoque, pro pudor, victos adeo gloriae fuisse, ut captum oppidum Gneus Marcius Coriolanus quasi Numantiam aut Affricam nomini induere. extant et parta de Antio spolia, que Menius in suggesto fori capta hostium classe suffixit: si tamen illa classis, nam sex fuere rostratae. sed hic numerus illis initiis navale bellum fuit. pervicacissimi tamen Latinorum Equi et Vulsci fuere et cotidiani, ut sic dixerim, hostes. et hos praecipue Titus Quintius domuit, ille dictator ab aratro, qui obsessa et pene iam capta Manlii consulis castra egregia victoria recuperavit. medium erat tempus forte sementis, cum patricium virum innixum aratro suo lictor in ipso opere depraehendit. inde in aciem profectus, ne quid a rustici operis imitatione cessaret, pecodum more sub iugum misit expeditioneque finita rediit ad boves rursus triumphalis agricola. fidem numinum, qua velocitate! intra quindecim dies captum peractumque bellum, prorsus ut festinasse dictator ad relictum opus videretur.

Pari tenore Veientes, Falesci et Fidenates tunc magno labore devicti sunt. qui modo et si fuerint, non videntur. que reliquiae? quod vestigium? laborat enim annalium fides, ut Veios, Faliscos, Fidenates fuisse credamus.

---

*H P V S* (*desinit* 33 credamus) *L Freculfus l. c.* (ad 11 expiravit). *1, 4, 8* (13 Latini — 14 subiciuntur; 20 extant — 21 spolia). — *Mur. p. 227ᵇ v.* 15 -vinciaque effecta.

1 incumbaret *Vᵃ*   2 federa *H*   mucius] mutius *S*, ueius *HPVL*   4 frustrato] *Florus Frec.*, frustratum *libri*   teneretur *L*   intulit] inicit *Florus*   6 inter immane] *libri*, interim immane *Florus*   dictum *S*   7 sexus alter] qui sexus *Florus*   cessaret] *Florus PᵇLᵇ*, cessare *HPᵃVSLᵃ*   9 patrum *H*   rex] et rex *Florus*   tot] to *HPV*   10 tamen diu] *libri et Fr.*, tamdiu *Florus (Nax.)*, tamen tamdiu *Florus (Bamb.)*   11 que] quem *L*   expirauit] *S Florus*, expiauit *HPVL Fr.*   12 inferus *HPS*   13 nec] hec *L*   latinae *S*   a om. *Florus*   tuscolano] *HPVS*, tusculano *L*   14 cornilicum *L*   sora quem *libri*   15 triumphauere romani] triumphauimus *Florus*   17 charrae] *HPᵇVS*, carrae *Pᵃ*, charre *L*   aricini *Pᵃ*, aricinum *Florus*   18 hercylius] *HPVS*, hercilinus *L*, Hercynius *Florus: cf. p.* 18, 16   caesoriacum] *HPVS*, cesoriacum *L*   curiolos] *HPVL*, coriolos *S*   19 uictus *H*   gloriae] gloriose *L*   20 aut] atque *L*   antio] *S Florus*, antia *HPVL Fr.*   21 menius] *HPVS*, memius *L*   suggesto] suggestum *S*   22 initus *HPVS*   23 uulsci *PV*, ulsci *S*, uulsice *H*, uulcisci *L*   24 et] sed *Florus*   hos] hoc *H*   ab aratro om. *Vᵃ*   25 manilii *L*   27 profectus] *libri*, uictos *ins. post prof. Florus (Bamb.)*, post cessaret *Florus (Nax.) interpolando*   29 numidum *L*   quam *S*   captum] coeptum *Florus*   30 ditator *V*, dicatur *L*   31 uegentes *P*   falesci] *HPVS*, falisci *L*   33 ut] et *V*   ualiscos *libri*

130 Galli autem Senones gens natura ferox, moribus incondita, ad hoc ipsa corpo- Florus 1, 13, 4
rum mole, perinde armis ingentibus, adeo omni genere terribilis fuit, ut plane nata
ad hominum interitum, urbium stragem videretur. hi quondam ab ultimis terrarum c. 5
oris et cingente omnia oceano ingenti agmine profecti cum iam media vastassent,
positis inter Alpes et Padum sedibus, ne his quidem contenti, per Italiam baccaban-
131 tur. tunc Clusium Tusciae urbem obsidebant, ubi pro sociis ac foederatis Romanus c. 6
intervenit missis ex more legatis. sed quod ius apud barbaros? ferocius agunt et
inde certamen. conversi Galli a Clusio Romam. quibus ad Alliam flumen cum ex- c. 7
ercitu Fabius consul occurrit. non temere foedior cladis: itaque hunc diem fastis
132 Roma damnavit. fuso exercitu Galli iam moenibus urbis adpropinquabant, ubi pene c. 8
nulla erant praesidia. tum igitur sic ut numquam alias apparuit illa vera Romana
virtus. iam primum maiores natu amplissimis usi honoribus in forum coeunt, ibi de- c. 9
vovente pontifice diis se manibus consecrant statimque in suas quisque aedes regressi
sic ut in trabeis erant et amplissimo cultu in curulibus sellis sese reposuerunt, ut c. 10
133 cum venisset hostis, in sua quisque dignitate moreretur. pontifices autem et flami- c. 11
nes quidquid religiosissimi in templis erat, partim in doleis refossa terra reconderunt,
partim inposita plaustris secum Veios auferunt: virgines simul ex sacerdotio Vestae c. 12
nudo pede fugientia sacra comitantur. tamen excepisse fugientes unus e plebe fertur
Atinius, qui depositis uxore et liberis virgines in plaustrum recepit. adeo tunc quo-
134 que in ultimis religio publica privatis affectibus antecellebat. iuventus vero, quam c. 13
satis constat vix mille hominum fuisse, duce Manlio arcem Capitolini montis insedit,
obtestata ipsum quasi praesentem Iovem, ut quem ad modum ipsi ad defendendum
135 templum occurrissent, ita ille virtutem eorum numine suo tueretur. aderant interim c. 14
Galli apertamquae urbem adeunt. ibi sedentibus in curulibus suis praetextatos senes
velut deos geniosque venerati, mox eosdem, postquam esse homines liquebat, alioquin
nihil respondere dignantes pari vecordia mactant facesque tectis iniciunt et totam ur-
136 bem igni ferro manibus exaequant. sex mensibus (barbaros quis crederet?) circa c. 15
montem unum pependerunt, nec diebus modo, sed noctibus coque omnia experti,
cum tamen Manlius nocte subeuntis, clangore anseris excitatus a summa rupe deiecit, et ut spem hostibus demeret, quamquam in summa fame tamen ad speciem fidu-
137 ciae, panes ab arce iaculatus est: et stato quodam die per medias hostium custodias c. 16
Fabium pontificem ab arce dimisit, qui solemne sacrum in Quirinali monte conficeret:
atque ille per media hostium tela incolomis religionis auxilio rediit propitiosque deos
renuntiavit. novissime cum iam obsidio sua barbaros fatigasset, mille pondo auro c. 17

---

*H P V L. — Mur. p. 228ᵃ v. 21 -lini montis.*

1 incodita *HPV*  2 nata ad hom *in litura* V  3 hii *L*  4 horis *libri*  cingnente *L*  media uastassent] mediam uastant* *L*  5 alpe sed *P*  his] id *L*  contempti *libri*  baccabantur] *libri*, uagabantur *Florus*  6 tunc] tum *Florus*  tusciae om. *Florus*  ubi om. *Florus*  ac] et *L*  7 missis (missis *Vᵇ*) *Vᵃ*: missi ex more legati *Florus*  8 clusi *L*  9 clades *Florus*  10 romam *libri*  adpropinquabat *Pᵃ*  11 illa uero *HV*, uera illa *Florus*  14 serant *P*  16 relligiosissim *P*  partem *HPL*  defossa *Florus*  reconderunt] recondunt *Florus*  17 inpositis *L*  ex acerdotio *P*  18 fugientia] *HPVᵃL*, fugientia a *Vᵇ*  sacro *HPVᵃ*  19 plaustris *L*  20 regio *V*  adfectibus *Florus*, effectibus *libri*  21 homines *L*  manilio *L*  22 obtestates *P*  ipsi] ipse *L*  23 templum] *libri et Florus (Bamb.)*, templum eius *Flor. (Naz.)*  occurri se *L*, concurrissent *Florus*  nomine suo *HPV*, suo nomine *L*  aderat *HP*  24 sedentes *Florus*  senex *L*  26 uecordiam aptant *H*  27 barbari *Florus*  28 coque] *HP*, quoque *rel.*  29 manlius *L*  subeuntes *Florus (Naz.)*  30 ad] *PVL Florus*, in *H*  31 paenes *HP*, poenes *L*  hostium custodias] hostias *L*  32 fauium *L*  pontificem om. *Vᵃ*  33 atque] at *L*  34 obsidio sua b. fatigasset] *Florus*, obsidia sua barbaros fatigasset (fatigassent *L*) et *HPVL*  auri *Florus*

recessum suum venditantes, . . . . . . . . . . . . . . . . . . . . . . . . . . . . . . . . . . .
. . . . . . . . . ut omnia incendiorum vestigia Gallici sanguinis inundatione deleret.

Igitur pastorum quondam casa urbs enituit: post assertam a Manlio faciem restitutamque a Camillo acrius etiam vehementiusque in finitimos resurrexit. nec tamen contenti Romani suis eos moenibus expulisse, cum per Italiam naufragia sua latius traherent, sic persecuti sunt, ductante Camillo, ut odiae nulla Senonum vestigia supersint. semel apud Anienem trucidati, cum singulari certamine Manlius aureum torquem barbaro inter spolia detraxit, unde et Torquatus est dictus. iterum Pomptino agro, cum in simili pugna Valerius insidente galeae sacra alite adiutus rettulit spolia dictusque est ipse Corvinus. nec non tamen post aliquod annos omnes reliquias eorum in Etruria ad lacum Vadi montis Dolabella delevit, ne quis extaret ex ea gente quae incensam a se Romanam urbem gloriaretur. conversoque a Gallis Manlio Torquato Latini experti sunt et devicti. indeque Savini, qui eorum belli socii ductante Tatio extitissent, a Curio Dentato consule subiecti, eorumque loca a Varanio fonte in Adriano tenus mari igni ferroque vastata, tantumque Romano populo addit opes, ut nec ipse posset aestimare qui vicerat.

Praecibus deinde Campaniae motus non pro se sed pro sociis Samnitas invadit. omnium namque non modo Italiae tantum, sed pene toto orbe terrarum pulcherrima Campaniae plaga est. nihil mollius caelo: denique bis floribus vernat. nihil uberius solo: ideo Liberi Cererisque certamen dicitur. nihil hospitalius mari: hic illi nobiles portus Caieta, Misenus, tepentes fontibus Baiae, Lucrinus et Avernus quaedam maris hostia. hic amici vitibus montes Caurus Falernus Massicus et pulcherrimus cunctorum Vesubius Aetnaei ignis imitator. urbes ad mare Formiae Cumae Puteoli Herculaneum Pompei et ipsa caput urbium Capua, quondam inter tres maximas Romam Carthaginemque numerata. pro hac urbe, his regionibus populus Romanus Samnitas invadit, gentem, si opulentiam quaeras, aureis et argenteis armis et discolori veste usque ad ambitum armatam: si fallaciam, saltibus ferae et montium fraude grassantem: si rabiem ac furorem, sacris legibus humanisque hostiis in exitium urbis agitatam: si pertinaciam, sexies rupto foedere cladibusque ipsis animosiorem. hos tamen quinquaginta annis per Fabios ac Papirios patres eorumque liberos ita subegit et domuit, ita ruinas ipsas urbium diruit, ut hodiae Samnium in ipso Samnio requiratur nec facile appareat materia quattuor et viginti triumphorum. maximae tamen nota et

---

*H P V L Freculfus I, 4, 17 (4 nec — 12 gloriaretur). Paulus h. R. I, 8 (18 omnium — 29 animosiorem). I, 9 (30 ita — 32 appareat). — Mur. p. 228ᵇ v. 28 hostiis.*

1 recessum suum] recessuum *L*    uindicantes *V*ᵃ, uinditantes *P*ᵃ    hiatum non adnotant libri; exciderunt Flori haec: idque ipsum per insolentiam, cum ad iniqua pondera addito adhuc gladio insuper 'vae victis' increparent, subito adgressus a tergo Camillus adeo cecidit    3 urbis libri    mallio *L*    5 contempti *L*    moenibus] sedibus *L*    latrius *HPV*    6 odie enulla *P*    7 manilius *L*    8 pomptio *L*ᵃ    9 aliter *HPV*    11 uadi montis] *HPV Fr.*, uadis montis *L*: Vadimonis *Flor.*    12 manlio] *PV*, mallio *H*, manilio *L*    13 bellis libri    14 a uarantio fonte (fente *P*) in] qua Nar Anio fontes (fontesque *Nas.*) Velini *Florus*    15 tantoque *L*    16 possit *HPV*    17 campanae *P*    18 orbem *V*    19 camp. plaga est pulch. *L*ᵃ    21 caieta] *Paulus*, galeta *HPV*, galeza *L*.    misenus] *Paulus*, mesenos libri    tepentes] *L et Paulus cum Floro*, tepente *HP*, teponte *V*    22 (h)ostia] *libri Iord. et Pauli*. otia *Florus*    amici] amicti *Florus (Nas.)*    caurus *libri Iord. et Pauli*, Gaurus *Florus*    23 uesubius] *HPV*, besubius *L*, uesuuius *Paulus*    ethnei *P cum Floro*, ethnae *H*, ethne *L*, etne *V*    puteoli] Put. Neapolis *Florus*    herculantium *L*    24 pompeia *Paulus*    25 chartaginemque *HPVᵇ*, cartag- *Vᵃ L*    numerata] *Florus*, nominata *Paulus*, numeranda *HPV*, numerandam *L*    27 armatam] sic et Iordanis libri boni et Flori Bamb. (omittit Nazarianus), ornatum (ornatam *dett.*) *Paulus*, inde ornatum *Iordanis liber Bambergensis (v. Iahn ad Florum p. VIII)*    crassantem *libri Iordanis et Pauli Vat. 3339*    28 exitum *L*    orbis *Paulus*    29 animosiores *L*    30 domuit] deleuit *L*    31 diripuit *H*    samnio] samnium *HPV*    32 facile om. *L*ᵃ    nota] notae *HPV*, note *L*ᵇ, om. *L*ᵃ

inlustris apud Caudinas forculas ex hac gente clades Veturio Postumioque consulibus accepta est. clusum per insidias intra eum saltum exercitum, unde non posset evadere, stupens tanta occassione dux ostium Pontius Herineum patrem consuluit: et ille, mitteret omnes vel occideret sapienter, ut senior, suaserat: hic armis exutos mittere sub iugum maluit, ut nec amici forent beneficio et post flagitium hostes magis. itaque et consules statim magnifice voluntaria deditione turpitudinem foederis dirimunt et ultionem flagitans miles Papirio duce — orribile dictu — strictis ensibus per ipsam viam ante pugnam fuit et in congressu arsisse omnium oculos hostis auctor fuit. nec prius finis caedibus datus, quam iugum sibi promissum Romani et duci Samnitum et hostibus reposuerunt.

Hactenus cum singulis gentibus, mox catervatim. sic tamen coque par omnibus fuit. Etruscorum duodecem populi, Vmbrii in id tempus intacti antiquissimus Italiae populus, Samnitium reliqui in excidium Romani nominis repente coniurant. erat terror ingens tot simul tantorumque populorum. late per Etruriam infesta quattuor agminum signa volitabant. Geminius interim saltus in medio, ante invius plane quasi Calydonius vel Herquinius, adeo terror erat, ut senatus consuli denuntiaret, ne tantum periculi ingredi auderet. sed nihil horum terruit ducem, quin fratre praemisso exploraret accessus. ille per noctem pastorali habitu speculatus omnia, refert tutum iter. sic Fabius Maximus periculosissimum bellum sine periculo explicuit. nam subito inconditos atque palantes adgressus est captisque superioribus iugis in subiectos suo iure detonuit. ea namque species fuit illius belli, quasi in terrigenas e caelo ac nubibus tela iacerentur. nec incruenta tamen illa victoria. nam oppressus in sinu vallis alter consolum Decius more patrio devotum diis manibus optulit caput, sollemnemque familiae suae consecrationem in victoriae praetium redegit.

Necdum Etrusco bello exempto mox sequitur Tarentinum, unum quidem in nomine, sed multiplex in victoriis. hoc enim Campanos Apulos atque Lucanos et caput belli Tarentinos, id est totam pene Italiam, et cum his omnibus Pyrrum clarissimum Epyrotarum Greciae regem una veluti ruina pariter involvit, ut eodem tempore et Italiam consummaret et transmarinos triumphos auspicaretur. Tarentus Lacedemoniorum opus, Calabriae quondam et Apuliae totiusque Lucaniae caput, cum magnitudine et muris portuque nobilis tum mirabili situ, quippe in ipsis Adriae maris faucibus posita in omnes terras Histriam Illyricum Epyron Achaiam Africam Siciliam vela dimittit. imminet portui ad prospectum maris positum theatrum, quod quidem causa miserae cupiditatis fuit omnium calamitatum. ludos forte celebrabat, cum adremigantes litore Romanam classem vident atque ostem rati aemicant sine discrimine et insultant. qui enim aut unde Romani? nec satis. aderat sine mora querillam ferens legatio: hanc quoque foede per obscenam turpemque

---

*H P V L Freculfus 1, 4, 19 et denuo 28 (29 Tarentus — 31 situ). — Mur. p. 229ᵃ v. 37 querillam.*

1 ex hac gente] exagente *L* . cladis *libri* 3 occansione *PV* duxit ostium (host. *V*) *HV*, duxe hostium *PL* herineum] *HPV*, erineum *L*, Herennium *Florus* 4 mittere o. u. occidere *L* persuaserat *L* 7 pampirio *H* strictis] tristis *L* 8 pugna *L* 9 ducis *HPV* 11 hactenus] h populus romanus *Flor.* caternatim] aceruatim *Flor.* coque] *HP,* quoque *V,* om. *L* 13 samnitum *L* nominis] populi *L* 14 ethuriam *L* 16 calydonius] *HPV Flor. (Nas.),* calidonios *L* herquinius] *HPV Flor. (Bamb.),* erquinius *L,* cf. p. 15, 18 terror] tum (tunc) terrori *Florus* 18 explorare *HPV* accensos *libri* 21 suosure *P* 24 redeit *L* 25 ex exempto *V* 26 apulios *P,* apulios *L* 27 terentinos *HPV* pene om. *Florus* 28 Epyrotarum om. *Florus* unam *HPV* picriter *V* 29 cosumaret *L* triumphos transm. *V* 31 nobiles *libri* mirabili] *HPV Florus (Bamb.),* mirabile *L,* mirabilis *Florus (Nas.).* Hadriani vel Hadriatici *Florus* 33 uel admittit *H* imminit *HP* quod] quo *H* 34 cupiditatis] *libri,* ciuitati *Florus* celebrabant *L* 35 romana classe *HV,* Romanas classes *Florus* 36 et om *Florus* qui] quid *L* 37 coque *P* faede *HPV,* fede *L*

dictu contumeliam violant: et hinc bellum. sed apparatus horribilis, cum tot simul populi pro Tarentinis consurgerent omnibusque vehementior Pyrrus, qui semigrecam ex Lacedemoniis conditoribus civitatem vindicaturus cum totis viribus Epyri Thessaliae Macedoniae incognitisque in id tempus elefantis mari terra viris equis armis, addito insuper ferarum terrore veniebat. apud Eracleam Campaniae fluviumque Lirem Laevino cons. prima pugna, que tam atrox fuit, ut Forentanee turmae prefectus Obsidius invectus in regem turbaverit coegeritque proiectis insignibus proelio excedere. actum erat, nisi elefanti converso in spectaculo bello procucurrissent. quorum cum magnitudine tum deformitate et novo odore simul ac stridore consternati equi cum incognitas sibi beluas amplius quam erant suspicarentur, fugam stragemque late dederunt. in Apulia deinde apud Asculum melius dimicatum est Curio Fabricioque consulibus — iam quippe terror beluarum exoleverat et Gaius Numicius quartae legionis astatus unius promoscide abscisa mori posse beluas ostenderat. itaque in ipsos pila congesta sunt et in turres vibratae faces tota hostium agmina ardentibus ruinis operuerunt. nec alius cladi finis fuit quam nox dirimeret postremusque fugientium rex ipse a satellitibus humero saucius in armis suis referretur. Lucaniae suprema pugna Sybarusinis quos vocant campis, ducibus hisdem quibus superius, sed tum tota victoria. exitum, quem datura virtus fuit, casus dedit. nam provectis in primam aciem rursus elefantis unum ex his pullum adacti in caput teli gravis ictus avertit, qui cum per stragem suorum recurrens stridore quereretur, mater agnovit et quasi vindicaret, exiliit, tum omnia circa quasi hostilia gravi mole permiscuit: ac sic eaedem ferae, que primam victoriam abstulerunt, secundam parem fecerunt, tertiam sine controversia tradiderunt. nec vero tantum armis et in campo, sed consiliis et domi coque intra urbem cum rege Pyrro dimicatum est. quippe post primam victoriam intellecta Romana virtute statim desperavit armis, seque ad dolos contulit. nam interemptos cremavit captivosque indulgenter habuit et sine pretio restituit missisque legatis in urbem omni modo annisus est, ut facto foedere in amicitiam reciperetur. sed et bello et pace et foris et domi omnem in partem Romana virtus tum se adprobavit nec alia magis quam Tarentina victoria ostendit populi Romani fortitudinem, senatus sapientiam, ducum magnanimitatem. ‖ nec alius pulchrior in urbem aut speciosior triumphus intravit. ante hunc diem nihil praeter pecora Vulscorum, greges Savinorum, carpenta Gallorum, fracta Samnitium arma vidisset. tum autem, si captivos aspiceres, Molossi Thessales Macedones Bruttius Apulus atque Lucanus: si pompam, aurum purpura signa tabulae Tarentinaeque diliciae. sed nihil libentius populus Romanus aspexit quam illas quas timuerat cum turribus suis beluas, quae non sine sensu captivitatis summissis cervicibus victores equos sequebantur.

160 Post Tarentinam cladem domiti Picentes et caput gentis Asculum a Sempronio duce, qui tremente inter proelium campo, Tellurem deam promissa aede placavit.

161 Salentini vero Picentibus additi caputque his regionibus Brundisium inclyto portu Atilio duce, et in hoc certamine victoriae praetium templum sibi pastoria Pales ultro poposcit.

162 Postremi Italicorum in fidem venere Vulsini opulentissimi Etruscorum, implorantes opem adversus servos quondam suos, qui libertatem a dominis datam in ipsos erexerant translataque in se re publica dominabantur, sed hi quoque duce Fabio Gurgite poenas dederunt.

163 Domita subactaque Italia populus Romanus ‖ Appio Claudio consule primum fretum ingressus est fabulosis fame monstris estuque violentum, sed adeo non est exterritus, ut ipsam illam ruentis estus violentiam pro munere amplecteretur, quod velocitas navium mari iuvaretur, statimque ac sine mora Hyeronem Syracusanum tanta celeritate devicit, ut ille ipse prius se victum, quam hostem videret, fateretur.

164 Duellio Cornelioque consulibus etiam mari congredi ausus est. tum quidem ipsa velocitas classis comparatae victoriae auspicium fuit. intra enim sexagesimum diem quam caesa silva fuerat, centum sexaginta navium classis in anchoris stetit, ut non arte factae, sed quodam munere deorum conversae in naves atque mutatae arbores viderentur. proelii vero forma miravilis, cum illas caeleres volucresque hostium naves hae graves tardaeque conpraehenderent. longe illis nauticae artes detorquere remos et ludificari fuga rostra. iniectae enim ferreae manus machinaeque validae ante certamen multum ab oste derisae coactique hostes quasi in solido decernere.

165 victor ergo apud Liparas mersa aut fugata hostium classe primum illum maritimum egit triumphum. cuius quod gaudium fuit, cum Duellius imperator non contentus unius diei triumpho per vitam omnem, ubi a cena rediret, praelucere funalia et praecinere sibi tibias iussit, quasi cotidie triumpharet. prae tanta victoria leve huius proelii damnum fuit alter consulum interceptus Asina Cornelius, qui simulato colloquio evocatus atque ita oppressus fuit perfidiae Punicae documentum. Calatino dicta-

166 tore fere omnia praesidia Poenorum Agrigento Dripanis Panormo Eryce Lilybeoque detraxit. trepidatum est semel circa Cameriniensium saltum: sed eximia virtute Calpurni Flammae tribuni militum evasimus. qui lecta trecentorum manu insessum ab hostibus tumulum occupavit adeoque moratus ostes, dum exercitus omnis evaderet: ac sic pulcherrimo exitu Thermopylarum et Leonidae famam adaequavit, hoc inlustrior

167 noster, quod expeditioni tantae superfuit et nihil inscripserit sanguine. Lucio Cornelio Scipione cum iam Sicilia suburbana esset populi Romani provincia serpente latius bello Sardiniam adnexamque Corsicam transiit Olbiam. ibi Ateriae urbis excidio in-

---

*H P V L Freculfus 1, 4, 28 (ad 5 additi; 8 Postremi — 11 dederunt). — Mur. p. 229ᵇ v. 6 portu.*

3 tarentina clade *H*    a om. *Florus*    4 prelia *L*    campo] campu *HP*, caput *V*    aede] ede *P*, cede *L*    5 sarentini *H*    his regionibus] regionibus *Florus (Nas.)*, regionis *Florus (Bamb.)*    6 portu atilio] *Florus (Bamb.)*, post uatilio *libri*, portu M. Atilio *Florus (Nas.)*    pastoria pales] *Florus*, pastor apales *HPV*, pastor appales *L*    8 postremi] ū postremi *L*    9 aduersos *H*    quond. suos seru. Vᵃ    10 his *Pˢ*    fauio *L*    12 populos romanos *HPV*    13 fame] infame *Florus*    uiolentu *HPV*    territus *L*    17 congregi *H*    20 quodam] q. modo *L*    22 hae] haec *L*    detorqueri *libri*    23 ferreae] *L Florus (Nas.)*, ferrae *HP*, ferre *V*, ferae *Florus (Bamb.)*    24 multam *H*    cernere *L*    25 lipares *L*    27 foenalia *L*    29 asina] sagina *H*    31 praesia *H*    paenorum *HPV*, penorum *L*    dripanis] *HPVL*    33 calpulnii *L*    34 omnes *HV*    35 laconidae *HPV*    37 sicilias ab urbana *H*    38 bello *bis L*    olbiam ibi ateriae] olbiae hic ibi alter *Florus (Bamb.)*, olbiae hic baleriae *Florus (Nas.)*; *requiritur* Olbiae hic, ibi Aleriae

colas terruit adeoque omni terra et mari Poenos purgavit, ut iam victoriae nihil nisi
Africa ipsa restaret. Marco Atilio Regulo duce iam in Africam navigabat bellum.
nec defuerant qui in ipso Punico maris nomine ac terrore deficerent: insuper augente
Natio tribuno metum, in quem nisi paruisset securi destricta imperator metu mortis navigandi fecit audaciam. mox deinde ventis remisque prosperatum est tantusque
terror hostici adventus Poenis fuit, ut apertis pene portis Chartago caperetur. prima
prooemium belli fuit civitas Clypea: prima enim a Punico litore quasi arx et spec-
tacula procurrit. et haec et trecenta amplius castella vastata sunt. nec cum hominibus, sed cum monstris quoque dimicatum est, cum quasi in vindictam Africae nata
mirae magnitudinis serpens posita apud Bracadam castra vixaverit. sed omnium
victor Regulus cum terrorem nominis sui latae circumtulisset, cumque magnam vim
iuventutis ducesque ipsos aut cepisset aut haberet in vinculis classemque ingenti
praeda onustam et triumpho gravem in urbem praemisisset, iam ipsam belli caput
Chartaginem urguebat obsidione ipsisque portis inherebat. hic paululum circumacta
fortuna est, tantum ut plura essent Romanae virtutis insignia, cuius fere magnitudo
calamitatibus adprobatur. nam conversis ad externa auxilia hostibus cum Xantyp-
pum illis ducem Lacedemon misisset, a viro militiae peritissimo Regulus victus est,
foedaque clades Romanisque usu incognita: nam vivus in manus hostium venit fortissimus imperator. sed ille quidem par tantae calamitatis fuit, nam nec Punico carcere
infractus est nec legatione suscepta: quippe diversa quam hostis mandaverat censuit,
ne pax fieret nec commutatio captivorum reciperetur. sed nec illo voluntario ad
hostes suos redito nec ultimo sive carcere seu supplicio deformata maiestas. immo
his omnibus ammirabilior quid aliud quam victor de victoribus atque etiam, quia
Chartago non cesserat, de fortuna triumphavit? populus autem Romanus multo acrior
intentiorque pro ultione Reguli quam pro victoria fuit. Metello igitur consule con-
spirantibus artius Poenis et reverso in Siciliam bello apud Panormum sic hostes cecidit Romanus exercitus, ne amplius eam insulam adgredi cogitarent. argumentum
ingens victoriae centum circiter elefantorum captivitas. sic quoque magnas praedas
egit, ut gregem illum non bello, sed venatione cepisset. Appius Claudius consul non
ab hostibus sed a diis ipsis superatus est, quorum auspicia contempserat, ibi statim
classe dimersa, ubi ille praecipitari pullos iusserat, quod pugnare ab his vetaretur.
Marcus Fabius Buteo classem iam in Africo mari apud Egimurum hostium in Italiam
ultro navigantem cecidit. quantusque tum triumphus tempestate intercidit, cum opulenta praeda classis adversis acta ventis naufragio suo Africam et Syrtis, omnium
imperia gentium insularum litora implevit. magna clades, sed non sine aliqua priu-

---

*H P V L. — Mur. p. 230ª v. 8 sunt.*

1 pynos *HPV*, pinos *L*    2 ipsa africa *L*    africa *L*    nauicabat *PV*    3 defuerat *L* in om. *Florus*    Punici *Florus*    augentem *HPV*    4 natio] nautio (*Bamb.*) vel nautrio (*Naz.*) libri *Flori*    metum mort. *P*    5 nauicandi *V*    aut daciam *P*    prosperatum] *libri*, properatum *Florus*    6 paenis *libri*    chartago] *HPV*, carthago *L et sic fere deinceps*    7 prooemium] *coniecit Iahn*, proemium *libri*, pr(a)emium *Flori libri*    belli fuit] *PVL Florus*, fuit belli *H*    ars *L*ᵃ    spectacula] *libri*, specula *Florus*    9 sed] modo sod *Florus*    10 bragadam *Florus* (*Bamb.*), bagradam *Flor.* (*Naz.*)    uexauerat *L*    12 cepisset] *L*, caepisset *P*, coepisset *HV*    14 urguebat om. *L*ᵃ    16 xantyppum] *HPV*    17 misissed *H*    a uiro militiae] auro miliae *L*    regulus uictus est foedaque] uincimur foeda *Florus*    18 fedaque *HP*    20 quam] quas *L*    hostes *libri*    21 commutato *L*    22 redito] *HV*, redita *P*, reddito *L*    carceres *libri*: carceris *Florus* (*Bamb.*), carcere *Florus* (*Naz.*)    seu suppl.] *PVL*, siue suppl. *H*, seu crucis suppl. *Florus*    23 mirabilior *L*    26 penis *HP*    panormium *L*    28 ingentis *Florus*    29 coepisset *HPV*    Ap. Claudio consule *Florus*    31 dimersa] *HPVL*    uetaretur] uideretur *L*    32 M. Fabio Buteone cos. *Florus*    egimurum hostium] *libri*    33 quantusque] quantus o *Florus*    34 aduersus *L*    35 inperitia *L*

cipis populi dignitate interceptam tempestate victoriam et triumphum perisse naufragio. et tamen cum Punicae praedae omnibus promuntoriis insulisque fluitarent, populus Romanus et sic triumphavit. Lutatio Catulo consule tandem bello finis inpositus apud insulas, quibus nomen Aecatae: nec maior alias in mari pugna: aderat quippe commeatibus exercito propugnaculis armis gravis classis et in ea quasi tota Chartago, quod ipsum exitio fuit. Romana classis prompta levis expedita et quodam genere castrensis ad similitudinem pugnae equestris sic remis quasi avenis agebatur et in hos vel illos ictus mobilia rostra speciem viventium praeferebant. itaque momento temporis laceratae hostium rates totum inter Siciliam Sardiniamque pelagus naufragio suo operuerunt. tanta denique fuit illa victoria, ut de excidendis hostium moenibus non quaereretur. supervacuum visum est in arcem murosque saevire, cum iam in mari esset deleta Chartago.

Peracto si quidem Punico et nec dum quantulum respirato sequitur Liguricum. nam Ligures hi imis Alpium iugis adhaerentes inter Varum Magramque amnem implicitos dumis silvestribus victitabant, quos pene maius fuit invenire quam vincere. tuti si quidem locis et fuga durum atque velox genus ex occasione latrocinia magis quam bella faciebant. itaque cum diu multumque eluderent saltu viis Decilates Oxuvii Buriates Ingauni, tandem Fulvius latebras eorum igni sepsit, Bebius vero in plana deduxit, Postumius ita exarmavit, ut vix reliquerit ferrum, quo terra coleretur.

Post quos mox Galli. Insubribus et his Alpium incolis animi ferarum, corpora plus quam humana erant, sed experimento depraehensum est. quippe virtus eorum sicut primo impetu maior quam virorum est, ita sequens minor quam feminarum. Alpina corpora humente caelo educata habent quiddam simile nivibus suis: cum mox caluere pugna, statim in sudorem eunt et levi motu quasi sole laxantur. hi saepe et alias et Brittomaro duce non prius positurus se baltea quam Capitolium ascendissent iuraverant. factum autem est, et victos eos Emilius in Capitolio discinxit. et quod dux eorum de Romano militi praedam Marti suo torquem aureum devotasset, intercepit Iuppiter votum et de eius ipsius Ariobistonis relicorumque Gallorum torquibus aureum tropeum Iovi erexit Flamminius. rex quoque eorum Viridomarus Romana arma Vulcano promiserat: aliorsum vota ceciderunt. occiso enim eo Marcellus tertio post patrem Romulum Feretrio Iovi opima suspendit.

Illyres autem, id est Veneti, seu Liburnes sub extremis Alpium radicibus agunt inter Arsiam Titulumque flumen longissimae per totum Adriani maris litus effusi. hi regnante Teutana muliere populationibus non contenti licentiae scelus addiderunt. legatos quippe Romanos, ob ea quae deliquerant iure agentes, ne gladio quidem, sed ut victimas securi percutiunt, praefectos navium igni conburunt idque quo indignius foret, mulier imperavit. itaque Gneo Fulvio Gentimalo duce late domantur. strictae secures in principum colla legatorum manibus litavere.

---

*H P V L (deficit 10 in operuerunt hiatu non indicato), Paulus h. R. 3, 2 (20 Galli — 29 erexit). — Mur. p. 230ᵇ v. 14 Ligures.*

1 dignitatem *HPV*  2 promuntoribus *L*  3 lucatio *L*  4 aecatae] *HPV*, aetate *L*  5 exercito] *libri*  7 auenis] *libri: id est* habenis  9 sicilias diniamque *L*  11 archem *HP* seuirae *HP*, seuire *V*  13 si om. *L*  punico] *P.* bello *Flor.*  lyguricum *HPV*  14 lygures *H* hi imis] *HP*, hiemis *V*: imis *Florus*  15 dum his *V Flor. (Bamb.)*  16 gens *P*  occansione *H*, hoccansione *P*  17 saltu uiis] salui *Flor. (Bamb.)*, saltus *Flor. (Nas.): intelleguntur Salluvii*  18 fluuius *V*  19 postuuius *HPV*  21 a erant *in litura P*  23 quidam *V*  26 est om. *P*  27 praeda marti *HPV*  28 ariobistonis] *libri Iord. et Pauli,* ariobisto duce *Flor. (Bamb.)*  relicorumque] *HP*, reliquorumque *VL*  29 flaminius (*V*)  30 tertia *Florus*  32 ides *HPV*  extremis *HPᵇV*, ex remis *Pᵃ*  35 romanos] nostros *Flor.*  36 securi] *bis H*  nauigium *H*  37 fulmo *V*  gentimalo] *HPV Florus (Bamb.)*  38 principum] *Florus*, principium *HPV*

Florus 2, 6, 1 Post primum autem Punicum bellum vix quadriennium requies: ecce alterum bellum, minus quidem spatio — nec enim amplius XVIII annos tenens — sed adeo cladium atrocitate terribilis, ut si quis conferat damna utriusque populi, similior victo
c. 2 sit populus ille qui vicit. urebat nobilem populum mare ablatum, raptae insulae, dare tributa quae iubere consueverat. hinc ultionem puer Annibal ad aram patris
c. 3 iuraverat, nec morabatur. igitur in causa belli Saguntus electa est, velut Spaniae civitas et opulenta fideique erga Romanos magnum quidem, sed triste monumentum.
c. 4 quam in libertatem communi foedere exceptam Annibal, causas novorum motuum quaerens, et suis et suorum manibus evertit, ut Italiam sibi rupto foedere aperiret.
c. 5 summa foederum Romanis religio est: itaque ad auditum sociae civitatis obsidium, memores icti cum Poenis quoque foederis, non statim ad arma procurrunt, dum prius
c. 6 more legitimo quaeri malunt. interim iam novem mensibus fessi fame machinis ferro, versa denique in rabiem fide, immanem in foro excitant rogum, tum desuper se suos-
c. 7 que cum omnibus opibus suis ferro et igni conrumpunt. huius tantae cladis autor Annibal poscitur. tergiversantibus Poenis dux legationis: 'quae', inquid, 'mora est'? Fabius: 'in hoc ego sinu bellum pacemque porto, utrum elegitis'? subclamantibus 'bellum'; 'bellum igitur', inquid, 'accipite'. et excusso in media curia togae gre-
c. 8 mio non sine horrore, quasi plane sinu bellum ferret, effudit. similis exitus belli initiis fuit. nam quasi has inferias sibi Saguntinorum ultimae dirae in illo publico parricidio incendioque mandassent, ita manibus eorum vastatione Italiae, captivitatae
c. 9 Africae, ducum et regum qui id gessere, bellum exitio parentatum est. igitur ubi semel se in Spaniam movit illa gravis et luctuosa Punici belli vis atque tempestas distinatumque Romanis iam diu fulmen Saguntino igne conflavit, statim quodam impetu rapta medias perfraegit Alpes et in Italiam ab illis fabolusae altitudinis nivibus
c. 10 velud caelo missa discendit. ac primi quidem impetus turbo inter Padum atque Ticinum valido statim fragore detonuit. tum Scipione duce fusus exercitus: saucius etiam ipse venisset in hostium manus imperator, nisi protectum patrem praetextatus
c. 11 ammodum filius ab ipsa morte rapuisset. hic erit Scipio, qui in exitum Africae cre-
c. 12 scit, nomen ex malis eius habiturus. Ticino Trevia succedit. hic secunda Punici belli procella desaevit Sempronio consulae. tum callidissimi hostes frigidum et nivalem nancti diem cum se ignibus prius, oleo quoque fovissent — horribilae dictu —
c. 13 homines a meridiae et sole venientes nostra nos hieme vicerunt. Tharsymenus lacus tertium fulmen Annibalis imperatore Flamminio. ars nova Punicae fraudis: quippe nebula lacus palustribusque virgultis tectus equitatus terga subito pugnantium invasit.
c. 14 nec de diis possumus queri: imminentem temerario duci cladem praedixerunt insidentia signis examina et aquilae prodire nolentes commissamque aciem secutus terrae tremor, nisi illum horrorem soli aequitum virorumque discursus et mota vehementius
c. 15 arma fecerunt. quartum, id est pene ultimum vulnus imperii Cannae, ignobilis Apuliae vicus, sed magnitudine cladis emersit, et sexaginta milium caede parta nobilitas.

---

*H P V Freculfus 1, 5, 7 (4 urebat — 7 opulenta), Paulus h. R. 3, 7 (14 huius — 18 effudit). — Mur. p. 231ᵉ v. 16 hoc.*

2 annis V    cladium] Florus, gladium HPV    3 terribilus Florus    6 aguntus H    uelut] om. Frec.: uetus Flor. (Bamb.)    9 querens P, querent H, quaerent V    suorum] libri et Flor. (Bamb.), ipsorum Flor. (Naz.)    10 octae P    11 armam HPV    12 fume Vᵃ, fome Vᵇ    13 immanem in] Flor., immanenim HP, immanenin V    tum HPᵇ Flor., dum PᵃV    14 autor ann.] HP, ann. auctor V    15 penis HP    16 bellum] Paulus, bello HPV    17 bellum bellum] PV, bellum H Paulus    19 nam] e manu nam V    21 qui id] Flor. (Bamb.), quid id HPV, quid (om. id) Flor. (Naz.)    25 hac HPV    26 fagore HP    28 quim P    exitum] HPV Flor. (Bamb.), exitium Flor. (Naz.)    29 habiturus HP, habiturus V    treuia P, treuta HV    30 callidissimi P    31 oleoque Flor.    32 tharsimenus V: thrasymenus Flor. (Bamb.)    33 flumen V    37 motu HPV    39 uictus HP    sed magnitudine] PV Florus, ad magnitudinem H

ibi in excidium infelicis exercitus dux terra caelum dies tota rerum natura consensit. si quidem non contentus simulatis transfugis Annibal, qui mox terga pugnantium cae- Florus 2, 6, 16 ciderant, insuper callidus imperator in patentibus campis observato loci ingenio, quod et sol ibi acerrimus et plurimus pulvis et eurus ab oriente semper quasi ad constitu- tum, ita instruxit aciem, ut, Romanis adversus haec omnia obversis, secundum cae- lum tenens vento pulvere et sole pugnaret. itaque duo maximi exercitus caesi ad c. 17 hostium satietatem, donec Annibal diceret militi suo 'parce ferro'. ducum fugit alter, alter occisus est, dubium uter maiore animo: Paulum puduit, Varro non disperavit. documenta cladis cruentus aliquamdiu Aufidus: pons de cadaveribus iussu ducis factus c. 18 in torrente Vergello: modii duo anulorum Chartaginem missi dignitasque aequestris taxata mensura. dubium deinde non erit, quin ultimum illum diem habitura fuerit c. 19 Roma quintumque intra diem epulari Annibal in Capitolio potuerit — sicut Poenum illum dixisse Maharbalem Bomilcari ferunt — si Annibal, quemadmodum sciret vin- cere, sic uti victoria scisset. sed tum quidem illum, ut dici vulgo solet, aut fatum c. 20 urbis imperaturae aut ipsius mens mala et aversi a Chartagine dii in diversum abstu- lerunt. cum victoria posset uti, frui maluit relictaque Roma Campaniam Tarentumque c. 21 perrexit, ubi mox et ipse et ipsius exercitus ardor elanguit, adeo ut vere dictum sit Capuam Annibali Cannas fuisse. si quidem invictum Alpibus indomitumque armis c. 22 Campani — quis crederet — soles et tepentes fontibus Baiae subegerunt. permis- c. 23 sum est interim respirare Romanis et quasi ab inferis emergere. arma non erant: detracta sunt templis. deerat iubentus: in sacramentum liberata servitia. aegebat c. 24 aerarium: opes suas senatus in medium libens protulit, nec praeter quod in bullis singulisque anulis erat quicquam sibi auri reliquerunt. aeques secutus exemplum imitateque aequitem tribus. denique vix suffecere tabulae, vix scribarum manus Le- c. 25 vino Marcelloque consulibus, cum privatorum opes in publicum referrentur. quid c. 26 autem? in elegendis magistratibus quae centuriarum sapientia, cum iuniores a senio- ribus consilium de creandis consulibus petuerunt? quippe adversus ostem totiens victo- rem, tam callidum non virtute tantum, sed suis etiam pugnare consiliis oportebat. prima redeuntis et ut ita dixerim reviviscentis imperii spes Fabius fuit, qui novam c. 27 de Annibale victoriam commentus est non pugnare. hinc illi cognomen novum et rei publicae salutare cunctator: hinc illud ex populo, ut imperii scutum vocaretur. itaque c. 28 per Samnium totum, per Falernos Gauranosque saltus sic maceravit Annibalem, ut quia frangi virtute non poterat, mora comminueretur. inde Claudio Marcello duce c. 29 etiam congredi ausus est, comminus venit et perpulit in Campania sua et ab obsi- dione Nolae urbis exclusit. ausus est et Sempronio Graccho duce per Lucaniam se- c. 30 qui et praemere terga caedentis, quamvis tum, o pudor, servili pugnaret exercitu — nam hucusque tot mala conpulerunt — sed libertate donati de servitute Romanos fecerunt. o horribilem in tot adversis fiduciam, o singularem animum ac spiritum c. 31 populi Romani. tam artis afflictisque rebus, ut de Italia sua dubitare debuisset, ausus tamen est in diversa respicere, cumque hostis in iugulo per Campaniam Apu- c. 32 liamque volitaret mediamque iam de Italia Africam faceret, eodem tempore et hunc sustinebat et in Siciliam Sardiniam Spaniamque divisa per terrarum orbem arma mit-

---

*H P V. — Mur. p. 231ᵇ v. 17 perrexit.*

4 acerimus *HP*   6 maximi] *Florus*, maximae *HPV*   9 aufidus] *Florus*, aut fidus *V*, haud fidus *HP*   10 chartagine *HPV*   12 sicut] si quod *Florus*   penum *HPV*   13 Bomilcaris *Florus* si om. *Florus*   14 sed] ed *Vᵃ*   factum *P*   15 imperatorem *H*   16 possit *HPV*   relic- que romana *H*   17 ut] et *P*   20 none erant *P*   21 in *bis V*   24 equitatem *V*   suf- ficere *HPV Florus (Bamb.)*   25 referentur *H*   34 osidione *HP*   35 nolae] *Florus*, notae *HPV* 42 orbe *PV*

tebat. Siciliā mandata Marcello. nec diu restitit: tota enim insula in una urbe superata est. grande illud et ante id tempus invictum caput Syracusae quamvis Archimedis ingenio defenderentur, aliquando cesserunt. longe illi treplix murus totidemque arces, portus ille marmoreus et fons caelebratus Arethusae, nisi quod actenus profuere, ut pulchritudini victae urbis parceretur. Sardiniam Gracchus arripuit. nihil illi gentium feritas Insanorumque — nam sic vocantur — immanitas montium profuere. saevitum in urbes urbemque urbium Caralim, ut gens contumax vilisque mortis saltim desiderio patrii soli domaretur. in Spaniam vero missi Gneus et Publius Scipiones pene totam Poenis eripuerunt provinciam. sed insidiis Punicae fraudis oppressi rursum amiserant, magnis quidem illi proeliis cum Punicas opes caecidissent. sed Punicae fraudis insidiae alterum ferro castra metantem, alterum cum evasisset in turrem cinctum facibus oppresserunt. igitur in ultionem patris ac patrui missus cum exercitu Scipio, cui iam grande nomen de Africa fata decreverant, bellatricem illam viris armisque nobilem Spaniam, illam seminarium hostilis exercitus, illam iam Annibalis eruditricem — incredibile dictu — totam a Pyrineis montibus in Herculis columnas, in Oceanum recuperavit. nescias citius an felicius. quam velociter, quattuor anni fatentur: quam facile, vel una civitas probat: eodem quidem quo obsessa est, eodem die capta est omenque Africanae victoriae fuit, quod tam facile victa est Spaniae Chartago. certum est tamen ad profligandam provinciam maxime proficisse singularem ducis sanctitatem, quippe qui captivos pueros puellasque praecipuae pulchritudinis barbaris restitueret, ne in conspectum suum quidem passus adduci, ne quid de virginitatis integritate delibasse saltim oculis videretur. haec in diversa terrarum populus Romanus. nec ideo tamen visceribus Italiae inhaerentem submovere poterat Annibalem. pleraque ad ostem defecerant, et dux acerrimus contra Romanos Italicis eoque viribus utebatur. iam tamen eum plerisque oppidis et regionibus excussere Romani. iam Tarentum retulerant, iam et Capua sedis, domus et patria altera Annibalis tenebatur, cuius amissio tantum Poeno duci dolorem dedit, ut inde totis viribus Romam converteretur. o populum dignum orbis imperio dignumque omnium favore et ammiratione hominum ac deorum! conpulsus ad ultimos metus ab incepto non desistit et de sua urbe sollicitus Capuam tamen non omisit, sed parte exercitus sub Appio consule relicta, parte Flaccum in urbe secuta absens simul praesensque pugnabat. quid ergo miramur moventi castra a tertio lapide Annibali iterum ipsos deos restitisse? tanta enim ad singulos illius motus vis imbrium effusa est, tanta ventorum violentia coorta est, ut divinitus hostem submoveri non a caelo, sed ab urbis ipsius moenibus et Capitulio videretur. itaque fugit et cessit et in ultimum se Italiae recepit sinum, cum urbem tantam non adoratam reliquisset. || si quidem ab Spania Hasdrubal frater Annibalis cum exercitu novo, novis viribus, nova belli mole veniebat. actum est procul dubio, si vir ille se cum fratre iuncxisset. sed hunc quoque tantum quod ab Alpe descenderat apudque Metaurum castra metantem Claudius Nero cum Livio Salinatore debellat. Nero in ultimo Italiae angulo submoverat Annibalem:

---

*H P V Paulus h. R. 3, 18 (39 apudque Metaurum). — Mur. p. 232ᵃ v. 15 -dībile dictu.*

1 mandata] *Florus*, mandat *libri*   2 archimediis *HPV*   3 muros *HP*   4 arches *HPV*
8 geus *P*ᵃ   9 penis *H*   10 ammiserant *H*   15 pyrineis] *HPV Florus (Bamb.)*   16 in] et
*Florus*   17 est eodem] est *Florus*   18 omenque] *Florus (Nas.)*, nomenque *Flor. (Bamb.)*, omnemque
*HPV*   19 profecisse *P*   21 restituerit *libri*   25 coque] *HP*, quoque *V*   excussere ... retulerant] excusseramus, iam Tarentus ad nos redierat *Florus*   27 ut] et *HP*   28 populo *HPV*
urbis *HV*   31 urbe] *libri* et *Florus*   praesens *P*ᵃ   35 capitulio] *HP*   36 tantam]
*HPV*, totam *Florus (Bamb.)*, tantum *Florus (Nas.)*   adoratam] *HP Florus*, adortam (V)   37 spaniam
*HPV*   38 est] erat *Florus*   40 livio] *Florus*, lauo *HPV*

Livius in diuersissimam partem, id est in ipsas nascentis Italiae fauces signa conuer-
204 terat. tanto, id est omni qua longissima est Italia solo interiacente quo consilio, qua  Florus 2, 6, 52
celeritate consules castra coniunxerint inopinatumque hostem conlatis signis oppres-
serint neque id fieri Annibal senserit, difficile dictu est.   certe Annibal re cognita c. 53
cum proiectum fratris caput ad sua castra vidisset, 'agnosco', inquid, 'infelicitatem
'Chartaginis'.   haec fuit illius uiri non sine praesagio quodam fati inminentis prima
205 confessio.   iam certum erat Annibalem etiam ipsius confessione posse vinci.   sed tot c. 54
rerum prosperarum fiducia plenus populus Romanus magni aestimabat asperrimum
hostem in sua Africa debellare.   duce igitur Scipione in ipsam Africam tota mole c. 55
10 conuersus imitari coepit Annibalem et Italiae suae clades in Africam uindicare.   quas c. 56
ille, dii boni! Hasdrubalis cupias fudit! quos Syphacis Numidici regis equitatus!
quae quantaque utriusque classis castra facibus inlatis una nocte deleuit!   denique
206 iam non a tertio lapide, sed ipsas Chartaginis portas obsidione quatiebat.   sic factum, c. 57
ut herentem atque incubantem Italiae extorqueret Annibalem.   non fuit maior sub c. 58
15 imperio Romano dies quam ille, cum duo omnium et ante et postea ducum maximi
duces, ille Italiae, hic Spaniae uictor collatis comminus signis direxere aciem.   sed
et colloquium fuit inter ipsos de legibus pacis.   steterunt diu mutua ammiratione de-
207 fixi: ubi uero de pace non conuenit, signa cecinere.   constat utriusque confessione c. 59. 60
nec melius instrui aciem nec acrius potuisse pugnari.   hoc Scipio de Annibalis, Anni-
20 bal de Scipionis exercitu praedicauerunt.   sed tamen Annibal cessit praemiumque c. 61
uictoriae Africa fuit.   et secutus Africam statim terrarum orbis.
208   Post Africam iam vinci neminem puduit, sed aequo iure ubique subactae. || pri- 2, 7, 1. 6
mum igitur Levino consule populus Romanus Ionium mare ingressus tota Greciae
litora velut triumphanti classe peragravit.   spolia quippe Siciliae Sardiniae Africae c. 7
25 preferebat et manifestam uictoriam, quam nata in praetoria puppi laurus pollicebatur.
aderat sponte in auxilium Attalus rex Pergamenorum, aderant et Rodii nauticus po- c. 8
209 pulus, quibus a mari, consul a terris omnia equis virisque quatiebat.   bis victus, bis c. 9
fugatus rex Macedonum, bis exutus castris, cum tamen nihil terribilius Macedonibus
fuit ipso uulnerum aspectu, quae non spiculis nec sagittis nec ullo Greculo ferro, sed
30 ingentibus pilis nec minoribus adacta gladiis ultra mortem patebant.   enim uero Flam- c. 10
minio duce populus Romanus inuios antea Chaonum montes Saumque amnem per abrupta vadentem et ad ipsa Macedoniae claustra penetrauit.   introisse uictoria fuit. c. 11
nam postea numquam ausus congredi rex ad tumulos, quos Cynocephalos vocant,
34 uno ac ne hoc quidem iusto proelio opprimitur.
210   In Numidia tunc amici populi Romani regnabant.   sed Iugurtha contra se bellum Ruf. 4
movit Romanorum propter necem Aterbalae et Empsalae Mecipsae liberos expugna-
taque est primum a Metello consule, dehinc a Mario domita.   Mauretaniam uero Buc-
211 cho rex tuebatur.   sed cum subiectio omnium Maurorum facta est, Iubas rex, quae
pugnae fuisset occasio, mox superatum se sensit, veneno hausto defecit[1] omnisque

---

*H P V. — Mur. p. 232<sup>b</sup> v. 15 imperio.*

1 diuersimam *H*   nascentis] *Florus,* nascentes *libri*   4 dictum *P<sup>a</sup>V*, dictus *H*   8 romanos *HP*
10 cepit *HP*   14 inhaerentem *Florus*   16 ducis *P*   diregere *P*   22 sed a. i. u. subactae]
statim Africam secutae sunt gentes *Florus*   23 grecia *H*   24 uelutriumphanti *HP*   sardinae *HPV*
25 quam om. *Florus*   26 rodii] *HPV*   31 populus Romanus om. *Florus*   abruptam *HP,* abrutam *V*
32 penetrauit] penetrauimus *Florus*   uictoriae *V*   34 ne hoc] *V,* ne oc *P,* neo *H*   proemio *HPV*
36 aterbalae (-le *P*) et empsalae mecipsae] *HP,* aterbalea et empsalem haec ipse *V:* ob necatos Adherbalem et
Hiempsalem filios Micipsae regis *Rufus*   37 matello *HPV*   buccho rex] *scripsi,* bucchoris *HPV: a* Boccho
*Rufus: similiter scripsit* Ariobistonis c. 179, Gentione c. 216   38 sed] sub *H*   quae] *H<sup>1</sup>PV,* qui *H<sup>2</sup> recte*

1) sed subacta omni Africa Mauros Iuba rex tenebat, qui in causa belli ciuilis ab Augusto Caesare victus mortem sibi propria uoluntate consciuit *Rufus.*

Mauretania Romanis subacta. Tripolis namque et utraeque Maurataniae Sitifensis et Caesariensis similiter Romano iurae, ceterorum formidine tacti, ultro se subegerunt.

cf. c. 182. 198  Spanias quamvis, ut superius diximus, Saguntina cladis ab amicitiis Romanorum 212 segregasset, Scipio tamen eos tam gratia quam virtute rursus Romanis coniuncxit ||
Ruf. 5 rursusque resistentibus Sylla consul sedavit[1]). Celtiberes similiter cum Numantinis adversus Romanos insurgentes Scipio iunior sedavit, conpescuit atque pene subvertit. Cantabri et Astures confisi montium suorum munimine dum resistere moliuntur, ple- 213 nissime demoliti sunt et in provinciam redacti, Tarraconenses Lysitani Gallicii Chartaginisii et Seticaniae contra promuntorium Africae sitae omnes uno pene proelio superatae et in provincias Romanas descriptae sunt[2]).

Ruf. 7  Epyrotae, qui Inlyrico, quamvis cum Pyrrho rege suo contra Italiam conspiras- 214 sent, tamen primum pace molliti, secundo et tertio rebellantes cum Achivis et Thessaliis edomiti Romano iugo subacti sunt. Macedonia namque primum sub Philippum, 215 deinde sub Perseo, tertio sub Pseudophilippo arma contra se provocavit Romana, oppressaque primo a Flamminio consule[3]), secundo a Paulo, tertio a Metello superata colla submisit Romanaque provincia facta. Illyriam autem Gentione suo rege Ma- 216 cedonibus auxiliantibus vicit Romanorum Lucius praetor et in provinciam redegit[4]). Dardanos Mysosque Curion primum proconsul edomuit primusque omnium Romanorum Danubium amnem usque profectus cuncta eius loca vastavit. Pannonum quoque regem in certamine superans idem Lucius redegit in provinciam utrasque Pannonias[5]). Amantinos autem, qui inter Saum Draumque flumina insident, rege eorum interempto ipsa vice Romanam fecit provinciam[6]).

Ruf. 8  Marcomanni namque et Quadi in illa Valeria, que inter Draum Danubiumque 217 interiacet, ab eodem tunc ductore oppressi finesque inter Romanos et barbaros Augustas Vindicas[7]) per Noricum Moesiamque dispositae. Daces autem post haec iam sub imperio suo Traianus, Decebalo eorum rege devicto, in terras ultra Danubium, quae habent mille milia spatia[8]), in provinciam redegit. sed Gallienus eos dum regnaret amisit Aurelianusque imperator evocatis exinde legionibus in Mysia conloca-

---

*H P V L (redit 10 et in provincias'. Geogr. Rav. 4, 21 p. 221, 1 ad v. 23*: Valeriam aliquando Marcomannorum (aliquantas domarcannorum *libri*) gens obtinuit, sicut testatur . . . Iordanis sapientissimus chronographus. — *Mur. p. 233ᵃ v. 16 -manaque provincia.*

2 iurae] *HP*, iure *V*   4 segressasset *H*   8 prouincia *PV*   tharoonenses *PV*, tharcanenses *H*   lysitani] *HPV*   9 seticaniae] *requiritur* Baeticani   10 descripta *L*   12 primam *L*   achius *L*   thessaliis] *HPV*, thessalus *L*   13 primum] per primum *L*   sub philippum] fᵉlipem (*inde factum* sub filippum) *L*   14 pseudophilippo] perseophilippo *L*   prouocant *L*   15 oppressaque] oppressa qui *L*   flamminio] *HP*, flaminio *L*, flaminio *V*   matello *HPV*   18 missosque *libri*: Moesiacos *Rufus*   curione *H*   primul *L*   19 loca eius *L*   22 romana f. prouincia *HPV*   23 marcomanni] *PL*, marcommanni *HV*   inter draum] intra *Lᵃ*   27 redigit *V*   gallienos *HV*, gallianos *P*   eos dum] easdem *L*   28 que] quoque *L*   mysia] *HPV*, misiam *L*

---

1) postea ad Hispanos tumultuantes Sylla missus eos vicit *Rufus*: intellegi videtur M. Silanus Liv. 26, 19.
2) per omnes Hispanias sex nunc sunt provinciae: Tarraconensis, Carthaginiensis, Lusitania, Gallaecia, Baetica, trans fretum . . . Tingitana Mauretania *Rufus*.
3) Philippum Flamininus . . . oppressit *Rufus*.
4) Illyrios qui Macedonibus auxilium tulerunt . . . per Lucium Ancium praetorem vicimus et eos cum rege Gentio in deditionem accepimus *Rufus*.
5) Batone Pannoniorum rege subacto in dicionem nostram Pannoniae venerunt *Rufus*.
6) Amantinis inter Savum et Dravum prostratis regio Saviensis ac secundorum loca Pannoniorum obtenta sunt *Rufus*.
7) ab Augusta (*vel* Augustis) Vindelicum *Rufus*.
8) quae in circuitu habuit decies centena milia passuum *Rufus*.

vit ibique aliquam partem Daciam mediterraneam Daciamque ripensem constituit et
218 Dardaniam iunxit¹). Illyricus autem cuncta per partes quidem et membra devicta ad
unum tamen corpus apta est, quae habet intra se provincias XVIII et sunt Norici
duo, Pannonias duas, Valeria, Suavia, Dalmatia, Moesia superior, Dardania, Dacias
5 duas, Macedonia, Thessalia, Achaia, Epyros duos, Praevales, Creta, simul XVIII²).
219 Thracias autem non aliter nisi occasio Macedonici belli fecit adgredere. diri Ruf. 9
namque homines omniumque gentium ferocissimi sunt Thraces, quorum saevitiam pariter habent et Scordisci et Emimontii Asticique³), ob quorum immanitatem Romani
multa et gravia pertulerunt, crebrisque certatibus exercitus caesus. ad postremum a
10 Marco Didio et ipsi subacti, et loca eorum in provinciam redacta, iugum excepit Ro-
220 manum. nam Marcus Drusus intus eos in montibus eorum contrivit, Minucius in
Ebro amne eorum multos extinxit et vicit. Rodopeni per Appium Claudium devicti
sunt et civitates maritimas Europae, quae dudum Romanae fuissent et postmodum re-
221 bellassent, Marcus Romanis subegit Lucullus: si quidem primus in Thracia contra
15 Bessos pugnans eos qui in fortitudine famaque praeibant devicit⁴) Emimontiosque
debellans, Pulpudeva, quae nunc Philippopolis⁵), et Vscudama, quae Adrianopolis
vocitantur, in Romanorum redegit dominio. similiterque capiens et civitates, quae
litori Pontico inherebant, id est Apollonia Galato Parthenopolim Thomos Istro, om-
19 niaque loca usque ad Danubium subdens Scythis ostendit Romanorum virtutem.
222 Hactenus ad partes occiduas: nunc que in Eoa plaga acta sunt percurramus. Ruf. 10
primum quidem in Asia locum Romani hereditario iure invenerunt. nam Attalus rex
amicissimus populi Romani humanis rebus excedens per testamentum suum Romanos
suo in regno heredes constituit: quam pene non ante Romanus populus adiit, nisi
24 et suo labore vicina loca cepisset, id est Lydia Caria Ellispontu utrasque Frigias.
223 nam Rodus opinatissima insula et totius Atriae insularum metropolis cum pene omnibus Cycladibus, arma pertimescens Romana, iam dudum se foederatam populo
illi coniuncxerat et nabali bello solacia condonabat. cum quibus Servilius proconsul Ruf. 11
directus quasi piratico bello obtenuit tamen Pamphyliam, Lyciam Pisidiamque devicit fecitque provinciam. Bithiniam vero Nicomedis rex moriens testamentali voce
30 Romanis reliquid.

---

*H P V L. — Mur. p. 233ᵇ v. 28 -ratico bello.*

2 iunxit] *V*, iuncxit *P*, iuxit *L*, coniunxit *H*     5 macedonias thessalias *P*     7 saeuitia *V*, seuitia *PL*     8 immanitate *PV*     10 prouincia *PV*, prouintia *L*     12 ebro] *libri*     rodopeni] *libri*
13 ciuitate mar. *Pᵃ*, mar. ciuitates *V*     14 thraciam *HPV*, traciam *L*     16 uscudama] *HPᵇL*, uscu•esma
*Pᵃ*     17 redigit *V*     18 galato] *libri*: calathum, galatum *Rufi libri*: *intellegitur* Callatis     Istro]
*libri*     20 plaga acta] *P²L*, plagata *H¹P¹V*, plaga sita *H²*     24 lydia (lidia *L*) caria ellispontu
(ellispontu *P*) *HPVL*     frigias] *libri*     25 totis *P*     atriae] *HP¹V*, asiae *P²L*     26 se *om. L.*
27 solacia] *HPV*, solialia *Lᵃ*, sotialia *Lᵇ*     28 phamphyliam *H*, pamphiliam *VL*     psidiamque *L*,
pissidiamque *V*     29 prouincia *P¹*, prouincias *P²V*     bithiniam] *PVL*, bithiam *H*     nicomedis]
*libri*     momoriens *P*

---

1) per Aurelianum translatis exinde Romanis duae Daciae in regionibus Moesiae ac Dardaniae factae sunt *Rufus: Daciarum duarum vocabula de suo addidit Iordanes.*

2) *similiter Rufus, nisi quod vocabula superior Dardania ex eius libris hodie notis exciderunt.*

3) Haemimontii Asticique *sumpti sunt ex provinciis Rufi quae sunt* Haemimontus et Scythia; *de Astis ne cogita.*

4) Europae maritimas urbes antea Romana classis obtinuit: Marcus Lucullus per Thracias cum Bessis primus conflixit *Rufus.*

5) Eumolpiadam quae nunc Philippopolis dicitur *Rufus* (cf. Ammian. 22, 2, 2. 26, 10, 4. 27, 4, 12): *Graeco nomini apud auctorem invento Iordanes hic et c. 283 substituit id quod apud indigenas obtinebat praeterea non traditum.*

Gallograeciam autem, id est Galatiam, ǁ Syriaci belli ruina convolvit. fuit namque inter auxilia regis Anthiochi: an fuisse cupidus triumphi Manlius Visus simulaverit, dubium est. ǁ duobus itaque proeliis fusi fugatique sunt, quamvis sub adventu ostis relictis sedibus in altissimos se montes recepissent. Coloscobegi Olympum, Tectosagi Magaba insederant. utrimque fundis sagittisque detracti in perpetuam se pacem dediderunt: sed alligati miraculo quodam fuere, cum catenas morsibus et ore temptassent, cum offucandas in vicem fauces prebuissent. nam Orgiacontis uxor a centurione stuprum passa memorabili exemplo custodiam evasit revulsumque adulteri hostis caput ad maritum reportavit. ǁ Deiotarum si quidem amicum senatus praefecit Galatiae. sed post haec Caesar eos redegit fecitque in provincias. Cappadoces quoque sub Epafra rege constituti primum per legatos suos Romanorum amicitias petierunt, dehinc Acuriobarzane rege succedente et a Mitridate expulso ultro se Romano servitio dediderunt magnamque civitatem suam Mazacam in honore Caesaris Caesaream appellaverunt. post haec iterum sub Claudio imperatore rex eorum Archelaus Romae adveniens quasi amicus populi Romani ibique defunctus testamentali voce Cappadociam Romanis reliquid et sic iam ex integro in provinciam facta est¹). Pontus a Pompeio devicta cum suo rege Mitridate et facta provincia est. Paflagoniae Pylemenis rex amicus populi Romani, a multis dum inquietaretur, Romanorum petiit auxilium. se quoque dum de inimicis ulcisceretur, defunctus Romanos per testamentum heredes reliquid.

Hactenus intra Taurum: nunc ulterius transgrediamur et quae patriae aut quibus subiugantibus populo Romano coniunctae sint, memorabimus. Anthiocus Syriae fortissimus rex magnum apparatum belli contra populum Romanum commovit. xxx milia si quidem armatorum currusque falcatos quam plures, elefantos innumeros turritos et ad instar murale in acie ordine sitos. cui obvians Scipio Africani Scipionis frater in Asia ad Magnesiam civitatem commissoque proelio Anthiocus victus est, percussumque foedus cum Romanis ab Asia discessit et ultra Taurum ex senatus consilio regnare permissus est, filiosque eius in obsidato Romae deductos post patris obitum regnare genitali loco concessit²). Cilices cum Isauris piratae effecti et in mari magno saepe latrocinia concitantes a Servilio proconsule victi et prostrati sunt. hic quoque Servilius primus Romanorum Tauri iugum pervium fecit triumphansque de eorum spoliis Isauricus Cilicusque vocatus est³).

---

*H P V L.*

1 fuit namque] fuerint *Florus*   2 manilius *L*   uisus] *libri*, uisos *Flori libri: requiritur* Vulso   4 coloscobegi] *Florus (Bamb.)*, colosobegit *libri: requiritur* Tolostobogi   5 magabᵃ *P*, magabal *V*   7 offocandas *L*   in uices *L*   probuissent *P*   9 hostes *HPV*   10 galaciae *V*   caesar eos] eos cesar eos *L*   redigit *V*   11 epafro *L*: epafrace *vel* africae *Rufi libri: intellegitur* Ariarathes rege om. *H*   amitias *Lᵃ*   12 acuriobarzane] *HPV*, acuriobarzabane *L*: Ariobarzanes *Rufus*   13 mazaca *V*, mathacam *L*   14 archelaus] a. nomine *L*   16 cappodociam *H*   intecro *P*   prouincia *libri*   17 paflaconiam *HPV*, paflaconia *L*   18 pylemenis] *HPV*, pilemens *L*   19 se] sed *L*   romanus *H*   21 progrediamur *L*   22 sunt *L*   memorauimus *H*   23 xxx milia] *libri*: trecenta milia *vel* quadraginta milia *libri Rufi*   24 elefantes *H*   et om. *L*   25 murale] *HPV*, mirabile *L*   26 asiam *L*   cummissoque *H*   28 filiumque *L*   obsidatorum aede ductos *H*   30 concitantes] exercentes *L*   proconsule] consule *H*

---

1) cum Archelaus rex Cappadocum Romam venisset et ibi diu detentus occubuisset, in provinciae speciem Cappadocia migravit *Rufus*.

2) eius filii regnum Syriae sub clientela populi Romani retinuerunt *Rufus*.

3) isque de Cilicibus et Isauris triumphavit itaque Isauricus est cognominatus *Rufus*.

229 Cyprum Cato classe navigera directus invasit. negantibus Cypriis habere se aliquid magnas illis opes repperit proscriptionibusque multavit. quod non ferens Gnosius rex eorum veneno hausto semet occidit et sic Cyprus Romana facta provincia¹). Lybiam, id est Pentapolim, totam a primo illo Ptholomeo Romanis sub libertate concessam tamen resistentibus dehinc Appionis consilio Romano populo subdidit²). Aegyptus omnis ab amicis Romanorum, id est Lagidis per Ptholomeos possessa. post haec Cleopatra et Antonius iure proprio vindicantes et se et illa amittunt.

230 Montes vero Armeniae primum per Lucullum Romana arma viderunt, per quem et in Hosroine Saracinorum filarchi devicti Romanis se dediderunt. Mesopotamiamque idem ipse, Nitzebem quoque urbem invasit. post quem Pompeius eadem loca in-
231 grediens Romano confirmavit imperio. Syriam Coelen iusto proelio Tigrane devicto invaserat³). Arabaes et Palestini eodem Pompeio ductante devicti sunt.

232 Babylonii autem crebro concertantes sepenumero victi, numquam tamen ad integrum domiti sunt. quos tamen primum Lucius Sylla proconsul sub Arsacem eorum regem devicit ab eoque rogatus per legatos pacem concessit. secundo dum Lucius Lucullus a Pontico regno Tigranem Armeniae regem cum decem et octo milibus superatum expelleret, omnemque Armeniam invasam ad Mesopotamiam venit, ibi Nitziben cum fratre regis Parthorum cepit, aequa sorte Persidam cupiens devastare, nisi Pompeius
233 a senatu directus ei advenisset successor. hic etenim Pompeius ilico veniens, mox nocturno proelio in minore Armenia super Mitridatem inruens, XLII milia armatorum eius prosternens castraque succendit⁴). unde Mitridatis cum uxore et duobus satellitibus fugiens Bosforo venit nimiaque desperatione detentus venenum accepit. sed dum nec sic mors ei accederet, alterum e duobus satellitem rogavit, ut se perimeret.
234 Pompeius autem maioris Armeniae regem dum persequeretur, cur Tigrani contra Romanos auxilium commodasset⁵), ille in Artaxata urbe regno deposito ultro diademam suam Pompeio optulit; sed Pompeius pietate ductus ultro maiorem Armeniam ei concessit regnare, auferens ab eo Mesopotamiam et Syriam partemque Foenicis cum Armenia⁶). nam Bosforianis Colchisque Aristharcum regem Pompeius praeposuit Albanosque insequens Orodem regem eorum tertio superavit. ad postremum rogatus pacem

---

*H P V L. — Mur. p. 234ᵃ v. 7 amittunt.*

2 gnosius] Cyprius *Rufus*    3 facta] f. est *L*    4 pemptapolim *HP*    ptholomeo] *P*, tholomeo *H*, ptolomeo *VL*    concessa *L*    5 appionis] *libri et Iord. et Rufi*    consilio *L*    6 laidis *L*    ptholomeos] *H*, phtolomeos *P*, ptolomeos *VL*    7 iure] *libri*    illam *L*    9 hosroine] *libri*    saracinorum] *HPL*, sarracenorum *V*    filarchi] *Rufus*, filorci *libri*    mesopotamiaque *V*    10 nitzebem] *HPV*, nizebem *L*    13 babyllonii *HP*, babilonii *VL*    14 lycius sylla *HPV*, licius sylla *L*    arsacem e. regem] *HPV*, arsacen e. rege *L*    15 per leg. rog. *V*    lucullus lucius *L*    16 tigranae marmeniae *H*    regem *om. HP*    17 ad *om. L*    nitziben] *HPV*, nuzeben *L*    21 mitridatis] *HP*    22 bosforum *L*    23 dum nec] necdum *L*    ei mors *L*    satellitum *L*    25 commodasset] *PVL*, commendasset *H*    diademam suam] *HPVL*    26 ultra *libri*    27 foenicis] *HPV*, fenicis *L*    armoenia *HV*    28 aristharcum] *HV*, aristarcum *L*, aritharcum *P*

---

1) (Cyprum) rex foederatus regebat, sed tanta fuit penuria aerarii Romani et tam ingens opum fama Cypriarum, ut lege data Cyprus confiscari iuberetur: quo accepto rex Cyprius nuntio venenum sumpsit ... Cato Cyprius opes Romam navibus advexit *Rufus*.
2) Cyrenas cum ceteris civitatibus Libyae Pentapolis Ptolemaei antiquioris liberalitate suscepimus. Libyam supremo Appionis regis arbitrio sumus adsecuti *Rufus*.
3) Syriae Phoenicae (*libri* foenix *vel* afanicae) bello a Tigrane Armeniorum rege receptae sunt *Rufus*.
4) castra eius invasit *Rufus*.
5) Pompeius auxiliatorem Mithridatis Tigranem Armeniorum regem persecutus est *Rufus*.
6) cum Armenia *om. Rufus*.

concessit. Hiberiam similiter cum Artace rege in deditionem excepit. Saracenos Ara- 235
basque exuperans Hierosolimam Iudeae captivavit. cum Persis foedus percusso.
revertens Dafnensem agrum Antiochenis concessit ob nimiam loci amoenitatem pro
munere¹).

Florus 3, 11, 2    His et aliis rebus in Syria bene gestis unius foedavit avaritia. nam Crassus 236
consul, dum Parthico inhiat auro, undecim legiones pene cum suo capite amisit.
c. 10. 11 cuius conspectu et filius hostilibus telis effossus et ipse peremptus caputque eius prae-
cisum cum dextera manu ad regem reportatum ludibrium fuit neque indigno: aurum
enim liquidum in rictum oris infusum est, ut cuius animus arserat auri cupiditate,
eius etiam mortuum et exsangue corpus auro ureretur. reliqui vero infelicis exercitus, quo quemque rapuit fuga, in Armeniam Celiciam Syriamque distracti vix cladis
tantae nuntium retulerunt.

Florus 1, 8
cf. Ruf. 18    Hac ergo clade Parthi altius animos elevantes per Pacorum ducem Syriam invadunt 237
ducemque Labinium, quem dudum ceperant, exercitui praeponentes contra socios,
id est Romanos in proelio dirigunt. sed Ventidius Bassus Persas sub utroque
duce Syriam populantes superatos effugat Labiniumque interfecit, Pacorum vero regium
iuvenem telis undique circumseptum extinxit moxque caput eius dempto et circumlato per urbes que disciverant Syriam sine bello recepit. sic Crassianam cladem
Iord. Ventidius Pacori caput Labiniique morte pensavit. ‖ nec sic contentus populus Ro- 238
Ruf. 18 manus Crassiano interitu oblivisci nisi adhuc saevit in Parthos. ‖ nam Marcus An- 239
tonius in Madianea ingressus contra eos arma commovit, ubi primum eos superans,
dehinc, cum duabus legionibus inedia hiemeque corruptus vix in Armenia Parthis
c. 19 sequentibus fugit ibique ereptus est. sub Augusto dehinc Octaviano Armeni cum 240
Parthis commixti per Claudium Caesarem nepotem Augusti ocius superantur. Armeni
si quidem utilius rati Romanorum amicitiis reconciliari et proprias sedes incolere, quam
cum Parthis coniuncti et sedes perdere et Romanos infestos habere.

Iord.    Sic quoque dum in partibus orientalium Romanus laborat exercitus, occiduae 241
Florus 4, 12, 1 plagae infesti sunt. ‖ Norici in Alpibus Noricis habitantes credebant, quasi in rupes
et nives bellum non posset ascendere: sed mox omnes illius cardinis populos Bren-
nos Teutonios²) Cennos atque Vendilicos, per eodem Claudio Caesare Romanus
c. 5 vicit exercitus. quae tamen fuerit Alpinarum gentium feritas, facile est vel per mulieres ostendere, quae deficientibus telis infantes suos adflictos humi in ora militum
c. 6 adversa miserunt. ‖ nec minores his saevitia Illyri pariter accenduntur. contra quos 242
c. 7 ipse Augustus e vicino egressus pontem, unde aquas transiret, fieri imperavit. dum-

---

*H P V L Freculfus 1, 7, 7 (5 unius — 10 ureretur). — Mur. p. 234ᵇ v. 20 saevit.*

1 deditione *P*   accepit *L*   sarracenos *L*   3 amoenitate *PV*   5 hiis *H*   6 undecim] unde cum *H*, xii *Frec.*   ammisit *HPV*   7 effossus] *VL*, effosus *HPᵇ*, offosus *Pᵃ*   8 ludibrium] *HPV*, ludibrio *L Florus*   indigne *L*   9 liquidum] indignum *V*   10 exsanguine *L*   11 quocumque *L*   fugam *L*   armenia *PVL*   celiciam] *HP*, ciliciam *VL*   13 pathi *HPV*   antimum *L*   14 coeperant *HPV*   16 duces *P*   superantos *H*   18 disciuerant] *L*, disciuerat *HPV*   syria *PV*   20 interitus *L*   21 medianea *L*: Madaena *Rufus*   22 armenia] *H(?)PVL*   23 fugiit *P*   ereptus] receptus *L*   24 commixtum *L*   claudium] *similiter Rufus*   27 romanos *HPᵃ*   28 norici] noras qui *libri*   quasi] quia si *L*   in rupes et] *P²*, inruperet *HP¹V*, inrumperet *L*   29 omnis *libri*   populus *HVL*   brennus *L*   30 teutonius *libri*   uendilicos] *libri*   claudio] gladio *libri*   33 illyri] *HP*, hylliri *V*, illi *L*   ascenduntur *L*   34 augs *HPV*   pontes *L*   transire *HPV*

---

1) rediens apud Antiochiam Daphnensem lucum delectatus loci amoenitate ... consecravit *Rufus*.
2) Teutonios *non habet Florus*.

que aquis et hostibus ad ascensum milites turbarentur, scutum ipse rapuit et viam primus ingressus est. tum agmine secuto cum subruptus multitudine pons succidisset, sauciis manibus et cruribus, speciosior sanguine et ipso periculo auctior terga ostium cecidit. Pannonii vero duobus acribus fluviis Drao Savoque vallantur. contra quos Duennium misit, qui eos plus velociter vicit, quam eorum flumina cursu rapido currunt. Dalmatae similiter silvis commanentes plurimam partem latrocinando vastabant: ad quos edomandos Vibium mandat, qui efferum genus fodere terras coegit aurumque venis repurgare. Moesi vero quam feri, quam truces erant? ut unus ducum ante aciem postulato silentio 'qui vos estis'? inquid. responsum est: 'Romani gentium domini'. et ille: 'ita fiet', inquid, 'si nos viceritis'. sed mox ad bellum ventum est, nec classicum audire valuerunt: sic a Marcio superati sunt. Thraces autem antea saepe, tunc tamen Romaetalca regnante sibi a Romanis disciscunt. nam is barbaros et disciplina et signis militaribus adsueverat: sed a Pisone perdomiti in ipsa captivitate rabiem ostendebant: nam catenas, quibus legati erant, morsibus vellicantes feritatem suam ipsi puniebant. Daciam quoque ultra Danubium sitam exindeque saepius Dacos gelato Danubii alveo ad furta in Romania transeuntibus Lentulo misso vicit, expulit atque subegit. Sarmatas quoque per eundem Lentulum ultra Danubium pepulit. qui nihil aliud ubi degunt praeter nives pruinasque et silvas habent, tantaque barbaries in illis est, ut nec intellegant pacem.

Marmaridas vero et Garamantes in orientali hiemali plaga per Quirinum subegit. Germanos Gallos Brittones Spanos Hiberes Astures Cantabros occiduali axe iacentes et post longum servitium descisentes per se ipse Augustus accedens rursus servire coegit Romanisque legibus vivere.

Cleopatra vero Alexandrinorum regina ex genere Lagidarum Ptholomeorumque successor prius contra viri sui Ptholomei insidias Gaium Iulium Caesarem interpellavit, qui ob stupri, ut perhibent, gratiam regnum eius confirmavit ipsamque in urbem cum magna pompa Alexandriae remisit regnare. Cassius Iudea capta templum spoliavit. occiso vero in curia Romae Caesare Octavianus nepus eius suscepit Augustus principatum, quem Antonius dum invideret nihilque laedere posset, urbem Romam ingreditur et ad partes Aegypti quasi Romanae rei publicae provisor accedit. ubi iam viduam a viro regnantem repperiens Cleopatram se quoque cum illa consocians coepit sibi dominationem parare, nec tacitae, sed patriae nominis togae fascium oblitum totum in monstrum illud ut mente ita animo quoque cultuque desciverat. aureum in manu baculum, in latus acinaces, purporea vestis ingentibus obstricta gemmis. diadema deerat, ut regina rex et ipse frueretur. quod Augustus Caesar audiens a Brundisio Calabriae in Epiro, ut eum a coepta removeret tyrannide, transierat. nam Antonius omne Actiacum litus iam classibus obsedebat. sed mox ubi ad proelium vintum est et Caesaris classe illius coepit turbare navigium, prima dux fugae regina cum aurea puppe veloque purporeo in altum dedit. mox secutus Antonius. sed instare vestigiis Caesar, itaque nec praeparata in oceanum fuga nec munita praesidiis utraque Aegypti cornua Paretonium atque Pelusium profuere. prope manu tenebantur. primum ferrum occupavit Antonius. regina ad pedes Augusti provoluta temptavit oculos ducis. frustra quidem. nam pulchritudo intra pudicitiam principis fuit. nec illa de vita, quae auferebatur, sed de parte regni laborabat. quod ubi desperavit a principe servarique se triumpho cognovit, incautiorem nancta custodiam, in mausuleum se regum recepit ibique maximos, ut solebat, induta cultus in referto odoribus solio iuxta suum se conlocavit Antonium admotisque ad venas serpentibus sic morte quasi somno soluta est. hic finis bellorum Augusti Caesaris tam cum civibus quam cum extraneis. sic quoque Augustus Caesar Octavianus, quo nullus imperatorum in bellis felicior nec pace moderatior fuit, civilissimus in omnibus. qui ab oriente in occidente, a septentrione in meridie ac per totum oceani circulum cunctis gentibus una pace conpositis Iani portas ipse tunc clausit et censum Romae cum Tiberio agitans invenit hominum nonagies trecenta septuaginta milia omnemque orbem venientis Iesu Christi notu pacatum censeri praecepit regnavitque ann. LVI. sed imperii eius secundo et quadragensimo anno dominus Iesus Christus ex spiritu sancto et Maria virgine deus verus et homo verus nasci dignatus est. quattuordecem residuos annos post domini adventum corporali praesentia in pace regnans et ipse singularem optenuit principatum et posteris eandem imperii potestatem cum suo nomine Augusti derelinquens rebus excessit humanis, successorem relinquens Tiberium prevignum suum.

Tiberius Augustus Caesar regnavit ann. XXIII. qui multos reges ad se blanditiis evocatos numquam ad propria regna remisit, in quibus et Archelaum Cappadocum rege. cuius et regnum, postquam defunctus est, in provinciam verso Mazacam civitatem eius de nomine suo Caesaream vocitavit. huius ergo XVIII anno dominus noster Iesus Christus sub Pontio Pilato in Iudaea carne passus est, non deitate.

Gaius Caesar cognomento Caligula regnavit ann. III menses X. hic namque Memmium Regulum coegit, ut uxorem suam sibi loco filiae coniugem daret strumentaque matrimonii ut pater conscriberet. haec et his similia perpetrans nec non et in templo Hierosolimitano Iovis statuam per Gaium Petronium statuens[1] , et in Alexandria Iudeos per Flaccum Avilium praefectum oppraemens postremo a protectoribus suis in palatio Romae occisus est anno aetatis vicensimo nono.

Claudius dehinc huic succedens regnavit ann. XIII m. VIIII[2]). fecit etiam hic

---

*H P V L Paulus et Freculfus 1, 7, 15 (7 regina — 12 soluta est). — Mur. p. 235ᵇ v. 31 strumentaque.*

1 a cepta HPL, accepta V    remouere HPV    anthonius HV    omnem HPV, omnium L
2 uintum] HP, uinctum V    classe] HPV, classis L    3 regina] Florus, reginae HVL, re signae P
4 intrare Pᵃ    6 prope] PVL, pompe H    primum] prior Flor.    occ.] praeocc. L    anthonius HP
7 ducit P    8 pudicitiam] (V), pudiciam HPL    offerebatur Florus    9 laborabat] cogitabat L
11 in ref.] hi referto in litura V    12 somnio HPV    14 bello L    15 occidente] H(?)PV, occendente
L    meridie] HPV, meridiae L    18 trecenta] ter(tre)centena Hier.    omneque L    notum L
23 eadem HPV    24 praeuignum HP, pre**ignum V¹, priuignum V²L    27 regem L    regnum]
HPVL    30 gallicula L    hinc P    31 mennium L    strumentaque] HPVᵇ, sturnentaque Lᵈ
32 matrimonia ut HPV, matromonialia ut L    similia L    35 aetatis] aet. suae L

---

1) Gaius Petronio praefecto Syriae praecepit, ut in Hierusolymis statuam suam sub nomine Iovis optimi maximi poneret *Hieronymus*.

2) mens. VIII dieb. XXVIIII *Hieronymus*.

IORDANES.

Claudius expeditionem in Brittania insulam, quam nemo ante Iulium Caesarem neque post eum quisquam adire ausus fuerat. exercitum duxit ibique sine ullo proelio ac sanguine intra paucissimos dies plurimam insulae partem in deditionem recepit. Orcadas autem insulas ultra Brittaniam in oceano positas Romano adiecit imperio. ac sexto quo profectus erat mensae Romae repedavit ibique defunctus est annorum LXIIII. *Hier. 2070*

261 Nero nepus Gai Caligulae regnavit ann. XIII m. VIII [1]). tantaeque luxoriae fuit, ut frigidis et calidis lavaretur unguentis, etenim non solum quia non profuit rei publicae, immo obfuit nimis. nam duas legiones in Armenia cum ipsa provincia *Hier. 2071. 2075 Iord. Ruf. 20*
262 simul amisit, qui Parthico iugo servientes gravem infamiam Romanis dederunt. iuxta omne scelus et parricidium, quod in proprios parentes commiserat, addidit facinus, ut ad instar Troiae Romam incenderet, manusque iniciens in Christianos persecutionem concitat ipsosque doctores fidei Petrum et Paulum in urbe interemit, alterum cruci figens. alterum capite plectens. eoque cum dedecore regno evulso Galba in Hiberia, Vitellius in Germania, Otho Romae imperium arripuerunt. omnesque tamen celeri interitu perierunt. *Hier. 2074 Hier. 2080 Hier. 2084 Oros. 7, 7 Hier. l. c.*

263 Vespasianus apud Iudaeam ab exercitu in regno ascitus regnavit ann. X [2]). nam relicto filio suo Tito ad expugnationem Hierusolimorum ipse Romae profectus regnavit in pace. *Hier. 2085 Oros. 7, 9*

264 Titus filius Vespasiani idemque Vespasianus, debellator Iudeae gentis, regnavit ann. duobus mensibus duobus. hic namque secundum Iosepi fidem undecies centena milia Iudaeorum fame et gladio interemit et alia centum milia captivorum publice vendidit. tantam multitudinem in Hierosolymis autem paschalis festivitas adunaverat. *Hier. 2093 et Eutr. 7, 21 Hier. 2086*

265 Domitianus frater Titi, filius Vespasiani, regnavit ann. XV m. V tantaeque fuit superviae, ut se dominum ab omnibus primum appellari praeciperet multosque nobilium exilio relegans nonnullosque occidens de substantiis eorum aureas argenteasque sibi statuas fecit. manusque in Christianos iniciens, Iohannem apostolum et euangelistam, postquam in fervente oleo missum non potuisset extingui, Pathmo eum insulam exulem relegavit, ubi apocalypsim vidit. cuius crudelitatem non tolerantes Romani in palatio Romae interficere statuerunt omniaque quod constituerat inritum fore. *Hier. 2097 Oros. 7, 10 Hier. 2105 Hier. 2107 Iord. Hier. 2110 Hier. 2112 Hier. 2113*

266 Nerva admodum senes regnavit anno uno m. IIII. qui ut privata vita lenis, lenior fuit in regno nec quicquam profuit rei publicae, nisi quod Traianum se vivente elegit.

267 Traianus pene omnium imperatorum potior regnavit an. XVIII m. VI. hic enim de Dacis Scythisque triumphavit Hiberosque et Sauromatas Osroenos Arabas Bosforanos Colchos edomuit, postquam ad feritatem prorupissent. Seleuciam et Tesifontem
268 Babyloniamque pervasit et tenuit. nec non et in mari rubro classem, unde Indiae *Hier. 2114 et Eutr. 8, 2 Hier. 2117 Hier. 2118*

---

*H P V L Paulus h. R. 7, 15 (13 ipsosque — 14 plectens). — Mur. p. 236ᵈ v. 37 Indiae.*

1 brittania] *HPVL* insula *L*   2 audire *HPV*   3 hac *H* deditione *HPV*   4 orcatas *P*, arcadas *V*   7 galigulae *V*, galliculae *L* tantaque *L* lucuriae *L*   8 unguentis is *libri* etenim] enim *L*   10 ammisit *H*   12 instrar *P* inies *L*   13 urbem *L*   14 cruce *P*   16 celeri om. *V*   17 iudicem *V* in om. *L*   18 suo om. *L* regnat *L*   20 uespatiani *HP*   21 iosephi *L*   25 uespatiani *HP*   26 praeciperet] *P*, praeciperit *H*, pr(a)eceperit *VL*   29 oleo missum] dolio *L*   31 omniaque quod] *HPV*, omniaque quae *L*: senatus decrevit, ut omnia quae Domitianus statuerat in irritum deducerentur *Hier.* fore] *fortasse scr.* fecere   33 seuuente (?) *H*   34 XVIII] xuiiii *Hieronymus*   36 cholchos *L* et tesifontem *HPV*, et thesifontem *L*, et esifontem *Hieronymi libri quidam*, ctesifontem *reliqui*: *similiter variant libri apud Rufum c.* 21   37 babylloniamque *H*

---

1) m. VII d. XXVIII *Hieronymus*.
2) a. VIIII m. XI d. XXII *Hieronymus*.

ROMANA.

<sup>IGN.</sup> fines vastaret, instituit ‖ ibique suam statuam dedicavit¹) ‖ et post tot labores apud Seleuciam Isauriae profluvio ventris extinctus est anno aetatis LXIII. ossaque eius in urna aurea conlocata et in foro sub columna posita solusque omnium imperatorum intra urbem sepultus.

Adrianus Italicae Spania natus consubrinae Traiani filius regnavit ann. XXI. hic pene nil profuit rei publicae, nisi quod dudum subversas Alexandriam ‖ et Hierusolymam propriis reparavit expensis ‖ nonnullisque in locis publica relaxavit tributa. ‖ Hierusolimam si quidem suo de nomine Eliam appellans nulli Iudaeorum ingredi permisit. ‖ nam claret eum invidum factis Traiani, quia mox ei successit, ilico nulla faciente necessitate exercitum ad se revocans Mesopotamiam Assyriamque et Armeniam Persis reliquid, Eufratem fluvium finem terminumque inter Parthos Romanosque constituens. ‖ quo regnante Aquila Ponticus scripturas de Hebreo transtulit²). ‖ Adrianus morbo apud Baias faciente obiit.

Antoninus cognomento Pius cum suis liberis Aurelio et Lucio regnavit ann. XXII m. III. ‖ et si non profuit quicquam Antoninus, nullam tamen lesionem eius res publica sensit. ‖ defunctus est duodecimo urbis miliario, in villa sua Lorio nuncupata, anno aetatis septuagesimo sexto.

Marcus Antoninus, qui et Verus, et Lucius Aurelius Commodus affinitate coniuncti aequo iure imperium administraverunt. ‖ e quibus iunior contra Parthos arma movens magna egit et fortia Seleuciamque urbem eorum cum quadringenta milia pugnatorum cepit, e quibus cum magna gloria triumphavit. ‖ senior vero multis bellis sepe interfuit sepiusque per duces suos triumphum revexit, maxime de gente Quadorum. ‖ sed unus in Alteno apoplexiam passus defunctus est, ‖ alter in Pannonia morbo periit.

Commodus, filius Antonini, regnavit ann. XIII magnumque triumphum de gente revexit Germanica ‖ et post haec in domo Vestiliani strangulatus defecit.

Helvius Pertinax maior sexagenario cum praefecturam ageret, ex senatus consulto imperator creatus regnavit m. VI. hic etenim obsecrante senatu, ut uxorem suam Augustam filiumque Caesarem appellaret, 'sufficere', inquid, 'debet, quod ego ipse invitus regnavi, cum non merer'. ‖ nimis aequissimus omniumque communis, ‖ quem Iulianus iuris peritus in palatio eius peremit ipseque postea a Severo occisus est.

Severus genere Afer Tripolitanus, regnavit an. XVIII ultusque occisionem Pertinacis in Iuliano, se quoque Pertinacem appellavit. ‖ hic etenim Parthos et Adiabennos contra Romaniam insurgentes mirabiliter superavit. Arabas quoque interiores ita cecidit, ut regionem eorum Romanam provinciam faceret. sic quoque triumphans Parthicus Arabicus et Adiabennicus dictus est. ‖ hoc regnante Samaritis quidam Symma-

---

*H P V L.*

1 postot *P*   seleuciam *H*   4 urbe *H*, urbes *V*   6 nihil *V*, nichil *L*   7 propriis] publicis *Hieronymus*   expansis *L*   relauit *Vᵃ*   8 si quidem *om. L*   de *om. L*   heliam app. *HPV*, app. heliam *L*   9 ilico *om. L*   10 se] re *L*   11 eufraten *VL*   13 facitnte (sic) *H*   14 antonius *H*, anthoninus *Pᵃ*, anthoninus *Pᵇ*   15 anthoninus *HPVL*   16 est] est autem *L*   sua] sau *V*   17 sexto] septimo *Hieronymus* post sexto *add.* regā ā. xuiiii m. 1 *HPV: cf. ad p.* 36, 16   18 anthoninus *HᵃP*   19 adm.] diuiserunt *L*   20 quadringenta milia] *HPV*, quadrainta milia *L*: cum quadringentis, quadragentis, quadrintis milibus *libri Rufi*   21 cepit] *Rufus*, accepit *HPVL prava geminatione*   25 germanita *L*   26 sexagenario] septuagenario *Hieronymus*   ex] et *P*   29 non *om. Lᵃ*   merer] *HPV*, mererer *L recte puto*   31 uultusque *V*   32 in *om. L*   adiabennos] *HPV*, adiabenos *L*   33 romaniam] *HPV*, romanam *L*   iisurgentes *P*   alabas *Lᵃ*   35 adiabennicus] *HPV*, adiabenus *L*

---

1) *Eius statuae reliqui auctores non meminerunt.*
2) *cf. Epiphanius de mens. et pond. p. 169ᵈ Petav.:* οὗ τινος (Hadriani) τῷ δωδεκάτῳ ἔτει Ἀκύλας ἐγνωρίζετο. *Isidorus chron.* 76, 3.

chus Iudaeorum factus proselitus item divinas scripturas ex Hebreo sermone Greca lingua transfudit suamque condidit editionem [1]). post quem pene tertio anno secutus Theodotion Ponticus item suam in eodem opere editionem scripturarum conposuit [2]). ‖ Brittanicum bellum exortum, ‖ unde Severus mirabiliter triumphavit.

277 Antoninus cognomento Caracalla, filius Severi, regnavit ann. VII. ‖ nam ideo hoc nomen nanctus est, eo quod eiusdem vestium genere Romae de manubiis erogans sibi nomen Caracalla et vesti Antoniana dederit. ‖ sub hoc iterum editio scripturarum divinarum, quam quintam nominamus, in Hiericho in doleo reperta est [3]). ‖ hic etenim imperator, dum contra Persas movit procinctum, Osroene Edessa defunctus est.

278 Macrinus praefecturam agens praetorianam imperator creatus est regnavitque anno uno occiditurque Archilaide.

279 Marcus Aurelius Antonini Caracallae filius templique Heliogabali sacerdos imperator factus regnavit ann. IIII. ‖ Emmaus in Iudaea constructa et Nicopolim nominata. tunc et Africanus egregius temporum scriptor pro ipsa legationem suscepit ad principem. ‖ sed imperator, dum nullum genus obscenitatis in regno suo quod non faceret praetermittebat, ‖ occisus est tumultu militari.

280 Alexander Mamae filius ‖ ignobilis fortunae existens ‖ adhuc iuvenis regni moderatione suscepit moxque contra Xersen regem Persarum arma arripiens mirabiliter de Parthorum spoliis triumphavit. ‖ sub huius item imperio in Nicopolim Actiacam, id est Epiro, editio quae sexta dicitur divinarum scripturarum in dolio reperta est [4]). ‖ ipseque Mogontiaco tumulto occiditur militari, ‖ cui successit Maximinus ex corpore militari in regno.

281 Maximinus genere Gothico, patre Micca Ababaque Alana genitus matre, ‖ sola militum voluntate ad imperium concedens, bellum adversus Germanos feliciter gessit indeque revertens, contra Christianos movens intestino proelio, vix tres annos regnans, Aquileia a Puppieno occisus est.

282 Gordianus ammodo puer imperator factus vix regnavit sex annos. hic etenim mox Romae ingressus est, ilico Puppienum et Albinum, qui Maximino occidentes tyrannidem arripuissent, occidit ‖ Ianumque geminum aperiens ad Orientem profectus Parthis intulit bellum ‖ indeque cum victoria revertens fraude Philippi praefecti praetorii haut longe a Romano solo interfectus est.

---

*H P V L.* — *Mur. p. 236[b] v. 6 de manubiis.*

5 anthoninus *H[a]P*    caragalla *HPV*    6 nomine *HPVL*    7 caragalla *HPV*, caralalla *L* anthoniana *HPV*    8 diuinarum om. *L*    doleo] *HPVL*    9 peruersas *V*    mouet *L*    osproene *HPV*, os pene *L*    10 petronianam *L*    11 una *L*    archelaide *PVL*    12 anthonini *HPV*    caracallae] *P*, caragallae *HV*, cararalle *L*    13 factus om. *V*    14 egreius *L*    a principe *HPVL*    15 in ... praetermittebat] pretermittit in r. s. q. n. f. *L*    16 post militari add. regnauit ann. xiii *libri; cf. ad p. 35, 17*    17 mamae] *libri*    filis *P*    ignobilit *libri*    18 moderatione] *HPV*, moderationem *L*    19 spoliis *P*    inicopolim *P*    21 magontiato *L*, mongontiaco *V*    23 genitus matre] genitus *L*    24 germanicos *L*    26 pupieno *P*    28 maximino] *HPV*, maximinum *L*    29 occidentem *L*    30 pathis *HP*    31 longue *L*

---

1) cf. *Epiphanius de pond. et mens. p. 172[b] Petav.*: ἐν τοῖς τοῦ Σευήρου χρόνοις Σύμμαχός τις Σαμαρείτης τῶν παρ' αὐτοῖς σοφῶν ... ἀγανακτήσας κατὰ τῆς ἰδίας φυλῆς προσέρχεται Ἰουδαίοις καὶ προσηλυτεύει. *Isidorus chron. 81, 2.*

2) cf. *Epiphanius de pond. et mens. p. 172[a] Petav.*: μετὰ τοῦτο δὲ κατὰ πόδας ἐν τῷ ἑξῆς χρόνῳ ... Θεοδοτίων τις Ποντικὸς ... ἰδίως καὶ αὐτὸς ἐξέδωκε. *Isidorus chron. 79, 2.*

3) cf. *Epiphanius l. c.*: ἐν δὲ τῷ ἑβδόμῳ αὐτοῦ (Caracallae) ἔτει εὑρέθησαν καὶ βίβλοι τῆς πέμπτης ἐκδόσεως ἐν πίθοις ἐν Ἱεριχῷ κεκρυμμέναι μετ' ἄλλων βιβλίων Ἑβραϊκῶν καὶ Ἑλληνικῶν. *Isidorus chron. 82, 2.*

4) cf. *Epiphanius p. 174[c]*: ἐν μέσῳ τῶν χρόνων τούτων (imperii Alexandri) εὑρέθη ἕκτη ἔκδοσις καὶ αὐτὴ ἐν πίθοις κεκρυμμένη ἐν Νικοπόλει τῇ πρὸς Ἀκτίᾳ. *Isidorus chron. 84, 2.*

<small>Hier. 2261</small>  Philippus in imperio impudenter ingressus est regnavit ann. VII. hic etenim filium 283
suum idem Philippum consortem regni fecit ipseque primus omnium imperatorum
<small>Hier. 2262</small> Christianus effectus est ‖ tertioque anno imperii sui festivitatem Romanae urbis, mil-
<small>Hier. 2264;<br>supra c. 221</small> lesimo anno quod expleverat, caelebravit ‖ urbemque nominis sui in Thracia, que di-
cebatur Pulpudeva, Philippopolim reconstruens nominavit.

<small>Hier. 2268</small>  Decius e Pannonia inferiore Budalie natus occisis Philippis utrisque regnavit 284
an. uno et mensibus tribus. armaque in Christianos erecta ob Philipporum nominis
<small>Get. 103<br>Hier. 2268</small> odium. ‖ ipse bellantibus Getis ‖ cum filio suo crudeli morte occubuit Abritto.

<small>Hier. 2269. 2270</small>  Gallus et Volusianus regnaverunt ann. II m. IIII. ‖ hi cum adversum Emilianum, 285
qui in Moesia res novas moliebatur, ex urbe profecti essent, in Foro Flamminii in-
terfecti sunt.

<small>Hier. l. c.</small>  Emilianus vero tertio mense invasae tyrannidis extinctus est. 286

<small>Hier. 2271</small>  Valerianus et Gallienus, dum unus in Retia a militibus, alter Romae a senatu 287
<small>Hier. 2274</small> in imperio levarentur, regnaverunt an. XV. ‖ Valerianus si quidem in Christianos per-
secutione commota statim a Sapore rege Persarum capitur ibique servitute miserabili
<small>Hier. 2276. 2277<br>2275</small> consenescit. ‖ Gallienus illius exitum cernens Christianis pacem dedit. ‖ sed dum nimis
in regno lasciviret nec virile aliquid ageret, Parthi Syriam Ciliciamque vastaverunt, ‖
<small>Hier. 2277. 2278<br>2279</small> Germani et Alani Gallias depraedantes Ravennam usque venerunt¹), ‖ Greciam Gothi
<small>Hier. 2280</small> vastaverunt, Quadi et Sarmatae Pannonias invaserunt, ‖ Germani rursus Spanias oc-
<small>Hier. 2285</small> cupaverunt. ‖ idcirco Gallienus Mediolani occisus est.

<small>Hier. 2286<br>Oros. 7, 23</small>  Claudius regnavit ann. I m. VIIII. ‖ qui Gothos iam per XV annos Illiricum Mace- 288
doniamque vastantes bello adortus incredibili strage delevit, scilicet ut in curia ei
<small>Hier. 2287</small> clypeus aureus et in Capitolio statua aurea poneretur. ‖ occisusque Sirmium est.

<small>Hier. l. c.</small>  Post cuius mortem Quintilius frater eius a senatu Augustus appellatus octavo 289
decimo imperii sui diae Aquilaeia occisus est.

<small>Hier. 2288 et<br>Eutr. 9, 13</small>  Aurelianus Dacia Ripense oriundus regnavit an. V m. VI. ‖ qui mox Tetricum 290
<small>Hier. 2289<br>Oros. 7, 23</small> apud Catalaunos prodente exercitum suum Gallias recepit ‖ expeditioneque facta in
<small>Hier. 2292</small> Danubium Gothos magnis proeliis profligavit ‖ cultoresque divini nominis persecutus
<small>Ruf. 23</small> est. ‖ Odenathus Palmyrenus ante ipsum collecta rusticorum manu Persas de Mesopo-
<small>Ruf. 24</small> tamia expellens ipse ea loca invaserat. ‖ quem uxor sua occisum Orientis tenebat im- 291
perium: contra quam expeditionem suscipiens Aurelianus apud Hymmas vicino Antio-
<small>Hier. 2292</small> chiae superavit Romaeque in triumpho suo vivam perduxit ‖ ac dehinc secundo arri-
piens expeditionem inter Byzantium et Heracleam in Caeno Frurio viae veteris occiditur.

<small>Hier. 2293</small>  Tacitus regnavit ann. VI. quo occiso apud Pontem suscepit imperium Florianus 292
tenuitque diebus LXXXVIII. similiterque et ipse apud Tharso interfectus est.

---

*H P V L.* — *Mur.* p. 237ᵃ v. 19 Spanias.

1 imperio] *HPVL*   est *om. PL*   ann. VII] ann. VIII *H*   2 idem] id est *VL*   5 philippolim *L*   7 erecta] orta *Lᵃ*   9 hic *H*   10 moesiam *HPVL*   moliebatur *Pᵃ*, moliabatur *Pᵇ*
12 tyranndis *P*   13 galienus *L*   14 persecutionem in chr. *L*   16 galienus *HPL*   17 par-
thii *V*   ciliamque *H*   19 qua die et *H*   20 galienus *HPL*   mediolane *HPV*, mediolanii *L*
21 cladius *Pᵃ*, ∗∗∗∗dius *Vᵃ*   gthos *Pᵃ*   macedoniaque *V*   22 adortos *libri*   ingredibili *P*
*post* deleuit *ins.* senatus ingenti honore eum decorauit *Mur. contra libros*   23 sirmium] *HPVL*   24 oc-
tauo decimo] xuii *Hieronymi libri plerique cum Eutropio et Orosio*   26 tetricum] *HᵇPVL*, tetric∗∗ *Hᵃ*
28 danubium] *HL*, danuuium *PV*   diuini] diui *H*   29 mesopotamiae *HP*, mesopothamiae *V*
30 ea] ae *P*   31 aurilianus *P*   hymmas] *HP*, hymas *V*, himmas *L*   32 dehinc] deinde *L*
33 caenofurio *VᵃL*   34 annis ui∗ *L*   qui *V*   pontem] Pontum *Hier.*   35 lxxxuiiii *L*
similiter *L*   tharso] *HPV*, tarso *L*

---

¹) *Hieronymus ad a.* 2277: Gallieno in omnem lasciviam dissoluto Germani Ravennam usque venerunt; *ad a.* 2278: Alamanni vastatis Galliis in Italiam transiere.

293   Probus regnavit an. VI m. IIII. ‖ hic etenim Gallos et Spanos¹) vineas habere per-   Hier. 2296
misit. ‖ quo tempore Saturninus magister militum, dum ad restaurationem Antiochenae   Hier. 2297
civitatis missus fuisset, arrepta ibidem tyrannide mox oppressus est et Appamiae interfectus. ‖ ipse quoque imperator Probus tumultu militari Sermio in turre quae voca-   Hier. 2299
5 tur Ferrata occisus est.
294   Carus cum filiis Carino et Numeriano regnavit an. II, oriundus Narbona Galliae.   Hier. 2300
hic admirabiliter pene omnem Persidam vastatam novilissimas eorum urbes occupavit
Cochem et Ctesifontem. ‖ bellum Sarmaticum feliciter superavit. ‖ ipse quoque Carus   Eutr. 9, 14
                                                                                         Hier. 2300
9 super Tigridem amnem dum castra metaret, fulmine ictus occubuit.
295   Numerianus autem oculorum dolore tentus dum in lectiula veheretur, soceri sui   Hier. 2301
Apri insidiis occisus fetore cadaveris vix tertio die est agnitus. Carinus vero apud
Margum in proelio victus occiditur.
296   Diocletianus Delmata, scribae filius, imperator electus regnavit ann. XX. hic etenim   Hier. 2302
mox in regno levatus est, ilico Aprum in militum contione percussit, iurans sine suo
15 scelere illum Numerianum interemisse. ‖ et mox in consortio suo Maximianum Her-   Hier. 2303
culium ascivit. qui Maximianus rusticorum multitudine oppressa, quos Bacaudas di-
297 cunt, pacem Galliis reddidit. ‖ quo tempore Carausius sumpta purpura Brittanias   Hier. 2305
occupaverat, Narseus rex Persarum Horienti bellum intulerat, Quinquegentiani Afri-
298 cam infestaverant, ‖ Achilleus Egyptum invaserat. ob quae Constantius et Galerius   Hier. 2306
20 Maximianus Caesares adsumuntur in regno. quorum Constantius, Claudii ex filia nepus fuit: Galerius in Dacia non longe a Serdica natus. ‖ atque ut eos Diocletianus   Hier. 2307
etiam adfinitate coniungeret, Constantius prevignam Herculii Theodoram accepit, ex
qua et sex liberos procreavit: ‖ Galerius autem Valeriam Diocletiani filiam accepit,   Hier. 2308
299 utrique pristino matrimonio repudiantes. ‖ Carporum si quidem gens tunc devicta et   Hier. 2311
25 in Romanum solum translata est. ‖ tunc etenim primus omnium imperatorum Dio-   Hier. 2312
clitianus adorari se ut deum praecepit et gemmas vestibus calciamentisque inseruit ‖
diademaque in capite²), ‖ cum ante eum omnes clamidem tantum purpuream, ut a   Iord.
                                                                                      Hier. l. c.
300 privatis discernerentur, habebant et ut ceteri iudices salutabantur. ‖ adsumpta ergo   Hier. 2314
unusquisque principum expeditione Diocletianus Aegypti tyrannum octavo mense
30 victum provinciam cunctam subegit. ‖ Maximianus Herculius in Africa Quinquegentia-   Oros. 7, 25
nos exsuperavit. ‖ Constantius iuxta Lingonas una die LX milia Alamannorum cecidit.   Hier. 2317
301 Galerius Maximianus victus primo proelio a Narseo ante carpentum Diocletiani purpuratus cucurrit. ‖ qua verecundia conpunctus secundo viriliter dimicavit, superavit   Oros. 7, 25
34 Narseum, uxores eius abegit ac liberos, et condigno honore a Diocletiano susceptus
302 est. ‖ post quam victoriam mirabiliter Diocletianus et Maximianus Romae triumphave-   Hier. 2320

---

H P V L. — *Mur. p. 237ᵇ v. 25* -rum Diocletianus.

3 tyrannidem *HPV*, tirannide *L*     appamiae] *Hier. (Freher.)*, apramiae *libri*     4 tumulta *H*
6 filio *L*     8 et ctesif.] *H*, et tesif. *V*, ectesif. *P*, et thesif. *L*     9 flumine *HPV*     10 ureretur *L*
13 dioclet- *P*     dalmata *VL*     etenim] ergo *L*     17 gallis *libri*     18 parsarum *Hᵃ*     19 in-
festauerat *HPV*, uastanerant *L*     gallerius *P*     20 regnum *L*     21 longne *L*     ut] ad *L*
dioclitianus] *HP*, diaclit. *L*, dioclet. *V*     22 coniungerent *HV*, coniungeraent *P*, coniungnerent *L*
praeuignam *HP*     thodoram *HPV*, theodaram *L*     23 dioclitiani] *HPV*     24 utrisque *P*     pristino matrimonio] *HPV*, pristina matrimonia *L*     25 solium *L*     dioclitianus] *HPV*, dioclitionus *L*
27 diademateque *libri*     clamidem] *HL*, clamide *PV*     purpuream] *L*, purporea *P*, purpureā *V*, pur-
pureo *H*     29 expeditionem *L*     dioclitianus] *HVL*     31 ligonas *libri*     32 diocitiani] *HPVL*
33 occurrit *L*     34 cum digno *libri*     diocliiano] *HL*, diocletiano *PV*     35 diocliitianus] *HPL*, diocletianus *V*

---

1) Gallos et Pannonios *Hieronymus*.
2) diadema *suo errore addidit Iord.*

|  |  |  |
|---|---|---|
| | runt antecedentibus sibi liberis uxoribusque regis Persarum praedaque illa ingenti gen- | |
| Hier. 2317 | tium diversarum. ‖ sic quoque concitata persecutione in Christianos Dioclitianus . . . . | |
| | . . . . . . . . . . . . . . . . . . . . . . . . . . . . . . . . . . . . . . . . . . . . . . . . . . . . . . . . . . . . . . . . . . . . . . . . . . . . . . . . . . . . . . . . . . . . . . . . . . . . . . . . . . . . . . . . . . . . . . . . . . . . . | 4 |
| Hier. 2377 | . . . . . . . . . Cappadociamque defunctus est Constantius. | 303 |
| Hier. 2378 | Iulianus apostata regnavit an. uno m. VIII, relictaque Christianitate ad idolorum | 304 |
| | cultura conversus est multosque blanda persecutione iniciens ad sacrificandum ido- | |
| Eutr. 10, 16 | lis conpulit. ‖ ipse si quidem vir egregius et rei publicae necessarius Parthis ingenti | |
| Hier. 2379 | apparatu intulit bellum. ‖ ubi proficiscens Christianorum post victoriam sanguinem | |
| Eutr. l. c. | diis suis votavit ‖ nonnullaque Parthorum oppida in deditione accepit multaque vi | 10 |
| Oros. 7, 30 | populatus est, castraque aliquandiu apud Ctesifontem habuit. ‖ unde egressus, dolo | 305 |
| | cuiusdam transfugae in deserta perductus, cum vi sitis, ardore solis confecto periret | |
| | exercitus, ipse tantorum discriminum anxius, dum per vasta deserti incautius evaga- | |
| Hier. l. c. | tur, ab obvio quodam hostium equite conto ‖ ilia percussus interiit anno aetatis suae | |
| | trecesimo tertio. post quem sequenti diae ab exercitu Iobianus primicerius domestico- | 15 |
| | rum in regno ascitus est. | |
| Hier. 2380 | Iobianus regnavit menses octo. qui mox rerum necessitate conpulsus Nitzibim | 306 |
| | et magnam Mesopotamiae partem Sapori Parthorum regi contradedit ipseque odore | |
| | prunarum offucatus defunctus est Dadasthanae anno aetatis XXXIII. | 19 |
| Hier. 2381 | Valentinianus et Valens regnaverunt ann. XIII m. v. nam Pannones erant Ciba- | 307 |
| | lenses utrimque germani. in Nicomedia tribunatum Valentinianus agebat[1]), qui impe- | |
| | rator creatus fratrem Valentem consortem regni adsumpsit. ipse vero egregius et | |
| | Aureliani similis moribus, nisi quod severitatem eius nimiam et parcitatem quidam | |
| Iord. | crudelitatem et avaritiam causabantur. ‖ relicto germano Orientali in regno ipse Espe- | 24 |
| Hier. 2387 | rium tenuit. ‖ quo tunc regnante alter Valentinianus in Brittania tyrannidem adsu- | 308 |
| Hier. 2382 | mens in continenti oppressus est. ‖ Constantinopolim quoque Procopius quidam contra | |
| | Valentem insurgens nihilque praevalens urbe egreditur, et in Frygiam Salutariam ty- | |
| | rannizans extinctus est, multique partis Procopianae caesi atque proscripti. Valens ab | |
| | Endoxio Arrianorum episcopo suasus et baptizatus contra orthodoxos infestus insurgit. ‖ | 29 |
| Hier. 2383 cf. c. 310 | Gratianum filium suum Valentinianus Ambianis imperatorem constituit, ‖ quem habuit | 309 |
| Oros. 7, 32 | de Severa priore iugale ‖ et contra Saxones Burgutionesque, qui plus LXXX milia ar- | |
| Hier. 2391 | matorum primum Reni in limbo castra metassent, movit procinctum, ‖ sed apoplexia | |
| | subito et sanguinis eruptione[2]) Bregitione defunctus est. | |

---

*H P V L. — Mur. p. 238[a] v. 32 movit.*

1 ante] *Hieronymus L,* actae *HPV* ingentia *libri* 2 dioclitianus] *HP,* dioclitianus *VL* hiatum non indicant *HP¹V:* hic multa transilita sunt *margo P²;* hoc in loco multum deest *margo L:* Constantius Mopsucrenis inter Ciliciam Cappadociamque moritur anno aetatis XLV *Hieronymus 2377;* in itinere inter Ciliciam Cappadociamque defunctus est *Orosius 7, 29* 6 christinitate *H* 7 culturam *L* sacrifandum *H* 8 pathis *HP,* paythis *V* 9 ubi *pr. in litura V* 10 non om. *L[a]* deditione] *HPV,* deditionem *L* que om. *L* 12 solis om. *L* 13 ancsius *HP* euacatur *HPV* 15 trecesimo tertio] xxxii *Hieronymus* exercito *HP* primicerius] *L,* prymicerius *V,* primicyrius *HP* 17 nitzibim] *HV,* nitzibin *PL* 18 contradedit] *libri:* tradidit *Hieronymus* 19 dadasthanae] *HPV,* dadastanae *L* xxxiii] *sic Hier. (Petav. et Middl.) cum Eutropio 10, 18,* xxxiiii *Hieronymi libri plerique* 20 xiii] xiiii *Hieronymus* 21 utrique *L* ualennianus *L* 22 fr. suum *L* egreius *L* 23 aureliano *L* nimiam] miam *P[a]* 24 esperium] *HPV,* isperium *L* 25 brittaniam *libri* 27 frigiam *VL* 29 arrinorum *H* orthodochos *L,* orthoxos *V* 30 ambianus *L* 31 seuera] serua *libri* burgutionesque] *HPV,* burgundionesque *L cum Orosio eiusque auctore Hieronymo* 32 primo *V* 33 sanguis *L* Brigetione *requiritur*

---

1) Valentinianus tribunus scutariorum . . . apud Nicaeam Augustus appellatus *Hieronymus.*
2) subita sanguis eruptione, quod Graece apoplexis vocatur *Hieronymus.*

310 Tunc Gratianus Valentiniano fratre de Iustina secunda uxore natu in regno consortem adsumit. nam Valentinianus senior dudum laudante Severa uxore sua pulchritudine Iustinae sibi eam sociavit in matrimonio legesque propter illam concessit, ut omnes viri, qui voluissent, inpune bina matrimonia susciperent, quia ideo populosas fore gentes, quia hoc apud eos solemne est et multarum uxorum unus
311 maritus auditur. acceptaque ergo, ut diximus, Valentinianus Iustina edidit ex ipsa quattuor filios, Valentinianum supra dictum imperatorem et Gratam Iustamque et Gallam. de qua Galla dehinc Theodosius imperator Flacilla defuncta, quae Archadium Honoriumque pepererat, Placidiam generavit, || quae mater fuit moderni Valen-
312 tiniani iunioris imperatoris. sed nos ad propositum redeamus. || Valens imperator lege data, ut monachi militarent, nolentesque iussit interfici. quando et Theodosius Theodosii imperatoris postea pater multique nobilium occisi sunt Valentis insania. || Gratianus imperator Alamannorum plus XXX milia apud oppidum Argentarium Gallie
313 in bello prostravit Galliasque pacavit. gens Hunnorum super Gothos inruens certos ex ipsis subiugat, alios fugat. qui venientes in Romania sine armorum suscepti depositione per avaritiam ducis Maximi fame conpulsi rebellare coacti sunt, superatis-
314 que Romanis in congressione funduntur in Tracias. contra quos Valens ab Antiocia exire conpulsus in Thraciam proficiscitur ibique || lacrimabili bello commisso imperator sagitta saucius in casa deportatur vilissima, ubi supervenientibus Gothis igneque supposito incendio concrematus est. || Gothi vero occiso imperatore iam securi ad urbem properant Constantinopolitanam, ubi tunc Dominica Augusta Valentis uxor multa pecunia plebi largita ab urbis vastatione hostes submovit regnumque cognatis, usque dum ille Theodosium ordinasset, fideliter viriliterque servavit.
315 Theodosius Spanus, Italicae divi Traiani civitatis a Gratiano Augusto apud Sirmium post Valentis interitum factus est imperator || regnavitque an. XVII; || veniensque Thessalonica ab Acolio sancto episcopo baptizatus est || ammodumque religiosus ecclesiae enituit || propagator rei publiceque defensor eximius. nam Hunnos et Gothos, qui eam sub Valente defetigassent, diversis proeliis vicit atque a [prava vastatione
316 conpescuit. cum Persis quoque petitus pacem pepigit. Maximum autem tyrannum, qui Gratianum interfecerat et sibi Gallias vindicabat, apud Mediolanum[1]), || una cum Va-
317 lentiniano imperatore adgrediens ab Oriente, clausit cepit occidit. || Eugenium quoque tyrannum atque Arbogasten divino auxilio praeditus vicit deletis eorum decem milibus pugnatorum. hic etenim Eugenius confisus viribus Arbogasti postquam apud Viennam Valentinianum extincxerat, regnum invasit, sed mox simul cum vita impe-
318 rium perdidit. || nam occiso Arbogaste desperans sua se manu peremit[2]). omnesque inimicos Theodosius superatos || in pace rebus humanis apud Mediolanum excessit

---

*H P V* (10 Valens — 29 conpescuit) *S L Paulus h. R. 11*, 7 (1 Valentiniano — 8 Gallam). *12, 7* (8 de qua — 10 imperatoris). *11, 11* (20 Gothi — 23 servavit).

1 ualentiano *libri* fratre] *HPVL* secunda] se secunda *HPV* uxorem *HPV* natu] *HPV*, natus *L* 2 consorte *V* 3 pulchritudine] *HV* 6 acceptaque] *HPV*, accepta *L* 8 flacilla] *HPVL*[b] *Paulus*, facilla *L*[a] archadium] *libri semper* 9 pepereat *H* placidam *V* 11 theosius thodosii *S* 13 Argentariam *Hier.* 15 uenites *S* romania] *libri* dep. susc. *L* 16 coati *S* 17 in congr.] congr. *L* 18 exire h̄s p h̄p conpulsus *S* 19 casa d. uillissima] *libri* 20 incrematus *L* 21 constantinopolitana *S* multa pecunia] *HPVS Paulus*, multam pecuniam *L* 22 cognatis suis *L* 23 filiter *S* 24 grationo *L* 25 decem et septem *S* 26 thessalonica *HVL*, thesalonica *P* regiosus *P* 27 propagatur *HPV* 31 coepit *H* 32 pred. aux. *L* 34 ueniennam *HP* extincxit *L* imperium] regnum *L*

---

1) apud Aquileiam *Epitome*.
2) Eugenius captus atque interfectus est: Arbogastes sua se manu percullt *Orosius*.

utramque rem publicam utrisque filiis quietam relinquens. corpus eius eodem anno Constantinopolim adlatum atque sepultum.

Archadius et Honorius fratres filii Theodosii imperatoris utrumque imperium divisis tantum sedibus tenere coeperunt, id est Archadius senior Constantinopolitanam urbem, Honorius vero Romanam. tunc Rufinus patricius Archadio principi insidias tendens Halaricum Gothorum regem, ut Grecias devastaret, missis clam pecuniis invitavit. porro detectus Rufinus ab Italiae militibus et Archadio cum Gaina comite missus¹), ante portas urbis detruncatus est caputque eius et dextera manus Constantinopolim ad ludibrium circumductum || uxoremque eius exulatam opes cunctas Eutropius spado promeruit. || Gildo tunc Africae comis a Theodosio dudum ordinatus, ac si iuvenilem regnum utrumque despiciens, sibi velle coepit Africam optinere et a fratre proprio Mascezel dum se vidisset detectum oppressionique vicinum, propria se manu peremit. || Gaina vero supra nominatus comis Constantinopolim civile bellum commovens totam urbem igni ferroque turbavit || fugiensque Hellisponto piratico ritu vivebat. contra quem navali proelio dato multi Gothorum eius extincti. ipse quoque bello evadens mox tamen capite plectitur. post cuius oppressionem || Isauri per montem Tauri discursantes ingens dispendium rei publicae inportarunt. contra quos Narbazaicus directus maius continuo rependit incommodum. || Hesperia vero plaga in regno Honorii imperatoris primum Radagaisus Scytha cum ducenta milia suorum inundavit. quem Huldin et Sarus Hunnorum Gothorumque reges superantes omnes captivos, quos retulerant, singulis aureis vendiderunt. || Stilico vero comis, cuius duae filiae Maria et Hermantia singulae uxores Honorii principis fuere et utraeque virgines sunt defunctae, spraeto Honorio regnumque eius inhians Alanorum Suavorum Vandalorumque gentes donis pecuniisque inlectas contra regnum Honorii excitavit, Eucherium filium suum paganum et Christianis insidias molientem cupiens Caesarem ordinare. qui cum eodem filio suo detecto dolo occisus est. quo anno et Archadius Orientalis imperator, regnans post obitum patris ann. XIII, defunctus est.

Theodosius iunior Archadii filius loco patris successit in imperio, aduliscens egregius, || regnavitque an. XLIII. || Halaricus rex Vesegotharum vastatam Italiam Romam ingressus est opesque Honorii Augusti depraedatas Placidiam sororem eius duxit captivam, quam post haec Ataunlfo successori suo, in matrimonio ut acciperet, delegavit. || Constantinus tunc quidam Gallias occupatas invasit imperio filiumque suum Constantem ex monacho Caesarem ordinavit. sed mox ipse apud Arelatum, filius eius apud Viennam regnum cum vita amiserunt. || itemque eorum exitu inmemores Iobinus

---

*H P S* (3 Archadius — 10 promeruit *et* 18 Hesperia — 31 delegavit) *V L. — Mur. p. 238ᵇ v. 4 tantum.*

1 quietam *om. Lᵃ*   6 haralicum *Lᵃ*   pecunis *Pᵃ*   7 gaino *L*   8 detruncatum *L* que *om. L*   dextra *S*   manus] *L*, manu *HPVS*   9 exultam *P*   13 gaino *L*   14 turbauit] uastauit *L*   hellisponto] *HP*, bellesponto *V*, hellespontu *L*   ritu] itu *Lᵃ*   16 per] post *H* 18 hesperia u. plaga] *libri*   19 ragadaisus *V*   ducenta *PSL*   20 hunorum *V*   22 hermantia] *HPVL*, hermancia *S: requiritur* Thermantia   23 spraeto] *S*, spracto *HPV*, spreto *L*   alanorum] alamannorum *L*   Sueuorum *Marcellinus*   24 domis *L*   25 pacanum *HPVS*, pagano *L*   et] e *L*   molientes *L*   28 loko *HP*   segregius *P*   29 reḡ annis *L*   xlii *Marcellinus* 30 placidam *V*   31 athaulfo *L*, azauulfo *V*   32 constantius *L*   imperio] *HPVL*   *post imperio quod addunt cod. Vind. 203 et edd.:* statim hostes eius contra eum seuientes filiumque illius regno priuare cupientes monachum eum fecerunt: ipse sanus a gallia reuertens statim filium suum *abest a libris bonis et a Marcellino*   33 ipso *L*   alatum *Pᵃ*   34 uiennum *HP*, uiennium *L*   amiserunt] perdidit *L*   exitu] *HPVL*   iobinus] *HPᵇV*, iobnus *Pᵃ*

---

1) ab Italicis militibus olim cum Gaina comite Arcadio missis *Marcellinus*.

et Sebastianus ibi in Galliis tyrannide moliuntur: sed et ipsi ilico esse desierunt. ∥
Haeraclianus post haec cum septingentis et tribus navibus[1] armatis ad urbem Romam depraedandam advenit; contra quem Marinus comis egressus sic eum perterruit, ut tantum cum una nave Chartagine fugiret, ubi mox ingressus interfectusque est. ∥ Marc. 413

326 Valia rex Vesegotharum facta pace cum Honorio Placidiam sororem eius reddidit, ∥ quam Constantio patricio, qui eam revocaverat, in matrimonio iungens ∥ Honorius rebus humanis excessit. ∥ Maximus et Iovinus de Spanias ferro vincti abducti atque Marc. 414 / Get. 64 / Marc. 423 / Marc. 422

327 interfecti sunt. ∥ Iohannes vero Honorio defuncto regnum occidentalem invasit. contra quem Placidia creatam Augustam et Valentinianus filius eius Caesar diriguntur. ∥ Marc. 424

328 quem et dolo potius Asparis et Ardaburis quam virtute Aetii[2] superant. occisoque Iohanne tyranno Valentinianus Ravenna imperator a patruele Theodosio ordinatur. ∥ cuius germana Honoria dum ad aulae decus virginitatem suam cogeretur custodire, clam misso clientulo Attilam Hunnorum regem invitat in Italia. cumque veniente Attila votum suum nequivit explere facinusque, quod cum Attila non fecerat, cum Eugenio procuratori suo committit. quam ob rem tenta a germano et in Constantinopolim Theodosio principi destinata est[3]). ∥ post haec III anno Valentinianus imperator a Marc. 425 / Get. 224 et Marc. 434

329 Roma Constantinopolim ob suscipiendam in matrimonio Eudoxiam Theodosii principis filiam venit ∥ datamque pro munere soceri sui totam Illyricum[4] ∥ celebratis nuptiis ad Marc. 437 / IGN. Marc. l. c.

330 sua regna cum uxore secessit. ∥ Africana provincia per Bonifatium comitem Vandalis tradita et a Romano iure subtracta est, quia Bonifatius, dum in offensa Valentiniani venisset, malo publico se defendere voluit invitatoque ab Spaniis Gizerico Vandalorum rege dolum quod conceperat peperit. ∥ Hunnorum rex Attila iunctis secum Gepidas IGN. cf. Get. 167

331 cum Ardarico, Gothosque cum Valamir, diversasque alias nationes suis cum regibus, omnem Illyricum Traciamque et utramque Daciam, Mysiam et Scythiam populatus est. contra quem Arnegiselus magister militum Mysiae egressus a Marcianopolim fortiter dimicavit, equoque sub se decidente praeventus est, et nec sic quiescens bellare, occisus est. IGN. cf Get. 199 / cf. Marc. 447

332 Marcianus imperator regnavit an. VI m. VI. ∥ hic etenim mox defuncto Theodosio in regno ascitus ∥ Pulcheriam germanam Theodosii, quae in palatio iam matura mu- Marc. 457. 450 / IGN.

---

*H P V S* (5 Valia — 28 m. vi) *L Paulus h. R. 13*, 2 (6 Constantio). *14*, 2 (24 omnem — populatus est). *Freculfus* 2, 5, *14* (22 Hunnorum — 27 est). — *Mur. p. 239ᵃ v.* 8 Honorio.

1 galiis *H* tyrannide] *HPV*, tirannidem *L* desierunt *L* 2 haeraclianus] *HPL*, heraclianus *V* septingnentis *L* 4 chartagine] *HPVᵇ*, carthagine *L*, chargine *Vᵃ* fugiret] *libri* 5 uualia *S* rex] ex *L* 6 iugens *P* 7 abducti] *Marcellinus* (cod. Audomar.), aducti *Pᵃ*, acducti *H*, adducti *PᵇVLS* 10 aecii *S*, etii *L* superant] superantur *L* 11 theosio *L* 12 hermana *L* 13 attillam *P* unnorum *L* italia] *HPVS*, italiam *L* 14 suu *V* 15 procuratore *P* committit] cum militibus *H* 18 iiricum concelebratis *L* 19 recessit *P* comitem] principem *L* uuandalis *L* 20 romana *L* offensa] *H(?)PVSL* ualentiani *H* 21 gizerico] *L*, gyzerico *HPVS* uuandolorum *Lᵃ* 22 iunctos *Frec.* ge•pidas *S*, gepidis *L* 23 ualamir] *HPV*, uualamir *Lᵃ*, uualamer *Lᵇ*, ualamis *S* 24 illicum *L*, hillyricum *V* 25 arnegysclus *Frec.*, arnegisdus *S*, arneisclus *L* martianopolim *S*, marcinopolim *L* 26 equoque] *HPVS*, quoque *L*, equo *Frec.* praeuentum *P* 28 m. uii *P* etenim]. *VL*, ••enim *P*, enim *H* theodosii *P* 29 theodisii *V* iam om. *L*

---

1) cum septingentis et tribus milibus navium *Marcellinus* (cod. Audomar.) *similiterque Orosius 7, 42.*
2) Aetii *omittit Marcellinus recte.*
3) Honoria Valentiniani principis germana ... dum propter aulae decus ad castitatem teneretur nutu fratris inclusa, clam eunucho misso Attilanem invitasse *Getic. 42.* Honoria Valentiniani imp. soror ab Eugenio procuratore suo stuprata concepit, palatioque expulsa Theodosio principi de Italia transmissa Attilanem contra Occidentalem rem publicam concitabat *Marcellinus a. 434.*
4) *cf. Cassiodorius var. 11, 1:* (Placidia) nurum sibi amissione Illyrici comparavit factaque est coniunctio regnantis divisio dolenda provinciis.

lier virginitatem servaverat, in matrimonio adsumens regnum quod delicati decessores prodecessoresque eius per annos fere sexaginta vicissim imperantes minuerant, divina provisione sic reparavit, ut exultatio ingens cunctis adcresceret. nam cum Parthis et 333 Vandalis omnino infestantibus pacem instituit, Attilae minas conpescuit, Noyades Blemmesque¹) Ethiopia prolapsos per Florum Alexandrinae urbis procuratorem sedavit et pepulit a finibus Romanorum, obitumque Attilae et Zenonis Isauri interitum, antequam moriretur, felix conperit infelicium: omniumque inimicorum suorum colla domini

Marc. 455 virtute calcans sexto anno sextoque mense regnans in pace quievit. || Valentinianus 334 autem occidentalis imperator dolo Maximi patricii, cuius etiam fraude Aetius perierat, in campo Martio, per Optilam et Thraufistilam Aetii satellites iam percusso Eraclio spadone truncatus est. imperium quoque eius idem Maximus invasit tertioque tyrannidis suae mense membratim Romae a Romanis discerptus est. Gizericus tunc rex Vandalorum ab Eudoxia Valentiniani uxore invitatus ex Africa Romam ingressus est eamque urbem rebus omnibus expoliatam eandem Eudoxiam cum duabus filiabus secum in Africa rediens duxit.

IGN. Leo Bessica ortus progeniae Asparis patricii potentia ex tribuno militum factus 335
Marc. 457 est imperator. || cuius nutu mox loco Valentiniani apud Ravennam Maiorianus Caesar
Get. 236 est ordinatus, || qui tertio necdum anno expleto in regno apud Dertonam occiditur locoque eius sine principis iussu Leonis Severianus invasit: sed et ipse tyrannidis 336
IGN. et Get. 236 sui tertio anno expleto Romae occubuit. || tunc Leo Anthemium divi Marciani generum²) ex patricio Caesarem ordinans Romae in imperio distinavit Bigelemque Getarum regem per Ardaburem Asparis filium interemit³). Basiliscum cognatum suum, id est 337 fratrem Augustae Verinae Africam dirigens cum exercitu, qui navali proelio Chartaginem saepe adgrediens ante ea victus cupiditate pecuniis vendidit regi Vandalo-
Get. 239 rum, quam in Romanorum potestatem redigeret⁴). || Asparum autem patricium cum filiis 338 Ardaburem et Patriciolum Zenonis generi sui instinctu in palatio trucidavit || occisoque
IGN. et Get. 239. 241 Romae Anthemio || Nepotem filium Nepotiani copulata nepte sua in matrimonio apud Ravennam per Domitianum clientem suum Caesarem ordinavit⁵). qui Nepus regno potitus legitimo Glycerium, qui sibi tyrannico more regnum inposuisset, ab imperio expellens in Salona Dalmatiae episcopum fecit. sic quoque Leo Leonem iuniorem ex 339

---

*H P V S* (8 Valentinianus — 17 imperator) *L Paulus h. R. 15, 1* (17 apud — 19 invasit; 28 Nepus — 30 fecit). *Freculfus* 2, 5, 17 (20 tunc — 25 redigeret). c. 18 (a 30 Leo). — Mur. p. 239ᵇ v, 19 -dis ani.

2 diuina] diuisi a *V*    5 fioru *V*    7 moreretur *P*    que om. *V*    9 autem om. *L*
10 obtilam *PV*    et hraufistilam *L*: Traustilam *Marcellinus*    persecusso *H*    eraclio] *VL*, heraclio *S*, eracelio *HP*    12 discreptus *Pᵃ*    tunc] bis *P*    13 eudosia *L*    14 eadem *HPV*
15 africa] *H*(?) *PVS*, africam *L*    16 progeniae] *HPV*, progenie *S*, proienie *L*    17 nutu] notum libri ualentiani *HP*, ualentinia *V*    apud] mox apud *Lᵃ*    19 Seuerus *Get. 236* cum Marcellino    20 Artemium *Fr*.    21 bigilem *L*, Bigenem *Fr*.    22 Ardeburem *Fr*.    24 ea] *HPV*, eam *L*    cupiditatem *HPV*    25 potestate *PVL*    redigerit libri    26 generis *L*    27 filiu *V*    28 potius *V*    29 inposuerat *L*    30 fecit] ordinauit *L*

---

1) Βλέμμυες καὶ Νούβαδες *apud Priscum fr. 21 Muell.: cf. fr. 22.*
2) *Anthemium generum fuisse Marciani neque in Geticis legitur neque apud Marcellinum, habet Euagrius 2, 16 in epitoma quam ipse ait sumptam esse ex diligentissima Prisci narratione.*
3) *Res alibi non memoratur. cf. Suidas s. v.:* Ἀρδαβούριος υἱὸς Ἄσπαρος γενναῖος τὸν θυμὸν καὶ τοὺς τὴν Θρᾴκην πολλάκις καταδραμόντας βαρβάρους εὐρώστως ἀποκρουσάμενος.
4) *Euagrius l. c.:* ἐκπέμπεται δὲ στρατηγὸς κατὰ Γιζερίχου Βασιλίσκος ὁ τῆς Λέοντος γυναικὸς ἀδελφὸς μετὰ στρατευμάτων ἀριστίνδην συνειλεγμένων, ἅπερ ἀκριβέστατα Πρίσκῳ τῷ ῥήτορι πεπόνηται.
5) *Nec patrem Nepotis nec Domitianum hunc reliqui auctores memorant.*

Ariagne filia nepotem suum in imperio ordinans Orientale anno regni sui sexto decimo IGN. obiit¹).

340 Leo iunior mox paucis mensibus puerilem, ordinante tamen patre, rexisset impe- cf. Marc. 474 rium, manu sua genitorem suum Zenonem coronans imperatoremque constituens rebus
5 humanis excessit²).

341 Zenon natione Isaurus gener Leonis imperatoris regnavit ann. XVII. hic etenim cf. Marc. 475 dum processibus Chalcedona degeret, subito Verina Augusta socrus sua fratrem suum

342 Basiliscum in imperio inducens Augustum in urbe appellavit. quod conperiens Zenon Chalcedona sine aliqua rei publicae lesione Isauriam secessit, malens se solum cum
10 Ariagne Augusta exulari quam sui causa rei publicae aliquid ex bellis civilibus incommodum provenire. quod Basiliscus cognoscens Zenonisque fugam laetatus || Mar- Marc. 476 cum filium suum Caesarem ordinavit. qui perfidia Nestoriana inflatus multa contra ecclesiam temptavit protinus agere: sed volente deo ante inflatus crepuit quam peni-

343 tens stare potuerat. nam revertens Zenon rursus in regno proprio et eum et patrem
15 et matrem in exilio oppidi Lemni provinciae Cappadociae destinavit. ubi quia caritas dei et proximi in illos refrixerat, frigore consumpti sunt³) vitaque cum regno

344 amiserunt. || parte vero Esperia Nepotem imperatorem Orestes fugatum Augustulum Marc. 475 suum filium in imperium conlocavit. || sed mox Odoacer genere Rogus Thorcilingorum⁴) Get. 242
19 Scirorum Herolorumque turbas munitus Italiam invasit Augustulumque imperatorem de

345 regno evulsum in Lucullano Campaniae castello exilii poena damnavit. sic quoque Hespe- c. 213 rium regnum Romanique populi principatum, quod septingentesimo nono urbis conditae anno primus Augustorum Octavianus Augustus tenere coepit, cum hoc Augustulo periit anno decessorum regni imperatorum quingentesimo vicesimo secundo: Gothorum

346 dehinc regibus Romam tenentibus. || Theodoricus autem Triarii filius || cognomento Marc. 481 IGN.
25 Strabo || rex Gothorum ascitis suis usque ad Anaplum quarto urbis milio armatus ad- Marc. l. c. venit: nulli tamen Romanorum noxius continuo reversus porro Inlyricum properans dum inter suorum moventia plaustra progreditur, iacentis super carpentum teli acumen paviscentisque equi sui inpulsione fixus transverberatus interiit et rei publicae diem

347 festum morte sua donavit. || Valamero rege Gothorum in bello Scirorum defuncto Get. 276
30 Theodemir in regno fratris successit cum Vidimero fratre et filio Theodorico. sed c. 278. 281

---

Π P V S (a 6 Zenon) L Paulus h. R. 15, 6 (24 Theodoricus — 28 interiit). Freculfus 2, 5, 18 (ad 6 ann. XVII). c. 19 (6 hic — 17 amiserunt).

1 in om. L    sui om. L    7 Calcedonia Frec., calcedona L    socru sua L    8 in imp.] imp. L    9 chalcedona] HVS, calcedona L, chalcedonan P    solum] uolum H    10 ariagne] HᵇL, ariagnem P, ariagnen VS, arianem Hᵃ ut vid.    pellis H    11 agnoscens L    12 perfidiam HPV    14 potuerit L    15 oppidis lemni libri: in oppidulum quod Leminis in prouincia Cappadocia dicitur Marcellinus; εἰς Λίμνας τὸ κάστρον.. εἰς τὴν Καππαδοκίαν Chr. pasch. p. 602    capadociae Pᵃ    16 illo L    refixerat H    uitaque] HPVS, uitamque L    17 partes L    18 sed] sex HPV    genene L    rogus] HPVS, rugus L    thorcilinguorum V, torchilingorum L, torcilingorum Sᵃ    19 sciro- rorum S    herolorumque] HPVS, helorumque Lᵃ    turbis L    20 euulsum] pulsum Getica    dampnauit H    quoquo V(?)    21 nono] **nono V    24 theodoricus] HPVS, theodericus L    25 milio] HPV, miliario SL Marcell.    26 in **lyricum Sᵃ, in illyricum Sᵇ    27 plustra H    acumen] SᵇL, agumen HPV, cumen Sᵃ: acumine Marcellinus    28 inpulsionem HPVL    infixus L    transuerberatur L: transuerberatusque Marcellinus    publicem S    29 cirorum Pᵃ    30 theodimer L    uuidimer- L hic et deinceps    theoderico VL, uterque hic et deinceps

---

1) Leo senior imperator Leone iuniore a se iam Caesare constituto morbo periit, tam sui imperii annis quam huius Leonis regni mensibus computatis anno XVII mense VI Marcellinus a. 474.
2) Zenonem Leo iunior idemque filius imperator principem regni constituit Marcellinus l. c.
3) fame extabuit Marcellinus.
4) Odoacer Torcilingorum rex habens secum Sciros Herulos Get., Odoacer rex Gothorum Marcell. 476.

missa sorte Vidimero cum Vidimero filio partes Hesperias, Theodemir cum filio Theodorico Illyricum Thraciasque vastandas obvenit. relictaque ergo Pannonia alter Italiam, alter Illyricum suscepit populandum: sed utrique reges mox sortita loca ingressi sunt, ilico rebus humanis excedunt, Vidimer Italia, Illyrico Theodemir. relictis filiis decesserunt, ‖ quorum Vidimer ab Italis proeliis victus, ad partes Galliae Spaniaeque omissa Italia tendit: ‖ Theodoricus vero Zenonis Augusti humanitate pellectus Constantinopolim venit, ubi magister militum praesentis effectus consulis ordinarii triumphum ex publico dono peregit. ‖ sed quia tunc, ut diximus, Odoacer regnum Italiae occupasset, Zenon imperator cernens iam gentes illam patriam possidere, maluit Theodorico ac si proprio iam clienti eam committi quam illi quem nec noverat. secumque ita deliberans, ad partes eum Italiae mandans, Romanum illi populum senatumque commendat. obansque rex gentium et consul Romanus Theodoricus Italiam petiit ‖ magnisque proeliis fatigatum Odoacrum Ravenna in deditione suscepit. deinde vero ac si suspectum ‖ Ravenna in palatio iugulans regnum gentis sui et Romani populi principatum prudenter et pacifice per triginta annos continuit. Illus autem Isaurus, magister officiorum et Zenoni imperatori in privata vita amicissimus caritateque coniunctus, dum secreto in detractionem Ariagnes Augustae cum eius viro locutus est, in zelo Augustum concitavit. qui deliberans eam perimere uni suorum rem tacite demandavit. quod dum ille agere nititur, cuidam cubiculariae prodit scelus eadem nocte facturum. regina scelus cognovit suoque in lectulo eandem qui rem suggesserat conlocatam in episcopio ad Acacium neminem scientem subterfugit. posteraque diae Zeno rem aestimans perpetratam, dum, lucto quodam quasi gerens, neminem suscipit, Acacius episcopus ingressus et facti arguit impietatem veniaeque fidem exposcit Augustamque suspicionis innoxiam compromittit acceptamque fidem veniae pactione Augusta revertitur. secumque dum crebro deliberat, qua sorte de inimico suo exigat ultionem, nanctam (ut opinata est) oportunitatem uni suorum mandat in abditis stanti, ut Illo a se recedenti perimeret. qui parens praeceptis reginae, dum avidus ferit in capite ense, non cervices, ut cupiebat, sed aurem illius amputavit. quod periculum evadens Illus mox ab urbe recedens Zenonique infestus Orientem invasit[1]. contra quem Leontius directus ab ipsoque pellacibus verbis inlectus diadema arripuit simulque Leontius et Illus rei publicae inimici effecti tyranni in partes Syriae et Isauriae dibacchantur additoque super solito Isauris dono omnes simul conspirant contra Zenonem, cuius thesauros in Papirio castello monitissimo repertos desaeviunt. sed non post multum ab exercito Zenonis in eodem castello capti decollatique sunt

---

*H P V S* (ad 15 continuit) *L Freculfus 2, 5, 19* (15 Illus — 25 revertitur). — *Mur. p. 240ª v. 1 missa.*

1 filio] fio *Pª* theudimer *L*, Theodomyr *Frec. II, 5, 18* 3 ingressu *L* 4 italiam *L* theodimer *PS* 5 proeliis] *Hª ut vid.*, proemiis *PªV*, proemiis *HᵇPᵇS*, premiis *L* 7 magister praesentis militiae *Marcellinus* 9 occupassent *HPV* gentem *L* 10 thederico *V* eam] *in litura V* seecumque *S* 11 at partes *P*, apartes *H* eum om. *L* 13 petiit] *VL*, petit *HPS* deditione] *HPVS* 14 sui] *HPV*, suae *SL* 15 illus *H* 16 inperatoris *L* 17 ariagnes] *HVL*, aria agnes *P*, ariagnae *Frec.* 18 loqueretur *L* 19 rem om. *L* prodet *libri* 20 facturus *L*, futurum *H²*, *fortasse recte* 21 subterfuit *L* 22 Zenon *Frec.* luctu quodam quasi gemens *L*, luctum quendam quasi gerens *Frec.* 23 suscipit *HPV* impietatem] imperatorem *Frec.* 27 statiti *V* recedente *L* praecepit *P* 28 feret *HPV*, ferret *L* ense] *HPV*, ensem *L* ceruicem *L* aure *V* 29 illius *HPV* 30 directus] *HPVᵇL*, **fectus *Vª* pellacibus] *libri* 31 ilus *L* 32 dibachabantur *L* domo *L* 33 repердos *P* 34 capiti *HPV*

---

1) Illus natione Isaurus, dignitate magister officiorum, amputata apud comitatum auricula Orientem Zenoni infestus invasit *Marcellinus a. 484*.

et capita eorum Constantinopolim adlata praefixaque astilibus tabuerunt [1]). ‖ sic quoque Zenon superatis inimicis suis in bona pace quievit.

354 Anastasius ex silentiario ‖ subito ab Ariagne Augusta in imperio sumptus simulque imperator et maritus innotuit, ‖ regnavitque ann. XXVII m. II. ‖ contra quem Isauri dum sibi quod illis tyrannus ille adiecerat donativum et Zenon reconciliationis gratia 355 invitus largierat ab isto fraudantur [2]), arma arripiunt. consertoque proelio iuxta Cotziaium Frygiae civitatem castra metati pene per sex continuos annos rei publicae adversantur: ubi et Lilingis, eorum et in bello et in consilio praevius, quamvis pedibus ob corporis debilitate signis, eques tamen in bello acerrimus, dum peremptus fuisset, omnes Isauri fugierunt atque dispersi sunt et devicti et perquaquam exilio relegati 356 urbesque eorum nonnullae solo usque prostratae [3]). variis namque sub Anastasio milis proeliis fatigatus et nunc ‖ Illyrico cum Saviniano et Mundone ad Margum [4]), nunc cum Pumpeio ad Adrianopolim [5]), nunc cum Aristo ad Tzortam [6]), nunc cum Parthis in Syriam [7]), ut omittam intestina clade et pugnas in foro regiae civitatis [8]), ad postremo 357 contra Italiam plus piratico quam publico Marte concertans [9]), frustratus est. ‖ sed et quod plus fuit dolendum, contra ultimum suum famulum Vitalianum de Scythiam per sex annos civile bellum extraxit. is si quidem Vitalianus cum LX milibus armatorum tertio pene non rei publicae sed regi infestus accedens multa suborbana regiae urbis 358 praediis spoliisque adtrivit [10]). ‖ contra quem dum Hypatius nepus Caesaris cum exercitu numeroso pugnaturus egreditur, ante ab Hunnis auxiliaribus capitur et Vitaliano mula insedens turpiter venditur, antequam aperto proelio parte adversa sese inimicum ostenderet. post quem item Rufinus Alathortque mag. mil. saepe superati, saepe inrisi 359 ab eo et spreti sunt. sic quoque diversis partibus inimicorum vallatus agminibus Anastasius saepe congemuit nullique tamen meruit inimicorum suorum vindictam

---

*H P V S* (3 Anastasius — 4 m. II) *L Freculfus* 2, 5, 19 (2 Zenon — 4 ann. XXVII; a 23 diversis). — Mur. p. 240ᵇ v. 7 -stra metati.

1 tabuerunt] *Marcellinus*, statuerunt *libri*   3 exilentialio *Lᵃ*   5 illis om. *L*   adicerat *V*   reconcilianis *Vᵃ*   6 conserteque *Vᵃ*   cotzianum *VLᵇ*, cotzanum *Lᵃ*: cotiaeum, cottiaum *libri Marcellini*: est Cotyaëum, Κοτυάειον   7 frygiae] *HPVᵇL*, f∗∗giae *Vᵃ*   8 lilingus *Lᵃ*, lilinguis *Lᵇ*, ligingis *V*   9 debilitate] *H(?)PVL*   10 fugierunt] *HPVL*   12 fatigatis *Pᵃ(?)*   saviniano] *libri*   13 pumpeio] *HPV*, pompeio *L*   nunc cum parthis *HPV*   num parthis *HPV*   14 intestina clade] *HPVL*   postremo] *HPL*, postremum *V*   16 quo *H*   17 extraxit] *scripsi*, extruxit *HPV*, exstruxit *L*   18 post pene excidisse videtur die congregatis: in triduo congregatorum *Marcellinus*   19 praediis s in litura *Vᵇ*   20 egreditur (sic) *P*   hunnis] *L*, unnis *HPV*   22 item] iterum *L*   alathorque *L*   magister militum *libri*   saepe sup.] sup. et *L*   24 uicdictam *L*

---

1) Leontius rex et Illus tyrannus in Papyrio Isauriae castello capti decollatique sunt. capita eorum — tabuerunt *Marcellinus*.
2) dum . . . . fraudantur *absunt a Marcellino*.
3) omnesque simul Isauri fugae dediti per montana asperaque loca Isauriam repetunt *Marcellinus*.
4) Sabinianus . . . delegatus contra Mundonem Getam . . . commissoque ad Horreo Margo proelio *cet. Marcellinus a. 505.*
5) Alibi non memoratur.
6) Aristus Illyricianae ductor militiae . . . . contra Bulgares Thraciam devastantes profectus est: bellum iuxta Zurtam fluvium consertum *cet. Marcellinus a. 499.*
7) Bella haec enarrat *Marcellinus a. 502—504.*
8) Respiciuntur quae narrat *Marcellinus a. 493.*
9) Romanus . . . et Rusticus . . . ad devastanda Italiae litora processerunt . . . inhonestam victoriam, quam piratico ausu Romani ex Romanis rapuerunt, Anastasio Caesari reportarunt *Marcellinus a. 508.*
10) Vitalianus Scytha adsumptis Romanorum equitum peditumque plus quam LX milibus armatorum in triduo congregatorum in locum qui Septimus dicitur advenit ibique castra metatus est *Marcellinus a. 514.*

audire: sicut nec ipse ecclesiae iura servavit¹), immo maerens et furens maior octogenario aetatis anno regnique vicesimo et octavo rebus humanis excessit, contritaque res publica vix Iustino ei succedente quantolum respiravit.

Iustinus ex comite scubitorum a senatu imperator electus ann. regnavit VIIII²). ‖ qui 360 mox inhiantes regno suo Amantium praepositum palatii, Andream et Misahel et Ardaburem cubicularios sentiens aflixit. nam Amantium et Andream ferro truncavit, Misahelu et Ardaburem Serdica in exilio misit. Theocritum quoque satellitem Amantii, quem idem Amantius ad regnandum clam praeparaverat, conpraehensum carceratumque saxis contusit ingentibus salsumque in gurgite iacuit, sepultura cum imperio, cui inhiaverat, eum privans: ‖ foedusque cum Vitaliano percussit et ad se evoci- 361 tum magistrum militum praesentis et consulem ordinarium fecit³): ‖ quem rursus in suspicionem habens facti prioris XVI vulneribus in palatio cum Celeriano et Paulo satellitibus effosum peremit. ‖ hic quoque imperator ante quarto mense obitus sui, senectute 362 sua consulens et rei publicae utilitatibus, Iustinianum ex sorore sua nepotem consortem regni successoremque imperii ordinans, rebus humanis excessit.

Iustinianus imperator regnat iam iubante domino ann. XXIIII. qui ut sceptris ge- 363 nio a suo avunculo mancipatus est, ‖ mox Parthos bella moventes destinato exercitu conpescuit et fines proprios tutans ‖ Parthorum saepe multos adflixit. postea vero facientibus peccatis in die sabbati sancti paschae inito certamine, exercitui et non ducis instinctu in fluvio Eufrate, fugiens Parthos, Romanus numerosus ruit exercitus. Illyricumque saepe ab Herulis Gipidisque et Bulgaris devastantibus per suos iudices frequenter obstitit viriliterque cecidit⁴). ‖ post haec Hypatium Pompeiumque regni sui in- 364 sidiatoribus coacta civili manu circum ingressis et Hypatio torque aureo redemito pro diademate locoque imperatoris iam occupante, Pompeium vero sub clamidem luricatum et iam palatio invadentem, utrumque detentum ante fores palatii captum catenatumque discussit amputatisque eorum capitibus ante eos fecit imperium perdere quam haberent. sociosque eorum, qui evaserant a caede, proscriptos, veluti grande hoste prostrato de manubiis triumphavit. ‖ eodemque anno post diuturnum immanemque laborem, 365

---

*H P V S* (4 Iustinus — VIIII; 13 hic — 16 ann. XXIIII) *L Freculfus* 2, 5, 19 (*ad* 1 servavit). *c.* 21 (14 consulens — 15 excessit). — *Mur. p. 241ᵃ v.* 22 -peiumque regni.

1 audire• *P*    et furens] *H²P²V²L*, effurens *H¹P¹V¹*    octoagenario *L*.    4 scubitorum] *libri*: id est excubitorum    imperator] *Marcellinus*, imperio *HPV*, in imperio *SL*    5 palitii *L*    6 truncauit] trucidauit *L*    7 ard.] ard. cubicularios (cu *add. m. 2*) *L*    sardica *L*    8 amantius] *P Marcellinus*, amantium *HVL*    clam *om. Lᵃ*    9 contusit] *HPV*, contlusit *L*(?)    salsoque in gurgite iacuit, sepultura quoque cum imperio cui inhiarat caruit *Marcellinus*    12 paula *P*    satellibus *V*    13 perimit *libri*    16 Iutunianus *V*    sceptris genio] *PV*, susceptris genio *H*, sceptris regia (regiis *Lᵇ*) *L*    17 auulleulo *L*    18 saepe] *P*, sepae *H*    19 sanctam *H*, sanctum *V*, s̄cm *HL*    exercitui] *HPV*, exercitus *SL*    20 illyricumque] filliricum *L*    21 gipidisque] *HPV*, gepidisque *L*    23 coacta] *scripsi*, cumsta *libri*    torquem *L*    24 diademate] **demate *Vᵃ*    clamidem] *HPV*, clamide *L*    lucatum *Pᵃ*    25 palatio] palatium *L*    27 ad cedem *L*    grande] *libri*    28 eodem quoque *L*    diutu**num *Pᵃ*

---

1) Anastasius imperator contra orthodoxorum fidei maiestatem intestina coepit proelia commovere *Marcellinus a. 494*.

2) Iustinus a senatu electus imperator *Marcellinus a. 519*. Decessit anno imperii VIIII mense II idem *a. 527*.

3) Vitalianus Scytho Iustini principis pietate ad rem publicam revocatus Constantinopolim ingressus est septimoque receptionis suae die magister militiae ordinatus *Marcellinus a. 519*.

4) Mundo Illyricianae utriusque militiae ductor dudum quidem Getis Illyricum discursantibus ... eos ... haud paucis eorum interemptis fugavit ... idem dux ... in Thraciam quoque advolans praedantes eam Bulgares feliciore pugna cecidit quingentis eorum in proelio trucidatis *Marcellinus a. 530*.

quod contra Parthos Romanorum fuisset gestum sudoribus, per Rufinum patricium perque Hermogenem magistrum officiorum et utrumque legatum directum a principe pax depicta est foedusque initum et munera ab utroque sibi invice principe destinata. ‖ mox quoque soluto de Orientali parte exercitu eundem ductorem, quem dudum Orienti transmiserat, elegit Belesarium, cui numerosos fortissimosque milites deputatis ad australem plagam contra Vandalos mittit. quo favente deo qua venerat facilitate, ea celeritate Vandalos superavit, Lybiamque ad corpus totius rei publicae iungens, Gelimer regem opesque Chartaginis in urbe regia principi spectante populo optulit. ‖ cuius notu remuneratus consulque ordinarius mox designatus, de manubiis Vandalicis Belesarius triumphavit.

In Italia vero Theodorico rege defuncto Athalaricus nepus eius ipso ordinante successit, octo annos quamvis pueriliter vivens matre tamen regente Amalasuentha degebat, quando et Gallias diu tentas Francis repetentibus reddidit. mortuoque Athalarico mater sua Theodahadum consubrinum suum regni sui participem faciens non post multum ipso iubente occisa est. et quia dudum se suoque filio commendaverat principi Iustiniano, is mortem eius audiens doluit nec passus est inultum transire. sed mox eundem ducem belli, qui Poenorum domitor fuerat et de opibus Vandalicis triumphans adhuc in fascibus erat, agmini diversarum praeponens nationum ad partes Hesperias destinavit. qui primo accessu mox Siciliam pervadit duce eius Sinderith superato: ‖ ubi dum aliquantum temporis ob ordinandam patriam resederet, conperit in Africa civilia bella intestinoque proelio dibacchari. nam Stotzas pene ultimus militum et Martini clientulus mag. mil., tyrannidem arripiens auctorque seditiosorum effectus Cyrillum Marcellum Faram aliosque diversos iudices dolo peremptis in duce Solomone saeviebat totamque Africam tyrannico ritu vastabat. emenso ergo Belesarius a Sicilia in Africa pelago solita felicitate, rebelles fugat, provinciam liberat Solomonemque rursum Chartagine conlocans Siciliam redit¹). ‖ ubi mox Evermud Theodahadi Gothorum regis gener, qui contrarius cum exercitu venerat, cernens prosperitatem consulis ultro se ad partes dedit victoris hortaturque, ut iam anhelantem suique adventui suspectam subveniret Italiam. ‖ constructo ergo Belesarius exercitu et tam navali quam equistri agmine ductans, vallavit Neapolim paucisque diebus eam obsidens per aquaeductum noctu invasit et tam Gothis qui aderant quam Romanis rebellantibus interfectis urbem plenissime spoliavit. quod

---

*H P V S (a 4 mox) L Freculfus 2, 5, 21 (a 3 pax).*

1 gentum P  2 a principem HPV, ad principem L  3 depicta] *id est depecta: depacta Marcellinus*  numera V  inuice] HPV, inulcem L  5 orientis HPVS  belisar- L *semper*  deputatos L  6 uuand- L *semper*  7 lybyamque PVS, libiamque L  9 notu] *libri*  11 rege *om.* L  12 regente] HPVS, regnante Fr., *om.* L  amalasuenthae H, amalasuentha L *et sic semper*, Amalasuenta Fr.  13 egebat L  repententibus L  14 Theodoadum Fr. *et sic semper*, theodatum L, theodabaldum S$^a$, theodabadum S$^b$  15 suumque filium L, cum filio suo Fr.  commendauerit. P  16 principis L  iustiniani P  aud. mort. eius L  inultam Fr.  17 paenorum HPS, penorum L  18 uascibus S  20 ducem L  sinderit L  22 magistro militatum *libri*  23 seditiorum L  24 peremptos L Fr.  duce solomone] PVS, duce salomone HL, ducem Solomonem Fr.  saeuiebat] fouebat L  africa SL  25 emense ergo belegarius H  africa] HPVL  26 solomonemque] *libri*  rursus L  27 euermuth V  contrarius] contra eum Fr.  29 anhelante V  suique . . . italiam (italia P)] suoque aduentu suspectam ueniret ad Italiam Fr.  30 ductans] SL, ductens HPV, *om.* Fr.  31 nocte L Fr.  32 interfecti V

---

1) (Belesarius) ibi (in Sicilia) comperiens, quod in Africa civile bellum exoritur et miles in proprium ducem insurgit, cum paucis ad Africam tendit: Solomoni qui praeerat subvenit: exercitum vero partim blandiendo, partim ulciscendo, inimicum tyrannum effugando rei publicae consulit utilitati remensoque navigio Trinacriam redit *Marcellinus a. 535.*

IGN. Theodahadus animadvertens, Vitiges unum inter alios ductorem exercitus praeponens
cf. Get. 310 contra Belesarium dirigit. qui Campania ingressus mox ad campos venisset Barba- 372
ricos, ilico exercitus favore, quod contra Theodahadum suspectum habebat, excepit,
et 'quid', inquid, 'vultis'? ad illi: 'tollatur', inquiunt, 'de medio, qui cum sanguine
'Gothorum et interitu sua cupit scelera excusari'. factoque impetu in eo consona voce 5
Vitigis regem denuntiant. at ille regno levatus, quod ipse optaverat, mox populi vota
cf. Marc. 536 consentit, directisque e sociis Theodahadum Ravenna revertentem extinguit. regnoque 373
suo confirmans, expeditionem solvit et privata coniuge repudiata regiam puellam
cf. Get. 311 Maathesuentam Theodorici regis neptem sibi plus vi copolat quam amori¹). dumque
ille novis nuptiis delectatur Ravenna, consul Belesarius Romanam urbem ingressus 10
est exceptusque ab illo populo quondam Romano et senatu iam pene ipso nomine
cum virtute sepulto confestim vicina occupat loca urbium oppidorumque monimina.
cf. Get. 312 primaque Getica congressione Hunnila ductante Perusinum ad oppidum superat et 374
plus quam septem milibus trucidatis reliquos Ravennam usque proturbat. secundo
vero ipso Vitigis Romanas arces vallante congreditur machinasque illius et turres, 15
quibus urbem adire temptabat, igne consumptis per anni spatium quamvis inaedia
cf. Get. 313 laborans deludit. post haec ad Ariminum persecutus exindeque eum effugatum Ra- 375
venna clausum in deditionem suscepit, atque unus consul dum contra Getas dimicat,
cf. Marc. 539 pene pari eventu de Francis, qui cum Theodeperto rege suo plus ducenta milia advenerant, triumphavit. sed quia ad alia occupatus alibi noluit implicari, rogantibus 20
Francis pacem concessit et sine suorum dispendio de fines Italos expulit²) sumptoque
cf. Marc. 540 rege et regina simulque et opes palatii ad principem qui eum miserat reportavit. ‖
Get. 313 sicque intra pauci temporis spatium Iustinianus imperator per fidelissimum consulem
duo regna duasque res publicas suae dicioni subegit. 24

IGN.
cf. Marc. 540 Quod Parthus conperiens facibusque invidiae exardescens in Syriam movit pro- 376
cinctum, et Callinicum Soras Neocaesariamque devastans Antiochiam venit. ubi
Germanus patricius cum Iustino filio suo eodemque consule postquam ab Africana
provincia remeasset, dum adventum Parthorum obviare nequit, relicta urbe ad partes
secessit Ciliciae. Persi vero vacuam ab exercitu Antiochiam nancti³) populumque per

---

*H P V S* (ad 24 subegit) *L Freculfus* 2, 5, 21 (ad 3 ilico, item a 5 consona). — *Mur. p. 241ᵇ v.* 2 Belesarium.

1 theodatus *HPVSL* uuitiges *L* 2 qui] qui cum *Fr.* campania] *HPVS* 3 fauore] *HPVSL* theodatum *L* habebant *HSL*, abebant *PV* 6 rgno *Pᵃ* eleuatus *L* 7 theodohadum *Fr. hic,* theodasdum *L* rauenna] *HPVSL* 9 maathesuentam] *HPVS Fr.*, mathesuentam *L* amori] *HPVS* 12 monimina] *HPVS*, nomina *L* 13 congr. get. *L* superant *S* 14 secunda *Sᵃˢ*. 15 uero] uero cum *P² Fr.* ipso] bis *P¹* illius om. *L* 17 arimum *V*, arimanum *S* que om. *Fr.* 18 deditione *S* gestas *HPV* 19 theodeberto (*V*) *Fr.* ducemta *P*, duocento *L* aduenerunt *L* 21 duorum *L* Italicis *Fr.* 22 palatii] latii *H* 24 puplicas *L* dicionis *HP*, ditioni✶ *V*, ditioni *SL* 25 fascibusque *HPV* 26 callicinum *L* Sura *intellegitur*

---

1) (Vitiges) expeditione soluta Romam ingreditur .... ibique residens dirigit Ravennam. Theodatum occidit .... Ravennamque ingressus Matesuentham neptem Theodorici sibi sociam in regno plus vi copulat quam amore *Continuator Marcellini a. 536. auctor in his non tam ex Geticis suis hausit quam ex ipsis annalibus.*

2) Theudibertus Francorum rex cum magno exercitu adveniens Liguriam totamque depraedat Aemiliam .... exercitu dehinc suo morbo laborante ut subveniat, paciscens cum Belisario ad Gallias revertitur *Continuator Marcellini a. 539. Iordanes quae his respondent* atque unus — expulit *sumpta ex Marcellino interposuit post tempus inter verba* in deditionem suscepit, sumptoque rege *cet., quae cohaerent sumpta ex Geticis.*

3) Parthi in Syriam ingressi multas urbes subvertunt. contra quos Germanus arma arripiens Iustinum filium eundemque consulem in ipsis fascibus secum ducit. Antiochia magna depraedatur a Persis *Continuator Marcellini a. 540.*

Orontis alveum ad Seleuciam maritimam cum militibus mixtis fugientem aspiciunt nec secuntur, sed predas per urbem certatim diripiunt vicinasque urbes et oppida partim invasa partim pecuniae quantitate multata praetereunt et totius Cylesyriae bona sibi unius in anni spatium pene Parthus adsumit. nec sic quoque recedit, sed iugiter adversum Romanam rem publicum dimicat. contra quem Vandalicus Geticusque consul solite distinatur¹). qui etsi non ut reliquas gentes eum edomuit, tamen ut intra suos se fines recollegeret conpulit, fuissetque et de hac gente felici duci parta victoria, ni clades Italiae, quae post eius discessum emerserat, celerem ei successorem dedisset Martinum. qui etsi viribus inpar, consilio tamen quamvis cum Constantiano coniuncto non minor, dum resisti contra Parthos non praevalet, ne bella diu teneret, pacem effecit²).

Cladem vero quam diximus in Esperia plaga ut liquidius lector cognoscat, apertius memorabo. egrediente Belesario consule ab Italia et ut diximus, rege regina opesque palatii ad principem reportante Gothi, qui trans Padum in Liguria consistebant, recrudiscentes animos ad bella consurgunt et ordinato sibi regulo Heldebado militi existunt adversi: contra quos dum non unius, sed diversorum temptat varius apparatus, illi fortiores effecti persistunt annique spatio vix emenso Heldebadus interficitur et loco eius succedit Erarius: qui et ipse vix anno expleto peremptus est et in regno. malo Italiae Baduila iuvenis nepus asciscitur Heldebadi. qui mox et sine mora Faventino in oppido Emiliae soli proelio commisso Romanum superavit exercitum: et nec diu post haec item per suos ad Mucellos annonariae Tusciae feliciter dimicans iudices fugat, exercitum partim donis, partim blanditiis sibi consociat totamque Italiam cum ipsa Roma pervadit omniumque urbium munimenta distruens³), cunctos senatores nudatos demolita Roma Campaniae terra transmutat⁴). contra quem, ut superius diximus, Belesarius de Oriente diregitur cum paucis⁵), ratus omnem exercitum, quem demiserat, integrum reperire. et ideo postquam Ravenna ingressus est nec cum quibus ei obviaret invenit, remensoque Adriatico mare Epiro revertitur, ubi Iohannes et Valerianus ei coniuncti, dum in contiones et iurgia concertant, Totila qui Baduila hostile opus in Italia peragit. Belesarius quoque inpatiens tantae

---

*H P V S* (a 12 Cladem) *L Freculfus* 2, 5, 21 (ad 7 conpulit). 2, 5, 23 (a 13 egrediente). — *Mur. p. 242ᵃ* v. 13 -lia et ut.

1 seleuaclam *P*   3 cylesyriae] *HPV*, cilicie siriae *L*   4 in unius *L*   spatio *L*   parthos *HPV*   iungiter *H*   aduersam *L*   6 soli *L*   distinator *HPV*   tamen ut] tamen *L*   nta *Lᵃ*   7 recolligere *L*   8 emerserant *L*   dedissent *L*   9 constantino *L*   12 lectur *H*   13 et om. *L*   rege regina] *HPVSL*   14 reportantem *L*   15 animus *H*, animo *L*   eldebado *HPS*, Hildebado *Fr*.   16 militi] libri   non unius] nonius *H*   17 hildebadus *L*   18 errarius *P*   19 eldebadi *HPL*   20 et om. *L*   fabentino *L*   21 item om. *L*   a mulcellos *L*   24 demolita roma] *H*(?)*PVLS*   26 rauenna] *HPVS*, rauennam *L*

---

1) Parthis persistentibus inimicis Belisarius Orientis suscepit expeditionem Germano regresso ad urbem regiam *Continuator Marcellini a. 541.*

2) in Oriente cum Parthis foedus initur per Constantianum magistrum militiae *Continuator Marcellini a. 546.*

3) Gothi Erario rege occiso Totilam in regnum manciparunt. qui malo Italiae mox Padum transit et ad Faventiam Aemiliae civitatem Romanorum exercitum superat, duces effugat, Caesenam et Vrbinum, Montem Feretris et Petra pertusa occupat, huc illucque discurrens devastat Italiam. rursus in annonaria Tuscia ad Mucellos per Ruderit et Villarid Bledamque duces suos Romanum exercitum superat *Continuator Marcellini a. 542.* Roma vero obsidetur a longe *idem a. 544.*

4) Totila . . . ingreditur Romam . . . ac evertit muros . . . ac omnes Romanorum res in praedam accepit: hos (scr. mox) ipsos Romanos in Campaniam captivos abducit *Continuator Marcellini a. 547.*

5) Belisarius de Oriente evocatus . . . rursus remittitur ad Italiam *Continuatuor Marcellini a. 545.*

crudelitati navali classe a Sicilia solvens, per Tyrreni maris aestum Romano portu se recepit statione egressusque ad urbem quam ut destructam et desolatam adtendit, condoluit, hortansque socios ad reparationem tantae urbis accingitur. ubi necdum vallo circumseptus infestum experitur Totilam[1]), sed solitis victoriis intrepidus, quamvis cum paucis contra eum egressus, sic effugavit, ut plus fugientes Tiberi demergerentur quam gladio caderent. indeque hortatus exercitus regreditur Siciliam, quatenus et Romae annonae faceret cupiam et vicinus ad fretum Totilanem turbaret in Campania commorantem. sed ut adsolet, rerum mutatio et principum voluntate diversa. quiescenti in domino Theodora Augusta evocatur ad urbem Belesarius de Siciliam. post cuius discessum Totila securus iterata rabie tradentibus Isauris invadit Romam: et sic sumptis undique viribus militarique vallatus auxilio ingreditur capitque Siciliam. contra quem Germanus patricius dum exire disponit cum exercitu, Mathesuentham Theodorici regis neptem et a Vitigis mortuo derelictam, tradente sibi principe in matrimonio sumptam, in Sardicense civitate extremum halitum fudit, relinquens uxorem gravidam, quae post eius obitum postumum ei edidit filium vocavitque Germanum: qua felicitate sibi Totila conperta totam pene insultans Romanis devastat Italiam.

Africa vero a Mauris dudum perempto Solomone ‖ Stotzas et Iohannes invicem singulari certamine corruunt; aliusque Iohannis, qui Stotzas iunior dicebatur, suscepta tyrannide ‖ Guntharic mag. militum secum suadet. qui interfecto Areobinda iugalem eius neptem imperatoris sibi cupiens sociare praevenitur ab Artabane. qui eum in convivio trucidatum neptemque imperatoris ereptam ad urbem principi dirigit cum honore, simulque ferreis vinculis conligatum ei tyrannum destinavit Iohannem[2]), qui Stotzam peremptum in eadem successerat tyrannide. quem in urbem praefectus discussum manibusque truncatis, ad exemplum ceterorum in patibulo fixit. Iohannem dehinc patricium cognomine Troglitam Africae procuratione commissa, Artabanus evocatus mag. militum praesentis accepit dignitatem[3]). nec diu intercedente in ipso principe manus inicere gestiens detectus et conprobatus pietate tamen principale inpunitus permansit et quasi benivolus contra Totilanem Sicilia cum Liberio patricio properavit. Iohannes vero in Africana provincia feliciter degens Mauros partis ad-

---

*H P V S (ad 16 Italiam) L Freculfus 2, 5, 23 (ad 16 Italiam). — Mur. p. 242[b] v. 14 in Sardicense.*

1 crudelitati] HP[b]VSL, crudelitate P[a]    tyrhereni S, tirreni L    romano (-nu L) portu se (portu** H[a], porture L[a], portusae P[a]V) recepit stationi libri    2 ut] ui S    desolutam L[a]    3 socius HP    accingnitur L    5 tiberiade merg. H    6 cladio HP    sicilia PVS    7 totilanem] SL[b], totillanem HPV, tollianem L[a]    8 uoluntatem L    9 quiescenti] HVSL, quiescent P    bellesarius S    siciliam] HPV    10 discessus L    totilla HPV    rabiet etradentibus PV, rabiet aetradentibus H, rabie et tradentibus L, rabiae tradentibus S    11 sumpties V    cepitque L    12 mathescuntham L    13 theodocrici S, theoderici L    tradentem V    15 postumum ei] postumum S, postumium L    17 stotza HPVL    19 magister libri    quo l. areobindam L    iugale meus HP    20 altabane L[a]    22 ei] et libri    23 tirannidem L    24 in om. L    25 troglitem L    conuocatus L    26 magister HPVL    27 inicere] L, iniecere HPV    gestiens] cupiens L    28 sicilia] HPVL    29 parthis HPV

---

1) Belisarius a Ravenna egressus venit Dyrrachium, indeque directo Iohanne Calabriam, ipse per Siciliam Romam perrexit ... murorum partem restaurat, venienteque Totila ad pugnam resistit *Continuator Marcellini a. 547.*

2) de Africa neptis imperatoris revertitur vidua occiso Ariobinda a Gunthario (*scr.* Guntharic) tyranno, qui cum Stotza iuniore tractans eum occiderat. sed Artabanes utrosque comprehensos Guntharium (*scr.* Guntharicum) occidit, Iohannem idem Stotzam iuniorem vinctum transmittit ad principem *Continuator Marcellini a. 547.*

3) post aliquantos dies mittitur in Africam Iohannes et Artabanus evocatus praesentale accepit magisterium *Continuator Marcellini l. c.*

versae per Pacificos Mauros superatos, una die decem et septem eorum praefectos extincxit, pacemque totius Africae iubante domino impetravit.

386 Langobardorum gens, socia Romani regni principibus, et Theodahadi sororis filiam dante sibi imperatore in matrimonio iungens regi suo, contra emulos Romanorum Gepidas una die pugna commissa eorum pene castra pervasit, cecideruntque ex utraque 387 parte amplius LX milia; nec par, ut ferunt, audita est in nostris temporibus pugna a diebus Attilae in illis locis, praeter illa quae ante hanc contigerat sub Calluce mag. mil. idem cum Gepidas[1]) aut certe Mundonis cum Gothis[2]), in quibus ambobus auctores belli pariter conruerunt.

388 Hi sunt casus Romanae rei publicae preter instantia cottidiana Bulgarum, Antium et Sclavinorum. que si quis scire cupit, annales consulumque seriem revolvat sine fastidio repperietque dignam nostri temporis rem publicam tragydiae. scietque unde orta, quomodo aucta, qualiterve sibi cunctas terras subdiderit et quomodo iterum eas ab ignaris rectoribus amiserit. quod et nos pro captu ingenii breviter tetigimus, quatenus diligens lector latius ista legendo cognoscat.

---

*H P V S* (3 Langobardorum — 9 conruerunt) *L*.

2 inperauit *VL*    3 langabardorum *H*    4 matrimonia coniungens *L*    gebidas *HPVL*
5 ceciderunque *P*    7 attillae *P*    illa] *HPVSL*    ante hanc] hac *L*ᵃ    magmil. ide *V*,
mag milite *H*, magmil idem *P*, magmil id est *S*, magno milite id est *L*    8 gebidas *L*    12 tragydiae] *HP*, tragidiae *VL*    13 horta *H*    15 explicit *HP*, explicit historia romane rei publicae *L*

---

1) Calluc magister militum cum Gepidis primum feliciter dimicans secundo infeliciter ruit *Continuator Marcellini a. 539*.

2) *cf. Procopius bell. Goth. I, 7*.

# DE ORIGINE
## ACTIBVSQVE GETARVM.

---

Volentem me parvo subvectum navigio oram tranquilli litoris stringere et minutos de priscorum, ut quidam ait, stagnis pisciculos legere, in altum, frater Castali, laxari vela compellis relictoque opusculo, quod intra manus habeo, id est, de adbreviatione chronicorum, suades, ut nostris verbis duodecem Senatoris volumina de origine actusque Getarum ab olim et usque nunc per generationes regesque descendentem in uno et hoc parvo libello choartem: dura satis imperia et tamquam ab eo, qui pondus operis huius scire nollit, inposita. nec illud aspicis, quod tenuis mihi est spi-

---

*H P V L A B X (Y Z).*

incipit de origine actibusque getarum *praemittunt praefationi* HPVL: origo gentis getarum ex libro iordanis excerptum *S:* incipit praefatio historiae getarum iornandis castalio *praefationi praemittit, operi* incipit liber iornandis de origine actuque getarum *B:* in hoc corpore continetur (in h. c. c. om. *Z*) chronica iordanis episcopi rauennatis ciuitatis de origine ac uocabulis gentis gothorum aedita ad castalum (castulum *Z*) sumptaque ex auctoribus *cet.* (v. praef.) *praefationi praemittunt, nihil ei subscribunt XZ:* incipit prefatio iordanis episcopi rauennatis ad castulum in historia getarum *praefationi praemittit, subicit ei* explicit prefatio incipit historia iordanis episcopi de actibus getarum *Y:* incipit prologus historiae gothorum *praefationi praemittit, subscribit ei* expl. incipit historia gothorum *A*     3 uolente *XY*     subuectum nauigio] *BXY cum Rufino,* subuecta nauigii *HPVLA*     literistringere *HP,* maris stringere *XYZ,* litoris attingere stringere *Vind.* 4 castale *X*<sup>b</sup>*Z,* castule *AX*<sup>a</sup>*Y*     laxari] *HPVL,* laxare *ABXY Rufinus*     5 intra] inter *A*     habeo] habet *XY*     id est] hoc est *XY, om. A*     breuiatione *B*     6 chornicorum *P*     7 actusque] *HPVL,* actuque *B,* actibusque *AXYZ*     et usque] adusque *A*     regesque] et reges *A*     descendentem] descendente *B Vind.,* descendentia *A*     8 unum *B*     hunc *L*     choartem] *HP,* cohartem *VL,* coartem *ABXY*     dura satis] *ABXY cum Rufino,* duratis *HPVL*     9 nollit] *HPV,* nolit *LAB,* nollet *XYZ*

---

*Iordanem impudenti plagio (quod minime excusat tecta allegatio ut quidam ait) suam fecisse praefationem eam, quam Rufinus praemisit versioni commentarii Origenis super epistulam Pauli ad Romanos (opp. ed. Delarue Paris. 1759 vol. 4 p. 438), observavit Sybelius (Schmidt, Zeitschrift für Geschichtswissenschaft vol. 7 p. 288). Vtile visum est ipsam Rufini epistulam adicere ad scriptis lectionibus duorum librorum praestantissimorum Ambrosiani (A) A 135 inf. olim Bobiensis saec. IX/X et Casinatis 346 (C), quos mea causa contulerunt illum Benedictus Niese, hunc Augustus Mau.*
Volentem me parvo subvectum navigio oram tranquilli litoris stringere et minutos de Graecorum stagnis pisciculos legere, in altum, frater Heracli (eracli *C*), laxare vela conpellis (conpelles *A*) relictoque opere, quod in transferendis homiliis (*om. A*) Adamanti senis habebam, suades, ut nostra voce quindecim eius volumina, quibus epistulam Pauli ad Romanos disseruit, explicemus: in quibus ille dum sectatur apostoli sensum, in tam profundum pelagus aufertur, ut metus ingens sit illuc eum sequenti, ne magnitudine sensuum velut immanitate opprimatur undarum. tum deinde nec

ritus ad inplendam eius tam magnificam dicendi tubam: super omne autem pondus, quod nec facultas eorundem librorum nobis datur, quatenus eius sensui inserviamus. sed, ut non mentiar, ad triduanam lectionem dispensatoris eius beneficio libros ipsos antehac relegi. quorum quamvis verba non recolo, sensus tamen et res actas credo
3 me integre retinere. ad quos et ex nonnullis historiis Grecis ac Latinis addedi convenientia, initium finemque et plura in medio mea dictione permiscens. quare sine contumelia quod exigisti suscipe libens, libentissime lege; et si quid parum dictum est et tu, ut vicinus genti, commemoras, adde, orans pro me, frater carissime. Dominus tecum. Amen.

I 4 Maiores nostri, ut refert Orosius, totius terrae circulum Oceani limbo circumseptum triquadrum statuerunt eiusque tres partes Asiam, Eoropam et Africam vocaverunt[1]). de quo trepertito orbis terrarum spatium innumerabiles pene scriptores existunt, qui non solum urbium locorumve positiones explanant, verum etiam et quod est liquidius, passuum miliariumque dimetiunt quantitatem, insulas quoque marinis fluctibus intermixtas, tam maiores quam etiam minores, quas Cycladas vel Sporadas
5 cognominant, in inmenso maris magni pelagu sitas determinant. Oceani vero intransmeabiles ulteriores fines non solum describere quis adgressus est, verum etiam nec cuiquam licuit transfretare, quia resistente ulva et ventorum spiramine quiescente in-
6 permeabilis esse sentitur et nulli cognita nisi ei qui eam constituit. ceterior vero

---

*H P V L A S* (10 Maiores — 19 constituit) *B X (Y Z)*. Rav. 5, 28 p. 415 ad v. 18. Oceanus ... ad Orientis plagam propter ulvam innavigabilis esse describitur.

1 implendum *XYZ*   discendi *L*, decendi *V*   super omne autem pondus] super omne enim est pondus *XYZ*, superat nos hoc pondus *B*, super omnes autem difficultates *Rufinus*   3 eius] eiusdem *XYZ*   ipsos] etiam ipsos *X*$^a$   4 relegi] reli *L*$^a$   5 integro *L*   retinere] tenere *B*   et ex nonnullis] et nonnullis *A*, nonnullis et ex *Z*, nonnulla ex *B*   ac] et *A*   addedi] *HP*, addidi *rel.*   6 dictatione *B*   7 exigisti] *HPV*, exegisti *rel.*   8 et] id *Lindenbrog*   ut om. *B*   commemoras] *PV*$^b$*LBXY*, commemorans *HA*, commemoras.. *V*$^a$   ora *B*   frater carissime *P*$^a$, karissime frater *A*   d. tecum amen] *PVL*, d. tecum *HA*, om. *BXY*   10 lymbum *S*   post circum ins. uocauerunt *A*   11 triquadrum] *ASXYZ Orosius*, triquatrum *HPL*, triquartum *VB*   eiusque] que eius *A*   eoropam] *HPS*, et europam *L*, europam *rel.*   uocauerunt hic om. *A*   12 trepertito] *HP*, tripertito *VLASBXY*   urbis *S*   terrarum om. *A*   spatium] *HPV*, spatio *rel.*   extiterunt *A*   13 locorum uel *V*$^a$   explanant om. *A*   14 liquidus *S*   miliariumque] *SB*, miliorumque *HPVA*, miliarmque *L*, miliariorumque *XY*   dimetiuntur *AB*   insul.. *V*$^a$   marinus *HP*   15 quam etiam minores om. *S*, etiam om. *L*   16 in ... determinant om. *XYZ*, in om. *LSB*   pelagu] *HPV*, pelago *rel.*   intransmeabilis *A*$^2$ *Rhenanus*   17 solus *S*   quis descr. *A*   est] non est *A*   18 spinamine quesciente *S* inpraemeabiles *S*, irremeabilis *XYZ*   19 sentiantur *B*   cognitus *A*, cogniti *B*   ei] *HPVLASZ*, soli ei *B*, eius *X*, om. *Y*   qui eam (quia *S*, qui eos *B*) constituit (condidit *L*)] qui fecit eum *A*   ceterior] *H*, ...terior *V*$^a$, citerior *rel.*

---

1) *Orosius* 1, 2, 1: maiores nostri orbem totius terrae Oceani limbo circumsaeptum triquadrum statuere eiusque tres partes Asiam, Europam et Africam vocaverunt.

---

illud aspicis, quod tenuis mihi est spiritus ad inplendam eius tam magnificam dicendi tubam. super omnes autem difficultates est, quod interpolati sunt ipsi libri. desunt enim fere apud omnium bybliothecas, incertum sane quo casu, aliquanti ex ipso corpore volumina, et haec adinplere atque in Latino opere integram (integra *C*) consequentiam dare non est mei ingenii, sed, ut tu credis qui haec exigis, muneris fortasse divini (divinis *C*). addis (addes *A*) autem, ne quid laboribus meis desit, ut omne hoc quindecim voluminum corpus, quod Graecus sermo ad quadraginta fere aut eo amplius milia versuum produxit, adbreviem (adbreviest *A*) et ad media, si fieri potest, spatia coartem: dura (duria *C*) satis inperia et tamquam ab eo (habeo *C*), qui pondus operis huius scire nolit (nollit *A*), inposita. adgrediar tamen, si forte orationibus tuis, quae mihi tamquam homini inpossibilia videntur, adspirante (spirante *C*) deo possibilia fiant. sed ipsum iam, si videtur, Origenen (originem *C*) qualiter praefationem suscepti operis dirigat, audiamus.

eius pelagi ripa, quam diximus totius mundi circulum, in modum coronae ambiens I fines suos, curiosis hominibus et qui de hac re scribere voluerunt perquaquam innotuit, quia et terrae circulum ab incolis possidetur et nonnullae insule in eodem mare habitabiles sunt, ut in orientali plaga et Indico Oceano Hyppodem, Iamnesiam¹), Solis perustam quamvis inhabitabilem, tamen omnino sui spatio in longo latoque extensam: Taprobanem quoque, in qua (excepto oppida vel possessiones) decem munitissimas urbes decoram²): sed et aliam omnino gratissimam Silefantinam: nec non et Theron, 7 licet non ab aliquo scriptore dilucidas, tamen suis possessoribus affatim refertas. habet in parte occidua idem Oceanus aliquantas insulas et pene cunctis ob frequentiam euntium et redeuntium notas. et sunt iuxta fretum Gaditanum haut procul una Beata et alia quae dicitur Fortunata. quamvis nonnulli et illa gemina Galliciae et Lysitaniae promuntoria in Oceani insulas ponant, in quarum una templum Herculis, in alia monumentum adhuc conspicitur Scipiones, tamen, quia extremitatem Galiciae terrae continent, ad terram magnam Europae potius quam ad Oceani pertinent insulas. 8 habet tamen et alias insulas interius in suo estu, quae dicuntur Baleares, habetque et alia Mevania³), nec non Orcadas numero XXXIII quamvis non omnes excultas⁴). habet et in ultimo plagae occidentalis aliam insulam nomine Thyle, de qua Man- 9 tuanus inter alia: 'tibi serviat ultima Thyle'⁵). habet quoque is ipse inmensus pelagus in parte artoa, id est septentrionali, amplam insulam nomine Scandzam, unde

---

*H P V L A S* (a 18 habet) *B X* (*Y Z*). *Rav. 5, 29 p. 419 ad v. 4*: in Oceano vero Indiae ... sunt diversae insulae ... Id est Ypode, Iamnesia, Silefantina (*al.* silefantia, silefentia), Theron. *p. 420 ad v. 6*: item ... est insula quae dicitur Taprobane ... in qua decem civitates fuisse nominatissimas legi, ut testatur mihi Paulus Orosius sapientissimus Orientis perscrutator. *5, 33 p. 443 ad v. 17*: insula quae dicitur Thyle, de qua et Mantuanus ait inter reliqua: 'tibi serviet ultima Thyle'.

1 pelagi] plaga *L*    3 quia] quam *XYZ*    et terrae] etiam ne *A*    circulum] *HPVXYZ*, circulus *LAB*    mare] *HPVL*, mari *ABXY*    4 ut om. *PA*    hyppodem] *HPV*, hippodem *A*, hipode *L*, ypodes *B*, ypode *Rav.*, hippopodes *Z*, hipopodes *X*, yppopodes *Y*    iamnesia *BY*, iauia *A* solis perusta *PA*, sole perustae *B*, solibus perustam (-ta *Y*) *XY*    5 inhabitabilis *A*, inhabitales (sic) *B* in om. *B*    longum latumque *XY*    extensa *LA*, extensae *B*    6 tabrobanem *L*, taprobanes *B*, taprobanam *X*, taprobana *YZ*, taprobane *A*    in qua om. *A*    excepto oppido *B*, exceptis oppidis *AXY*    possessionibus *ABXY*    decem] dicunt *B*    munitissimas] *HPLB*, munitissimis *A*, munitissime (-mae *YZ*) *XYZ*, minutissimas *V*    7 urbibus *A*    decora *A*, decorantur *XYZ*    et aliam] *HPXZ*, et alia *LAY*, et italiam *V*, aliam *B*    gratissima *LAY*, nominatissimas *Ravennas fortasse recte*    silefantinam] *HPVL fere ut Rav.*, silefantina *A*, silephantinam (-na *Y*) *XY*, selephantinam *Z*, silestantinam *B*    et theron] *HPVXYZ cum Rav.*, et heron *B*, aetheron *A*, est heron *L*    8 licet] tametsi *A* dilucide *XYZ*    possessionibus *A*    refertae *AY*    habet] habet et *Z*    9 occidentali *XYZ* aliquantulas *B*    crequentiam *P*    10 notas] *AB.XY*, nonas *HPV*, notissimas *L*    iusta *A*    haut] *HP*, aut *AV*, haud *rel.*    11 calliciae *L*, galeciae *A*    lysitaniae] *HPV*, lisitaniae *LA*, lusitaniae *BXY* 12 in] inter *A*    insulis *BXY*    in qua una *L*ᵃ, in quorum uno *ABXY*    in alio *ABXY*    13 scipiones] *HPV*, scipionis *LABXYZ*    galiciae] *HP*, galeciae *A*, galuciae *L*, galliciae *VBX*, gallitiae *Y* 14 insulas om. *L*ᵃ    15 interius om. *B*    quae] *ABXY*, quem *HPV*, quam *L*    habetque] habet *XYZ*    16 et om. *A*    aliam meuaniam *B.XY*, aliam euaniam *A*, alia euania *HPV*, alias euaniam *L* non] non et *B*    numere *P*, om. *L*    xxxiiiᵒʳ *B*    17 thyle — 19 nomine om. *A*    antuanus *P* 18 alia] talia *P*ᵃ, a. dicit *XYZ*    is] his *VL*, id *B*, om. *SXYZ*    ipse (om. *L*ᵃ) inmensus] ipsum inmensum *BXYZ*    19 artoa] *HPV*ᵇ, ortoa *V*ᵃ, arctoa *XY*, coarctoa *S*, arma *L*    septemtrionali *P*, septemtrionali *V*, sept. plaga *S*    amplam] amplissimam *XYZ*    scandzam] *HPVAXYZ*, scanzam *LS*, scanxiam *B*ᵇ, scan♦iam *B*ᵃ

---

1) *cf. Iulius Honorius p. 691 Gron.*: insulae orientales Oceani quae sunt Hippopodes insula, Iannessi insula, Solis perusta insula, Taprobane insula, Silenfantine insula, Teron insula.
2) *Orosius 1, 2, 16*: insula Taprobane, quae habet decem civitates.
3) *Orosius 1, 2, 82*: huic (Hiberniae) etiam Mevania (evania *Bob.*) insula proxima est.
4) *Orosius 1, 2, 78*: a tergo (Britannia) ... Orcadas insulas habet, quarum viginti desertae sunt, tredecim coluntur.
5) *Vergilius Georg. 1, 30*.

I nobis sermo, si dominus iubaverit, est adsumpturus, quia gens, cuius originem flagitas, ab huius insulae gremio velut examen apium erumpens in terram Europae advinit: quomodo vero aut qualiter, in subsequentibus, si dominus donaverit, explanavimus.

II 10   Nunc autem de Brittania insula, que in sino Oceani inter Spanias, Gallias et Germaniam sita est, ut potuero, paucis absolvam. cuius licet magnitudine olim nemo, ut refert Libius, circumvectus est[1]), multis tamen data est varia opinio de ea loquendi. quae diu si quidem armis inaccensam Romanis Iulius Caesar proeliis ad gloriam tantum quesitis aperuit[2]): pervia deinceps mercimoniis aliasque ob causas multis facta mortalibus non indiligenti, quae secuta est, aetati certius sui prodidit situm, quem,

11 ut a Grecis Latinisque autoribus accepimus, persequimur. triquadram cam plures dixere consimilem, inter septentrionalem occidentalemque plagam proiectam, uno, qui magnus est, angulo Reni hostia spectantem, dehinc correptam latitudine oblique retro abstractam in duos exire alios, geminoque latere longiorem Galliae praetendi atque Germaniae[3]). in duobus milibus trecentis decem stadiis latitudo eius ubi patentior,

12 longitudo non ultra septem mil. centum triginta duo stadia fertur extendi[4]); modo vero dumosa, modo silvestrae iacere planitiae, montibus etiam nonnullis increscere: mari tardo circumfluam, quod nec remis facile inpellentibus cedat, nec ventorum flatibus intumescat, credo, quia remotae longius terrae causas motibus negant: quippe illic latius quam usquam aequor extenditur[5]). refert autem Strabo Grecorum nobilis

---

*H P V L A S (ad 2 advinit) B X (Y Z).*

1 sermo *ante* est *A*   iubauerit] *HP*, iuuauerit *VLSXZ*, iuuerit *ABY*   adsumendus *ASBXY*   2 uelud *V*   apum *L*$^a$*ASBY*   terra *S*   aduinit] *HP*. aduenit *rel.*   3 explanauimus] *HP*, explanabimus *VLBX*, explanabitur *Y*, explana$\bar{b}$ *A*   4 autem] enim *XYZ*   sino] *HP*, sinu *rel.*   hyspanas *B*$^a$, hyspanias *B*$^b$*Y*, hispanias *AX*   5 germania *L*   potero *A*   magnitudine] *HPV*, magnitudinem *LABXY*   6 refert] *LBXY*, fert *HPVA*   libius] *HPVLXYZ*, liuius *AB*   est] sit *A*   tamen] autem tamen *L*, tantum *X*   data] clara (*marg.* uel data) *B*   loquemdi *P*$^a$   7 quae] quam *ABXYZ*   diu si] diuersi *A*   inaccensam] *HV*, inaccensa *P*, inaccessam *rel.*   caesar] centum (ut vid.) *A*   tant. ad gl. *A*   8 peruiam *B*, om. *XYZ*   deinceps] deinde *A*   aliisque ob causis *L*, aliasque ob causis *B*   facta] patefacta *B*   9 indigenti *L*   secutae *P*   aetatis *L*   prodiderat *B*   quem] quam *B*   10 a om. *Z*   autoribus] *HP*, auct. *rel.*   persequemur *AXY*   triquadram] *XYZ*, triquatram *B*, triquaetram *HP*, triquetram *VL*, tricadram *A*   11 dixerunt *B*   consimilem] *HPVLAXYZ*, cono similem *B*, cuneo similem *Clossius* adhibito *Mela* (vide infra): se in diuersos angulos cuneat triquetra   occidentaleque *A*   una *L*   12 magnus] manus *P*, maximus *A*   est om. *XYZ*   rent] *HPVLA*, rheni *XYZ*, in rheni *B*   hostia] *HPVLA*, ostia *rel.*   spectantem om. *B*   dehic *L*   correpta *LAXY*   altitudine *V*   obliqua *VAB*   13 abstracta *B*   exire (exigere *H*) alios (sic *V*$^b$, a...... *V*$^a$)] al. exire *A*   longiore galliam praetendit (pretendenti *L*) atque germaniam *B*   14 potentior *A*   15 septe *H*   treginta *P*   16 siluestrae] *HPV*, siluestre *LB*, siluestri *AXY*   planitiae] *HPX*, planitie *LY*, planiciae *VB*, planicie *A*   17 circumflua *AB*   facile remis *A*   18 motibus om. *B*   latius illic *V*, illuc lat. *B*   19 autem] enim *XYZ*   nob. scr. gr. *XY*

---

1) *cf. Tacitus Agric. 10:* formam totius Britanniae Livius veterum, Fabius Rusticus recentium eloquentissimi auctores ... oblongae scutulae vel bipenni adsimilavere ... hanc oram novissimi maris tunc primum Romana classis circumvecta insulam esse Britanniam affirmavit.

2) *cf. Tacitus Agric. 13:* primus omnium Romanorum divus Iulius cum exercitu Britanniam ingressus.

3) *Mela 3, 6, 50:* (Britannia) inter septentrionem occidentemque proiecta grandi angulo Rheni ostia prospicit; dein obliqua retro latera abstrahit, altero Galliam altero Germaniam spectans; tum rursus perpetuo margine directi litoris ab tergore abducta iterum se in diversos angulos cuneat triquetra. *cf. Tacitus Agric. 10:* immensum ... spatium procurrentium extremo iam litore terrarum velut in cuneum tenuatur.

4) *Dio epit. 76, 12:* καὶ αὐτῆς (Britanniae) τὸ μὲν μῆκος στάδιοι ἑπτακισχίλιοι καὶ ἑκατὸν τριάκοντα δύο εἰσί, τοῦ δὲ δὴ πλάτους τὸ μὲν πλεῖστον δέκα καὶ τριακόσιοι καὶ δισχίλιοι, τὸ δὲ ἐλάχιστον τριακόσιοι.

5) *cf. Tacitus Agric. 10:* mare pigrum et grave remigantibus perhibent ne ventis quidem perinde attolli, credo, quod rariores terrae montesque, causa ac materia tempestatum, et profunda moles continui maris tardius impellitur ... unum addiderim nusquam latius dominari mare.

scriptor tantas illam exalare nebulas, madefacta humo Oceani crebris excursibus, ut 12
subtectus sol per illum pene totum fediorem, qui serenus est, diem negetur aspectui [1]).
noctem quoque clariorem in extrema eius parte minimamque Cornelius etiam annalium 13
scriptor enarrat [2]), metallis plurimis cupiosam, herbis frequentem et his feraciorem
omnibus, que pecora magis quam homines alant: labi vero per eam multa quam
maximae relabique flumina gemmas margaritasque volventia [3]). Silurum colorati vultus; torti pleroque crine et nigro nascuntur; Calydoniam vero incolentibus rutilae cumae,
corpora magna, sed fluuida: Gallis sive Spanis, ut quibusque obtenduntur, adsimiles.
unde coniectavere nonnulli, quod ea ex his accolas contiguo vocatos acceperit [4]). 14
inculti aeque omnes populi regesque populorum [5].; cunctos tamen in Calydoniorum
Meatarumque concessisse nomina Dio auctor est celeberrimus scriptor annalium [6]).
virgeas habitant casas, communia tecta cum pecore, silveque illis saepe sunt domus [7]).
ob decorem nescio an aliam quam ob rem ferro pingunt corpora. bellum inter se 15
aut imperii cupidine, aut amplificandi quae possident, saepius gerunt, non tantum
equitatu vel pedite, verum etiam bigis curribusque falcatis, quos more vulgare essedas vocant [8]). haec pauca de Brittaniae insulae forma dixisse sufficiat.

Ad Scandziae insulae situm, quod superius [9]. reliquimus, redeamus. de hac III 16

*H P V L A B X (Y Z) Freculfus 1, 2, 25 [16] (a 17 de hac).*

1 madefactam *H* humo *om. B* 2 subtectus] subiectus *B*, subtextus *XYZ* illam p. totam *XY* fediorem *om. XY* asspectui *B*, aspectus *XY* 3 quoque] etiam *A* minimamque] memma quam *B* etiam] quoque *A* 4 narrat *AB*, enallat *L* cupiosam] *HP*, cop. *rel.* 5 que] quia *B* alat *B* per eam] et *B* multam *HPV* 6 maximae] *HPV*, maxime *LXY*, maxima *AB* magaritasque *B* 7 torti pleroque] *HPVXY*, torto pleroque *L*, torto plerique *AB* et nigro] nigroque *A* cumae] *HPV*, comae *rel.* 8 fluuida] *HPVLABXY* gallis] qui gallis *B* hyspanis *B*, hispanis *XY* ut] a *B* quibusque] *HVLBX*, quibusqui *PA*, quibuscunque *Z*, *om. Y* obtenduntur adsimiles] *scripsi*, adtenduntur obsimiles *HPVAXY*, adtendi similes *L*, attenduntur assimiles *B* 9 coniectauerunt *A* ea] terra *XYZ* continuo *B* exceperit *B* 10 cunctis *B* 11 meatarumque] *HPVL*b*XY*, metarumque *L*a, metallum *B*: Μαιᾶται Dio consessisse *L* nom. conc. *A*. nomina dio auctor est] nominandi auctor est dio *B* 12 communiam *HP* pecure *V* sillieque *A* 13 ob rem] rem *A* 15 equitum vel peditum *B* uigis *L* more uulgare (sic *HPV*, -ri *rel.*) *om. A* esseda *A* 16 bryttaniae *V* sufficiant *L* 17 ad] a *X* scandziae] *HPLYZ*, scandizae *X*a, scandae *X*b, scanziae *VB*, scandze *A* situ *PV* quod] quam *B* redeamus *om. spatio vacuo relicto L*

1) *Strabo 4, 5, 2 p. 200 Cas.:* ἐν δὲ ταῖς αἰθρίαις ὁμίχλη κατέχει πολὺν χρόνον, ὥστε δι' ἡμέρας ὅλης ἐπὶ τρεῖς μόνον ἢ τέτταρας ὥρας τὰς περὶ τὴν μεσημβρίαν ὁρᾶσθαι τὸν ἥλιον.

2) *cf. Tacitus Agric. 10:* nox clara et extrema Britanniae parte brevis, ut finem atque initium lucis exiguo discrimine internoscas.

3) *Mela 3, 6, 50. 51:* fecunda, verum iis quae pecora quam homines benignius alant. fert nemora saltusque ac praegrandia flumina alternis motibus modo in pelagus modo retro fluentia et quaedam gemmas margaritasque generantia.

4) *cf. Tacitus Agric. 11:* rutilae Caledoniam habitantium comae, magni artus Germanicam originem adseverant. Silurum colorati vultus, torti plerumque crines et posita contra Hispania Iberos veteres traiecisse easque sedes occupasse fidem faciunt. *haec ut reliqua ex Taciti Agricola adlata similia magis sunt iis quae exscripsit Iordanes quam ipsa;* corpora fluida *collato loco Taciti hist. 2, 32:* Germanos ... fluxis corporibus *ipsius Taciti esse crediderim et supra Iordanem.*

5) *Mela 3, 6, 51:* fert populos regesque populorum, sed sunt inculti omnes.

6) *Dio epit. 76, 12:* δύο δὲ γένη τῶν Βρεττανῶν μέγιστά εἰσι, Καληδόνιοι καὶ Μαιᾶται· καὶ ἐς αὐτὰ καὶ τὰ τῶν ἄλλων προσρήματα ὡς εἰπεῖν συγκεχώρηκεν.

7) *Strabo 4, 5, 2 p. 200:* πόλεις δ' αὐτῶν εἰσιν οἱ δρυμοί· περιφράξαντες γὰρ δένδρεσι καταβεβλημένοις εὐρυχωρῆ κύκλον ἐνταῦθα καὶ αὐτοὶ καλυβοποιοῦνται καὶ τὰ βοσκήματα κατασταθμεύουσιν οὐ πρὸς πολὺν χρόνον.

8) *Mela 3, 2, 51.* incertum ob decorem an quid aliud vitro (ultro *codex*) corpora inlecti. causas tamen bellorum et bella contrahunt ac se (sic *codex*) frequenter invicem infestant, maxime imperitandi cupidine studioque ea prolatandi quae possident. dimicant non equitatu modo aut pedite, verum et bigis et curribus Gallice armati: covinnos vocant: quorum falcatis axibus utuntur. *cf. Claudianus de laud. Stilich. 2, 247:* Britannia ... ferro picta genas; *in Rufin. 1, 313:* membraque qui ferro gaudet pinxisse Gelonus.

9) c. 1, 9.

III etenim in secundo sui operis libro Claudius Ptolomeus, orbis terrae discriptor egregius, meminit dicens: est in Oceani arctoi salo posita insula magna, nomine Scandza[1]), in modum folii cetri, lateribus pandis, per longum ducta concludens se. de qua et Pomponius Mela in maris sinu Codano positam refert[2]), cuius ripas influit
17 Oceanus. haec a fronte posita est Vistulae fluminis, qui Sarmaticis montibus ortus in conspectu Scandzae septentrionali Oceano trisulcus inlabitur, Germaniam Scythiamque disterminans. haec ergo habet ab oriente vastissimum lacum in orbis terrae gremio, unde Vagi fluvius velut quodam ventrae generatus in Oceanum undosus evolvitur. ab occidente namque inmensu pelago circumdatur, a septentrione quoque innavigabili eodem vastissimo concluditur Oceano, ex quo quasi quodam brachio exiente,
18 sinu distento, Germanicum mare efficitur. ubi etiam parvae quidem, sed plures perhibentur insulae esse dispositae, ad quas si congelato mari ob nimium frigus lupi transierint, luminibus feruntur orbari. ita non solum inhospitalis hominibus, verum
19 etiam beluis terra crudelis est. in Scandza vero insula, unde nobis sermo est, licet multae et diversae maneant nationes, septem tamen eorum nomina meminit Ptolemaeus[3]). apium ibi turba mellifica ob nimium frigore nusquam repperitur. in cuius parte arctoa gens Adogit consistit, quae fertur in aestate media quadraginta diebus et noctibus luces habere continuas, itemque brumali tempore eodem dierum noctium-
20 que numero luce clara nescire. ita alternato merore cum gaudio benificio aliis damnoque impar est. et hoc quare? quia prolixioribus diebus solem ad orientem per axis marginem vident redeuntem, brevioribus vero non sic conspicitur apud illos, sed aliter, quia austrinis signis percurrit, et quod nobis videtur sol ab imo surgere, illos

---

*H P V L A S* (14 in Scandza — 16 repperitur) *O* (*incipit* 10 brachio) *B X* (*Y Z*). *Freculfus* 1, 2, 25 [*16*] (*ad* 11 efficitur — *a* 14 in Scandza).

1 etenim] enim *BXY*   secundo] suicundo *L*   sui] suo *B*ᵃ   cladius *A*   ptolomeus] *VLABY*, pholomeus *HP Frec.*, phtolomeus *X*   discriptor] *HPV Frec.*, descr. *rel.*   2 oceani arctoi] *V*ᵇ, oceani rctoi *V*ᵃ, oceani arctoi *H*, oceani aretoi *PL*, oceano arctoi *XYZ*, oceano rethoi *Frec.*, oceani arctoo (actoo *B*ᶜ) *B*   solo *AX*   nomine *post* sr. *A*   scandza] *HPVLAX*ᵇ, scandiza *X*ᵃ, scandzia *YZ*, scanzia *B Duac.*, scanza *Frec. semper*   3 cetri] *HPVL*, citri *XYZ*, caedri *Frec.*, cedri *A*, coedri *B*   per longum ducta] post longum ductum *B*   se de qua] set aequam *A*   de qua ... 4 refert *om. B*   4 codino *L*   5 iustulae fluuii *B*   qui] quod *A*   sarmatis *A*   ortum *A, om. B*   6 scandzae] *HPVX*, scandze *L*, scandziae *Y*, scantiae *B*   occeani *L*   trisulcum *A*   7 determinans *B*   ab] ad *LXY*   orientem *XY*   lacum *om. XYZ*   8 gremium *XYZ*   ventrae] *HV*, uentre *rel.*   euoluit *XZ* (*non Y*)   9 inmensu] *HPVL*, inmenso *rel.*   septentro *A*   innauicabili *HPV*   10 brachio exeunte *OBXY Frec.*, brachium exiens *A*   11 ditento *HP*, detento *Frec*   germanico *L*   post efficitur *quod inserunt edit.* hic gentes quae carnibus tantum uiuunt *est in margine cod. O*   etiam] iam *A*   prauae *V*, praue *O*   quidem *om. OB*   12 esse *om. XY*   quas si] *VOBXY*, quasi *HP*, quos si *L*   conlato *L*   14 terrae *L*, terre *O*   scandza] *HPVLX*, scanza *SO*, scanzia *B*, scandzia *YZ*   uero *om. SOB*   15 nationes] mansiones *L*   tamen] tantum *LBXYZ*   eorum] *HPVSOB*, earum *LAXY*   ptolomeus *LOBY*, ptholomeus *VSX*, pholomeus *HP*   16 apum *BY*   frigore] *HPV*, frigorem *L*, frigus *ASOBXY Frec.*   numquam *ASO*, nunquam *B*   17 arctoa] *BXY*, artoa *O*, arotoa *H*, aretoa *PVL*, arethoa *Frec.*   in *om. A*   aestate] state *O*   quadragenta *P*   18 idemque *O*   noctiumque] et noctium *A*   19 numerum *O*   luce clara] *H*(?)*PV*, lucem claram *AOBXY*   merore] *VL*, memore *H*   beneficio *V*   20 est *om. OB*   21 aput *P plerumque*   22 quia] qui *V*   austrina signa *AB*   pecurrit *O*   quod] qui *OB*   uidetur *om. L*

---

1) *Ptolemaeus* 2, 11, 33: Ἀπ' ἀνατολῶν δὲ τῆς Χερσονήσου τέσσαρες αἱ καλούμεναι Σκανδίαι, τρεῖς μὲν μικραί, ... 34: μία δὲ μεγίστη καὶ ἀνατολικωτάτη κατὰ τὰς ἐκβολὰς Οὐιστούλα ποταμοῦ ... 35: καλεῖται δὲ ἰδίως καὶ αὐτὴ Σκανδία.

2) *Mela* 3, 3, 31: super Albim Codanus ingens sinus magnis parvisque insulis refertus est: *de Scandia auctor tacet.*

3) *Ptolemaeus* 2, 11, 35 (*quae uncis quadratis conclusi verba accesserunt ex cod. Vat. 191*) post verba supra not. 1 adlata: καὶ κατέχουσιν αὐτῆς τὰ μὲν δυτικὰ (1) Χαιδεινοί, τὰ δ' ἀνατολικά (2) Φαυόναι καὶ (3) Φιραῖσοι, [τὰ δὲ ἀρκτικὰ (4) Φίννοι], τὰ δὲ μεσημβρινὰ (5) Γοῦται καὶ (6) Δαυκίωνες, τὰ δὲ μέσα (7) Λευῶνοι.

per terrae marginem dicitur circuire. aliae vero ibi sunt gentes Screrefennae, que III 21
frumentorum non queritant victum, sed carnibus ferarum atque ovis avium vivunt;
ubi tanta paludibus fetura ponitur, ut et augmentum prestent generi et satietatem ad
cupiam genti[1]). alia vero gens ibi moratur Suehans, quae velud Thyringi[2]) equis
utuntur eximiis. hi quoque sunt, qui in usibus Romanorum sappherinas pelles commercio interveniente per alias innumeras gentes transmittunt, famosi pellium decora
nigridine. hi cum inopes vivunt, ditissime vestiuntur. sequitur deinde diversarum 22
turba nationum, Theustes, Vagoth, Bergio, Hallin, Liothida, quorum omnium sedes
sub uno plani ac fertilis, et propterea inibi aliarum gentium incursionibus infestantur.
post hos Ahelmil, Finnaithae, Fervir, Gauthigoth, acre hominum genus et at bella
prumtissimum. dehinc Mixi, Evagre, Otingis. hi omnes excisis rupibus quasi castellis
inhabitant ritu beluino. sunt et his exteriores Ostrogothae, Raumarici, Aeragnaricii, 23
Finni mitissimi, Scandzae cultoribus omnibus mitiores; nec non et pares eorum Vinoviloth; Suetidi, cogniti in hac gente reliquis corpore eminentiores: quamvis et Dani,
ex ipsorum stirpe progressi, Herulos propriis sedibus expulerunt, qui inter omnes

---

*HPVLAOBX (YZ). Rav. 4, 12 p. 201:* patria quae dicitur Rerefenorum [*sic libri h. l. et 1, 11 p. 28;* Rerefenni *4, 46 p. 324;* Rereferi *5, 28 p. 417*] et Sirdifenorum [Serdefenni, Sisdefenni, Scirdifrini *alibi*]: cuius patriae homines, ut ait Aithanarit Gothorum philosophus, rupes montium inhabitant et per venationes tam viri quamque mulieres vivere, cibo vel vino ignari existentes, in omnibus dicuntur. *Freculfus 1, 2, 25* [16] (*ad 1 circuire — a 4 alia*).

1 margine *H*(?)*P*  circuisse *YZ*, circumisse *X*  alia *O*  sunt] tres *OB*  screrefennae] *XYZ*, crefenne *OB*, rerefennae *HP*, reraefennae *V*, rerefenne *L*, refennae *A*: Rerefeni et Sirdifeni (*vide supra*) *Ravennas: illud praetuli, quoniam a vera forma* Σχριθίφινοι *proxime abest*  que] qui *OBXY*  2 ouis auium] *XYZ*, ouium auiumque *HPVLA*, ouium (*om. reliquis*) *OB*  3 pal. fertura *L*, foetura paludibus *B*  augm.] agiatum *A*  ad] ac *B*  4 cupiam] *HP*, copiam *rel.*  suehans] *HPVXYZ*, sueans *Frec.*, sciehans *L*, subueans *A*, suaethans *O*, suethans *B*  uelud] *HPV*, uelut *rel.*  thyringi] *HP*, tyringi *V*, thiringi *LA*, thoring *O*, thoringi *BXY*  equis] coquis *H*ᵃ(?), aequis *V*, om. *A*¹  5 eximius *H*  hii *LO*  quoque om. *A*  usus *AB*  sappherynas *V*, saphyrinas *B*, saphirinas *XY*, sappherinas *A*, sapphirinas *Z*, saphirinos *O*  6 decore *O*  7 nigridine] *HPV*, nigridi *O*, nigredine *LABXY*  uiuunt] *HPAO*, uiuant *VLBXYZ*  sequuntur *OB*  8 turbationum *V*  theustes] *BY*, theustis *X*, theusthes *O*, theutes *HPVL*, teuthes *A*  uagoht *Frec.*  bargio *O*, hergio *A*  hallim *AY*  liotida *A*  9 sub uno (una *XYZ*) plani (planae *B*, planitiae *X*, planitie *YZ*) ac (hac *A*) fertilis (fertiles *OBXY*)] libri: videtur Iordanes sedes masculine usurpavisse et sub uno posuisse pro similiter: supina plana ac fertilis coniecit *Muellenhoffius*  propterea] postea *O*  inibi] ininibi *L*  10 ahelmil] *HPV*²*L*, helmil *A*, athelmil *V*¹, athelnil *OB*, ahelmi *X*, ahemi *Y*  sinnaithae *B*  gautigoth *OBXY*  acre] arre *L*  et om. *OB*  at] *HP*, ad *rel.*  11 prumtissimum] *HP*, promtissimum *LA*, promptissimum *OB*, promptissimi *XYZ*  mixi] *HPVLAO*, mixti *BXY*  euagre] *HPLA*, euagrae *VXYZ*, euagere *O*, euagerae *B*  othingis *OBX*: *possis cogitare de* Greutungis  excisis] *HPVLA*, exsis *O*, exesis *BXY*  rapibus *O*  casi *A*  12 et bis] et tethis *X*, et thethis *YZ*  raumariciae ragnaricii *HPVL*, raumaricie ragnaricii *A*, 'raumauricae ragnarici *OBXY*  13 mittissimi *O*  scanze *O*, scanzicae (c del.) *B*  cutoribus *A*  mitiores] minores coniecit *Muellenhoffius recte*  eorum] illorum *O*  uuinouiloth *V*, uinouilohth *O*  14 suethidi *B*  cogniti] cogenti *O*, cogeni *B*, cognitio *XZ*, cognatio *Y*  quam et uis *O*  15 progessi *O*  eruleos *B*ᵃ, erulos *LB*ᵇ  propriis] ex propr. *O*ᵃ

---

1) *cf. Procopius b. Goth. 2, 15:* Σχριθίφινοι ... οὔτε αὐτοὶ τὴν γεωργοῦσιν οὔτε τι αὐτοῖς αἱ γυναῖκες ἐργάζονται, ἀλλὰ ἄνδρες ἀεὶ ξὺν ταῖς γυναιξὶ τὴν θήραν μόνην ἐπιτηδεύουσιν. θηρίων τε γὰρ καὶ ἄλλων ζῴων μέγα τι χρῆμα αἵ τε ὗλαι αὐτοῖς φέρουσι μεγάλαι ὑπερφυῶς οὖσαι καὶ τὰ ὄρη, ἃ ταύτῃ ἀνέχει. καὶ κρέασι μὲν θηρίων ἀεὶ τῶν ἁλισκομένων σιτίζονται, τὰ δέρματα δὲ ἀμφιέννυνται. *Paulus hist. Lang. 1, 5:* Scritofini (*sic vel* Scritobini *optimi libri*) ... crudis agrestium animantium carnibus vescuntur, de quorum etiam hirtis pellibus sibi indumenta peraptant.

2) *cf. Cassiodorius var. 4, 1:* Herminafrido regi Thoringorum Theodoricus rex ... indicamus nos venientibus legatis vestris ... more gentium suscepisse ... equos argenteo colore vestitos, qui fuse describuntur.

III 24 Scandiae nationes nomen sibi ob nimia proceritate affectant praecipuum. sunt quamquam et horum positura Grannii, Augandzi, Eunixi, Taetel, Rugi, Arochi, Ranii. quibus non ante multos annos Roduulf rex fuit, qui contempto proprio regno ad Theodorici Gothorum regis gremio convolavit et, ut desiderabat, invenit. hae itaque gentes, Germanis corpore et animo grandiores, pugnabant beluina saevitia.

IV 25 Ex hac igitur Scandza insula quasi officina gentium aut certe velut vagina nationum cum rege suo nomine Berig Gothi quondam memorantur egressi: qui ut primum e navibus exientes terras attigerunt, ilico nomen loci dederunt. nam odieque 26 illic, ut fertur, Gothiscandza vocatur. unde mox promoventes ad sedes Vlmerugorum, qui tunc Oceani ripas insidebant, castra metati sunt eosque commisso proelio propriis sedibus pepulerunt, eorumque vicinos Vandalos iam tunc subiugantes suis aplicavere victoriis. ubi vero magna populi numerositate crescente et iam pene quinto rege regnante post Berig Filimer, filio Gadarigis, consilio sedit, ut exinde cum familiis 27 Gothorum promoveret exercitus. qui aptissimas sedes locaquae dum quereret congrua, pervenit ad Scythiae terras, quae lingua eorum Oium vocabantur: ubi delectatus magna ubertate regionum et exercitus mediaetate transposita pons dicitur, unde amnem traiecerat, inreparabiliter corruisse, nec ulterius iam cuidam licuit ire aut redire. nam is locus, ut fertur, tremulis paludibus voragine circumiecta concluditur, quem utraque confusione natura reddidit inpervium. verumtamen hodieque illic et voces armentorum audiri et indicia hominum depraehendi commeantium attestationem, 28 quamvis a longe audientium, credere licet. haec ergo pars Gothorum, quae apud

---

*H P V L A O (deficit 17 in traiecerat) B X (Y Z). Rav. 1, 12 p. 29, 11 ad v. 6:* insulam (Scythiam) ... Iordanis sapientissimus cosmographus Scanzam appellat: ex qua insula pariterque gentes occidentales egressae sunt, nam Gothos et Danos (*cf. Iord. 3, 23*), immo simul Gepidas (*cf. Iord. 17, 94*) ex ea antiquitus exisse legimus; *cf. 5, 30 p. 422, 2, ubi item laudatur* Iordanis sagacissimus chronographus, *item 4, 4 p. 175, 13. Freculfus 1, 2, 25 [16] (ad 1 praecipuum — a 6 Ex hac).*

1 scandiae] *HPV*, scandziae *LY*, scanzise *OB*, scandzae *X*, scane *A*    nimiam *LAOBXY*    proceritatem *LA²BXY*, proceritem *A¹*    sunt qu.] quamquam *A*, qu. sunt *X*    2 horum] *HPVLAXY*, illorum *OB*    granni *AOXYZ*, granii *L*    augandzi (auganzi *LA*, auganti *V*) eunixit (eunx̄ *A*) aetel (hethel *A*) rugi *HPVLA*, augandzi eunixi gethel (getel *Y*) rugi *XY*, aiganzdiae eunixi gethelrugi *Z*, aganziae unixet (unixae *B*) ethelrugi (ethelrug *Oᵃ*) *OB*    arohi *L*, arachi *YZ* (*non X*)    rami *O*, ranni *B*, rannii *AXYZ*    3 quibus ... 4 inuenit *errore non librariorum, sed epitomatoris loco suo mota videntur esse, qui locus fuit post p. 59, 15* expulerunt: *cf. indicem s. v.* Roduulf] non ante multos *A*) non ante omnes (sed *ins. B*) ante multos *OB*    rodulf *AOBX*, rotolf *L*, roduf *YZ*, roduuls *P*    ad] a *V*    theoderici *O*    4 gothorum om. *L*    gremio] *HPV*, gremium *AOBXY*    haec *L*    5 germanis] romanis *OB*, romanis germanis *Vind.*, inmanes *L*    corp.] et corp. *A*    pugnabant beluina saeuitia] pugna seuitia *O*, infesti pugnae saeuitia *B*, alii infestae seuicia pugnae pugnabant beluina seuitia *Vind.*    6 scandza] *HX*, scanza *PVAO*, scanzia *B*, scaudzia *Y*    uelut om. *L*    uagina] *O*    7 berg *O*, berich *Frec.*    gutti *A*, cothi *O*    condam *O*    8 exientes] *HPVO Frec.*, exigentes *L*, exeuntes *ABXY*    nomen loci] nomen loci nomen *O*, nomen loco *ABXYZ Frec.*    odieque] *HP*, hodieque *VAXY*, hodie *OB*, ideoque *L*    9 illic ut fertur om. *A*    gothiscanza *O*, gothiscantia *B*, gothizanza *L*    uocantur *L*, dicitur *A*    umerugorum *B*    10 insidiebant *P*    castra metantes eoque prelio commisso *A*    11 uuandalos *LOᵇXY*, uuandelos *Oᵃ*, uuandolos *B*, uannalos *A*    subiugabant *Xᵃ*    aplicauere uict. ubi] *HPV*, applicuere uict. ubi *AXY*, appellauere uictoriis ibi *B*, appellauere uictoriis tr(?)ibus *O*, uictoriis applicauere ubi *L*    12 uero] uera *O*    numerositatem *A¹*    et om. *A*    13 perig *P*, berg *O*, berigh *Frec.*    filemer *L*    filio gadarigis] *HPV Frec.*, f. gadaregis *L*, filogudaregis *O*, filogud arigis *B*, filio gadaricus *XZ*, filio gadarico *Y*, filio radarigis *A: cf. c. 24, 121*    consilium *A*    14 promouerter *O*    exercitum *A*    congr. dum qu. ad sc. peru. *A*    15 ocum *A*, ouim *B*    delectans *O*, delectate *B*, del. est *A*    16 et exercitus] exercitus *A*, exercitu et *B*, sed exercitus *Frec.*    mediaetate] *HV*, mediatate *rel.*    17 transiecerat *OB*, tragecerat *A*    inseparabiliter *B*, miserabiliter *XY*    cuiquam *A*    ire om. *V*    18 his *VL*    19 reddit *XYZ*    imper**** *Vᵃ*    20 deprehenditur *A*    attestationem] *HPV*, astestationem *L*, attestatione *BXY*, attestationi *A*    21 a om. *XYZ*    longum *Xᵃ*    apus *Vᵃ*, aput *VᵇL*

Filemer dicitur in terras Oium emenso amne transposita, optatum potiti solum. nec IV mora ilico ad gentem Spalorum adveniunt consertoque proelio victoriam adipiscunt, exindeque iam velut victores ad extremam Scythiae partem, que Ponto mari vicina est, properant. quemadmodum et in priscis eorum carminibus pene storico ritu in commune recolitur: quod et Ablavius descriptor Gothorum gentis egregius verissima adtestatur historia. in quam sententiam et nonnulli consensere maiorum: Ioseppus 29 quoque annalium relator verissimus dum ubique veritatis conservet regulam et origines causarum a principio revolvat. haec vero quae diximus de gente Gothorum principia cur omiserit, ignoramus: sed tantu Magog eorum stirpe comemorans, Scythas eos et natione et vocabulo asserit appellatos[1]). cuius soli terminos, antequam aliud ad medium deducamus, necesse est, ut iacent, edicere.

Scythia si quidem Germaniae terre confines eo tenus, ubi Ister oritur amnis vel V 30 stagnus dilatatur Morsianus, tendens usque ad flumina Tyram, Danastrum et Vagosolam, magnumque illu Danaprum Taurumque montem, non illum Asiae, sed proprium, id est Scythicum, per omnem Meotidis aditum, ultraque Meotida per angustias Bosfori usque ad Caucasum montem amnemque Araxem ac deinde in sinistram partem reflexa post mare Caspium, quae in extremis Asiae finibus ab Oceano eoroboro in modum fungi primum tenuis, post haec latissima et rotunda forma exoritur[2]), vergens ad Hunnus, Albanos et Seres usque digreditur. haec, inquam, patria, id est Scythia, 31 longe se tendens lateque aperiens, habet ab oriente Seres, in ipso sui principio litus

---

*H P V L A O (inc. 16 amnemque) B X (Y Z). Rav. 4, 5 p. 179 ad v. 13: et desuper ipsum fluvium Danapri ... est ... fluvius maximus Tanais, item fluvius Tiram, item Bagossolam: de quibus fluminibus testatur mihi Iordanis sapientissimus cosmographus. 4, 1 p. 168 (inde Guido p. 552 Parth.) ad v. 18: (Scythiam) Iordanis cosmographus in modum fungi scarifum esse dixit. Freculfus 1, 2, 25 [16] (ad 6 maiorum).*

1 filemer] *HPVL*, filimer *ABXY* ocum *A*, ouim *B* tranposita *H* optatum potita solum *B*, optata potiti terra *A* 2 adipiscunt] *HPV et ut vid. Frec.*, adipiscuntur *LABXY* 3 partem post properant *A* ponto] *HPVL Frec.*, pontico *ABXY* uina *A* 4 storicu] *HPVL*[b], stori *L*[a], historico *ABXY* ritui *A* 5 et om. *A*[a]*X* ablauius] *HVL Frec.*, ablauias *B*, aplauius *PA*, ablabius *XY* 6 iosephus *BX*, iosippus *YZ* 7 quoque om. *XY* conseruit *B* 8 reuoluit *B* 9 obmiserit *A* tantu magog] *sic fere Muellenhofftus in litteris ad me a. 1864 datis et Gutschmid p. 127 ex Iosepho (v. i.):* tantum (*sic HPVL*, tamen *ABXY*) ab hoc loco *libri* stirpe] *HPL*, stirpem *rel.* comemorans] *H*, commem. *rel.* eos om. *B* 10 soli] olim *L* terminus *L* 11 ut iacent edicere] *HPVBX*, (ut iacent) ediscere *Z*, ut iacent ediserere *Y*, ut narcentedicerct *L*, ut iaceant dicere *B*, adiacentibus dicere *A* 12 confines] *HPVL*, confinis *ABXY* eatenus *XYZ* iste *L* 13 stagnus] et agnos *L*, stagnum *ABXY* morsianus] *HPVLXZ*, mursianus *Y*, musianum *B*, morsiamon *A* tedens *A*[a] tyrani] thyram *P*, thiram *A*, tendens tiram *L*[a], terra *B* dastrum *XYZ*. uagosolam] luagosolam *B* 14 illu] *scripsi*, illud *HPVLXYZ*, illum *B*, aliud *A* danaprum] danubrum *B*, danapirum (danaprum *A*[a]) *A*[b] sed proprium om. *B* 15 id est] idem *P* 16 araxen *P* in sinistram partem] in sinistra parte *XYZ*, sinistra parte *OB* 17 quae] quod *A*, om. *B* in om. *A* ozeano *P* eoroboro] *HPVLXYZ*, euroboro *OB*, eboreo *A* 18 tenui *A* 19 hunnus] *HP*, hunnis *V*, hunnos *LBX*, unnos *O*, hunos *AY* serens *X*[a], seros *A*[1] 20 sui] suo *L* litus] ad litus *B*, post litus *A*

---

1) *Iosephus ant. 1, 6, 1:* Μαγώγης (*Iapheti filius*) δὲ τοὺς ἀπ' αὐτοῦ Μαγώγας ὀνομασθέντας ᾤκισε, Σκύθας δὲ ὑπ' αὐτῶν (*a Graecis*) προσαγορευομένους. *cf. Isidorus Goth. laud. c. 66 (ex Cassiodorio?):* Gothorum antiquissima origo de Magog filio Iaphet fuit, unde et Scytharum genus extitit: nam iidem Gothi Scythica probantur origine sati. unde nec longe a vocabulo discrepant: demutata enim ac detracta littera Getae quasi Scythae sunt nuncupati. *item etym. 9, 1, 27:* Magog a quo quidam arbitrantur Scythas et Gothos traxisse originem. *ibidem c. 89:* Gothi a Magog filio Iaphet nominati putantur de similitudine ultimae syllabae, quos veteres magis Getas quam Gothos vocaverunt. *respicit Isidorus Hieronymum quaest. Hebr. in Gen. 20, 2 (3 p. 318 Vall.) et ad Ezech. l. 11 (5 p. 405 Vall.), qui tamen Ambrosium (de fide 2, 16, 138) reprehendens negat Gog apud Ezechielem de Gothis accipiendum esse, immo Gothos eosdem esse atque Getas.*

2) *cf. Cassiodorius var. 3, 48:* (montis) ima graciliora sunt quam cacumina et in mollissimi fungi modo superius extenditur, cum inferiore parte tenuetur.

V Caspii maris commanentes; ab occidente Germanos et flumen Vistulae: ab arctu, id
est septentrionali, circumdatur oceano, a meridiae Persida, Albania, Hiberia, Ponto
32 atque extremo alveo Istri, qui dicitur Danubius ab ostea sua usque ad fontem. in eo
vero latere, qua Ponticum litus attingit, oppidis haut obscuris involvitur, Boristhenide,
Olbia, Callipolida, Chersona, Theodosia, Careon, Myrmicion et Trapezunta, quas indomiti Scytharum nationes Grecis permiserunt condere, sibimet commercia prestaturos.
in cuius Scythiae medium est locus, qui Asiam Europamque ab alterutro dividit,
Riphei scilicet montes, qui Thanain vastissimum fundunt intrantem Meotida cuius
33 paludis¹) circuitus passuum mil. CXLIIII, nusquam octo ulnis altius subsidentis. in
qua Scythia prima ab occidente gens residet Gepidarum, que magnis opinatisque ambitur fluminibus. nam Tisia per aquilonem eius chorumque discurrit; ab africo vero
magnus ipse Danubius, ab eoo Flutausis secat, qui rapidus ac verticosus in Istri
34 fluenta furens divolvitur. introrsus illis Dacia est, ad coronae speciem arduis Alpibus
emunita, iuxta quorum sinistrum latus, qui in aquilone vergit, ab ortu Vistulae fluminis per inmensa spatia Venetharum natio populosa consedit. quorum nomina licet
nunc per varias familias et loca mutentur, principaliter tamen Sclaveni et Antes no-

---

*H P V L A O B X (Y Z).* Rav. 4, 3 p. 173 ad v. 4: Boristenida, Olbiapolis, Capolis Dori (dori corruptum est ex da vocabuli callipolida), Chersona, Theosiopolis, Careon, Trapezus. 5, 11 p. 369: Olivapolis, Poristenida, Calipolia, Cersona, Theodosia, Dosiopolis, Careon, Trapezus. 4, 14 p. 204 ad v. 12: fluvius Flatausis, *citans Iordanem.*

1 commonentes O    germanus O    iustulae B. fistule O    arctu] HPV, arcto AOB, arcturos L, arctoa XYZ    id est om. A    2 septentrionali] sententrionali V, septentrione B    a] et O    meritiae P    perside A    3 histiri O, histri BXY, histro A    danubios P, danubio A    ostea sua] HPV, hostea sua L, hostia sua O, ostio suo BXY, ostiis suis A    4 latere] loco latere O, loci latere B    quam L    litos P    attigit Aᵃ    haut] O, aut HPVL, haud ABXY    boristhenide] HPVXZ, boristenide LY, boritthenidae (-diae Oᵃ) O, borithenide B, boristende A    5 olpia L, obbia X    callipolida] scripsi ex Ravennate collato Scylace c. 93: Ὀλβία καὶ λιμήν· Καλλίπολις καὶ λιμήν, callipoda (calipoda OB) libri: diversi sunt Callipidae (cf. Strabo 12, 3, 21 p. 550) infra c. 5, 45 nominati chersono P, cersona L    gareon Z: Careon cum collocetur inter Theodosiam et Myrmecium (cf. Strabo 7, 4, 5 p. 310), patet intellegi Panticapaeum, quod non potuit omittere qui recensebat Graeca oppida in litore Scythiae condita: sed erravit non librarius, at Iordanes auctorve eius Cassiodorius Graeco auctore usus imperite mirmicion LXYZ, mirmition B, mirmiceon A    trapeiunta HVO, trapeiuncta PAB, trapeiunta L, trapeianta X, tarpoianta Y: Trapezus Rav.    quas indomiti] HPL, quas indomitae VAXY, quasi indomitis O, quam ibi domitos B    6 scitharum OB, scythirum HPVL    natione OB    grecos AB    commertium XY    prestaturus O    7 scythiae medio BXY, medio scythiae A    erupamque A    alterutra A, alterutrum OB, utroque L    8 silicet P    thanain] HPVL, tanain OB, thanaim AX, thanim Y uatissimum H, uastissimam XY    findunt Bᵃ    intrantem meotidam X, intrantem meotidem X, intrante neotida O    9 circuidus O, circumitus X    passuum L, om. A¹    CXLIIII] XY, centum quadraginta quattuor OB, cixliii HPVLA    nosquam O, numquam A    octo] septem XYZ    subsidentes AOB    10 occidentes L    gens residet] gens redit O, gens sedit B    que m.] HVL, quae m. rel. ambitu O    11 tisiam O, tisianus B, thisia YZ    aliquilonem P    chorumque] quorumque O africo] PAXY, afrigo Oᵇ, affrico B, africa HVL    12 eoo] euro OB    flutausis] HPV, fluttausis A, fluctausis L, flutausis XY Duac., fluitans XY flutausi O: Flatausis (al. flautausis) Rav.: probabile est in fluta latere fluvii Alutae nomen ex Prisco opinor male transcriptum    secatur B    uertigosus HPVᵇL, uestigosus Vᵃ, uertigiosus A    histri BXY    13 diuoluitur] HPVLAOB, uoluitur XYZ    illi OB    dacia est] daciaem O    albibus O    14 emunita om. L    quarum A    qui] quod AB aquilone] HPVL, aquilonem AOBY, aquinalonem X    uerget O    ab] et ab B    iustulae B 15 uenetharum] HPVLXYZ, uenetarum A, uenit uuinidarum B, uenit uuinadarum O    considet AXYZ 16 multentur A    scaueni AO, sclauani B, sclauenni Z    et antes nominantur (dicuntur A) sclaueni om. XYZ

---

¹) *Orosius* I, 2, 4. 5: Riphaei montes ... Tanaim fluvium fundunt qui ... Maeotidas auget paludes.

minantur. Sclaveni a civitate Novietunense et laco qui appellatur Mursiano usque V 35
ad Danastrum et in boream Viscla tenus commorantur: hi paludes silvasque pro civitatibus habent. Antes vero, qui sunt eorum fortissimi, qua Ponticum mare curvatur,
a Danastro extenduntur usque ad Danaprum, quae flumina multis mansionibus ab in-
5 vicem absunt. ad litus autem Oceani, ubi tribus faucibus fluenta Vistulae fluminis 36
ebibuntur, Vidivarii resident, ex diversis nationibus adgregati; post quos ripam Oceani
item Aesti tenent, pacatum hominum genus omnino [1]. quibus in austrum adsidet gens
Acatzirorum fortissima, frugum ignara, quae pecoribus et venationibus victitat. ultra 37
quos distendunt supra mare Ponticum Bulgarum sedes, quos notissimos peccatorum
10 nostrorum mala fecerunt. hinc iam Hunni quasi fortissimorum gentium fecundissimus
cespes bifariam populorum rabiem pullularunt [2]. nam alii Altziagiri, alii Saviri nuncupantur, qui tamen sedes habent divisas: iuxta Chersonam Altziagiri, quo Asiae bona
avidus mercator importat, qui aestate campos pervagant effusas sedes, prout armentorum invitaverint pabula, hieme supra mare Ponticum se referentes. Hunuguri autem
15 hinc sunt noti, quia ab ipsis pellium murinarum venit commercium: quos tantorum
virorum formidavit audacia. quorum mansione prima in Scythiae solo iuxta paludem 38
Meotidem, secundo in Mysiam Thraciamque et Daciam, tertio supra mare Ponticum
rursus in Scythia legimus habitasse: nec eorum fabulas alicubi repperimus scriptas,

---

*H P V L A O B X (Y Z). Rav. 4, 1 p. 168 (inde Guido p. 552 Parth.) ad v. 8: Chazaros ... Iordanis Agaziros vocat. Freculfus 1, 2, 25 [16] (a 16 quorum).*

1 sclauani *OB*, scaueni *A*   ad ciuitatem *A*   nouietunense] *HPVA*, nouietuense *L*, nouietanense *XYZ*, noui et sclaninorum unnense (-sem *B*) *OB*: *intellegitur* Noviodunum   laco] *HPV*, loco *LO*, lacu *ABXY*   appellatur] dicitur *A*   mursianus *A*, musiano *O*, musianus *B*   2 commorantur] commanentes *A*   hi] hic *O*   siluasque] et siluas *A*   pro] per *O*   3 antei *O^b*   qua] *Y*, quia *HPVLAOBXZ*   pontico mare *O*, pontico mari *B*   turbatur *O*, turbantur *B*   4 a danastro] ad dan. *X*, a nastro *L*   danaprum] danubrum *O*, danubium *B*   ab om. *A*   5 adsunt *A*   ad] a *A*   autem] enim *XYZ*   oceni *A*   fistule *O*, iustulae *B*   6 uidiuarii *HPLAXYZ*, uiriuarii *V*, uidioarii *OB*: *infra 17, 96 dicuntur* Vividarii   ex] et *XYZ*   7 pagatum *O*   omninus *O*   austrum obsident *L*, austro adsedit (assedit *B*) *OB*   8 acatzirorum] *HLAXYZ*, acatzyrorum *P*, acatirorum *V*, agatzirorum *OB*: Agaziri *Rav.*, Ἀκάτζιροι *Priscus* (scilicet Κάτζιροι fr. 8 p. 83 Muell., Ἀκατζίροι ib. p. 82, Ἀκάτιροι fr. 30 p. 105 et fr. 37 p. 107)   ignora *O*   quae] qua ea *O*, quia ea *B*   uictat *L*, nectitant *O*, uicitatat *B*   9 distendunt] *H¹(?)P^b VOX Duac.*, disten••••••• *P^a*, distunt *L*, distenduntur *H²ABY*   super *PA*   uulgarum *V*, burgarum *O*   sedes om. *P^a*   10 fortissimorum] *HPVLO*, fortissimarum *ABXY*   fecundissima *XY*   11 cespes] cipes *O*, stipes *B*   rabie *A*   pullularunt] popularunt *OB*   altziagiri] *HPVLAXY*, altziagri *Z*, ••aulziagri *O*, aulziagri *B*   sauiri] auiri *B*, fauiri *A*: sunt Σάβιροι *Prisci fr. 30 p. 104 Muell.*, similiter alii   nuncupatur *H*, nuncupatus *P*   12 tamen] tantum *XYZ*   diuersas *OB*   altziagiri] *HY*, ultziagiri *PV*, ultziagiri *X*, ultziagri *Z*, uultziagiri *L*, autziagri *A*, aulgiagri *O*, aulziagri *B*   13 qui aestate] *LB*, quia aestate (eestate *P^a*) *HPVOXY*, qua egestate *A*   peruagant] *O^bYZ*, peruagantur *ABX*, peruacant *HPVLO^a*   effusas sedes] *HPVLXZ*, effusos sedes (habentes *ins. B*) *OB*, effusis sedibus *A*, effusas *Y*   14 inuitauerint *P*, inuenerit *A*   pontico *O*   hunuguri] *HVLAXZ*, hunugguri *H*, uniguri *L*, hunucari *O^bB*, hunne•••• *O^a*, hunugiri *Y*: Ὀνόγουροι *Priscus fr. 30 p. 104 Muell.*, patria Onogoria *Ravennas 4, 2 p. 170*   autem] enim *XYZ*   15 quia] qui *O*, quod *A*   bellium *O*   uenit om. *L*   commertium *V*, cummertium *PO*   16 audaciam *HPV*   quorum] fortasse Gothorum   mansione prima] *HPVL*, mansionem prima *O^a*, mansionem primam *AO^bXY*, mansionem primam esse *B*   iusta *PA*   17 secunda *VA*   mysiam thraciamque et daciam] *HPV*, misiam traciam quem traciam (*sic*) *L*, mensiam tratiasque et daciam *O*, maesiam thraciaque et dacia *A*, maesia traciaque et dacia *B*, mysiam (misiam *Y*) thraciasque et daciam (datiam *Y*, dacia *Z*) *XYZ*   tercio *P*, tertia *VA*   ponticu *O*   18 rursus] rursumque *L*   scithiam *LO*   abitasse *PV*, fuisse *A*   aliculi *O*

---

[1] *cf. quae sub Theodorici nomine Cassiodorius var. 5, 2 scripsit Haestis* 'in Oceani litore' *constitutis et regis amicitiam expetentibus.*

[2] *cf. Cassiodorius var. 3, 6: pullulat ex uno genere quadrifariam decus.*

V qui eos dicunt in Brittania vel in unaqualibet insularum in servitute redactos et in unius caballi praetio a quodam ereptos. aut certe si quis eos aliter dixerit in nostro urbe, quam quod nos diximus. fuisse exortos, nobis aliquid obstrepebit: nos enim potius lectioni credimus quam fabulis anilibus consentimus.

39  Vt ergo ad nostrum propositum redeamus, in prima sede Scythiae iuxta Meotidem commanentes praefati, unde loquimur, Filimer regem habuisse noscuntur. in secunda, id est Daciae, Thraciaeque et Mysiae solo Zalmoxen, quem mirae philosophiae eruditionis fuisse testantur plerique scriptores annalium. nam et Zeutam prius habuerunt eruditum, post etiam Dicineum, tertium Zalmoxen, de quo superius diximus. nec de-
40  fuerunt, qui eos sapientiam erudirent. unde et pene omnibus barbaris Gothi sapientiores semper extiterunt Grecisque pene consimiles, ut refert Dio, qui historias eorum annalesque Greco stilo composuit. qui dicit primum Taraboseseos, deinde vocatos Pilleatos hos, qui inter eos generosi extabant, ex quibus eis et reges et sacerdotes ordinabantur[1]. adeo ergo fuere laudati Gaetae, ut dudum Martem, quem poetarum fallacia deum belli pronuntiat, apud eos fuisse dicant exortum. unde et Vergilius[2]:
41  'gradivumque patrem, Geticis qui praesidet arvis'. quem Martem Gothi semper asperrima placavere cultura (nam victimae eius mortes fuere captorum), opinantes bellorum praesulem apte humani sanguinis effusione placandum. huic praede primordia vovebantur, huic truncis suspendebantur exubiae, eratque illis religionis preter ceteros in-
42  sinuatus affectus, cum parenti devotio numinis videretur inpendi. tertia vero sede super mare Ponticum iam humaniores et, ut superius diximus, prudentiores effecti, divisi per familias populi, Vesegothae familiae Balthorum, Ostrogothae praeclaris Amalis serviebant.

---

*H P V L A O B X (Y Z) Freculfus l. c.*

1 qui] quae *A*    seruitute] *HPVO*, seruitutem *LABXY*    in om. *A*    2 cauallí *O*, cabilli *P*    a quodam] quandam *O*, quondam *B*    nostro urbe] *HPVO*, nostro orbe *LBXY*, nostra urbe *A*    3 quam quod] quam ut *A*, quanquam *XYZ*    exortus *O*, exhortos *V*    obstrepit *B*, obstrepet *AXY*    lect. pot. *B*    4 consentimus . . . . . . in prima sede sc. (sc. sede *A*) iuxta] contendimus prima sede scithiae (scythiae *B*) ut ergo ad nostrum in (in om. *B*) propsitum (propos. *B*) redeamus hii (hi *B*) iuxta *OB*    5 meotidem] m. paludem *AXYZ*    6 filemer *L*    nuscuntur *P passim*    secundo *OB*    7 thraciaeque et mysiae] tratiaeque et mesiae *O*, thraciae moesiaeque *A*    zalmoxen] *HPVLBXY Frec.*, zalmosen *O*, zalmouen *A*ᵃ, zalmozen *A*ᵇ    philosophiae er.] *HPVLAOX*ᵃ *Frec.*, philosophicae er. *BX*ᵇ*Y*    8 tentantur *V*    lerique *O*    annalium om. *A*    zeutem *Frec.*    9 eruditam *O*    post] pst *L*    dicineum] *HPVAXYZ*, dicinium *L*, dicenum *B*, dcentum (*sic*) *O*: dycineus sive dicinius *Frec.*    zalmoxen] *HPVBXY Frec.*, dalmoxen *L*, zalimoxem *O*, zalmozen *A*    superius om. *A*    10 sapientia *A*    þene *L*    gothis *H*    sapientioris *HP*    11 semper om. *A*    refret *O*    historias eorum annalesque] eorum annales *A*    12 stilo] sermone *A*    dixit *OB*    tarabostereos *O*, zarabostereos *B*, strabostes eos *L*, thorabostes *YZ*    teinde *P*, qeinde (*sic*) *YZ*    uocatos] *HPVLA*, uocitatos *OBXY*    13 hos] his *O*    14 ordinabuntur *A*    ergo om. *L*    fuerunt *A*    gaetae] *H*, gaete *V*, getae *rel.*    15 dum *O*    dicant fuise (*sic*) *A*    uerilius *O*, uirgilius *LAXY*    16 gradiumque *HPO*    greticis *O*    martem om. *A*    semper om. *OB*    17 plaguere *O*    eius om. *V*    opinantes] opinantur et *XZ*, opinantur enim *Y*    18 praesidem *XY*    aptius *OB*    sanguinis om. *A*    plagandum *O*    uouebantur] mouebantur *B*, uouebant *A*    19 trunci *A*    subpendebantur *P*    exubiae] *HPVO*, exuuiae *LABXY*    regionis *P*ᵃ    pr. cet. om. *OB*    insinuatos *O*    20 effectus *A*    numinhis *V*, nominis *OB*, numini *XYZ*    sedes *LBXY*, sedis *O*    21 supra *A Frec.*    superius] iam *A*    diximus om. *L*    22 uessegothae *X*, uaessegothae *Z*, uuisigothae *Y*, uesogothe *L*    baltorum *AO*, balzorum *B*

---

1) cf. Dio 68, 9: ἐπεπόμφει μὲν (Decabalus) ... πρέσβεις οὐκ ἔτι τῶν κομητῶν ὥσπερ πρότερον, ἀλλὰ τῶν πιλοφόρων τοὺς ἀρίστους. *Cassiodorius tamen non tam Cassii Dionis annales adhibuit quam Getica Dionis Chrysostomi, in quibus similia narrata esse fidem facit oratio auctoris LXXII de habitu* (2 p. 383 Reiske): ἔνθα ἐνίοτε βλέπουσιν ἀνθρώπους τοὺς μέν τινας πίλους ἐπὶ ταῖς κεφαλαῖς ἔχοντας, ὡς νῦν τῶν Θρᾳκῶν τινες τῶν Γετῶν λεγομένων.

2) Aen. 3, 35.

## GETICA.

Quorum studium fuit primum inter alias gentes vicinas arcum intendere nervis, V 43
Lucano[1]) plus storico quam poeta[2]) testante: 'Armeniosque arcus Geticis intendite
'nervis'. ante quos etiam cantu maiorum facta modulationibus citharisque canebant,
Eterpamara, Hanale, Fridigerni, Vidigoiae et aliorum, quorum in hac gente magna opinio
est, quales vix heroas fuisse miranda iactat antiquitas. tunc, ut fertur, Vesosis Scy- 44
this lacrimabile sibi potius intulit bellum, eis videlicet, quos Amazonarum viros prisca
tradit auctoritas, de quas et feminas bellatrices Orosius in primo volumine professa
voce testatur[3]). unde cum Gothis eum tunc dimicasse evidenter probamus, quem cum
Amazonarum viris absolute pugnasse cognoscimus, qui tunc a Borysthene amne, quem
accolae Danaprum vocant, usque ad Thanain fluvium circa sinum paludis Meotidis
consedebant. Thanain vero hunc dico, qui ex Ripheis montibus deiectus adeo preceps 45
ruit, ut, eum vicina flumina sive Meotis et Bosforus gelu solidentur, solus amnium
confragosis montibus vaporatus, numquam Scythico duriscit algore[4]). hic Asiae Europaeque terminus famosus habetur[5]). nam alter est ille, qui montibus Chrinnorum
oriens, in Caspium mare dilabitur. Danaper autem ortus grande palude, quasi ex 46
matre profunditur[6]). hic usque ad medium sui dulcis est et potabilis, piscesque nimii

---

*H P V L A O B X (Y Z)*. *Rav. 2, 20 p. 115 ad v. 13*: dicunt quod ipse Tanais inter Asiam et Europam dividat. *Freculfus l. c. (ad v. 7 auctoritas)*.

1 studio *OB* arcum] *VY*, arcuum *HPL Frec.*, arcus *AOBX* intendere] tendere *B*[a] 2 storico] *HPVL*, historico *AOBXY* poete *O* armenios quoquae arcos greticis *O* intendite] intendere *XY* 3 ante quos etiam cantu (cantus *H*, cantum *O*)] *libri*: hic namque cantu m. f. modulationibusque et citharis canebant *Frec.*: *scr.* antiquitus etiam cantu 4 eterpamara hanale] *HPLA*, eterbamara banale *V*, et spamara (*om.* hanale) *O*, ethespamerae (*om.* hanale) *B*, et herpamara hanale *X*, et herpamara halane *Y* uidigoiae] *HVX*, uidicoiae *PA*, uidigogae *L*, uidigothae *Y*, uuidicule (-lae *B*) *OB*, uidigitus *Z* magna] mana *HP*, *om. OB* opinio] copia *A* 5 quale *O* iactat ant.] licitat antiqui etas *O* uesosis] *HPOBXYZ*, uesozis *AV*, uesois *L*, Vesozes *Frec.* 6 lacrimabile] lacrimabi *L* sibi *om. L* int. pot. *V* uidel.] scilicet *L* quos] quod *O* amazonum *A* 7 de quas et] *HPVL*, de quibus et *XY*, de quas *O*, de quis *B*, de quibus *A* foeminis bellatricibus *A* orosius] et or. *OBXY* uolumine] libro *A* prouessa *P* 8 tunc *om. LOB* demigasse *O* probanus *P* 9 amazonum *A*[2] (amazones *A*[1]) *B* absalute *O* aborystehene *X* 10 acole *V*, acolle *HP* danubrum *O*, danubium *B* tanain *O*, tanaim *B*, thanaim *AXY* circum *O* 11 consedebant *om. L* tanain *LOB*, thanaim *AXY* muntibus *O* desectus *XYZ* adeo] adit et *Z* 12 meotis et] aneotis et *O*, meotis siue *XY* bosforos *O* solum *L* amnium] animum *O*, annium *L*, omnium *AYZ* (non *X*) 13 uaporatur *A* duriscit] *HPVO*, durescit *LABY*, durescat *X* albore *L*, gelu *A* asiam europamque *O*, inter asiam europamque *B* 14 terminus] *LABXY*, terminos *HPVO* famosus *O* aliter *O* chrinorum *AOB*, cirinnorum *L* 15 dilabitur] *HPVLAOBXY* danaper ... profunditur *om. L* danaper] *AXYZ*, danuper *O*, denuper *B*, daniper *HPV* autem] enim *XYZ* orti *O*, orta *B* grande] *HPV*, grandi *rel*. 16 mare *O*, mari *B* medium] nedium *O* picesque *A*, pisque *H* nimie *O*

---

1) *Pharsal. 8, 221.*

2) *cf. Martialis 14, 194 de Lucano*: sunt quidam, qui me dicant non esse poetam. *Servius ad Aen. 1, 382*: Lucanus ... ideo in numero poetarum esse non meruit, quia videtur historiam composuisse, non poema. *Isidorus orig. 8, 7, 10*: Lucanus ideo in numero poetarum non ponitur, quia videtur historiam composuisse, non poema.

3) *Oros. 1, 14*: Vesozes rex Aegypti ... Scythis bellum primus indixit ... Scythae ... Vesozem territum refugere in regnum cogunt *cet*. *c. 15*: apud Scythas duo regii iuvenes Plynos et Scolopythus ... ingentem iuventutem secum traxere ... per insidias trucidantur. horum uxores exilio ac viduitate permotae arma sumunt ... Amazones dictae.

4) *Mela 1, 19, 115*: Tanais ex Ripheo monte deiectus adeo praeceps ruit, ut, cum vicina flumina tum Maeotis et Bosphorus tum Ponti aliqua brumali rigore durentur, solus aestus hiememque iuxta ferens idem semper et subsimilis incitatusque decurrat.

5) *cf. Orosius 1, 2, 4. 52.*

6) *Mela 2, 1, 7*: Callippidas Hypanis includit: ex grandi palude oritur, quam matrem eius accolae appellant et diu qualis natus est defluit.

V saporis gignit, ossa carentibus chartellagine tantum habentes in corporis continentiam[1]).
sed ubi fit Ponto vicinior, parvum fontem suscipit, cui Exampheo cognomen est, adeo
amarum, ut, cum sit quadraginta dierum itinere navigabilis, huius aquis exiguis in-
mutetur, infectusque ac dissimilis sui inter Greca oppida Callipidas et Hypannis in
mare defluat[2]). ad cuius ostia insula est in fronte, Achillis nomine[3]). inter hos terra
vastissima, silvis consita, paludibus dubia.

VI 47 Hic ergo Gothis morantibus Vesosis, Aegyptiorum rex, in bellum inruit, quibus
tunc Tanausis rex erat. quod proelio ad Phasim fluvium, a quo Fasides aves exortae
in totum mundum epulis potentum exuberant, Thanausis Gothorum rex Vesosi Aegyptiorum occurrit, eumque graviter debellans in Aegypto usque persecutus est, et nisi
Nili amnis intransmeabilis obstetissent fluenta vel munitiones, quas dudum sibi ob incursiones Aethiopum Vesosis fieri praecepisset, ibi in eius eum patria extinxisset. sed
dum eum ibi positum non valuisset laedere, revertens pene omnem Asiam subiugavit[4])
et sibi tunc caro amico Sorno, regi Medorum, ad persolvendum tributum subditos fecit.
ex cuius exercitu victores tunc nonnulli provincias subditas contuentes et in omni
48 fertilitate pollentes deserta suorum agmina sponte in Asiae partibus residerunt. ex
quorum nomine vel genere Pompeius Trogus Parthorum dicit extitisse prosapiem[5]).

*H P V L A O B X (Y Z).*

1 ossa carentibus] *HPVLO*, ossibus carentes *ABXY*     chartellagine] *HPV*[b], cartellagine *V*[a], cartil-
laginem *L*, carthilaginem *OB*, cartilaginem *AY*, chartilaginem *X*     tantum] tamen *XY*     continentia *B*
2 fit om. *L*     vicinior] uino *L*     fomitem suscepit *O*     ex amplexu *OB*     cognomen] nomen *L*
3 nauicabilis *HPV*     4 suis *HPVL*, sibi *A*     greca (grega *B*) oppida] grecas *XYZ*     hypannis]
*HPVLA*, hyppannis *X*, hippanis *Y*, hipanis *O*, hippannis *Z*, impanis *B*     5 suius *O*     hostiam *LO*
7 gottis *O*     commorantibus *L*     uesosis] *HP*[b]*VBXY*, nesosis *P*[a], uesozis *A*, uesois *L*, uessossis *O*
aegythiorum *O*     bellum] belum *P*, belluit *O*, irruit *V*, ruit *A*     quisbus *O*     8 tunc om. *L*
thanausis *XZ*, taunasis *OB*, tuusis *L*     quod proelio] *HPV*, quod praelium *L*, quo pr(o)elio *AOBXY*
pasim *P*[a], fasim *AXY*     fluminum *A*     fasides] *HPVLXY*, phasides *AOB*     9 toto (todo *O*) mundo
*AOBXY*     potentium *O*, potencium *A*     exuperant *B*     thanausus (?) *L*, taunasis *OB*     uesozi
*A*, uesozis *O*     10 occurrit] regi occ. *LA*     aegypto] *HPV*, (a)egyptum *AOBXY*, egiptum *L*     11 amnis om. *A*     obstetissent] *HPVO*, obstitissent *ABXY*, obstitisset *L*     fluenta om. *L*     ob om. *O*
12 uesoses *O*, uesozis *A*     praecepisset] *HL*, praecoepisset *B*, praecipisset *PV*, percipisse *O*, praecepissent
*X*, praecepit *AY*     eum patria] *AOBXY*, semper patria *HPL*, patria semper *V*     14 carum amicum *B*
sornu *OXYZ*, sornum *B*     rege *O*[1], regem *O*[2]*B*     subdito *O*, subditum *B*     15 tunc exerc. uict.
*A*     in om. *A*     16 deserta suorum agmina] *HPVLO*, deserto s. agmine *ABXY*     sponte] ponte *P*
residerunt] *HPVLAOB*, resederunt *XY*     17 trogus] trogas *HPVO*     extetisse *O*, esse *A*     prosa-
piem] *HPVOB*, prosapiaem *L*, prosapiam *AXY*

---

[1]) *Mela 2, 1, 6:* Borysthenes ... alit laetissima pabula magnosque pisces, quibus et optimus sapor et
nulla ossa sunt. *Solinus 15, 1:* in (Borysthene) pisces egregii saporis et quibus ossa nulla sunt nec aliud
quam cartilagines tenerrimae.

[2]) *Mela post adlata supra p. 65 not. 6 pergit:* tantum non longe a mari ex parvo fonte cui Exampheo
cognomen est adeo amaras aquas accipit, ut ipse quoque iam sui dissimilis et non dulcis hinc defluat. Asiaces
proximus inter Callippidas Asiacasque descendit.

[3]) *Mela 2, 7, 98:* Leuce Borysthenis ostio obiecta (insula) parva admodum et quod ibi Achilles situs
est, Achillea cognomine.

[4]) *Iustinus 1, 1, 6:* fuere ... Vezosis (vezoris, vizosis *similiterve libri*, Sesosis *edd.*: Vesores *vel* Vesozes
*Oros. 1, 14*) Aegypti et Scythiae rex Tanaus, quorum alter in Pontum, alter usque Aegyptum excessit.
*2, 3, 8:* primus Scythis bellum indixit Vezosis *(libri ut supra)* rex Aegyptius ... Scythae ... legatis respondent ... non expectaturos Scythas dum ad se veniatur ... nec dicta res morata ... rex ... in fugam
vertitur ... Scythas ab Aegypto paludes prohibuere. inde reversi Asiam perdomitam vectigalem fecere.

[5]) *Iustinus 2, 1, 3:* cum ipsi (Scythae) Parthos Bactrianosque, feminae autem eorum Amazonum regna
condiderint. *cf. Arrianus Parth. (apud Photium cod. 58):* Πάρθους δέ φησιν ἐπὶ Σεσώστριδος τοῦ Αἰγυπτίων
βασιλέως καὶ Ἰανδύσου (Ταναύσου *legit Trogus*) τοῦ Σκυθῶν ἀπὸ τῆς σφῶν χώρας Σκυθίας εἰς τὴν νῦν μετοικῆσαι.

unde etiam hodieque lingua Scythica fugaces quod est, Parthi dicuntur[1]), suoque generi VI
respondentes inter omnes pene Asiae nationes soli sagittarii sunt et acerrimi bellatores.
de nomine vero, quod diximus eos Parthos, fugaces, ita aliquanti aethymologiam traxerunt, ut dicerent Parthi, quia suos refugerunt parentes. hunc ergo Thanausim regem
Gothorum mortuum inter numina sui populi coluerunt.

Post cuius decessum et exercitu eius cum successores ipsius in aliis partibus ex- VII 49
peditione gerentibus feminae Gothorum a quadam vicina gente temptantur in praeda.
quae doctae a viris fortiter resisterunt hostesque super se venientes cum magna verecundia abigerunt. qua patratae victoria fretaeque maioris audacia invicem se cohor-
tantes arma arripiunt elegentesque duas audentiores Lampeto et Marpesia principatui
subrogarunt. quae dum curam gerunt, ut et propria defenderent et aliena vastarent, 50
sortitae Lampeto restitit fines patrios tuendo, Marpesia vero feminarum agmine sumpta
novum genus exercitui duxit in Asiam[2]), diversasque gentes bello superans, alios vero
pace concilians, ad Cauchasum venit, ibique certum tempus demorans loci nomen dedit Saxum Marpesiae, unde et Vergilius[3]): 'ac si dura silex aut stet Marpesia cautes',
in eo loco, ubi post haec Alexander Magnus portas constituens Pylas Caspias nominavit, quod nunc Lazorum gens custodit pro munitione Romana. hic ergo certum 51
temporis Amazonas commanentes confortati sunt. unde egressi et Alem fluvium, quod
iuxta Gargaram civitatem praeterfluit, transeuntes, Armeniam, Syriam Ciliciamque,
Galatiam, Pisidiam omniaque Asiae loca aequa felicitate domuerunt; Ioniam Eoliamque

---

*H P V L A O B X (Y Z)*.

1 lingua] litna *(sic)* O    quod] id A    parti O    genere L    2 nat. as. A    3 quo A
fugaces] id est fugaces B    ethim. al. A    4 dicerent] *HPVLOXY*, dicerentur *AB*    fugerunt A
taunasim OB    5 mortuum om. OB    nomina L, nomini O    6 et om. P*AB    exercitum LOX
cum successores] *HPVL*, cum suessores O, cum sessoribus B, cum successore AY, a successoribus X    in
om. A    expeditione] *HPVL*, expeditionem *AOBXY*    7 gerentibus] gerente AB    temptantur]
temptatae B, tentate O    praeda] *HPV*, preda L, pr(a)edam *AOBXY*    8 duct(a)e OB: *fortasse* edoctae
resisterunt] *HPVL*, restiterunt *AOBXY*    se om. LO    9 abigerunt] V, abgerunt HL(?)O,
abegerunt *ABXY*    qua] quae B    patratae] *HPV*, patrate L, parate O, patrata *ABXY*    uictoriae O
fretaeque (que om. A) maioris (maiori *ABXY*) audacia (audaciae O)] *fortasse* factaeque maioris audaciae
cohortantur A    10 corripiunt A    elegentesque] *HPVLX*, eligentesque *AOBY*    duos L    au-
datiores XY    lampeton XY    marpesia] O, marpesiam B, marpessa HP, marpessam V, marpesam A,
marsepeia L, marsepiam XY    11 subrogarent O, subrogauerunt AXY    gerunt ut et] XY, gerunt ut
AOB, geruntur et *HPVL*    defenderint O    propria] patriam XYZ, pria A[1]    12 sortitae lampeto
(lampito L)] sortito lamp. B, fortiter l. Z, lampeto sorte A, lampato *(om. sort.)* X    fines] ad fines VX
patrias Z    tuendo] *HPB*, tuendos *VLAOXY*, tuendas Z    mapesa A, marsapiela L, marsepia Y *(non X)*
sumpta] *HPV*, sumpto *LAOBXY*    13 exercitui] *HPV*, exercituum L, exercitus *AOBXY*    duxit] direxit A    diuersasque gentes] diuersosque OB    alios] alias XY, aliosque A    14 conciliaris *(sic)* A
cauchasum] *HPV*, caucasum *AOBXY*, causam L    certo tempore demorata A    loci] *HPVLOXY*, loco AB
15 marsepeiae L, marsepiae XY, marp A    unde ... om. OB    et om. A    uergilius] H,
uirgilius *PVLAXY*    ac si] quam si *Vergilius*    marsepia XY, mapesia A    cautis B, cauti O, cuutes L
16 in eo loco om. A    haec] hoc A, om. YZ *(non X)*    17 quod] quas AXY    lazurum P*, lazarum
O*, luzorum XYZ    certum tempus *(sic)* post amazones A    18 amazonas] *HPV*, amazones LA, amazon(a)e
*OBXYZ*    confortati] *HPVL*, confortatae *AOBXY*    egressi et alem] HV, egresse**alem P[1], egresse
(-sae P[2]) talem P[2]L, egressae etalem *(aetalem X) AOXYZ*, egressae et alim B    quod] *HPVO*, qui
LABXY    19 iuxta om. A    gargarum OB: *intelleguntur Gangra Paphlagoniae*    perfluit OB
armenia O    siriam *VLAO*    cyliciamque PVB, ciliamque O    20 gal. pisiriam P, gal. psidiam L,
galiciamque pisidium *(sic)* B, pissidiam galaciam A    loca] oppida B    aeque OX

---

1) *Iustinus 41, 1, 1. 2:* Parthi ... Scytharum exules fuere. hoc etiam ipsorum vocabulo manifestatur,
nam Scythico sermone exules Parthi dicuntur.
2) *Iustinus 2, 4, 12—14:* duae his (Amazonibus) reginae fuere Marpesia (martesia *codd.*) et Lampeto,
quae in duas partes agmine diviso ... vicibus gerebant bella, soli terminos alternis defendentes ... itaque
maiore parte Europae subacta Asiae quoque nonnullas civitates occupavere. *cf.* Oros. 1, 15.
3) *Aen. 6, 471.*

VII conversae deditas sibi provincias effecerunt. ubi diutius dominantes etiam civitates castraque suo in nomine dicaverunt. Ephesi quoque templum Dianae ob sagittandi ac venandi studium, quibus se artibus tradidissent, effusis opibus mirae pulchritudinis
52 condiderunt[1]). tale ergo Scythiae genitae feminae casu Asiae regna potitae per centum pene annos tenuerunt[2]) et sic demum ad proprias socias in cautes Marpesios, quas superius diximus, repedarunt, in montem scilicet Caucasi[3]). cuius montis quia facta iterum mentio est[4]), non ab re arbitror eius tractum situmque describere, quando maxi-
53 mam partem orbis noscitur circuire iugo continuo. is namque ab Indico mare surgens, qua meridiem respicit, sole vaporatus ardescit: qua septentrione patet, rigentibus ventis est obnoxius et pruinis[5]). mox in Syriam curvato angulo reflexus, licet amnium plurimos emittat, in Vasianensem tamen regionem Eufratem Tigrimque navigeros ad opinionem maximam perennium fontium cupiosis fundit uberibus. qui amplexantes terras Syrorum Mesopotamiam et appellari faciunt et videri, in sinum rubri maris fluenta
54 deponentes. tunc in boream revertens Scythicas terras iugus antefatus magnis flexibus pervagatur atque ibidem opinatissima flumina in Caspium mare profundens Araxem, Cysum et Cambisen continuatoque iugo ad Ripheos usque in montes extenditur. indeque Scythicis gentibus dorso suo terminum praebens ad Pontum usque discendit, consertisque collibus Histri quoque fluenta contingit, quo amne scissus dehiscens Scythia
55 quoque Taurus vocatur. talis ergo tantusque et pene omnium montium maximus excelsas suas erigens summitates naturali constructione praestat gentibus inexpugnanda

---

*H P V L A O B X (Y Z)*. *Rav. 2, 12 p. 77 ad v. 15*: flumina id est Araxes Mardes Coapis Bactros Terdon Cyros Cisson Cambissis, ex quibus fluminibus merguntur in oceano Caspio. *idem 2, 20 p. 115 ad v. 16*: Caucasi montes secum Caspios amplectentes magnumque flexum per longum intervallum dantes se cum ... montibus Rimphaeis adunant.

1 efficerunt *O*    etiam om. *O* (*in transitu a pagina ad paginam*) *B*    2 dicauerunt] indicauerunt *P*, dedicauerunt *A*    3 ac] que (sic) *A*    uenandis *P*    operibus *O*    mira pulchritudine *XY*    4 condiderunt] effecerunt *L*    tale] *HPVA*, tali *LOB*, tales *XYZ*    scythiae genitae] *HVL*, scythiae genitate *P*, scithiae gentae *A*, scithia gente *O*, scythia gente *Z*, scythiae gentis *B*, scytha genitae *XY* asiae regno *B*, regna asiae *XY*    potitae] potitaess *P*    5 domum *P*ᵃ    proprios *L*    marpesios] *HPVLO*, marpesias *B*, marsepias *AXY*    quas (quos *L*) sup. dix. om. *A*    6 repedauerunt *AX*    monte *LOB*    caucaso *B*, caucascum *A*    7 re] se *O*    tractatum *O*    8 urbis *O* noscitur *PV*    circumire *X*    his *V*    mare] *HPV*, mari *LAOBXY*    9 quam *O*ᵃ    meridie res spicit *P*    uap.] inuaporatus *PA*    quas *O*ᵃ    septentrione] *HPVL*, septentrionem *A*, septentrioni *OBXY*    10 in om. *P*ᵃ    siria *O*    amnium] tamnium *P*, animum *A*    11 plurimus *P* uasianensem] *HPVLA*, asianensem *XYZ*, asianam *O*, asiam *B*    tamen] tantum *XYZ*    eufraten *AO* tigrinque *O*    nauigeros] *BXY*, nauigerosi *HPL*, nauigeros* *V*, nauigero *O*, nauigeros sed *A*    12 opionem *A*    cupiosis] *HP*, copiosis rel.    uberius *P*    13 syrorum] assiriorum *OB*    appellari] *AOBXY*, apellari *L*, appella *HPV*    14 terres *V*    iugum antefatum *ABXY* magis flexionionibus (sic) *A*    15 ibidem] ibi *XYZ*    16 cysum] *HPVOX*, cisum *L*, cissum *B*, cydnum *Y*, cirum *A*, cyrum *Pollingensis coniectura felici: Ravennas* Cisson    cambisen] *HPVLBX*, cambisent *O*ᵃ, cambisem *AO*ᵇ*Y*    rifeos *O*    que om. *B*    in om. *AOBXY*    17 discendit] *HPVO*, descendit *LBXY*, descendere *A*    18 contingent *HPV*    quod *O*    amnis scisus dehiscens *O*, amnis eis. sus. dehiscit (sic) *B*    scythia] in scithia *AB*    19 quoque om. *A*    uocatur] dicitur *A*    20 erigens] regens *OB*

---

1) *Iustinus 2, 4, 14. 15*: (Amazones) maiore parte Europae subacta Asiae quoque nonnullas civitates occupavere: ibi Epheso multisque aliis urbibus conditis cet. *cf. Oros. 1, 15*.

2) *Orosius 1, 16*: mulieres patria profugae Europam atque Asiam ... intraverunt pervagatae sunt deleverunt: centum paene annis ... tenuerunt ... (Gothorum) feminae maiorem terrarum partem immensis caedibus deleverunt.

3) *Iustinus post verba supra not. 1 allata*: partem exercitus cum ingenti praeda domum dimittunt. *cf. Oros. l. c.*

4) *cf. § 50*.

5) *cf. Solinus 38, 10*: mons Taurus ab Indico primum mari surgit .... *§ 12*: ... nominatus ... ubi in excelsissimam consurgit sublimitatem Caucasus .... *§ 13*: quantus meridiem videt, sole inaestuat: quidquid septemtrioni oppositum est, vento tunditur et pruina.

munimina. nam locatim recisus, qua disrupto iugo vallis hiatu patescit, nunc Caspias VII portas, nunc Armenias, nunc Cilicas¹), vel secundum locum quale fuerit, facit, vix tamen plaustro meabilis, lateribus in altitudinem utremque desectis, qui pro gentium varietate diverso vocabulo nuncupatur. hunc enim Lammum, mox Propanissimum Indus appellat; Parthus primum Castram, post Nifatem edicit; Syrus et Armenus Taurum, Scytha Cauchasum ac Rifeum, iterumque in fine Taurum cognominat; aliaeque conplurimae gentes huic iugo dedere vocabulo²). et quia de eius continuatione pauca libabimus, ad Amazonas, unde divertimus, redeamus.

Quae veritae, ne eorum prolis rarisceret, vicinis gentibus concubitum petierunt, VIII 56 facta nundina semel in anno, ita ut futuri temporis eadem die revertentibus in id ipsum, quidquid partus masculum edidisset, patri redderet, quidquid vero feminei sexus nasceretur, mater ad arma bellica erudiret: sive, ut quibusdam placet, editis maribus novercali odio infantis miserandi fata rumpebant³). ita apud illas detestabile puerperium erat, quod ubique constat esse votivum. quae crudelitas illis terrorem 57 maximum comulabat opinionis vulgatae. nam quae, rogo, spes esset capto, ubi indulgi vel filio nefas habebatur? contra has, ut fertur, pugnavit Herculis, et Melanis pene plus dolo quam virtute subegit. Theseus vero Hippoliten in praeda tulit, de qua et genuit Hypolitum⁴). hae quoque Amazones post haec habuere reginam nomine

---

*HPVLAOBX(YZ).*

1 locatim] locatum Y, paulatim locatim Z, paulatim X    rec.] rec. est A    qua] qui O    dirupto X pat. hiatu A    2 cilicias L    quale fuerit] qualis f. AB, aequalem XYZ    uix] iuxta A    3 tamen] tantum XYZ    plaustris L    meabiles O, measibilis Pᵃ    utremque] HPV, utrimque AB, utrumque LO, om. XYZ    desectis] directis AO(?)B    4 nuncupantur A    lammum] HPVXY, laminum LO, lamnium Z, lamnium B, iamnum A    propanissimum] HPVL, propanissum AXY, propanisum Z. propanismum OB    intus Pᵃ    5 prima A    castram] HPVLXZ, castrum O, castra ABY    nifacem LOBZ    edicis Pᵃ, edicet O    armenius ABY    6 scytha] HPX, scitha VL, scithi OB, scythia YZ    cauchasum] HPV, caucasum LABXY, caucausum O    finem L    cognominant OB, uocat A    aliaque conplura OB    7 uocabulo] HPV, uocabula LABXY, cabula O    8 libabimus] HPV, liuauimus O, libauimus rel.    amazones B    9 ueritatae H    earum B    prolis] HPVL, proles AOBXY    rarisceret] HPV, rariscerit O, raresceret LABXY    uicinis] a uic. AB    10 factis nundinis AXYZ    futuri temporis O, futuris temporibus B    eodem die XYZ, eis deinde B    reuertibus O, uertentibus Pᵃ    11 quidquid] HPO, quicquid VLAB, quotquot XYZ    partibus H    mascolum O, masculini B    ededisse O, edidissent A    redderent A, redderetur BX (non Y) quidquid] HPO, quicquid VLABXY    12 nasceretur om. A    mater] in utero XYZ    quibus tam P    13 nuuercali O    miserandi] inmiserandi O, immiserandi B    facta O    detestale P    14 illis] illii O    15 maximum] magnum OB    comulabat] HO, commulabat PV, cumulabat LABXY    opinione uulgata OB    spes] ospes O    capto om. OB    indulgi] ignosci OBXY    16 habetur L    pugnabit Oᵇ, pugnabat B, pugnabant Z    herculis] HPV, hirculis O, hercules LABXY    melanis pene] HPVLAOXYZ, melanes pene B: requiritur Menalippen, sed errauisse videtur auctor    17 thereus OB    hippoliten] HPX, hyppoliten VY, ippoliten O, hipoliten A, ypoliten LB    praedam AOB    18 et om. LA    hypolitum] HP, hyppolitum VXY, ypolitum LB, ippplit** Oᵃ, ippolitum Oᵇ, hipolitum AZ    hae] haec L    post] posta Oᵃ

---

1) cf. *Solinus* 38, 13: ubi dehiscit hiulcis iugis, facit portas, quarum primae sunt Armeniae, tum Caspiae, post Ciliciae.

2) cf. *Solinus* 38, 12: pro gentium ac linguarum varietate plurifariam nominatus apud Indos Iamus (*sic libri plerique*, Iamos Paris.: Imaus Plinius auctor Solini), mox Propanisus (propannisos vel profanisus libri). Choatras apud Parthos, post Niphates, inde Taurus atque ubi in excelsissimam consurgit sublimitatem Caucasus. interea etiam a populis appellationem trahit.

3) *Iustinus* 2, 4, 9. 10. 11: ne genus interiret, concubitus finitimorum ineunt. si qui mares nascerentur, interficiebant: virgines in eundem ipsis morem ... armis equis venationibus exercebant. cf. *Oros.* 1, 15.

4) *Iustinus* 2, 4, 21—24: Hercules ad litus Amazonum adplicuit, ... multae ... caesae captaeque, in his ... Melanippe ab Hercule, Hippolyte a Theseo ... Theseus obtenta in praemium captiva eandem in matrimonium adsumpsit et ex ea genuit Hippolytum. cf. *Oros.* 1, 15.

**VIII** Penthesileam, cuius Troiano bello extant clarissima documenta¹). nam hae feminae usque ad Alexandrum Magnum referuntur tenuisse regimen²).

**IX** 58  Sed ne dicas: de viris Gothorum sermo adsumptus cur in feminas tamdiu perseverat? audi et virorum insignem et laudabilem fortitudinem. Dio storicus et antiquitatum diligentissimus inquisitor, qui operi suo Getica titulum dedit (quos Getas iam superiori loco³) Gothos esse probavimus, Orosio Paulo⁴) dicente) — hic Dio regem illis post tempora multa commemorat nomine Telefum. ne vero quis dicat hoc nomen a lingua Gothica omnino peregrinum esse, nemo qui nesciat animadvertat usu pleraque nomina gentes amplecti, ut Romani Macedonum, Greci-Romanorum, Sarmatae Germanorum, Gothi plerumque mutuantur Hunnorum. is ergo Telefus, Herculis filius natus 59 ex Auge, sororis Priami coniugio copulatus, procerus quidem corpore, sed plus vigore terribilis, qui paternam fortitudinem propriis virtutibus aequans Herculis genium formae quoque similitudinem referebat⁵). huius itaque regnum Moesiam appellavere maiores⁶). quae provincia habet ab oriente ostia fluminis Danubii, a meridie Macedonia, ab occasu Histria, a septentrione Danubium⁷). is ergo antefatus habuit bel- 60 lum cum Danais, in qua pugna Thesandrum ducem Greciae interemit et dum Aiacem infestus invadit Vliximque persequitur, vitibus equo cadente ipse corruit Achillisque iaculo femur sauciatus diu mederi nequivit; Grecos tamen, quamvis iam saucius, e

---

*H P V L A O B X (Y Z)*.

1 troiana B    2 alaexandrum O   magnum om. A    3 gotthorum O    adsumptos O, ads. est AXY, ads. que Z    f(o)eminis BXY    perseuerat] HPVLAXYZ, perseuerit O, perseueret B    4 hi(vel y)storicus AOBXY    5 getica] gretia B    6 superiori] superi H    gothos] nos L    prouauimus P, probabimus O    horosio O    dio] diu O    7 multa tempora A    telefum] HPVLX, thelefum Y, telephum AOB    dicam O    8 liga A^a, linga A^b    nemo *delendum*    anim●aduertat V, animaduerti O, animaduertit B, animaduertat tamen A    usum O    9 gentis OB    macedorum L    10 hunnorum] hannorum B^a, annorum O, hunorum XYZ, unorum A: *similiter passim* his VAO^a    thelefus XY, telephus O, thelephus B, telesius A    hirculis O    11 ex] et A    sorore OB    12 qui om. B    hirculis O    genio OB, ingenium AXYZ: *fortasse fuit* Herculis genitum formae quoque similitudine referebat    13 regnum om. O    moesia VL, maesiam A    14 habet *post* 15 danubium OB    ost. ab or. A    macedonia] HPVL, macedoniam AOBXY    15 histria (istria L, histriam XY) a septentrione] hytrione OB, histriam ab arccoo (sic) A    his V    ante factus O    16 donais PO    thesandrum] HPVLOX, thessandrum B, thesandrum A    alacem O    17 ulixim(que)] HPL, ulixemque VAOBXY    uitibus] *Clossius,* uicibus (uixibus L^a) *libri* candente V    achilisque O, achillique A    18 femore O, foemore B    sauxiatus L    diu mederi] XY, diu maederi B, dio nederi O, diomede●● L^a, diomede HPVL^b, diomedem A    quamuis] quam A¹    e om. A

---

1) *Orosius 1, 15:* post Orithyiam Penthesilea regno potita est, cuius Troiano bello clarissima inter viros documenta virtutis accepimus. *cf. Iustinus 2, 4, 31.*
2) *Iustinus 2, 4, 32:* interfecta deinde Penthesilea ... paucae quae in regno remanserant ... usque ad tempora Alexandri magni duraverunt.
3) *cf. c. 5 § 40.*
4) *Orosius 1, 16:* modo autem Getae illi, qui et nunc Gothi.
5) *cf. Dictys 2, 4:* (Telephus) Hercule genitus procerus corpore ac pollens viribus divinis patriis virtutibus propriam gloriam aequiparaverat. *c. 3:* Teuthranius Teuthrante et Auge genitus frater Telephi uterinus. *c. 5:* Astyochen enim Priami iunctam sibi (Telepho) matrimonio. *apud Quintum Smyrnaeum 6, 135* Astyoche *non filia Priami est, ut apud Dictyn, sed soror, ut apud Iordanem.*
6) *cf. Dictys 2, 1:* Telephus ... tum Moesiae imperator erat.
7) *Orosius 1, 1, 55:* Moesia ab oriente habet ostia fluminis Danuvii, ab euro Thraciam, a meridie Macedoniam, ab Africo Dalmatiam, ab occasu Histriam, a circio Pannoniam, a septentrione Danuvium.

suis finibus proturbavit¹). Thelepho vero defuncto Euryphylus filius successit in regno, IX ex Priami Frygum regi germana progenitus²). qui ob Casandrae amorem bello interesse Troiano, ut parentibus soceroque ferret auxilium, cupiens, mox venisset extinctus est³).

Tunc Cyrus, rex Persarum, post grande intervallum et pene post DCXXX annorum tempore (Pompeio Trogo testante) Getarum reginae Thomyre sibi exitiabile intulit bellum. qui elatus ex Asiae victoriis Getas nititur subiugare, quibus, ut diximus⁴), regina erat Thomyris. quae cum Abraxem amnem Cyri arcere potuisset accessum, transitum tamen permisit, elegens armis eum vincere quam locorum beneficio submovere; quod et factum est. et veniente Cyro prima cessit fortuna Parthis in tantum, ut et filium Thomyris et plurimum exercitum trucidarent. sed iterato Marte Getae cum sua regina Parthos devictos superant atque prosternunt⁵) opimamque praedam de eis auferunt, ibique primum Gothorum gens sirica vidit tentoria. tunc Thomyris regina aucta victoria tantaque praeda de inimicis potita, in partem Moesiae, quae nunc a magna Scythia nomen mutuatum minor Scythia appellatur, transiens, ibi in Ponti Moesiaco litore Thomes civitatem suo de nomine aedificavit. dehinc Darius,

---

*H P V L A O B X (Y Z).*

1 thelepho] *HLOB*, theiepho *P*, telepho *V*, teleso *A*, thelefo *XY*     uero] itaque *XYZ*     euryphylus] *HP*, euryphilus *Z*, euriphilus *VLAY*, euripilus *O*, euripylus *X*     in om. *A*     2 regi] *HPVL*, rege *OX*, regis *ABY*     casandrae] *HPVA*, casandre *L*, cassandrae *OBXY*     3 ut] ac *OB*     ferre *B*     cupieris *A*     mox] mox cum *XYZ*     extintus *O*, extinxtus (sic) *B*     5 post grandi interuallo *XYZ*     pene om. *XY*     6 tempore] *HPVO*, tempora *LBXY*, tempus *A*     pompeio *O*     trogo] *ABXY*, troco *HPVL*, truco *O*     gestarum *O*     thomyre] *HP*, thomir(a)e *VLOXY*, thameri *B*, thomiri *A*     exitiabile] inexitiabile *B*, exsitiabile *L*, exiciabile *P*, exitiabilem *O*     7 uictoris *OZ*, uictoria *B*     gestas *AO*     subiugare *O*     ut dix. om. *A*     8 regina erat] erat regina *A*, regnauerat *B*     thomyris] *HPV*, thomiris *LAXYZ*, homeris *O*, thamaris *B*     abraxem amnem] *HPVLO*, abraxe amne *YZ*, ab araxe amne *ABX*     cyri] cyrum *X*     arcere om. *Bᵃ*, post potuisset *ABᵇ* accessum (accensum *L*, accessum *Pᵃ*) transitum] *HPVLAXYZ*, accessus transire *OB*     9 tamen] tantum *A*     elegens *HP*, eligens *rel.*     10 primo *L*     in tantum] tamen *A*, tanta *B*     11 et om *A*     thomyris] *HPVA*, thomiris *LXY*, thomeris *O*, thamiris *B*     trucidarint *O*     12 getae] *BXY*, gethae *A*, gete *O*, geti *HPVL*     opinamque *O*     13 sirica] *HPVL*, serica *AOBXY*     uident *OB*     thomyris] *HPV*, thomiris *LXY*, thomeris *O*, thom̄ *A*, thamiris *B*     14 regina om. *A*     acta *OB* tanteque pr. *Oᵃ*, tantamque predam *L*     inimicos *L*     mesiae *AO*     15 a om. *O*, ex *B*     nomine *A*     mutuatur *L*, mutua *O*, muatua (?) *Bᵃ*, mutuata *Bᵇ*, mutuato *A*     appellatur] est appellata *B*, dicitur *A*     16 ponti moesiaco litore thomes] ponte mersia colitur et hominis *O*, ponte moesia colitur et thameris *B*     de ano *A*     clarius *Bᵃ*

---

1) *cf. Dictys 2, 2:* in ea pugna Thessandrus ... congressus cum Telepho ictusque ab eo cadit ... *c. 3:* Teuthranius ... frater Telephi uterinus ... telo eius (Aiacis) occubuit. eius casu Telephus ... perculsus ... fugatis quos aduersum ierat cum obstinate Vlixem inter uineas ... insequeretur, praepeditus trunco vitis ruit ... Achilles ... telum iaculatus femur sinistrum regi transfigit. *c. 10:* Telephus ... cum nullo remedio mederi posset. *equi non meminit Dictys, meminit Eustathius schol. Iliad. 1, 59:* ὁ δὲ Τήλεφος ... πέπονθε μὲν τραῦμα δεινὸν ὑπὸ Ἀχιλλέως, ἀμπέλου ἕλικι συμποδισθέντος αὐτοῦ τοῦ ἵππου ... καὶ πεσόντος εἰς γῆν.

2) *cf. Dictys 2, 5:* Astyochen ... Priami iunctam sibi (Telepho) matrimonio, ex qua Eurypylus genitus.

3) *cf. Dictys 4, 14:* nuntius Priamo superuenit Eurypylum Telephi ex Moesia aduentare, quem rex ... oblatione desponsae Cassandrae confirmauerat. *c. 17. 18 narrat Eurypylum interfectum esse a Neoptolemo eiusque ossa patri remissa.*

4) *non dixit antea.*

5) *Iustinus 1, 8:* Cyrus subacta Asia ... Scythis bellum infert. erat eo tempore regina Scytharum Tomyris (*sic libri optimi*, tamyris *alii*), quae ... cum prohibere eos transitu Oaxis (*sic libri optimi*, araxis *alii et Orosius*) fluminis posset, transire permisit ... itaque Cyrus traiectis copiis ... castra metatus est ... Cyrus ... omnes ... Scythas cum reginae filio interfecit ... (Tomyris) compositis in montibus insidiis ducenta milia Persarum cum ipso rege trucidavit. *cf. Oros. 2, 7.*

X rex Persarum, Hystaspis filius, Antyri, regis Gothorum, filiam in matrimonio postulavit, rogans pariter atque deterrens, nisi suam peragerent voluntatem. cuius affinitatem Gothi spernentes, legationem eius frustrarunt. qui repulsus dolore flammatus est et DCC milia armatorum contra ipsos produxit exercitum, verecundiam suam malo publico vindicare contendens; navibusque pene a Chalcedona usque ad Bizantium in instar pontium tabulatis atque consertis Thraciam petit et Moesiam; pontemque rursus in Danubio pari modo constructum duobus mensibus crebris fatigatus in Tapis VIII milia perdidit armatorum, timensque, ne pons Danubii ab eius adversariis occuparetur, celeri fuga in Thracia repedavit[1], nec Mysiae solum sibi credens tutum fore aliquantulum remorandi. post cuius decessum iterum Xerses filius eius paternas iniurias ulcisci se aestimans, cum sua septingenta et auxiliarium CCC milia armatorum, rostratas naves mille ducentas, onerarias tria milia[2], super Gothos ad bellum profectus nec temptare in conflictu praevaluit, eorum animositate et constantia superatus. sic namque ut venerat, absque aliquo certamine suo cum robore recessit. Philippus quoque, pater Alexandri Magni, cum Gothis amicitias copulans Medopam Gudilae regis filiam accepit uxorem, ut tali affinitate roboratus Macedonum regna firmaret. qua tempestate Dio storico dicente Philippus inopia pecuniae passus, Odyssitanam Moesiae

---

*H P V L A O B X (Y Z).*

1 isdaspis X, hydaspis Y     antyri] HPVLX et Orosius (vide infra), anthyri Z, antiri A, anthiri Y, atriregiri O, antriregiri B     matrimonium AOB     expostulauit OB     2 deterrens] AOBXY, decernens HPVL     peragerent L     3 frustrarunt O$^a$     dolore] furore OB     inflammatus A     4 DCC] octoginta OB     milium X     exercitus A     puplico O     5 pene om. A     a chalcedono P, a calcedonia B, a calcedone A, ad calcidoniam O     bizantium] HVLX$^2$Y, bizanzium P, bizancium AOB, bizantiam X$^1$     in instar] HPVO, instar LABXYZ     6 tabulis A     atque] aeque B     misiam O     ponteque B     7 constructo AB     mensibus om. A$^1$     fatigati O     in tapis] O, in taphis HPVLAB, in scaphis XYZ     VIII] hocto O, uii A     8 perdedit P$^b$O, perdit B     armatorem P$^a$, amatorum O     ne pons] nepos O$^a$     danubio O     eius om. LA     9 thracia] HPV, trachia L, tracia O, t(h)raciam ABXY     repetauit P$^a$     mysiae] HP, misiae LOY, mesiae AV, moesiae B, maesiae X     sibi cr.] en (est O$^a$) sibi O, cr. sibi B     fore om. L$^a$     aliquantum A     10 discessum O     xerses f.] HLABY, xerxes f. PVX, sex filium O     11 ulcisci se] ulciscere L, ulcisce O, ulcisci B     suas septinginta O, suis septingentis BXYZ, suorum dcc A     auxiliarium] HVL$^b$, auxiliarum P, auxiliaria L$^a$, auxiliorum XYZ, ausiliatorum A, auxiliariis B, auxilium O     milibus ABXYZ     armatorum om. XYZ     12 rostratas (rostratus O) naues] r. naues habens B, rostratis nauibus AXYZ     mille] mile mille (sic) A     ducentas] ducentis XYZ, duocentas PL, cc A, et OB     onerarias (honorarias O$^a$, honerarias O$^b$, onerias B$^a$) tria milia] oneratis tribus milibus XYZ, onerariarum iii A     gotho A     prof. ad bell. OBXY, prof. A     13 conflictum O     praeual.] ualuit L     eorum om. OB     et constantia] constantia O, constantiae B     14 uenerit O     absque aliquo] absidus alico O     cum suo XY     robore] HPVLOB$^a$XY, rubore B$^b$A     15 amicitiam A     medopam] PVLAOB, medorum HXYZ: Μῆδα Satyrus apud Athenaeum 13, 5 p. 557$^d$     gudilae] HPVXYZ, gudile L, gadile A, gothile OB: Κοθήλας ὁ τῶν Θρᾳκῶν βασιλεύς Satyrus l. c. cf. Iac. Grimm in Hauptii Zeitschrift 7, 395     fil. reg. OB     17 diostorico HPVL, dio hi(vel y)storico AOBXYZ     inopia] HPVO, inopiam ABXY, iao inopiam L     odyssitanam] HP, odissitanam VX, odisitanam L, udisitanam OB, odissatana A, dissitanam Y, dissitanim Z     mesiae AO

---

1) *Orosius* 2, 8: Darius ... Antyro regi Scytharum hac vel maxime causa bellum intulit, quod filiae eius petitas sibi nuptias non obtinuisset ... cum septingentis milibus armatorum Scythiam ingressus ... metuens, ne sibi reditus interrupto ponte Histri fluminis negaretur, amissis LXXX milibus bellatorum trepidus refugit. *corrupta forma Antyrus ostendit ex hoc loco Iordanem pendere, non ex simillimo Iustini 2, 5, 8—10, ubi minus corrupte Iamtyrus traditum est.* apud Herodotum (v. ind. nom.) legitur Ἰδάνθυρσος.

2) *Orosius* 2, 9: Xerxes (scilicet Graeciam invadens) septingenta milia armatorum de regno et trecenta milia de auxiliis, rostratas etiam naves mille ducentas, onerarias autem tria milia numero habuisse narratur, cf. *Iustinus* 2, 10, 18—20.

civitatem instructis copiis vastare deliberat, quae tunc propter vicinam Thomes Gothis X
erat subiecta. unde et sacerdotes Gothorum illi qui pii vocabantur subito patefactis
portis cum citharis et vestibus candidis obviam egressi patriis diis, ut sibi propitii
Macedonas repellerent, voce supplici modulantes. quos Macedones sic fiducialiter sibi
occurrere contuentes stupiscent et, si dici fas est, ab inermibus terrentur armati. nec
mora soluta acie quam ad bellandum construxerant, non tantum ab urbis excidio *ab-
stinuerunt*, verum etiam et quos foris fuerant iure belli adepti, reddiderunt, foedusque
inito ad sua reversi sunt. quod dolum post longum tempus reminiscens egregius 66
Gothorum ductor Sithalcus, CL virorum milibus congregatis Atheniensibus intulit bellum adversus Perdiccam Macedoniae regem, quem Alexander apud Babylloniam ministri insidiis potans interitum[1]) Atheniensium principatui hereditario iure reliquerat
successorem. magno proelio cum hoc inito Gothi superiores inventi sunt, et sic pro
iniuria, qua illi in Moesia dudum fecissent, isti in Grecia discurrentes cunctam Macedoniam vastaverunt.

Dehinc regnante Gothis Buruista Dicineus venit in Gothiam, quo tempore Roma- XI 67
norum Sylla potitus est principatum. quem Dicineum suscipiens Buruista dedit ei
pene regiam potestatem; cuius consilio Gothi Germanorum terras, quas nunc Franci
optinent, populati sunt. Caesar vero, qui sibi primus omnium Romanum vindicavit 68
imperium et pene omnem mundum suae dicioni subegit omniaque regna perdomuit.
adeo ut extra nostro urbe in oceani sinu repositas insulas occuparet, et nec nomen
Romanorum auditu qui noverant, eos Romanis tributarios faceret, Gothos tamen crebro
pertemptans nequivit subicere[2]. Gaius Tiberius iam tertius regnat Romanis: Gothi
tamen suo regno incolume perseverant. quibus hoc erat salubre, hoc adcommodum, 69

---

*H P V L A S* (22 Gaius — 23 perseverant) *O B X* (*Y Z*). *Freculfus 1, 2, 26* [*16*] (*a 15 Dicineus*).

1 uiciniam *BXY*    thomes] *HPVLAOXYZ*, thameris *B*    2 illi qui] aliqui *OB*    pii] dii
Iac. Grimm *Geschichte der deutschen Sprache 2 (ed. 1) p. 818*    uocabantur *B*    subito] subito enim *B*
3 cum] et *OB*    canditis *O*    egressi] sunt egressi *B*    paternis *OB*    propiciis *O*, propitiis *B*
4 macedones *A*    uoces *A*ᵃ    supplici *P*, supplicis *O*    5 stupiscent] *HPV*, stupiscunt *O*, stu-
pescunt *LABXY*    tenerentur *O*    6 soluta acie] acie *O*, aciem *B*    bellum *OB*    construxerunt *OBXY*    abstinuerunt] scripsi, om. *HPVLAOXYZ*, remouerunt *B*    7 quos] quod *L*    foris
fuerant] fuerunt *OB*    redderunt *O*    foedusque inito] *HPV*ᵇ*LO*, foedusque initum *V*ᵃ, foedereque
inito *ABXY*    8 ad suam *O*, om. *A*    quod dolum] quem *BXY*, cuius doli *O*    9 sitalchus
*XY*    10 perdicam *AOXYZ*, predictum *L*    quem om. *O*    babylloniam] *HP*, babyloniam *OXY*,
babiloniam *VAB*, babiloniae regem *L*    11 putans *A*    principatui] principatus *A*, principem *XY*
12 cum h. iu. pr. *A*    gothis *P*ᵃ    13 qua] *HPVL*, quam *AOBXY*    grecia] *HPLAXY*, greciam
*OB*, graetiam *V*    15 regnantem *O*    gothis] gethis *P*, in gothis sithalco *B*    buruista] *HPVXY*,
burusta *L*, boroista *OB*, byrruista *A*    dicineus — 16 buruista om. *Z*    dicineus] *HPVLAXY*, diceneus *OB*    16 sylla] *HPVBY*, silla *LAOX*    est om. *L*    principatu *AB*    dicineum]
*HPVLAXY*, diceneus (*sic*) *OB*    buruista] *XY*, burusta *L*, boroista *OB*, boscusta *HPVA*, Boscurta *Frec*.
17 gothi] getae *A*    quans *H*    18 romanorum *AXYZ*    20 nostro urbe] *V*, nostro orbe *HL*,
n̅r̅e̅ urbem *P*, nostrum urbem *O*, nostrum orbem *ABXY Frec*.    in om. *OB*    oceani sinu] *OBXY*,
oceani *HPVL*, oceano *A Frec*.    sepositas *A*    occupasset *AXY*    et] et qui *B*    nomine
r. audito *XY*    21 qui] quod *O*, quidem *B*    tributario *O*    tamen] tunc *A*    cr. per-
temptans] crebro (crebo *B*) temptans *OB*    22 subigere *O*ᵇ*B*, subegere *O*ᵃ    gaius (gatus *P*) tib.] libri
et Frec., Caesar Tiberius *Gutschmid p. 144: sed magis est, ut errarit Iordanes*    regnauit *XYZ*    23 ta-
men] tantum in *A*    incolume] *HPV*, incolome *L*, incolomi *SOB*, incolumes *XY*, incolomes *A Frec*.
erat om. *A*    hoc adc. hoc uot.] hoc uot. fuit *A*, aut adc. (commodum *B*) aut uot. *OB*

---

1) *Orosius 3, 20*: Alexander apud Babyloniam cum . . . ministri insidiis venenum potasset, interiit.
2) *cf. Orosius 1, 16*: (Getas) Caesar . . . declinavit.

XI hoc votivum, ut, quidquid Dicineus eorum consiliarius precepisset, hoc modis omnibus expetendum, hoc utile iudicantes, effectui manciparent. qui cernens eorum animos sibi in omnibus oboedire et naturalem eos habere ingenium, omnem pene phylosophiam eos instruxit: erat namque huius rei magister peritus. nam ethicam eos erudiens barbaricos mores conpescuit; fysicam tradens naturaliter propriis legibus vivere fecit, quas usque nunc conscriptas belagines nuncupant; logicam instruens rationis eos supra ceteras gentes fecit expertes; practicen ostendens in bonis actibus conversare suasit; theoreticen demonstrans signorum duodecim et per ea planetarum cursus omnemque astronomiam contemplari edocuit, et quomodo lunaris urbis augmentum sustinet aut patitur detrimentum, edixit, solisque globum igneum quantum terreno orbe in mensura excedat, ostendit, aut quibus nominibus vel quibus signis in polo caeli vergente et revergente trecentae quadraginta et sex stellae ab ortu in occasu precipites
70 ruant, exposuit. qualis erat, rogo, voluptas, ut viri fortissimi, quando ab armis quantolumcumque vacassent, doctrinis philosophicis inbuebantur? videris unum caeli positionem, alium herbarum fruticumque explorare naturas, istum lunae commoda incommodaque, illum solis labores adtendere et quomodo rotatu caeli raptos retro reduci ad partem occiduam, qui ad orientalem plagam ire festinant, ratione accepta quiescere [1]).
71 haec et alia nonnulla Dicineus Gothis sua peritia tradens mirabilis apud eos enituit, ut non solu mediocribus, immo et regibus imperaret. elegit namque ex eis tunc nobilissimos prudentioresque viros, quos theologiam instruens, numina quaedam et sacella venerare suasit fecitque sacerdotes, nomen illis pilleatorum contradens, ut reor,
72 quia opertis capitibus tyaris, quos pilleos alio nomine nuncupamus, litabant: reliquam

---

*H P V L A O (ubi 19 ut non — p. 75, 2 reminiscent bis leguntur, cf. p. 77, 3 n.) B X Y Z). Freculfus l. c.*

1 dicineus] *HPVLAXYZ*, dicenneu *OB*   consolarius *O*   praecipisset *PO*   2 expedemdum *O*   manciparentur *A*   cernans *L*[a]   animus *O*   3 oboedire] *HB*, ob(a)edire *rel.*   naturalem] *HPVLO*, naturale *ABXY*   omnem (om. *OB*) pene (pone *O*[a], poene *O*[b]) phylosophiam (sic *HP*, phil- *rel.*) eos] in omni p. eos philosophia *A*   4 peritus om. *OB*   ethicam] ethica *L*, ethic *AO*   5 conspescuit *V*   6 constrictas *A*   bellagines *OB*, belogiones *A*, belamgnes *X*   logica *A* eos rat. *OB*   7 expertes] *HPVLO*, expertos *ABXYZ*   practicem *L*, pragticen *B*   ostendens] *PVAOBXY*, extendens *HL*   conuersari *LAOBX*   8 suadit *H*   theoreticen] *HV*, theoriticen *X*[b]*Z*, thereticen *P*, theodoricen *X*[a], theoricen *LBY*, teoricen *A*, theoricem *O*   duodecem] *HP*[b], duodecim *rel.*   9 astronimiam *O*   quomodo] comodo *O*   orbis *AOBXY*, urbs *HP*[b]*VL*, u••• *P*[a]   10 sustinens *O*   globum igneus *O*, globis igneus *B*   terreno orbi *XYZ*, terrenum orbem *OB*, terrae orbem *A*   11 excedit *L*   ostendit om. *OB*   aut] a *O*   nominibus uel] dominibus aut *L*   12 uergentes et reuergentes *B*   trecentae] et trecente *L*   et om. *OB*   occasu] *HPVLB*, occasum *AOXY*, praecipitens *A*   13 ruunt *XY*   exposui *O*   erat] ergo *V*   uoluntas *OBXY*   quantolumcumque] *HPVA*, quantulumcumque *LXY*, quactucumque (sic) *O*, quadruuium usque *B*   14 uagassent *O*   imbuerentur *X*   uideris] *HPVL*, uideres *AOBXY*   15 fruticumque] frugumque *OB*   explorarare *B*   naturam *L*   16 laborem *LOB*   rotato *O*   raptus *ABXY*   17 partem (patem *O*) occiduam] *OBXY*, partes occiduas *HPVLA*   orientalem] occidentalem *A*   festinarit *B*   quiescere] adquiesceret *A*   18 nonnulla] nulla *O*, multa *B*   dicineus] *HPVLAXYZ*, dicenneu *OB*   enituit] inuenitur *OB*   19 solu] *HP*, solum *VLAO*(²)*XY*, solis *O*(¹)*B*   imperauit *O*(²)   eligit *O*(¹)   tunc om. *A*   20 pludentioresque *L*, prudentiores *O*(¹)*B*   theologiam] a theologiam *O*(¹), a theologicam *O*(²), ad theologiam *XYZ*   nomina *LO*(¹·²)*B*   quaesdam] *ABXY*, quedam *O*(¹)[b], qusdam *O*(¹)[c], quadam *HPVLO*(²)   21 uenerari *O*(¹)*BXY*   contrahens *O*(²)   22 quia] quod *XY*   tyaris] *HPLY*, thyaris *VB*, thiaris *O*(¹·²), tiaris *AX*   quos] quas *XYZ*   alios *X*

---

1) *cf. quae ad Cassiodorium var. 9, 24 scribit Athalaricus:* (Theodoricus rex) cum esset publica cura vacuatus, sententias prudentum a tuis fabulis exigebat ... stellarum cursus, maris sinus, fontium miracula rimator acutissimus inquirebat, ut rerum naturis diligentius perscrutatis quidam purpuratus videretur esse philosophus.

vero gentem capillatos dicere iussit, quod nomen Gothi pro magno suscipientes adhuc XI odie suis cantionibus reminiscent¹).

Decedente vero Dicineo pene pari veneratione habuerunt Comosicum, quia nec inpar erat sollertiae. hic etenim et rex illis et pontifex ob suam peritiam habebatur et in summa iustitia populos iudicabat. et hoc rebus excedente humanis Coryllus rex XII Gothorum in regno conscendit et per quadraginta annos in Dacia suis gentibus imperavit. Daciam dico antiquam, quam nunc Gepidarum populi possidere noscuntur. quae patria in conspectu Moesiae sita trans Danubium corona montium cingitur, duos tantum habens accessus, unum per Boutas, alterum per Tapas. haec Gotia, quam Daciam appellavere maiores, quae nunc, ut diximus, Gepidia dicitur, tunc ab oriente Aroxolani, ab occasu Iazyges, a septentrione Sarmatae et Basternae, a meridiae amnis Danubii terminabant. nam Iazyges ab Aroxolanis Aluta tantum fluvio segregantur. et quia Danubii mentio facta est, non ab re iudico pauca de tali amne egregio indicare. nam hic in Alamannicis arvis exoriens sexaginta a fonte suo usque ad ostia in Ponto mergentia per mille ducentorum passuum milia hinc inde suscipiens flumina², in modum spinae, quem costas ut cratem intexunt, omnino amplissimus est. qui lingua Bessorum Hister vocatur, ducentis tantum pedibus in altum aquam in alveo habet profundam. hic etenim amnis inter cetera flumina in magnum omnes superans praeter Nilum³). haec de Danubio dixisse sufficiat. ad propositum vero, unde nos digressimus, iubante domino redeamus.

---

*H P V L A O B X (Y Z). Freculfus l. c. ad 4 habebatur.*

1 capillatos] AO(²)BXY, capillutos HPL, capillutus O.¹, capillatos V   achuc O(¹)   2 odie] HPV, hodie rel.   reminiscent] HPVL, remeniscent O(²), reminiscentur XZ, reminiscuntur O(¹)BY, frequentant A   3 uero] ro O   dicineo] HPVLAXYZ, diceneo OB   parti] patri HP, parii B commosicum AOB, comosacum XYZ   4 inpar erat sollertiae] HPVL, inpererat sollertia O, impar erat sollertia B, imparis erat sollertiae AXYZ   pertiam HPV   5 summa] sua OB   hoc] hunc A excidente O   coryllus] HPV, corillus LOXY, chorillus A, corillius B: Scoryllus Gutschmid p. 144 collato Frontino strat. 1, 10, 4: Scorylo dux Dacorum   6 in regnum consc. OBXY, consc. in regnum A et] ut H   7 dicta O   antequam H   possedere VO   quam patriam XY   8 in consp. maesiae A, in conspectum (conspectu B) asiae OB   sita om. XY   coronam V   montium] hostium OB   cincitur A, cingit XYZ   9 tabas OB, zapas A   haec gotiam q. d. A, hanc gothiam quam datiam B, haec dacia quam gothiam XY   10 maiores O, maiorem A   gepida OB   arozolani XY, arexolani A   11 iazyges] HP, iaziges VLAXYZ, iaytes O, tamazites B   septentrio P bastene OB   omnis Aᵃ   terminabant] PVLOXY, terminabat B, terminant H, terminabis (sic) A 12 nam iaziges XYZ, namazyges H, namaziges PVLA, tamazites OB: fortasse fuit iam Iazyges   oroxolanis O, arosolanis A   aluta tantum fluuio] HPVLAY, alutantium fl. Xᵃ, alutantum fl. Xᵇ, aluuo tanto fluuio O, alueo tantum fluuii B   13 amne egregio] ainne ac regio O, amne egregia B   in om. XYZ almannicis B, alia mannicis O, alamagnicis A, alemannicis X   14 sexaginta] quadraginta XYZ   a] habet a B   fonte suo] fontes uero O   usque] flumina usque B   pontum AOB   uergentia BXY   15 duocentorum PO   milia om. A   hic B] HPVXYZ, quae LAOB   16 costae AXYZ   ut] in O   cratem] ABXY, gratem HPVLO   qui] quiuis O   lingua] in lingua B   17 duocentis PLO   in alu.] alu. B   habet om. XYZ   profundam] AOBXY, profundum HPVL   18 in magnum] in magno AXYZ, immanis B   omnes superat LBX, superat omnes A de danubio haec A   19 nos om. A   digressimus] HPV, digressi sumus LAOBXY   iubante] HPL, iuuante Vᵃ, iuuante VᵇAXYZ, adiuuante OB

---

1) *cf. Cassiodorius var. 4, 49:* universis provincialibus et capillatis, defensoribus et curialibus Suavia consistentibus Theodericus rex.

2) *cf. Ammianus 22, 8, 44:* Danuvius ... sexaginta navigabiles paene recipiens fluvios.

3) *Mela 2, 1, 8:* Hister ... ingens iam et eorum qui in nostrum mare decidunt tantum Nilo minor: *cf. Sallustius apud Gellium 10, 7, 1.*

**XIII 76** Longum namque post intervallum Domitiano imperatore regnante eiusque avaritiam metuentes foedus, quod dudum cum aliis principibus pepigerant, Gothi solventes, ripam Danubii iam longe possessam ab imperio Romano deletis militibus cum eorum ducibus vastaverunt. cui provinciae tunc post Agrippam Oppius praeerat Savinus, Gothis autem Dorpaneus principatum agebat, quando bello commisso Gothi, Romanos devictos, Oppii Savini caput abscisum, multa castella et civitates invadentes de parte **77** imperatoris publice depraedarunt. qua necessitate suorum Domitianus cum omni virtute sua Illyricum properavit et totius pene rei publicae militibus ductore Fusco praelato cum lectissimis viris amnem Danubii consertis navibus ad instar pontis trans- **78** meare coegit super exercitum Dorpanei. tum Gothi haut segnes reperti arma capessunt primoque conflictu mox Romanos devincunt, Fuscoque duce extincto divitias de castris militum spoliant magnaque potiti per loca victoria iam proceres suos, quorum quasi fortuna vincebant, non puros homines, sed semideos id est Ansis vocaverunt. quorum genealogia ut paucis percurram vel quis quo parente genitus est aut unde origo coepta, ubi finem effecit, absque invidia, qui legis, vera dicentem ausculta.

**XIV 79** Horum ergo heroum[1]), ut ipsi suis in fabulis referunt, primus fuit Gapt, qui genuit Hulmul. Hulmul vero genuit Augis: at Augis genuit eum, qui dictus est Amal, a quo et origo Amalorum decurrit: qui Amal genuit Hisarna: Hisarnis autem genuit

---

*H P V L A S* (1 Longum — 4 vastaverunt; *item a* 16 Horum) *O* (*ubi* 15 qui legis — *p.* 77, 3 genuit Valaravans *bis leguntur, v. p.* 77, 3 n.) *B X* (*Y Z*).

1 longo n. p. interuallo *A*   imp. regn.] inperante *A*   2 cum aliis *bis P*, cum *om. A*   pepierant *P^{d}*, pepigerat *SO*, pepigerunt *XYZ*   3 longe] diu *A*   deiectis *OB*   4 acrippam *PV* oppius] *HPVLAXY*, popeius *O*, pompeius *B*   sauinus] *HPVL*, sabinus *OBXY*, sauicinus *A*   5 autem] enim *XYZ*   dorpanius *L*   agebat] gerebat *A*   romanis deuictis *AB*   6 oppii] opii *P*, pompei *B*   sauini] *HVL*, sauicini *PA*, sabini *OBXY*   capite absciso *AB*   inuadentes *om. A* 7 qua] qui *O*   suorum d.] seruorum domicianos *O*   omne *PV*   8 plublicae *O*   militibus *om. A*   eductore *OB*   prelatum *OB*   9 cum electissimis *LO*, cum aelectissimis *B*   amnem *om. A*   danubii] danubium *AOB*   consertis] cum conpertis *O*   ad instar pontis] ad star ponti *O*, instar pontis *A*   10 coepit *malim*   dorponei *O*   tunc *LAXY*   haut] *HP*, aut *VO*, aud *L*, haud *ABXY*   signes *PO*   capescunt *O*   11 conflictu] arma conflictu *O*, armati conflictu *B* duce *om. OB*   12 militum *om. A*   despoliant *OB*   suas *O*   quorum quasi] quasi *O*, quasi qui *B*, quorum *XY*   13 uincebant] uiuebant *L*   non] tamen *O*   id est ansis] *HPVL*, id est anses *XY*, id est ianses *OB*, *om. A*   14 genealogia] *HV*, -am *rel.*   uel] ut *OB*   15 coepta] accepta *OB*, cepit *A*   efficit *VOB*, accepit *A*   uera dic. *om. XYZ*   16 heroum ut ipsi suis in (ipsis in suis *A*) fabulis referunt] ut ipsi suis fabolis fuerunt *S*, ut ipse hieronimus suis in f. ferunt *O*(¹), ut ipsi (ipsis *O*) suis in (in *om. OB*) fabulis (fobolis *O*) ferunt *O*(²)*B*   gapt] capit *O*(¹)   17 hulmul humul *H*, halmal halmal *SO*(¹·²)*B*, humal humal *XYZ*   uero genuit] qui fuit pater *A*   augis at augis] *PVLXYZ*, augis augis *HSO*(²), augis augis uero *O*(¹), augis *A*   genuit . . . est] qui fuit pater *A*   amal] *HPLAO*(¹), hamal *V*, amala *SO*(²)*BXY*   a quo] aco *O*(¹)   18 et *om. A*   hamalorum *HPV*   decurrit *om. A*   qui amal] qui hamal *P*, qui mala *O*(¹), et amala *SO*(²)*B*   hisarna hisarnis] *HPVL*, hisarnam hisarnis *XZ*, isarnam isarnis *Y*, isarna isarna *SOB*, isarna *A*   autem (enim *XY*) genuit] et ipse *A*

---

1) *Tabulae huius, quam constat profectam esse ex Cassiodorii historia Gothica, auctor in variarum duobus locis quodammodo excerpta dedit, primum* 9, 25 *nomine Atalarici scribens de se:* iste reges Gothorum longa oblivione celatos latibulo vetustatis eduxit: iste Amalos cum generis sui claritate restituit, evidenter ostendens in decimam septimam progeniem stirpem nos habere regalem, *id quod cum tabula Iordanis ita convenit, quod a Gapt ad Atalaricum numerantur generationes septemdecim. deinde* 11, 1, *ubi Amalasuintae parentum cohors regalis enarratur sic:* enituit Amalus felicitate, Ostrogotha patientia, Agatha (al. Athala) mansuetudine, Munitaurius aequitate, Vnimundus forma, Thorismut castitate, Vnalamer (sic) fide, Theudimer pietate, patientia inclitus pater. *ubi cum appareat non nominari ex maioribus Amalasuintae nisi qui regnarint praeter ipsum Amalum nominis auctorem et fortasse regem et ipsum, pro Agatha vel Athala substituendus est Ermanaricus: reliqui errores ut facile tolluntur, ita in regum ordine Videmer recte omittitur.*

## GETICA.

Ostrogotha: Ostrogotha autem genuit Hunuil: Hunuil item genuit Athal: Athal genuit XIV
Achiulf et Oduulf: Achiulf autem genuit Ansila et Ediulf, Vultuulf et Hermenerig:
Vultuulf vero genuit Valaravans: Valaravans autem genuit Vinitharium: Vinitharius
quoque genuit Vandiliarium: Vandalarius genuit Thiudemer et Valamir et Vidimir: 80
Thiudimir genuit Theodericum: Theodericus genuit Amalasuentham: Amalasuentha
genuit Athalaricum et Matesuentham de Eutharico viro suo, cuius affinitas generis
sic ad eam coniuncta est. nam supra dictus Hermanaricus, filius Achiulf, genuit 81
Hunimundum: Hunimundus autem genuit Thorismundo: Thorismund vero genuit Berimud: Berimud autem genuit Vetericum: Vetericus item genuit Eutharicum, qui coniunctus Amalasuinthae genuit Athalaricum et Mathesuentam, mortuoque in puerilibus
annis Athalarico Mathesuenthae Vitigis est copulatus, de quo non suscepit liberum;
adductique simul a Belesario Constantinopolim: et Vitigis rebus excedente humanis
Germanus patricius fratruelis Iustiniani imp. eam in conubio sumens patriciam ordinariam fecit: de qua et genuit filium item Germanum nomine. Germano vero de-

---

*H P V S (ad 6 suo) L A O B X (Y Z).*

1 ostrogota ostrogota *X*, hostrogotha ostrogotha *L*, ostrogotha *A*    autem (*om. OBXY*) genuit] qui fuit pater *A*    hunuil hunuil] *HPVLXZ*, hiniul hiniul *Y*, unilt (ue∗ *ins.* *O*(¹), *sed erasum est*) unilt *O*(¹)*B*, unil unil *SO*(²), hunnull (?) *A*ᵃ, hunnuil *A*ᵇ    item genuit ... 3 uero *om. SO*(²)    item] qui *A*, *om. O*(¹)*B*    athal genuit] patrem *A*    2 achiuf *B*, achliulf *XYZ*    et oduulf] *HPVX*, et odiuulf *Y*, et odulf *L*, *om. AOB*    achiuf *B*, achliulf *XYZ*    autem] enim *XY*, *om. AOB*    ansilam *OB*    et ediulf] et odulf *L*: *malim Etediulf vel simile quiddam*    uultuulf] uultulf *O*, uuldulf *B*, uulfuulf *A*, et uultulf *XYZ*    hermenerig] *HPLAXY*, ermenerig *V*, hermerich *B*, ermerich *O*    3 uultuulf] uulfuulf *A*, uulftul *O*, uul∗duf *B*    ualarauans *V*    uero] autem *V*    ualarauans ualarauans autem] *HPVL*, ualarauans uualarauans enim *XYZ*. ualerauans ualerauans autem *SO*(²)*B*, ualarauans qui *A*, *inter* genuit ualarabans *et* ualerauans autem *inserit O commata p.* 74, 19 ut non — p. 75, 2 reminiscent *et*, deinde vocabulo interposito, ea ipsa quae praecedunt 76, 15 qui legis — p. 77, 3 genuit ualerauans: quae duo commata notavimus *O*(²)    uinithiarium (sic) uenetharius q. g. *HPV*, uuinthiarium uenetharius q. g. *L*, uuinitarium uuinitharius quoque autem q. g. *O*, uuinitharium uuinitharius q. g. *S*, uenitarium uenetarius (uenitarius *Y*) q. g. *XY*, uuinnitharium uuinitharius q. g. *B*, uinitarium et ipse *A*    4 uandiliarium uandalarius (uandalariu *P*) genuit] *HPV*, uandillarium uuandiliarius (uuandiliarium uuandiliarius *Y*, uandiliarum uandilarius *Z*) enim genuit *XYZ* (inseruit errore opinor ea verba Lindenbrogius non hoc loco, sed v. 5 inter genuit *et* theodericum), uuandaliarium uuandaliarius genuit *L*, uuandalarium patrem *A*, *om. SOB*    thiudemer] *HPV*, thiudimer *LX*, theudimer *Y*, theodemir *SB*, thodemir *O*, tiudemer *A*    et *om.* *A*    ualamir] *HPVX*, ualamer *Y*, uualamir *LSOB*, ualaemir *A*    uidimir] *HPVLX*, uuinimir *A*, uidemir *A*, uuidemir *S*, uindimir *YZ*    5 thiudimir] *HPV*, thiudimer *LX*, theudimer *Y*, thiudemir *A*, theodemir *SOB*    theodericum theodericus] theudericum qui *A*    amalasuenta amalasuenta *O*, amalasuenta amasuenta (sic) *S*, amalasuintam (-suentam *B*²) amalasuenta *B*, amalasuentham quae fuit mater *A*    6 athalricum *PVZ*, athallaricum *B*, athlaricum *X*, athalarici *A*    mathesuentham *X*, mathesuentam *Y*, matesuentam *SOB*, athesueritae *A*    de eutharico] *HPVL*, deutharico *A*, deutherico *OB*, deuthari *S*, de atharico *XYZ*    uiro suo] *om. O*    affinitate generis *B*, adfinitatem teneris *O*    7 coniunctus *OB*    hermanaricus] hermericus *OB*, hermanericus *Z*, hermanarig *A*    achliulf *Y* (non *X*), achiulfi *O*    8 hunimundum hunimundus (humimundum humimundus *L*) autem (enim *XYZ*) genuit] hunimundum et ipse *A*    thorismundo] thorismund *L*, thorismundum *AOBXY*    thorismund uero] thorismundus uero *VB*, qui *A*    berimu∗∗ (berimund *P*²) berimud *P*, berimud berimund *O*, berimund berimund *BY*, berimundum *A*    9 autem genuit] enim g. *XYZ*, genuit *OB*, et ipse *A*    uetericum uetericus] *HPVLXYZ*, uuidericum uuidericus *OB*, uetericum *A*: *cf.* c. 33, 173    item genuit] autem g. *PX*, qui et *A*    eutharicum] eutharium *L*ᵃ    10 amalasuinthae] *HPV*, amalasuenthe *L*, amalasuenthae *XY*, amalasuente *O*, amalasuintae *B*, amalasentae quae *A*    athalricum *XZ*, athalricum *Y*, athalricum *L*    mathesuentam] *HPAOB*, mathesuentham *VLXY*    mortuoque] mortuo quoque *L*, mortuo *A*    pueribus annis *L*, puericia *A*    11 athlarico *X*, athalarico *Y*    mathesuenthae] *HPVXY*, mathesuenthe *L*, mathesuintae *B*, mathesuente *AO*    uuidicis *O*, uuidechis *B*    copulatus] sociatus *OB*    liberos *A*    12 a belesario] *HPVLXY*, a belisario *A*, ab bel. *Z*, ad bellisarium *O*, ad belisarium *B*    constantinopolim] *HVLA*, constatinopolis (sic) *P*, in const. *OBXY*    et *om. A*    uitigis] *HPVLAX*, uitigi *YZ*, uuiticis *O*, uuidechis *B*    13 iust.] domini (d̄n̄i *O*ᵇ, dōm *O*ᵃ) iustiniani *O*, domni iustiani *B*    eam in conubio] eam in conubium *A*, eadem (eandem *B*) in coniugio *OB*    14 qua et] qo (sic) *O*, quo *B*    fil. gen. *OB*

XIV functo ipsa vidua perseverare disponit. quomodo autem aut qualiter regnum Amalorum distructum est. loco suo¹), si dominus iubaverit, edicimus.

82   Nunc autem ad id, unde digressum fecimus, redeamus doceamusque, quomodo ordo gentis, unde agimus, cursus sui metam explevit. Ablabius enim storicus refert, quia ibi super limbum Ponti, ubi eos diximus in Scythia commanere²), ibi pars eorum, qui orientali plaga tenebat, eisque praeerat Ostrogotha, utrum ab ipsius nomine, an a loco, id est orientales, dicti sunt Ostrogothae, residui vero Vesegothae, id est a parte occidua.

XV 83   Et quia iam superius³) diximus eos transito Danubio aliquantum temporis in Mysiam Thraciamque vixisse, ex eorum reliquiis fuit et Maximinus imp. post Alexandrum Mamaeae. nam. ut dicit Symmachus in quinto suae historiae libro, Maximinus, inquiens, Caesar mortuo Alexandro ab exercitu effectus est imp., ex infimis parentibus in Thracia natus, a patre Gotho nomine Micca, matre Halana, quae Ababa dicebatur⁴). is triennio regnans, dum in Christianos arma commoveret, imperium simul et vitam
84 amisit. nam hic Severo imp. regnante et natalis die filii celebrante, post prima aetate et rusticana vita de pascuis in militiam venit. princeps si quidem militares dederat ludos: quod cernens Maximinus, quamvis semibarbarus aduliscens, propositis praemiis patria lingua petit ab imperatore. ut sibi luctandi cum expertis militibus

---

*H P V L A O B X (Y Z)*.

1 ipsa uidua *bis* P   perseuererare disponitur OB, perseuerauit A   autem] enim XY   aut qualiter om. A   am. regn. OB   2 iubauerit] HPV, iuuauerit LYZ, iuuerit AX, uoluerit OB   edicimus] HPVL, edicemus AXYZ, edocemus OB   3 autem] enim XYZ   ad id om. AY   unde P°   digressumim (?) L   quomodo] quando OB   4 expleuerit OB   ablauius AOB   storicus] historicus AO, istoricus B, hystoricus XY   refret O   5 quia ibi] qui albi P, quod ibi XYZ   limbum] HAOBXY, lymbum PVL   dissimus A   ibi om. AB   6 qui] quae AXYZ   orientali plaga] HPVL, orientalem plagam AOBXY   tenebant B   que] qui L   post ostrogotha ins. incertum habemus A   utrum] uerum O   7 id est orientales dicti sunt (sint Z) ostrogothae] orientales dicti sunt id est ostr. A, orientali dicti sunt (sint B) ostr. (om. id est) OB   id est om. A   a] in B, om. O   tam verba id est orientales quam quae sequuntur id est a parte occidua videntur insiticia   9 et] sed XYZ   quia] quidem B   iam] lam (sic) O   superius] sicut OB   aliquanto O   in mysiam (misiam L, mesia X, misia YZ, messiam O) thraciamque (thraciaque PVXYZ, traciaque L)] HPVLOXY, apud moesiam thraciamque B, misia traciaque A   10 dixisse O, duxisse B   reliquis O   et om. A   imperatur O   alexrandrum O   11 mamae HPVL, mumae nam O, mammeae (mammae Z) filium nam XYZ, mammeam (om. nam) AB   suae hist.] hist. A°, hist. sue A^b   maximinus inq. caesar (caesar om. A) m. alexandro] alexandro (alexandro B) inquit cessare mortuo maximinus OB   12 effectus] factus OB   13 micca] mica A. neca O, mecca B   halana] HPVLX, alana AOB, belana YZ   ababa] PVLAOBXY et sic vita Max., abara H   dicibatur P   14 his V   triennium OB   arma commoueret] HP^bVL, arma commouerat P°, arma commouerit B, arma conuerteret XYZ, arma conuertit O, armatur A   simul et uit. am.] am. et uit. A   15 imp. om. A   natalis] natalem B, notalem A   die] HP, diem rel.   post prima aetate et rusticana uita] HPVL, post primam aetatem et rusticanam (rusticam OB) uitam AOBXYZ   16 uenit] inuenit O   princes AO   17 quamuis] qui O, qui erat B   adulescens] HP, adulicens O, adulescens VL, adolescens ABXY   pr(a)epositis OB   18 patria] barbara OB   petiit XYZ, p•e•it V°   imperare A   expertis] PVLAXY, pertis H, exercitus OB

---

1) *c. 60, 315.*
2) *c. 5, 38. 42.*
3) *c. 5, 38.*
4) *vita Maximini 1:* Maximinus ... de vico Threiciae ... barbaro ... patre et matre genitus, quorum alter e Gothia, alter ex Alanis genitus esse perhibetur: et patri quidem nomen Micca, matri Hababa fuisse dicitur. *cf. c. 4:* amatus est unice a Getis quasi eorum civis.

licentiam daret [1]). Severus, ammodum miratus magnitudinem formae — erat enim, ut XV 85
fertur, statura eius procera ultra octo pedes [2] — iussit eum lixis corporis nexu contendere, ne quid a rudi homine militaribus viris eveniret iniuriae [3]. tum Maximinus
sedecim lixas tanta felicitate prostravit, ut vincendo singulos nullam sibi requiem per
intercapidinem temporis daret. hic captis praemiis iussus in militiam mitti [4], primaque ei stipendia equestria fuere [5]. tertia post haec die, cum imperator prodiret ad
campum, vidit eum exultantem more barbarico iussitque tribuno, ut eum cohercitum
ad Romanam inbueret disciplinam. ille vero, ubi de se intellexit principem loqui,
accessit ad eum equitantemque praeire pedibus coepit. tum imperator equo ad lentum 86
cursum calcaribus incitato multos urbes huc atque illuc usque ad suam defatigationem
variis deflexibus impedivit [6] ac deinde ait illi: 'num quid vis post cursum, Thracisce,
'luctare?' respondit: 'quantum libet, imperator'. ita Severus, ex equo desiliens,
recentissimos militum cum eo decertari iussit. at ille septem valentissimos iuvenes
ad terram elisit, ita ut antea nihil per intervalla respiraret, solusque a Caesare et
argenteis praemiis et aureo torque donatus est; iussus deinde inter stipatores degere

---

*H P V L A O B X (Y Z).*

1 daret lic. *A*   mirans *XYZ*   2 eum lixis] eum cum lixis *BXY*, cum eo lixis *A*   corporeo *OB*   nexu] sensu $L^a$, sexu $L^b$   3 militalibus *O*   ueniret *OB*   tunc *AOB*
4 sedicem *O*   felicitate] facilitate *A*, uelocitate *Y* (non *X*)   postrauit *V*   uincendos *HPV*
per om. *OB*   5 intercapidinem] *PVO^a*, intercampidinem *H*, intercapedinem *LAXZ*, interpedinem *Y*,
intercapidine $O^b$, intercapedine *B*   temporis] temporum *OB*, corporis *A*   hic scr. hinc capitis
*O*   premiis *O*, proemiis *HPV*   iussus] i. est *B*   milititiam *V*   6 que om. *A*   ei] *BXY*,
eis *O*, om. *HPVLA*   stipendiequestria *O*   tertiam post diem *OB*   prodierit *OB*   7 tribuno] bono *OB*   cohercitum] *HPVLY*, coercitum *BX*, coersitum *O*, coercito *A*   8 inbuere *O*
de se (re *XY*) intellexit] intell. de se *A*   9 tum] tunc *L*, cum *O*   equo ad lentum (ad lentem *A*,
ad lentius *YZ*, allentius *X*) cursum (cessum *XYZ*) calcaribus (calcatibus *A*) incitato] aequum adiectum cultum caltaribus incitato *O*, equo adiecto in cursum calcaribus incitatum *B*: equo ad uiolentum cursum c. i.
*Muratorius recte*   10 multus $A^a$   urbes] *HPAO*, urbis *VL*, orbes *BXY*   huc om. *O*   usque om. *A*   defatigationem] *AXY*, defacationem *HPVL*, fatigationem *OB*   11 deflexibus impediuit]
inflexibus interpedauit *OB*   hac *O*   ait] dixit *A*   num om. *L*   post (pos *P*) cursum om. $B^a$
thracisce] thraisce *X*, tragice *Y*   12 luctari *ABY*   libet] placet *XY*, libet placet *Z*   imperatori
*AXY*   ita] tunc *XYZ*   dissiliens *LO*, descendens *XYZ*   13 milites *XYZ*   eo decertari
iussit] *HPVXY*, eodem certari iussit *O*, eodem certare iussit *BL*, eo iussit decertare *A*   at] ac *OB*
iuuenes] milites *OB*   14 terras *Z*   ut om. *O*   ante *XY*   repiraret $A^1$, respirare *O*
que om. *OB*   15 argenteis] arteis $A^1$   proemiis *HPV*   stirpatores *O*   degere corp. pr.]
*AOB*, dedere corp. pr. *HPVL*, decore corp. pr. astare *XYZ*

---

1) *vita Maximini* 2: et in prima quidem pueritia fuit pastor ... natali Getae filii minoris Severus
militares dabat ludos propositis praemiis argenteis ... hic adulescens et semibarbarus et vix adhuc Latinae
linguae, prope Thraecica imperatorem publice petit, ut sibi daret licentiam contendendi cum his, qui iam
non mediocri loco militarent.
2) *vita l. c.*: magnitudinem corporis Severus miratus. c. 6: erat magnitudine tanta, ut octo pedes digito videretur egressus. cf. *vita Maximini iun.* c. 2.
3) *vita c. 2 pergitur sic*: primum eum cum lixis composuit ... ne disciplinam militarem corrumperet.
4) *vita c. 2 pergit*: tunc Maximinus sedecim lixas uno sudore devicit sedecim acceptis praemiis ...
iussusque militare.
5) *vita c. 2*: prima stipendia equestria huic fuere.
6) *vita c. 3 post verba adlata not. 4*: tertia forte die cum processisset Severus ad campum, in turba
exultantem more barbarico Maximinum vidit iussitque statim tribuno, ut eum coerceret ac Romanam disciplinam imbueret. tunc ille ubi de se intellexit imperatorem locutum, ... ad pedes imperatoris equitantis accessit. tum ... Severus ... equum admisit multis circumitionibus et cum imperator laborasset neque ille
a currendo per multa spatia desisset.

XV 87 corporis principalis¹). post haec sub Antonino Caracalla ordines duxit ac saepe famam factis extendens plures militiae grados centuriatumque strenuitatis suae praetium tulit²). Macrino tamen postea in regno ingresso recusavit militiam pene triennio, tribunatusque habens honore numquam se oculis Macrini optulit, indignum ducens 88 eius imperium, qui perpetrato facinus fuerat adquisitum³). ad Eliogabalum dehinc quasi ad Antonini filium revertens tribunatum suum adiit et post hunc sub Alexandrum Mamaeae contra Parthos mirabiliter dimicavit⁴). eoque Mogontiaco militari tumulto occiso ipse exercitus electione absque senatus consultu effectus est imperator, qui cuncta bona sua in persecutione Christianorum malo voto foedavit, occisusque Aquileia a Puppione⁵), regnum reliquid Philippo. quod nos idcirco huic nostro opusculo de Symmachi hystoria mutuavimus, quatenus gentem, unde agimus, ostenderemus ad regni Romani fastigium usque venisse. ceterum causa exegit, ad id, unde digressimus, ordine redeamus.

XVI 89 Nam gens ista mirum in modum in ea parte, qua versabatur, id est Ponti in litore Scythiae soli, enituit, sine dubio tanta spatia tenens terrarum, tot sinos maris, tot fluminum cursus, sub cuius saepe dextera Vandalus iacuit, stetit sub praetio Marcomannus, Quadorum principes in servitute redacti sunt. Philippo namque ante

---

*H P V L A O B X (Y Z).*

1 sub om. *OB*  amtomno *O*, antonio *A*  caralalla *Lᵃ*, caragalla *O*  duxit ord. *A*  famam (fama *O*) factis] factis fam. *A*  2 plures] inter pl. *B*  grados] *HPVO*, gradus *LABXY*  centuriatumque] *XYZ*, centuriatamque *HPVL*, centuriamque *A*, centuriasque *OB*: plures militiae gradus centuriatum tulit *Duac.*  praedium *P*, premium *LA*  3 macrino] magno *O*  in regnum *OᵇB*, regnum *A*, om. *XYZ*  ingressum *O*  triennium *OB*  4 tribunatus habensque *O*  honore] *HP*, honorem *rel.*  obtulit magrini (macrini *B*) *OB*  5 qui] *HPVL*, quod *AOBXY*  perpetrato facinus] *HPVL*, perpetrato facinore *AXYZ*, petratum facinus *O*, per patratum facinus *B*  fuerat] erat *OB*  adquisitum] acquisitus *Z*, quaesitum *B*  ab eliogabaum *O*, ab heliogabalo *B*  dehic *O*  6 ad om. *L*  antini *L*, antonii *A*  hinc *OB*  alexandro *OBX*  7 mamae *HPV*, mame *LO*, mammae *XZ*, mamea *B*, m. (sic) *A*, mammeae filio *Y*  que om. *OB*  magontiaco *LXY*, magontiago *O*  8 tumulto] *HPVO*, tumultu *LABXY*  occisso *O*  senanatus *HPV*  consulto *LB*  9 chr. pers. *OB*  occisusque *O*  10 aquileiae *A*, aquilegia *OBXZ*  puppione] *HPVL*, pupione *OBXY*, pupeiano *A¹*, pupianno (?) *A²*  huc *L*  nostro] non *Oᵃ*, om. *OᵇB*  11 symm. hyst.] simmaco *A*  mutauimus *O*, mutuati sumus *A*  ostenderemus om. *OB*  12 uenisse] uen. doceamus *B*  exigit *LA*, exigit ut *OBXY*  digressi sumus *LAOBXY*  13 ordinem *L*, om. *OB*  redemus *A¹*  14 uersebatur *Pᵃ*  in ponti *A*  15 cythiae *O*  enituit] innituit *O*, innotuit *B*  spitia *P*  tot sinos] *HPV*, sinos tot *L*, tot sinus *AOBXY*  moris *L*  16 uandalus] *PV*, uuandalus *OBXY*, guuandalus *L*, gandalus *A*, uanculus *H*  17 seruitute] *HPVA*, -tem *rel.*

---

1) *vita c. 3 pergit:* ait ei: 'quid vis, Thracisce? num quid delectat luctari post cursum?' tum 'quantum 'libet', inquit, 'imperator'. post hoc ex equo Severus descendit et recentissimos quosque ac fortissimos milites ei comparari iussit. tum ille more solito septem fortissimos uno sudore vicit solusque omnium a Severo post argentea praemia torque aureo donatus est iussusque inter stipatores corporis semper in aula consistere.

2) *vita c. 4:* diu sub Antonino Caracalla ordines duxit, centuriatus (centuriatos *libri*) et ceteras militares dignitates saepe tractavit.

3) *vita c. 4:* sub Macrino, quod eum, qui imperatoris sui filium occiderat, vehementer odisset, a militia desiit. *c. 5:* Maximinus ... tribunus.

4) *vita c. 4:* occiso Macrino ... ubi Heliogabalum quasi Antonini filium imperatorem comperit, ... ad eum venit. *c. 5:* quem Alexander miro cum gaudio ... suscepit.

5) *Orosius 7, 18:* (Alexander) militari tumultu apud Mogontiacum interfectus est. *c. 19:* ... Maximinus ... nulla senatus voluntate imperator ab exercitu ... creatus persecutionem in Christianos ... exercuit. sed ... tertio quam regnabat anno a Pupieno Aquileiae interfectus.

dicto regnante Romanis, qui solus ante Constantinum Christianus cum Philippo idem filio fuit, cuius et secundo anno regni Roma millesimum annum explevit[1], Gothi, ut adsolet, subtracta sibi stipendia sua aegre ferentes, de amicis effecti sunt inimici. nam quamvis remoti sub regibus viverent suis, rei publicae tamen Romanae foederati erant et annua munera percipiebant. quid multa? transiens tunc Ostrogotha cum suis Danubio Moesiam Thraciasque vastavit. ad quem rebellandum Decius senator a Philippo dirigitur. qui veniens dum Getis nihil praevalet, milites proprios exemptos a militia fecit vitae privatae degi, quasi eorum neglectu Gothi Danubium transfretassent, factaque ut puta in suis vindicta ad Philippum revertitur. milites vero videntes se post tot labores militia pulsos, indignati ad Ostrogothae regis Gothorum auxilium confugerunt. qui excipiens eos eorumque verbis accensus mox tricenta milia suorum armata produxit ad bellum adhibitis sibi Taifalis et Astringis nonnullis, sed et Carporum tria milia, genus hominum ad bella nimis expeditum, qui saepe fuere Romanis infesti; quos tamen post haec imperante Diocliciano et Maximiano Galerius Maximinus Caesar devicit et rei publicae Romanae subegit[2]. his ergo addens Gothos et Peucinos ab insula Peucis, quae in ostia Danubii Ponto mergentia iacet, Argaithum et Gunthericum nobilissimos suae gentis doctores praefecit. qui mox Danubium vadati et de secundo Moesiam populati, Marcianopolim eiusdem patriae urbem famosam metropolim adgrediuntur, diuque obsessam accepta pecunia ab his qui inerant reliquerunt. et quia Marcianopolim nominavimus, libet aliqua de eius situ breviter intimare. nam hanc urbem Traianus imperator hac re, ut fertur, aedificavit, eo quod Marciae sororis

---

*H P V L A O B X (Y Z).*

1 constantino *O*    cum philippo (fil- *O semper*) *om. A*    idem filio] *HPVB*, id est filio *O*, idem philippo *L*, eiusdem filio *XYZ, om. A*    2 et *om. A*    roma *om. OB*    millesimummannum *V*    3 distrata sibi stipentia sua *O*, distracto sibi stipendio suo *B*    aegre fer. *om. LOB*    facti sunt *LB*, fiunt *A* 4 remotis sub reg. *O*, remotibus reg. *P*, remoti legibus *A*    publice *O*    romone *O, om. A*    5 ostrogotha *O*ᵃ    6 danubio] *HPV*, danubium *LAOBXY*    moesias tratiamque *O*, moesiam thraciamque *B*    rebellandum] *HPVLXYZ*, repellendum *OB*, debellandum *A*    7 dum] di *V*    getis] gentis *O*, genti *B*, gothis *A*    nihil *om. XYZ*    praeualit *O*    proprias *O*ᵈ    exeptos *O*    8 militia *H*    uitae priuatae] uita priuata *ABXY*    degere *AB*    neglectum *O*, neglegentia *A*    danublum] *L*    transfretassent] transsisent *O*, transissent *B*    9 ut puta] *BXY*, ut pota *O*, ut putauit *HPVL*, ut putabat *A*    suos *A*    ad phil. *om. A*    uidentes se] uidentes se esse *OB*    10 post *om. A*    tot] *HPLAXYZ*, toth *V*, hos *OB*    ostrogothae (ostrogothi *O*) regis *om. A*    11 qui exc.] quorum rex suscipiens *A*    eorumque *L*    tricenta] trecenta *PAX*, c̄c̄c̄ *YZ*, xxx · *OB*    suorum] uirorum *OB*    12 produxit] *OBXY*, producit *HPVLA*    bellum] pr(o)elium *OB*    adhibetis *O*, adhibietis *V*    taifalis] *HPVLA*, taiphas *O*, taiphis *B*, tuifalis *XYZ*    astringis] immo Asdingis: v. p. 87, 11 et Zeuss p. 461    carporum] *PVLOB*, corporum *HA*, caporum *XY*    13 trea milia] *HPV*, tria m. *LOBXY*, tribus milibus *A*    gens *O*    fuere romanis infesti (infecti *L*)] romanos infestos (*om. fuere*) *O*, romanis infesti sunt *B*    14 diocliciano] *HPVL*, diocliciano *O*, diocletiano *ABXY*    et maximiano *om. OB*    galerius *V*    maximinus] *HPVXY*, maximus *LAOB, cf. p. 86, 15*    15 deuicit et] de ciuitate *OB*    romanae *om. A*    subiecit *OB*    addens] habens *OB*    peucinos] pesicenos *O*, pesinceos *B*, peccinos *XYZ*    16 peucis] paucis *OB*, peccis *XYZ*    quae] qui *OB*    in ostio *BXY*, inter hostia *A*    mergenti adiacet (-cent *A*) *OB*, mergenti iacet *XYZ*    argaitum *AOB: cf.* Arguntis Scytharum rex *vit. Gord. 31*    guntericum *OY*, gundericum *A*    17 doctores praefecit] *HPVL*, duct. praef. *AXY*, pref. doct. *O*, praef. duct. *B*    mos uadantes dan. *A*    de] die *L, om. PAOB*    18 populari *A*    marcianopelim *O*    19 adgrediuntur *in litura A*²    his] iis *X*    20 nominabimus *O*ᵃ    breuiter *om. A*    intimare *om. L*ᵃ    21 aed. ut fertur *OB*    marcia soror sua *XYZ*

---

[1] *Hieronymus ad a. Abr. 2262, Philippi secundum:* regnantibus Philippis millesimus annus Romanae urbis expletus est. *supra in Romanis c. 283 ponitur annus Philippi tertius: vere incidit annus millesimus urbis in Philippi tr. pot. IV.*

[2] *Orosius 7, 25, 12:* per eosdem duces *(Galerium)* strenue adversus Carpos Basternasque pugnatum est.

XVI suae puella, dum lavat in flumine illo qui nimii limpiditatis saporisque in média urbe oritur Potami cognomento, exindeque vellit aquam haurire, casu vas aureum quod ferebat in profundum decidit, metalli pondere praegravatum longeque post ab imis emersit: quod certe non erat usitatum aut vacuum sorberi aut certe semel voratum undis respuentibus enatare. his Traianus sub admiratione conpertis fontique numinis quoddam inesse credens conditam civitatem germanae suae in nomine Marcianopolim nuncupavit[1]).

XVII 94    Abhinc ergo, ut dicebamus, post longam obsidionem accepto praemio ditatus Geta recessit ad propria. quem cernens Gepidarum natio subito ubique vincentem praedisque ditatum, invidia ductus arma in parentibus movit. quomodo vero Getae Gepidasque sint parentes si quaeris, paucis absolvam. meminisse debes me in initio[2]) de Scandzae insulae gremio Gothos dixisse egressos cum Berich rege suo, tribus tantum
95 navibus vectos ad ripam Oceani citerioris, id est Gothiscandza. quarum trium una navis, ut adsolet, tardior nancta nomen genti fertur dedisse: nam lingua eorum pigra gepanta dicitur. hinc factum est, ut paulatim et corruptae nomen eis ex convicio nasceretur Gepidas. nam sine dubio ex Gothorum prosapie et hi trahent originem; sed quia, ut dixi, gepanta pigrum aliquid tardumque designat, pro gratuito convicio Gepidarum nomen exortum est, quod nec ipsud credo falsissimum: sunt etenim tar-
96 dioris ingenii et graviores corporum velocitate. hi ergo Gepidae tacti invidia, dum Spesis provincia commanerent in insulam Visclae amnis vadibus circumactam, quam

---

*H P V L A O B X (Y Z)*. Rav. 4, 6 p. 185 ad v. 6: Marcianopolis ex Mysia inferiore pertinet, ut testatur mihi .... Iordanis cosmographus, asserens quod ipsam Marcianopolim civitatem Traianus imperator pro amore Marciae sororis suae aedificasset. per quam Marcianopolim medio transit fluvius qui dicitur Potamia.

1 puellam *O*    labat *O*, lauatur *XYZ*, lauaret *A*    qui] quod *B*    nimii] *HPVL*, nimiae *AOBXY*    limpidatis *O*    saporisque] *OBXY*, sapore saporisque *HPV*, soporisque *L*, soporisque obtimi *A*    2 potami] potamica *V*    uelit aq. *L*, uellet aq. *OBXY*, 'aquam uellet *A*    aurire *PVO*    3 ferebatur *OB*    cecidit *OB*    motalli *A*    praegrauatum longeque] grauatum (et ins. *B*) longe *OB*    ab] *OBXYZ*, om. *HPVLA*    4 remersit *XYZ*    quod] *OBXY*, quor *HP*, ••• *V*[a], cur *V*[b], quo *L*, quode *A*    aut] haud *L*    sorberi *A*[a]    5 renatare *OB*    has *H*[a]    nominis *O*    6 quiddam *AY*    conditam ciuitatem] conditatem *O*    suae in] suae *L*, om. *A*    marcianopolim om. *A*    7 nuncupauit] *HPVLXZ*, nominauit *OBY*, appellauit *A*    8 ut dicipamus, om. *YZ* (non *X*) post longam (longan *L*) obs. om. *A*    ditatus om. *A*    geta (gesta *O*) rec.] rec. geta *A*    9 propria] patriam *OB*    gep. cern. nat. *OB*, cern. nat. gep. *A*    10 didatum *O*    ducta *A*    parentes *ABXY*    monet *OB*    uere *O*    gepidasque] *HPVL*, gepidaeque *OBXY*, gepidatum *A*[a], gepidarum *A*[b]    11 sint] sin *O*    quaesieris *B*    in initio] *XY*, inintio *HPV*, initio *LAOB*    12 scandzae] *HPVAX*, scandze *L*, scandziae *Y*, scanzi'a)e *OB*    dix. goth. *A*    egressos] exisse *A*    berich] *OB*, berig *YZ*, berice *HPVX*, berige *LA*    suo rege *OB*    13 uectus *O*    ad ripam *XYZ*    ocani *P*, occani *V*    ceterioris *O*    id est gothiscandza (gothiscandzam *A*, gothis andza *P*)] *HPVLA*, hoc est gothiscandzae *XYZ*, om. *OB*    14 nauis] uis *O*    assolent *XY*    tardior] tardius *OB*, tar *L*    nancta] *HPVLOYZ*, nacta *BX*, inuenta *A*    gentis *O*    15 eius *B*    conuicinio *L*, conuinio *OB*    16 gepidas] *HPVL*, gepide *O*, gepidae *ABXY*    nam] namque *OB*    prosapia *AOBXY*    et hi om. *OB*    trahent] *PV*, tradent *HL*. tradunt *O*, trahunt *ABXYZ*    17 ut om. *O*    designat] signat *OB*    gratuitu *O*, graui tunc *XYZ*    couicio *L*, conuiuio *OB*, uicio *A*    18 ipsum *AOBXY*    etenim] enim *OB*    19 et om. *OB*    grauioris *O*    hii *O* ut saepius    gepithae *H*, om. *A*    tacti] tenti *L*    dum spesis] *HPVLA*, dum etiam spesis *XYZ*, dum specis *O*, dudum speta *B*[a], dudum spreta *B*[b]: quid subsit nescio    20 commanerint *O*, commanebant *B*, commaneret *Z*    insulam] *HPVLAXZ*, insula *OBY*    hiscle *O*    uadis *AB*    circumactam] *HPVLAXYZ*, circumacta *O*, circuacta *B*

---

[1]) cf. *Ammianus 27, 4, 12:* Mysia, ubi Marcianopolis est a sorore Traiani principis ita cognominata: hausit autem auctor ex Ammiani actis Traiani deperditis.
[2]) c. 4, 25.

patrio sermone dicebant Gepedoios. nunc eam, ut fertur, insulam gens Vividaria in- XVII
colit ipsis ad meliores terras meantibus. qui Vividarii ex diversis nationibus ac si in
unum asylum collecti sunt et gentem fecisse noscuntur. ergo, ut dicebamus, Gepida- 97
rum rex Fastida quietam gentem excitans patrios fines per arma dilatavit. nam
Burgundzones pene usque ad internicionem delevit aliasque nonnullas gentes perdomuit.
Gothos quoque male provocans consanguinitatis foedus prius inportuna concertatione
violavit superba admodum elatione iactatus, crescenti populo dum terras coepit addere,
incolas patrios reddidit rariores. is ergo missis legatis ad Ostrogotham, cuius adhuc 98
imperio tam Ostrogothae quam Vesegothae, id est utrique eiusdem gentes populi, sub-
iacebant, inclusum se montium quaeritans asperitate silvarumque densitate constrictum,
unum poscens e duobus, ut aut bellum sibi aut locorum suorum spatia praepararet.
tunc Ostrogotha rex Gothorum ut erat solidi animi, respondit legatis bellum se qui- 99
dem talem horrere durumque fore et omnino scelestum armis confligere cum propin-
quis, loca vero non cedere. quid multa? Gepidas in bella inruunt, contra quos, ne
minor iudicaretur, movit et Ostrogotha procinctum, conveniuntque ad oppidum Galtis,
iuxta quod currit fluvius Auha, ibique magna partium virtute certatum est, quippe
quos in se et armorum et pugnandi similitudo commoverat; sed causa melior vivaci-
tasque ingenii iubit Gothos. inclinata denique parte Gepidarum proelium nox diremit. 100
tunc relicta suorum strage Fastida rex Gepidarum properavit ad patriam, tam puden-
dis obprobriis humiliatus, quam fuerat elationis erectus. redeunt victores Gothi Gepidarum discessione contenti, suaque in patria feliciter in pace versantur, usque dum
eorum praevius existeret Ostrogotha.

Pos cuius decessum Cniva, exercitum dividens in duas partes, nonnullos ad XVIII 101
vastandum Moesiam dirigit, sciens eam neglegentibus principibus defensoribus desti-
tutam; ipse vero cum LXX milibus ad Eusciam, id est Novas conscendit. unde a
Gallo duce remotus Nicopolim accedit. quae iuxta Iatrum fluvium est constituta

---

*H P V L A O B X (Y Z).*

1 patrio] pro patrio *OB*    gepedoios] *HPVL*, gepidoios *AXYZ*, gepidos *OB*    insulas *O*
uiuidarii *V*, uuidaria *B*: *supra 5, 36 est* Vidivarii    incolet *O*    2 mediores *L*    uuidarii *B*
3 ergo ut dic. (dicibamus *P*, diximus *L*)] itaque *A*    4 quietam] quiete *A*    nam om. *OB*    5 bur-
gundzones] *HPVLA*, burgonziones *OB*, burgozones *XYZ*    internicionem] *HP*, internitionem *VLBY*, internecionem *A*, internetionem *X*, internionem *O*    que om. *B*    6 cumsanguini.atis (*sic*) *O*    7 superbia *O*, superbaque *B*    crescente *AXY*, criscenti *O*    8 insulas *OB*    patrioos *HPV*, patrias *B*
rarioris *O*    his *V*    missis legatis] missis *O*, misit legatos *B*    ostrogatam *Xª*    adhuc] adhao
(*sic*) *O*    9 uesogothe *Oª*    utrique om. *OB*    eius *L*    gentes] *HPVL*, gentis *AOBXY*
10 inclausum *Oª*    quaeritans] *PVB*, queritans *AXYZ*, quaeritant *H*, qritans *O*, queritac *L*    constructum *L*    11 poscens e (se *O*) d.] e d. posc. *O*    praeparet *O*    12 rex goth. om. *A*    respo-
dit ligatis *O*, leg. rp (*sic*) *A*    siquidem *L*    13 talem] *HPVL*, tale *AOBXY*    omninos caelestium *O*
14 loco *A*    uero non] ueron *HP*, uero in *L*    gepidas] *HPVL*, gepitas *O*, gepidae *ABXY*    bella
••ruunt *Vª*, bella irruunt *Vᵇ*, bella ruunt *AXZ*, bellum ruunt *Y*    ne minor iud.] nemielis (*sic*) iud. *O*,
ne nimii iudicarentur *B*    15 mouet *XY*    galtis] gantis *L*, caltis *A*    16 quod] quem *O*    auha]
eucha *O*, aucha *B*, hauua *XYZ*    certatum] dimicatum *A*    17 pugnandi] pugnae *OB*    commo-
ueret *XYZ*    uiuacisque ingenii *O*, uiuaxque ingenium *B*    18 iubit gothos] *HPV*, libet gothis *O*,
iuuat gothos *B*, iuuit gothos *LAXYZ*    nox diremit] nox dirimit *AXYZ*, nox dirimet *O*, mox dirimitur *B*
19 fastida] *OB*, fastina *VXY*, fatina *P*, festina *H*, festine *L*, om. *A*    properauit ad patr.] remeauit ad
sua *A*    pudentis *P*    20 oppriis *O*    humiliatos *HPVL*    fuerat om. *V*    elationis] *HPVL*,
elatione *AOBXY*    21 discensione *O*, descensione *B*    contempti *A*    feliciter] nostri *OB*    22 ex-
isterit *O*    23 pos] *H*, post *PVLABXY*, pro *O*    discessum *L*    nunnullos *H*, nonnulla *L*    24 ua-
standum] *OBXY*, uastandam *HPVLA*    principibus *B*    25 LXX] octoginta *XYZ*    eusciam] *scripsi
collato loco p. 84, 7*, eustesiam *XYZ*, eustesium *OB*, euscesium *HPV*, eoscesium *A*, euiscesium vel eiuscesium
*L: alibi hoc nomen Novarum non reperitur*    noua *OB*    conscendit] conscidit *O: malim conseüt, cum
praesertim Novae et ipsae in Moesia sitae sint*    unde . . . accedit om. *XYZ*    26 gollo *O*    remotus]
repulsus *A*    latrum *O*    constructa *XYZ*

XVIII notissima: quam devictis Sarmatis Traianus et fabricavit et appellavit Victoriae civitatem [1]. ubi Decio superveniente imperatore tandem Cniva in Hemi partibus, quae non
102 longe aberant, recessit, unde apparatu disposito Philippopolim ire festinans. cuius secessu Decius imperator cognoscens et ipsius urbis ferre subsidium gestiens iugum Hemi montis transacto ad Beroam venit. ibique dum equos exercitumque lassum refoveret, ilico Cniva cum Gothis in modum fulminis ruit, vastatoque Romano exercitu imperatorem cum pauculis, qui fugere quiverant, ad Eusciam rursus trans Alpes in Mysia proturbavit, ubi tunc Gallus dux limitis cum plurima manu bellantium morabatur: collectoque tam exinde quam de Vsco exercitu, futuri belli se parat in aciae.
103 Cniva vero diu obsessam invadit Philippopolim praedaque potitus [2] Prisco duce qui inerat sibi foederavit quasi cum Decio pugnaturum. venientesque ad conflictum ilico Decii filium sagitta saucium crudeli funere confodiunt. quod pater animadvertens licet ad confortandos animos militum fertur dixisse: 'nemo tristetur: perditio unius 'militis non est rei publicae deminutio', tamen, paterno affectu non ferens, hostes invadit, aut mortem aut ultionem fili exposcens, veniensque ad Abritto Moesiae civitatem circumseptus a Gothis et ipse extinguitur [3] imperii finem vitaeque terminum faciens. qui locus hodieque Decii ara dicitur, eo quod ibi ante pugnam mirabiliter idolis immolasset.

XIX 104 Defuncto tunc Decio Gallus et Volusianus regnum potiti sunt Romanorum, quando et pestilens morbus, pene istius necessitatis consimilis, quod nos ante hos novem an-

---

*H P V L A O B X (Y Z).*

1 nouissima *B* quam] quoniam *B* et f.] eam f. *OB* ciuitatem] urbem *A* 2 inpetore *O* hemi] hiemi *LO*, hemoniae *B* partibus] partes *AB* 3 lone *P* aberant] *BXY*, aberat *HPVLAO* recessit] *OBXY*, secessit *HPVLA* inde *X* apparato dispositio *O*, apparatum disposito *Z* philippolim *LA*, philopolim *Y*, phiplippom *O* festinat *A* secessu] secessum *AB*, discessum *L*, recessu *XYZ* 4 decius] de cuius *O* imperator om. *A* cognoscens] agnoscens *A*, om. *XYZ* ipsius urbi] *H²PVL*, i. urbes *H¹*, ipsius urbe *O*, ipsi urbi *ABXYZ* iugo hemi *AXYZ*, iugum enim *HPV*, iugum eius *L*, iugum *O*, iugo *B* 5 trans santo *O* ad] a *V* beroam] *OB*, boream *LXYZ*, boroeam *Aᵃ*, beroeam *HPVAᵇ* lassum om. *A* refouet *A* 6 fluminis *AOB* 7 imperatore *O* paucis *OB* quiuerant] qui uenerant *Oᵃ*, poterant *A* ad eusciam (sic *HVO*, ⁎usciam *P¹*, eosciam *L*, euschiam *XYZ*, tusciam *P²B*) rursus om. *A* 8 mysia] *HPV*, misia *L*, mysiam *Z*, misiam *OY*, moesiam *AB*, maesiam *X* perturbauit *YZ* 9 collectaque *XYZ* tam] eam *O* de usco] *HPVL*, edeusco *A*, de ensco *XZ*, de euscho *Y*, de osco *O*, de orto *B*: *intellegitur Oescus se parat* (seperat *P*) *in aciae* (acie *VL*) *HPVL*, reparat in aciae *O*, reparat acием *B*, reparatur (reparabatur *YZ*) in acie *XYZ*, se praeparabat in aciem *A* 10 diu om. *A* phil. inu. *A* praedamque *X* potitus] pocius *O* prisco duce] *HPVO*, priscum ducem *LABXY* 11 pugnaturus *L* ilico] alico *O* 12 saucium] sauum *O* 14 dimutio *X* paterno (paterna *Oᵃ*) affecto *OZ*, paternum affectum *B* 15 filii *O* ad om. *LOB* abritto] *HPVL*, abrito *OB*, abrittum *A*, abritum *XYZ* 16 a gothis circ. *L* et ipse om. *A* 17 decii ara] decura *O* miserabiliter *BXY* immolaret *B* 19 defuncto (defunctoque *B*) t. decio] quo defuncto *A* regno *ABXY* 20 morbus] annus morbis *XYZ* necessitati *B* quod] quam *AXYZ*, et *O*, ut *B* nos] hos *Bᵃ* hos] nos *O*

---

1) cf. *Ammianus 31, 5, 15*: duobus navium milibus perrupto Bosporo et litoribus Propontidis Scythicarum gentium catervae transgressae ediderunt quidem acerbas terra marique strages, sed amissa suorum parte maxima reverterunt. ceciderunt dimicando cum barbaris imperatores Decii pater et filius ... Anchialos capta et tempore eodem Nicopolis, quam indicium victoriae contra Dacos Traianus condidit imperator. post clades acceptas inlatasque multas et saevas excisa est Philippopolis centum hominum milibus, nisi fingunt annales, intra moenia iugulatis. *periit autem harum rerum narratio Ammiana ea, quam perverso ordine in compendium redigit epitomator.*

2) cf. *Ammianus l. c.*

3) *Cassiodorius chr. ad a. 252*: Decius cum filio suo in Abritio Thraciae loco a Gothis occiditur, *haec substituens Prosperi adnotationi huic*: Decius cum filio in Abritto, quae est civitas Mysiae, occiditur.

nos experti sumus, faciem totius orbis foedavit, supra modum tamen Alexandriam XIX
totiusque Aegypti loca devastans, Dionysio storico super hanc cladem lacrimaviliter
exponente, quod et noster conscribit venerabilis martyr Christi et episcopus Cyprianus
in libro, cuius titulus est 'de mortalitate'[1]). tunc et Emilianus quidam Gothis saepe 105
ob principum neglegentiam Mysiam devastantibus, ut vidit licere nec a quoquam sine
magno rei publicae dispendio removeri, similiter suae fortunae arbitratus posse venire,
tyrannidem in Moesia arripuit omneque manu militari ascita coepit urbes et populos
devastare. contra quem intra paucos menses dum multitudo apparatus adcresceret,
non minimum incomodum rei publicae parturivit: qui tamen in ipso pene nefario co-
natu sui initio extinctus et vitam et imperium, quod inhiabat, amisit: supra dicti vero 106
Gallus et Volusianus imperatores, quamvis vix biennio in imperio perseverantes ab
hac luce migrarunt, tamen ipsud biennium, quod affuerunt, ubique pacati, ubique
regnaverunt gratiosi, praeter quod unum eorum fortunae reputatum est, id est gene-
ralis morbus, sed hoc ab imperitis et calumniatoribus, qui vitam solent aliorum dente
maledico lacerare[2]). hi ergo mox imperio adepti sunt, foedus cum gente pepigerunt
Gothorum. et nec longo intervallo utrisque regibus occumbentibus Gallienus arripuit
principatum.

Quod in omni lascivia resoluto Respa et Veduco Tharuaroque duces Gothorum XX 107
sumptis navibus Asiam transierunt, fretum Ellispontiacum transvecti, ubi multas eius
provinciae civitates populatas opinatissimum illud Ephesiae Dianae templum, quod
dudum dixeramus[3]) Amazonas condidisse, igne succendunt. partibusque Bithiniae
delati Chalcedonam subverterunt, quam post Cornelius Abitus aliqua parte reparavit,

---

*H P V L A O B X (Y Z)*.

1 sedauit *O*   tamen] quoque *OB*   alexandriae *XYZ*   2 deuastatus *O*   stor. (hist. *O*, hystorico *B*.*XY*) super h. cl. om. *A*   3 quod] qu(a)e *OB*, quam *XY*   conscripsit *OB*   et om. *OB* cibrianus *O*, om. *A*   4 emelianus *OX*   5 neglegiam *A*¹   mysiam] moesiam *AX*, maesiam *Y*, om. *OB*   a om. *OB*   6 reipluplice dispencio *O*   arbitratur *O*   posse uenire] posse euenire *LB*   7 tirandem *L*   mysia *Z*, mesiam *O*, moesiam *LB*   omneque] *HPVL*, omnique *ABXY*, omniaque *O*   8 intra om. *OB*   mensel *O*   dum om. *OB*   adcrescerit *O*, accrescens *B* 9 republice *O*, res publica *XY*   iu ipso] ipso *O*, ipse *B*   pane *O*   conati *O*   10 quod inhiabat] quod (quem *O*) inuadebat *OB*   supra dicti uero g. et uol. imperatores] supradicti g. et uol. *A*, om. *O*   11 uix biennio] biennio uix *A*, biennio *L*   in imperio om. *OB*   12 migrarint *O* ipsud biennium] *HVL*, in ipsud b. *P*, in ipso biennio *A*, ipsum biennium *XYZ*, ipsi biennium *O*, ipso biennio *B*   quod] *HPVY*, quo *LAX*, qui *O*, que *B*   ubique] ubi *A*   pagati *O*   13 quod] q *O* fort. eor. *L*   reportatum *OB*   id est] is est ergo *B*   14 moribus *O*   imporatis *Z*   15 lacerare] macerare *O*   mox] mox ut *AXY*   imperio] imperium *LAOBXY*   adepti sunt] adepti *O* goth. pep. *B*   16 logo *O*   regibus om. *B*   18 quod in omni (omne *P*i] *HPV*, quo in o. *LBXZ*, qui omni *Y*, quem in o. *O*, quod nimia *A*   lasum uia *O*, lassouia *B*   resolutio *H*, resnoluto *B*ᵃ respa et ueduco (uaeduco *L*) thuruaroque (turnaroque *A*) *HPVLA*, respa et ueduco (reduco *Y*) taruaroque *XYZ*, respatueduco tharuaroque *O*, re spacii eduathar uarroque *B*   ducibus *XYZ*   19 asiam] in asiam *A*¹ transsierunt *O*   fretumque *X*   ellispontia *V*, bellespontiacon *O*, hellespontiacum *AXY*   multis e. p. (p. e. *L*) ciuitatibus *B*   20 populatis *B*, populata *P*, populati *A*   opimatissimum *B*   ephesi *O*, ephoesi *B*, asiae *A*   quod ... condidisse] opus amazanum (sic) *A*   21 que om. *A*   bithiniae] *HPVLOBXY*, bitiniae *A*   22 dilati *O*   chadcedonam *H*, chalcerdonam *V*, chalcedona *P*, calcedona *A*, calcedonam *XY*ᵇ*Z*, calcidoniam *L*, calcidonam *O*, calcedoniam *BY*ᵃ   subuertunt *A*   abitus] *HPVOXY*, auitus *AB*, habitus *L*

---

1) *Hieronymus chron. ad a. Abr.* 2269: pestilens morbus multas totius orbis provincias occupavit maximeque Alexandriam et Aegyptum, ut scribit Dionysius [*Alexandrinus episcopus apud Eusebium hist. eccl.* 7. 22] et Cypriani de mortalitate testis est liber.

2) *cf. Orosius* 7. 21, 6: hac sola pernicie (*pestilentia*) insignes Gallus et Volusianus.

3) c. 7, 51.

XX quae hodieque, quamvis regiae urbis vicinitate congaudeat, signa tamen ruinarum sua-
108 rum aliquanta ad indicium retinet posteritatis. hac ergo felicitate Gothi, qua intra-
uerunt partibus Asiae, praedas spoliaque potiti, Hellispontiacum fretum retranseunt.
vastantes itinere suo Troiam Iliumque, quae vix a bello illo Agamemnoniaco quantulum se reparantes rursus hostili mucrone deletae sunt¹). post Asiae ergo tale excidium Thracia eorum experta est feritatem. nam ibi ad radices Emi montis et mari
vicinam Anchialos civitatem adgressi mox adeunt, urbem, quam dudum Sardanaphalus,
109 rex Parthorum, inter limbum maris et Emi radices locasset²). ibi ergo multis feruntur
mansisse diebus aquarum calidarum delectati lavacris, quae ad duodecimo miliario
Anchialitanae civitatis sunt siti, ab imo suae fontis ignei scaturrientes, et inter reliqua totius mundi thermarum innumerabilium loca omnino precipua et ad sanitatem
infirmorum efficacissima.

XXI 110 Exinde ergo ad proprias sedes regressi post haec a Maximiano imperatore rediguntur in auxilio Romanorum contra Parthos rogati, ubi omnino datis auxiliariis fide-
liter decertati sunt. sed postquam Caesar Maximinus pene cum eorum solacia Narseum regem Persarum Saporis magni nepotem fugasset eiusque omnes opes simulque
uxores et filios depraedasset Achillemque in Alexandria Dioclitianus superasset et
Maximianus Herculius in Africa Quinquegentianos adtrivisset³), pacem rei publicae
111 nancti coeperunt quasi Gothos neglegere. nam sine ipsos dudum contra quasvis gentes Romanus exercitus difficile decertatus est. apparet namque frequenter, quomodo

---

*H P V L A O B X (Y Z).*

1 uicinitate] ciuitate *OB*   2 posteritatis] potestatis *XYZ*   filititate *O*   quia *O*   intra-
uerunt] *OBXY*, intrauerant *HPVLA*   3 partes *XY*   preda spoliaque *LO*, praeda spolioque *B*, praediis
(-dis *Y*) spoliisque *XYZ*, praeda spolisque *A*   hellespontiacum *XYZ*, ellespontiacum *O*, ellispontiacum *L*,
hellesponti *A*   retransmeant *OB*   4 itinere] in it. *OBXY*   troiam hiliumque *O*, illum troiamque
*X*   uix] uis *A*   a *om. XYZ*   illo] uno *X*   agamennoulaco *O*, agamenniaco *XY*   quan-
tulum] quantolum *PV*, aliquantulum *B*   5 se reparantes] *HPVAXYZ*, reparantes *L*, respirantes *OB*
hotili mugrone *O*   deletae] del••• *H*ª, dilate *O*, delatae *B*   exciduum *H*   6 experta est] ex-
pertatem *O*   nam ibi ... 7 ciuitatem *om. OB*   hemi *XY*   7 anchilialos *A*   adeunt] ad eum
*P*, ad eam *A*   sardaphalus] *HPV*, sardanapallus *LAOBY*, sardanapalus *PV*   8 pathorum *PV*   hemi
*XY*   collocasset *B*   ergo] enim *OB*   feruntur] fertur *O*   9 ad duodecimum millarium *XYZ*,
duodecimo miliario *HPVLA*, a quintodecimo miliario *OB*   10 anchilitanae *LXYZ*, achialitane *A*   ciuitati *O*   sitae *AOBXY*   sui *AOBXY*   igni *OB*, igneis *A*   scaturrientes] *HPO*, scaturientes *rel.*
11 inmunerabilium *O*   precipua (praec- *P*) et] *HPV*, precipua *L*, precipue et *AXYZ*, pr(a)ecipu(a)e *OB*
12 efficacissimae *ABXY*   13 ergo] rogo *O*   propias *P*ª   haec] hoc *A*   imperatores *P*   re-
diguntur] ducuntur *OBY*, dicuntur *X*   14 auxilia *B*, auxilium *AXY*   rogati *om. A*   fidelit *O*
15 dec. sunt] decertauerunt *A*   maximianus *ABXY*   solacia] *HPV*, solac(vel t)io *LOBXY*, solatiis *A*
16 magni neptem *A*ª, magi (magii *O*ª) nepotem *O*   17 filios] f. captiuos *L*, liberos *A*   anhillemquae *O*,
achilleumque *Y*   alexandriam *O*   dioclitianus] *HPLX*, diocletianus *AY*, diocliitiano *V*, diodiciano *O*.
cum dioclitiano *B*   et] haec *O*   18 hirculeus *O*   in] iam *A*   quinquegentianos] *LAXY*.
quinquegentitianos *HPV*, quinquangentianos *O*, 1 annos *B*   adtreuisset *O*   19 nacti *AOX*   coe-
perunt] *HVAOB*, c(a)eperunt *PLXY*   ipsis *ABXY*   quasuis] quasque *B*   20 dec. est] decerta-
uit *A*   quom. freq. *A*

---

1) *cf. Ammianus l. c. ad p. 84, 1.*

2) *cf. Ammianus l. c. ad p. 84, 1. at non hanc Anchialen, sed alteram Ciliciae a Sardanapallo conditam esse ferunt auctores citati apud Stephanum s. v. et Suidas s. v.*

3) *Orosius 7, 25:* rebellante ... Achilleo in Aegypto, cum et Africam Quinquegentiani infestarent,
Narseus etiam rex Persarum Orientem bello premeret ... Maximianus Augustus Quinquegentianos in Africa
domuit, porro autem Diocletianus Achilleum ... apud Alexandriam cepit et interfecit ... Galerius Maximianus ... per Illyricum et Moesiam undique copias contraxit ... Narseum magnis consiliis viribusque superauit ... castra eius invasit, uxores sorores liberosque cepit, inmensam vim gazae Persicae diripuit.

invitabantur sic: ut et sub Constantino rogati sunt et contra cognatum eius Licinium XXI
arma tulerunt eumque devictum et in Thessalonica clausum privatum ab imperio Constantini victoris gladio trucidarunt. nam et ut famosissimam et Romae emulam in 112
suo nomine conderet civitatem, Gothorum interfuit operatio, qui foedus inito cum imperatore quadraginta suorum milia illi in solacio contra gentes varias obtulere; quorum et numerus et militia usque ad praesens in re publica nominatur, id est foederati. tunc etenim sub Ariarici et Aorici regum suorum florebant imperio. post quorum decessum successor regni extitit Geberich virtutis et nobilitatis eximius.

Nam hic Hilderith patre natus, avo Ovida, proavo Nidada, gloriam generis sui XXII 113
factis illustribus exaequavit. primitias regni sui mox in Vandalica gente extendere cupiens contra Visimar eorum rege qui Asdingorum stirpe, quod inter eos eminet genusque indicat bellicosissimum, Deuxippo storico referente[1]), qui eos ab Oceano ad nostrum limitem vix in anni spatio pervenisse testatur prae nimia terrarum inmensitate. quo tempore erant in eo loco manentes, ubi nunc Gepidas sedent, iuxta flumina Marisia, Miliare et Gilpil et Grisia, qui omnes supra dictos excedet. erat namque 114
illis tunc ab oriente Gothus, ab occidente Marcomanus, a septentrione Hermundolus, a meridie Histrum, qui et Danubius dicitur. hic ergo Vandalis commorantibus bellum indictum est a Geberich rege Gothorum ad litus praedicti amnis Marisiae, ubi nec diu certatum est ex aequali, sed mox ipse rex Vandalorum Visimar magna parte cum gentis suae prosternitur. Geberich vero Gothorum ductor eximius superatis depraedatisque Vandalis ad propria loca, unde exierat, remeavit. tunc perpauci Vandali, qui evasissent, collecta inbellium suorum manu, infortunata patria relinquentes Panno-

---

*H P V L A O B X (Y Z). Rav. 4, 14 p. 204 ad v. 15 citans Iordanem chronographum:* Marisia Arine (al. arinc) Gilpit Gresia.

1 uitebantur $P^a$, inuitebantur $P^b$  sic ut] sic $AO$  constino $A^1$  rogoti $P$  cognatum eius] eius $X$, cognatum $V$, om. $YZ$  2 priuatumque $XY$  ab om. $A$  impererio $B$  constantino uictoriis $O$  3 trucidatur $O$  ut] tu $O$, dum $B$  4 condederet $P$, condiderit $OB$  ciuitatem om. $A^a$  foedus inito] $HPVO$, f(o)edere inito $LABXY$  5 solatia $AB$, solatium $XYZ$  obtulerunt $AXY$  6 numeros $O$  militia] milia $OB$  ad] in $XYZ$  rebus publicis $L$  nominantur $O$  7 arriarici $V$  aorici] $PVLAOB$, adrici $H$, atrici $XYZ$  regnum s. florebat $O$  8 successor $O$  geberich] $OB$, giberig $L$, geberith $HVXY$, giberith $PZ$, giberiet $A$  uirtutis et nobilitatis $P$, uirtute et nobilitate $XYZ$  eximus $O$, eximiae $B$  9 mam $P$  hic] is $OB$  helderich $OB$  pati $O$  ouida] Cniba *proposuit Gutschmid p. 134*  nidada] midada $A$, cniuida $OB$  generis] gnitis (sic) $A$  suis $OX$  10 illostribus $HP$, illuc tribus $O$  primitias] idrinicias $O$  in om. $L$  uuandalicam gentem $A$  extenderecipiens $O$, ostendere cupiens $XYZ$  11 uisimar] $AXYZ$, uiusumar $B$, ulsumar $O^a$, uisurmar $O^b$, uisarma $HPVL$  rege] $HPVL$, regem $AOBXY$  asdingorum] $HPLAOBX$, asdringorum $Y$, ardingorum $V$, aspingorum $Z$  quod] quae $ABXY$  12 bellicosissimum $O$  deuxippo] *libri*  hystorico $OBY$, historico $AX$  occano $HP$, occiano $O$  13 annis $A$  spatium $O$  14 tepore $O$  manentes in eo loco $A$  gepidas] $HPVL^bO$, gepida $L^a$, gepidae $ABXY$  sedenti $HPV$  15 marisia] marsida $A$  miliare] $HPVAOBX$, miliaria $L$, militare $YZ$: Arine *Rav.*  gilfil $OB$: Gilpit *Rav.*  grisia] grissia $OB$: Gresia *Rav.*  omnes] amnes $B$  supdictos $O$, supradicto $L$  excedet] $HPV$, excedit $AOBXY$, excedat $L$  erant $AOB$  16 illic tunc $O$, tunc illis $A$  gothos $O$, gothi $B$  marcomanus] $V$, marcommanus $HP$, marcomannus $LAXYZ$, marsamnos $O$, marcomanni $B$  hermundolus] $HPVLA$, emundulos $O$, ermunduli $B$, hermundulus $X$, hermundus $Y$, hermundurus $Z$  17 meritie $P$  hister $ABXY$  dicitur om. $A$  uuand- $LOBXY$ *semper*  18 geberith $XY$  marsiae $AB$, mariae $P$  ubi nec] ubi nunc $O$, ibi tunc $B$  19 est om. $O$  ipse om. $O$  uuandolorum $O$, uuanda $A$  uuisimar $LO$, uiuisumar $B$  m. parte cum] $HPVLAOX$, m. cum parte $B$, cum m. p. $Y$  20 giberic $A$, geberith $XY$  ductor] dux $A$  21 loca unde ex. rem. om. $A$  perpauci] pauci $A$  22 euassesent $P^a$, euassessent $P^b$, euaserunt $XYZ$, euaserant $A$  infortunatam patriam $AOBXY$  reliquentes $O$

---

1, *Dexippus fr. 24 (3 p. 685 Muell.) narrat victoriam Aureliani de Vandalis et pace facta eorum reditum in partes transdanuvianas.*

XXII niam sibi a Constantino principe petierunt ibique per LX annos plus minus sedibus locatis imperatorum decretis ut incolae famularunt. unde iam post longum ab Stiliconae mag. mil. et ex consule atque patricio invitati Gallias occupaverunt, ubi finitimos depraedantes non adeo fixas sedes habuerunt [1].

XXIII 116    Nam Gothorum rege Geberich rebus humanis excedente post temporis aliquod Hermanaricus nobilissimus Amalorum in regno successit, qui multas et bellicosissimas arctoi gentes perdomuit suisque parere legibus fecit. quem merito nonnulli Alexandro Magno conparavere maiores. habebat si quidem quos domuerat Golthescytha Thiudos Inaunxis Vasinabroncas Merens Mordens Imniscaris Rogas Tadzans Athaul Navego
117 Bubegenas Coldas. sed cum tantorum servitio clarus haberetur, non passus est nisi et gentem Herulorum, quibus praeerat Halaricus, magna ex parte trucidatam reliquam suae subegeret dicioni. nam praedicta gens, Ablavio istorico referente, iuxta Meotida palude inhabitans in locis stagnantibus, quas Greci ele vocant, Eluri nominati sunt [2],
118 gens quantum velox, eo amplius superbissima. nulla si quidem erat tunc gens, quae non levem armaturam in acie sua ex ipsis elegeret. sed quamvis velocitas eorum ab aliis crebro bellantibus evagaret, Gothorum tamen stabilitate subiacuit et tarditati, fecitque causa fortunae, ut et ipsi inter reliquas gentes Getarum regi Hermanarico
119 servirent. post Herulorum cede item Hermanaricus in Venethos arma commovit, qui, quamvis armis despecti, sed numerositate pollentes, primum resistere conabantur. sed nihil valet multitudo inbellium, praesertim ubi et deus permittit et multitudo armata advenerit. nam hi, ut in initio expositionis vel catalogo gentium dicere coepimus [3],

---

*H P V L A O B X (Y Z).*

1 LX] xl *BY*    2 famulabantur *A*    unde] ut de *O*    iam] etiam *OB*    post longum om. *Lᵃ*, post l. tempus *Lᵇ*    ab] a *LA*    3 mag. mil.] magna milia *XYZ*    ex om. *A*    atque] **que *Hᵃ*, ac *AOBXY*    galias *O*    occuparunt *A*    4 adeos *O*    5 geberith *XYZ*, giberig *A*    excidentem *O*    6 belliccossissimas *O*    7 arctoiae (arctoi *Z*) undecim gentes *XYZ* (*numerantur secundum libri X interpunctionem gentes tredecim*)    parcere *A*, parare *O*    quam *O*    8 si q. hab. *A*    quod *Oᵃ*    domnerant *B*    golthescytha] *PVᵇX*, golthescita *YZ*, gothescitha *A*, golthescyta *L*, gothescytha *HVᵃ*, gothescitha *O*, gothi scythas *B*    thiumdos *O*, thuidos *Z*, thiuidos *A*    9 inaunxis] *HPVOB*, inauccis *Lᵃ*, inauxis *Lᵇ*, inaunxes *XZ*, ynaunxes *Y*, inaxungis *A*    uasinabruncas *YZ*, uasinaboroncas *A*    imnascaris *Z*, ymnascaris *Y*, ymniscans *A*    rogas] *HPVLAᵇ*, rocas *OBXY*, rogans *AᵃZ*    tazans *XYZ*    athaul] *HPVAXYZ*, azaul *L*, athual *B*, athal *O*    10 bubeienas *L*, bubegentas *OB*, bumbegenas *XYZ*    caldas *O*    sed] et *OBXYZ*    carus *OB*    11 erulorum *OB*, hetulorum *Aᵃ*    alaricus *AOBXY*    trucidata reliqua *A*    12 subigere *O*, subigeret *B*, subegerit *L*, subiceret *XYZ*    ablabio *XY*    storico *PVL*    meotida palude] *HPVLO*, meotidas paludes *B*, meotidem paludem *AXYZ*    13 inhabitans] habitans *OB*    in] ex *XYZ*    logis *L*    stragnantibus *HPᵃV*, stangantibus *L*, stagnibus *A*    quas] qu(a)e *AXYZ*    hele *Y*, helae *X*    eluri] *HPVA*, heluri *XYZ*, eruli *LB*, ercli *O*    nominati] nun|cognominati *L*    14 quanto *OB*    quae om. *Xᵃ*    15 armuturam *Hᵃ*    acie] auee *O*    elegeret] *HP*, elegerit *VXYZ*, eligeret *LA*, aelegerint *B*, legerint *O*    16 crebro] sepe *OB*    euagaret] *HPVLXYZ*, euagaretur *A*, enacuaret *O*, non euacuaretur *B*    tamen om. *AXYZ*    stabilitate] *HVO*, stabilitatem *P*, stabilitati *LABXYZ*    17 causam *XZ*    et om. *L*    hermanarico] *PVLAXY*, ermanarico *OB*, hermanaricho *H*    18 seruierint *OB*    euroolorum *O*, erulorum *B*    cede] *HPV*, coedem *O*, c(a)edem *rel.*    idem *OB*    armanaricus *L*, ermanacus (*sic*) *B*    uenethos] *XYZ*, uenetos *AOB*, uethos *HPVL*    19 dispecti *L*, disperti *O*, disperiti *B*    primo *OBXY*    20 ualit *O*    mult. inbellium] *PVO*, mult. imbellium *XYZ*, mult. inbellium *HL*, mult. in bello *B*, inbellium multitudo *A*    21 aduenerit] conuenerit *A*    in om. *OB*    initium *O*    cataloco *P*, catalago *B*    gentium] *HPVLAXYZ*, genti uel *O*, gentis *B*

---

[1] *Orosius 7, 38:* Stilico ... gentes ... Alanorum Sueborum Vandalorum ... Burgundionum .... ripas Rheni quatere et pulsare Gallias voluit.

[2] *Etymologicum magnum p. 333 Gaisf.*: ἀπὸ τῶν ἐκεῖσε ἑλῶν Ἔλουροι κέκληνται. Δέξιππος ἐν οὐδεκάτῳ χρονικῶν. *Stephanus Byzantius s. v.*: Ἔλουροι Σκυθικὸν ἔθνος, περὶ ὧν Δέξιππος ἐν χρονικῶν ιβ'.

[3] c. 5, 34.

ab una stirpe exorti, tria nunc nomina ediderunt, id est Venethi, Antes, Sclaveni; XXIII
qui quamvis nunc, ita facientibus peccatis nostris, ubique deseviunt, tamen tunc omnes Hermanarici imperiis servierunt. Aestorum quoque similiter nationem, qui longissimam ripam Oceani Germanici insident, idem ipse prudentia et virtute subegit omnibusque Scythiae et Germaniae nationibus ac si propriis lavoribus imperavit.

Post autem non longi temporis intervallo, ut refert Orosius[1]), Hunnorum gens XXIV 121
omni ferocitate atrocior exarsit in Gothos. nam hos, ut refert antiquitas, ita extitisse conperimus. Filimer rex Gothorum et Gadarici magni filius qui post egressu
Scandzae insulae iam quinto loco tenens principatum Getarum, qui et terras Scythicas
cum sua gente introisse superius a nobis dictum est, repperit in populo suo quasdam
magas mulieres, quas patrio sermone Haliurunnas is ipse cognominat, easque habens
suspectas de medio sui proturbat longeque ab exercitu suo fugatas in solitudinem
coegit errare. quas spiritus inmundi per herimum vagantes dum vidissent et eorum 122
conplexibus in coitu miscuissent, genus hoc ferocissimum ediderunt, quae fuit primum
inter paludes, minutum tetrum atque exile quasi hominum genus nec alia voce notum
nisi quod humani sermonis imaginem adsignabat. tali igitur Hunni stirpe creati Gothorum finibus advenerunt. quorum natio saeva, ut Priscus istoricus refert, Meotida 123
palude ulteriore ripa insidens, venationi tantum nec alio labore experta, nisi quod,
postquam crevisset in populis, fraudibus et rapinis vicinarum gentium quiete conturbans. huius ergo gentis, ut adsolet, venatores, dum in interioris Meotidae ripam

---

*H P V L A S (inc. 6 Post) O B X (Y Z). Landolfus ad Pauli h. R. 11, 10 p. 344 Droysen (inc. 7 nam hos, finit 17 advenerunt).*

1 ab una stirpe (strippe L) om. XY    tria nunc nom.] triancis nom. XYZ, tria nomina nunc A    ediderunt] reddiderunt OB    ueneti OB    antei O, hentes A    sclaui OB    2 deseruiunt B, des(a)euiant AXY    tunc] nunc O    3 ermanarici OB    imperii V, impiis O    seruiebant A    aestrorum OB, aestyorum A    qui] quae A    longinsima ripa O, longissima ripa B    4 occani HPV, occeani L    insedent O, insidet A    prudentia et] prudentiae B, prudenciae O    5 que om. A    germanicae O    lauoribus] HP, lab. ceteri: fortasse labores    6 autem om. AXYZ    longe O    interuallum SOBXY    unnorum SO, hunorum A    7 omni (om. A) ferocitate (feritate L) a. ex. in g.] ex. in g. o. f. a. XY    post gothos ins. eosque qui prius timori erant caeteris gentibus, ab antiquis conterritos pepulit sedibus editio Lindenbrogiana profecta ex Orosio per Landolfum    hos om. A    8 et om. Land.    gadarici] SOBY Land., gardarici HPVLX, gardariti A: cf. c. 4, 26    magni om. AO    egressu] HPV, egressus L, egressum rel.    9 scandzae] HPVX, scandze LA, scandziae Y, scanziae SOB, scantiae Land.    qui et] et qui et O°    scythicas] cithias O    10 cum] iam cum A°    introisse superius a nobis] introisset sicut a nobis SOB, introisse a nobis superius XYZ    dictus AXZ    11 magnas mul. SOB, mul. magas A    haliurunnas] HPVLXZ, haluirunnas Y, aliorumnas SOB, aliuruncas A, alirumnas Land.    is (his SO) ipse (ipsi L) om. A    cognominat] SOB, cognominant HPVL, cognominauit XZ, nominauit Y, dicunt A    12 suspectus Land.    perturbat S, proturbans A    exercito O°    solitudine ASOXY Land.    13 errare] in litura A², terre A², terrae SB    spiritus inmundi] siluestres homines, quos nonnulli phaunos phicarios uocant Land.    herimum] HPV, heremum LASOBXY    uacantes SOB    eorum] earum ASO, earum se B    14 coitum SO Land.    quae] quod ABXY    pr. fuit XY    15 inter om. S    p***des V°, paludes Meotidas Land.    munitum L    exille O    16 quod] quae SOB Land.    igitur] libri, ergo edd.    huni H, unni O, uni S    17 ut om. S    storicus PL    meotide XY, meotro ad S, meotida A, in meot. B    18 paluda L, paludis A    ulteriore ripam L, ulteriorem ripam B, ulteriori ripae XYZ    insidens] insedens SO, insedit B, dens (sic) A    uenatione BXY, uenationem A    alium laborem A    quod] quae O, om. L    19 uicinarum] unorarum A°    quiete] HPV, quietem LAXY, fidem SOB    conturbauit B    20 huic S    ergo om. B    assolent B    in interioris] HPV, interioris LA, in ulterioris SOXZ, in ulteris Y, in ulteriori B    meotidem ripam SO, meotidis ripa B, maeotide ripa A, meotidae ripam YZ, ripam (ripae X°) meotidae X

---

1) *Orosius 7, 33, 10:* gens Hunnorum diu inaccessis seclusa montibus, repentina rabie percita exarsit in Gothos eosque passim conturbatos ab antiquis sedibus expulit.

XXIV venationes inquirent, animadvertunt, quomodo ex inproviso cerva se illis optulit in-
124 gressaque paludem nunc progrediens nunc subsistens index viae se tribuit. quam
secuti venatores paludem Meotidam, quem inpervium ut pelagus aestimant, pedibus
transierunt. mox quoque Scythica terra ignotis apparuit, cerva disparuit. quod,
125 credo, spiritus illi, unde progeniem trahunt, ad Scytharum invidia id egerunt. illi 5
vero, qui praeter Meotidam alium mundum esse paenitus ignorabant, admiratione
ducti terrae Scythicae et, ut sunt sollertes, iter illud nullae ante aetati notissimum
divinitus sibi ostensum rati, ad suos redeunt, rei gestum edocent, Scythiam laudant
persuasaque gente sua via, qua cerva indice dedicerant, ad Scythiam properant, et
quantoscumque prius in ingressu Scytharum habuerunt, litavere victoriae[1], reliquos 10
126 perdomitos subegerunt. nam mox ingentem illam paludem transierunt, ilico Alpidzuros,
Alcildzuros, Itimaros, Tuncarsos et Boiscos, qui ripae istius Scythiae insedebant, quasi
quaedam turbo gentium rapuerunt. Halanos quoque pugna sibi pares, sed humani-
127 tate, victu formaque dissimiles[2], frequenti certamine fatigantes, subiugaverunt. nam
et quos bello forsitan minime superabant, vultus sui terrore nimium pavorem inge- 15

---

*H P V L A S O B X (Y Z). Landolfus ad Pauli h. R. 11, 10 p. 344 Droysen (inc. 14 nam).*

1 inquirent] *HPV*, inquirerent *LXZ*, inquirunt *ASOB*, om. *Y*  2 palude *SOB*  index] *HPVLSO*, indicem *ABXY*  se uie tribuit *A*, uiae retribuit *O*, uiae se praebuit *XYZ*  3 meotidem *SOB*  quem inperuium] *PV*, quam inperuiam (imperuam *X*ᵃ) *LASBXY*, quem perinuium *H*, quam perinuiam *O*  pelacus *P*  (a)estimabant *ASOB*, affirmabant *XYZ*  4 quoque] que *L*, quoque ut *B*  scythiae *XYZ*  cerua disparuit] cerua LXYZ  5 illi spiritus XY  tradunt *O*  ad citharum *V*, ad cytarum *L*ᵃ, ad cytharum *L*ᵇ, ad scithiarum *S*, ad scythiarum *X*  inuidia] *HVLSO*, inuidiam *rel.*  id om. *A*  illic *A*  6 praeter] propter *O*  meotidem *B*, metidea *O*  ignorabat *P*  7 ducti] inducti *B*  sci(uel y)thiae *LASOBXY*  inter *SO*  illut *P*  nullae ante (antea *V*) aetati] *HPVL*, nulli ante aetati *A*, nulli ante (ante om. *Z*) hanc (a)etatem *SOBXZ*, nulli hac aetate *Y*  8 rei gestum] regi gestum *LO*, rem gestam (gentam *Y*) *XYZ*  edicent *SO*, edicunt *B*  9 persuaque *SO*  uiam *YZ*  qua] a qua *B*, quam *BXY*  dedicerant] *HP*, dedicerunt *O*, didicerunt *B*, didicerant *rel.*  scithia *S*  10 quantuscumque *S*  prius] *HPVLASBXY*, prios *O*: obuios *Vulcanius*  ingressus *VS*, ingressum *X*  habuerunt] obuios habuerunt *V*²*A*  litauerunt *L*  reliquos] *rel.* uero *B*  11 subigerunt *OX*, sibi gerunt *S*  illam om. *A*  alpidzuros] *HPVL*, alpilzuros *A*, adlipzuros *SO*, alipzuros *B*, alpidzyros *X*, alpidziros *Y*, alpidzizos *Z*  12 alcildzuros] *HV*, acildzuros *P*, acilzuros *L*, alchizyros *A*² (om. *A*¹), alcidzuros *SOB*, alchidzyros *XY*, alchidziros *Z*: iidem esse videntur Ἀμίλζουροι Prisci fr. 1 p. 71 Muell.  itimatos *A*¹, itamaros *LS*  tuncarsos] *HPVLASOB*, tuncarses *XZ*, tuncarsces *Y*: iidem videntur Τονψόσουρες similiter inter Itimaros et Boiscos collocati apud Priscum l. c.  boircos *XYZ*  insedebant] *HPLSO*, insidebant *rel.*  13 quidam *BXY*, om. *A*  alanos *SOB*  quoque] i••p(?)•e *P*ᵃ  humanitate] humanitis *B*  14 uictum *SO*, uictus *V*ᵇ et ex coniectura Gutschmid p. 129  frequente *SO*  15 forsita *H*, forsitant *O*  menime superant *O*  nim. pauorem] nimium *S*, pau. nim. *A*

---

1) *cf. Procopius bell. Goth. 4, 5:* οὗτοι (*Hunni tum Cimmerii dicti*) μὲν ἅπαντες τῇδε ᾤκηντο, κοινὰ μὲν τὰ ἐπιτηδεύματα ξύμπαντα ἔχοντες, οὐκ ἐπιμιγνύμενοι δὲ ἀνθρώποις, οἳ δὴ τῆς τε λίμνης (*Maeotidis*) καὶ τῆς ἐνθένδε ἐκροῆς ἐς τὰ ἐπὶ θάτερα ἵδρυντο· ἐπεὶ οὔτε διέβαινόν ποτε τὰ ὕδατα ταῦτα οὔτε διαβατὰ εἶναι ὑπώπτευον ... προϊόντος δὲ τοῦ χρόνου φασίν, εἴπερ ὁ λόγος ὑγιής ἐστι, τῶν μὲν Κιμμερίων νεανίας τινὰς ἐν κυνηγεσίῳ διατριβὴν ἔχειν, ἔλαφον δὲ μίαν πρὸς αὐτῶν φεύγουσαν ἐς τὰ ὕδατα ἐσπηδῆσαι ταῦτα. τούς τε νεανίας .... τῇ ἐλάφῳ ἐπισπέσθαι ταύτῃ, μηχανῇ τε αὐτῆς μεθίεσθαι οὐδεμιᾷ, ἕως ξὺν αὐτῇ ἐς τὴν ἀντιπέρας ἀκτὴν ἵκοντο· καὶ τὸ μὲν διωκόμενον ὅ τι ποτ᾽ ἦν εὐθὺς ἀφανισθῆναι .... τοὺς δὲ νεανίας τοῦ μὲν κυνηγεσίου ἀποτυχεῖν, μάχης δὲ ἀφορμὴν καὶ λείας εὑρέσθαι. ἐς ἤθη γὰρ τὰ πάτρια ὅτι τάχιστα ἐπανήκοντες ἔκδηλα πᾶσι Κιμμερίοις πεποίηνται ὅτι δὴ ταύτῃ βατὰ σφίσι τὰ ὕδατα εἴη. ἀνελόμενοι οὖν αὐτίκα τὰ ὅπλα πανδημεί τε διαβάντες ἐγένοντο μελλήσει οὐδεμιᾷ ἐν τῇ ἀντιπέρας ἠπείρῳ. *similia afferunt Agathias 5, 11 p. 300 Bonn. et Cedrenus 1 p. 547 Bonn. haec Prisci esse praeter consensum Procopii et Iordanis ostendit locus c. 39, 206 sine dubio ex Prisco desumptus et huc respiciens.*

2) *Ammianus 31, 2, 21:* Halani ... sunt ... Hunis ... per omnia suppares, verum victu mitiores et cultu.

rentes, terribilitate fugabant, eo quod erat eis species pavenda nigridinis et velud XXIV
quaedam, si dici fas est, informis offa, non facies, habensque magis puncta quam
lumina. quorum animi fiducia turvus prodet aspectus, qui etiam in pignora sua primo
die nata desaeviunt. nam maribus ferro genas secant, ut ante quam lactis nutrimenta
percipiant, vulneris cogantur subire tolerantiam. hinc inberbes senescunt et sine ve- 128
nustate efoebi sunt, quia facies ferro sulcata tempestivam pilorum gratiam cicatricis
absumit. exigui quidem forma, sed argutis motibus expediti et ad equitandum promptissimi, scapulis latis, et ad arcos sagittasque parati firmis cervicibus et superbia semper erecti. hi vero sub hominum figura vivunt beluina saevitia[1].

Quod genus expeditissimum multarumque nationum grassatorem Getae ut viderunt, 129
paviscunt, suoque cum rege deliberant, qualiter tali se hoste subducant. nam Hermanaricus, rex Gothorum, licet, ut superius retulimus, multarum gentium extiterat
triumphator, de Hunnorum tamen adventu dum cogitat, Rosomonorum gens infida,
quae tunc inter alias illi famulatum exhibebat, tali eum nanciscitur occasione decipere.
dum enim quandam mulierem Sunilda nomine ex gente memorata pro mariti frau-
dulento discessu rex furore commotus equis ferocibus inligatam incitatisque cursibus
per diversa divelli praecepisset, fratres eius Sarus et Ammius, germanae obitum vindicantes, Hermanarici latus ferro petierunt: quo vulnere saucius egram vitam corporis
inbecillitate contraxit. quam adversam eius valitudinem captans Balamber rex Hun- 130
norum in Ostrogotharum parte movit procinctum, a quorum societate iam Vesegothae
quadam inter se intentione seiuncti habebantur. inter haec Hermanaricus tam vul-

---

[1] *Ammianus* 31, 2, 1: Hunorum gens ... omnem modum feritatis excedit. 2: ubi quoniam ab ipsis nascendi primitiis infantum ferro sulcantur altius genae, ut pilorum vigor tempestivus emergens corrugatis cicatricibus hebetetur, senescunt imberbes absque ulla venustate ... compactis omnes firmisque membris et optimis cervicibus, prodigiosae formae, sed pandi, ut bipedes existimes bestias ... 6: equis prope adfixi ... 9: procul missilibus telis ... con[fligunt].

XXIV neris dolore quam etiam Hunnorum incursionibus non ferens grandevus et plenus dierum centesimo decimo anno vitae suae defunctus est. cuius mortis occasio dedit Hunnis praevalere in Gothis illis, quos dixeramus orientali plaga sedere et Ostrogothas nuncupari.

XXV 131     Vesegothae, id est illi alii eorum socii et occidui soli cultores, metu parentum exterriti, quidnam de se propter gentem Hunnorum deliberarent, ambigebant, diuque cogitantes tandem communi placito legatos in Romania direxerunt ad Valentem imperatorem fratrem Valentiniani imperatoris senioris, ut, partem Thraciae sive Moesiae si illis traderet ad colendum, eius se legibus eiusque vivere imperiis subderentur[1]). et, ut fides uberior illis haberetur, promittunt se, si doctores linguae suae donaverit, 132 fieri Christianos. quod Valens conperto mox gratulabundus annuit, quod ultro petere voluisset, susceptosque in partibus Moesiae Getas quasi murum regni sui contra citeras statuit gentes. et quia tunc Valens imperator Arrianorum perfidia saucius nostrarum partium omnes ecclesias obturasset, suae parti fautores ad illos diriget praedicatores, qui venientes rudibus et ignaris ilico perfidiae suae virus infundunt. sic quoque Vese- 133 gothae a Valente imperatore Arriani potius quam Christiani effecti[2]). de cetero tam Ostrogothis quam Gepidis parentibus suis pro affectionis gratia euangelizantes huius perfidiae culturam edocentes, omnem ubique linguae huius nationem ad culturam huius sectae invitaverunt. ipsi quoque, ut dictum est, Danubio transmeantes Daciam ripensem, Moesiam Thraciasque permisso principis insederunt.

---

*H P V L A S O B X (Y Z).*

1 dolorem *B*    hunn. incursionibus] *HVLXY*, hunn. incursibus *P*. discursionibus hunn. *O*, incursionibus hunnorum *SZ*, incursiones hunnorum *B*, hunnorum incursus *A*    2 centesimo *O*    et decimo *A* mortis (motes *P*) occasio] mors occasionem *A*    3 gothos *L*    or.] in or. *XYZ*    plaua *B$^a$*    4 noncupare *A*    5 uaesegothe *SO*, uuisigothae *X passim*    illi om. *OB*    6 hunorum gentem *XY*, gentem om. *B$^a$*    deliberarent] *ASOBXY*, deliberare *HPVL*    ambiegabant *PL*, ambigebant *O*    7 *post* legatos (legotos *P*) repetit metu . . . ambigebant *S*, *verba in rom. direxerunt omittens* in] ad *OB*    romania] *HPVL*, romaniam *AOBXY*    direxerunt] dilexerunt *P*, dixerunt *V*    8 ualentiani *O*    imperatoris om. *ASOBXYZ*    9 traheret *H*    eius se leg. eiusque uiuere (uiuisere *X$^a$*)] eius leg. uiuere (uiuerent *B*) eiusque *SOB*, eius leg. eiusque *A*    sudderentur *L*    10 illis ub. *L*    si om. *O* 11 quod] quo *BXY*    compto (*sic*) *S*, copto *O$^a$*    gradulabundus (*sic*) *O*    12 uoluissent *L* susceptosque . . . 13 gentes om. *X*    susceptosque] susceptisque *O$^a$*, susceptisque *YZ*    gestas *PVB*, gentis *YZ*    citeras] *HP*, cet. *rel.*    13 profidia *S*, peruidia *O*    14 obdurasset *B*    parti] *HPVSO*, partis *LABXY*    fauctores *LY*, factores *X*    diriget] *HPV*, dirigit *rel.*    praeditores *A* 15 uenientibus *SOB*    illco] iloco *P*    uiros *O*    infundunt] defundunt *SOB*    sic] si *A* uesogothae *L*    16 tamen ostrogothaes (-this *X$^b$Y*) *XY*    17 quam om. *XY*    partibus *B$^a$*    per aff. gratfam *SOB*, pro causa aff. *XYZ*    *post* euangelizantes *ins.* per ulphilam episcopum suum arrianum qui litteras gothicas primus inuenit et scripturas in eorum linguas (*sic*) diuinas conuertit *editio Lindenbrogiana ex Landolfo hist. misc. 11, 9 p. 344 Droysen*    18 edocentes . . . culturam om. *O*    huius linguae *B* 19 ut] ait *S*    danubium *LASOBXY*    transmeantes] meantes *A*    ripense *SOB*, ripente *P$^a$* 20 permisso] *HVS*, permissu *rel.*    insiderunt *S*

---

1) *Ammianus 31, 4, 1:* (Gothi) [ducibus Fritigerno et Ala]vivo ripas occupavere Danuvii missisque oratoribus ad Valentem suscipi se humili prece poscebant, et quiete victuros se pollicentes et daturos, si res flagitasset, auxilia.

2) *Orosius 7, 33, 19:* Gothi antea per legatos supplices poposcerunt, ut illis episcopi, a quibus regulam Christianae fidei discerent, mitterentur. Valens imperator exitiabili pravitate doctores Arriani dogmatis misit. Gothi primae fidei rudimentum quod accepere tenuerunt. *cf. Isidorus hist. Goth. ad eram 415:* Atanaricus Fridigernum Valentis imperatoris suffragio superans huius rei gratia legatos cum muneribus ad eundem imperatorem mittit et doctores propter suscipiendam Christianae fidei regulam poscit. Valens autem a veritate fidei devius et Arrianae haeresis perversitate detentus missis haereticis sacerdotibus Gothos persuasione nefanda sui erroris dogmati adgregavit et in tam praeclaram gentem virus pestiferum semine pernicioso transfudit.

## GETICA.

Quibus evenit, ut adsolet genti, necdum bene loco fundatis, penuria famis, coeperuntque primates eorum et duces, qui regum vice illis praeerant, id est Fritigernus, Alatheus et Safrac[1], exercitus inopiam condolere negotiationemque a Lupicino Maximoque Romanorum ducum expetere. verum quid non auri sacra fames compellit adquiescere[2]? coeperunt duces avaritia compellente non solum ovium bovumque carnes, verum etiam canum et inmundorum animalium morticina eis pro magno contradere, adeo, ut quemlibet mancipium in uno pane aut decem libris carne mercarent. sed iam mancipiis et supellectile deficientibus filios eorum avarus mercator victus necessitate exposcit[3]. haut enim secus parentes faciunt salute suorum pignorum providentes: faciliusque deliberant ingenuitatem perire quam vitam, dum misericorditer alendus quis venditur quam moriturus servatur. contigit etenim illo sub tempore erumnoso, Lupicinus ut ductor Romanorum Fritigernum Gothorum regulum in convivio invitaret dolumque ei, ut post exitus docuit, moliretur. sed Fritigernus dolum nescius cum paucorum comitatu ad convivium veniens, dum intus in preturio aepularetur, clamorem miserorum morientium audiret: nam in alia parte socios eius reclausos dum milites ducis sui iussu trucidare conarentur et vox morientium duriter emissa iam suspectis auribus intonaret, ilico aperto dolo cognoscens Fritigernus evaginato gladio e convivio non sine magna temeritate velocitateque egreditur suosque socios ab imminenti morte ereptos ad necem Romanorum instigat. qui nancti occasione votiva elegerunt viri fortissimi

---

*H P V L A S O B X (Y Z).*

1 gentibus *B*, egenti *A: delendum* loco bene *A* fundatae *XYZ* penuriam *L.* penurie *O*
2 que *om. ASOB* regnum *VO* uices illis *SO*, illis uice *A* fritifernus *A* 3 safrac] *HPVLAXYZ*, safrach *SOB* inopiae *A* condolore *S* negotiationemque] negotiationem *H* lopicino *O* 4 romanorumque *A* ducum] *HPVLSO*, ducibus *ABXY* quod *B* famis *SO*, famas *L*ᵃ compellat *A* 5 bouumque] *HVO*, bonumque *P*, boumque *LABXY*, que *S* carnis *O*
6 morticine his *S*, morticineis *O* 7 ut *om. Z* quodlibet *ABXYZ* in] pro *L*, *om. A* unum pane *Z*, unum panem *OB* libras *AB* carne] *HPVLO*, carnem *A*, carnes *SYZ*, carnis *A*, in unam carnem *B* mercarentur *ASOBXY* 8 mancipias *P* et supellectile] *HPVS*, et supellectili *A*, et suppletile *O*, et supellectilem *LB*, et suppellecti *X*, supellectilique *Y* filias *A*ᵃ auidus *A* mercatur *O*ᵃ uictus] uictos *A*, uictos famis *XYZ* 9 haut] aut *LS* patentes *A*ᵃ salute] *HPV*, salutem *SOB*, salutes *L*, saluti *AXY* suorum (eorum *O*) pignorum (pignerum *SO*)] p. s. *V*
10 faciliusque] facibusque *SO*, saciusque *B* in ingenuitate *L* misericordius *A* 11 uinditur *O* moriturus *O* saluatur *S* contegit *O* etenim *A* aerumnosio *A* lupicinus (lopinos *O*) et ut *SO*, lupicino et *B*, ut lup. *A* 12 doctor *PVL*, ductori *B*, ducto *SO*, dux *A* fritigernum] fridigernum *O*, fridegernum *S*, ut fridigernum *B* conuiuium *ASOBXY* dolumquem *L*
13 exsitus *O* fridigernus *SB*, fridigermanus *O* dolum] doli *AB* nesciens *XYZ* 14 cominatu *B* conuiuim *V* preturio] *H*, praeturio *P*ᵇ, praeturi *P*ᵃ, pr(a)etorio *rel.* aepularetur] epulatur *XY*, epulatus et *SO*, epulatus est *B* clamore *A* nam] *HPVLAXYZ*, namque *SOB* in] inter *B* socius *S* reclusos *XY*, inclusos *A* 16 conorentur] *A*, conantur *A* intonasset *A* 17 ilico aperto dolo] ilico aperte *O*ᵃ, aperto ilico dolo *X*, ilico aperte dolum *A*, ilico aperto ipso dolo *SO*ᵇ, ilico apertos ipsos dolos *B* cognuscens *P*ᵃ*O*ᵃ fridigernus *SOB* e] in *SOB* 18 egr. suosque *om. L* socius *O*ᵃ morte] sorte *S*, orte *O* ereptus *S*
19 nancti (nacti *O*ᵃ) occasione uotiua] *HPVLSO*, nacta occasione uotiua *B*, nacti (nancti *Z*) occasionem uotiuam *AXYZ*

---

1) *Ammianus 31, 4, 8:* primus cum Alavivo suscipitur Fritigernus (*cf. supra p. 92 n. 1*). *c. 4, 12:* Vithericus Greuthungorum rex cum Alatheo et Safrace, quorum arbitrio regebatur, . . . ut simili susciperetur humanitate obsecravit . . . . *c. 5, 3:* Greuthingi . . . ratibus transiere.

2) *Vergilius Aen. 3, 56:* quid non mortalia pectora cogis, auri sacra fames.

3) *Ammianus 31, 4, 9:* potestatibus praefuere castrensibus homines maculosi, quibus Lupicinus antestabat et Maximus, alter per Thracias comes, dux alter. *c. 4, 11:* cum traducti barbari victus inopia vexarentur, turpe commercium duces invisissimi [ex]cogitarunt et quantos undique insatiabilitas colligere potuit canes pro singulis dederunt mancipiis: inter quae [et filii] ducti sunt optimatium.

**XXVI** in bello magis quam in fame deficere, et ilico in ducum Lupicini et Maximi armantur occisione [1]. illa namque dies Gothorum famem Romanorumque securitatem ademit. coeperuntque Gothi iam non ut advenae et peregrini, sed ut cives et domini possessoribus imperare totasque partes septentrionales usque ad Danubium suo iuri tenere. 138 quod conperiens in Antiochia Valens imperator mox armato exercitu in Thraciarum partes egreditur [2]: ubi lacrimabile bello commisso vincentibus Gothis in quodam praedio iuxta Adrianopolim [3] saucius ipse refugiens ignorantibusque, quod imperator in tam vili casula delitisceret, Gothis, ignemque, ut adsolet saeviente inimico, supposito, cum regali pompa crematus est [4], haut secus quam dei prorsus iudicio, ut ab ipsis igni conbureretur, quos ipse vera fide petentibus in perfidia declinasset ignemque caritatis ad gehennae ignem detorsisset [5]. quo tempore Vesegothae Thracias Daciaque ripense post tanti gloria tropaei tamquam solum genitalem potiti coeperunt incolere.

**XXVII** 139 Sed Theodosio ab Spania Gratianus imperator electo et in orientali principatu loco Valentis patrui subrogato, militaremque disciplinam mox in meliori statu reposita

---

*H P V L A S (finit 11 detorsisset) O B X (Y Z).*

1 inductum *B*  lupicinum *O*, lipicini *B*ᵃ  et maximi] maximique *A*  2 occisione] *HPVL*, occisionem *AY*, occasione *SO*, occasionem *BX*  illi *X*  romanarumque *X*  ad. secur. *A*  3 non iam *A*  ut om. *O*  peregrini sed] peregrinis *A*  4 ad nubium *B*ᵃ  suae *L*  iuri] *HPL*, iure *rel.*  5 anthiochia *P*, anthiocia *SO*  6 regreditur *A*, digreditur *SOB*  lacrimabile] *HPV*, lacrimabili *LASOBXY*  in quodam praedio] in quoddam praedium *A*, om. *L*  7 sauc. i. fug. iuxta adr. *L*  refugiens] *SOBXY*, fugiens *HPVLA*  que] quoque *SOB*, om. *AY*  quod om. *B*ᵃ  imperator om. *L*  8 delitisceret] *HPVSO*, delitesceret *rel.*  igneque *BXY*, ignique *A*  ut om. *O*  inim.] ab inim. *A*  superposito *L*  9 regale *SO*  haut secus] ad secus *S*, om. *O*  quam] quodam *S*  prursus *P*, prossus *X*  ut] aut *V*  10 igne *SOB*  quas *S*  uera fide] *HPVL*, ueram fidem *ASOBXY*  petentes *AB*  perfidia] *HPVL*, perfidiam *ASOBXY*  declinasset om. *L*  ignemque] igenemque *L*, ignem *SO*, et ignem *B*  11 detorsisset *O*  uesogothe *L*, uegothae *O*  traciasque *LO*, thraciam *A*  daciaque ripense] *HPV*, daciasque ripense *L*, daciamque (datamque *O*) ripensem *AOBXY*  12 post ripense ins. potiti suo loco om. *L*  pos *O*  tantam *X*  gloria] *HPV*, gloriam *LAOBXY*  tropaei] triumphi *AY*  solo genitali *OBXY*, soli genitali *A*  13 theodosium *B*, theosium *O*  ab spania (hispania *BXY*) om. *A*  gratiano imperatore *XZ*, a graciano imperatore *Y*, a graciano *A*  electum *B*, elictum *O*  et om. *OB*  orientalem principatum *A*  14 subrogit *O*, subrogat *B*, subrogatum *A*  militarique disciplina *AB*  in meliori statu] humiliatori statue *O*, in meliorem statum *A*  repositam *XYZ*

---

1) *Ammianus 31, 5, 5:* Alavivo et Fritigerno ad convivium conrogatis Lupicinus .... 6 dum in nepotali mensa ludicris concrepantibus diu discumbens vino marcebat et somno, ... satellites omnes, qui pro praetorio honoris et tutelae causa duces praestolabantur, occidit. 7: hocque populus qui muros obsidebat dolenter accepto ad vindictam detentorum regum ... multa minabatur et saeva. utque erat Fritigernus expediti consilii, veritus ne teneretur obsidis vice cum ceteris, exclamavit graviore pugnandum exitio, ni ipse ad leniendum vulgus sineretur exire cum sociis, quod arbitratum humanitatis specie ductores suos occisos in tumultum exarsit. hocque inpetrato egressi omnes exceptique cum plausu et gaudiis ascensis equis evolarunt moturi incitamenta diversorum bellorum.

2) *Ammianus 31, 11, 1:* Valens tandem excitus Antiochia ... venit Constantinopolim.

3) *Ammianus 31, 12, 10:* signa ... commoventur impedimentis et sarcinis prope Hadrianopoleos muros ... conlocatis.

4) *Victor epit. 46:* hic Valens cum Gothis lacrimabili bello commisso sagittis saucius in casa deportatur vilissima, ubi supervenientibus Gothis igneque supposito incendio concrematus est. cf. *Hieronymus a. Abr. 2395. Orosius 7, 33, 15. Ammianus 31, 13, 12:* imperator ... sagitta perniciose saucius ruit ... *14:* dicunt Valentem ... cum candidatis et spadonibus paucis prope ad agrestem casam relatum ... circumsessum ab hostibus, qui esset ignorantibus, dedecore captivitatis exemptum.

5) *Orosius 7, 33, 19 post verba supra p. 92 not. 2 allata:* itaque iusto iudicio dei ipsi eum vivum incenderunt, qui propter eum etiam mortui vitio erroris arsuri sunt. cf. *Isidorus hist. Goth. ad eram 416.*

ignavia priorum principum et desidia exclusa Gothus ut sensit, pertimuit. nam in- XXVII
perator acri omnino ingenii virtuteque et consilio clarus dum praeceptorum saeveritate et liberalitate blanditiaque sua remissum exercitum ad fortia provocaret. at vero 140
ubi milites principe meliore mutato fiduciam acceperunt, Gothos impetere temptant
eosque Thraciae finibus pellunt. sed Theodosio principe pene tunc usque ad dispera-
tioni egrotanti datur iterum Gothis audacia divisoque exercitu Fritigernus ad Thessaliam praedandam, Epiros et Achaiam digressus est, Alatheus vero et Safrac cum
residuis copiis Pannoniam petierunt. quod cum Gratianus imperator, qui tunc a Roma 141
in Gallis ob incursione Vandalorum recesserat, conperisset, quia Theodosio fatali
desperatione succumbente Gothi maius saevirent. mox ad eos collecto venit exercitu,
nec tamen fretus in armis, sed gratia eos muneribusque victurus, pacemque, victualia
illis concedens, cum ipsis inito foedere fecit.

Vbi vero post haec Theodosius convaluit imperator repperitque cum Gothis et XXVIII
Romanis Gratiano imperatore pepigisse quod ipse optaverat, admodum grato animo 142
ferens et ipse in hac pace consensit. Aithanaricoque rege, qui tunc Fritigerno successerat, datis sibi muneribus sociavit moribusque suis benignissimis ad se eum in
Constantinopolim accedere invitavit. qui omnino libenter adquiescens regia urbe in- 143
gressus est miransque: 'en', inquid, 'cerno, quod saepe incredulus audiebam', famam
videlicet tantae urbis: et huc illuc oculos volvens nunc situm urbis commeatuque navium, nunc moenia clara prospectans miratur, populosque diversarum gentium quasi
fonte in uno e diversis partibus scaturriente unda, sic quoque milite ordinato aspiciens: 'deus', inquit, 'sine dubio terrenus est imperator et quisquis adversus eum
'manu moverit, ipse sui sanguinis reus existit'. in tali ergo admiratione maioreque 144

---

*H V P L A O B X (Y Z). Paulus h. R. 11, 15 (a 15 Aithanaricoque).*

1 ignauia] H(?)PVLA, ignauiam OBXY      et desidia exclusa] PVLA, et desideria exclusa H, et de-
sidiam exclusam OBX, exclusam Y      gothos PO      ut sensit] subsensit PA      pertinuit O
2 ingenii] HVLOXYZ, igenii P, ingenio AB      que om. XYZ      dum] cum B      3 blandiciaeque
O, blandicieque B, prouocarat B      4 mutato] renouato XYZ      gothis O      impetere] impe-
tore O      5 theosium principem O, theodosio (om. principe) A      pene] post desperationem A, penes
P, ne L      tunc om. A      disperationem] HPVLO, desp. rel.      6 egrotanti] HPLO, (a)egrotante
VABXY      datur iterum (OBXY, igitur HPVL) gothis] gothis datur A      audaciam O      fridigernus
OB      thesaliam O      7 epyros O, epyron A      achaiam] PLAOBXY, achiam HV      digressi
sunt O      safrac] AYZ, safra HPVLOBX      8 pannonia A      cum om. A⁴O      a om. OB
9 gallias ABXY      incursione] HPV, incursionem LAOBXY      uandalorum] HPV: expectes
Alamannorum: cf. Socrates h. eccl. 5, 6: Γρατιανὸς μὲν εὐθὺς ἐπὶ τὰς Γαλλίας ἐχώρει Ἀλαμανῶν καταστρεφόν-
των τὴν ἐκεῖ χώραν      recesserat] OBXY, secesserat HPVLA      10 subcumbenti OB      g. maius]
HPVLXZ, g. magis OB, g. magi A, om. Y      seruirent OB⁴      ad eos] adeo A      ex. uen. XY
11 fretus (fredus O) in (in om. A) armis] fretu•••••is Pᵃ      muneribusque] muneribus L      uict.]
et uict. B      12 fecit] f. amicos A      13 uero] ergo H      post haec om. A      imp. th. conu. A
repperitque] reperitque Z, comperitque XY, repperitque gracianum B      14 gratiano imperatore] gratianum imperatorem X, gratianum AY, om. OB      pepigisse] HPVLXY, foedus pep. A, pep. (pepegisse O)
foedus OBZ      15 ferrens Oᵇ, ferreis Oᵃ      hac] ac Oᵇ, oc Oᵃ      pace] bis Xᵃ, om. O      aithanaricoque rege] HPVL, aithanaricumque regem XYZ, athanaricumque regem A, aitanaricum (atanaricum B)
quoque regem OB      tunc om. A      fridigerno B, fridigernus Oᵃ      16 moribusque] moribus OB
benignissimus O, benignissimus et B      in om. A      17 constantinopolim (canstitonopolim A) accedere om. L      inuitauit] iussit A      regiam urbem LAOBXY      18 est om. PA      incredolus
P      19 hunc L      illucque AXYᵇ      commeatuque] H(?)PVA, commeatumque LBXY, commeatis-
que O, meatumque Z      20 mirabatur L      populusque O      21 diuersi] diuersibus O      mili-
tem (militum Bᵃ) ordinatum AOB, milites ordinatos XY      22 est om. A      23 manu] HPV, manum
LAOBXY      que om. A

**XXVIII** a principe honore suffultus paucis mensibus interiectis ab hac luce migravit [1]). quem princeps affectionis gratia pene plus mortuum quam vivum honorans dignae tradidit sepulturae, ipse quoque in exequiis feretro eius praeiens. defuncto ergo Aithanarico cunctus eius exercitus in servitio Theodosii imperatoris perdurans Romano se imperio subdens [2]) cum milite velut unum corpus effecit militiaque illa dudum sub Constantino principe foederatorum renovata et ipsi dicti sunt foederati. e quibus imperator contra Eugenium tyrannum, qui occiso Gratiano Gallias occupasset, plus quam viginti milia armatorum fideles sibi et amicos intellegens secum duxit victoriaque de praedicto tyranno potitus ultionem exegit.

**XXIX** 146 Postquam vero Theodosius amator pacis generisque Gothorum rebus excessit humanis coeperuntque eius filii utramque rem publicam luxuriose viventes adnihilare auxiliariisque suis, id est Gothis, consueta dona subtrahere, mox Gothis fastidium eorum increvit, verentesque, ne longa pace eorum resolveretur fortitudo, ordinato super se rege Halarico, cui erat post Amalos secunda nobilitas Balthorumque ex genere origo mirifica, qui dudum ob audacia virtutis Baltha, id est audax, nomen inter suos acceperat. mox ergo antefatus Halaricus creatus est rex, cum suis deliberans suasit eos suo labore quaerere regna quam alienis per otium subiacere, et sumpto exercitu per Pannonias Stilicone et Aureliano consulibus [3]) et per Sirmium dextroque latere quasi viris vacuam intravit Italiam nulloque penitus obsistente ad pontem applicavit Candidiani, qui tertio miliario ab urbe aberat regia Ravennate. quae urbs inter paludes et pelago interque Padi fluenta unius tantum patet accessu, cuius dudum possessores, ut tradunt maiores, αἰνετοί, id est laudabiles, dicebantur. haec in sino regni

---

*H P V L A S (inc. 16 mox, finit 20 Ravennate) O B X (Y Z). Paulus h. R. 11, 15 (ad 3 praeiens) h. L. 2, 14 (21 cuius — 22 dicebantur).*

1 paucibus *O*  2 princens *A*  3 exequis *V*  feretrum *AX*  prelens *O*, presens *L* aitanarico *O*, atanarico *B*, athan. *A*  4 eius] eius eius *A*, om. *OB* . theodosii om. *A*  perd.] perd. hac *A*  5 efficit *VB*, efficitur *A*  miliaque *OB*  6 principe om. *A*  7 tyrrannum *P* occioso *B*  8 de pr. tyr. (tyrranno *P*) om. *A*  9 potita *L*, potius *O*  10 armatos *Pᵃ*  pacis generisque] p. gentisque *XY*, generisque *O*, generis *B*  gothorum] go *L*  11 filii eius *A*  utrumque rem publicum *O*  luxoriose *HᵇO*  12 auxiliarisque *O*  mox gothi *O* .  13 ueretesque *H* resolueretur] *OBᵇXY*, resoluerentur *Bᵃ*, se solueret *HPVLA*  ordinant s. s. regem *B*  14 alarico (alaricum *B*) *LOBXY et sic sine* h *B semper*  baltharumque *B*, baltarumque *O*  15 audaciam *ABXY* batha *A*  inter suos] om. *L*, int. suos nom. *XY*  16 acceperunt *Pᵃ*  antefactus *A*, om. *S* alaricus *SO*  rex cr. est *L*  suasit eos suo lab.] *HPVA*, suasit eos *L*, suasit suo lab. *SOB*, labore *XYZ*  17 regna qu. *L*  otium] odium *HL*  subiaceret et *S*  18 st. (istilocone *O*) et aureliano (ariliano *SOB*) cons. om. *A*  sermium *SO*  dextroque] dextro *SOB*  19 uiris] a uiris *XYZ*  nulloque] nullo *SOB*  obsistante *O*, resistente *XYZ*  ad(vel p)plicauit *ASOBXY*, applicuit *HPVL*  20 condiniani *SO*, conclinani *B*  aberat] erat *SOB*  regia om. *A*  reuennate *O*  urbes *O*  21 pelago] *HPVO*, paelago *L*, pelagum *B*, pelagus *XY*, pelagos *A*  interque] inter *OXYZ*  unius] uni *OB*, uno *AXYZ*  accessui *OBXY*, accessuri *P*  ut tr. mai. poss. *OB* 22 enety *HPVLOX*, enithy *Y*, enithii *Z*, eneti *B Paulus*, enemti *A*  id es *O*  sinu *AOBXY*

---

[1]) *Cassiodorius in chron. ad a. 382:* Athanaricus rex Gothorum Constantinopolim ibique vitam exegit, *mutans Prosperiana sic concepta:* Athanaricus rex Gothorum apud Constantinopolim xv quo fuerat susceptus die occiditur. *similia Ammianus 27, 5, 10:* ubi (*Constantinopoli*) ... Athanaricus ... fatali sorte decessit et ambitiosis exequiis ritu sepultus est nostro. *Marcellinus ad a. 381:* Athanaricus rex Gothorum, cum quo Theodosius imp. foedus pepigerat, Constantinopolim mense Ianuario venit eodemque mense morbo periit. *Orosius 7, 34, 6. 7. Idacius chr. et fast. ad a. 381. Zosimus 4, 34. Socrates 5, 10.*

[2]) *cf. Orosius 7, 34, 7:* universae Gothorum gentes rege defuncto adspicientes virtutem benignitatemque Theodosii Romano sese imperio dediderunt.

[3]) *Prosper ad a. p. C. 400:* Stilicone et Aureliano. Gothi Italiam Alarico et Radagaiso ducibus ingressi.

## GETICA.

Romani super mare Ionio constituta ut in modum insulae influentium aquarum redun- XXIX
datione concluditur[1]. habet ab oriente mare, ad quam qui recto cursu de Corcyra 149
atque Hellade partibus navigatur, dextrum latus primum Epiros, dehinc Dalmatiam
Liburniam Histriamque et sic Venetias radens palmula navigat[2]. ab occidente vero
habet paludes, per quas uno angustissimo introitu ut porta relicta est. a septentrionale quoque plaga ramus illi ex Pado est, qui Fossa vocitatur Asconis. a meridie 150
item ipse Padus, quem Italiae soli fluviorum regem dicunt, cognomento Eridanus, ab
Augusto imperatore latissima fossa demissus. qui septima sui alvei parte per mediam
influit civitatem, ad ostia sua amoenissimum portum praebens. classem ducentarum
quinquaginta navium Dione referente[3] tutissima dudum credebatur recipere statione.
qui nunc, ut Favius ait, quod aliquando portus fuerit, spatiosissimus ortus ostendit 151
arboribus plenus, verum de quibus non pendeant vela, sed poma. Trino si quidem
urbs ipsa vocabulo gloriatur trigeminaque positione exultat, id est prima Ravenna,
ultima Classis, media Caesarea inter urbem et mare, plena mollitiae harenaque minuta
vectationibus apta.

Verum enim vero cum in eius vicinitate Vesegotharum applicuisset exercitus et ad XXX 152
Honorium imperatorem, qui intus residebat, legationem misisset, quatenus si permit-
teret, ut Gothi pacati in Italia residerent, sic eos cum Romanorum populo vivere, ut
una gens utraque credere possit: sin autem aliter, bellando quis quem valebat expellere, et iam securus qui victor existeret imperaret. sed Honorius imperator utraque
pollicitatione formidans suoque cum senatu inito consilio, quomodo eos fines Italos

---

*H P V L A S* (12 Trino — 14 mare) *O B X* (*Y Z*). Paulus h. R. 12, 13. 13, 8 (a 16 Verum).

1 mare ionium *AOB*, mari ionico *XZ*, mare ionicum *Y*    ut] ut ** *V*, om. *AOBXYZ*    in] ad *XYZ*    2 mare om. *B*ᵃ    ad quam qui] *HPVA*, quam qui *L*, ad quod qui *OB*, ad quam quae *YZ*, ad quod *X*    curso *O*    3 ellade *LOB*    partibus] bis *O*    nauigat** *V*, nauigat *AOB* dextro latere *A*    lutus *O*    ephiros *OB*    dehinc] deinde *O*, dein *B*    4 uenietias *O*    pal- mola *O*    5 paludens *L*    augustissimo *B*    septem(vel n)trionali *AOBXY*    6 quoque] uero *A*, om. *XYZ*    uocitatur] *HPVAXZ*, uocatur *LBY*, uocator *O*    7 idem *OB*    italiae soli] soli *O*, solum *B*, om. *Z*    fluuiorum om. *XYZ*    heridanus *AOB*    ab] qui ab *L*    8 altissima *OB* dimissus *AOXYZ*    partem *LO*    per om. *B*    9 ostia] osti *O*    classium *O*, clasium *B* duocentarum *PL*, ducentorum *O*, ducentas *B*    10 naues *O*    dione] elione *B*    tutissimam *XY* credebatur] *AOBXY*, credebantur *HPVL*    stationem *XYZ*, satione *O*    11 fauius] *HPVLAO*, fabius *BXY*: malim Ablabius    quod] quas *H*ᵃ    fuerat *B*    sp. (patiosissimus *O*, famo- sissimus *A*ᵃ) ortus ostendit (ostenditur *A*) arboribus plenus] spaciosissimos hortos (hostos *B*ᵃ) o. a. plenos *B* 13 ipsa] ista *XY*    tergeminaque *A*    14 cesaream *S*, cesaria *L*, cessarea *O*, cessuria *XYZ*    plana mollicies *A*    que minuta (munuta *A*) om. *L*ᵃ    15 apta uect. *L*    16 uerum om. *AXYZ* uero] uerum *O*    in om. *B*ᵃ    eius] ei *O*, ea *B*    uicinitatem *A*, ciuitate *OB*    uuisigothorum *X* et om. *A*    17 imperantem *O*    mississet *O*, mitteret *XYZ*, mittunt *A*    quatenus] qua dominus *XYZ*    si] sibi *Gutschmid p. 126*    18 pagati *P*    romano *L*    ut] et *A*    19 credi *OBXY* posset *AOXY*    sin] sic *X*    autem] enim *XYZ*    quem] que *PA*, que in *B*    ualeret (ualaret *B*ᵃ) expelleret *OB*    20 et] om. *A*: malim ut    sed hon.] hon. *B*, scilicet *A*    utraque polici- tatione (pollititatione *P*)] *HPO*, utraque pollicitationem *B*, utramque (utranque *X*) pollicitationem *VLAXY* 21 cum] tum *HPV*, tum cum *A*    in*ito *V*    fines italos] finibus italicis *A*, extra fines italeos *B*, italis *X*, italiis *Y*

---

1) cf. *Cassiodorius var. 12, 24:* Venetiae ... ab austro Ravennam Padumque contingunt, ab oriente iucunditate Ionii litoris perfruuntur, ubi alternus aestus egrediens modo claudit, modo aperit faciem reciproca inundatione camporum: hic vobis aliquantulum aquatilium avium more domus est, namque nunc terrestris, modo cernitur insularis.

2) cf. *Vergilius Aen. 5, 162:* quo tantum mihi dexter abis? huc derige gressum, litus ama et laeva stringat sine palmula cautes.

3) *loco deperdito.*

XXX 153 expelleret, deliberabat. cui ad postremum sententia sedit, quatenus provincias longe positas, id est Gallias Spaniasque, quas pene iam perdidisset Gizericique eas Vandalorum regis vastaret inruptio, si valeret, Halaricus sua cum gente sibi tamquam lares proprias vindicaret. donationem sacro oraculo confirmatam consentiunt Gothi hac or-
154 dinatione et ad patriam sibi traditam proficiscuntur. post quorum discessu nec quicquam mali in Italia perpetrato Stilico patricius et socer Honorii imperatoris — nam utramque eius filiam, id est Mariam et Thermantiam, sibi princeps unam post unam consocians utramque virginem et intactam deus ab hac luce vocavit — hic ergo Stilico ad Polentiam civitatem in Alpes Cottiarum locatam dolose accedens, nihilque male
155 suspicantibus Gothis ad necem totius Italiae suamque deformitatem ruit in bello. quem ex inproviso Gothi cernentes primum perterriti sunt, sed mox recollectis animis et, ut solebant, hortatibus excitati omnem pene exercitum Stiliconis in fuga conversum usque ad internicionem deiciunt[1]) furibundoque animo arreptum iter deserunt et in Liguria post se, unde iam transierant, revertuntur; eamque praedis spoliisque potiti Emiliam pari tenore devastant Flamminiaeque aggerem inter Picenum et Tusciam usque ad urbem Romam discurrentes, quidquid in utrumque latus fuit, in praeda diri-
156 piunt. ad postremum Romae ingressi Halarico iubente spoliant tantum, non autem, ut solent gentes, igne supponunt nec locis sanctorum in aliquo paenitus iniuria inrogare patiuntur[2]). exindeque egressi per Campaniam et Lucania simili clade per-

---

*H P V L A S* (inc. 17 ad postremum) *O B X* (*Y Z*). *Paulus l. c.*

1 pelleret *A*   loge *O*   2 hispaniasque *ABXY*   iam pene *OB*   perdidisset *P*, perdidissent *A*   gizericique] gysericique *X*, gisericique *Y*, zigericique *L*, cyzerici *O*, et gizerici *B*   uuandolorum *O*   3 alaricus *O passim*   sua cum] cum sua *X*   tamquam] tantam *O*   4 proprias] *HPVLO*, proprios *ABXY*   donatione *AOB*   sacra] oraculo] uelamine *OB*   confirmata *LAOB*   consciunt *B*   huic ordinationi *A*   5 patr. sibi traditam] traditam sibi traditam *A*, tr. sibi patr. *OB*[b]   discessu] *HPV*, discessum *LAOBXY*   quicquam] *sic H et rel.*   6 italia] ita *O*   perpetratum *OB*   stilico patricius] istilico (istiloco *A*[a]) patri (*spatio ante istilico vacuo relicto et adscripto* 'deest') *A*   7 eius filiam id est . . . 8 utramque *om. A*   et thermantiam] *edd.*, et hermantiam *HPVLXYZ*, et ermantiam *AO*, et ermanciam *B*: *Hermantia etiam Paulus* 13 [*14*]. 5   sibi] quas sibi *B*   8 sociaus *O*, sociauit *B*   uocauit] migrauit *OB*   istilico *A*[b]*O*, istiloco *A*[a]   9 pollentiam *XY*, pollenciam *B*, poletiam *A*   alpis *O*, alpibus *ABXY*   cotiarum *LXY*, cottidiarum *B*   dolose] dolore *OX*, dolo *Y*   male] *HPVL*, mali *AOBXY*   10 supplicantibus *O*, suspicatibus *B*[a]   bellum *AOBXY*   11 inproviso] inprouisu *A*, prouiso *O*   primo *OB*   et ut] ut et *X*, et *Y*[a]   12 (h)ortationibus *XYZ*   excicati *O*[b], ex**ati *O*[a]   pene] pone *O*   istiliconis *A*, istiloconis *O*   fuga] *HPV*, fugam *LAOBXY*   uersum *XYZ*   13 internicionem] *H*, internitione *V*, internetione *P*, internitionem *LOY*, internecionem *AB*, internetionem *X*   arreptum] erepto *O*: coeptum iter *Paulus* 12 [*13*], 27   14 liguria] *H*[b] (lie*** *H*[a]) *PVL*, licuriam *O*, liguriam *ABXY*   transierunt *AXY*   eamque] eius *B*[a], eiusque *B*[b]   praedi *H*, praedae *B*[b]   spolisque *O*   15 et miliam *P*   tinore *O*   deuastant *om. L*   flamminiaeque] *HPVLXY*, flaminiaeque *AO*, flaminaeque *B*   aggere *L*   16 romanam *O*   quidquid] *HV*, quicquid *rel.*   in] inter *B*   utroque latere *A*   in praeda] in praedam *O*, ad predam *L*   17 romae] *HPVSO*, rom* *L*[1], romam *ABL*[2]*XY*   regressi *YZ*   autem] enim *XYZ*   18 igne] *HV*, ignem *PLASOBXY*   loco *S*, loca *O*   alico *S*   iniuria] *HV*, iniuriam *PLSBXY*   irrogate *A*   19 lucania] *HV*, lucaniam *PLSBXY*, luciniam *AO*

---

1) *cf. Cassiodorius chron. ad a. 402:* Pollentiae Stiliconem cum exercitu Romano Gothi victum acie fugaverunt, *mutans quae apud Prosperum repperit:* Pollentiae adversus Gothos vehementer utriusque partis clade pugnatum est.

2) *cf. Cassiodorius chron. ad a. 410 ad Prosperi verba:* Roma a Gothis Halarico duce capta *addit:* ubi clementer usi victoria sunt. *Idem var.* 12, 20: exemplum . . . in historia nostra magna intentione rettulimus. nam cum rex Alaricus urbis Romae depraedatione satiatus apostoli Petri vasa suis deferentibus excepisset, mox ut rei causam habita interrogatione cognovit, sacris liminibus deportari (reportari *Orosius*) diripientium manibus imperavit, ut cupiditas, quae depraedationis ambitu admiserat scelus, devotione largissima deleret excessum. *cf. Orosius 7, 39, 15:* tertia die barbari quam ingressi urbem fuerant sponte discedunt facto quidem aliquantarum aedium incendio, sed ne tanto quidem, quanto septingentesimo conditionis eius anno casus effecerat.

acta Brittios accesserunt: ubi diu resedentes ad Siciliam et exinde ad Africae terras XXX
ire deliberant. Bryttiorum si quidem regio in extremis Italiae finibus australi interiacens parti — angulus eius Appinini montis initium fecit — Adriaeque pelagus velut lingua porrecta a Tyrreno aestu seiungens nomen quondam a Bryttia sortitus re-
5 gina. ibi ergo veniens Alaricus rex Vesegotharum cum opibus totius Italiae, quas 157
in praeda diripuerat, et exinde, ut dictum est, per Siciliam ad Africam quietam patriam transire disponens. cuius, quia non est liberum quodcumque homo sine notu
dei disposuerit, fretus ille horribilis aliquantas naves submersit, plurimas conturbavit[1].
qua adversitate depulsus Halaricus, dum secum, quid ageret, deliberaret, subito in-
10 matura morte praeventus rebus humanis excessit. quem nimia sui dilectione lugentes 158
Busento amne iuxta Consentina civitate de alveo suo derivato — nam hic fluvius a
pede montis iuxta urbem dilapsus fluit unda salutifera — huius ergo in medio alvei
collecta captivorum agmina saepulturae locum effodiunt, in cuius foveae gremium Ha-
laricum cum multas opes obruunt, rursusque aquas in suo alveo reducentes. et ne a
15 quoquam quandoque locus cognosceretur, fossores omnes interemerunt, regnumque
Vesegotharum Atauulfo eius consanguineo et forma menteque conspicuo tradent;
nam erat quamvis non adeo proceritate staturae formatus, quantum pulchritudine corporis vultuque decorus.

Qui suscepto regno revertens item ad Romam, si quid primum remanserat, more XXXI 159
20 locustarum erasit, nec tantum privatis divitiis Italiam spolians, immo et publicis, imperatore Honorio nihil resistere praevalente, cuius et germanam Placidiam Theodosii
imperatoris ex altera uxore filiam ab urbe captivam abduxit. quam tamen ob generis 160
nobilitatem formeque pulchritudine et integritate castitatis adtendens in Foro Iuli
Aemiliae civitate suo matrimonio legitime copulavit, ut gentes hac societate conperta

---

*H P V L A S (finit 10 humanis; incipit rursus 15 regnumque; finit 16 tradent) O B X (Y Z). Paulus l. c. (ad 15 interemerunt) et 12, 15 (15 regnumque — 24 copulavit; et hist. Lang. 2, 17 (4 nomen — regina).*

1 brittios] HLY, bryttios PV, britios BX, bricios ASO    resedentes] HPV, residentes LAOBXY, ressidentes S    ad om. A    et om. OB    ad] in XYZ, om. LA    africae terras ire del.] africae transire del. A, affricam transire del. OB, affricam (om. rel.) S    2 brittiorum XYZ, brictiosum L, britiorum OB, briciorum A, bruciorum S    regio] nacio A    australi om. SOB    3 parti angulus] parte angulos SO, parte angulorum B    appinini] HPV, apinnini L, appennini AOBXY, apennini S    fecit] HPVSOB, facit LAXY    pelagum uelut] pelagum ut SOB    4 lingua om. L    tyrrino O    bruttia SO, brittia XYZ, britia LB, bricia A    sortitur AB    5 rex om. SO    uesigotharum L, uuisigothorum XYZ    opes SO    6 praedam A    diripuerant A[b] (-rat A[a])    et om. B    ad] in SOB    quietram H, qui etiam L, quietam O    7 disponens] disponit AB    quia] quam XYZ    notu] HPV, nutu rel.    8 disposuerat A[a]    fretum illud horribile ABXY    naue A[a]    9 qua] qui S, quia B    repulsus B    dum] de S    deliberat A    10 prouentus P    exc. hum. SOB    sui om. OB    11 busento amne] basento amne HPVLAXY, barentum amnem OB: Basentus Paulus 13, 28 ex Iord.    comsentina ciuitate HPV, consentinam ciuitatem LAOBXY    diriuantur O, deriuantur B    12 montes L    iuxta om. L    fluit] fuit P[a]O    unda salutifera H, undam salutiferam O    alueo OBXY    13 collecto c. agmine OBXY    loci O    foueae O, foueo B[a]    gremium] gremio ABXY, medio L    alarico O, alicum B[a], aliricum B[b]    14 multis opibus (operibus O) AOBXY    subruunt XYZ    aq. in suum alueum AOXY, in suum alueum aq. B    et om. AB    15 locus om. OB    interimunt L    16 uuisigothorum XYZ, om. A    athauulfo X, athaulfo V[a]L8OY, athaulso B    menteque] mente SO, et mente B    tradent] HPVL, tradunt ASOBXY    17 quamuis om. A    19 reuertes O    idem O, iterum A, recte opinor    ad om. AXY[a]    remansit A    20 lucustarum P    puplicis O    21 resistere om. A    germanum H    placidam theodosio O    22 imperatoris om. A    ab om. OB    catiuam O    adduxit L    23 pulc(h)ritudinem AOBXY, pulcridinem L    intecritate P, integritatem AOBXY    iuli] libri, liuii editio Basileensis    24 ciuitate] OB, ciuitatem HPV, ciuitatis LXYZ, ciuitat A    ut] hac A[a]    gentis OB    ac O

---

[1] cf. Orosius 7, 43, 12 (infra p. 103 not. 1).

XXXI quasi adunatam Gothis rem publicam efficacius terrerentur, Honorioque Augusto quamvis opibus exausto tamen iam quasi cognatum grato animo derelinquens, Gallias tendit. ubi cum advenisset, vicinae gentes perterritae in suis se coeperunt finibus continere. qui dudum crudeliter Gallias infestassent, tam Franci, quam Burgondiones. nam Vandali vel Alani, quos superius[1] diximus permissu principum Romanorum utramque Pannoniam resedere, nec ibi sibi metu Gothorum arbitrantes tutum fore, si reverterentur, ad Gallias transierunt[2]. sed mox a Galliis, quas ante non multum tempus occupassent, fugientes, Spanias se recluserunt, adhuc memores ex relatione maiorum suorum, quid dudum Geberich Gothorum rex genti suae prestitisset incommodi vel quomodo eos virtute sua patrio solo expulisset. tali ergo casu Galliae Ataulfo patuere venienti. confirmato ergo Gothus regno in Gallis Spanorum casu coepit dolere, eosque deliberans a Vandalorum incursibus eripere. suas opes Barcilona cum certis fidelibus derelictas plebeque inbelle, interiores Spanias introibit, ubi saepe cum Vandalis decertans tertio anno, postquam Gallias Spaniasque domuisset, occubuit gladio ilia perforata Euervulfi, de cuius solitus erat ridere statura. post cuius mortem Segericus rex constituitur, sed et ipse suorum fraude peremptus ocius regnum cum vita reliquid[3].

XXXII Dehinc iam quartus ab Alarico rex constituitur Valia nimis districtus et prudens. contra quem Honorius imperator Constantium virum industria militari pollentem multisque proeliis gloriosum cum exercitu dirigens, veritus, ne foedus dudum cum Ataulfo inito ipse turbaret et aliquas rursus in re publica insidias moliretur vicinas sibi gentes expulsas, simulque desiderans germanam suam Placidiam subiectionis

obprobrio liberare, paciscens cum Constantio, ut, aut bello aut pace vel quo modo si XXXII
eam potuisset ad suum regnum reducere, ei eam in matrimonio sociaret. quo placito 165
Constantius obans cum copia armatorum et pene iam regio apparatu Spanias petit.
cui Vallias rex Gothorum non cum minori procinctu ad claustra Pyrenei occurrit: ubi
ab utraque parte legatione directa ita convenit pacisci, ut Placidiam sororem principis redderet suaque solacia Romanae rei publicae, ubi usus exegerit, non denegaret[1]. eo namque tempore Constantinus quidam apud Gallias invadens imperium
filium suum Constantem ex monacho fecerat Caesarem: sed non diu tenens regno
praesumpto mox foederatos Gothos Romanosque ipse occiditur Arelato, filius vero eius
Vienna[2]. post quos item Iovinus ac Sebastianus pari temeritate rem publicam occupandam existimantes pari exitio perierunt[3].

Nam duodecimo anno regni Valiae, quando et Hunni post pene quinquaginta annorum invasam Pannoniam a Romanis et Gothis expulsi sunt[4]. videns Valia Vandalos 166
in suis finibus, id est Spaniae solum, audaci temeritate ab interioribus partibus Galliciae, ubi eos fugaverat dudum Ataulfus, egressos et cuncta in praedas vastare, eo
fere tempore, quo Hierius et Ardabures consules processissent[5], nec mora mox contra eos movit exercitum. sed Gyzericus rex Vandalorum iam a Bonifatio in Africam XXXIII
invitatus, qui Valentiniano principi veniens in offensa non aliter se quam malo rei 167
publicae potuit vindicare. is ergo suis praecibus eos invitans per traiectum angustia-

---

*H P V L A S* (7 eo — 10 Vienna) *O B* (*deficit S in pacisci folio deperdito*) *X* (*Y Z*).

1 opprobrio *PV*   constantio] *A^b OXY*, constantino *HPVLA^a B*   aut bello] si bello *A^a*   uel] uex *PV^a*   quoquomodo *ABXY*   si om. *A*   2 potuisset om. *B*   reducere] reuocare *O*, reuocaret *B*   matrimonium *AOBXY*   3 const. ouans *AXY*, ouans const. *L*, constantinus obans (ouans *B*) *OB*   armentorum *B*   regno *B*   apparatus *P*   hispanias *AB*, hispaniam *XY*   4 uallias] *HPV*, uuallias *L*, ualias *A*, ualia *OBXY*   rex gothorum om. *A*   cum om. *B*   procinctu] pro *O*   clastra *L*   perinei *O*, pinerei *B*, pyrinei *X*   5 sor. pr. om. *A*   6 ubi usus] ob iussus *O*   exegerit] *HPV*, exegeret *L*, exigeret *AXY*, exegere *O*   negaret *A*   7 constantius *L*   8 monachum *O*   fecerat] fecit *L*   cessare *O*   diu om. *L*   regno praesumpto] *HPVL*, regnum (imperium *Y*) praesumptum *SOXY*, praesumptum regnum *A*   9 foederatis gothis romanisque (que om. *A*) *ASOXY*   ararelato *O*, arelate *Z*, arelati *A*   uero om. *A*   eius] suus *XYZ*   10 ac om. *A*   seuastianus *O*   11 pari exitio om. *L*   12 duodecim annis regna *X*   quando] quomodo *XYZ*   huni *AO*   annos *AXY*   13 inuasam pannoniam] *HPVLO*, inuasa pannonia *AXY*   goths *O*   expulsi] expul *L*   ualias *A*   14 suos fines *A*   id est om. *L*   hispaniae *AXY*   solum] *HPVLA*, soli *O*, solo *XY*   audatie *O*   galliae *LO*, galathe *A*   15 ubi] quo *A*   dud. fug. *A*   athaulfus *XY*, athauolfus *O*, diaulfus *L*   egressos] *AXY*, egressus *HPVLO*   cunctas *O*   praedas] *HPVAOXY*, praeda *L*   16 fera] uero *O*   processissent] excessisent *O*   17 gyzericus] *HPVLX^b Z*, gizericus *AOY*, gezericus *X^a*   a om. *O*   bonifatio] *HP*, bonifacio *rel.*   africa *L*   18 qui] qua *O*   ualentiano *O*   offensam *A*   19 potuit om. *O*   his *O*   eos om. *O*   tracietum *O^a*, traclectum *O^b*   angustiarum] *A*, congustiarum *HPVLXY*, congustarum *O*

---

1) cf. *Orosius 7, 43, 12:* Vallia ... pacem optimam cum Honorio imperatore ... pepigit: Placidiam imperatoris sororem ... fratri reddidit: Romanae securitati periculum suum obtulit, ut adversus ceteras gentes, quae per Hispanias consedissent, sibi pugnaret et Romanis vinceret.

2) cf. *Marcellinus ad a. 411:* Constantinus apud Gallias invasit imperium filiumque suum ex monacho Caesarem fecit. ipse apud Arelatum civitatem occiditur, Constans filius apud Viennam capite plectitur. cf. *Orosius 7, 40, 4. 7; 42, 3. 4.*

3) cf. *Marcellinus ad a. 412:* Iovinus et Sebastianus in Gallias tyrannidem molientes occisi sunt. cf. *Orosius 7, 42, 6.*

4) cf. *Marcellinus ad a. 427:* Pannoniae, quae per L annos ab Hunnis retinebantur, a Romanis receptae sunt.

5) a. p. C. 427. cf. *Prosper et Cassiodorius chron. ad h. a.:* gens Vandalorum [a Gothis exclusa addidit *Cassiod.*] de Hispaniis ad Africam transit.

XXXIII rum, qui dicitur fretus Gaditanus et vix septem milibus Africam ab Spaniis dividet
168 ostiaque maris Tyrreni in Oceani estu egeritur, transposuit. erat namque Gyzericus
iam Romanorum clade in urbe notissimus. statura mediocris et equi casu claudicans,
animo profundus, sermone rarus, luxoriae contemptor, ira turbidus, habendi cupidus,
ad sollicitandas gentes providentissimus, semina contentionum iacere, odia miscere
169 paratus. tali Africa rem publicam praecibus Bonifatii, ut diximus, invitatus intravit,
ubi a divinitate, ut fertur, accepta auctoritate diu regnans, ante obitum suum filiorum
agmine accito ordinavit. ne inter ipsos de regni ambitione intentio esset, sed ordine
quisque et gradu suo, alii si superviveret. id est, seniori suo fieret sequens successor
et rursus ei posterior eius. quod observantes per annorum multorum spatia regnum
feliciter possiderunt, nec, ut in reliquis gentibus adsolet, intestino bello foedati sunt,
170 suoque ordine unus post unum regnum excipiens in pace populis imperavit. quorum
ordo iste ac successio fuit: primum Gyzericus, qui pater et dominus, sequens Hunericus, tertius Gunthamundus, quartus Thrasamundus, quintus Ilderich. quem malo
gentis suae Gelimer inmemor atavi praeceptorum de regno eiectum et interemptum
171 tyrannide praesumpsit. sed non ei cessit inpune quod fecerat. nam mox Iustiniani
imperatoris ultio in eum apparuit et cum omne genus suum opibusque, quibus more
praedonis incubabat. Constantinopolim delatus per virum gloriosissimum Belesarium
mag. mil. Orientalem. exconsolem ordinarium atque patricium, magnum in circo populo spectaculum fuit seraque suae paenitudinis gerens cum se videret de fastigio
172 regali deiectum, privatae vitae, cui noluit famulari, redactus occubuit. sic Africa,
quae in divisione urbis terrarum tertia pars mundi describitur[1]), centesimo fere anno
a Vandalico iugo erepta in libertate revocata est regni Romani, et quae dudum
ignavis dominis ducibusque infidelibus a rei publicae Romanae corpus gentilis manus

---

*H P V L A O X (Y Z)*.

1 qui] quod *O*    fretum gaditanum *AXY*    hispanis *XY*    diuidet] *HPV*, diuidit *rel.*
2 hostiumque *A*    tyrenni *V*, tirrinni *O*    estu] *HPVLO*, aestum *AXY*    egeritur] egeretur *O*,
erigitur *LXYZ*    gezericus *O*    3 iam] *** iam *H*    clade om. *XY*    orbe *AXYZ*    4 ratus *O*    luxoriae] *H*, luxorie *O*, luxuriae *rel.*    habendi] habidi *O*    6 tali africa] *HPV*, tali africae *OXZ*, talis africae *AY*, tali africam *L*    bonefacii ut dix. *A*, ut dix. bonifatii *L*    7 a] ad *O*
ut f. a. auct. om. *O*    filiorum] fil. suorum *A*    8 agmen accitum *O*    rigni *O*    intentio] contentio *A*, om. *O*    9 alii si] aliis *O*    superuiu.] puer uiu. *XY*    suo] suo filio *XYZ*    10 eius] ei eius *O*
11 possiderunt] *HPVL*, possederunt *AXY*, posserunt *O*    ut] quod *O*    in om. *O*    intestino] in-
testimonio *O*    12 suscipiens regnu *O*    imperarunt *O*    13 ac successio] accensio *L*    primus
*XY*    gigericus *O*    14 guntamundus *A*, gundamundus *O*, gunthamundus *XYZ*    trasamundus
*AOY*, transamundus *L*, thrasimundus *Z*, thramundus *X*    ilderich] *HPV*, hilderich *LO*, hilderic *A*, hildericus *XYZ*    quem] que *A*    15 gentes *O*    regno] gno *A*    eiecto et interempto (-tu *O⁶*)
*O*, deiecit et eo interempto *A*    16 tyrannidem *AOY*    eis cessit *O*, excessit *XY*    mox om. *O*
17 ultio (•ltio *Hᵃ*) in eum] *HPLXY*, ultionem *VO*, ultio in eo *A*    omni gente sua *XY*, omni genere
suo *A*    18 incumbebat *A*    belisarium *A*    19 exconsolem] *HPV*, exconsulem *L*, ex consule *A*,
et consulem *OXY*    patrium *A*    magnam *A*    in circum *L*, iccirco *X*    populi *A*, om. *XYZ*
20 spectaculum] expectatum *O*    seraque suae paenitudinis (plenitudinis *O*)] seramque penitudinem *A*
fastidio *L*    21 familiari *LO*    22 orbis *LAOXY*    ferre *L*    anno om. *A*    23 a om. *O*
erepta] ereptate *H*    libertatem *AOXY*    est] est in *O*    romanorum *A*    quam *A*    24 ig-
nauis] ab in ignaris *O*    dominis (dominus *L*) ducibusque infid.] dominis ducibus fid. *O*, ducibus domi-
nisque infid. *XYZ*    a om. *XYZ*    corpus] corpore *AXY*

---

[1]) *cf. Marcellinus ad a. 534*: provincia Africa, quae in divisione orbis terrarum a plerisque in parte
tertia posita est, volente deo vindicata est. *videantur Orosius 1, 2, 83, item Cod. Iust. 1, 27, 1 pr. et
Cassiodorius var. 11, 13, denique praefatio nostra.*

## GETICA.

abstulerat, a sollerte domino et fideli ductore nunc revocata hodieque congaudet. XXXIII
quamvis et post haec aliquantulum intestino proelio Maurorumque infidelitate adtrita
sese lamentaverit, tamen triumphus Iustiniani imperatoris a deo sibi donatus, quod
inchoaverat, ad pacem usque perduxit. sed nobis quid opus est, unde res non exeget,
5 dicere? ad propositum redeamus.

Vallia si quidem, rex Gothorum, adeo cum suis in Vandalos saeviebat, ut vo- 173
luisset eos etiam et in Africa persequi, nisi eum casus, qui dudum Halarico in Africa
tendenti contigerat, revocasset[1]. nobilitatus namque intra Spanias incruentamque
victoriam potitus Tolosam revertitur, Romano imperio fugatis hostibus aliquantas pro-
10 vincias, quod promiserat, derelinquens, sibique adversa post longum valitudine superveniente rebus humanis excessit, eo videlicet tempore, quo Beremud, Thorismundo 174
patre progenitus, de quo in catalogo Amalorum familiae superius[2] diximus, cum filio
Vitiricho ab Ostrogothis, qui adhuc in Scythiae terras Hunnorum oppressionibus sub-
iacebant, ad Vesegotharum regnum migravit. conscius enim virtutis et generis nobi-
15 litate facilius sibi credens principatum a parentibus deferre, quem heredem regum
constabat esse multorum. quis namque de Amalo dubitaret, si vacasset elegere? sed
nec ipse adeo voluit, quis esset, ostendere. et illi iam post mortem Valliae Theode- 175
ridum ei dederant successorem. ad quem veniens Beremud animi pondere qua valebat eximio generis sui amplitudine commoda taciturnitate suppressit, sciens regnan-
20 tibus semper regali stirpe genitos esse suspectos. passus est ergo ignorari, ne faceret
ordinata confundi. susceptusque cum filio suo a rege Theodorido honorifice nimis,
adeo ut nec consilio suo expertem nec convivio faceret alienum, non tamen pro generis nobilitate, quam ignorabat, sed pro animi fortitudine et robore mentis, quam
non poterat occultare.

---

*H P V L A S* (6 Vallia — 11 excessit) *O B* (inc. 1 hodieque) *X* (*Y Z*).

1 a om. *O*  sollerte] *HPV*, sol(l)erti *rel.*  doctore *O*  tunc reuocato *O*  hodieque] hodie *O*  2 proelio *O*  maurorumque inf.] maurorum inf. *XYZ*, maurorum *A*  adtrita sese] adtritam sese *A*, adtritasse *O*, attritam se *B*ᵃ, attritam se *B*ᵇ  3 lamentata sit *A*  sibi om. *A*  donatis *L*  quod] quae *A*  4 exeget] *HPV*, exegit *L*, exigit *AOBXY*  6 uallia] *HPVL*, ualia *AOBXY*, uualias *S*  adeos *O*  uuandolos *O*ᵃ  7 et om. *LASOBXY*  africam *A*  causus *O*  qui om. *L*  in] *HPVLA*, ad *SBXY*, om. *O*  africa] *HPVL*, affrigam *SO*, af(f)ricam *ABXY*  8 contigeret *L*, contigerant *S*  reuocassit *O*  nobilitas *OB*  hispanias *ABXY*  incruentaque uictoria *B*, incrementaque uictoriae *A*  10 post longum] post logum *S*, post *L*ᵇ, om. *L*ᵃ  ualitudinem *S*  superueniente om. *XYZ*  11 beremud] *HPV*, beremuth *L*, beremuth *OB*, berimut *A*, beremund *X*, berimud *YZ*: *cf. c. 14, 81*  thoresmundo *BX*, thoresmund *YZ*, torimondo *A*, thoresmundum *O*  12 proienitus *L*  in catalogo] iactalago *O*  13 uitiricho] *HPVO*, uuitterico *L*, uiterico *A*, uuiderico *B*, uuithrico *X*, uitrico *YZ*  hostrogothis *O*  terra *B*, terris *AXY*  subiacebant] sublaterabant *O*  14 ad ues. (uuisigothorum *XYZ*) regn. migr. om. *B*  enim] enim erat *B*  nobilitatem *LA*  15 principatu *V*  a om. *O*  deferre] *HPVLO*, deferri *ABXY*  16 esse const. *L*  namque] enim *XYZ*  amalo] malo *B*  dubitasset *X*ᵃ  17 quis] *HPVLAOBY*, quasi *XZ*  ostenderet *A*  ualliae] *HPVL*, ualiae *AOBXY*  theoderidum] *HPVLYZ*, teoderidum *A*, theodericum *OX*, theodoritum *B* cum *Paulo h. R. 14, 6*  18 dederunt *OBXY*  at quae *O*  beremud] *HPV*, berimud *L*, berimut *A*, beremund *OBX*, berimud *Y*  qua] quo *ABXY*, quod *O*  19 eximiam *OBY*  generi sui *O*, sui gen. *L*  amplitudine] *H*(?)*PVL*, -nem *rel.*  20 regali] de regali *B*  genitos om. *OB*  suspectus *O*  21 ordinanda *OB*  susceptosque *O*  cum] a *L*ᵃ, est cum *B*  a] cum *L*ᵃ  theodorito *OB*, theoderico *A*  22 nec] hec *O*  consilii sui *A*  conuiuii *A*  non] nam *A*  tamen] tantum *OB*, tam *XYZ*  23 nobilate *L*  mentis] gentis *OB*

---

1) *Orosius 7, 43, 11. 12:* (Vallia) territus maxime iudicio dei, quia, cum magna superiore abhinc anno Gothorum manus ... transire in Africam moliretur, in XII milibus passuum Gaditani freti tempestate correpta miserabili exitu perierat, memor etiam illius acceptae sub Alarico cladis, cum in Siciliam Gothi transire conati in conspectu suorum miserabiliter arrepti et demersi sunt, pacem ... cum Honorio ... pepigit. *Iordanes* (*cf. supra p. 99, 8*) *haec pervertit.*

2) *c. 14, 81.*

XXXIV
176    Quid plurimum? defuncto Vallia, ut superius quod diximus repetamus, qui parum fuerat felix Gallis, prosperrimus feliciorque Theodoridus successit in regno, homo summa moderatione compositus, animi corporisque utilitate habendus. contra quem Theodosio et Festo consulibus [1] pace rupta Romani Hunnis auxiliaribus secum iunctis in Galliis arma moverunt. turbaverat namque eos Gothorum foederatorum manus, qui cum Gaina comite Constantinopolim efferasset. Aetius ergo patricius tunc praeerat militibus, fortissimorum Moesium stirpe progenitus in Dorostorena civitate a patre Gaudentio, labores bellicos tolerans, rei publicae Romanae singulariter natus, qui superbam Suavorum Francorumque barbariem immensis caedibus servire Romano imperio coegisset.
177    Hunnis quoque auxiliariis Litorio ductante contra Gothos Romanus exercitus movit procinctum, diuque ex utraque parte acies ordinatae cum utrique fortes et neuter infirmior esset, datis dextris in pristina concordia redierunt, foedusque
178 firmatum ab alterutrum fida pace peracta recessit uterque. qua pace Attila, Hunnorum omnium dominus et paene totius Scythiae gentium solus in mundo regnator, qui erat famosa inter omnes gentes claritate mirabilis. ad quem in legatione se missum a Theodosio iuniore Priscus istoricus tali voce inter alia refert: ingentia si quidem flumina. id est Tisia Tibisiaque et Dricca transientes [2] venimus in loco illo, ubi dudum Vidigoia Gothorum fortissimum Sarmatum dolo occubuit: indeque non longe ad vicum, in quo rex Attila morabatur, accessimus, vicum inquam ad instar civitatis amplissimae, in quo lignea moenia ex tabulis nitentibus fabricata repperimus, quarum compago ita solidum mentiebatur, ut vix ab intentu possit iunctura tabularum con-
179 prachendi [3]. videres triclinia ambitu prolixiore distenta porticusque in omni decore

---

*H P V L A S* (13 Attila — 15 mirabilis) *O B X* (*Y Z*). Rav. 4, 14 p. 204 ad v. 17 citans Iordanem: Ticia Tibisia Drica.

1 quod *B*   uallia] *HPV*, uuallia *L*, ualia *AOBXY*   2 galliis *XYZ*, gallus *LAB*   theodoridus] *HPV*ᵇ (-ri••• *V*ᵃ) *LX*, theoderidus *Y*, theodoritus *B*, thodoricus *O*, theoridus *A*   3 habendus] *libri*, abundans *Vulcanius*   4 romani hunnis] romanis *O*, romani *B*   hunnis om. *B*   auxiliatoribus *XY*   5 gallis *O*, gallias *B*   mouerunt] uerterunt *YZ* (*non X*)   turbauerunt *XYZ*   namque om. *L*   6 qui] quae *ABXY*   gaina *XY*, caina *OB*   comitem *O*   constantinopoli *XY*   efferasset] *HPVLAXYZ*, federasset *O*, se faederasset *O*, aethius *A*   7 proienitus *L*   dorostorena] *XZ*, dorostena *Y*, dorostona *HPV*, dorostana *LA*, dorustirena *O*, dorustirrena *B*ᵇ, donistirrena *B*ᵃ   8 tolerat *B*   romanae om. *A*   9 superbiam *LB*, superuiam *O*   suauorum] *HPVLXYZ*, suaeuorum *O*, sueuorum *AB*   immensis] *LABX*ᵇ*Y*, inmessis *O*, immensibus *HX*ᵃ (*ut vid*), inmensibus *PV*   10 coegit *A*   littorio *L*, lictorio *A*, lictario *YZ*, litario *X*, litoris *O*, indoro *B*   dictante *OB*   11 que om. *B*ᵃ   acie *B*   ordinata *OB*   12 infirmiores sed *L*, inferior esset *A*ᵃ   pristina concordia] *HPV*, pristinam (prinstinam *O*ᵃ) concordiam *LAOBXY*   f(a)edereque firmato *AB*, foedere firmato *XYZ*   13 alterutro *AOB*   recessit] *OBXY*, secessit *HPVLA*   uterque] interque *B*   pace] paca *O*, pacatur *B*   14 homnium *O*   paene] *H hic*   totis *SO*   in om. *L*   regnatur *O*   15 ad quem] *AB*, atque *HPVLOXYZ*   legatione se missum] legatione remisso *O*, legationem remissus *B*   16 istoricus] *H*, storicus *PVL*, historicus *AOBXY*   17 tisia] *HPVLAX Rav.*, tysia *BY*, tysilia *O*   tibisia] *HVLOBX Rav.*, tibussia *P*, tibusia *R*, tybisia *Y*   dricca] draca *Z*, deacca *Y*, drica *A*, driaa *L*   transientes (transeuntes *ABXY*) ... 18 gothorum] transirum *mediis om. O*   locum illum *BXY*, locum *A*   18 uidicula *B*   ad uicum] a nico *O*   19 quo] co *O*   attilia *O*   20 moen. lign. *A*   nitentibus fabricata] ingentibus fabrefacta *XYZ*   21 metiebatur *O*   intentu] *HPVO*ᵃ*X*, intento *LAO*ᵇ*BY*   posset *AB*   copraendi *V*

---

1) a. p. C. 439.
2) *Priscus fr. 8 (4 p. 83 Muell.)*: ναυσιπόροις τε προσεβάλομεν ποταμοῖς, ὧν οἱ μέγιστοι μετὰ τὸν Ἴστρον ὅ τε Δρήκων λεγόμενος καὶ ὁ Τίγας καὶ ὁ Τιφήσας ἦν. καὶ τούτους μὲν ἐπεραιώθημεν.
3) *Priscus l. c. p. 89*: ἔνδον δὲ τοῦ περιβόλου πλεῖστα ἐτύγχανεν οἰκήματα, τὰ μὲν ἐκ σανίδων ἐγγλύφων καὶ ἡρμοσμένων εἰς εὐπρέπειαν, τὰ δὲ ἐκ δοκῶν ... ἐνταῦθα τῆς Ἀττήλα ἐνδιαιτωμένης γαμετῆς.

dispositas¹). area vero curtis ingenti ambitu cingebatur, ut amplitudo ipsa regiam XXXIV aulam ostenderet. hae sedes erant Attilae regis barbariae tota tenenti: haec captis civitatibus habitacula praeponebat.

Is namque Attila patre genitus Mundzuco, cuius fuere germani Octar et Roas, XXXV 180 qui ante Attilam regnum tenuisse narrantur, quamvis non omnino cunctorum quorum ipse. post quorum obitum cum Bleda germano Hunnorum successit in regno, et, ut ante expeditionis, quam parabat, par foret, augmentum virium parricidio quaerit, tendens ad discrimen omnium nece suorum. sed librante iustitia detestabili remedio 181 crescens deformes exitus suae crudelitatis invenit. Bleda enim fratre fraudibus interempto²), qui magnae parti regnabat Hunnorum, universum sibi populum adunavit, aliarumque gentium, quas tunc in dicione tenebat, numerositate collecta, primas mundi gentes Romanos Vesegothasque subdere praeoptabat. cuius exercitus quingentorum 182 milium esse numero ferebatur. vir in concussione gentium natus in mundo, terrarum omnium metus, qui, nescio qua sorte, terrebat cuncta formidabili de se opinione vulgata. erat namque superbus incessu, huc atque illuc circumferens oculos, ut elati potentia ipso quoque motu corporis appareret; bellorum quidem amator, sed ipse manu temperans, consilio validissimus, supplicantium exorabilis, propitius autem in fide semel susceptis; forma brevis, lato pectore, capite grandiore, minutis oculis, rarus barba, canis aspersus, semo nasu, teter colore, originis suae signa restituens. qui 183 quamvis huius esset naturae, ut semper magna confideret, addebat ei tamen confidentia gladius Martis inventus, sacer apud Scytharum reges semper habitus. quem Priscus istoricus tali refert occasione detectum. cum pastor, inquiens, quidam gregis

---

*H P V L A S (inc. 15 erat) O B X (Y Z). Landolfus ad Paulum 14, 13 p. 362 Droysen (12 cuius — 19 restituens).*

1 dispositus *O*  area] **** (area *Oᵇ*), *Oᵃ*, hera *B*  curtis] cortis *A*, cortinis *XYZ*  cingebantur *B*  amplitudosa ipsa *Oᵃ*  regiam] *OBXY*, regi *HPVL*, regis *A*  2 attyle *O*  regi *A*  barbariae tota] *HPVLO*, barbariem totam *ABXY*  tenentis *BXY*  4 attilia *Oᵃ*  mundzuco] *HPVLA*, mundzucco *OB*, munzoco *XY*: Μουνδίουχος *Priscus fr. 12 p. 97 Muell.*  fueri *P*  roas] roae *YZ* (non *X*): Ῥούας *Priscus fr. 1 p. 71 Muell.*  5 attillam *O*  regnum] r. hunnorum *B*  quorum] eorum *B*  6 quorum om. *OB*  belda *V*, bleta *B*, pleta *AOB*  7 expeditioni *AB*  uirium (uiriom *Xᵃ*) parricidio (-do *X*) quaerat *XY*, uirum parricidiumquesaer (sic) *P*  8 librante] *AOXYZ*, liberante *HPVLB*  iustitia] *LOBXY*, iustitiae *A*, iustia *HPV*  detestabili om. *PA*  9 criscens *O*  deformis *X*  extus *P*  bleta *OB*  interempto] empto *O*, perempto *B*  10 qui] quasi *XY*  magnae parte *P*, magna parte *A*  adunauit] *HPVLA*, subiugauit *OBXY*  11 dictione *O*  12 aesegothaeque *P*  subdere *AOB*  s. sibi *L*  perobtabat *OB*  13 esse rerum *Oᵃ*, numeris esse *B*  concussione] *HPVL Land.*, concusione *O*, concussionem *AB*, confusionem *XYZ*  gentium om. *OB Landolfus*  14 matus *Xᵃ*  nescio ... opinione om. *Landolfus*  formidabili] formidaui *Bᵃ*  15 atque om. *L*  illud *A*  oculos om. *Landolfus*  16 mutu *O*  apparet *L*  armatos *Landolfus*  manum *Land.*  17 ualedissimus *PV*  supplicantibus *ABXY*  propritius *Oᵃ*  autem] enim *XYZ*, om. *SOB Landolfus*  18 susceptis] *HᵇPVL*, susceptae *Hᵃ*, receptis *ASOB Landolfus*, acceptis *XYZ*  grandiori *OB*  raros *O*, raris *B*, rasus *X*, rarsus *Y*  19 asperus *P*  semo nasu] *HPVL Landolfus*, semo naso *S*, seminaso *XYZ*, semenaso *Oᵇ*, semenasu *Oᵃ*, simo naso *B*, simeo naso *A*  originis] *HPV*, originis *rel.*  suae signa restituens om. *Lᵃ*, signa om. *A*  20 quamuis] quam *Bᵃ*  ei] et *BXY*  confidentiam *AOBXY*  21 mortis *O*  sacer om. *SOB*  rege *S*  22 istoricus] *H*, storicus *PVL*, historicus *AOBX*, hostoricus *S*, om. *Y*  talis (tali *Vᵇ*) *Vᵃ*, taliter *S*, tali**r *O*, tali** *P*  gregis] *AOBXY*, grecis *HPVL*

---

1) *Priscus l. c. p. 91 de convivio Attilae:* πρὸς δὲ τοῖς τοίχοις τοῦ οἰκήματος πάντες ὑπῆρχον οἱ δίφροι ἐξ ἑκατέρας πλευρᾶς ..... βαθμοί τινες ἐπὶ τὴν αὐτοῦ (*Attilae*) ἀνῆγον εὐνὴν καλυπτομένην ὀθόναις καὶ ποικίλοις παραπετάσμασι κόσμου χάριν.

2) *cf. Marcellinus ad a. 445:* Bleda rex Hunnorum Attilae fratris sui insidiis interimitur.

XXXV unam boculam conspiceret claudicantem nec causam tanti vulneris inveniret, sollicitus vestigia cruoris insequitur tandemque venit ad gladium, quem depascens herbas incauta calcaverat, effossumque protinus ad Attilam defert[1]). quo ille munere gratulatus, ut erat magnanimis, arbitratur se mundi totius principem constitutum et per Martis gladium potestatem sibi concessam esse bellorum.

XXXVI Huius ergo mentem ad vastationem orbis paratam comperiens Gyzericus, rex
184 Vandalorum, quem paulo ante memoravimus[2]), multis muneribus ad Vesegotharum bella precipitat[3]), metuens, ne Theodoridus Vesegotharum rex filiae suae ulcisceretur iniuriam, quae Hunerico Gyzerici filio iuncta prius quidem tanto coniugio laetaretur, sed postea, ut erat ille et in sua pignora truculentus, ob suspicionem tantummodo veneni ab ea parati, naribus abscisam truncatamque auribus, spolians decore naturali, patri suo ad Gallias remiserat, ut turpe funus miseranda semper offerret et crudelitas,
185 qua etiam moverentur externi, vindictam patris efficacius impetraret. Attila igitur dudum bella concepta Gyzerici redemptione parturiens, legatos in Italia ad Valentinianum principem misit, serens Gothorum Romanorumque discordia, ut, quos proelio non poterat concutere, odiis internis elideret, asserens, se rei publicae eius amicitias in nullo violare, sed contra Theoderidum Vesegotharum regem sibi esse certamen. unde cum excipi libenter optaret, citera epistula usitatis salutationum blandimentis
186 oppleverat, studens fidem adhibere mendacio. pari etiam modo ad regem Vesegotharum Theoderidum dirigit scripta, hortans, ut a Romanorum societate discederet

---

*H P V L A S (finit 6 comperiens) O B X (Y Z). Paulus h. R. 14, 3 (a 13 Attila).*

1 boculam] HPV*L*, buculam V*b*ABXY, baculam O    conspicerit O    nec] ne L    2 incaute LSO, bucula incaute B    3 caluerat B*a*    effossumque (effossum L) pr. ad a. defert om. XYZ attiliam O    quod S    mun. ille A    4 magnanimus AXY    arbitratur] LAOBY, arbitrator HPV, arbitrabatur X    tot. m. OB    et] ut L    5 mortis L    sibi om. L*a*    concessam] cessam SO    6 urbis XYZ    paratum S    gyzericus] HPBXYZ, gizericus VAO, om. L    7 uuandolorum O    memorabimus O    uuisigothorum X    8 precipitem O    theodoridus] PVXYZ, theodoritus B, theoderidus HA*b*, theoridus A*a*, theodericus LO    uuisigothorum XYZ    9 hunnerico VB, unerico O, aperico XYZ    gyzerici] HPVY, gizerici LAB, gezerici O, giserichi X    congugio O    10 in om. O    trucolentus O    tantomodo O    11 ueneni] ueni O    ab ea parati] eam putatis B    abscisam truncatamque auribus om. OB    12 ut] scilicet ut A    miseranda] miserere L    13 quo B    moueretur L    externium dictam O    imperaret B, imperarit O    attilia O    14 gyzerici] HVB, gizerici L, giserici PA, gezerici O, a gyzerici Y, a gyserici X    redemptione... ualentinianum om. O    riens legatos om. in transitu a pag. ad pag. B*a*    legatis L    italiam PABXY    ualentianum P    15 principem om. A    serens] referens XYZ    romanorum gothorumque A discordiam LAOBXY    16 int. od. A    se om. L    amicitiis L    17 uiolare... regem om. O theodoridum Z, theodoritum B, theodericum L    ues. (uuisigothorum XYZ) reg. om. A    18 cum] eum AOB    citera epistula] HP, cetera epistola VXZ, c(a)etera epistu(vel o)la LAOBY    blamentis O    19 opplerat P, oppleberat O    adhibe O, adhiberi XYZ    mendacium L    ecia O uuisigothorum XYZ    20 theodoridum Z, theodoritum OB, theodericum L, om. A    scriptum OB disceret B

---

1) *Priscus fr. 8 p. 91 Muell.*: ἔσεσθαι δὲ οὐκ εἰς μακρὰν τῆς παρούσης αὐτῷ (Attilae) δυνάμεως αὔξησιν· σημαίνειν καὶ τοῦτο τὸν θεὸν τὸ τοῦ Ἄρεος ἀναφήναντα ξίφος, ὅπερ ὂν ἱερὸν καὶ παρὰ τῶν Σκυθικῶν βασιλέων τιμώμενον, οἷα δὴ τῷ ἐφόρῳ τῶν πολέμων ἀνακείμενον, ἐν τοῖς πάλαι ἀφανισθῆναι χρόνοις, εἶτα διὰ βοὸς εὑρεθῆναι.
2) c. 33, 170.
3) *Priscus fr. 15 p. 98 Muell.*: ἔχειν αὐτῷ (Attilae) ἐδόκει καλῶς ... ἐς τὴν ἑσπέραν στρατεύεσθαι τῆς μάχης αὐτῷ μὴ μόνον πρὸς Ἰταλιώτας, ἀλλὰ καὶ πρὸς Γότθους καὶ Φράγγους ἐσομένης, πρὸς μὲν Ἰταλιώτας ὥστε τὴν Ὀνωρίαν μετὰ τῶν χρημάτων λαβεῖν, πρὸς δὲ Γότθους χάριν Γιζερίχῳ κατατιθέμενον.

recoleretque proelia, quae paulo ante contra eum fuerant concitata. sub nimia feritate XXXVI
homo subtilis ante quam bella gereret arte pugnabat. tunc Valentinianus imperator
ad Vesegothas eorumque regem Theoderidum in his verbis legationem direxit: 'pru- 187
'dentiae vestrae est, fortissimi gentium, adversus orbis conspirare tyrannum, qui op-
'tat mundi generale habere servitium, qui causas proelii non requirit, sed, quidqnid
'commiserit, hoc putat esse legitimum. ambitum suum brachio metitur, superbiam
'licentia satiat; qui ius fasque contemnens, hostem se exhibet et naturae. cunctorum
'etenim meretur hic odium, qui in commune omnium se adprobat inimicum. recor- 188
'damini, quaeso, quod certe non potest oblivisci, ab Hunnis non per bella, ubi com-
'munis casus est, fusum, sed, quod graviter anget, insidiis appetitum. ut de nobis
'taceamus, potestis hanc inulti ferre superbiam? armorum potentes favete propriis
'doloribus et communes iungite manus. auxiliamini etiam rei publicae, cuius mem-
'brum tenetis. quam sit autem nobis expetenda vel amplexanda societas, hostis
'interrogate consilia'. his et similia legati Valentiniani regem permoverunt Theodo- 189
ridum. quibus ille respondit: 'habetis', inquid, 'Romani, desiderium vestrum; fe-
'cistis Attilam et nobis hostem. sequimur illum quocumque vocaverit, et quamvis
'infletur de diversis gentium victoriis, norunt tamen Gothi confligere cum superbis.
'nullum bellum dixerim grave, nisi quod causa debilitat, quando nil triste pavet, cui
'maiestas adriserit'. adclamant responso comites duci, laetus sequitur vulgus. fit 190
omnibus ambitus pugnae, hostes iam Hunni desiderantur. producitur itaque a rege
Theodorido Vesegotharum innumerabilis multitudo; qui quattuor filios domi dimissos,
id est Friderichum et Eurichum, Retemerim et Himnerith secum tantum Thorismud
et Theodericum maiores natu participes laboris adsumit. felix procinctum, auxilium
tutum, suave collegium habere solacia illorum, quibus delectat ipsa etiam simul subire discrimina. a parte vero Romanorum tanta patricii Aetii providentia fuit, cui 191

*H P V L A O B X (Y Z). Paulus l. c. (ad 14 Theodoridum).*

1 recolleretque porelia *O*   ante paulo *L*   concitatae *P*   2 subtiliter *L*   quam om. *O*
artem *O*   ualentianus *HO*, om. *A*   3 uuisigothos *XYZ*   eorumque regem theoderidum (theode-
ri*ʷ*um *Lª*, theodericum *LᵇO*, theodoridum *XZ*, theodoritum *B*), om. *A*   4 fortissime *VOB*   urbis
*OB*   conspiraret *HP*, conspirauere *L*   tyrannum *H*   opta *O*   5 generalem *O*   causas
proelii non requirit (requirat *Oª*)] praelia non reliquerit *L*   quidquid] *HPVO*, quicquid *LABXY*   6 com-
miserit] commiserunt *O*, consenserit *L*   bachio *V*, bratio *O*   mentitur *P*   7 licentia satiat] li-
centiat *OB*   se om. *XY*   et om. *BXY* (non *Duac.*)   8 hic om. *A*   se om. *L*   adpro-
probat *P*   9 non p. b. u. communis om. *OB*   10 fusum] fusus *B*, fusnm me *malim*   grauiter]
grauit (*sic*) *A*   anget] *HPVA*, angent *L*, angit *XYZ*, agit *OB*   insidiis] ins. agit *OB*   ut de]
unde *OB*   11 potentis *OB*, potestatis *XY*, potestates *Z*   inultis *B*   ferres *P*   potentes]
postest*ª*tes (*sic*) *A*   fauete] faueret *O*   propriis] prope artis *OB*   13 autem] aut *O*, enim *XYZ*
uel] aut *XY*   hostis] *XY*, hostes *OB*, hos *HPVA*, hoc *L*   14 interragate *B*   his et] his et his
*LYZ* (*non X*)   similia] similibus *ABY*   ual. regem (regis *L*)] regem ualentiniani *B*   permouere
*B*   theodoridum] *HPᵇ*, theodoridum *PªVXᵇY*, thederidum *Xª*, theodericum *L*, theodoritum *B*, theodorito *O*, theod *A*   16 attillam *P*, atilam *O*   quocumque] quoque *O*   17 diuersis gentium] *XY*,
diuersis gentibus et *OB*, superbarum gentium *HPVLA*   18 bellum om. *Bª*   direxerim *L*   quod]
quae *A*   delibitat *B*   pauit *OXYZ*   cui mai.] cumagestas *O*   19 ducis *OBXY*   laetum *AOBY*
20 rege theoderido *A*, theodorido r. *VXY*, theodorido r. *Z*, r. theodorito *O*, theodorito r. *B*   21 uesigotharum *L*, uuisigothorum *XY*   multitudo] exercitus *A*   filiis *ABXY*   domis *A*   dimissis
*AOBXY*   22 fridericum *XZ*, friderchum *V*, friderico *B*, frederico *AO*, fredericum *Y*   eurichum]
*HPVLX*, euricum *YZ*, eurico *A*, turico *OB*   retemerim] *HPVLO*, retemere *A*, recemerim
*XYZ*   himnerith] *HPVXYZ*, ymnerit *A*, biderich *Lª*, himderich *Lᵇ*, himmerit *B*, himmert *O*   tan-
tum] tamen *A*   thorismud] *HPVL*, torismud *A*, thorismod *OB*, thorismund *XYZ*   23 theodoricum
*B*   participes] principes *OB*   laboris *VLAOBXY*, labores *HP*   adsummit *O*   procinctus
*AB*   auxilium tutum] auxiliantum *OB*   24 suaue] sueue *Bª*   sol. et sol. *B*   quibus] quos
*AXY*   simul om. *L*   sabire *Pª*   25 aperte *V*   uero] uiro *O*   aecii *P*, aethii *AO*

14*

XXXVI tunc innitebatur res publica Hesperiae plagae, ut undique bellatoribus congregatis adversus ferocem et infinitam multitudinem non impar occurreret. hi enim adfuerunt auxiliares: Franci, Sarmatae, Armoriciani, Liticiani, Burgundiones, Saxones, Ripari, Olibriones, quondam milites Romani, tunc vero iam in numero auxiliarium exquisiti, aliaeque nonnulli Celticae vel Germanie nationes. convenitur itaque in campos Catalaunicos, qui et Mauriaci nominantur, centum leuvas, ut Galli vocant, in longum tenentes et septuaginta in latum. leuva autem Gallica una mille et quingentorum passuum quantitate metitur. fit ergo area innumerabilium populorum pars illa terrarum. conseruntur acies utraeque fortissimae: nihil subreptionibus agitur, sed aperto Marte certatur. quae potest digna causa tantorum motibus invenire? aut quod odium in se cunctos animavit armari? probatum est humanum genus regibus vivere, quando unius mentis insano impetu strages sit facta populorum et arbitrio superbi regis momento defecit quod tot saeculis natura progenuit.

XXXVII Sed antequam pugnae ipsius ordinem referamus, necessarium videtur edicere, quae in ipsis bellorum motibus acciderunt, quia sicut famosum proelium, ita multiplex atque perplexum. Sangibanus namque rex Alanorum metu futurorum perterritus Attilae se tradere pollicetur et Aurelianam civitatem Galliae, ubi tunc consistebat, in eius iura transducere. quod ubi Theodoridus et Aetius agnoverunt, magnis aggeribus eandem urbem ante adventum Attilae struunt, suspectumque custodiunt Sangibanum et inter suos auxiliares medium statuunt cum propria gente. igitur Attila rex Hunnorum tali perculsus eventu diffidens suis copiis metuit inire conflictum. inter que fugam revolvens ipso funere tristiorem, statuit per aruspices futura inquirere. qui more solito nunc pecorum fibras, nunc quasdam venas in abrasis ossibus intuentes Hunnis infausta denuntiant: hoc tamen quantulum praedixere solacii, quod summus

hostium ductor de parte adversa occumberet relictamque victoriam sua morte trium- XXXVII
phum foedaret. cumque Attila necem Aetii, quod eius motibus obviabat, vel cum
sua perditione duceret expetendam, tali praesagio sollicitus, ut erat consiliorum in
rebus bellicis exquisitor, circa nonam diei horam proelium sub trepidatione committit,
ut, si secus cederet, nox imminens subveniret.
    Convenere partes, ut diximus, in campos Catalaunicos. erat autem positio loci XXXVIII
declivi tumore in editum collis excrescens. quem uterque cupiens exercitus obtinere, 197
quia loci oportunitas non parvum benificium confert, dextram partem Hunni cum suis,
sinistram Romani et Vesegothae cum auxiliariis occuparunt, relictoque de cacumine
eius iugo certamen ineunt. dextrum itaque cornum cum Vesegothis Theoderidus tenebat, sinistrum Aetius cum Romanis, conlocantes in medio Sanguibanum, quem superius rettulimus praefuisse Alanis, providentes cautioni militari, ut eum, de cuius
animo minus praesumebant, fidelium turba concluderent. facile namque adsumit
pugnandi necessitatem, cui fugiendi inponitur difficultas. e diverso vero fuit Hunno- 198
rum acies ordinata, ut in medio Attila cum suis fortissimis locaretur, sibi potius rex
hac ordinatione prospiciens, quatenus inter gentis suae rubor positus ab imminenti
periculo redderetur exceptus. cornua vero eius multiplices populi et diversae nationes,
quos dicioni suae subdiderat, ambiebant. inter quos Ostrogotharum praeminebat exer- 199
citus Valamire et Theodemire et Videmere germanis ductantibus, ipso etiam rege, cui
tunc serviebant, nobilioribus, quia Amalorum generis eos potentia inlustrabat; eratque
et Gepidarum agmini innumerabili rex ille famosissimus Ardaricus, qui ob nimiam
suam fidelitatem erga Attila eius consiliis intererat. nam perpendens Attila sagacitate
sua, eum et Valamerem, Ostrogotharum regem, super ceteros regulos diligebat. erat 200

XXXVIII namque Valamir secreti tenax[1], blandus alloquio, dolis gnarus; Ardaricus fide et consilio, ut diximus[2], clarus. quibus non inmerito contra parentes Vesegothas debuit credere pugnaturis. reliqua autem, si dici fas est, turba regum diversarumque nationum ductores ac si satellites notibus Attilae attendebant, et ubi oculo annuisset, absque aliqua murmuratione cum timore et tremore unusquisque adstabat, aut certe, quod iussus fuerat, exequebatur. solus Attila rex omnium regum super omnes et pro omnibus sollicitus erat. fit ergo de loci, quem diximus, oportunitate certamen. Attila suos diriget, qui cacumen montis invaderent, sed a Thorismundo et Aetio praevenitur, qui eluctati collis excelsa ut conscenderent, superiores effecti sunt, venientesque Hunnos montis benificio facile turbaverunt.

XXXIX     Tunc Attila cum videret exercitum causa praecedente turbatum, tali eum ex tempore credidit alloquio confirmandum. 'post victorias tantarum gentium, post orbem, 'si consistatis, edomitum, ineptum iudicaveram tamquam ignaros rei verbis acuere. 'quaerat hoc aut novus ductor aut inexpertus exercitus. nec mihi fas est aliquid 'vulgare dicere, nec vobis oportet audire. quid autem aliud vos quam bellare con- 'suetum? aut quid viro forti suavius, quam vindicta manu querere? magnum munus 'a natura animos ultione satiare. adgrediamur igitur hostem alacres: audaciores sunt 'semper, qui inferunt bellum. adunatas dispicite dissonas gentes: indicium pavoris 'est societate defendi. en ante impetum nostrum terroribus iam feruntur, excelsa 'quaerunt, tumulos capiunt et sera paenitudine in campos monitiones efflagitant. 'nota vobis sunt quam sint levia Romanorum arma: primo etiam non dico vulnere, 'sed ipso pulvere gravantur, dum in ordine coeunt et acies testudineque conectunt. 'vos confligite perstantibus animis, ut soletis, despicientesque eorum aciem Alanos 'invadite, in Vesegothas incumbite. inde nobis cita victoria quaerere, unde se continet bellum. abscisa autem nervis mox membra relabuntur, nec potest stare corpus,

---

*H P V L A O B (deficit folio exciso 2 in quibus) X (Y Z).*

1 uualamir *B*, ualamer *XYZ*, uualamer *O*, uualamar *L*    dolis gnarus] *HPVL*, dolis ignarus *AO*, doli ignarus *BXY*    ardarich *OBX*, adarich *Y*    fide et c. ut d. clarus (cl. ut d. *B*) *om. H*    2 uesogothas *L*, uuisigothas *X*, uuisigothos *YZ*    3 pugnaturus *L*, pugnatoris *O*    autem] enim *XY*    4 nationum] gentium *Y*, *om. X*    si *om. A*    notibus] *HP*, nutibus *VLAOXY*    *post* attilae *ins.* adtile si dici fas est *L*    annuissit *O*    5 murm. al. *A*    unoquoque *L*    atstabat *O*    6 exequabatur *L*    solus] sed solus *O*    regum *om. A*    7 attila suos] attilaeuos *L*    8 diriget] *HPVL*, dirigit *AOXY*    muntis inuaderint *O*    9 conscenderant *XY*, *recte puto*, conscinderint *O*    11 eum tali *O*    12 crededit *P*, credit *AO*    urbem *O*    13 si consistatis] si consistebatis *L*, sic constitutis *O*    rei] re *L*ᵃ, regis *L*ᵇ, *om. XYZ*    14 aut] autem *O*    doctor *VLO*    aut] autem *O*    15 uulgurae ducere *L*    uobis] *HPVLOZ* Duac., uos *AXY*    oportit *PO*    autem] enim *XY*    uos] uobis *A*    consuetum] consueti *O*, consuestos *XY*: consuestis *Malatestianus*    16 uindicta] *HPVO*, uindictam *LAXY*    manu] mannu *P*, manuque *O*    magnum *om. XYZ* (habet Duac.)    munus] minus *L*    17 animos] animum *O*    hostes *A*    18 qui] qua *L*    19 defend *O*    nostrum *om. O*    20 queruntur *O*    campis *AXY*    monitiones] *HPVL*, munitiones *AOXY*    efflagitantur *O*    21 nota uobis (nobis *O*) sunt] notum est uobis *XYZ*    sint] sunt *XY*    dicam *A*    22 ordinem *XYZ*    testudineque] *HPV*, testodinemque *O*, testudinesque *LXYZ*, testudine *A*    conectant *L*    23 praestantibus *A*    acies *O*    24 in uuisigothos *XYZ*, uesegothis *A*    incombite *O*    nobis] nobis est *O*, nobis erit *XYZ*    citam uictoriam *AXY*    se (*om. L*) cont. bell.] bell. se cont. *A*    25 abcisis *A*    autem] enim *XY* (*non* Duac.)    delabuntur *XZ* (*non* Duac.), dilabuntur *AY*    nec] ne *A*

---

[1] *Cassiodorius* (supra p. 76 not. 1): Vnalamer ... enituit fide.
[2] c. 38, 199.

'cui ossa subtraxeris. consurgant animi, furor solitus intumescat. nunc consilia, XXXIX
'Hunni, nunc arma depromite: aut vulneratus quis adversarii mortem reposcat aut 206
'inlaesus hostium clade satietur. victuros nulla tela conveniunt. morituros et in otio
'fata praecipitant. postremo cur fortuna Hunnos tot gentium victores adseret, nisi
'ad certaminis huius gaudia praeparasset? quis denique Meotidarum iter maiores
'nostros aperuit tot saeculis clausum secretum? quis adhuc inermibus cedere faciebat
'armatos? faciem Hunnorum non poterat ferre adunata collectio. non fallor eventu:
'hic campus est, quem nobis tot prospera promiserunt. primus in hoste tela coiciam.
'si quis potuerit Attila pugnante otio ferre, sepultus est'. his verbis accensi, in
pugna cuncti praecipitantur.

Et quamvis haberent res ipse formidinem, praesentia tamen regis cunctatione me- XL 207
rentibus auferebat. manu manibus congrediuntur: bellum atrox multiplex immane
pertinax, cui simile nulla usquam narrat antiquitas, ubi talia gesta referantur, ut
nihil esset, quod in vita sua conspicere potuisset egregius, qui huius miraculi priva-
retur aspectu. nam si senioribus credere fas est, rivulus memorati campi humili ripa 208
praelabens, peremptorum vulneribus sanguine multo provectus est, non auctus imbri-
bus, ut solebat, sed liquore concitatus insolito torrens factus est cruoris augmento.
et quos illic coegit in aridam sitim vulnus inflictum, fluenta mixta clade traxerunt:
ita constricti sorte miserabili sorvebant putantes sanguinem quem fuderant sauciati.
hic Theodoridus rex dum adhortans discurrit exercitum, equo depulsus pedibusque 209
suorum conculcatus vitam maturae senectutis conclusit. alii vero dicunt eum interfectum
telo Andagis de parte Ostrogotharum, qui tunc Attilanis sequebantur regimen.
hoc fuit, quod Attilae praesagio aruspices prius dixerant, quamvis ille de Aetio
suspicaret. tunc Vesegothae dividentes se ab Alanis invadunt Hunnorum caterva et 210
pene Attilam trucidarent[1], nisi providus prius fugisset et se suosque ilico intra septa

---

*H P V L A O B* (inc. 15 nam si) *X* (*Y Z*). *Paulus h. R. 14, 6 sq.* (a 11 Et quamvis).

1 cuius *O*   solitus] sollicitus *XYZ*   intumiscat *O*   2 deposcat *O*   3 uicturos] *OXY*, uicturis *A*, uicturus *HPV*, uicturo *L*   conuenient *O*   odio *L*   4 praecipiant *O*   adseret] *HPVLA*, asserit *XYZ*, adsereret *O*, recte puto   5 huius om. *L*ᵃ   preparasit *O*   inter maiores nostros aperuit *HPVLA*, aperniciter (id est aperuit iter) maioribus nostris *O*, iter maioribus nostris aperuit *XY*   6 cedere] condere *O*   7 non f.] nec f. *XYZ*, nisi f. *A*   euento *O*, om. *L*   8 promiserat *O*   hoste] *HPVOXY*, oste *L*, hostem *A*   9 attilam pugnantem *L*   otio] *HPVLA*, otium *OXY*   ascensi *P*   10 pugna] *HPV*, pugnam *LAOXY*   11 cunctatione (-nem *XY*) merentibus] *HPVLXY*, cunctationem aerentibus *O*, cunctacionem herentibus *A: fortasse* cunctationem morantibus   13 nullum *XYZ*   umquam *L*   ubi talia] et ibi tali *L*   referantur] *OXYZ*, referuntur *HPVLA*   ut nihil esset] *LA*, ut nihil esse *HPVO*, nichil esse *XZ*, nichil est *Y*   14 conspicere potuisset] conspexisset *L*ᵃ   15 aspectibus *P*ᵃ   si om. *A*ᵃ   ribulus *O*   campi om. *O*   16 multo prou. est (est om. *OB*)] prou. est multo *A*   actus *OB*   17 licore *A*   est om. *A*   18 illic] illi *V*   inflictu *L*   clade traxerunt] *OBXY*, clade detraxerunt *HPVL*, clade detraxerant *A*   19 contricti *O*   soruebant] *HPVL*, sorbebant *AOBXY*   putantes] *HPVL*, potantes *AOBXY*   fuderunt *OBXY*   20 theoderidus *VXY*, theodoritus *B*, theodotus *O*, teoridus *A*   adhortans *HPVL*, ad hortandum *A*   discurreret *OB*   ex.] per ex. *A*   que om. *A*   21 suorum] eorum *P*ᵃ   proculcatus *XYZ*   matura senectute *OB*   interfecto *P*ᵃ   22 andagagis *L*   ostrogothorum *O*   attilanis] *HPVL*, antilanis *O*, attilani *Z*, attilanum *BX*ᵇ*Y*, attilianum *X*ᵃ, attilae *A*   sequebatur *A*   23 hoc] haec *O*   dixerunt *XY*   quamuis] quam *O*, cum *B*   aethio *O*   24 suspicaretur *ABXY*   uesegothi *L*   caterua] *HPV*, cateruam *LA*, cateruas *OBXY*   25 attilam] totilam *L*   prouidus prius] prouide ille *A*   intra] contra *L*

---

[1] cf. *Cassiodorius ad a. 451*: Romani Aetio duce Gothis auxiliaribus contra Attilam in campo Catalaunico pugnaverunt, qui virtute Gothorum superatus abscessit: *Prosper neque locum nominat neque Gothis victoriae meritum tribuit.*

**XL** castrorum, quam plaustris vallatum habebat, reclusisset: quamvis fragili munimine, eo tamen quaesierunt subsidium vitae, quibus paulo ante nullus poterat muralis agger 211 obsistere. Thorismud autem regis Theodoridi filius, qui cum Aetio collem anticipans hostes de superiore loco proturbaverat, credens se ad agmina propria pervenire, nocte caeca ad hostium carpenta ignarus incurrit. quem fortiter demicante quidam capite vulnerato equo deiecit, suorumque providentia liberatus a proeliandi intentione desivit. 212 Aetius vero similiter noctis confusione divisus cum inter hostes medius vagaretur, trepidus, ne quid incidisset adversi Gothos, inquiret, tandemque ad socia castra perveniens, relicuum noctis scutorum defensione transegit. postera die luce orta cum tumulatos cadaveribus campos aspicerent nec audere Hunnos erumpere, suam arbitrantes victoriam scientesque Attilam non nisi magna clade confossum bella confugere, cum tamen nil ageret vel prostratus abiectum, sed strepens armis, tubis canebat incursionemque minabatur, velut leo venabulis praessus speluncae aditus obambulans nec audet insurgere nec desinet fremetibus vicina terrere: sic bellicosissimus rex 213 victores suos turbabat inclusus. conveniunt itaque Gothi Romanique et quid agerent de superato Attila, deliberant. placet eum obsidione fatigari, quia annonae copiam non habebat, quando ab ipsorum sagittariis intra septa castrorum locatis crebris ictibus arceretur accessus. fertur autem desperatis rebus praedictum regem adhuc et suppraemo magnanimem equinis sellis construxisse pyram seseque, si adversarii inrumperent, flammis inicere voluisse, ne aut aliquis eius vulnere laetaretur aut in potestate hostium tantarum gentium dominus perveniret.

**XLI** 214 Verum inter has obsidionum moras Vesegothae regem, fili patrem requirunt, admirantes eius absentiam, dum felicitas fuerit subsecuta. cumque diutius exploratum, ut viris fortibus mos est, inter densissima cadavera repperissent, cantibus honoratum

---

*H P V L A O B X (Y Z). Paulus l. c.*

1 quam p. uallatum] *HPV*, quam p. uallatam *L*, quae p. uallata *AOBXY*  quamuis] q. enim *A* fragili munimine (munitione *L*) eo] fragile munimen eum *O*, fragile munimentum *B*  2 subsidio *OB*  nullus om. *A*ᵃ  muralis ager *O*, mulis agger *P*ᵃ  3 resistere *L*, obsistenere *O*  thorismud] *HPVL*, thorismund *OBXY*, thorismut *A*: Torismund Theodoriti filius *Paulus 14 [15], 4*; Turismodum Theodoridi regis interfecti filium *Freculfus 2, 5, 14*  autem] enim *XYZ*  theoderidi *VXY*, teoderidi *A*, theodoriti *B cum Paulo*, theodereti *O*  collem anticipans *AOBXY*, collemancipans *HPVL*  4 hostes de] hoste *A*  superiore] *HPVXY*, superiori *LAOB*  proturbauerat] *OBXY*, deturbauerat *HPVLA*  credens om. *B*ᵃ  5 ad om. *AXY*  carpentia *O*, cappenta *B*  demicante] *HPV*, dimicantem *LAOBXY*  6 e••••••eiecit (equo deiecit *H²*) *H¹*, eoquo deiecit *O*  que om. *O*  prudentia *A*  preliendi *O*  desiuit] *PVABXYZ*, desenit *L*, desiuet *O*, deuisit *H*  7 aeius *O*  medius] *PVLAXY*, medius medius *H*, medios *OB*  uacaretur *O*  8 incedisset *O*  gothos (uuisigothos *XYZ*) inquiret (inquirit *LAXYZ*)] gothis inquirens *OB*  que om. *A*  9 relicuum] *HP*, relicum *O*, reliquam *X*, reliquum rel.  10 tumulatos cad.] *HPVAXYZ*, tot cad. *L*, cadaueribus plenos *OB*  nec] ne *B*  auderent hunos inrumpere *A*  arbitrantes] arbitrantur esse *B*  11 confossum] *HPVLAXY*, confusum *OB*, confessum *Z*  confugere] *HPVLXYZ*, confusisse *B*ᵃ, confugisse *B*ᵇ, iam fugisse *O*, fugere *A*: malim defugere  12 cum] tu *O*  nil] nichil *LXY*  uel prostr. abi.] uelut prostratus aut abiectum se demonstrabat *A*  13 uelut] sicut enim *A*  speluccae *O*ᵃ  aditos *O*ᵃ  14 desinet] *HPVL*, desinit *AOBXY*  fremetibus] *HPV*, frementibus *L*, fremitibus *AOBXY*  uicina terrae *O*, terrere uicina *B*  15 uictores s. t. inclusus (inclusis *P*) c. i. gothi om. *O*  16 deliberarent *L*  quia a. c.] *scripsi*, qui annonae copiam *HPVLABXY*, que non aequo piam *O*  17 quando] quoniam *XYZ*  ab om. *L*  ipsorum] ipsius *B*  sagittaris *L*  septra *B*  castorum *V*  18 autem] enim *XYZ*  disperatis *O*  rebus] in rebus *OB*  praedictum regem] praedictum *L*, praedictus rex *XY* adhuc et] et adhuc *XYZ*  19 suppraemo] *HP*, suppremo *V*, sub primo *A*, supremo esse *L*, in sup(p)remo *OBXY*  magnanimem] magnam nimis *XY*  inrumperint *O*ᵇ, inrumperit *O*ᵃ  20 eius om. *H* potestate] *HPVL*, potestatem *AOBXYZ*  21 tantarum hostium *O*, tantorum hostium *B*, tantarum (om. hostium) *XYZ*  dominus om. *L*  22 uesogothae *L*  filii] *H*, filii rel.  mirantes *A* 23 eius obsentiam *O*, enim absentiam (-tium *X*) *XZ*, eum absentem *Y*  24 uiri *O*  dentissima *B* cadauera] corpora *A*  honoratum] honoribus *A*

inimicis spectantibus abstulerunt. videres Gothorum globos dissonis vocibus confra- XLI
gosos adhuc inter bella furentia funeri reddidisse culturam. fundebantur lacrimae,
sed quae viris fortibus inpendi solent. nam mors erat. sed Hunno teste gloriosa,
unde hostium putaretur inclinatam fore superbiam, quando tanti regis efferri cadaver
cum suis insignibus conspiciebant. at Gothi Theodorito adhuc iusta solventes armis 215
insonantibus regiam deferunt maiestatem fortissimusque Thorismud bene gloriosos manes carissimi patris, ut decebat filium, patris exequias prosecutus. quod postquam
peractum est, orbitatis dolore commotus et virtutis impetu, qua valebat, dum in reliquis Hunnorum mortem patris vindicare contendit. Aetium patricium ac si seniorem
prudentiaeque maturum de hac parte consuluit, quid sibi esset in tempore faciendum.
ille vero metuens, ne Hunnis funditus interemptis a Gothis Romanum praemeretur 216
imperium, praebet hac suasione consilium, ut ad sedes proprias remearet regnumque,
quod pater reliquerat, arriperet, ne germani eius opibus adsumptis paternis Vesegotharum regno pervaderent graviterque dehinc cum suis et, quod peius est, miseriterque pugnaret. quod responsum non ambiguae, ut datum est, sed pro sua potius
utilitate susceptum relictis Hunnis redit ad Gallias. sic humana fragilitas dum sus- 217
picionibus occurrit, magna plerumque agenda rerum occasione intercepit. in hoc
etenim famosissimo et fortissimarum gentium bello ab utrisque partibus CLXV milia
caesa referuntur, exceptis quindecim milibus Gepidarum et Francorum, qui ante congressionem publicam noctu sibi occurrentes mutuis concidere vulneribus, Francis pro
Romanorum, Gepidas pro Hunnorum parte pugnantibus.

Attila igitur cognita discessione Gothorum, quod de inopinatis collegi solet, ini- 218
micorum magis aestimans dolum diutius se intra castra continuit. sed ubi hostium
absentia sunt longa silentia consecuta, erigitur mens ad victoriam, gaudia praesumuntur atque potentis regis animus in antiqua fata revertitur. Thorismud ergo, patre mortuo in campis statim Catalaunicis, ubi et pugnaverat, regia maiestate sub-

XLI vectus Tolosam ingreditur. hic licet fratrum et fortium turba gauderet, ipse tamen sic sua initia moderatus est, ut nullius repperiret de regni sucessione certamen.

XLII 219 Attila vero nancta occasione de secessu Vesegotharum, et, quod saepe optaverat, cernens hostium solutione per partes, mox iam securus ad oppressionem Romanorum movit procinctum, primaque adgressione Aquileiensem obsidet civitatem, quae est metropolis Venetiarum, in mucrone vel lingua Atriatici posita sinus, cuius ab oriente
220 murus Natissa amnis fluens a monte Piccis elambit. ibique cum diu multumque obsidens nihil paenitus praevaleret, fortissimis intrinsecus Romanorum militibus resistentibus, exercitu iam murmurante et discedere cupiente, Attila deambulans circa muros, dum, utrum solveret castra an adhuc remoraretur, deliberat, animadvertit candidas aves, id est ciconias, qui in fastigia domorum nidificant, de civitate foetos suos
221 trahere atque contra morem per rura forinsecus conportare. et ut erat sagacissimus inquisitor, presensit et ad suos: 'respicite', inquid, 'aves futurarum rerum providas 'perituram relinquere civitatem casurasque arces periculo imminente deserere. non 'hoc vacuum, non hoc credatur incertum; rebus presciis consuetudinem mutat ventura 'formido'. quid plura? animos suorum rursus ad oppugnandam Aquileiam inflammat. qui machinis constructis omniaque genera tormentorum adhibita, nec mora et invadunt civitatem[1]), spoliant, dividunt vastantque crudeliter, ita ut vix eius vestigia ut appa-
222 reat reliquerunt. exhinc iam audaciores et necdum Romanorum sanguine satiati per reliquas Venetum civitates Hunni bacchantur. Mediolanum quoque Liguriae metropolim et quondam regiam urbem pari tenore devastant nec non et Ticinum aequali sorte deiciunt vicinaque loca saevientes allidunt demoliuntque pene totam Italiam. cumque ad Romam animus fuisset eius adtentus accedere, sui eum, ut Priscus istoricus

---

1) cf. Cassiodorius chron. ad a. 452 (Prosper non habet): Attila Aquileiam magna vi dimicans introivit.

refert, removerunt, non urbi, cui inimici erant, consulentes, sed Alarici quondam Vesego- XLII
tharum regis obicientes exemplo, veriti regis sui fortunam, quia ille post fractam Romam non diu supervixerit, sed protinus rebus humanis excessit. igitur dum eius 223
animus ancipiti negotio inter ire et non ire fluctuaret secumque deliberans tardaret,
placida ei legatio a Roma advenit. nam Leo papa per se ad eum accedens in agro
Venetum Ambuleio, ubi Mincius amnis commeantium frequentatione transitur. qui
mox deposuit exercitatu furore et rediens, quo venerat, iter ultra Danubium promissa
pace discessit[1]), illud pre omnibus denuntians atque interminando decernens, graviora
se in Italia inlaturum, nisi ad se Honoriam Valentiniani principis germanam, filiam
Placidiae Augustae, cum portione sibi regalium opum debita mitterent[2]). ferebatur 224
enim, quia haec Honoria, dum propter aulae decus ad castitatem teneretur nutu fratris
inclusa, clam eunucho misso Attilam invitasse, ut contra fratris potentiam eius patrociniis uteretur: prorsus indignum facinus, ut licentiam libidinis malo publico conpararet.
Reversus itaque Attila in sedes suas et quasi otii penitens graviterque ferens a XLIII 225
bello cessare, ad Orientis principem Marcianum legatos dirigit, provinciarum testans
vastationem, quod sibi promissum a Theodosio quondam imperatore minime persol-
veretur[3]), et inhumanior solito suis hostibus appareret. haec tamen agens, ut erat
versutus et callidus, alibi minatus alibi arma sua commovit, et, quod restabat indignationi, faciem in Vesegothas convertit. sed non eum, quem de Romanis, reportavit 226
eventum. nam per dissimiles anteriores vias recurrens, Alanorum partem trans flumen
Ligeris considentem statuit suae redigere dicioni, quatenus mutata per ipsos belli

---

*H P V L A S (finit 2 fortunam) O B X (Y Z). Paulus l. c. (ad 10 mitterent). Freculfus l. c. (ad 8 dis-
cessit).*

1 urbi] ut urbi XYZ    erant] essent L    consulentes] consu (sic) A    halarici V    quondam]
condam P, quod O    uuisigothorum XYZ    2 obicientes (obicientem L) exemplo (exemplum LASOBXY)
ueriti regis om. H    quia] quod XYZ    ille] illi HPV, om. A    pos O    3 non diu] nodiu V[a],
diu non B, diu O    superuixerat B    excesserit A    4 an. ancipiti*ti P, anc. anim. B    5 pla-
cita OB    a om. AOB    aduenit] peruenit XYZ    accedit AB    agro uenetum] acrouentum OB
6 ambuleio] HPVAXYZ, abuleio L, amboleio OB    mentius B    7 deposito XY    exercitatu fu-
rore] HPV, exercitatus furore (-rem A) LA, excitatum furorem OB, exercitus furore XY    quo] qua O,
quia B    iter] HP[b]VXY, ite* P[a], iterum Z, item A, id est OB, om. L    8 discernens OB    9 in
italia] HPVLOXY, in italiam B, italiae A    ualentiani O    10 placidam O    debita mitterent]
debitam mitterent A, debita mitteret B, debet amitteret O    11 haec] hoc X    dec. aul. B    ad]
ac OB    nutu fr. inclusa] motu fr. inclusa O    12 clam] clandestino O[2]BXY, clardestino O[1]
eunu**co O    inuitasse] HPVL, inuitasset AODXY    13 libinis L    puplico O    conpa**raret
(conpararet H[b]) H[a]    14 itaque] namque A    suas] proprias X Duac., propria Y    odii L
15 dir.] mittens dir. A    16 quod] qua XZ, quia Y, nisi A    sibi] ibi L, ipsi O    promisso O,
promissa B    quodam L    minime] munus A    solueretur A    17 inhumanior] OBXY Duac.,
inhumaniora HPVLA    apparere V[b] (appare** V[a]) A    hae AY    tamen] tunc A    18 minatur
L    sua om. AY    testabat A    indignationis AXYZ    19 faciem om. A    conuertit]
HPVLA, retorsit OBXY    20 dissimilis O    anterioribus AB, anterioris Z    21 consedentem
LO    redigi XYZ    per ips. mut. A

---

1) *Prosper ad a. 452:* suscepit ... negotium ... papa Leo ... ita summi sacerdotis praesentia rex
gavisus est, ut et bello abstineri praeciperet et ultra Danuvium promissa pace discederet.
2) cf. *Priscus fr. 16 p. 99 Muell.:* ὁ Ἀττήλας ... τῶν ἀμφ' αὐτὸν ἄνδρας ἐς τὴν Ἰταλίαν ἔπεμπεν ὥστε
τὴν Ὁνωρίαν ἐκδιδόναι· εἶναι γὰρ αὐτῷ ἡρμοσμένην πρὸς γάμον, τεκμήριον ποιούμενος τὸν παρ' αὐτῆς πεμ-
φθέντα δακτύλιον, ὃν καὶ ἐπιδειχθησόμενον ἐστάλκει· παραχωρεῖν δὲ αὐτῷ τὸν Βαλεντινιανὸν καὶ τοῦ ἡμίσεως
τῆς βασιλείας μέρους.
3) *Priscus fr. 19 p. 99 Muell.:* ὁ Ἀττήλας μετὰ τὸ τὴν Ἰταλίαν ἀνδραποδίσασθαι ἐπὶ τὰ σφέτερα ἀνα-
ζεύξας τοῖς κρατοῦσι τῶν ἑῴων Ῥωμαίων πόλεμον καὶ ἀνδραποδισμὸν τῆς χώρας κατήγγελλεν, ὡς μὴ ἐκπεμ-
φθέντος τοῦ παρὰ Θεοδοσίου τεταγμένου φόρου.

XLIII facie terribilior immineret. igitur ab Dacia et Pannonia provinciis, in quibus tunc Hunni cum diversis subditis nationibus insidebant, egrediens Attila in Alanos movit
227 procinctum. sed Thorismud rex Vesegotharum, fraudem Attilae non inpari subtilitate presentiens, ad Alanos tota velocitate prius advenit, ibique superveniente Attilae iam motibus preparatus occurrit, consertoque proelio pene simili eum tenore, ut prius in campos Catalaunicos, ab spe removit victoriae fugatumque a partibus suis sine triumpho remittens in sedes proprias fugire compulit. sic Attila famosus et multarum victoriarum dominus dum quaerit famam perditoris abicere et quod prius a Vesegothis per-
228 tulerat abolere, geminata sustenuit ingloriosusque recessit. Thorismud vero repulsis ab Alanis Hunnorum catervis sine aliqua suorum lesione Tolosa migravit suorumque quieta pace conposita tertio anno regni sui egrotans, dum sanguinem tollit de vena, ab Ascalc suo clienti inimico nuntiante arma subtracta peremptus est. una tamen manu, quam liberam habebat, scabillum tenens sanguinis sui extitit ultor, aliquantos insidiantes sibi extinguens.

XLIV 229 Post cuius decessum Theoderidus germanus eius Vesaegotharum in regno succedens, mox Riciarium Suavorum regem cognatum suum repperit inimicum. hic etenim Riciarius affinitate Theoderidi presumens, universam pene Spaniam sibi crediderat occupandam, iudicans oportunum tempus subreptionis incomposita initia temptare regnantis.
230 quibus antea Gallicia et Lysitania sedes fuere, quae in dextro latere Spaniae per ripam Oceani porriguntur, habentes ab oriente Austrogonia, ab occidente in promuntorio sacrum Scipionis Romani ducis monumentum, a septentrione Oceanum, a meridie Lysitaniam et fluvium Tagum, qui harenis suis permiscens auri metalla trahit cum limi vilitate divitias. exinde ergo exiens Riciarius rex Suavorum nititur totas Spanias
231 occupare. cui Theodoridus cognatus suus, ut erat moderatus, legatos mittens, pacifice dixit, ut non solum recederet a finibus alienis, verum etiam nec temptare presumeret, odium sibi tali ambitione adquirens. ille vero animo pretumido ait: 'si hic 'murmuras et me venire causaris, Tolosam, ubi tu sedes. veniam; ibi, si vales, re-

---

*H P V L A O* (deficit in 17 cre folio exciso) *B X* (*Y Z*). *Paulus 14*, 2 (1 ab Dacia et Pannonia).

1 facies *L*   emineret *OB*   ab dacia] *OBXY*, a dacia *HPVA*, audacia *L*   pannia *O*   in] cum *L*   2 insedebant *O*   3 torismud *A*, thorismund *OBXY*   uuisigothorum *XY*   subditate *P*   4 persentiens *OB*   uelocitate] subtilitate *OB*   aduenit] uenit *A*   superuenientes *L*   5 consortoque *O*   6 campis catalaunicis *AB*   ab] a *L*   re•••uit (remouit *V*[b]) *V*[a]   fugatumque *O*   7 fugire] *HPVLO*, fugere *ABXY*   compluit *V*, conpulitur *O*   et mult. uict. dom. om. *L*   8 et quod] quam *XYZ*   a uesegothis] uesegothis *V*, a uesogothis *L*, ab uesegothis *B*, aduerse gothis *O*   9 geminatam *OB*[b], germinatam *B*[a]   sustenuit] *HPO*, sustinuit *VLABXY*   ingloriusque *OBXY*   recessit] *AOBXY*, secessit *HPVL*   torismud *A*, thorismund *BXY*, thorimund *O*   10 cateruuis *V*, cataeruis *O*   tolosam *AB*, t(h)olosum *XY*   11 sanguine *O*   12 ab ascalc suo] *PLO*, ab ascale suo *H*, ab ascaleruo *B*, ab scalc suo *V*, ab ascalo suo *A*, ab ascalcla suo *X*, ab ascalda suo *Y*, ab aschacla suo *Z*   clienti] *HPV*, cliente *LAOBXY*   inimico] *HPVLA*, inimicos *OBX*, inimicitias *YZ*   arma substacta *O*, armis subtractis *BXY*   tamen] tantum *XYZ*   13 quam] quod *O*   scabillum] *HPOX*, scabellum *VLABY*   sanguini *O*[a]   extitit] *HLAOXY*, extetit *P*[b]*V*, exstetit *P*[a], exstitit *B*   insidientes *O*   15 descessum *O*   theodoridus *L*, theodoritus *OB*   eius om. *XY*   uuisigothorum *XYZ, om. A*   regnum *A*   16 riciarum *OB*, riacirium *A*[1]   suouorum *O*, sueuorum *A*   inimicum] inimicum suum *B*[1]   etenim] item *OB*   17 theodoridi *L*, theodoriti *OB*   hispaniam *ABXY*   crededit *P*   18 subreptioni incomposito initio *L*   19 ante *B*   gallecia *A*   lusitania *AXY*, lisitania *L*   quae] qui *A*   hispaniae *VLABXY*   20 occani *B*   austrogoniam *BXY*, austronia *HPV*, austroniam *A*, autronia *L*   promunctario *A*   21 sacro *XYZ*   monumentum] sepulcrum *A*   22 lusitaniam *BXY*, lisitaniam *L*   fl. tag. (tagon *L*)] tag. fl. *A*   23 ricarius *A*[a]   sueuorum *A*   totas hispanias *AXYZ*, totam hispaniam *VLB*   24 theoderidus *VXY*, theodoritus *B*, theodericus *L*, theod *A*   25 discederet *A*   26 adquirens] perquirens *L*   hic] hinc *XYZ*   27 t(h)olosum *XYZ*

## GETICA.

'siste'. his auditis aegre tulit Theodoridus compacatusque cum citeris gentibus arma XLIV movit in Suavos. Burgundzonum quoque Gnudiuchum et Hilpericum reges auxiliarios habens sibique devotos. ventum est ad certamen iuxta flumen Vlbium, qui inter 232 Asturicam Hiberiamque pretermeat, consertoque proelio Theoderidus cum Vesegothis, qui ex iusta parte pugnabat, victor efficitur. Suavorum gente pene cuncta usque ad internicione prosternens. quorum rex Riciarius relicta infesta hoste fugiens in nave conscendit adversaque procella Tyrreni hoste repercussus Vesegotharum est manibus redditus. miserabilis non differt mortem. cum elementa mutauerit. Theoderidus vero 233 victor existens subactis pepercit nec ultra certamine saevire permisit, preponens Suavis, quos subegerat, clientem proprium nomine Agrivulfum. qui in brevi animu praevaricatione Suavorum suasionibus commutans neglexit imperata conplere, potius tyrranica elatione superbiens credensque se ea virtute provinciam obtinere, qua dudum cum domino suo ea subigisset. vir si quidem erat Varnorum stirpe genitus, longe a Gothici sanguinis nobilitate seiunctus. idcirco nec libertatem studens nec patrono fidem reservans. quo conperto Theodoridus mox contra eum, qui eum de regno pervaso 234 deicerent, destinavit. qui venientes sine mora in primo eum certamine superantes congruam factorum eius ab eo exigerunt ultionem. captus namque et suorum solacio destitutus capite plectitur, sensitque tandem iratum, qui propitium dominum crediderat contemnendum. tunc Suavi rectoris sui interitum contuentes locorum sacerdotes ad Theoderidum supplices direxerunt. quos ille pontificali reverentia suscipiens non solum inpunitatem Suavorum indulsit, sed ut sibi de suo genere principem constituerent, flexus pietate concessit. quod et factum est, et Rimismundum sibi Suavi regulum

---

*H P V L A O (incipit 4 consertoque) B X (Y Z).*

1 aegre tulit] *B*, hec rettulit *HP*, haec retulit *VAXYZ*, hec retulit *L* theoderidus *VAXY*. theodoritus *B* compagatusque *H*, cumpacatusque *A* citeris] *HP*, ceteris *rel.* 2 sueuos *LA* burgudzonum *X*, bungundionum *B¹*, burgundionum *AB²* gnudiuchum] *HPVLXYZ*, gnudiacum *B*, gnuncdiuchium *A* bihperichum *L* 3 fluuium *B* ulbium] *HPVLᵇAXYZ*, uebium *Lᵃ*, urbium *B* qui] quod *A* 4 astoricam *L*, asturiam *A* consortoque *Oᵃ*, conserto *A* theoderidus *Z*, theodoritus *OB* 5 iuxta *VAY* pugnabant *A* suauorum] sueuorum *A*, suorum *L* gente p. cuncta] *HPVL*, gentem *hic*, pene cunctam *post* internicionem *collocat B*, gentes p. cunctas *OB*, gentem pene *Y*, gentem pene totam *XZ* ad *om. L* 6 internicione] *HP*, internitione *V*, internitionem *LOBY*, internetionem *X*, internecionem *A* riciarius *om. A* relicto *AXYZ* infesta hoste] *HPL*, hoste infesta *V*, infesta hostem *O*, infesto hoste *AXYZ*, infecta uictoria hostem *B* in *om. A* naue] *HPVL*, nauem *AOXY*, nauim *B* 7 que *om. O* tyrreni] Durii *Clossius* hoste] *HPVLAXYZ*, hostiis *O*, ostii *B* reperculsus *B* uuisigothorum *XYZ* man. est *A* 8 mirabiles non differens *O*, miserabilem non differens *B* cum] dum *A* elementa muta mutauerit *XYZ* theodoridus *Z*, theodoritus *B*, theodoritos *O* uero *om. A* 9 certamina *XY*, ceruamina *O*, circi omnia *B* preponens] ponens *XYZ* sueuis *A* 10 subiecerat *OB* propr. nom. *om.* *OB* acliulfum *OB*, athliuulfum *XY*, athiuulfum *Z* animu] *HPVL*, annu *O*, animum *ABXY* preuationem *L*, preuaricatores *O*, praeuaricator ex *B* 11 sueuorum *A* suasinibus *L* neglesit *P* tyrranica (*sic HP*) elatione superbiens (superuiens *PV*)] tirannide (tyrannidem *B*) superueniens *OB* 12 prouincia] pronuntia *O* optenere *O* qua] quia *L*, quam *A* 13 ea] eam *AOBXY* subigisset] *HPV*, subegisset *LAXYZ*, subiecisset *OB* uir] ut *OB* uuarnorum *OB*, uarmorum *XYZ* gothice sanguis *O* 14 libertetem *P*, libertati *AB* 15 reseruans] seruans *AOB* theoderidus *V.Y*, theodoritus *OB* peruasum *L* 16 deicerent *L* 17 congua *Lᵃ*, congrua *Lᵇ* eo] e *O* exigerunt] *HPV*, exierunt *L*, exegerunt *AOBX²Y*, exigerent *X¹* ultionem] uindictam *A* salatio *O* 18 complectitur *X* que *om.* *AOB* 19 sueui *O* rectori *O* 20 theoderidu *V*, theodoridum *Z*, theodoritum *OB* direxerit *Oᵃ*, dixerunt *V* 21 *post* inpunitatem *littera erasa H* suauorum] sueuorum *A*, suorum *L* ut] et ut *AOB*, ut et *XY* constituerint *O*, constituerunt *A* 22 flexu *V* remismundum *OB*, remissundum *YZ*, remissum dum *X* sueui *A*

**XLIV** ordinaverunt. his peractis paceque cuncta munitis, tertio decimo regni sui anno Theoderidus occubuit.

**XLV** 235 Cui frater Eurichus praecupida festinatione succedens sceva suspicione pulsatus est. nam dum haec circa Vesegotharum gente et alia nonnulla geruntur, Valentinianus imperator dolo Maximi occisus est et ipse Maximus tyrrannico more regnum invasit. quod audiens Gyzericus rex Vandalorum ab Africa armata classe in Italiam venit Romaeque ingressus cuncta devastat. Maximus vero fugiens a quodam Vrso, 236 milite Romano, interemptus est[1]. post quem iussu Marciani imperatoris Orientalis Maiurianus Occidentale suscepit imperium gubernandum. sed et ipse non diu regnans, dum contra Alanos, qui Gallias infestabant, movisset procinctum, Dertona iuxta fluvium Hyra cognomento occiditur. cuius locum Severus invasit[2]. qui tertio anno imperii sui Romae obiit. quod cernens Leo imperator, qui in Orientali regno Marciano successerat, Anthemium patricium suum ordinans Romae principem distinavit[3]. qui veniens ilico Recimerem generum suum contra Alanos direxit, virum egregium et pene tunc in Italia ad exercitum singularem. qui et multitudine Alanorum et regem eorum 237 Beorgum in primo statim certamine superatos internicioni prostravit. Euricus ergo, Vesegotharum rex, crebram mutationem Romanorum principum cernens Gallias suo iure nisus est occupare. quod conperiens Anthemius imperator Brittonum solacia postulavit. quorum rex Riotimus cum duodecim milia veniens in Beturigas civitate Oceano e na-

---

*HPVLAOBX(YZ).* Rav. 4, 19 p. 218 ad v. 11: per Pannonias transeunt plurima flumina, inter cetera ... Ira. *Paulus h. R. 15, 1* (10 iuxta fluvium et 15 qui — 16 prostravit). *Freculfus 2, 5, 17* (13 qui — 16 prostravit).

1 pacemque *O* cunctis *ABXY* monitis *LO* theodoridus *Z*, theodericus *LA*, theodoritus *OB* 3 euricus *OB*, eurchus *A*, eurichius *X*[a] praecupida] percupida *B*, cupida *O* suscendens *O* sceua] *HPVLAO*, seua *BXY* 4 uisigothorum *XYZ*, gothorum *A* gente] *H*, gentem rel. ualentianus *O* 5 maximi· *L*, maximis *B*[a] est om. *O* tyrrannico] *HP*, ty(vel i)rannico rel. 6 gyzericus] *HPVYZ*, gizericus *LAOBX* uuandororum *L*[a] armata] arma *O* italia *O* 7 romamque *AOBXY* cuncta om. *OB* orso *OB*, urso nomine *A* 8 quem] quam *O* orientalis] occidentis *A* 9 maiurianus] *HPVL*, maiorianus *AOB*, maurianus *XYZ* gub. om. *A* et om. *L* regnas *O* 10 dum] iam *O* alonos *O*[a] monuisset *L*, mouisse *O* dertona] *HPVL*, detorna *A*, idergonia *O*, idergona *B*, desetona *XYZ* 11 hyra] *HPVL*, hira *AXY*, ira *OB* Rav., Hiriam *Paulus* cognomento om. *HPVLA* occidit *O* seuerus] reuersus *XZ*, om. in hiatu *Y* 12 obiit] occubuit *O* 13 suum om. *A* romae om. *L* distenauit *P*, ordinauit *OB* 14 uenient *O* recimerem] *HPV Frec.*, ricimerem *LAOB*, regimerem *XYZ* generem *O* albanos *L* dixit *V* uerum *O* gregium *P* pene] pe *L* 15 tunc om. *A* italiam *O* exercitium *LOXY* qui et] qui *B*, om. *O* multitudine] *HPV*, multitudinem *LAOBXY* 16 beorgum] *HPVLAXY Frec.*, beurgum *OB* superatus *O*, superans *A* internicioni] *H*, internecioni *PV*, internitioni *LOB*, internetione *X*, internione *Y*, ad internecionem *A* euricus] theodoridus *Frec.* hic et deinceps ergo] uero *B* 17 uuisigothorum *XY* crebra mutatione *O*, crebam mutationem *B* 18 compesoens *A* imp.] *HPVLAXY Frec.*, imp. protinus *O* sol. britonum *OB* postulauit om. *A* 19 rioti***mus *P*[a], riotbimus *OB*, riutimud *A*: Rotimus *Frec.* milibus *AOB*[b]*XY* beturicas *HPVL*, bituricas *A*, ueturgas *OB*, ueturiga *XYZ* ciuitate] *HPVLXY*, ciuitatem *AOB*

---

[1] cf. *Marcellinus ad a. 455*: Valentinianus princeps dolo Maximi patricii .... truncatus est. idem Maximus invasit imperium tertioque tyrannidis suae mense membratim Romae a Romanis discerptus est. Gensericus rex Wandalorum .... ex Africa Romam ingressus est eaque urbe rebus omnibus spoliata cet.

[2] cf. *Marcellinus ad a. 461*: Maiorianus Caesar apud Dertonam iuxta fluvium qui Hira dicitur interemptus est: locum eius Severus invasit. cf. *Roman. c. 335*, ubi ut in sequentibus auctor ex Geticis hausit, sed alia aliunde adsumpsit.

[3] cf. *Marcellinus ad a. 467*: Leo imperator Anthemium patricium Romam misit imperatoremque constituit.

vibus egresso susceptus est. ad quos rex Vesegotharum Eurichus innumerum duc- XLV 238
tans advenit exercitum diuque pugnans Riutimum Brittonum rege, antequam Romani
in eius societate coniungerentur, effugavit. qui amplam partem exercitus amissam
cum quibus potuit fugiens ad Burgundzonum gentem vicinam Romanisque in eo tempore foederatam advenit. Eurichus vero rex Vesegotharum Arevernam Galliae civitatem *occupavit* Anthemio principe iam defuncto: qui cum Ricemere genero suo in- 239
testino bello saeviens Romam trivisset, ipseque a genero peremptus regnum reliquid
Olybrio¹). quo tempore in Constantinopolim Aspar primus patriciorum et Gothorum
genere clarus cum Ardabure et Patriciolo filiis, illo quidem olim patricio, hoc autem
Caesare generoque Leonis principis appellato, spadonum ensibus in palatio vulneratus
interiit²). et necdum Olybrio octavo mense in regno ingresso obeunte³), Glycerius apud
Ravennam plus presumptione quam electione Caesar effectus⁴). quem anno vix expleto Nepus Marcellini quondam patricii sororis filius a regno deiciens in Porto Romano episcopum ordinavit⁵). tantas varietates mutationesque Eurichus cernens, ut 240
diximus superius, Arevernam occupans civitatem, ubi tunc Romanorum dux praeerat
Ecdicius nobilissimus senator et dudum Aviti imperatoris, qui ad paucos dies regnum
invaserat, filius (nam hic ante Olybrium paucos dies tenens imperium ultro secessit
Placentia, ibique episcopus est ordinatus). huius ergo filius Ecdicius, diu certans cum
Vesegothis nec valens antestare, relicta patria maximeque urbem Arevernate hosti, ad

---

*H P V L A O B X (Y Z). Freculfus 2, 5, 17 (a 5 Eurichus).*

1 egressio P, egressus OBY, egrediens A    uuisigothorum XYZ, om. A    2 exercitu O    rio-
thimum OB, riotimum XY, riutimud HPVLA, Rottimum Frec.    brittonum om. A    rege] HPV,
regem LAOBXY    3 societatem XY    effugauit] effucauit P, fugauit XY, superauit B, om. O    ampla
parte ABXY    amissa AOBXY, admissa Z    4 burgundzonum] HPVLXYZ, burgundionum AOB Frec.
que om. OB    5 uuisigothorum XYZ, om. A    areuernam] HPVLOXZ, aruernam ABY Frec.
galliam O    ciu.] urbem A    occupauit] B, om. rel.: cf. v. 15    6 antemio principem O
ricemere] A, recimere O, ricimere B, ritemere HPV Frec., ricimero L, regemere Z, regimere Y, regemerem
X    genere HB    suo om. O    7 romam] romaniam OB    triuesset O    interemptus A
regnum om. O    reliquid] HPVLOB, reliquit rel.    8 olibro    constantinopolim] HPVLAO, -l
BXY    primus primus L    et g. genere] PVLOBXY Frec., ex g. genera H, ex g. genere A    9 patritio Oᵃ, patritiolo Oᵇ    autem] enim XYZ    10 cessare Oᵃ    appellatuspadonum sibus O
11 necdum ... obeunte] nocte OB    in regnum XY, regnum A    glizerius A    12 quam] quem
X    electionem O    effectus] eff. est AOB    13 nepus] HPVLOXY, nepos AB    marcellini O
quondam] quidem OB    porto] HPVL, parto O, portu ABXY    14 ordinauit] add. et ipse regnum
obtinuit Frec.    15 superius om. A    areuernam] HPVLOXY²Z, aruernam ABY¹    occupans] rel.
et Frec., occupat OB    ciu.] urbem A    16 ecdicius] HPV Frec., aecdicius A, et dicius LXYZ, et
decius O, decius B    dudum *collocari debuit ante* imperatoris    abiti O    17 ante] ante hoc O
paucis diebus A    secessit] recessit OBXY    18 placentia] HPVL, placentiam AOBXY    ibique]
ubi et A    ep. (episcopus om. LO) est] est ep. XY    ecdicius] hecdicius V, et dicius XYZ, et decius O, decius B, om. A    19 antestare] resistere A    maximaque OXYZ    urbem] PVL, urbe
AOBXY, om. H    areuernate] O, aruernate B, aruerna A, preuernace XYZ, praeuernatem HPV, preuer-
natem L: Gothi capta civitate Arvernorum Narbonam etiam invadunt Frec.    hosti] hostem L, om. O

---

1) *cf. Marcellinus ad a. 472:* VIII id. Nov. Anthemius imp. Romae a Ricimere genero suo occiditur.
loco eius Olybrius substitutus.

2) *cf. Marcellinus ad a. 471:* Aspar primus patriciorum cum Ardabure et Patriciolo filiis, illo quidem
olim patricio, hoc autem Caesare generoque Leonis principis appellato, Arrianus cum Arriana prole spadonum
ensibus in palatio vulneratus interiit. *Iordanes in Romanis c. 336 pendet ex Geticis.*

3) *cf. Marcellinus ad a. 472 post supra relata not. 1:* septimo mense imperii sui vita defunctus est.

4) *cf. Marcellinus ad a. 473:* Glycerius apud Ravennam plus praesumptione quam electione Caesar factus est.

5) *cf. Marcellinus ad a. 474:* Glycerius ... a Nepote Marcellini quondam patricii sororis filio imperio
expulsus in Portu urbis Romae ex Caesare episcopus ordinatus est. *cf. Roman. c. 338.*

**XLV 241** tutiora se loca collegit. quod audiens Nepus imperator praecepit Ecdicium relictis Galliis ad se venire loco eius Orestem mag. mil. ordinatum. qui Orestes suscepto exercitu et contra hostes egrediens a Roma Ravenna pervenit ibique remoratus Augustulum filium suum imperatorem effecit[1]. quo conperto Nepus fugit Dalmatias ibique defecit privatus a regno, ubi iam Glycerius dudum imperator episcopatum Salonitanum habebat.

**XLVI 242** Augustulo vero a patre Oreste in Ravenna imperatore ordinato non multum post Odoacer Torcilingorum rex habens secum Sciros, Herulos diversarumque gentium auxiliarios Italiam occupavit et Orestem interfectum Augustulum filium eius de regno **243** pulsum in Lucullano Campaniae castello exilii poena damnavit[2]. sic quoque Hesperium Romanae gentis imperium, quod septingentesimo nono urbis conditae anno primus Augustorum Octavianus Augustus tenere coepit, cum hoc Augustulo periit anno decessorum prodecessorumue regni quingentesimo vicesimo secundo, Gothorum dehinc regibus Romam Italiamque tenentibus[3]. interea Odoacer rex gentium omnem Italiam subiugatam, ut terrorem suum Romanis iniceret, mox initio regni sui Bracilam comitem apud Ravennam occidit[4] regnoque suo confortato pene per tredecim annos usque ad Theodorici praesentiam, de quo in subsequentibus dicturi sumus, obtenuit.

**XLVII 244** Interim tamen ad eum ordinem, unde digressi sumus, redeamus, et quomodo Euricus rex Vesegotharum Romani regni vacillationem cernens Arelatum et Massiliam propriae subdidit dicioni. Gyzericus etenim Vandalorum rex suis eum muneribus ad

---

*H P V L A O B X (Y Z). Paulus h. R. 15, 8 (8 Odoacer — 9 occupavit; 10 sic — 14 tenentibus). Freculfus l. c. (ad 13 secundo).*

1 se loca] se loco $O^a$, loca se $XY$, se $A$ — colligit $XYZ$ — nepos $AB$ — praecipit $XYZ$ — ecdicium] aecdicium $A$, ledicium $P^a$, et dicium $XYZ$, decio $B$, detio $O$ — 2 galliis $LX$ — uenire] uere $V^a$, ueniere $L$ — loco eius om. $OB$ — oreste $OB$, oroste $A$ — mag mil] $HPVL$, magistro milito $O$, magistro militum $AB$, magnum uel $XYZ$ — ordinato $AOB$ — orestis $O$, om. $A$ — 3 exercito $O$ et om. $XYZ$ — hostes egr.] $LXY$, hos egr. $HPVA$, hostes ingrediens $OB$ — rauenna] $HPV$, rauennam $LAOBXY$ — peruenit] uenit $XYZ$ — agustulum $O$ — 4 efficit $OBXY$, fecit $A$ — quo conperto] $HPVLABXY$, quod concepto $O$ — nepos $AB$ — fuit $O$ — 5 deficit $O$ — dudum om. $OB$ — episcopatum] $PVLAOBXY$ Frec., episcopum $H$ — salonitanum] salotantum $O$, salutatum $B$ — 7 agustolum $O$, augustulus $A^a$ — a patre] patrem $O$ — oroste $A$ — rauenna] reuestne $L$ — imperatore om. $A$ — multo $LAXYZ$ — 8 odouacer $AOB$ — turciligorum $OB$: Torcilangorum rex Frec. — scyros $OB$ — erulos $AX$, erolos $Y$ — diuersarumque] sarumque $O$ — 9 orestem interfectum] $HPVL$ Frec., oreste (oroste $A$) interfecto $AOBXY$ — agustulum $O$ — fil. eius de om. $A$ — 10 luculano $OB$, lucano $XYZ$ — castella $P$ — dampnauit $HL$ — hisperium $O$ — 11 romae $P$ — quod om. $XY$ — septingentissimo $P$, septingensimo $O$ — anno u. c. $A$ — 13 prodecessorumue (-uae $HP$)] $HPVLABX$ Frec., praedecessorumue $OY$ — quingentissimo $O$ — uigissimo $O$ — dehinc] redehinc $P^a$ — 14 italiam romamque $A$ — adoacer $P$, odoacar $O$, odouacer $AB$ — omni italiam (italia $AB^2$) subiugata $AB$, omnem italiam adeo subiugauit $XY$ — 15 iniceret] Clossius, indiceret $HPVLAOXY$, indicaret $B$ — initiore regni $V$, in initio r. $XY$ — bracilam] $HPV^2LAXY$, bracilem $V^1$, brachilam $OB$ — 16 suo om. $A$ — confortatoque $O$ — tredecem a.] $P$, tredecim a. $VLA$, trecem a. $H$, xiiii a. $O$, quatuordecim a. $B$, annos tredecim $XYZ$ — theoderici $VLAOXY$ — 17 obtenuit] $HPVLO$, obtinuit $ABXY$ — 18 digressimus $V$ solus — 19 uuisigothorum $XY$ — regno om. $B^a$ — uallacitione $O$ — cernes $L$ — arelatu $X$ — 20 subdedit $PO$ — gyzericus] $HVBXYZ$, gizericus $PLAO$ — etenim] enim $A$ — uuandolorum $L$

---

1) cf. *Marcellinus ad a. 475*: Nepote Orestes protinus effugato Augustulum filium suum in imperium collocavit. in Romanis c. 344 auctor non ex Geticis pendet, sed ex ipsis chronicis.

2) cf. *Marcellinus ad a. 476*: Odovacer rex Gothorum Romam obtinuit. Orestem Odovacer ilico trucidavit. Augustulum filium Orestis Odovacer in Lucullano Campaniae castello exilii poena damnavit. cf. Romana c. 344.

3) haec redeunt apud Marcellinum ad a. 476 ad verbum: Hesperium — — decessorum regni — — Romam tenentibus. cf. Romana c. 345.

4) cf. *Marcellinus ad a. 477*: Bracilam comitem Odovacer rex apud Ravennam occidit.

ista committenda inlicuit, quatenus ipse Leonis vel Zenonis insidias, quas contra eum XLVII
direxerant, praecaveret, egitque, ut Orientalem imperium Ostrogothas, Hesperium Vesegothae vastarent, ut in utramque rem publicam hostibus decernentibus ipse in Africa
quietus regnaret. quod Eurichus grato suscipiens animo, totas Spanias Galliasque sibi
iam iure proprio tenens, simul quoque et Burgunzones subegit Arelatoque degens nono
decimo anno regni sui vita privatus est. huic successit proprius filius Alarichus. qui 245
nonus in numero ab illo Alarico magno regnum adeptus est Vesegotharum. nam pari
tenore, ut de Augustis superius[1] diximus, et in Alaricis provenisse cognoscitur, et
in eos saepe regna deficiunt, a quorum nominibus inchoarunt. quod nos interim praetermisso sic ut promisimus omnem Gothorum texamus originem.

Et quia, dum utrique gentes, tam Ostrogothae quam etiam Vesegothae, in uno XLVIII
essent, ut valui, maiorum sequens dicta revolvi divisosque Vesegothas ab Ostrogothis 246
ad liquidum sum prosecutus, necesse nobis est iterum ad antiquas eorum Scythicas
sedes redire et Ostrogotharum genealogia actusque pari tenore exponere. quos constat
morte Hermanarici regis sui, decessione a Vesegothis divisos, Hunnorum subditos dicioni,
in eadem patria remorasse, Vinithario tamen Amalo principatus sui insignia retinente.
qui avi Vultulfi virtute imitatus, quamvis Hermanarici felicitate inferior, tamen aegre 247
ferens Hunnorum imperio subiacere, paululum se subtrahens ab illis suaque dum nititur ostendere virtute, in Antorum fines movit procinctum, eosque dum adgreditur prima
congressione superatus, deinde fortiter egit regemque eorum Boz nomine cum filiis suis
et LXX primatibus in exemplum terroris adfixit, ut dediticiis metum cadavera pendentium geminarent. sed dum tali libertate vix anni spatio imperasset, non est passus 248
Balamber, rex Hunnorum, sed ascito ad se Gesimundo, Hunnimundi magni filio, qui

---

1) c. 46, 243.

XLVIII iuramenti sui et fidei memor cum ampla parte Gothorum Hunnorum imperio subiacebat, renovatoque cum eo foedere super Vinitharium duxit exercitum; diuque certati primo et secundo certamine Vinitharius vincit. nec valet aliquis commemorare, quanta strage de Hunnorum Venetharius fecit exercitu. tertio vero proelio subreptionis auxilio ad fluvium nomine Erac. dum utrique ad se venissent, Balamber sagitta missa caput Venetharii saucians interemit neptemque eius Vadamercam sibi in coniugio copulans iam omnem in pace Gothorum populum subactum possedit, ita tamen, ut genti Gothorum semperum proprius regulus, quamvis Hunnorum consilio, imperaret. et mox defuncto Venethario rexit eos Hunimundus, filius quondam regis potentissimi Hermanarici, acer in bello totoque corpore pulchritudine pollens[1]. qui post haec contra Suavorum gente feliciter dimicavit. eoque defuncto successit Thorismud filius eius flore iuventutis ornatus[2], qui secundo principatus sui anno contra Gepidas movit exercitum magnaque de illis potitus victoria casu equi dicitur interemptus. quo defuncto sic eum luxerunt Ostrogothae, ut quadraginta per annos in eius locum rex alius non succederet, quatenus et illius memoriae semperum haberent in ore et tempus accederet, quo Valamer habitum repararet virilem, qui erat ex consubrino eius genitus Vandalario; quia filius eius. ut superius diximus[3]. Beremud iam contempta Ostrogotharum gente propter Hunnorum dominio ad partes Hesperias Vesegotharum fuisset gente secutus. de quo et ortus est Vetericus. Veterici quoque filius natus est Eutharicus, qui, iunctus Amalasuenthae filiae Theodorici, item Amalorum stirpe iam divisa coniunxit et genuit

---

*H P V L A O B X (Y Z).*

1 sue *O*, suae *B*   goth. parte *A*   subiacendo *A*   2 eo om. *O*   uuinitharium *LBZ*, uinitarium *AY*, unitharium *X*, enitharium *O*   certantibus *B*, certando *A*   3 uuinitharius *LOBX*, ulnitarius *AY*   uicit *L*   aliquis] quisquam *A*, om. *V*ᵃ   quanta strage] *HPVLO*, quantam stragem *ABXY*   4 unnorum *V*   uenetharius] *HPVL*, uenitharius *Z*, uuinitharius *OBX*, uinitarius *AY*   exercitu *V*   uero om. *A*ᵃ   surrectionis *A*   5 nomen *A*   erac] *OB*, era *XY*, erae *HPVL*, aere *A*: ὁ Ἔραξ ἤτοι ὁ Φᾶσις *Constantinus Porphyrogenn. de adm. imp. c. 45*   uterque *OB*   uenissent] uenientes *A*   balamber] *ABY*, balamer *HPVXZ*, belamber *L*, balambyr *O*   6 uenetharii] *HPVL*, uuinitharii *OBX*, uinitarii *AY*   int.] eum int. *A*   eius om. *A*   uadamercam] *HPVLA*, uualadamarcam *OB*, ualdamarcam *XY*   compulans *B*   7 ita] interea *OB*   tamem *O*   ut] dum *B*   8 semperum] *HPV*, semper unus *OBXY*, semper *LA*   et om. *B*   9 uenethario] *HPVLZ*, uuinithario *OBX*, uinitario *AY*   hunnimundus *V*, hunimundimundus *O*, unimundus *XZ*   ermanarici *BZ*, hemanarici *P*, ermenarici *O*   10 bellio *L*   totique corporis *O*, totiusque corporis *B*, totaque corporis *XY*   quia *O*   suauorum gente (*HPV*, gentem *LOBXY*)] sueuos *A*   11 torismud *A*, thorismund *OBXY*, horismud *HPVL*   12 sui princ. *A*   13 potius *V*, pocius*O*   interemptus] interisse *XY*   14 in eius locum (loco *OB*) rex alius] rex al. in ei. loc. *A*   succederunt *O*   15 memoriam *AO*ᵇ*B*   semperum] *HPV*, semper nim *L*, superum *X*, semper eum *YZ*, semper *AOB*   accideret *B*, acciderint *O*   uualamer *L*, uualamir *OB*, ualamir *X*, ualemir *A*, uelamir *Y*   16 habitum] *XY*, abitum *A*, ambitum *OB*, obitum *HPVL*   uirilem om. *XYZ*   consubrino] *HPV*, consobrino *LAOBXY*   uuandalarico *X*, uandiliario *Y*   17 superius] iam *A*   berimud *LO*, berimund *BXYZ*, berismut *A*   hostrogotharum *L*, ostrogothorum *X*   18 dominium *LABXY*   ad om. *B*   uuisigothorum *XY*   fuisset] fuisse *O*   gente] *HPVL*, gentem *AXY*, om. *OB*   19 uet. ortus est *L*   uedericus uederici *O*, uedericus uederico *B*, ueteticus ueterico *XYZ*, uetericus cui *A*   natus est fil. *A*   euthericus *O*, eotharicus *X*, ectharicus *Z*, atharicus *Y*, euterticus *A*   iunctus *O*   20 amalasuenthe *O*, amalesuenthae *X*, amalasuentae *A*   theodoric-] *HP*, theoderic- *VLAOBXY* plerumque   amalorum] amalo *O*   stirpem iam diuisam *ABXY*

---

1) *cf. Cassiodorius supra p. 76*: enituit Vnimundus forma.
2) *cf. Cassiodorius supra p. 76*: enituit Thorismut castitate.
3) c. 33, 174.

Athalaricum et Mathesuentam. sed quia Athalaricus in annis puerilibus defunctus est, XLVIII
Mathesuenta Constantinopolim allata de secundo viro, id est Germano fratruele Iustiniani imperatoris, genuit postumum filium, quem nominavit Germanum.

Sed nobis, ut ordo, quem coepimus, decurrat, ad Vandalarii sobulem, quae trino 252
flore pullulabat, redeundum est. hic enim Vandalarius, fratruelis Hermanarici et supra
scripti Thorismudi consubrinus, tribus editis liberis in gente Amala gloriatus est, id
est Valamir Thiudimir Vidimir. ex quibus per successione parentum Valamir in regno
conscendit adhuc Hunnis eos inter alias gentes generaliter optinentibus. eratque tunc 253
in tribus his germanis contemplatio grata, quando mirabilis Thiudimer pro fratris Valamir militabat imperio, Valamir vero pro altero iubebat ornando¹). Vidimer servire
fratribus aestimabat. sic eis mutua affectione se tuentibus nulli paenitus deerat regnum, quod utrique in sua pace tenebant. ita tamen, ut saepe dictum est, imperabant,
ut ipsi Attilae Hunnorum regis imperio deservirent: quibus nec contra parentes Vesegothas licuisset recusare certamen, sed necessitas domini, etiam parricidium si iubet,
implendum est. nec aliter ab Hunnorum dominio divelli potuit gens aliqua Scythica,
nisi optata cunctis nationibus in commune et Romanis mors Attilae proveniret, quae
tam fuit vilis, ut vita mirabilis.

Qui, ut Priscus istoricus refert, exitus sui tempore puellam Ildico nomine decoram XLIX 254
valde sibi in matrimonio post innumerabiles uxores, ut mos erat gentis illius, socians
eiusque in nuptiis hilaritate nimia resolutus, vino somnoque gravatus resupinus iaceret,
redundans sanguis, qui ei solite de naribus effluebat, dum consuetis meatibus impe-
ditur, itinere ferali faucibus illapsus extinxit. ita glorioso per bella regi temulentia
pudendos exitos dedit. sequenti vero luce cum magna pars diei fuisset exempta, ministri regii triste aliquid suspicantes post clamores maximos fores effringunt inveniunt-

---

*H P V L A O B X (Y Z).* Paulus h. R. 14, 13 (a 18 Qui).

1 athlaricum *XYZ*, atalaricum *A*   mathesuentam] *AOB*, mathesuendam *H*. maathesuentham *PV*, mathesuentham *XY*, maathesuentam *L*   athlaricus *XYZ*, atharicus *O*, atalaricus *A*   2 maathesuenta *HPVLAB*, mathesuentha *X*, mathasuentha *Y*, mathesuentam *O*   allata] inlata *B*, inlatam *O*   uiro om. *OB*   germono *L*   3 postumium *L*, postulum *HPV*, sobolem *LAOBXY*   4 cepimus *A*, cupimus *OB*   uuandalarii *LOX*, uuadallarii *B*, uandyliarii *Y*   sobulem] *LAOBXY*   5 pululabat] *HPV*, pollulabat *O*, pullulabat *rel.*   hic] bin *V*   etenim *OBXY*, igitur *A*   uuandalarius *X*, uuadalaricus *B*, uandilarius *Y*   ermanarici *LOBZ*   et om. *OB*   superscripti *OB*   6 thorismundi *LAOBXY*   7 uualamir *LB uterque fere semper*, ualemir *A plerumque* (*raro ualamir*)   theodemir *OB*, theudimir *XYZ*, teodemir *A*   uuidimir *LOB*, uidemir *A semper*, uindimir *Y*   successione] *HPV*, successionem *LAOBXY*   ualamir om. *O*   regnum *LAOB*, regno (regni *YZ*) successione *XYZ*   8 hunni *O*   tunc] nunc *B*   9 his tribus *L*   theodimur *X*, theudimir *YZ*, theodemir *AOB*   10 iubatur nando *O*, iubet ornando *B*: *fortasse scr.* iuuabat ornando   uuidimer *L*, uuidimir *B*, uidimir *XZ*, uindimir *Y*   11 aestimabatur *A*   eis] eiis *L*, eius *XZ*   se tuentibus] seruientibus *A*   nulli paenitus om. *XYZ*   12 quod] quam *XYZ*   pace sua *A*   tenebat *O*   saepe] sae *P*   imperauit *OB*   13 ipse *OB*   regi *L*   imperio om. *L*   deseruiret *OB*   ne *B*   uesogothas *L*, uuisigothos *X*   14 licuisset] licuit *XY*   si paric. *OB*   iubeat *XY*, iubent *Z*   15 inplenda *A*   domino *O*   aliqua om. *A*   16 proueniret *O*, peruenerit *B*   17 uilis fuit *OBY*   18 storicus *PVL*, historicus *OBXY*   refret *O*   exitus sui] *XYZ*, exitu sui *VL*, exitii sui *HP*, dum exitii sui *A*, extinctionis sui (suae *B*) *OB*   tempus *B*   hildico *VA*, heldico *XYZ*: Ildicco *Paulus 14 [15], 9*   nomina *O*   19 matr.] matrimonium *OB*, matrimonio copulauit *L*   innumeras *L*   20 helaritate *PV*, ellaritate *O*   iaceret] iacebat *OB*   21 redundansque *B*   effluebat] *PVLAOXY*, affluebat *HB*   consuetis] in cons. *A*   22 illapsus ext.] *XY*, inlapsus (eum *ins. B*) ext. *OB*, elapsus ext. *HPVLA*   per om. *O*   23 pudendos exitus *AXYZ*, pudendos exitus *O*, pudendum exitum *B*   excepta *Bᵃ*   24 regii] regni *O*

---

¹) *cf. Cassiodorius supra p. 76:* enituit Vualamer fide, Theudimer pietate.

XLIX que Attilae sine ullo vulnere necem sanguinis effusione peractam puellamque demisso
255 vultu sub velamine lacrimantem. tunc, ut gentis illius mos est, crinium parte truncata
informes facies cavis turpavere vulneribus, ut proeliator eximius non femineis lamen-
tationibus et lacrimis, sed sanguine lugeretur virile. de quo id accessit mirabile, ut
Marciano principi Orientis de tam feroci hoste sollicito in somnis divinitas adsistens 5
arcum Attilae in eadem nocte fractum ostenderet, quasi quod gens ipsa eo telo multum praesumat. hoc Priscus istoricus vera se dicit adtestatione probare. nam in tantum magnis imperiis Attila terribilis habitus est, ut eius mortem in locum muneris
256 superna regnantibus indicarent. cuius manes quibus a sua gente honoratae sunt, pauca
de multis dicere non omittamus. in mediis si quidem campis et intra tentoria sirica 10
cadavere conlocato spectaculum admirandum et sollemniter exhibetur. nam de tota
gente Hunnorum lectissimi equites in eo loco, quo erat positus, in modum circensium
257 cursibus ambientes, facta eius cantu funereo tali ordine referebant. 'praecipuus Hun-
'norum rex Attila. patre genitus Mundzuco, fortissimarum gentium dominus, qui inau-
'dita ante se potentia solus Scythica et Germanica regna possedit nec non utraque 15
'Romani urbis imperia captis civitatibus terruit et, ne praedae reliqua subderentur,
'placatus praecibus annuum vectigal accepit¹): cumque haec omnia proventu felicitatis
'egerit, non vulnere hostium, non fraude suorum, sed gente incolume inter gaudia
'laetus sine sensu doloris occubuit. quis ergo hunc exitum putet, quem nullus aesti-
258 'mat vindicandum?' postquam talibus lamentis est defletus, stravam super tumulum 20
eius quam appellant ipsi ingenti commessatione concelebrant, et contraria invicem sibi
copulantes luctu funereo mixto gaudio explicabant, noctuque secreto cadaver terra reconditum copercula primum auro, secundum argento, tertium ferri rigore communiunt,
significantes tali argumento potentissimo regi omnia convenisse: ferrum, quod gentes
edomuit. aurum et argentum, quod ornatum rei publicae utriusque acceperit. addunt 25

---

*H P V L A O B X (Y Z). Paulus l. c. (ad 7 praesumat).*

1 ullo om. *OB*    uulnere] sanguine *Lᵃ*    effusionem *L*    dimisso *BX*, dimissu *O*    2 illi
genti *OBXYZ*    crimium *P*    partem *O*    3 cauies *O*    turpauere] *POBX*, turpauerunt *Y*,
turbauere *HVLA*    fimineis *O*, femeneis *B*, om. *L*    4 uirile] *HPVL*, uirili *AOBXY*    quo id]
quod id *O*, quod *Pᵃ*    5 feroce *OB*    6 noctem *PV*    multo *O*, multa *BXY*    7 praesume-
bat *A*    storicus *PVL*, historicus *OXY*    8 att. terribilis] terr. att. *B*, att. cerribilis *O*    habitus
(abitus *O*) est] est habitus *V*    9 indicaret *L*    quibus] q. modis *B*    honoratae sunt *BX*, honorati
sint *A*, honoratus est *Y*    10 obmittamus *L*, mittamus *V*    tenturia] *HP*, tentoria *rel*.    sirica]
*HPVL*, serica *AOBXY*    11 sollemniter] sollemne *Bᵇ*, solenne *XZ*, sollempne *Y*    de om. *L*
12 letissimi *V*, lictissimi *O*, electissimi *B*    quo erat positus] ubi p. e. *A*    circinsium curribus *O*
13 tali ordine referebant om. *L*    precipius *O*    14 mundzuco] *HPVLA*, mundzucco *B*, manduco (vel
manduico) *O*, mundzoco *Y*, munzoco *X*, muzocco *Z*    fortissumorum *O*    16 romani urbis] *HPV*, romani orbis *AXYZ*, romanae urbis *L*, romane urbes *O*, urbis romanae *B*    captis om. *B*    reliquae *A*
18 gerit *OB*    gente] in gente *H*    incolume] *HPVOB*, incolomae *L*, incolumi *AXY*    19 exituu
putet] dicat exitum *OB*    aestimet *Aᵇ*    20 str. s. t. eius om. *OB*    21 quem *X*    1. com-
missatione *O*, ingentem commessationem *L*    concelebrant] caelebrant *B*    sibi inu. *A*    22 luctum funereum *LOBXY*    mixta gaudia *A*    explicabant] *OBXY*, caelebrabant *HPVL*, celebrabant *A*
terra] et terra *Bᵃ*, est terra *Bᵇ*    23 copercula] *XYZ*, cuius fercula *HPVLAOB*    secundum argentum
tertium *L*, secundo argento tertio *OBXY*,    feri *O*    rgore *Vᵃ*    commoniunt *O*, muniunt *A*
24 talia argumenta *XYZ*    regi] regni *O*    omnia om. *XYZ*    conuenire *A*    quod] quo
*OBXY*    25 quo *XYZ*    puplice *O*    utrisque *Bᵃ*    adduntur *O*

---

1) *cf. Priscus fr. 3 p. 90 Muell.*: οὐδενὶ τῶν πώποτε τῆς Σκυθικῆς ἢ καὶ ἑτέρας ἀρξάντων γῆς τοσαῦτα
ἐν ὀλίγῳ καταπεπρᾶχθαι, ὥστε καὶ τῶν ἐν τῷ ὠκεανῷ νήσων ἄρχειν καὶ πρὸς πάσῃ τῇ Σκυθικῇ καὶ Ῥωμαίους ἔχειν ἐς φόρου ἀπαγωγήν.

arma hostium caedibus adquisita, faleras vario gemmarum fulgore praetiosas et di- XLIX
versi generis insignia, quibus colitur aulicum decus. et, ut tantis divitiis humana
curiositas arceretur, operi deputatos detestabili mercede trucidarunt, emersitque momentanea mors sepelientibus cum sepulto.

Talibus peractis, ut solent animi iuvenum ambitu potentiae concitari, inter succes- L 259
sores Attilae de regno orta contentio est, et dum inconsulti imperare cupiunt cuncti,
omnes simul imperium perdiderunt. sic frequenter regna gravat copia quam inopia
successorum. nam fili Attilae, quorum per licentiam libidinis pene populus fuit, gentes sibi dividi aequa sorte poscebant, ut ad instar familiae bellicosi reges cum populis
mitterentur in sortem. quod ut Gepidarum rex conperit Ardarichus, indignatus de tot 260
gentibus velut vilissimorum mancipiorum condicione tractari, contra filios Attilae
primus insurgit inlatumque serviendi pudore secuta felicitate detersit, nec solum suam
gentem, sed et ceteras qui pariter praemebantur sua discessione absolvit, quia facile
omnes adpetunt, quod pro cunctorum utilitate temptatur. in mutuum igitur armantur
exitium bellumque committitur in Pannonia iuxta flumen, cui nomen est Nedao. illic 261
concursus factus est gentium variarum, quas Attila in sua tenuerat dicione. dividuntur
regna cum populis, fiuntque ex uno corpore membra diversa, nec quae unius passioni
conpaterentur, sed quae exciso capite in invicem insanirent; quae numquam contra se
pares invenerant, nisi ipsi mutuis se vulneribus sauciantes se ipsos discerperent fortissimae nationes. nam ibi admirandum reor fuisse spectaculum, ubi cernere erat
contis pugnantem Gothum, ense furentem Gepida, in vulnere suo Rugum tela frangentem, Suavum pede, Hunnum sagitta praesumere, Alanum gravi, Herulum levi armatura
aciem strui. post multos ergo gravesque conflictos favit Gepidis inopinata victoria. 262
nam xxx fere milia tam Hunnorum quam aliarum gentium, quae Hunnis ferebant auxilium, Ardarici gladius conspiratioque peremit. in quo proelio filius Attilae maior natu
nomine Ellac occiditur, quem tantum parens super citeros amasse perhibebatur, ut
eum cunctis diversisque liberis suis in regno preferret; sed non fuit vota patris fortuna
consentiens. nam post multas hostium cedes sic viriliter eum constat peremptum, ut
tam gloriosum superstis pater optasset interitum. reliqui vero germani eius eo occiso 263

---

*H P V L (deficit 21 in pugnantem) A O B X (Y Z).*

1 adquesita *O*   falerans *B*ᵃ   uario] *VLOBXY*, uariam *HP*, uariarum *A*   2 aulicum] aliquod *OB*   et ut tantis] ut tot et tantis *OB*   3 trucidant *L*   emersique *B*   momentaneo *B*   5 solunt (?) *O*ᵃ   6 de regno orto *P*, orta de regno *L*   contentio] *LAOBXY*, contio *HPV*   inconsulte *A*   cuncti om. *A*   7 omne *XZ*   frequencius *A*   copia] plus copia *R*   8 att. filii *A*   libidinis] libinis *O*, om. *L*ᵃ   9 aequa] etiam *XYZ*   poscebat *B*ᵃ   instar] instar *O*   belligosi *O*   regis *OB*   cum pop. om. *L*   10 mitarentur *O*   quod ut] quodum *O*, quod dum *B*   conperit] coperit *X*, ceperit *O*   ardaricus *LAOB*   de tot g. ind. *OB*   11 conditionem *L*   12 insurget *O*   inlatuque *P*, inlatoque *B*   seruienti *P*   pudore] *HPVOB*, pudorem *LAXY*   secuta] sicut a *OB*   detersit] discessit *OB*   solum sua gente *O*, solam suam gentem *B*, suam solum gentem *A*   13 qui] quae *AOBXY*   discessione *O*   quia] quam *OB*   14 quod] qui *OB*, quae *A*   temptantur *AOB*   15 bellique *A*   nedao] *HPVLAXYZ*, netao *OB*ᵇ, neteo *B*ᵃ   17 populus *L*   fiuntque] fiunt *A*   nec] non *A*   passioni] compassioni *A*   18 conparentur *O*   quae] quem *O*   in om. *LAXY*   insanirent *O*   19 parem *L*   ipse *PLA*   se om. *XY*   sauciarent *L*   ipsas *BXY*   discerpent *O*   20 admirandum om. *OB*   21 cunctis *OB*   ense] ens *O*   gepida] *HPVO*, gepidam *ABXY*   suo rugum] suorucum *O*, suorum cuncta *B*   22 sueuum *A*   pedem *AOXYZ*   sagittam *XYZ*   halanum *XYZ*   erulum *OB*   23 strui] struere *A*, instrui *O*, instruere *B*   grauisque *O*   conflictos] *HPV*, conflictus *AOBXY*   fauet *X*   gepidos *A*   24 unorum *A*   ferebat *OB*   25 conspiratioque] *XYZ*, conspiratoque *HPVA*, conspiratorumque *OB*   natu] nat *A*   26 elac *O*, hellac *A*   parens] pater *OB*   citeros] *HP*, ceteros *rel.*   perhibebetur (sic) *B*ᵇ   27 liberis] filiis *OB*   uoto *OBXY*, uotis *A*   28 eum om. *A*   29 superstis] *O*, suprestis *HP*, supraestis *V*, superstitem *A*, superstes *rel.*   optassit *O*

L fugantur iuxta litus Pontici maris, ubi prius Gothos sedisse descripsimus. cesserunt itaque Hunni, quibus cedere putabatur universitas. adeo discidium perniciosa res est, ut divisi corruerent, qui adunatis viribus territabant. haec causa Ardarici regis Gepidarum felix affuit diversis nationibus, qui Hunnorum regimini inviti famulabantur, eorumque diu maestissimos animos ad helaritatem libertatis votivam erexit; venientesque multi per legatos suos ad solum Romanum et a principe tunc Marciano gratissime suscepti distributas sedes, quas incolerent, acceperunt.

264    Nam Gepidi Hunnorum sibi sedes viribus vindicantes totius Daciae fines velut victores potiti nihil aliud a Romano imperio, nisi pacem et annua sollemnia, ut strenui viri, amica pactione postulaverunt. quod et libens tunc annuit imperator et usque nunc consuetum donum gens ipsa a Romano suscipit principe. Gothi vero cernentes Gepidas Hunnorum sedes sibi defendere Hunnorumque populum suis antiquis sedibus occupare, maluerunt a Romano regno terras petere quam cum discrimine suo invadere alienas, accipientesque Pannoniam, quae in longo porrecta planitiae habet ab oriente Moesiam superiorem, a meridie Dalmatiam, ab occasu Noricum, a septentrione Danubium. ornata patria civitatibus plurimis, quarum prima Syrmis, extrema Vindomina.

265    Sauromatae vero quos Sarmatas dicimus et Cemandri et quidam ex Hunnis parte Illyrici ad Castramartenam urbem sedes sibi datas coluerunt. ex quo genere fuit Blivila dux Pentapolitanus eiusque germanus Froila et nostri temporis Bessa patricius. Scyri vero et Sadagarii et certi Alanorum cum duce suo nomine Candac Scythiam

266 minorem inferioremque Moesiam acceperunt. cuius Candacis Alanoviiamuthis patris mei genitor Paria, id est meus avus, notarius, quousque Candac ipse viveret. fuit, eiusque germanae filio Gunthicis, qui et Baza dicebatur, mag. mil., filio Andages fili Andele de prosapia Amalorum descendente, ego item quamvis agramatus Iordannis ante conversionem meam notarius fui. Rugi vero aliaeque nationes nonnullae Bizzim et Ar-

---

*H P V A O B X ( Y Z )*.

1 ceperunt *A*ᵃ    2 discium *V*    3 corruerint *OB*    adunati *B*, adunata *O*    4 quae hunorum regimini (-ne *X*) inuitae *AXYZ*    5 mestissimus animus *O*    helaritatem] *HP*, elaritatem *V*, eleritatem *O*, hilaritatem *ABXYZ*    uotiuae *XYZ*    6 legatus *O*ᵃ    principem *O*    tunc om. *XYZ*    7 quasi *P*    acciperunt *O*    8 gepidi] *HPVO*, gepidae *ABXY*    fines] finibus *A*, om. *XYZ*    9 nil *A*    strinui *O*    10 pacione *A*, pactuatione *OB*    11 consuetum donum] consuetudo est nam *OB*    suscipit] *HAXY*, suscipet *P*, suscipit *VOB*    gothi ... 14 accipientes *in litura B*    gepadas *V*    12 sibi sedes *A*    suas antiquas sedes *AB*    13 quam om. *O*    inuaderent *XY*    14 que om. *B*    pannonias *O*    longo] *HPV*, logo *O*, longa *AB*, longam *XYZ*    planiciem *XYZ*    moesaiam superiorem *O*ᵃ    15 moricum *A*    16 syrmis] *HPVXY*, sirmis *AOB*    uindomina] uendomina *XYZ*: *scr.* Vindouona *s.* Vindobona    17 sarmatuis *O*    diximus *OB*    ex] et *O*    parte] in parte *B*, partem *AXYZ*    18 ad om. *O*    castra(castram *A*)martenam urbem] castra martena *OB*, castrum arcenam (arcennam *Y*) in urbem *XYZ*: Κάστρα Μάρτις *apud Hieroclem p. 655*    quo genere] quo gente *O*, qua gente *B*    19 bliuila] bliuialas *OB*, bliuiliorum *XYZ*    pentabolitanus *O*    proila *PA*, froilas *OB*, ferolla *XYZ*    bessa] lessa *O*, besea *XZ*, basea *Y*    20 scyri] *HPXY*, sciri *VAOB*    uero autem *XY*    sadagari *A*, satagarii *B*, sa****rii (sagagorii *O*²) *O*¹, sadacarii *XY*    certi] ceteri *BXY*    candach *Y*, candaci *Z*, candax *A*    scithicam *A*    21 moesaiam *O*    acciperunt *O*    alanouiiamuthis] *HP*ᵇ*VO*, alanouiamuthis *P*ᵃ*XYZ*, alaniuuamuthis *B*, alanouuamocthis *A*    mei patris *B*    22 paria id est meus] patria id est meus *XYZ*, parialdemeus *OB*    `candax *OB*    23 que om. *A*    filius *B*    gunthigis *PVAOB*, guntigis *XY*    mag̅ m̅l *HPV*, magister militum *AOB*, magn̅ mil̅ *X*, om. *YZ*, *hic in spatio vacuo*    filio] filius *B*, om. *H*    andagis *OB*    24 andele] *HPV*, andale *O*, andalae *B*, andelem *XYZ*    molorum *O*    discendentem *O*, descendens *B*, descendentis *A*    agramatus] *HPV*, agrammatus *OBXY*, agrammatos *O*    iordannis] *HP*, iordanis *VAXYZ*, iornandis *OB*    25 conuersationem *V*    meam om. *A*    rugi] regi *O*    nonn. nat. *A*    bizzim] bizzi *A*, biozim *OB*: *intellegitur Bizye oppidum Thraciae non longe a Constantinopoli*    arcadiopolim] archadiopolim *A*, arcadiapolim *X*ᵃ, asschadiopolim *O*, asscandiopolim *B*: *intellegitur Arcadiopolis, olim Bergula, oppidum Bizye vicinum*

cadiopolim ut incolerent, petiverunt. Hernac quoque iunior Attilae filius cum suis in L extrema minoris Scythiae sedes delegit. Emnetzur et Vltzindur consanguinei eius in Dacia ripense Vto et Hisco Almoque potiti sunt, multique Hunnorum passim proruentes tunc se in Romania dediderunt, e quibus nunc usque Sacromontisi et Fossatisii dicuntur. erant si quidem et alii Gothi, qui dicuntur minores, populus inmensus, cum suo pontifice ipsoque primate Vulfila, qui eis dicitur et litteras instituisse[1]. hodieque sunt in Moesia regionem incolentes Nicopolitanam ad pedes Emimonti gens multa, sed paupera et inbellis nihilque habundans nisi armenta diversi generis pecorum et pascua silvaque lignarum; parum tritici citerarumque specierum terras fecundas. vineas vero nec, si sunt alibi, certi eorum cognoscent ex vicina loca sibi vinum negotiantes; nam lacte aluntur plerique.

Ergo, ut ad gentem, unde agimus, revertamur, id est Ostrogotharum, qui in Pannonia sub rege Valamir eiusque germani Thiudimer et Videmir morabantur, quamvis divisa loca, consilia tamen unita (nam Valamer inter Scarniungam et Aqua nigra fluvios. Thiudimer iuxta lacum Pelsois. Vidimer inter utrosque manebant), contigit ergo, ut Attilae fili contra Gothos quasi desertores dominationis suae, velut fugacia mancipia requirentes, venirent ignarisque aliis fratribus super Valamer solum inruerent. quos tamen ille quamvis cum paucis excepit diuque fatigatis ita prostravit, ut vix pars aliqua hostium remaneret. quae in fuga versa eas partes Scythiae peteret, quas Danabri amnis fluenta praetermeant, quam lingua sua Hunni Var appellant. eo namque tempore ad fratris Thiudimeri gaudii nuntium direxit, sed eo mox die nuntius veniens

---

*H P V A O B X (Y Z). Rav. 4, 19 p. 218 ad v. 15: in Pannonia est lacus maximus qui dicitur Pelsois. Paulus h. R. 15, 11 (12 Ergo — 19 prostravit). 15, 12 seq. (u 20 eo).*

1 petierunt *O*  hernac] hermac *XY*: Ἡρνάχ apud Priscum fr. 36 p. 107 Muell.  attilae] a. regis *O* (non *B*)  2 extremo *B*, extremas *X*, extremis *AY*  minores *O*  emnetzur] *H*, emnedzur *PV*, emnezur *Y*, emmedzur *A*, emmezur *X*, zinnezur *Z*, emnetdzar *O*, emnedzar *B*  ultzindur] *HP$^b$VAX$^b$Y*, ultzidur *X$^a$*, uultzindur *Z*, ultze**dur *P$^a$*, uzindur *OB*  consanguinei] *ABXY*, cumsanguinei *O*, consannei *HPV*  3 uto et husco almoque *YZ*, uto et isco almusqui *O*, uto et iscalmus qui ea *B*, ut dethisco almoque *A: intelleguntur Vtus Oescus Almus tres affluentes Danuvii vel potius eiusdem nominis oppida ad ostia illa tria sita, quamquam Vti castelli praeterea mentio non reperitur*  4 tunc se in r. (romaniam *ABY*) dediderunt (*sic HPAY*, dederunt *VOB*) om. *X* (habent *YZ*)  e] et *O*  usque om. *A*  sacromontissii *O*  fossatisii] fosatisii *B*, fotasii *O*  6 eis] eisdem *A*  7 regione *AOB*  ad] ut *XZ* (non *Y*)  emimonti] *P*, ei monti *H*, emi montis *VX*, hemi montis *AYZ*, enim montis *OB*  sed] sedet *B*  8 pauper *ABX$^b$*  nihilque habundans] quae non habundat *B*, nulloque abundans *A*  armento *B*, armentis *A*  diuersis *HPV*  pascuis *O*  9 siluamque *O* lignarum] *HPVO*, lignorum *ABXY*  parum] p. habens *B*  citerarumque] *HP*, ceterarumque *VYZ*, ceterorumque *X*, ceterarum *AB*, ceterorum *O*  terras fecundas] terra fecunda *A*, in terras fecundas *O*, est terra secunda *B*  10 certi eorum] certe *A*  cognoscent *P*, cognoscunt *A*  uicinis locis (locis om. *A$^a$*) *ABXY*  nam om. *A*  11 l. aluntur pl.] pl. l. utuntur *A*  12 agimus] agitur *OB* reuertamus *B*  id est] idem *O*  ostrogothorum *X*  13 uualamier *O*  germani] *HPV*, germanis *OBXY*, germano *A*  theudimer *X*, theudimir *YZ*, theodemir *AOB*  et uuidemer *O*, et uuidimir *B*, et uidimer *X*, et uidimir *Z*, et uindimir *Y*, om. *HPVA*  14 diuisi loco *A*  consilio *AXYZ* unita] uniti *A*, habuerunt unita *B*  ualamir *A*  scarniungam *HPV*  aquam nigram *OB*, aquae nigrae *XYZ*  15 theudemer *X*, theudimir *Y*, teudemir *A*, theodemir *OB*  lacum] locum *A$^a$*, loca *XYZ*  pelsodis *B*, pelsoif *X*  uidemir *A*  manebat *AOBXY*  16 dominationi *P*  fucacia *HPV*. fugatia *O*  mancipia] mantia *O*  17 ignaresque *A*  ualamir *AXY*, uualamir *B* inruerint *O*  18 fatigatos *AB*  19 fugam *ABXY*  conuersa *A*  peterent *OB*  danabri] *H*, danubri *PVO*, danubii *AB*, danapri *XYZ*  20 amnies *P*  quam] que *O*, quem *AXYZ*  eo namque] eoque *OB*  21 ad] cum ad *B*  fratres thiudimeri *P*, fratres theodemeri *O*, fratrem theodemerem *B*, fratres (om. th.) *A*, theudimeri (om. fr.) *X*, theudimiris (om. fr.) *Y*: Thiodimer *Paulus*  gaudii] gaudia *OXYZ*  n. direxit sed] n. direxisset *OB*, cum nuntium direxisset *XY*  eo] e *O*, et *A*

---

[1] *cf. Socrates hist. eccl. 4, 33*: Οὐλφίλας· ὁ τῶν Γότθων ἐπίσκοπος γράμματα ἐφεῦρε Γοτθικά.

LII feliciorem in domo Thiudimer repperit gaudium. ipso si quidem die Theodoricus eius filius, quamvis de Erelieva concubina, bonae tamen spei puerolus natus erat.
270 post tempus ergo non multum rex Valamir eiusque germani Thiudemir et Vidimir, consueta dum tardarent dona a principe Marciano, quae ad instar strenuae acciperent et pacis foedera custodirent, missa legatione ad imperatorem vident Theodericum Triarii filium, et hunc genere Gothico, alia tamen stirpe, non Amala procreatum, omnino florentem cum suis, Romanorumque amicitiis iunctum et annua sollemnia consequen-
271 tem, et se tantum despici. ilico furore commoti arma arripiunt et Illyricum pene totum discurrentes in praeda devastant. sed statim imperator animo mutato ad pristinam recurrit amicitiam missaque legatione tam praeterita cum instantibus munera tribuit quam etiam de futuro sine aliqua controversia tribuere compromittit, pacisque obsidem ab eis. quem supra rettulimus, Theodoricum, infantulum Thiudimeris accipit; qui iam septem annorum incrementa conscendens octavum intraverat annum. quem dum pater cunctatur dare, patruus Valamir extitit supplicator tantum, ut pax firma inter Romanos Gothosque maneret. datus igitur Theodoricus obses a Gothis duciturque ad urbem Constantinopolitanam Leoni principi, et, quia puerulos elegans erat, meruit gratiam imperialem habere.

LIII 272 Postquam ergo firma pax Gothorum cum Romanis effecta est, videntes Gothi non sibi sufficere ea quae ab imperatore acciperent simulque solitam cupientes ostentare virtutem, coeperunt vicinas gentes circumcirca praedari, primum contra Sadagis, qui interiorem Pannoniam possidebant, arma moventes. quod ubi rex Hunnorum Dintzic filius Attilae cognovisset. collectis secum qui adhuc videbantur quamvis pauci eius tamen sub imperio remansisse Vltzinzures, Angisciros, Bittugures, Bardores, venientesque ad Basianam Pannoniae civitatem eamque circumvallans fines eius coepit praedare.
273 quod conperto Gothi ibi, ubi erant, expeditionemque solventes, quam contra Sadagis collegerant, in Hunnos convertunt et sic eos suis a finibus inglorios pepulerunt, ut iam ex illo tempore qui remanserunt Hunni et usque actenus Gothorum arma formident.

---

*H P V A O B X (Y Z). Paulus l. c. (ad 15 maneret).*

1 feliciorem] felicius *ABXY* theodemeris *OB*, theudimeri *X*, theudimeris *Y*, teodemir *A* ipsi *A* theodoricus] *H (plerumque) P (plerumque)*, t'h¸eodericus *VAOB(plerumque)XY* 2 erelieua] herilieua *X*, herili sua *Y*: Arileua *Paulus* 15 *[16]*, 14, Ereriliua *Anon. Vales.* 58 puerolus] *HP*, puerulus *VAOBXY* erat] est *A* 3 ergo om. *A* uualemer *B* theodmir *O*, theodemer *B*, theudimer *X*, theudimir *Y*, theudemer *Z*, teudemir *A* uuidimer *OB*, uidimer *XZ*, uindimir *Y*, uidemir *A* 4 dona a (a om. *O*) pr.] a pr. d. *A* strenuae] *HPVAXY*, strinuae *O*, strennuae *B* acceperent *P*, acciperunt *O*, gentes acceperunt *B* 5 et pacis] ut paucis *Bᵃ*, ut pacis *Bᵇ* custodierent *P* ligatione *O* 6 hunc] gunc *O*, huno *A* gothorum *X* 7 cum] con *O* 8 ilico] illo *A* furori *V* corripiunt *A* hirillicum *A* totam *A* 9 praedam *OB* commutato *A* 10 recurrunt *O* 11 sine] in sine *Pᵃ* contrauersia *H*, controuarsia *O* 12 eis] eo *A* thedericum *Vᵉ* infantolum *O* theudimeris *Y*, theodemeris *OB*, theodemiris *A*, theodemeri *X*, thendimeri *Z* accipit] *AY*, accepit *B*, accipiunt *HPVOXZ* 13 conscindens *O* 14 cunctaretur dare *A*, cunctatur daret *O*, cunctatus daret *B* uualemer *OB* 15 datur *XY* thedericus *V*, theodericos *O* obses a gothis] obses *A*, obsessa gothos *O* que om. *AB* ad urbem const. (constantinopolititanam *P*)] constantinopolim *A* 16 principem *O* puerulos] *HPVOᵉ*, puerulus *Oᵇ*, puerulus *ABXY* eligans *O* 19 sibi om. *A* acceperent *P*, acciperint *O*, acceperant *XY*, acceperunt *A* simulque solitam] *HPVAXYZ*, solatia simulque *OB* 20 predare *O* primo *OB* satagis *O*, satagas *B*, sadages *XZ*, sadages *Y*. sadares *A* 21 possedebant *O* dindzic *X*, dindzich *YZ*, dinzio *OB*: Δεγγιζίχ apud *Priscum* fr. 36. 38 p. 107. 108 Muell. 23 ultzinzures] *HPVXᵇYZ*, ultzinzumes *Xᵃ*, ulzinzures *A*, ulzingures *O*, ultzingures *B* angiscires *B* bittugores *OB*, burtugures *A* bardares *A* uenientesque] uenientes *O*, ueniensque *AX*, ueniens *B* 24 basianam pann.] *HPVXYZ*, bassianam pannonise (-niam *Oᵃ*) *OB*, pann. basianam *A* praedari *ABX* 25 quo *ABXY* ibi om. *AOB* sadages *AXZ*, sadages *Y*, satagas *B* 26 colligerant *O*, collegerunt *B* a suis *A* ingloriosos *A* 27 illo] ill (sic) *O* formidarent *XY*

quiescente vero tandem Hunnorum gente a Gothis Hunumundus Suavorum dux dum ad LIII depraedandas Dalmatias transit, armenta Gothorum in campis errantia depraedavit, quia Dalmatia Suaviae vicina erat nec a Pannonios fines multum distabat, praesertim ubi tunc Gothi residebant. quid plurimum? Hunimundus cum Suavis vastatis Dal- 274 matiis ad sua revertens, Thiudimer germanus Valameris regis Gothorum non tantum iacturam armentorum dolens quantum metuens, ne Suavi, si inpune hoc lucrarentur, ad maiorem licentiam prosilirent, sic vigilavit in eorum transitu, ut intempesta nocte dormientes invaderet ad lacum Pelsodis consertoque inopinato proelio ita eos oppressit, ut etiam ipsum regem Hunimundum captum omnem exercitum eius, qui gladio evadissent, Gothorum subderet servituti. et dum multum esset amator misericordiae, facta ultione veniam condonavit reconciliatusque cum Suavis eundem, quem ceperat, adoptans sibi filium, remisit cum suis in Suavia. sed ille inmemor paternae gratiae post 275 aliquod tempus conceptum dolum parturiens Scirorumque gente incitans, qui tunc super Danubium consedebant et cum Gothis pacifice morabantur, quatenus scissi ab eorum foedere secumque iuncti in arma prosilirent gentemque Gothorum invaderent. tunc Gothis nihil mali sperantibus, praesertim de utrisque amicis vicinis confisi, bellum exurgit ex inproviso coactique necessitate ad arma confugiunt solitoque certamine arrepto se suaque iniuria ulciscuntur. in eo si quidem proelio rex eorum Valamir dum equo 276 insidens ad cohortandos suos ante aciem curreret, proturbatus equus corruit sessoremque suum deiecit, qui mox inimicorum lanceis confossus interemptus est[1]. Gothi vero tam regis sui mortem quam suam iniuriam a rebellionibus exigentes ita sunt proeliati, ut pene de gente Scirorum nisi qui nomen ipsud ferrent, et hi cum dedecore, non remansissent: sic omnes extincti sunt.

Quorum exitio Suavorum reges Hunimundus et Halaricus vereti, in Gothos arma LIV 277 moverunt freti auxilio Sarmatarum, qui cum Beuca et Babai regibus suis auxiliarii ei advenissent, ipsasque Scirorum reliquias quasi ad ultionem suam acrius pugnaturos

---

[1] *Horum et sequentium epitomam dat Iordanes in Romanis c. 347.*

LIV accersientes cum Edica et Hunuulfo eorum primatibus habuerunt simul secum tam Gepidas quam ex gente Rugorum non parva solacia. ceterisque hinc inde collectis ingen-
278 tem multitudinem adgregantes ad amnem Bolia in Pannoniis castra metati sunt. Gothi tunc Valamero defuncto ad fratrem eius Thiudimer confugerunt. qui quamvis dudum cum fratribus regnans, tamen auctioris potestatis insignia sumens, Vidimer fratre iu- 5
niore accito et cum ipso curas belli partitus, coactus ad arma prosilivit; consertoque proelio superior pars invenitur Gothorum, adeo ut campus inimicorum corruentium cruore madefactus ut rubrum pelagus appareret armaque et cadavera in modum collium
279 tumulata campum plus per decem milibus oppleverunt. quod Gothi cernentes, ineffabili exultatione laetantur, eo quod et regis sui Valameris sanguinem et suam iniuriam 10
cum maxima inimicorum strage ulciscerentur. de vero innumeranda variaque multitudine hostium qui valuit evadere. perquaquam effugati vix ad sua inglorii pervenerunt.
V 280 Post certum vero tempus instanti hiemali frigore amnemque Danubii solite congelato — nam istiusmodi fluvius ille congelascit, ut in silicis modum pedestrem vehat exercitum plaustraque et traculas vel quidquid vehiculi fuerit, nec cumbarum indigeat 15
lintres — sic ergo eum gelatum Thiodimer Gothorum rex cernens pedestrem ducit exercitum emensoque Danubio Suavis inprovisus a tergo apparuit. nam regio illa Suavorum ab oriente Baibaros habet, ab occidente Francos. a meridie Burgundzones,
281 a septentrione Thuringos. quibus Suavis tunc iuncti aderant etiam Alamanni ipsique Alpes erectos omnino regentes, unde nonnulla fluenta Danubium influunt nimio cum 20
sonu vergentia. hic ergo taliterque munito loco rex Thiudimer hiemis tempore Gothorum ductavit exercitum, et tam Suavorum gente quam etiam Alamannorum, utrasque ad invicem foederatas, devicit, vastavit et pene subegit. inde quoque victor ad proprias sedes, id est Pannonias revertens Theodoricum filium suum, quem Constantinopolim obsidem dederat, a Leone imperatore remissum cum magnis muneribus gratanter 25
282 excepit. qui Theodoricus iam adulscientiae annos contingens expleta pueritia, decem et

---

*H P V A O B X (Y Z). Paulus h. R. 15, 12 (ad 4 confugerunt).*

1 arcessientes *A*    hunuulfo] bunulfo *A*, unulfo *OB*    secum tam] secutam *XZ (non Y)*    gepidas quam] gepidarum tam *(sic) XYZ*    2 ex gente] *BXY*, exigente *O*, gente *HPV*, et gentem *A* rucorum *HPV*    ceterosque h. i. collectos (-tus *Oᵃ*) *O*    3 amnem] abnen *O*    bolia] boliam *B*, boliani *O*    pannonis *O*    4 ualamiro *OX*, uualamiro *B*, ualamire *A*, ualamire *Y*    theodemer *OB*, theodimer *X*, theudimir *YZ*, teudemir *A*    5 regnans] regnum *XZ*, regnum tenuisset *Y*    auctioris] *ABXY*, auctoris *HPV*, actioris *(ut vid.) Oᵃ*, altioris *Oᵇ*    insigna *O*    sumen *P*    uidimeri *O*, uuidimeri *B*, uidemir *A*    iuniori *B*    6 et cum] cum et *X*, cum *A*    coatus *O*    prosiluit] *HPOXY*, prosiluit *VAB*    7 goth. inu. *A*    ante corr. litura XVI fere litt. *B*    9 cumulata *B*    plus per decem milibus] per decem milia *XYZ*, plus decem milibus *AB*    10 eo] ** *Vᵃ*    et om. *AOB*    reges *O*    sui] si *O*    uallameris *B*, ualamiris *A*    11 maxima] maximo *X*, magna *Y*    ulciscetur *O*    de uero innumerabili *XY*, de innumerabili uero *A*    12 ualuerunt *AB*    perquaquam] perquaque *A*, om. *OB*    sua] *AOBXY*, suam *HPV*    inglororii *HPV*.
13 uero certum *B*    hiemeali *O*    amneque *ABXY*    14 ille congelascit] ita congelascit *A*, ita rigiscit *O*, ita rigescit *Bᵇ*, ita gigescit *Bᵃ*    ut in] in in *X*, ut *A*    ueh. ex. ped. (pedestres *O*) *OB*    15 traculas] triaculas *OB*, tragulas *XY*, trahulas *A*    fuerit n. c. (cymb. *Y*, cimb. *X*) indigeat lintres (lintre *B*, lintribus *A*)] futres mediis omissis *V*    16 theodimir *O*, theodemer *B*, theudimir *YZ*, theudimer *X*, teudemir *A*    rex goth. *A*    ducit om. *O*    17 sueuis *A*    a (e *P*) tergo app.] app. a tergo *XY*    18 sueuorum *A*    baibaros] *HPVXYZ*, baioboros (-rus *Oᵃ*) *OB*, baioarios *A*    burgundzones] *HPVXY*, burgundiones *AOBᵇ*, burgundines *Bᵃ*    19 tloringos (ut vid.) *O*, thoringis *BY*, toringos *AX*    sueuis *A*    iuncti] iniuncti *XY*    etiam om. *A*    alamanni] alemanni *B*, ademandi *XYZ*    20 erectas *AB*, effectos *XYZ*    danubium] *HPVAXYZ*, danubio *OB*    21 sonu] *HPV*, sona *Aᵃ*, sono *AᵇOB*, sonitu *XYZ*    que om. *B*    theodimir *O*, theodemer *B*, theudimer *XZ*, theudimir *Y*, teudemir *A*    22 sueuorum *A*    gente] *HPV*, gentem *AOBXY*    alamannorum] *A*, alemannorum *B*, alanorum *HPVOXYZ*    utraque *Vᵃ*    24 thodericum *OB*    const.] in const. *O*    25 obsedem *O*    remissum (demissum *XZ*, dimissum *Y*) cum magnis] rel. et *O²*, remis********* *O¹*    26 excepit] excipiunt *O*, recepit *XYZ*

octo annos peragens, ascitis certis ex satellitibus patris et ex populo amatores sibi clien-  LV
tesque consocians, paene sex milia viros, cum quibus inconscio patre emenso Danubio
super Babai Sarmatarum rege discurrit, qui tunc de Camundo duce Romanorum victoria
potitus superbiae tumore regnabat, eoque superveniens Theodoricus interemit familiaque
5 et censu depraedans ad genitorem suum cum victoria repedavit. Singidunum dehinc
civitatem, quam ipsi Sarmatae occupassent, invadens, non Romanis reddidit, sed suae
subdedit dicioni.

Minuentibus deinde hinc inde vicinarum gentium spoliis coepit et Gothis victus  LVI 283
vestitusque deesse et hominibus, quibus dudum bella alimonia prestitissent, pax coepit
10 esse contraria, omnesque cum magno clamore ad regem Thiudimer accedentes Gothi
orant, quacumque parte vellit, tantum ductaret exercitum. qui accito germano missaque sorte hortatus est, ut ille in parte Italiae, ubi tunc Glycerius regnabat imperator,
ipse vero sicut fortior ad fortiorem regnum accederet Orientalem: quod et factum est.
et mox Vidimer Italiae terras intravit, extremum fati munus reddens rebus excessit 284
15 humanis, successorem relinquens Vidimer filium suumque synonymum. quem Glycerius
imperator muneribus datis de Italia ad Gallias transtulit, quae a diversis circumcirca
gentibus praemebantur, asserens vicinos ibi Vesegothas eorum parentes regnare. quid
multum? Vidimer acceptis muneribus simulque mandata a Glycerio imperatore Gallias
tendit seseque cum parentibus Vesegothis iungens unum corpus efficiunt, ut dudum
20 fuerant, et sic Gallias Spaniasque tenentes suo iuri defendunt, ut nullus ibi alius
prevaleret.

Thiudimer autem, frater senior, cum suis transit Saum amnem Sarmatis militi- 285
busque interminans bellum, si aliqui ei obstaret. quod illi verentes quiescunt, immo
nec praevalent ad tantam multitudinem. videns Thiudimer undique sibi prospera pro-
25 venire, Naissum primam urbem invadit Illyrici filioque suo Theodorico sociatis Astat
et Invilia comitibus per castro Herculis transmisit Vlpiana. qui venientes tam eam 286
quam Stobis mox in deditione accipiunt nonullaque loca Illyrici inaccessibilia sibi

**LVI** primum tunc pervia faciunt. nam Eracleam et Larissam civitates Thessaliae primum
praedas ereptas, dehinc ipsas iure bellico potiuntur. Thiudimer vero rex animadvertens felicitatem-suam quam etiam filii nec his tantum contentus, egrediens Naisitanam
urbem paucis ad custodiam derelictis ipse Thessalonicam petiit, in qua Helarianus
287 patricius a principe directus cum exercitu morabatur. qui dum videret vallo muniri 5
Thessalonicam nec se eorum conatibus posse resistere, missa legatione ad Thiudimer
regem muneribusque oblatis ab excidione eum urbis retorquet initoque foedere Romanus ductor cum Gothis loca eis iam sponte, quae incolerent, tradidit, id est Cerru,
288 Pellas, Europa, Mediana, Petina, Bereu et alia quae Sium vocatur. ubi Gothi cum
rege suo armis depositis composita pace quiescunt. nec diu post haec et rex Thiu- 10
dimer in civitate Cerras fatale egritudine occupatus vocatis Gothis Theodoricum filium
regni sui designat heredem et ipse mox rebus humanis excessit.

**LVII** 289   Theodorico vero gentis suae regem audiens ordinato imperator Zeno grate suscepit eique evocaturia destinata ad se in urbe venire precepit, dignoque suscipiens
honore inter proceres sui palatii conlocavit. et post aliquod tempus ad ampliandum 15
honorem eius in arma sibi eum filium adoptavit de suisque stipendiis triumphum in
urbe donavit, factusque consul ordinarius, quod summum bonum primumque in mundo
decus edicitur[1]: nec tantum hoc, sed etiam et equestrem statuam ad famam tanti
290 viri ante regiam palatii conlocavit. inter haec ergo Theodoricus Zenonis imperio foedere
sociatus, dum ipse in urbe omnibus bonis frueretur gentemque suam in Illyrico, ut 20

---

*H P V A O B X (Y Z). Rav. 4, 9 p. 197 ad v. 9:* non longe a ... Thessalonica sunt civitates id est
Ceras Europa Mediana Petina *(al. penna)* Bireum Quaesium. *Paulus l. c. Freculfus 2, 5, 18 (a 17 consul).*

1 tunc pr. *OB*   peruiam *O*   eracleam] *AO,* eracliam *B,* aracleam *HV,* aradeam *P,* heracleam
*XYZ*   ciuitatem tessaliae *O*   2 praedas ereptas] *H$^b$P$^b$V,* praedas**reptas *H$^a$,* ****** ereptas *P$^a$,*
preda cepta *O,* praeda capta *B,* praedis ereptis *AXYZ*   dehinc ipsis *XY,* om. *OB*   patiuntur *A$^a$*
theodemir *OB,* theodimer *X,* theudimer *Z,* theudimir *Y,* teudemir *A*   3 fel.] tam fel. *A*   filii] sibi
*XYZ*   his] hac *OB*   tantum] tamen *B*   contemptus *A*   post egrediens litura sex fere litt. *H*
naissitana urbe *A*   4 pacis *O*   ipsi *O*   petiit] petit *A,* impetit *B,* inpedit *O*   quam *X*
helarianus] *HPVX,* elarianus *A,* hilarianus *Z,* hylarianus *Y,* elarius *OB*   5 dum] cum *A*   6 thessalonicam *P*   ligacione a th. rege *O*   theodimer *X,* theodemer *B,* theudimir *Y.* teudemir *A*   7 que
om. *AOB*   excidione] obsidione *B,* excidio *A*   orbis *O*   8 quae] *AOBXY,* qua *HPV*   incolerint *O*   tradedit *PO*   cerru pellas] *HPVXY,* cero pellas *OB,* cerra pallas *A :* Ceras *Rav.:* intelleguntur Cyrrhus et Pella oppida Macedoniae primae sibi vicina   9 europa] *HPV* cum *Rav.,* eorupa *O,* europam *BXY,* eropa *A: intellegitur Europus eiusdem provinciae*   medianam *ABXY: significatur Methone
eiusdem provinciae*   petinam bereum *B,* retina bercum (-chum *YZ) XYZ.: intelleguntur Pydna et Beroea
oppida item eiusdem provinciae, quae recto quoque ordine disposita sunt*   sium] suith *A:* est opinor Δῖος,
ut Scandza scribitur pro Scandia   uocantur *B*   10 theodimer *OX,* theodemer *B,* theudimer *Z,* theudimir *Y,* teudemir *A*   11 cerrus *XYZ*   fatale] *HPVO,* fatali *ABXY*   occupatis *A$^a$*   uocatis]
in transitu a pagina ad paginam om. *O*   12 designant *O*   13 theodorico] *HP,* theoderico *V,* theodericum
*AOBXY*   genti *OB*   ordinato imperator zeno] *HPV,* ordinatum imp. zenon *B,* ordinatum imp. zenum
*O,* imp. zenon (zeno *A*) ordinatum *AX,* imp. zenon *(om. ordinato) YZ*   gratus *O,* gratum *B,* **** (grate
*X$^2$*) *X$^1$*   14 eique euocaturia] *HPV,* eiquetuocatoria *O,* eique (om. *B$^a$*) euocatoria *BXY,* eumque euocatoria *A*   se] se eum *A*   ube *A,* urbem *VOBXY*   15 ampliendum *O*   16 armis *XYZ*
17 urbem *O*   factusque] factusque ést *O$^2$B*   quod] quam *XY,* quem *Z*   primumque] primo *XY,*
que *O,* om.* ('hic erat lacuna') Z*   decus in mundo dicitur *A*   18 etiam et (et om. *AOB*) equestrem
(-tre *O*)] libri, et equestrem *Freculfus,* aeream ei equestrem *aut legit Paulus 15, 13 aut propter vocabulum
etiam* inepte repetitum *legendum esse coniecit : in tantum, ut ... eum fascibus sublimaret ... aereamque illi
equestrem statuam ante suum palatium collocaret: sed apud Iordanem talia non offendunt*   19 ante] contra *XZ*   theodoricus] *H,* theodericus *P et rel.*   20 bon. omn. *OB*   sua *O*   hillirico *O*

---

[1] *Roman. 348 eadem narrantur propius accedentia ad Marcellinum.*

diximus, residentem non omnino idoneam aut refertam audiret, elegit potius solito more LVII
gentis suae labore querere victum quam ipse otiose frui regni Romani bona et gentem
suam mediocriter victitare, secumque deliberans ad principem ait: 'quamvis nihil deest
'nobis imperio vestro famulantibus, tamen, si dignum ducit pietas vestra, desiderium
'mei cordis libenter exaudiat'. cumque ei, ut solebat, familiariter facultas fuisset 291
loquendi concessa: 'Hesperia', inquid, 'plaga, quae dudum decessorum prodecessorum-
'que vestrorum regimine gubernata est, et urbs illa caput orbis et domina quare nunc
'sub regis Thorcilingorum Rogorumque tyrranide fluctuatur? dirige me cum gente
'mea. si praecepis, ut et hic expensarum pondere careas et ibi, si adiutus a domino
'vicero, fama vestrae pietatis inradiet. expedit namque, ut ego, qui sum servus
'vester et filius, si vicero, vobis donantibus regnum illud possedeam: haut ille, quem
'non nostis, tyrranico iugo senatum vestrum partemque rei publicae captivitatis servitio
'premat. ego enim si vicero, vestro dono vestroque munere possedebo; si victus
'fuero, vestra pietas nihil amittit, immo, ut diximus, lucratur expensas'¹). quo au- 292
dito quamvis egrae ferret imperator discessum eius, nolens tamen eum contristare annuit quae poscebat, magnisque ditatum muneribus dimisit a se, senatum populumque
ei commendans Romanum²). igitur egressus urbe regia Theodoricus et ad suos revertens omnem gentem Gothorum, qui tamen ei prebuerunt consensum, Hesperiam tendit
rectoque itinere per Sirmis ascendit vicina Pannoniae, indeque Venetiarum fines ingressus ad Pontem Sontii nuncupatum castra metatus est. cumque ibi ad reficienda 293
corpora hominum iumentorumque aliquanto tempore resedisset, Odoacer armatum contra
eum direxit exercitum. quem ille ad campos Veronenses occurrens magno strage de-
levit³) castraque soluta finibus Italiae cum potiore audacia intrat, transactoque Pado
amne ad Ravennam regiam urbem castra componit tertio fere miliario ab urbe locus,

---

*H P V A O B X (Y Z). Paulus l. c. Freculfus l. c. (ad 24 componit).*

1 resedentem *O*   idoniam *O*   2 otiosus *A*   bonis *AXY*   4 uestro] tuo *A*   tamen] tantum *XZ* (non *Y*)   5 ei *om. XYZ*   familiari *V*   6 loquendi *om. OB*   quae] qui *O*   prodecessoremque *O*, praedecessorumque *XYZ*   7 gobernata *P*   urbis *O*   8 thorcilingorum] *HPVBXYZ*, torc. *A*, thorcilinguorum *O*   rogorumque] *HPV Frec.*, rogorque *X*, rotgorumque *YZ*, rugorumque *A*, et rugorum *OB*   fluctuat *AOB*   9 praecepis] *HPV*, praecipis *AOBXY*   et hic] *HPVAXYZ Frec.*, hic *OB*   a. d. adi. fuero uicero f. piet. u. *A*   10 inradietur *Frec.*   ego] et ego *A*   11 possedeam] *HPVO*, possideam *ABXY*   haut] *OB*, haud *XY*, aut *HPVA*, quam ut *Frec.*   quem non nostis (nostris *O*)] hostis *Frec.*   12 tyrranico] *HP*, tyrannico *rel.*   iugo] *OBXY*, iuco *HPV*, loco *A*   res puplice *O*   captiuatis *H*   seruito *Vᵃ*   13 possedebo] *HPV*, possebo *O*, possidebo *ABXY*   14 amittat *B*   ut] ut ut *X*   diximus] dixi *A*   lucretur *XY*   15 constristare *B*, contristari *A*   18 omnem g.] cum omni gente *A*   qui] quae *B*   tamen] tunc *XY*   prebuerunt (praebuere *A*) consensum] *HPVAXY Frec.*, prebuerat concessum *O*, praebuerat consensum assumens *B*   haesperiem *Vᵃ*, hisperiam *O*   19 syrmis *XYZ*, sirmas *B*, Sirmos *Frec.*   uicina] *HPVAB Frec.*, uicinam *XYZ*, *om. O*   indeque] idemque *A*   fines] partes *A*   ingressus *om. Vᵃ*   20 sontio *OB*   21 aliquo *Frec.*   consedisset *XY*   odouacer *OB*   armatum *om. A*   22 quem] cuique *XYZ*   magno str.] *HPV*, magna str. *OBXY Frec.*, strage magna *A*   23 castrisque solutis *ABXY*   finibus] fines *AXY*   intrauit *A*, intret *O*   pade *H*, podo *Aᵃ*   24 reg. urb. *om. A*   componit] ponit *A*   ab urbe mil. *A*   locus] *HPVOX*, loco *ABY*

---

1) *apud Orosium 7, 43 rex Vesegotharum Vallia imp. Honorio haec mandat:* tu cum omnibus pacem habe omniumque obsides arcipe · nos nobis confligimus, nobis perimus, tibi vincimus: immortalis vero quaestus erit rei publicae tuae, si utrique pereamus.

2) *cf. Anonymus Valesianus 49:* Zeno recompensans beneficiis Theodericum quem fecit patricium et consulem, donans ei multum et mittens eum ad Italiam.

3) *cf. annales Ravennates ad a. 490:* his consulibus ingressus est rex Theodericus in fossato pontis Sontis et fugit Odoacar rex de fossato et abiit in Beronam.

**LVII** qui appellatur Pineta. quod cernens Odoacer intus se in urbe communit; indeque subreptive noctu frequenter cum suis egrediens Gothorum exercitum inquietat[1], et hoc non semel nec iterum, sed frequenter et pene molitur toto triennio. sed frustra laborat, quia cuncta Italia dominum iam dicebat Theodoricum et illius ad nutum res illa publica obsecundabat. tantum ille solus cum paucis satellitibus et Romanos, qui aderant, et fame et bello cotidie intra Ravennam laborabat. quod dum nihil proficeret, missa legatione veniam supplicat[2]. cui et primum concedens Theodoricus postmodum ab hac luce privavit tertioque, ut diximus, anno ingressus sui in Italia Zenonemque imp. consultu privatum abitum suaeque gentis vestitum seponens insigne regio amictu, quasi iam Gothorum Romanorumque regnator, adsumit missaque legatione ad Lodoin Francorum regem filiam eius Audefledam sibi in matrimonio petit. quam ille grate libenterque concessit suosque filios Celdebertum et Heldebertum et Thiudebertum credens hac societate cum gente Gothorum inito foedere sociari. sed non adeo ad pacis concordiam profuit ista coniunctio, quia saepenumero propter Gallorum terras graviter inter se decertati sunt, numquamque Gothus Francis cessit, dum viveret Theodoricus.

**LVIII** Antequam ergo de Audefledam subolem haberet, naturales ex concubina. quas genuisset adhuc in Moesia, filias, unam nomine Thiudigoto et aliam Ostrogotho. quas mox in Italiam venit, regibus vicinis in coniugio copulavit, id est unam Alarico Vesegotharum et aliam Sigismundo Burgundzonorum. de Alarico ergo natus est Amalaricus. quem avus Theodoricus in annis puerilibus utroque parente orbato dum fovet atque tuetur, comperit Eutharicum Veterici filium Beretmodi et Thorismodi nepotem,

---

*H P V A O B X (Y Z). Paulus l. c. Freculfus 2, 5, 18 (a 8 tertio).*

1 odouacer *B*, adouacer *O*   in urbem communiit (-niuit *Y*) *XY*   2 cum suis om. *A*   segrediens *P*   hoc] haec *A*   3 laborabat *X*   4 quia] qui *O*   nutum] uotum *OB*   5 puplica *O*   ille om. *A¹*   solus] plus *XYZ*   satellitibu *P*   romanis *ABXY*   6 et fame] fame *A*   cottidie *P*   rauennam] urbem *A*   quod] *OBXY*, quo *HPVA*   7 supplicat] *PVOBXY*, supplicabat *HA*   concedens] *AOBXY*, condens *HPV*   posmodum *O*   8 ab om. *A*   sui in] *AO*, sui *HPV*, in *BXY*   italiam *AOBXY*   zenonemque] *HPVXYZ*, zenoneque *O*, zenonisque *B*, zenone *A*   9 imp] *HPVO*, imperatoris *B*, imperatorem *XY*, imperatore *A*   consultu] *HV*, consultum *PO*, consulto *ABXY*   priuatim *B*   abitum] *HP*, habitum *VAXY*, abiti *O*, habito *B*   suaeque (que om. *B*ᵃ) gentis] gentisque suae *A*   reponens *OB*   regio amictu] regio amictus *O*, regi(t) amictus *AB*   10 lodoin] *PVAOBXY* cum Paulo 15, 20, loco in *H*, Lodouuic *Frec.*   11 audefledam] *V*ᵇ*OB* et ita Paulus l. c., aodefledam *HP*, ***g(?)fledam *V*ᵃ, adofledam *A*, adelfledam *XZ*, aelfledam *Y*   matrimonium *A*   petiit *X*   ille om. *X*   12 suosque] suos *B*   celdebertum et] *HPVB*, celdepertum *O*, childebertum et *XY*, om. *A*·   heldebertum] *HAB*, heldepertum *PV*ᵇ, heldibertum *X*, hildebertum *Y*, hele***tum *V*ᵃ, om. *O*   thiudebertum] *H*, thiudepertum *P*, thiupertum *V*, biudipertum *O*, huidibertum *B*, theodebertum *XY*, theudebertum *Z*. teodebertum *A*   13 hac] *BXY*, ac *HPAO*, a *V*   14 concordia *O*   15 decertauerunt *A*   numquamque] numquam *O*, et numquam *B*, nunquam se *X*   cessit francis *A*   16 audefledam] *HPV*, audefleda *OB*, adelfleda *XYZ*, adofleda *A*   ex conc. om. *A*   17 genuerat *A*   filias] f. habuit *B*   thiudigoto] *HPV*, tiudigotho *A*, theodicodo *O et sic Paulus 15, 20*, theudicodo *B*, thiudigotam *X*, theudigotam *Y*   alia *O*   ostrogotham *Y*, ostrogotam *X*   quas om. *A*   18 mox] mox ut *ABXY* in om. *AXYZ*   italia *O*   id est om. *A*   halarico *V*, alarico *P*   uesegothorum *O*, uuisigothorum *XY*   19 burgundzonorum] *HPV*, bungundzonorum *X*ᵇ, bungundzonum *X*ᵃ, burgundzonum *Y*, bergundionorum *OZ*, burgundionum *AB*, Brungundionum *Frec.*   halarico *V*, hilarico *Pauli libri boni* amalarius *OB*   20 theodericus *P (hic)*   parante *O*   orbato] *HPVOXZ*, orbatum *ABY*   21 eutarium *O*   uuitherici *B*   beretmodi] *HPVA*, beretmundi *OB*, beremodi *X*, berimundi *Y*   thorismodi] *HPVX*, torismodi *A*, thoresmundi *B*, toresmundi *O*, thorismundi *Y*

---

1) *cf. Anonymus Valesianus 54:* hoc consule (a. 491) exiit Odoachar rex de Ravenna nocte cum Herulis ingressus in Pineta in fossato patricii Theoderici . . . et victus Odoachar fugit Ravenna idibus Iuliis.

2) *cf. Continuator Prosperi Havniensis ad a. 493:* Odoachar pacem ab Theodorico postulans accepit, qua non diu potitus est . . . Theodoricus cum pacem cum Odoachar fecisset, ingressus est Classem IIII k. Mart. ac deinde ingressus est Ravennam, pacis specie Odoachrem interfecit.

Amalorum de stirpe descendentem, in Spania degi, iuvenili aetate prudentia et virtute LVIII
corporisque integritate pollentem. ad se eum facit venire eique Amalasuentham filiam
suam in matrimonio iungit. et ut in plenum suam progeniem dilataret, Amala- 299
fridam germanam suam matrem Theodahadi, qui postea rex fuit, Africa regi Vandalorum coniuge dirigit Thrasamundo filiamque eius neptem suam Amalabergam Thuringorum regi consociat Herminefredo. Pitzamum quoque suum comitem et inter primos 300
electum ad obtinendam Sirmiensem dirigit civitatem. quam ille expulso rege eius
Trasarico, filio Trapstilae, retenta eius matre obtinuit. inde contra Savinianum Illyricum mag. mil., qui tunc cum Mundone paraverat conflictum, ad civitatem cognomine
Margo planum, quae inter Danubium Margumque fluminibus adiacebat, cum duobus
milibus ergo peditum, equitibus quingentis in Mundonis solacia veniens Illyricianum
exercitum demolivit. nam hic Mundo de Attilanis quondam origine descendens Gepi- 301
darum gentem fugiens ultra Danubium in incultis locis sine ullis terrae cultoribus di-
vagatus et plerisque abactoribus scamarisque et latronibus undecumque collectis turrem quae Herta dicitur super Danubii ripam positam occupans ibique agresti ritu
praedasque innectens vicinis regem se suis grassatoribus fecerat. hunc ergo pene
desperatum et iam de traditione sua deliberantem Petza subveniens e manibus Savi-
niani eripuit. suoque regi Theodorico cum gratiarum actione fecit subiectum. non 302
minore tropeo de Francis per Ibbam, suum comitem, in Galliis adquisivit plus triginta
milia Francorum in proelio caesa. nam et Thiudem suum armigerum post mortem
Alarici generi tutorem in Spaniae regno Amalarici nepotis constituit. qui Amalaricus
in ipsa adulescentia Francorum fraudibus inretitus regnum cum vita amisit. post quem
Thiudis tutor eodem regno ipse invadens, Francorum insidiosam calumniam de Spaniis

---

*H (deficit 6 regi foliis extremis avulsis) P V A O B X (Y Z). Paulus l. c. (ad 6 Herminefredo). 16, 10
(a 18 non minore). Freculfus l. c. (ad 6 Herminefredo).*

1 ex Alamalorum stirpe *Paulus 15, 20* espania O, hispania ABXY degere AB iuuenilia
aetate V 2 polentem H ad se eum facit (POXY, fecit HVAB) u. e(que) quem ad se uenire faciens eius
A amalasuentham] HPBXY, amalasuentam A, amasuentam O, malasuentham V: Amalasuintha *Paulus l. c.*
3 in] ad B, om. O matrimoniu A$^a$, matrimonia A$^b$ amalafredam OB, Amalafreda *Paulus l. c.*
4 theodati OB africa] HPVA, affrica O, africae B, in africam XY 5 coniuge] HV, coniugem
PAOBXY trasamundo PVAOY, trasamundo B, transamundo XZ, Transamundo Frec. que om. O
nepotem A, neptam O amalabergam] *libri et Pauli liber optimus et Freculfus*, maleberga Pauli libri reliqui turingorum AO, thoringorum XYZ 6 consociat] consortia O hermemfredo B, ermenfredo
AO et sic *Paulus l. c.*, Ermenfrido Frec., ermeredido XYZ pitzamum] P$^b$V, pit*amum P$^a$, pizzamum A,
petzamin B, pitzamin O, pitzam XYZ com. suum A et om. OB 8 transarico OB, thra-
sarico XYZ trapstile O et *Paulus 15, 15*, trafstilae PV, trastil(a)e AB, thrastilae XYZ op-
tinauit P indeque OBXY sauinianum] PVAOXYZ, sabianum B 9 mag mil] PV, magistrum
militum AX, magistro militiae O, magistrum miliciae B, om. Y cum om. X mandone XZ (non Y)
a ciuitate A 10 margo (marco A$^a$) planum] PVA, margo plano OBXY margumque] marcianumque
OB fluminibus] PVO, flumina ABXY 11 ergo om. AB equitibusque q. X, equites quingen-
tos O solatii A 12 demolitus est A de om. OB attilani AZ, attilana XY di-
scendens O 13 gente P in om. XYZ dibachatur O, debachatur B 14 plerisque] pluris
XZ, pluribus Y turrem PVOXYZ, turrim AB 15 herca XY que om. A acresti O
16 praedasque] PVAX, praedas BYZ, predans O annectens X$^a$ crassatoribus PVA fecerat]
occupas O, nuncupat B 17 disperatum O suae O petza] PVX, petzam O, pezza B, pizza A,
pitza Y e] de XY saueniani O, sabiniani B 18 non minore tropeo (tropeum O, tropheo X)]
PVOX, non minorem tropheum BZ, non minus tropheum A, nec minorem triumphum Y 19 ibbam]
PVXZ cum *Paulo 16. 10*, hibbam OB, ibam A, ibbam Y galliis adqu. X, galleis adquesiuit O trigenta P 20 milibus fr. in pr. cesis AB et thiudem] et thiodem B, ethiodem O, et theudem A:
Thiodem *Paulus l. c.* 21 in om. XYZ hispaniae ABXY amalarici] alarici B instituit O
qui ... 22 amisit om. B 22 ipsam O adulescentia] PO, adolescentia rel. fracorum O in-
retitos O postquam B 23 thiodis OB, teudis A eodem regno] PVO, eorum regnum A, eiusdem regnum B, idem regnum XYZ ipse] PVAOXYZ, ipsum B fracorum O hispaniis ABXY

LVIII 303 pepulit, et usque dum viveret, Vesegothas contenuit. post quem Thiudigisglosa regnum adeptus, non diu regnans defecit occisus a suis. cui succedens hactenus Agil continet regnum. contra quem Atanagildus insurgens Romani regni concitat vires, ubi et Liberius patricius cum exercitu destinatur. nec fuit in parte occidua gens, quae Theodorico, dum adviveret, aut amicitia aut subiectione non deserviret.

LIX 304 Sed postquam ad senium pervenisset et se in brevi ab hac luce egressurum cognusceret, convocans Gothos comites gentisque suae primates Athalaricum infantulum adhuc vix decennem, filium filiae suae Amalasuenthae, qui Eutharico patre orbatus erat, regem constituit[1], eisque in mandatis ac si testamentali voce denuntians, ut regem colerent, senatum populumque Romanum amarent principemque Orientalem 305 placatum semper propitiumque haberent post deum. quod praeceptum quamdiu Athalaricus rex eiusque mater adviverent, in omnibus custodientes pene per octo annos in pace regnarunt: quamvis Francis de regno puerili desperantibus, immo in contemptu habentibus bellaque parare molientibus quod pater et avus Gallias occupasset, eis concessit. cetera in pace et tranquillitate possessa. dum ergo ad spem iuventutis Athalaricus accederet, tam suam adulescentiam quam matris viduitatem Orientis principi commendavit, sed in brevi infelicissimus inmatura morte praeventus, rebus humanis 306 excessit. tum mater, ne pro sexus sui fragilitate a Gothis sperneretur, secum deliberans, Theodahadum consubrinum suum germanitatis gratia accersitum a Tuscia, ubi privatam vitam degens in laribus propriis erat, in regno locavit. qui inmemor consanguinitatis post aliquantum tempus a palatio Ravennate abstractam in insulam laci Bulsiniensis eam exilio religavit, ubi paucissimos dies in tristitia degens ab eius satellitibus in balneo strangulata est.

LX 307 Quod dum Iustinianus imperator Orientalis audisset et quasi susceptorum suorum morte ad suam iniuriam redundaret, sic est commotus[2]. eodem namque tempore de

---

*P V A O B X (Y Z). Paulus h. R. 16, 10 (ad 25 commotus).*

1 uuisigothos *XYZ*     contenuit] *PVO*, continuit *ABXY*     thiudigisglosa] *PV*, thiudegisglosa *A*, thiodigisglossa *OB*, thiudigis tolosa (*Z*, tholosa *Y*, tolosae *X*) *XYZ*     2 occissus *O*, osaisus (sic) *A*     3 contenit *O*, continuit *B*     athanagildus *B*, athannagildus *O*, athagildus *XYZ*, alanagildus *A*, aianagildus *PV*     4 distinatur *O*     partem occiduam *O*     5 theoderici *XY*     adviuaret *B$^a$*, adhuc uiueret *B$^b$*     amititiam a. subiectionem *O*     6 hac] ha *V*     recessurum *XYZ*     cognosceret] *PO*, cognosceret rel.     7 primatesque gentis suae *A*     athlaricum *XY*     8 adhc *V*     detennem *O*     amalsuentae *A*     eutherico *O*, eutarico *A*     9 eisque] eis *A*     uoce] lege *A*     10 populusque *P*     origentale *O*     11 pllagatum *V$^a$*, plagatum *PV$^b$*     post deum om. *OB*     alatharicus *O*, atharicus *BX$^a$*, athlaricus *X$^b$YZ*, atalaricus *A*     12 que om. *B$^a$*     13 regnauerunt *A*     puerile *O*     desperantibus] fortasse sperantibus     14 mollientibus *O*     et auus] auusque *A*     galliarum *A*     occupassent *AX*, occupauissent *Y*     15 ceteris *A*     pace et] pace *O*, pacis *B*     possessis *A*, adhalaricus *P*, athlaricus *XYZ*, atalaricus *A*     16 accederit *O*     adulscentiam] *P$^b$O*, aducentiam *P$^a$*, adolescentiam *VABXY*     17 morte (mortem *X*) pr. immatura *XY*     18 tum] tunc *XY*     19 theodohadum *A*, theodatum *OB et sic Paulus 16, 12*, theudahadum *X*, theudatohalum *Z*     consubrinum] *PV*, consobrinum *AOBXY*     germitatis *O*     grata *PV$^a$*     arcessitum *AO*     tissia *O*     20 priuata uita *AOB*     laboribus *OB*     regnum *OB*     21 post] per *Z*     rauennati *A*     abstractam] abiit et post ea *XYZ*     insula *BXYZ*     22 bulsiniensis] *PVB*, bulfiniensis *A*, bulsinensis *O*, bulsinensi *XYZ*     religauit] *PVAX*, relegauit rel.     paucissimos dies] paucissimis diebus *A*, amalsuentha (amalesuenta *X*) plures dies *XYZ*     tristiciam *O*     23 balneis *XYZ*     strangulata] *VBXY*, stranguilata *PO*, transgulata *A*     24 et om. *B*     suorum] suum *O*     25 morte] *PVAZ*, mortem *OXY*, mors *B*     redudaret *V$^a$*     tempore namque *V*

---

1) *Horum et sequentium epitomam habent Romana c. 367 sq.*
2) *cf. Continuator Marcellini ad a. 534:* Theodahadus rex Gothorum Amalasuentham reginam creatricem suam de regno pulsam in insula laci Bulsiniensis occidit. cuius mortem imp. Iustinianus ut doluit, sic et ultus est.

Africa Vandalicum cum per fidelissimum suum patricium Belesarium reportasset trium- LX
phum, nec mora in ipso tempore madentibus adhuc armis cruore Vandalico contra
Gothos per eundem ducem movit procinctum. qui dux providentissimus haud secus 308
arbitratus Getarum subicere populum, nisi prius nutricem eorum occupasset Siciliam.
quod et factum est. Trinacriaque ingressus mox Gothi, qui Syracusanum oppidum insidebant, videntes se nihil praevalere cum suo duce Sinderith ultro se Belesario dediderunt. cumque ergo Romanus ductor Siciliam pervasisset, Theodahadus comperiens
Evermud generum suum cum exercitu ad fretum, quod inter Campaniam Siciliamque
interiacet et de Tyrreni maris sinu vastissimum Adriaticus aestus evolvitur. custo-
diendum direxit. ubi cum Evermud accessisset Regium oppidum, castra composuit. 309
nec mora deterioratam causam cernens suorum ad partes victoris paucis et fidelissimis
famulis consciis movit, ultroque se Belesarii pedes advolvens Romani regni optat servire principibus. quod Gothorum exercitus sentiens suspectum Theodahadum clamitat
regno pellendum et sibi ductorem suum Vitiges, qui armiger eius fuerat, in rege le-
vandum. quod et factum est; et mox in campos Barbaricos Vitiges in regno levatus 310
Romam ingreditur praemissisque Ravenna fidelissimis sibi viris Theodahadi necem
demandat. qui venientes imperata sibi perficiunt[1] et occiso Theodahado regem qui a
rege missus adveniebat (et adhuc in campos Barbaricos erat Vitigis) populis nuntiat.
inter haec Romanus exercitus emenso freto Campaniam accedens, subversumque Nea- 311
polim Romae ingreditur: unde ante paucos dies rex Vitigis egressus, Ravenna profectus, Mathesuentam filiam Amalasuenthae Theodorici quondam regis neptem sibi in

*P V A O B X (Y Z).*

1 africa] terra *XYZ*   uuandalicum cum *XZ*, uandalicum *PV*, uuandalicum *O*, uuandalis cum *A*, a uuandalis (uuadalis *B*ᵃ) cum *B*, uuandalorum cum *Y*   patricium *post* bel. *OB*, om. *A*   belesar-] *PVAX* (*hoc loco bertranium*) *Y plerumque*, belisar- *OB semper*   reportauit *A*   2 nec] et *XZ* (*non Y*) uandalico (uuadalico *B*ᵃ) contra] uuandalorum mox super *XYZ*   3 eondem *P*   dux] dum *X*   pro- uidentissimus] *P*ᵇ *VAOXY*, prouidentissumus *P*ᵃ, prudentissimus *B*   haud] haut *O*, aut *V*ᵃ   4 ar- bitratus] *P*ᵇ *VAO*ᵇ, arbitratus *O*ᵃ, arbitratur *B*, arb•••••tus *P*ᵃ, annis tribus *XYZ*   subigere *AOB*, sub- iceret *X*   5 et om. *X*   trinacriaque] *P*, trinacriamque *VBXY*, tinagriamque *O*, nam et trinacriam *A* ingresso *B*, ingressus est *A*   insedebant *O*   6 nil *V*   sinderith] *PVX*, sinderit *A*, sinderich *OBY*   ultro om. *O*   7 que om. *A*   theudahadus *P*, teodohadus *A*, theodatus *OB*   b euer- mut *A*, euermoth *O*, euermor *B*, euermundum *XYZ*   exercitum *O*, om. *A*ᵃ   9 interiacit *P* de] ad *XYZ*   tyrreni *PV*, tirreni *A*, trinni *O*   sinu uastissimum] *PV*, sinu uastissimo *A*, sinu (sinus *O*) uastissimus *OB*, sinum uastissimum ubi *XYZ*   adriaticum aestum *O*   euoluitur] se uoluitur *O*   custodiendum] eum cust. *XYZ*   10 euermut *A*, euermoth *O*, euermor *B*, euermund *Y*, euermundus *X*: Ebremud *Cont. Marcell. ad a. 536*, Ἐβριμούθ *Procopius bell. Goth. 1, 8*   regium] *VAO*, et regium *P*, ad regium *XYZ*, ad rigium *B*   11 paucis] cum paucis *B*   12 consciis om. *OB* se om. *XYZ*   pedes (pedibus *AX*²*Y*) adu. rom. om. *X*¹   13 suspecdum *A*   theodohadum *Z*, theodatum *OB*   14 uitiges] *PV*, uitigis *O*, uitegis vel uitigis vel uitiges *XYZ*, uittigis (vel uittiges) *A*, uuitigis *B semper*   fuerat] erat *X*   rege] *PV*, regem *AOBXY*   15 campis barbaricis (barb. om. *Y*, *ABXY*   regnum *AOB*   16 rauenna] *PVYZ*, rauennam *AOBX*   theodati *OBX*, theodaadi *A*ᵃ, theodoadi *A*ᵇ, theodehadi *Z*   17 occisum *B*   theodahado] theodato *OX*, theodatum *B*, theodoado *A*, theodehado *Z*   regem] *PVB*, rege *OXY*, om. *A*   qui a r. m. adu.] is qui missus ad uittigen aduenit *A* 18 et (ut *B*: adhuc in campos barbaricos (campis barbaricis *BXY*) erat om. *A*   uitigis] *O*, uuitigis *B*, uitigim *V*, uitigem *PXYZ*, regem uittigen *A*   nunciat *A*, nuntiant *PVOB*, annuntiant *XY*   19 subuer- sumque neapolim] *PV*, subuersamque neapolim *YZ*, subuersoque neapolim *O*, subuersaque neapolim *BX*, sub- uersa neapoli *A*   20 romae] *PV*, romam *AOBXY*   rex uitigis (vel -ges) egr.] *PVOXY*, egr. uittigis *AB*   rauenna] *PV*, rauennam *rel*.   21 maathesuentam *PV*, mathesuentham *XY*   amalasuenthae] *VOY*, amalesuenthae *P*, amalesuentae *A*, amalasuentae *B*, mathesuenthae *XZ*   theodor- *B* (*hic*), theoder- *P* (*hic*)   nepotem *O*

---

[1] *cf. Continuator Marcellini ad a. 536:* Gothorum exercitus Theodahadum regem habens suspectum Vitigis in regnum adsciscit. qui mox in campo Barbarico regnum pervasit, expeditione soluta Romam in- greditur ... ibique residens dirigit Ravennam, Theodahadum occidit.

LX matrimonio sociarat[1]. cumque his novis nuptiis delectatus aulam regiam fovit Ravenna, Roma egressus imperialis exercitus munita utriusque Tusciae loca invadit. quod cernens per nuntios Vitiges, cum Hunila duce Gothorum manu armis conserta mittit Perusia. ubi dum Magnum comitem cum parvo exercitu residentem obsessione longa evellere cupiunt, superveniente Romano exercitu ipsi evulsi et omnino extincti sunt. quod audiens Vitiges ut leo furibundus omnem Gothorum exercitum congregat Ravennaque egressus Romanas arces obsidione longa fatigat. sed frustrata eius audacia post quattuordecim menses ab obsidione Romanae urbis aufugit et se ad Ariminensem oppressionem praeparat. unde pari tenore frustratus fugatusque Ravenna se recepit: ubi obsessus nec mora ultro se ad partes dedit victoris cum Mathesuentha iugale regiasque opes. et sic famosum regnum fortissimamque gentem diuque regnantem tandem pene duomillensimo et tricesimo anno victor gentium diversarum Iustinianus imperator per fidelissimum consulem vicit Belesarium, et perductum Vitiges Constantinopolim patricii honore donavit. ubi plus biennio demoratus imperatorisque in affectu coniunctus rebus excessit humanis. Mathesuentham vero iugalem eius fratri suo Germano patricio coniunxit imperator. de quibus post humatum patris Germani natus est filius idem Germanus. in quo coniuncta Aniciorum genus cum Amala stirpe spem adhuc utriusque generi domino praestante promittit.

Haec hucusque Getarum origo ac Amalorum nobilitas et virorum fortium facta. haec laudanda progenies laudabiliori principi cessit et fortiori duci manus dedit, cuius fama nullis saeculis nullisque silebitur aetatibus, sed victor ac triumphator Iustinianus imperator et consul Belesarius Vandalici Africani Geticique dicentur. haec qui legis, scito me maiorum secutum scriptis ex eorum latissima prata paucos flores legisse. unde inquirenti pro captu ingenii mei coronam contexam. nec me quis in favorem gentis praedictae, quasi ex ipsa trahenti originem, aliqua addidisse credat, quam quae legi et comperi. nec si tamen cuncta, quae de ipsis scribuntur aut referuntur, complexus sum, nec tantum ad eorum laudem quantum ad laudem eius qui vicit exponens.

---

*P V A O B X (Y Z).*

1 matrimonium+ *O*, matrimonium *B*   sociauit *X Y*   cumque] cum *X Y Z*   his] is *P*, eis *V*   fouit] *PVA*, fouet *OBXY*   rauennam *A*   2 rom(a,e *OB*   inuadet *O*   3 unila *O*, unilam *B*   ducem *B*   manum armis consertam *AXYZ*   4 perusia] *PVZ*, perusiam *ABXY*, perausiam *P*   dum] cum *A*   parua exercito *O*   obsidione *P*   5 ipse *O*   6 exercitu *O*   7 rauennamque *OBXY*   longe *A*ᵃ   8 aud. eius *X*   quattuordecim *P*, quatuordecim *O*   mensis *O*   rom. urbis om. *A*   9 arimensem *O*   tinore *O*   rauenna] *PVAOXYZ*, rauennam *B*   10 uict. ded. *B*   mathesuentha] *PXY*, matesuentha *A*, mathesuenta *B*, mathesuentha *V*, matesuenta *O*   11 iugale] *PV*, iogale *O*, iugali *ABXY*   regiisque opibus *AXY*   diuque regn. om. *XYZ*   12 tandem] eandem *OB*   duodemillesimo *B*   trecensimo *PVO*, trecentesimo *BY*, tricentesimo *X*   13 bel. uic. *B*   14 imperique *A*   15 mathesuentham] *PVXY*, maᵗhesuentam *AOB*   fratri] *requiritur* fratrueli (*cf. 77, 13. 123, 2*)   16 post humatum] posthumus *B*   17 idem] id est *O*, item *B*   coniunctum *XYZ*   aniciorum *X*   genus] *PVXYZ*, gens *AOB*   amale *O*   18 adhuc] huc *X*, hucusque *Y*   generi *PV*, generis *AOBXY*   19 haec om. *OB*   ac] hac *VB*   amalorum] malorum *O*   fort. uir. *A*   haec] hac *A*, ac *B*   20 principi cessit] principessit *O*   21 nullisque] nullis *OB*   silebitur *O*, delebitur *A*   22 g**eticique *O*   dicent *XY*   23 secutum scriptis] *PVO*, secutum scripta *BXY*, scripta secutum *A*   ex] et ex *AB*ᵇ   eorum] orum *O*   latissima prata (frata *P*, parata *O*)] *PVO*, latissimis pratis (pratos *B*ᵃ) *ABXYZ*   24 mei ing. *B*, ingenioli mei *A*   contextam *BZ*   25 traenti *O*, trahentem *AB*   aliqua] alia aliqua *A*   addedisse *O*   26 et] *PV*   aut *AOBXY*   si] *PVOB*, sic *XY*, om. *A*   27 tantum] tamen *B*   laudem eius] eius *AOB*   uicit] uiuit *YZ* (non *X*)   explicit de antiquitate getarum actusque (actibusque *XYZ*) eorum quos deuicit iustinianus imperator per fidelem rei (regi *O*) publicae belesarium (belasarium *O*) consulem *PVOXZ*, explicit historia iordanis episcopi de antiquitate et actibus getarum *Y*, explicit de antiquitate getarum actibusque eorum quos deuicit iustinianus imperator per fidelem rei publicae belisarium consulem *B*: *nulla subscr. in A*

---

1) *cf. Continuator Marcellini ad a. 536:* Ravennamque ingressus Matesuentham neptem Theodorici sibi sociam in regno plus vi copulat quam amore, *item Romana c. 373*.

# INDICES.

## I. INDEX PERSONARVM.

Indicem personarum ita adornavimus, ut primum enumerarentur cum imperatores Romanorum tum Amali regesque Vesegotharum secundum temporis ordinem, deinde nomina omnia secundum alphabetum remisso lectore, quatenus perveniunt, ad indices imperatorum regumque. auctorum, quos adlegat Iordanes, nomina distinximus praemisso vocabulo cit(atur). in adscribendis locis auctorum reliquorum, qui de iisdem personis tractant, pro re diversa secuti sumus. primum quae nomina Iordanes sumpsit ex libris qui supersunt Hieronymi, Flori, Rufi, Ammiani, Marcellini comitis et sic deinceps nude referre satis habuimus; auctor enim infimi ordinis et perturbatus totus non dignus est, in quo ea expendantur quae traxit ex scriptoribus adhuc servatis. deinde quae per adlegationes recte illustrari non possunt similiter praetermisimus: Alarici enim, Attilae, Theoderici, Iustiniani res gestae ex eiusmodi indice peti nec possunt nec debent. ita quae restabant non multa eo consilio tractavi, ut ex adscripta eorundem hominum notitia aliunde petita Iordaniana quo pertineant satis perciperetur. — Gothica aliaque barbara nomina complura apud solum Iordanem inventa explicare ut meum non fuit, ita collega Carolus Muellenhoff ea qua excellit rerum linguarumque notitia vocabula Iordaniana Gothica pleraque illustravit.

### IMPERATORES ROMANI.

Augusti 9 30. 121 8.
C. IVLIVS CAESAR *dictator* (*ante Chr.* 49—44).
  Gaius Iulius Caesar 32 25.
  Iulius Caesar 34 1. 56 7.
  Caesar 32 28. 73 18.
AVGVSTVS (*ante Chr.* 44 — *p. Chr.* 14).
  Octavianus Augustus Caesar 1 20.
  Augustus Caesar Octavianus 33 13.
  Octavianus Augustus 32 28. 44 22. 120 12.
  Augustus qui et Octavianus 9 30. Augustus Octavianus 1 10. 9 25. 31 23.
  Augustus Caesar 14 1. 32 36. 33 13.
  Augustus 1 21. 10 4. 31 24. 34. 32 22. 33 7. 23. 97 8.
  Caesar 29 10. 13. 33 2. 1.
C. CAESAR AVG. F.
  Claudius Caesar nepus Octaviani 31 24. 30.
TIBERIVS (*a.* 14—37).
  Tiberius Augustus Caesar 33 25.
  Tiberius 33 17. 24.
  Gaius Tiberius 73 22.
GAIVS (*a.* 37—41).
  Gaius Caesar Caligula 33 30.
  Gaius Caligula 34 7.

CLAVDIVS (*a.* 41—54) 29 14. 33 36. 34 1.
NERO (*a.* 54—68) 34 7.
GALBA (*a.* 68. 09) 34 14.
OTHO (*a.* 69) 34 15.
VITELLIVS (*a.* 69) 34 15.
VESPASIANVS (*a.* 69—79) 34 17. 20. 25.
TITVS (*a.* 79—81).
  Titus Vespasianus 34 20.
  Titus 34 18. 25.
DOMITIANVS (*a.* 81—96) 34 25. 76 1. 7.
NERVA (*a.* 96—98) 34 32.
TRAIANVS (*a.* 98—117).
  Traianus 27 26. 34 33. 34. 35 5. 9. 81 21. 82 5. 84 1.
  divus Traianus 40 24.
MARCIANA *soror Traiani*.
  Marcia 81 21.
HADRIANVS (*a.* 117—138).
  Adrianus 35 5. 12.
PIVS (*a.* 138—161).
  Antoninus Pius 35 14.
  Antoninus 35 15.

# I. INDEX PERSONARVM.

MARCVS (a. 161—180).
  M. Antoninus qui et Verus 35 18.
  Aurelius 35 14.
  Antoninus 35 21.
VERVS (a. 161—169).
  L. Aurelius Commodus 35 18.
  Lucius 35 14.
COMMODVS (a. 169—192) 35 24.
PERTINAX (a. 193).
  Helvius Pertinax 35 26.
  Pertinax 35 31.
IVLIANVS (a. 193) 35 30. 32.
SEVERVS (a. 193—211).
  Severus Pertinax 35 32.
  Severus 35 30. 31. 36 4. 5. 78 15. 79 1. 12.
ANTONINVS SEVERI F. (a. 198—217).
  Antoninus Caracalla 36 5. 7. 12. 80 1.
  Antoninus 80 6.
MACRINVS (a. 217. 218) 36 10. 80 3. 4.
ANTONINVS SEVERI N. (a. 218—222).
  M. Aurelius Heliogabali sacerdos 36 12.
  Eliogabalus 80 5.
ALEXANDER (a. 222—235).
  Alexander Mamae (sic tribus locis) filius (filius om. 78 10. 80 6) 36 17. 78 10. 80 6.
  Alexander 78 12.
MAMAEA v. Alexander.
MAXIMINVS (a. 235—238) 36 21. 23. 28. 78 10. 11. 79 3.
PVPIENVS (a. 238).
  Puppienus 36 26. 28.
  Puppio 80 10.
BALBINVS (a. 238).
  Albinus 36 28.
GORDIANVS III (a. 238—244).
  Gordianus 36 27.
PHILIPPVS PATER (a. 244—249) 36 30. 37 1. 6. 7. 80 10. 17. 81 6. 9.
PHILIPPVS FIL. (a. 247—249) 37 2. 6. 7. 81 1.
DECIVS (a. 249—251) 37 6. 81 6. 84 2. 4. 11. 12. 17. 19.
TREBONIANVS GALLVS (a. 251—253).
  Gallus 37 9. 53 26. 84 8. 19. 85 11.
VOLVSIANVS (a. 252. 253) 37 9. 84 19. 85 11.
AEMILIANVS (a. 253).
  Emilianus 37 9. 12. 85 4.
VALERIANVS (a. 253—260) 37 13. 14.
GALLIENVS (a. 253—268) 27 27. 37 13. 16. 20. 85 16.
TETRICVS (a. 267—273) 37 26.
CLAVDIVS GOTHICVS (a. 268—270).
  Claudius 37 21. 38 20.
QVINTILLVS (a. 270).
  Quintillius 37 24.
AVRELIANVS (a. 270—275) 27 28. 37 26. 31. 39 23.
TACITVS (a. 275. 276) 37 34.
FLORIANVS (a. 276) 37 34.
PROBVS (a. 276—282) 38 1. 4.
SATVRNINVS usurpator 38 2.
CARVS (a. 282. 283) 38 6. 8.
CARINVS (a. 283. 284) 38 6. 11.
NVMERIANVS (a. 284) 38 6. 10. 15.
DIOCLETIANVS (a. 284—305).
  Dioclitianus 38 13. 21. 23. 25. 29. 32. 34. 35. 39 2. 81 14. 86 17.
MAXIMIANVS HERCVLIVS (a. 284—305) 38 15. 30. 86 18.
  Maximianus 38 16. 35. 81 14. 86 13.
  Herculius 38 22.

GALERIVS MAXIMIANVS (305—311) 38 19. 32.
  Galerius Maximianus 38 21. 23.
  Galerius 38 21. 23.
  Maximinus 86 15.
VALERIA uxor Galerii.
  Valeria 38 23.
CONSTANTIVS I (a. 305. 306).
  Constantius 38 19. 20. 22. 31.
THEODORA uxor Constantii.
  Theodora 38 22.
CARAVSIVS (a. 287—293) 38 17.
ACHILLEVS (a. 292—296).
  Achilleus 38 19.
  Achilles 86 17.
LICINIVS (a. 307—323) 87 1.
CONSTANTINVS I (a. 306—337).
  Constantinus 81 1. 87 1. 2. 88 1. 96 5.
CONSTANTIVS II (a. 337—361).
  Constantius 39 5.
IVLIANVS (a. 360—363) 39 6.
IOVIANVS (a. 363. 364).
  Iobianus 39 15. 17.
VALENTINIANVS I (a. 364—375).
  Valentinianus 39 20. 21. 30. 40 2. 6. 92 8.
SEVERA uxor Valentiniani I.
  Severa 39 31. 40 2.
IVSTINA uxor Valentiniani I.
  Iustina 40 1. 3. 6.
IVSTA filia Valentiniani I.
  Iusta 40 7.
GRATA filia Valentiniani I.
  Grata 40 7.
GALLA filia Valentiniani I., uxor Theodosii I.
  Galla 40 8 bis.
PROCOPIVS usurpator (a. 365).
  Procopius 39 26.  Procopianus 39 28.
VALENTINIANVS usurpator (a. 367).
  Valentinianus 39 25.
VALENS (a. 364—378) 39 20. 22. 27. 28. 40 10. 12. 17. 21. 25. 28. 92 7. 11. 13. 16. 94 5. 14.
DOMINICA uxor Valentis.
  Dominica Augusta 40 21.
GRATIANVS (a. 367—383) 39 30. 40 1. 13. 24. 30. 94 13. 95 8. 14. 96 7.
VALENTINIANVS II (a. 375—392).
  Valentinianus 40 1. 7. 30. 34.
THEODOSIVS pater imperatoris 40 12.
THEODOSIVS I (a. 379—395).
  Theodosius 40 8. 12. 23. 24. 36. 41 3. 10. 94 13. 95 5. 9. 13. 96 4. 10. 99 21.
FLACCILLA uxor Theodosii I.
  Flacilla 40 8.
MAGNVS MAXIMVS (a. 383—388).
  Maximus 40 29.
EVGENIVS (a. 392—394) 40 31. 33. 96 7.
ARCADIVS (a. 383—408).
  Archadius 40 8. 41 3. 1. 5. 7. 26. 28.
HONORIVS (a. 393—423) 40 9. 41 3. 5. 19. 22. 23. 24. 30. 42 5. 6. 8. 97 17. 20. 98 6. 99 21. 100 1. 19.
MARIA uxor Honorii.
  Maria 41 22. 98 7.
THERMANTIA uxor Honorii.
  Hermantia (sic utroque loco) 41 22. 98 7.
CONSTANTINVS III (a. 407—411).
  Constantinus 41 32. 101 7.

# I. INDEX PERSONARVM.

Constans II (a. 407—411).
　Constans 41 32. 101 8.
Maximvs *usurpator* (a. 409) 42 7.
Iovinvs *usurpator* (a. 411—413).
　Iovinus 42 7. 101 10.
　Iobinus 41 34.
Sebastianvs *usurpator* (a. 412) 42 1. 101 10.
Constantivs III (a. 421).
　Constantius 42 6. 100 19. 101 1. 3.
Galla Placidia *Theodosii I filia, uxor Athaulfi et Constantii III, mater Valentiniani III.*
　Placidia 40 9. 41 30. 42 5. 9. 99 21. 100 22. 101 5. 115 10.
Iohannes *usurpator* (a. 423—425) 42 8. 11.
Theodosivs II (a. 402—450).
　Theodosius iunior 41 28. 104 16.
　Theodosius 42 11. 16. 17. 28. 29. 115 16.
　consul 104 4.
Valentinianvs III (a. 425—455).
　modernus Valentinianus iunior 40 9.
　Valentinianus 40 9. 42 9. 11. 16. 20. 43 8. 13. 17. 101 18. 106 14. 107 2. 14. 115 9. 118 1.
Evdoxia *uxor Valentiniani III.*
　Eudoxia 42 17. 43 13. 14.
Honoria *soror Valentiniani III.*
　Honoria 42 12. 115 9. 11.
Maximvs *usurpator* (a. 455) 43 11. 118 5. 7.
Marcianvs (a. 450—457) 42 28. 115 15. 118 8. 12. 124 5. 126 6. 128 4.
　divus Marcianus 43 20.
Pvlcheria *uxor Marciani.*
　Pulcheria 42 29.
Avitvs (a. 455. 456) 119 16.
Leo (a. 457—474) 43 16. 19. 20. 30. 44 6. 118 12. 119 10. 121 1. 128 16. 130 25.
Verina *uxor Leonis.*
　Verina 43 23. 44 7.
Maiorianvs (a. 457—461).
　Maiorianus 43 17.
　Maiurianus 118 9.
Livivs Severvs (a. 461—465).
　Severus 118 11.
　Severianus 43 19.

Anthemivs (a. 467—472) 43 20. 27. 118 13. 18. 119 6.
Olybrivs (a. 472) 119 8. 11. 17.
Glycerivs (a. 473) 43 29. 119 11. 120 5. 131 12. 15. 18.
Leo II (a. 473. 474).
　Leo iunior 43 30. 44 3.
Zeno (a. 474—491).
　Zenon 43 26. 44 4. 6. 8. 11. 11. 45 6. 9. 16. 22. 29. 33. 34. 46 2. 5. 121 1. 132 13. 19. 134 8.
Ariagne *uxor Zenonis et Anastasii.*
　Ariagne 44 1. 10. 45 17. 46 3.
Nepos (a. 474).
　Nepus 43 27. 28. 44 17. 119 13. 120 1. 4.
Romvlvs Avgvstvlvs (a. 475. 476).
　Augustulus 44 17. 19. 22. 120 3. 7. 9. 12.
Basiliscvs *usurpator* (a. 476. 477) 43 22. 44 8. 11.
Marcvs *Basilisci f.*
　Marcus 44 11.
Anastasivs (491—518) 46 3. 11. 21.
Ivstinvs (a. 518—527) 47 3. 4.
Ivstinianvs (a. 527—565) 1 11. 24. 47 11. 16. 48 16. 49 23. 77 13. 102 16. 103 3. 123 2. 136 21. 138 12. 21.
Theodora *uxor Iustiniani.*
　Theodora 51 9.
Germanvs Iustiniani fratruelis 77 13. 123 2 *id est* fratris filius; *errore frater* 138 16: ἀνεψιός *apud Procopium passim.*
　Germanus patricius 49 27. 51 12.
　Germanus 77 13. 123 2. 138 16 *bis*.
Mathesventha *uxor eius, Amala. In nummis per monogramma, sed certae solutionis, est Matasunda (Friedlaender Münzen der Ostgothen p. 42). 'Perperam scribitur Matesuentha et Mathesuenta, item apud Procopium* Ματασοῦνθα, *quamquam certa prioris vocis exempla admodum rara sunt'.* Muellenhoff.
　Mathesuentha 51 12. 77 11. 138 10. 15.
　Mathesuenta 77 10. 123 1. 2. 137 21.
　Matesuentha 77 6.
　Maathesuenta 49 9.
Ivstinvs *Germani f.* 49 27.
Germanvs *Germani et Mathesuenthae f.*
　Germanus 51 15. 77 14. 123 3. 138 17.

# AMALI REGESQVE GOTHORVM ET OSTROGOTHARVM.

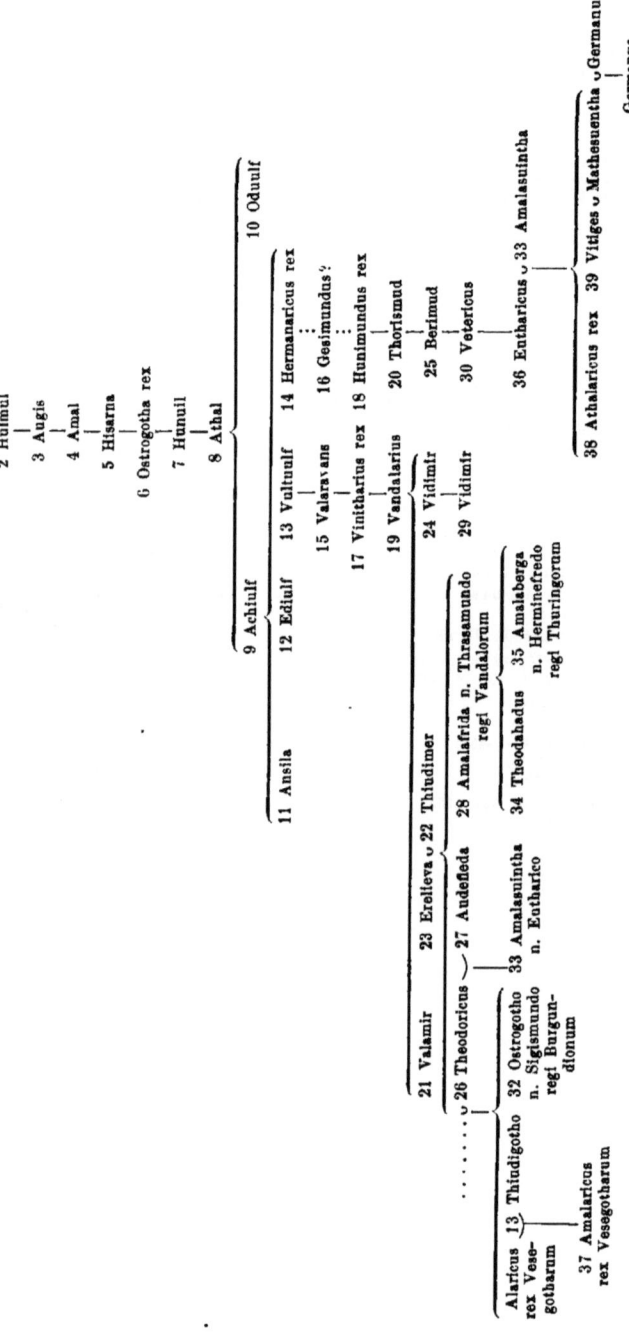

# I. INDEX PERSONARVM.

Amalus, -li 64 23. 76 18. 78 1. 88 6. 96 14. 103 12. 16 109 20. 121 16. 122 20. 123 6. 126 21. 128 6. 135 1. 138 17. 19. familia 103 12, *cf.* 64 23. gens 123 6. stirps 122 20. 128 6. 135 1. 138 17. prosapia 126 24. 'Et Theodiscis et Anglosaxonicis carminibus quondam celebrati Amalunga sive Amulinga, vox amal etsi mature in oblivionem abiit, sine dubio strenuum, industrium, infatigabilem significavit'. MUELLENHOFF.

1 Gapt *princeps Amalorum* 76 16. 'Gapt, heroum quos Ansis (q. v.) vocaverunt primum, corrupta una littera eundem esse atque Northmannorum Gaut, Anglosaxonum Géat Iacobus Grimmius opinatus est, eamque opinionem plerisque, ne dicam omnibus placuisse quis miretur, qui traditionem et Norroenam et Anglosaxonicam respexerit? tamen minus certa res est. Cassiodorius enim et Iordanes antiquas diphthongos au ei nusquam servarunt in nominibus Goticis ex ipso usu ac sermone populi sibi notis, sed tantum in traditis aliunde; conf. Audefleda, Gautigoth, Raumarici, Finnaithae, Aoricus (Got. Háuhreiks Theod. Hôhrih), Argaith, Gaina al. scripserunt in illis Goticis o et e (ae) pro au et ai. neque ad Trapstilam (q. v.) et Θραυστίλαν provocare licet, ut corruptum esse per librarios Goticum u in p aliquo exemplo comprobetur. habemus profecto nullum'. MUELLENHOFF.

2 Hulmul (al. Humal) 76 17 *bis*. 'Ad litteras ataviique regis condicionem quod attinet, comparari potest Humli, quem praeter Danum cum nepote aut fratre aut filio Löthero Saxo grammaticus aliique nonnulli (apud *Langebekium* 1, 27. 19. 150) auctorem regum Daniae fuisse perhibent, oriundum sine dubio ex cognomine illo Hunorum rege, quem cum nepote ex filia, nomine Hlôdr, contra Gothos proelio occubuisse Norroena fabula de Tyrfingo ense narrat. nomen ipsum obscurum, quamvis eodem Audhumla vacca, si recte ita scribitur, appellata esse videatur. praeterea conf. Augis'. MUELLENHOFF.

3 Augis 76 17 *bis*. 'Augis vocem esse non compositam docent et priora et sequentia genealogiae nomina. ad eam tamen explicandam de adiectivo, quod ex adverbiis Goticis andaugiba, andaugjô facile elicias, noli cogitare, non quod obstat diphthongus au pro vulgari ô admissa (cf. Gapt), sed quoniam adiectivo illo et Theodisco ôuge et Norroeno eygr maiores non utebantur nisi in compositis verbis. at si Augis pro 'Agis' ut Augandzi pro 'Agadii' perperam scriptum esse ponimus, nomine inde effecto fortasse mythologi nostri iam ad longe alias de Gapt et Hulmul opiniones pellicientur; conferantur modo ea quae Iacobus Grimmius in mythologia (1844) p. 216—219 disputavit. sed certi quicquam in his omnino nunquam adsequemur'. MUELLENHOFF.

4 Amal 76 17. 18.

5 Hisarna, Hisarnis 76 18. 'Hisarnis potiorem formam Goticam Eisarns indicat, sed Graece factam Ἰσάρνης, sequiorem autem Hisarna ne quis pro breviato nomine composito habeat; non enim nomina propria cum Got. eisarn Theod. îsarn praeter agnomina componuntur. Hisarna igitur, i. e. Got. Eisarna vel Graece quasi Σιδήρων, plane singulare est nomen, ut mythicum, et simplex ut proxima Amal, Augis, Hulmul, Gapt'. MUELLENHOFF.

6 OSTROGOTHA *rex* 77 1 *bis*. 78 6. 81 5. 10. 83 8. 12. 15. 22. 'Iniuria ambigitur utrum *rex* a populo an, quod sanus nemo contendet, populus a rege nomen acceperit. vide quae in Hauptii actis litterariis 9, 134 sqq. disputavi. eum Philippi imperatoris aequalem fecit Cassiodorius c. 90. certior est fama de felici eius contra Gepidas certamine c. 98—100, quo tempore Ostrogothis Vesegothisque imperasse dicitur (98). celebratur etiam eius 'solidus animus' apud Iordanem (98), ab ipso Cassiodorio (var. 11, 1) eius patientia,

carmine denique Anglosaxonico (*Vids*. 113) *Éastgotne (Ostgotae) sapientia ac probitas. erat nimirum omnium regum Gothorum ante Ermanaricum clarissimus*'. MUELLENHOFF.

7 Hunuil 77 1 *bis*. 'Hunuil nominis certe ultimam partem corruptam esse nemo non videt. id quale fuerit, docemur carmine illo Anglosaxonico Vidsîthi 114, quo *Éastgota sapiens probusque pater* Unwêni *praedicatur.* Hunuil igitur pro Unwîn sive Unwên, sicut mox et Thiudimir et Thiudemer legitur, scriptum est, quo nomine (*Theod.* Unwän) aliquem praeter spem natum designari satis notum est. cf. Hauptii acta litteraria 12, 253'. MUELLENHOFF.

8 Athal 77 1 *bis*. 'Athal appellatur a Cassiodorio (var. 11, 1) Athala. sequior forma, quae nomen consuetum et ordinarium h. e. compositum indicat, ut Ἀγάθων Ἀγαθοκλέα facit, personae historicae nec plane mythicae magis convenit. laudabatur traditione populari, ut ille testatur, prae ceteris regiis virtutibus eius mansuetudo'. MUELLENHOFF.

9 Achiulf 77 2 *bis*. 7. 'Nomen perperam litteris expressum est; requiritur Agiulf sive Agivulf'. MUELLENHOFF.

10 Oduulf 77 2. 'Vulfilano stilo scripsisset auctor Audvulfs'. MUELLENHOFF.

11 Ansila 77 2.

12 Ediulf 77 2. Copula in quattuor membris secundo loco quartoque solis adiecta quamquam raro reperitur, tamen exempla alia adsunt 6, 19. 107. 22. itaque non recte de lectione dubium movi.

13 Vultuulf 77 2. 3. Vultuulfus 121 17. 'Ita scriptum est pro Vulthuvulfs'. MUELLENHOFF.

14 HERMENERIG *rex* 77 2. Hermanaricus 77 7. 88 6. 17. 18. 89 3. 91 14. 18. 21. 121 15. 17. 122 9. 'Apud Ammianum Marcellinum (31, 3, 1), quem res gestas, quas Latino stilo enarraturus esset, primum suum in usum Graecis litteris consignasse et consentaneum est et nominibus Germanicis apud eum obviis satis declaratur, nomen etiam 'bellicosissimi regis et per multa variaque fortiter facta vicinis nationibus formidati' Ermenrichus graeco more scriptum invenitur. Gotice utrum Aírmanareiks an Aírmanareiks fuerit, dubito. carminibus Theodiscis Ermanrîh, Anglosaxonicis Eormenric, Norroenis Iörmunrekr celebrabatur. eum cum non solum potentissimum sed et avarissimum, saevissimum, fraudulentissimum fuisse fama ferat, Cassiodorius (*supra p.* 76) *inter parentes, quorum virtutes Amalasuintha referebat*, cur non nominarit, facile intellegitur. vide Hauptii acta litteraria 12, 254'. MUELLENHOFF.

15 Valaravans 77 3 *bis*. 'Vocabulum est mere Goticum Vala-hrabns, a quo Theodiscum Waluram paullum differt'. MUELLENHOFF.

16 Gesimundus 121 23. Excidisse in altera stirpe generationem duobus indiciis colligitur. primum Vandalarius Vinitharii f. et Thorismud Hunimundi f. consobrini appellantur p. 123 4, id quod requirit inter alterum utrum et communes iis maiores generationum numerum eundem. deinde p. 121 23 qui appellatur Gesimundus Hunimundi magni filius a genealogia abest, cum reliqui Amali, quibuscum nominatur, adsint in ea omnes. accedit, quamquam ei argumento non multum tribuendum est, quod Eutharicus et Amalasuentha addita generatione eiusdem gradus efficiuntur. — Quo loco Gesimundus interponendus sit, omissus omnino non librariorum culpa, sed auctoris, magis dubium est. crediderim tamen eum excidisse non inter Hunimundum et Thorismundum, sed inter Hermanaricum et Hunimundum propter duas rationes. Hunimundum cum propter formam celebrent et Iordanes et ipse Cassiodorius, iuvenis regnare coeperit necesse est; at Ermanaricus cum diem obierit annos

*natus CX, filium adulescentem vix post se reliquit. deinde quod narrat Iordanes p.* 121 2 *Hunnos ut Vinitharium regno pellerent, Gesimundum adscivisse Hunimundi magni filium, devicto Vinithario et defuncto Gothis praefuisse Hunimundum, ratione caret. quam ob rem crediderim p.* 77 8 *auctori sic scribendum fuisse:* Hermanaricus genuit [Gesimundum; Gesimundus autem genuit] Hunimundum, *item cum excidissent verba intra parentheses posita, pro eo quod requiritur p.* 121 23 *Gesimundo Hermanarici filio substitutum esse id quod legimus* Gesimundo Hunimundi magni filio, *item p.* 122 9 *loco verborum:* Hunimundus filius Gesimundi *substitutum* Hunimundus filius Hermanarici. — *Ceterum quod scribit Ammianus* 31, 3, 1. 2. 3 *ad n. 376:* Huni pervasis Halanorum regionibus, quos Greuthungis confines Tanaitas consuetudo nominavit, interfectisque multis et spoliatis reliquos sibi concordandi fide pacta iunxerunt eisque adiuti confidentius Ermenrichi late patentes et uberos pagos repentino impetu perruperunt, bellicosissimi regis ei per multa variaque fortiter facta vicinis nationibus formidati. qui . . . . magnorum discriminum metum voluntaria morte sedavit. cuius post obitum rex Vithimiris creatus restitit aliquantisper Halanis, Hunis aliis fretus, quos mercede sociaverat partibus suis. verum post multas quas pertulit clades animam effudit in proelio vi superatus armorum. cuius parvi filii Viderichi nomine curam susceptam Alatheus tuebatur et Saphrax, *id cum Iordaniana relatione conciliari nequit, et frustra, si quid video, Vinitharium Iordanis Vithimiremque Ammiani viri docti eundem ut facerent temptaverunt.*

17 Vinitharivs *rex* 77 3 *bis.* 121 16. 122 2. 3. Venetharius 122 4. 6. 9. *cf. ad n.* 16. ʻ*Got.* Vinithaharjis, *Theod.* Winidheri. Munitaurius *apud Cassiodorium (supra p.* 76) *corrupte*ʼ. Muellenhoff.

18 Hunimundus 77 8. 122 9. H. magnus 121 23. *cf. ad n.* 16.

19 Vandalarius 77 4. 122 16. 123 4. 5. Vandiliarius 77 4. ʻΟὐίσανδος *quidam est apud Procopium b. Goth.* 1, 18. 2, 11 *agnomine, ut videtur,* Βανδαλάριος. *nomen Goticum puto erat* Vandlaharjis. *etiam* Vandiliarius, *mutatum scilicet ita ut fiat* Vandilarius, *ferri potest; conf. Cassiodorii (var.* 3, 38) Vuandil, *Theod.* Wentil, *Plinii* Vandilii, *Graecorum* Βανδίλοι'. Muellenhoff.

20 Thorismvd *rex* 122 11. 123 6. Thorismod 134 21. Thorismud 77 5 *bis.* 103 11. ʻThorismud *videtur transformatus esse in* Thorismundum'. Muellenhoff. *cf. ind. gramm.*

21 Valamir *(gen.* -meris 129 5. 130 10, *acc.* -merem 109 23, *abl.* -mire 109 19, -mero 44 29. 130 4) *rex* 42 23. 77 4. 109 19. 23. 110 1. 123 7 *bis.* 9. 10. 127 13. 128 3. 14. 129 18. Valamer 44 29. 122 15. 127 14. 17. 129 5. 130 4. 10.

22 Thivdimer *(gen.* -meri 127 21, -meris 128 12, *abl.* -mire 109 19) *rex* 123 9. 127 13. 15. 21. 128 1. 12. 129 5. 130 4. 21. 131 10. 22. 24. 132 2. 6. 10. Thiudimir 77 5. 123 7. Thiudemir 128 3. Thiudemer 77 4. Thiodimer 130 16. Theodemir 44 30. 45 1. 4. 109 19.

23 Erelieva 128 2. *Cf. Anonymus Valesianus c.* 58: mater Ereriliva dicta Gothice catholica quidem erat: quae in baptismo Eusebia dicta est. ʻNomen *Germanicum nemo probabit*ʼ. Muellenhoff.

24 Vidimer *(abl.* -mere 109 19, -mero 44 30. 45 1 *bis*). 44 30. 45 1. 4. 5. 123 10. 127 15. 130 5. 131 14. Vidimir 77 4. 123 7. 128 3. Videmer 109 19. Videmir 127 13.

25 Beremud *(venit ad Theodoridum I regem Vesegotharum qui regnavit a.* 419—451) 103 11. 18. 122 17. Berimud 77 8. 9. Beretmod 134 21. ʻBeremud *sive* Berimud *certum est vulgari pronuntiatione ex* Beremód *ortum esse*ʼ. Muellenhoff.

26 Theodericvs *rex* 51 13. 77 5 *bis.* Theodoricus *a.* 475—526 44 30. 45 1. 6. 10. 12. 48 11. 49 9. 60 3. 120 16. 122 20. 128 1. 12. 15. 130 26. 131 4. 25. 132 11. 13. 19. 133 17. 134 4. 7. 15. 20. 135 18. 136 5. 137 21. *In titulis qui extant omnibus scilicet recte exceptis (nummi monogrammate solo inscripti ancipites sunt) nomen regis est* Theodericus, *scilicet in miliario Appiae (C. I. L. X,* 6850. 6851*):* d. n. glrsmus adq. inclytus rex Theodericus ac triumf. semper Aug.; *in titulo urbano:* † s[al]vis domi[no n . . . .] Augusto et gl[oriosissimo rege] Theoderico *(C. I. L. VI,* 1794); *in altero item urbano:* regnante d. n. Theoderico *(l. c. n.* 1665); *in tegulis urbanis (C. I. L. X,* 8041, 2): †reg(nante) d. n. Theoderico bono Rome; *in exagio (Friedlaender, Münzen der Ostgothen p.* 29): d. n. Theoderici; *in titulis Ravennatibus C. I. L. XI,* 10 = *Orell.* 1758: rex Theodericus favente do et bello gloriosus et otio; *C. I. L. XI,* 280: rex Theodericus; *ib. n.* 310: ignucus (= *eunuchus*) et cubicularius regis Theoderici; *ib. n.* 317 = *Orelli-Henzen* 6336: pater pistorum regis Theoderici. *item apud Graecos (excepto Iohanne Antiocheno, apud quem est* Θευδέριχος) *constanter appellatur* Θευδέριχος. *quam ob rem hanc nominis formam praetuli.*

27 Audefleda 134 11. 16. *Cf. Anonymus Valesianus* 63: (Theodericus) accepit uxorem de Francis nomine Augoflada. *Gregorius Turonensis hist.* 3, 31: Theodoricus rex Italiae Chlodovechi regis sororem in matrimonio habuit.

28 Amalafrida 135 3.

29 Vidimer 45 1. 131 15. 18.

30 Vetericus 77 9 *bis.* 122 19 *bis.* 134 21. Vitirichus 103 13.

31 Thiudigoto 134 17 } *cf. Procopius bell. Goth.* 1, 12:
32 Ostrogotho 134 17 } τῷ τηνικαῦτα τῶν Οὐισιγότθων ἡγουμένῳ Ἀλαρίχῳ τῷ νεωτέρῳ (Θευδέριχος) Θευδεγούσαν τὴν αὐτοῦ θυγατέρα παρθένον ἠγγύησεν. *Anonymus Valesianus l. c.:* uxorem habuit ante regnum, de qua susceperat filias: unam dedit nomine Arevagni Alarico regi Vvisigotharum in Gallia et aliam filiam suam nomine Theodegotha Sigismundo filio Gundebaudi regis.

33 Amalasuentha 48 12. 77 5 *bis.* 122 20. 135 2. 136 8. 137 21. Amalasuintha 77 10.

34 Theodahadvs *rex a.* 534—536. 48 14. 27. 49 1. 3. 7. 52 3. 135 4. 136 19. 137 7. 13. 16. 17. *In nummis est* Theodahadus, Theodahathus, Theodahatus *(Friedlaender, Münzen der Ostgothen p.* 38. 39).

35 Amalaberga 135 5. *Procopius post verba ad n.* 31. 32 *allata pergit:* Ἑρμενεφρίδῳ δὲ τῶν Θορίγγων ἄρχοντι Ἀμελοβέργαν τὴν Ἀμαλαφρίδης τῆς ἀδελφῆς παῖδα.

36 Eutharicus 77 6. 9. 122 19. 134 21. 136 8.
37 Amalaricus 134 19. 135 21 *bis.*

38 Athalaricvs *rex a.* 526—534. 48 11. 14. 77 6. 10. 11. 123 1 *bis.* 136 7. 11. 15. Athalaricus *in nummis est (Friedlaender, Münzen der Ostgothen p.* 31 *sq.*) *tegulisque urbanis:* reg. d. n. Athalarico bona fida (Spreti Rav. 2, 2 p. 243), Atalaricus *in titulo ipsius Ticinensi (C. I. L. vol. V n.* 6418).

39 Mathesuentha *v. p.* 141.

40 Andela
41 Andag Andelae f.  
42 Gunthigis qui et Baza Andagis f. } *quaerendi in indice alphabetico*
43 Vadamerca neptis Vinitharii

# I. INDEX PERSONARVM.

## REGES VESEGOTHARVM.

Halaricvs I (a. 395—410).
  Halaricus 41 6. 29. 96 14. 16. 98 3. 17. 99 9. 13. 103 7.
  Alaricus 99 5. 100 18. 115 1.
  Alaricus magnus 121 7.
  ex genere Baltharum, dictus Baltha 96 14.
  rex Vesegotharum 41 29. 99 5. 115 1.
  rex Gothorum 41 6.
Athavvlfvs (a. 410—415).
  Atavulfus 41 31. 99 16. 100 11. 21. 101 15.
Sigoricvs (a. 415).
  Segericus 100 16.
Valia (a. 415—419). 'Valia *unice vera et legitima scriptura est*'. Muellenhoff.
  Valia 42 5. 100 18. 101 12. 13.
  Vallia 103 6. 17. 104 1.
  Vallias 101 4.
Theodoridvs I (a. 419—451).
  Theodoridus 103 21. 104 2. 106 8. 107 14. 21. 108 18. 111 20. 112 3.
  Theoridus 103 17. 106 17. 20. 107 3. 109 10.
  Theodoritus 113 5.
Thorismvd (a. 451—453).
  Thorismud 107 22. 112 3. 113 6. 25. 116 3. 9.
  Thorismundus 110 8.
Theodoridvs II (a. 453—466).
  Theodoridus 116 24. 117 1. 15.
  Theoderidus 116 15. 17. 117 4. 8. 20. 118 1.
  Theodericus 107 23.
Evrichvs (a. 466—485).
  Eurichus 107 22. 118 3. 119 1. 5. 14. 121 4.
  Euricus 118 16. 120 19.
Fridericvs *frater trium praecedentium*.
  Friderichus 107 22.
Retemeris *frater eorundem*.
  Retemeris 107 22.
Himnerith *frater eorundem*.
  Himnerith 107 22.
Halaricvs II (a. 485—507).
  Alaricus 134 18. 19. 135 21.
  Alarichus 121 6, *cf.* 8.
Amalaricvs (a. 507—531) 134 19. 135 21 *bis*.
Thivdis (a. 531—548). 135 20. 23.
Thivdigisclvs (a. 548. 549). 'Vide quae de Vistula et Viscla adnotabimus. *proxime ad Gothicam nominis formam accederet Thiudegislus; sed elisis inter-*

*mediis elementis regem Teudisculum et Theudisclum Isidorus in chronicis nominavit, plenius Procopius b. Goth.* 1, 11 *Theodahadi filium* Θευδέγισκλον*, rursus Gregorius Turonensis* 3, 30 *et eum secutus Fredegarius in epitoma c.* 42 *regem et lenissima quidem inserta vocali Theudegisilum, ut Godegisilum regem Vandalorum, quem Procopius* Γωδίγισκλον *vocat. iam vulgatior extra Galliam, ut videtur. forma in* — *sclus (-sclos), cui similem etiam Cassiodorius in Variis usurpavit Witigisclum, hoc nostro loco subest; littera* s *nomini affixa esse potest quod scriptor primum pergere voluit adeptus regnum, mox autem scripsit regnum adeptus'*. Muellenhoff.
  Thiudigisglosa 136 1.
Agil (a. 549—554).
  Agil 136 2.
Athanagildvs (a. 554—567).
  Atanagildus 136 3.

## REGES GOTHORVM ALII.

Antyrvs
Aoricvs
Ariaricvs
Badvila
Berig
Bigelis
Bvrvista
Cniva
Comosicvs
Coryllvs
Dicinevs
Dorpanevs
Evrypylvs
Filimer
Gadaricvs ?
Geberich
Gvdila
Heldebadvs
Ovida
Sarvs
Sitalcvs
Tanavsis
Telephvs
Thamyris
Theodericvs Strabo
Totila
Zalmoxis

} *quaerendi in indice alphabetico.*

## NOMINA DEORVM HOMINVMQVE.

Ababa 36 23. 78 13.
Abimelech 5 26.
Abitus *v.* Avitus.
*cit.* Ablabius 78 4. Ablavius 61 5. 88 12.
Abram (*nom. acc.*), Abrahae (*gen.*) 4 7. 13. 11. 26. 28. 30. 31.
Acacius *episcopus Constantinopoli imp. Leone* 45 21. 23. — *Cf. Malchus fr.* 7 (4, 116 Muell.); Suidas *s. v.* Ἀκάκιος.
Acca 7 7.
Achab 6 19.
Achas 7 8. 16.
Acholius: Acolius *episcopus Thessalonicae* 40 26 (*cf. adn. ad Socratis h. eccl.* 5, 8; *aliis* Ascholius).
Achias Selonites 6 15.
Achilles 70 17.

Achilles *usurp. v.* p. 140.
Achiulf Amalus *v.* p. 143, 9.
Acrazapes 6 23.
Acro 11 1.
Adam 3 15. 4 14. 8 12.
Adherbal: Aterbala 26 36.
Adrianus *imp. v.* p. 139.
Aemilianus *imp. v.* p. 140.
Aemilius: Emilius 22 26.
Aeneas 5 30. 6 1. 3 *bis*. 10 16. 27.
Aeneas Silvius: Eneas Silvius 6 3. 4.
Aetius 42 10. 43 9. 10. 104 6. 107 25. 108 18. 109 2. 11. 110 8. 111 23. 112 3. 7. 113 9.
Africanus *chronographus* 36 11.
Agamemnoniacus 86 4.
Agil *rex Vesegotharum v.* p. 145.

## I. INDEX PERSONARVM.

Agrippa 76 4.
Agrivulfus *praefectus Suavis Hispaniae a. 456—457*. 117 16. — *Cf. Idacius a. 457* : Aiulfus deserens Gothos in Gallaecia residet. *Dahn Kön.* 6 p. 564.
Aiax 70 16.
Aithanaricus *rex Vesegotharum* († *381*) 95 15. 96 3.
Alanoviiamuthis *Iordanis pater* 126 21. 'Quod editur unum continuum nomen, sic ut in prioribus editionibus Alanovamuthis, *ferri non potest. immo distinguendi sunt duo genetivi Alanovii et Amuthis et dicitur Candac, qui Sciros et Sadagarios et certos Alanorum in Scythiam minorem* (Dobrudscham) *inferioremque Moesiam traduxerat, Alanovius, h. e. de Alanorum genere, adiectivo apud alios quidem scriptores ignoto, sed ad exemplum plane Slavicum ficto. eiusmodi autem vocabula ut a Rumunensi lingua hodierna non abhorrent, ita a latinitate ripensi, qua etiam elegantiores homines ut agrammatus noster Iordanes utebantur, haud aliena fuisse probabile est. Amuth autem nomen patris eius, siquidem vere Germanicum fuit, non multum distabat a Gotico participio gahamōths* ἐνδυσάμενος, *indutus scilicet veste bellica, ut Chamavi et qui Theodisce Hamid vel Hemid appellabatur; poterit etiam eodem modo atque Saxonicum Hamuko explicari'.* MUELLENHOFF. *Latina lingua utut corrupta ab Alani vocabulo ethnicum Alanovii formare non potuit. vocabulum ut ipsum aliqua littera mendosum sit, sine dubio unum est et ita fere interpretandum, ut interpretatus sum praef. p. VI.*
Alaricus *v.* Halaricus.
Alatheus *regulus Vesegotharum* 93 3. 95 7 (*cf. adn.*).
Alathort 46 22. — *Cf. Iohannes Antiochenus (Hermae vol.* 6 *p.* 346): Βιταλιανὸς ... τοὺς ἁλόντας ἀφῆκεν καὶ τόν τε Ἀλάθαρ ἀπελύτρωσατο καὶ Ἀσίγνιον.
Albinus *imp. v. p.* 140 Balbinus.
Alexander *imp. v. p.* 140.
Alexander magnus 1 19. 8 25. 28. 67 16. 70 2. 72 16. 88 7. Alexander 73 19.
Alexander *v.* Iannaeus.
Alexander Salina 9 19.
Altadus (-das) 5 3.
Amal *Amali v. p.* 143, 4.
Amalaberga *Amali v. p.* 144, 35.
Amalafrida *Amali v. p.* 144, 28.
Amalaricus *Amali v. p.* 144, 37.
Amalasuentha *Amali v. p.* 144, 33.
Amali *v. p.* 143.
Amantius 47 5. 6. 7 *bis*.
Ambram 5 8.
Ambri 6 19.
Amesias 6 23.
Ammius Rosomonus 91 17. *Cf.* Sarus.
Ammon 7 23.
Amulius 7 2. 10 11. 16.
Amyntas 5 16.
Anastasius *imp. v. p.* 141.
Ancus Marcius 12 12. Ancus 13 31.
Andag: (*gen.* Andagis *vel* Andages) *Amalus* 111 22. 126 23. *Cf.* Gadaricus.
Andela *Amalus* 126 24.
Andreas 47 5. 6.
Aniciorum genus 138 17. *Quaenam parentela intercesserit inter splendidam ea aetate gentem Aniciorum (cf. Cassiodorius var.* 10, 11: Anicios pene principibus pares aetas prisca progenuit) *et domum Iustiniani, si mittimus fabulas, vere adhuc latet. Iustinianum imperatorem non Anicium fuisse iam constat, postquam ex diptycho C. I. L. V, 8120, 3 intellectum est eum plene appellatum esse* Flavium Petrum Sabbatium Iustinianum. *Germani, Iustiniani fratris filii, parentum cum nomina ignorentur, fieri potest, ut mater Anicia fuerit vel ad Anicios aliqua ratione pertinuerit, filia fortasse Aniciae Iulianae, quam genuerunt imperator Occidentis Olybrius et Placidia filia Valentiniani III.*

Annibal *v.* Hannibal.
Ansila *Amalus v. p.* 143, 11.
Ansis 76 13. 'Proceres suos, *Iordanes ait,* semideos id est Ansis vocabant. *eodem vocabulo quo Northmanni summos deos* æsir, Anglosaxones ēs *appellaverint, Gothos eos anseis vocavisse rectissime iudicavit Iacobus Grimmius'.* MUELLENHOFF.
Anthemius *imp. v. p.* 143.
Antiochus 9 6. 8. Anthiocus 9 4. 6. 29 22. 26. Anthiochus 29 2.
Antoni(ni)anus 36 7.
Antoninus *imp. v. p.* 139. 140.
M. Antonius 31 21. Antonius 9 25. 30 7. 32 29. 33 1. 4. 6. 11.
Antyrus *rex Gothorum* 72 1. *Idem est Iantyrus Iustini ibi allegati,* Ἰάνθυρσος *Herodoti* 4, 76 *aliorumque. Cf. Gutschmid in ann. Iahnii vol. suppl.* 2 *p.* 197.
Aod 5 20. 21. 22.
Aoricus *rex Gothorum* 87 7.
Aper 38 11. 14.
*Apion:* Appion 30 5.
Appius 25 31.
Aquila Ponticus 35 12.
Aralius 4 32.
Arbaces 1 16. 4 23. 6 28. 30.
Arbogastes (*acc.* Arbogasten 40 32) 40 32. 33. 35.
Arcadius *imp. v. p.* 140.
Archelaus 29 14. 33 26.
Archimedes 25 2.
Ardabures *consul a.* 427 101 16.
Ardabures Asparis f. *consul a.* 447 42 10. 43 22. 26. 119 9.
Ardabures *cubicularius* 47 6. 7.
Ardaricus (Ardarichus 125 10) *rex Gepidarum* 42 23. 109 21. 110 1. 125 10. 25. 126 3. *Ad hunc Valesius rettulit quos lex Burgundionum tit.* 107 *c.* 6 *nominat inter solidorum vetulorum quattuor species* ardaricianos (*libri* ardaricacannos *vel* adaricianus) *parum probabiliter.*
Areobinda *mag. mil. per Africam* 51 19. *Cf.* Guntharic.
Arfaxath 4 1.
Argaithus *dux Gothorum sub rege Ostrogotha* 81 16. *Idem creditur Gutschmidio p.* 146 Arguntis Scytharum rex *imperante Gordiano III teste biographo eius c.* 31 *fines Romanos ingressus.* 'Argaithus verum esse nomen, Arguntis inde detortum, docet Langobardus Argait *vel* Argaid *apud Paulum* 6, 24'. MUELLENHOFF.
Ariagne *imp. v. p.* 141.
*Ariani:* Arriani 39 29. 92 13. 16.
Ariaricus *rex Gothorum* 87 7. — *Cf. Anonymus Valesianus* 31: (Constantinus) adversum Gothos bellum suscepit et implorantibus Sarmatis auxilium tulit: ita per Constantinum Caesarem C prope milia fame et frigore extincta sunt: tunc et obsides accepit, inter quos et Ariarici regis filium. *idem nomen nuper coniecit Gutschmidius fuisse in titulo in Scythia minore invento C. I. L. vol. III n.* 6159 *sic eum explens:* [cum rege Aria]rico victis superatisque Gothis.
Arias 4 4.
*Ariobarzanes:* Acuriobarzanes 29 12.
*Ariovistus:* Ariovisto 27 28.
Aristharcus 9 7.
Aristobolus *scriptor* 9 7.
Aristobolus Ionathae f. 9 13.
Aristobolus *rex* 9 23.
Aristus 46 13.
Armamitres 4 36.
Arnegisclus *mag. mil.* 42 25
Arriani *v.* Ariani.
Arsaces 30 14.
Arsamus 8 3. 25.
Arses Ochi fil. 8 23.
Artabanus *rex Persarum* 8 14.

# I. INDEX PERSONARVM.

Artabanus *Armenius* 51 20. 25. *De conspiratione Artabanis adversus imperatorem agit Procopius bell. Goth 3, 32 sic finiens:* βασιλεὺς δὲ Ἰουστινιανὸς παρέλυσε τὸν Ἀρταβάνην ἧς εἶχεν ἀρχῆς, ἄλλο δὲ αὐτὸν εἰργάσατο οὐδὲν ἄχαρι. *Praeterea cf.* Guntharic, Liberius.
Artaces 31 1.
Artaxerses Macrochir 8 15.
Artaxerses Mnemon 8 19.
Artaxerses Ochus 8 21.
Aruns 15 10.
Ascalc 116 12. 'Haereo in nomine. nam praefixum a, quantum scimus, defuit, ut Norroenae, ita Goticae linguae; nec, si non defuisset, Ascalc libertus foret, ut Langobardorum amund liber (ab omni tutela). sensu igitur videtur carere. verba tamen ex unanimi fere optimorum librorum consensu rectissime restituta quis coniectura temptet? quis porro inconcinne dicta apud Iordanem non ferat? et sane non ab uno Ascalc suo clienti, sed potius eo adiuvante, nempe inimicis nuntiante arma esse subtracta, Thorismodus rex a fratribus eorumque nimirum satellitibus interemptus est, ut Prosper Aquitanus, Idacius, Isidorus testantur, ipso etiam Iordane referente illum, antequam ipse mortem oppeteret, sua manu aliquantos insidiantes sibi extinxisse'. MUELLENHOFF.
Ascanius 6 4.
Asdingi *v. ind. geogr.*
Cornelius Asina 20 29.
Aspar (sic nom. 119 8; Asparis gen. 42 10. 43 16. 22; Asparum acc. 43 25) cos. a. 434 42 10. 43 16. 22. 25. 119 8.
Astacades 5 13.
Astat comes *Gothorum* 131 25. 'Astat et Invilia nomina nunc primum apud Iordanem lecta et edita sunt nec prudem aliunde nota. nam ne quis praepropere illud cum Theodisco Asthad conferat, sane mox admonemur c. 299. 306 sqq., ubi Theodahadi nomen plene scriptum invenimus. nec minus alterum novum et inauditum, quamquam simplex Got. Vilja [Cassiod. var. 1, 18. 5, 18—20. 9, 13], Theod. Willo in usu erat et Invilja h. e. vir quasi intimae voluntatis quid sibi velit, facile adsequimur, usu docti viros Germanice appellari praesertim a fortitudine bellica. neque deest in ipsa lingua Gotica vocabulum substantivum feminini quidem generis, sed singulis litteris cum altero nomine congruum; dicebatur scilicet ἀσφάλεια (non ut quidam perhibent ἀλήθεια) Gotice astaths. iuxta quod aut adiectivum consonum exstitit aut, quod verisimilius, ex feminino adiectivum possessivum atque hac via nomen proprium viri factum est. nimirum Astaths vir ἀσφαλής, certus ac firmus intellegi potest, ut quem Kraft dicimus, etiam nunc vi praeditum vel vim habentem praedicamus. ceterum nomina, ambo allitteratione iuncta ac pari sensu excogitata fratres indicant. sed utrum pater aliquis filios ita vere appellaverit eosque Thiudemer, fausto omine usus, Theoderico filio adulescentulo, cum primum eum ad vastandas provincias Graecas dimitteret, comites adiunxerit, an iidem potius a poeta quodam tirocinia principis celebrante scite ficti sint, id diiudicandum cuilibet permittam'. MUELLENHOFF.
Astyages 7 28. 31.
Asverus 8 20.
Ata- v. Atha-.
Athal *Amalus* v. p. 143, 8.
Athalaricus *Amali* v. p. 144, 38.
Athanagildus *rex Vesegotharum* v. p. 145.
Athavulfus *rex Vesegotharum* v. p. 145.
Atilius 20 6. *Cf.* Regulus.
Atinius 16 19.
Attalus 26 26. 28 21.
Attila (gen. Attilae passim, Attilanis 111 22. 135 12) *rex Hunnorum* († *453*) 42 13. 14 bis. 22. 43 1. 6. 52 7. 104 13. 19. 105 2. 4. 5. 106 3. 13. 107 16. 108 17. 19. 20. 109 2. 15. 21 bis. 110 1. 6. 7. 11. 111 9. 22. 23. 25. 112 11. 16. 114 3. 9. 115 12. 11. 116 2. 3. 4. 7. 123 13. 16. 124 1. 6. 8. 11. 125 6. 8. 11. 16. 25. 127 16. 128 22. 135 12.
Attius Naevius 12 19.
Audefleda *v. Amali* p. 144, 27.
Auge 70 11.
Augis *Amalus* v p. 143, 3.
Augusti *v.* p. 139.
Augustulus *imp. v.* p. 141.
Augustus *v.* p. 139.
Avilius Flaccus 33 4.
Avitus *imp. v.* p. 141.
Cornelius Avitus: Cornelius Abitus 85 22.
Aurelianus *imp. v.* p. 140.
Aurelianus *cos. a. 400* 96 18.
Aurelii *impp. v.* p. 140.
Azarias qui et Ozias 6 26. 30.

Baaz 6 19.
Babai *rex Sarmatarum* 129 25. 131 3.
Baduila *v.* Totila.
Baebius 22 18.
Balaeus 5 1. *Cf.* Xerxes.
Balamber *rex Hunnorum* 91 19. 121 21. 122 5. 'Balamber primi qui memoratur Hunnorum regis nomen nemo nisi imperitus pro germanico vendet'. MUELLENHOFF.
Balbinus *imp. v.* p. 140.
Baltasar 7 32.
Balthi *regia stirps Vesegotharum* 64 22. 96 14; baltha, id est audax, nomen inter suos acceperat 96 15. 'Apparet duplex Germanicorum adiectivorum formatio, primaria ac potior balths, plur. balthai, quae subest Latinae Balthus Balthi, et secundaria sive sequior baltha, qua adposito articulo et pro substantivo utebantur. ceterum ipsum adiectivum in libris sacris qui supersunt Goticis non invenitur, sed inveniuntur derivata, adverbium balthaba, substantivum balthei, verbum balthjan'. MUELLENHOFF.
Barach 5 24.
Basiliscus *usurp. v.* p. 141.
Bassus *v.* Ventidius.
Baza *v.* Gunthigis.
Belepares 5 20.
Belesarius (Belezarius 77 12) 48 5. 9. 25. 30. 49 2. 10. 50 13. 25. 29. 51 9. 77 12. 102 18. 137 1. 6. 12. 138 13. 21.
Belochus 4 38. 5 18.
Belus 4 21.
Beorgus *rex Alanorum* 118 16. *Cf. Dahn Kön.* 1, 264.
Beremud *Amalus* v. p. 144, 25.
Berig (Berich 82 12) *rex Gothorum* 60 7. 13. 82 12. 'Berig vetustissimi regum Gothorum, cuius memoriam traditio popularis servabat, aetas, computatis quinque ante Filimerum (q. v.) generationibus, primum aerae nostrae saeculum non superat. nomen cum compositum non sit, secundum regulam formam sequiorem Berica, quae Goticae Baírika, Theodiscae Bîrîcho responderet, non potiorem expectares. sed et Priscus p. 203. 209 ed. Bonn. Βέριχον ἄνδρα τῶν λογάδων circa Attilam memoravit. conferatur item Voducus et de finali consonante Gadaricus et Geberich'. MUELLENHOFF.
Berimud *Amalus* v. p. 144, 25.
Bessa 126. 19. *Cf. praef.* p. VII.
Beuca *rex Sarmatarum* 129 25.
Bigelis (acc. Bigelem) *rex Gelarum* 43 21.
Bleda 105 6. 9.
Blivila 126 19.
Bocchus: Buccho 26 37.
Boerebista *v.* Buruista.
Bomilcar 24 13.
Bonifatius 42 19. 20. 101 17. 102 6.
Boz *rex Antarum* 121 20. 'z in fine mollissimum s cum significet, nomen cum serbico Božo, a bogu (deus)

*derivato, cuius z francogallici j vim habet, comparare dubito neque pro certo affirmaverim idem esse atque* Bosŭ *vel* Busŭ, *nomen principis Oumanorum epico Russorum carmine vetustissimo memorati, cuius laudes alta voce pulchrae Goticae virgines iuxta mare caeruleum cecinisse feruntur, cum s in* Bosŭ *sit acerrimum et a Theotiscis solis olim littera z redditum'.* MUELLENHOFF.
Bracila 120 15.
Brittomarus 22 25.
Brutus 14 5. 10. 22. 15 11.
Bryttia 99 4.
Buccho v. Bocchus.
Buruista 73 15. 16. — Strabo 7, 3, 5 p. 298: ὅτε Βυρεβίστας ἦρχε τῶν Γετῶν, ἐφ᾽ ὃν ἤδη παρεσκευάσατο Καῖσαρ ὁ θεὸς στρατεύειν, Δεκαίνεος εἶχε ταύτην τὴν τιμήν (dei scilicet). idem 7, 3, 11 p. 303: Βοιρεβίστας ἀνήρ Γέτης ἐπιστὰς ἐπὶ τὴν τοῦ ἔθνους ἐπιστασίαν ἀνέλαβε κεκακωμένους τοὺς ἀνθρώπους ὑπὸ συχνῶν πολέμων καὶ τοσοῦτον ἐπῆρεν ἀσκήσει καὶ νήψει καὶ τῷ προσέχειν τοῖς προστάγμασιν, ὥστ᾽ ὀλίγων ἐτῶν μεγάλην ἀρχὴν κατεστήσατο, καὶ τῶν ὁμόρων τοὺς πλείστους ὑπέταξε τοῖς Γέταις· ἤδη δὲ καὶ Ῥωμαίοις φοβερὸς ἦν διαβαίνων ἀδεῶς τὸν Ἴστρον καὶ τὴν Θρᾴκην λεηλατῶν μέχρι Μακεδονίας καὶ τῆς Ἰλλυρίδος, τούς τε Κελτοὺς τοὺς ἀναμεμιγμένους τοῖς τε Θραξὶ καὶ τοῖς Ἰλλυριοῖς ἐξεπόρθησε, Βοίους δὲ καὶ ἄρδην ἠφάνισε τοὺς ὑπὸ Κριτασίρῳ καὶ Ταυρίσκους. πρὸς δὲ τὴν εὐπείθειαν τοῦ ἔθνους συναγωνιστὴν ἔσχε Δεκαίνεον ἄνδρα γόητα ... καὶ δι᾽ ὀλίγου καθίστατο θεός. ... ὁ μὲν οὖν Βοιρεβίστας ἔφθη, καταλυθεὶς ἐπαναστάντων αὐτῷ τινων πρὶν ἢ Ῥωμαίους στεῖλαι στρατείαν ἐπ᾽ αὐτόν. Cf. 16, 2, 39 p. 762 ubi est Βυρεβίσθας.
Buteo v. Fabius.

Caesar v. p. 139.
Cainan 3 17. 18. 4 2. 3.
Calatinus 20 30.
Caligula v. p. 139.
Calluc (abl. Calluce) 52 7.
Calpurnius Flamma 20 33.
Cambyses 8 8.
Camillus 17 4. 6.
Camundus 131 3.
Candac (sic abl., Candacis gen.) 126 20. 21. 22.
Caracalla imp. v. p. 140.
Cardices 7 16.
Carausius imp. v. p. 140.
Carinus imp. v. p. 140.
Carus imp. v. p. 140.
*Cassandra:* Casandra 71 2.
Cassiodorius v. Senator.
Cassius 32 27.
Castalius 2 2. 53 1.
Cato 30 1.
Lutatius Catulus 22 3.
Celdebertus *Lodoini f. Francus* 134 12. *Chlodovechi filii fuerunt Theudericus, Chlodomerus, Childebertus, Chlotacharius, Theuderici primogeniti filius Theudebertus* (Gregorius Tur. 3, 1). *Iordanes cum nominet Celdebertum, Heldebertum, Theudebertum, primum secundumque nomen ex dittographia originem videntur traxisse, tertium non filii esse, sed nepotis.*
Celerianus 47 12.
Centimalus v. Fulvius.
Ceres 17 20.
Childebertus v. Celdebertus.
Chilpericus v. Hilpericus.
Chlodovechus v. Lodoin.
Christiani 34 12. 28. 36 25. 37 3. 7. 14. 16. 39 2. 9. 41 25. 73 10. 80 9. 81 1. 92 11. 16.
Christus 85 3. Iesus Christus 9 33. 33 18. 20. 29.
Ap. Claudius 20 12. 21 29. 88 12.
Claudius *(vere* Gaius*) Caesar v. p.* 139.

Claudius *I et II* impp. v. p. 139. 140.
Claudius v. Marcellus — Nero — Ptolemaeus.
Cleopatra 9 22. 24. 30 7. 32 24. 31.
Cloelia 15 8.
Cniva *rex Gothorum* 83 23. 84 2. 6. 10. *idem est, si verum vidit Gutschmid p.* 134. 146, *atque Ovida avus regis Geberich* 87 5 *et* Cannaba *sive* Cannabaudes *dux Gothorum imperante Aureliano* (vita Aurel. 22).
Collatinus 14 5. 10.
Commodus imp. v. p. 140.
Comosicus 75 3.
Constans *II* imp. v. p. 141.
Constantianus 50 9.
Constantinus *I. III* impp. v. p. 140.
Constantius *I. II. III* impp. v. p. 140. 143.
Coriolanus v. Marcius.
Cornelius 20 17.
Cornelius Abitus 85 22.
Cornelius Asina 20 29.
L. Cornelius Scipio 20 36.
*cit.* Cornelius [Tacitus] *annalium scriptor* 57 3.
Valerius Corvinus 17 9. 10.
Coryllus 75 5.
Crassus 31 5. Crassianus 31 18. 20.
Curiatii 11 31.
*Curio:* Curion 27 18.
Curius 19 11.
Curius Dentatus 17 14.
Cyaxares 7 25. 26.
*cit.* Cyprianus 85 3.
Cyrillus 48 23. Cf. Procopius bell. Vand. 2, 15: οἱ ἐν Νουμιδίᾳ Ῥωμαίων ἄρχοντες, ἐπεὶ τοὺς ἀμφὶ Στότζαν ἥκειν τε καὶ ξυλλέγεσθαι ἐνταῦθα ἤκουσαν, παρεσκευάζοντο τὰ ἐς παράταξιν· ἦσαν δὲ ἡγεμόνες φοιδεράτων μὲν Μάρκελλός τε καὶ Κύριλλος .... Μαρκέλλῳ μέντοι ἐπήκουον ἅπαντες ἅτε Νουμιδίας τὴν ἀρχὴν ἔχοντι. *narratur deinde, quomodo a militibus deserti duces Gadiaufalis a Stotsa interfecti sint.*
Cyrus 1 17. 7 30. 33. 8 2. 5. 71 5. 8. 10.

Danais 70 16.
Daniel 9 28.
Darius 7 30. 33. 8 1. 7. 10. 13. 19. 28.
Darius filius Arsami 8 3. 25.
Darius Hystaspis f. 71 16.
Darius Nothus 8 18.
David 6 11.
Deborra 5 24.
Decaeneus v. Dicinius.
Decebalus 27 26.
Decius imp. v. p. 140.
Decius 18 23.
Deiocis 7 20.
Deiotarus 29 9.
Curius Dentatus 17 14.
Dercylus 6 10.
*cit.* Dexippus: Deuxippus 87 12.
Diana 68 2. 85 20.
Dicineus 64 9. 73 15. 16. 74 1. 18. 75 3. Cf. Buruista.
M. Didius 28 10.
Dintzic *Attilae f.* 128 21. *est* Δεγγιζίχ Prisco *(cf. adn.).*
*cit.* Dio *scriptor annalium* 57 11; Dio 64 11. 72 17. 90 4. 6. 97 10.
Diocletianus imp. v. p. 140.
*cit.* Dionysius Alexandrinus episcopus 85 2 (cf. adn.).
Diurpaneus v. Dorpaneus.
Dolabella 17 11.
Dominica v. impp. p. 140.
Domitianus imp. v. p. 139.
Domitianus *sub Leone* 43 28 *(cf. adn.)*.
Dorpaneus *rex Gothorum* 76 5. 10. Cf. Orosius 7, 10 *auctorem citans Tacitum:* quanta fuerint Diurpanei Dacorum regis cum Fusco duce proelia quantaque Romanorum clades, .... evolverem. *Petrus Patri-*

# I. INDEX PERSONARVM.

*cius fr.* 4 (4, 185 *Muell.*): Δεκέβαλος ὁ Δακῶν βασιλεὺς ἐπεκηρυκεύετο πρὸς Δομετιανὸν εἰρήνην ὑπισχνούμενος· ἐφ' οὗ ἔπεμψε Δομετιανὸς Φοῦσκον μετὰ πολλῆς δυνάμεως. *Suetonius Dom.* 6: expeditiones ... suscepit in Dacos duas, primam Oppio Sabino consulari oppresso, secundam Cornelio Fusco praefecto cohortium praetoriarum, cui belli summam commiserat (inde *Eutropius* 7, 23). *Dio* 68, 9: ὁ δὲ Τραϊανὸς ... Ολαβε ... τὸ σημεῖον τὸ ἐπὶ τοῦ Φούσκου ἀλόν. *Martialis* 6, 76: ille sacri lateris custos Martisque togati, credita cui summi castra fuere ducis, hic situs est Fuscus. licet hoc, fortuna, fateri: non timet hostiles iam lapis iste minas. grande iugum domita Dacus cervice recepit et famulum victrix possidet umbra nemus. *Iuvenalis* 4, 111 *cum schol.* Propter nomen conferendus titulus urbanus *Mur.* 1458, 1: dis Manibus Diuppaneus (*sic utrumque exemplum*) qui Euprepes Sterissae f. Dacus.
Drepana 20 31.
M. Drusus 28 11.
Duellius 20 17. 26.
Duennius 32 5.

Ecdicius 119 16. 18. 120 1. Ad hunc Ecdicium scripsit Sidonius epist. 2, 1 *et* 3, 3 *et carm.* 20; cf. ep. 5, 16 et Gregorius Tur. hist. Franc. 2, 24.
Edica *primas Suavorum* 130 1.
Ediulf *Amalus v. p.* 143, 12.
Egeria 11 24.
Ela 6 19.
Elagabalus *imp. v. p.* 140.
Eleazar 8 32.
Eliachim qui et Ioachim 7 25.
Ellac *Attilae f.* 125 26.
Emnetzur *consanguineus Attilae* 127 2.
Enoch 3 20. 21.
Enos 3 16. 17.
Epafra 29 11.
Erarius *rex Gothorum a.* 541 50 18.
Erelieva *v. Amali p.* 144, 23.
Esau 4 33. 35.
Esebon *v.* Hesebon.
Ester 8 20.
Eterpamara 65 4. 'Eterpamara *herois apud Gothos olim cantati, posteris vero prorsus ignoti nomen obscurissimum est. ut ne vestigium quidem Germanicae originis in eo deprehendas. neque de hac origine nos certiores facit saio ille Amara apud Cassiodorium* (var. 4, 27. 28) *aut suo nomine aut quod eius in locum alius saio nomine omnino peregrino Tezutzat a Theoderico rege constituitur'.* MUELLENHOFF.
Euander 10 28.
Eucherius *Stilichonis f.* 41 24.
Eudoxia *v. impp. p.* 141.
Eudoxius *episcopus* 39 29.
Evermud 48 27. 137 8. 10. Cf. *cont. Marcellini ad a.* 536, qui Ebremud, *et Procopius b. Goth.* 1, 8: ἐκ δὲ Γότθων αὐτόμολος παρὰ Βελισάριον Ἐβριμοῦθ ξὺν παισὶ τοῖς ἑπομένοις ἦλθεν, ὁ Θευδάτου γαμβρός, ὃς τῇ ἐκείνου θυγατρὶ Θευδενάνθῃ ξυνῴκει.
Euervulfus 100 15. Cf. *Olympiodorus p.* 26 (4 *p.* 63 *Muell.*): ἀναιρεῖ αὐτὸν (Ἀδάουλφον) εἷς τῶν οἰκείων Γότθων Δούβριος· τοὔνομα ἔχθραν παλαιὰν καιροφυλακήσας. *Dahn Kön.* 5, 63.
Eugenius *usurpator v. p.* 140.
Eugenius *procurator* 42 14.
Eupales 6 12.
Eurichus *rex Vesegotharum v. p.* 145.
Eurypylus: Eurypylus 71 1.
*cit.* Eusebius 4 17.
Eutharicus *Amalus v. p.* 144, 37.
Eutropius 41 10.
Ezechias 7 16.

Fabius 16 9. 32. 23 16.
*cit. Fabius:* Favius 97 11.
Fabii 17 30.
M. Fabius Buteo 21 32.
Fabius Cunctator 24 29. 31.
Fabius Gurges 20 6.
Fabius Maximus 18 19.
Fabricius 19 11.
Falech 4 5. 9.
Fara 48 23. *Pharae Heruli ducis foederatorum Procopius bell. Vand.* 1, 11 *et alibi meminit in rebus Africanis narrandis.* Cf. Cyrillus.
Fastida *rex Gepidarum* 53 4. 19.
Faunus 5 31. 6 5.
Faustulus 7 6. 10 11.
Festus *cos. a.* 439 104 4.
Fides 11 22.
Filimer (Filemer 61 1) *rex Gothorum* 60 13. 61 1. 64 6. 89 8. 'Filimer *post Berig quintus Gothorum rex eos ad extremam Scythiae partem Ponto mari vicinam duxisse fertur. quod si verum est, vixit circa initium belli Scythici (a. 238) neque belli Marcomannici tempore (a. 170), quo primum pars aliqua Gothorum ad Danuvii ostia accessit'.* MUELLENHOFF.
Finees *v.* Phinees.
Flaccilla *uxor Theodosii I v. p.* 140.
Flaccus 25 31.
Avilius Flaccus 33 4.
*Flaminius:* Flamminius 22 29. 23 33. 26 30. 27 15.
Calpurnius Flamma 20 33.
Florianus *imp. v. p.* 140.
Florus 43 5. *Flori huius Alexandriae* τῶν στρατιωτικῶν ταγμάτων ἡγουμένου, ὁμοῦ τε καὶ τὴν πολιτικὴν διέποντος ἀρχὴν *meminit Priscus apud Euagrium eccl. hist.* 2, 5 (omisit *Muell.*).
Friderichus *v. Vesegotharum reges p.* 145.
Fritigernus (Fridigernus 65 4) *regulus Vesegotharum* 65 4. 93 2. 12. 13. 17. 95 6. 15. 'Fridigernus *Gothorum carminibus celebratus* 65 4 *sine dubio idem est atque* Fritigernus, *dux Vesegotharum sub imp. Valente. nomen eodem modo scriptum habes apud Ammianum, Zosimum aliosque, apud Agathiam* Φρεδίγερνης; *legitimam scripturam, quam* Frithugernus *fuisse conicias, nusquam invenies'.* MUELLENHOFF.
Froila 126 19.
Fufetius *v.* Mettus.
Fulvius 22 13.
Cn. Fulvius Gentimalus 22 37.
Fuscus 76 8. 11. Cf. Dorpaneus *ibique citt., item Hirschfeld Verwaltungsgesch.* 1 *p.* 223.

Gadaricus (*sic* 89 9; *gen.* Gadarigis 60 13) 60 13, *magnus* 89 9; *pater Filimeris regis Gothorum.* 'Gadaricus *legitur primo casu, secundo* Gadarigis; *nominativum* Gadarix *frustra quaeras. nomina enim Germanica hoc modo, i. e. plane Gallico more, finientia post Tacitum, quod sciam, non reperiuntur, nisi quod et in nummis et apud Victorem Vitensem Vandalorum reges Hunerix et Hilderix dicuntur et semel apud Gregorium Turonensem 2, 25* Euricus *rex Visigothorum dicitur* Evarix. *igitur geneticum illum ad secundariam formam* Gadarig *referemus, quamquam similia nomina hic auctor (vide* Geberich) *indeclinabiliter formare solet. facit tamen eiusdem generis* Candac Candacis: *genetivus quoque* Andages *nominativum* Andag *potius quam* Andagis *videtur habuisse'.* MUELLENHOFF.
Gaina 41 7. 13. 104 6.
Gaius *imp. v. p.* 139.
Galba *imp. v. p.* 139.
Galerius *imp. v. p.* 140.
Galla *filia Valentiniani I v. p.* 140.
Gallienus *imp. v. p.* 140.
Gallus *imp. v. p.* 140.
Gapt *Amalus v. p.* 143, 1.

Gaudentius 104 8. *Cf. Renatus Frigeridus apud Gregorium Turonensem hist. Franc.* 2, 8. Gaudentius pater (*Aetii*) Scythiae provinciae primoris loci a domesticatu exorsus militiam usque ad magisterii equitum culmen provectus est.
Geberich *rex Gothorum* 87 8. 18. 20. 88 5. 100 9. 'Terminationem Latinam omissam esse noli mirari; in repraesentandis Goticis nominibus saepius neglecta est tam apud Iordanem quam ab ipso Cassiodorio in variis. sed vere mirum est nomen littera cum Gotica incongrua neque Latinae aut Graecae linguae conveniente finitum. finiuntur tamen eodem modo Berig sive Berich (q. v.), Ilderich i. e. Hildericus rex Vandalorum (var. 9, 1), Hermenerig uno loco 77, 2, proximo ac deinceps ubique Hermanaricus dictus; quibus genetivum Gadarigis iuxta nominativum Gadaricus (q. v.) adnumeraverim. etiam inter varias 4, 20 habes litteras 'Geberich viro senatori' inscriptas. itaque in his noli quaerere diversorum fontium, ex quibus hauserit Cassiodorus. indicia neque putare mutilata haec esse ex nominibus Graeco more redditis, ut sunt Friderichus et Eurichus apud nostrum. immo alia eaque certa eiusmodi nominum ratio inde colligitur, quod Hunnica aliaque gentium magis orientalium nomina Graece litteris χ vel ξ. Latine constanter una c finiunt, ut* 'Ηρνάχ *et* Δεγγιζίχ *apud Priscum, Hernac, Dintzic, Ellac apud nostrum; neque Candac Alanus c. 265, 266 et* Κανδίχ *Avarorum legatus apud Menandrum diversis nominibus videntur appellati esse. item* 'Εραξ *fluvius Iordani Erac est et quasi ad exemplar eius etiam Gothus Ammiani Saphrax Safrac dicitur, quamquam Safrach quoque in libris reperitur. praeter hoc unum tantum Goticae originis* ἄπτωτον *Ascalc (q. v.) tenuem post aliam consonantem in fine retinuit, analogiam scilicet falsam secutum. cetera igitur post vocalem videntur accepisse ch vel in eius vicem, et male quidem, g, ut diversitas originis eorum magis quam sont indicaretur. denique ipsam c litteram ac praesertim ch partes verae k mox suscepisse testantur nomina regum Visigothorum Chintila et Chindasvinth'. MUELLENHOFF.*
Gedeon qui et Ieroboal 5 25.
Gelimer *rex Vandalorum a. 530—534* 48 8. 102 15.
*Gentius:* Gentio 27 16.
Germanus *Iustiniani fratris f. v. p.* 141.
Germanus *Germani f. v. p.* 141.
Gesimundus *Amalus v. p.* 143, 16.
Gildo 41 10.
Gizericus *rex Vandalorum a. 427—477* 42 21. 43 12. 98 2. Gyzericus 101 17. 102 2. 13. 106 6. 9. 11. 118 6. 120 20.
Glycerius *imp. v. p.* 141.
Gnudiuchus *v.* Gundiuchus.
Gordianus *imp. v. p.* 140.
Gotholia 6 21.
Gothoniel 5 18.
Gracchus *v.* Sempronius.
Grata *filia Valentiniani I v. p.* 140.
Gratianus *imp. v. p.* 140.
Gudila *rex Gothorum* 72 15 (*cf. adn.*).
Gundiuchus *rex Burgundionum:* Gnudiuchus 117 2 *errore opinor librariorum; de forma videantur quae Muellenhoffius adnotavit ad Lodoin et Mundiuchus. praeterea cf. Hilarius papa ep. data* 10 Oct. 463 (*conc. Gall.* 1, 607) *quantum enim filii nostri viri illustris magistri militum Gundiuci (sic quidam codd. alii Gunduici) sermone est indicatum. Gregorius Turonensis hist. Franc.* 2, 28: *fuit autem et Gundeuchus rex Burgundionum ex genere Athanarici regis persecutoris. Prosperi continuatio Havniensis ad a. 457:* Gundiocus *rex Burgundionum. Binding Gesch. des burg.-röm. Königreichs p.* 38.
Gunthamundus *rex Vandalorum a. 484—496* 102 14.
Guntharic 51 19. *Idem est* Γόνθαρις *Procopii b. Vand.* 2, 24, Guntharith *Corippi dux Numidiae, qui Areobinda caeso a. 545 Carthagine regnum affectavit, interfectus deinde ab Artabano. Cf. Partsch praef. ad Corippum p.* XXII sq.
Gunthericus *dux Gothorum sub Ostrogotha* 81 16.
Gunthigis qui et Baza *Amalus* 126 23. 'Gunthigis recte libri reliqui, male unus H Gunthicis; non declinatur pariter atque Vitigis'. MUELLENHOFF.
Gurges *v.* Fabius.

Hadrianus *imp. v. p.* 139.
Halaricus *I et II reges Vesegotharum v. p.* 145.
Halaricus *rex Herulorum* 88 11.
Halaricus *rex Suavorum Germaniae* 129 24.
Haliurunnae mulieres 89 11. 'Vox notissima est, sed perperam scripta: erat lingua Gotica haljarûna, Theodisca hellirûna, Anglosaxonica helrûn. haljaruna proprie est maga mulier infernali arte praedita'. MUELLENHOFF.
Hanala *Gothus* 65 4. 'Herois Gotici posteri ignoti nomen fortasse idem est quod Theodiscum Anulo, Anglosaxonicum Onela, Norroenum Áli sive Óli, cf. Halaricus, Hermanaricus cet.' MUELLENHOFF.
*Hannibal:* Annibal 23 5. 15. 33. 24 2. 7. 12. 13. 14. 30. 32. 25 14. 24. 26. 32. 37. 40. 26 4 *bis.* 7. 10. 14. 19 *bis.* 20.
Hasdrubal 25 37. 26 11.
Heber 3 27. 4 4. 5. 6.
Heldebadus *rex Gothorum a.* 540. 541 50 15. 17. 19.
Heldebertus Lodoinis (*Chlodovechi*) *f.* Francus 134 12. *Cf.* Celdebertus.
Heli 6 8.
Heliogabalus *imp. v. p.* 140.
Helvius *imp. v. p.* 140.
*Heraclianus:* Haeraclianus 42 2.
*Heraclius:* Eraclius 43 10.
Hercules (Herculis 69 16) 55 12. 69 16. 70 10. 12.
Herculius *imp. v. p.* 140.
Herennius 18 3.
Hermanaricus *Amalus v. p.* 143, 14.
Hermantia *v. impp. p.* 140 Thermantia.
Hermenerig *Amalus v. p.* 143, 14.
Herminefredus *rex Thuringorum* 135 6.
Hermogenes 48 2.
Hernac *Attilae f.* 127 1, 'Ηρνάχ *Prisco, cf. adn.*
Hesebon 5 29.
*Hiempsal:* Empsala 26 36.
Hierius *cos.* 101 16.
Hiero 20 15.
*Hieroboam:* Ieroboam 6 16.
Hieroboal *v.* Gedeon.
Hieronymus 4 17.
Hiesus *v.* Iesus.
*Hilarianus:* Helarianus 132 4.
Hiezabel *v.* Iesabel.
Hilderich *v.* Ilderich.
Hilderith *pater Geberichi regis Gothorum* 87 9.
Hilpericus *rex Burgundionum* 117 2. *Intellegi videtur magis frater Gundiuchi is, quem inter reges recenset lex Burgundionum tit.* 3, *nomine tamen non posito, quam filius eius nominatus apud Gregorium Turonensem hist. Franc.* 2, 28: *huic* (Gundeocho *regi Burgundionum*) *fuerunt quattuor filii Gundobadus Godegiselus Chilpericus et Godemarus et Sidonium ep.* 5, 6: *magistro militum Chilperico victoriosissimo viro .. fuisse secreto insusurratum* (*cf. ep.* 5, 7:) *apud tetrarcham nostrum*). *Binding Gesch. des burg. Kön. p.* 300 sq.
Himnerith *v. reges Vesegotharum p.* 145.
Hippolite 69 17.
*Hippolytus:* Hypolitus 69 18.
Hirtius *v.* Sergius.
Hisarna *s.* Hisarnis *Amalus v. p.* 143, 5..
Honoria *v. impp. p.* 141.
Honorius *imp. v. p.* 140.
Horatius, -tii 11 31. 33.
Horatius Publicola 14 19.

## I. INDEX PERSONARVM.

Hostilius v. Tullus.'
Huldin *Hunnorum rex* 41 20.
Hulmul *Amalus* v. p. 143, 2.
Hunericus *rex Vandalorum a. 477—484* 102 13. 106 9.
Hunimundus *Amalus* v. p. 144, 18.
Hunimundus (Hunumundus 129 1) 129 1. 4. 9. 24 *dux Suavorum, nisi auctor erravit.*
Hunila (Hunnila 49 13) 49 13. 138 3. *Cf. Procopius b. Goth.* 1, 16: Οὐίτιγις .. στρατιάν τε καὶ ἄρχοντας Οὐνιλᾶν τε καὶ Πίτζαν ἐπ' αὐτοὺς ἔπεμψε· οἷς Κωνσταντῖνος ὑπαντιάσας ἐν τῷ Περυσίας προαστείῳ ἐς χεῖρας ἦλθε ... 'Ρωμαῖοι ... τοὺς πολεμίους ἐτρέψαντο.
Hunuil *Amalus* v. p. 143, 7.
Hunuulfus *primas Suavorum* 130 1.
Hypatius *Anastasii imp. sororis f.* 46 19. 47 22. 23.
Hypolitus v. Hippolytus.
Hyrcanus 9 23.
Hystaspes 72 1.

Iacob 4 32. 34. 36. 5 1. 3.
Iaddus 8 24.
Iair 5 28.
*cit.* Iamblicus 3 1.
Iandyses v. Tanausis.
Iannaeus qui et Alexander 9 17. 20.
Ianus 6 5. 11 22. 33 16. Ianus geminus 36 30.
Iareth 3 19. 20.
Ibba 135 19. *Add. ad Victorem Tunnunensem a. 509:* Gesalicus ab Helbane [*scr.* Hebbane] Theodorici Italiae regis duce ab Hispania fugatus Africam petit. *Isidorus hist. Goth.* 38 *ad a. 507:* Gesalicus ... ab Ebbane Theoderici regis duce duodecimo a Barcilona urbe miliario commisso proelio in fugam vertitur. *Idem est* Ibba (*sic vel* Iba *libri*) *vir sublimis dux, ad quem de Narbonensi ecclesia scribit Cassiodorius var.* 4, 17. *Cf. Binding, burg. röm. Königreich* 1, 209.
Idanthyrsus v. Antyrus.
*Iesabel:* Hiezabel 6 20.
Iesus v. Christus.
Iesus filius Iosedech 8 11.
*Iesus:* Hiesus Nave 5 16.
Iesus *f.* Sirach 9 2.
Ieu 6 22.
Ildebadus *rex Gothorum* v. Heldebadus.
Ilderich *rex Vandalorum a. 523—530* 102 14.
Ildico *mulier* 123 18.
Ilia 7 3.
Illus 45 15. 27. 29. 31.
Invilia *comes Gothorum* 131 26. *Cf. Astat.*
Ioachab 6 21.
Ioachas 7 25.
Ioachīm 7 25 *bis.*
Ioas 6 21. 24.
Ioatham 6 34.
*cit.* Iohannes apostolus 2 5. 34 28.
Iohannes 51 17. *Intellegitur Sisinnioli filius qui a. 545 Stotzam interemit et ab eodem interfectus est; cf. Marcellinus cit. in adn. et Partsch in praef. ad Corippum p.* XX
Iohannes 50 28. *Scilicet Vitaliani sororis filius, de cuius cum Belisario dissensionibus Procopius scribit ad a. 547 b. Goth.* 3, 25.
Iohannes 51 18. 22: *idem* Stotzas iunior 51 18. *Stotzae successor in usurpatione (cf. Marcellinus cit. in adn.).*
Iohannes Troglita 51 25. Iohannes 51 29. *Intellegitur frater Pappi magister mil. in Africa ab a. 546, is quem Corippus carmine celebravit. Cf. Partsch ad Corippum praef. p. XXV.*
Iohannes *usurpator* v. p. 141.
Ionathas 9 11.
Ioram 6 21. 22.
*Iordanes: Iordannis* 126 24.
Iosedech 8 11.
Iosaphat 6 18.

Ioseph 4 38. 5 4. 5.
*cit.* Ioseppus 34 21. 61 6.
Iosias 7 23.
Iovianus *imp.* v. p. 140.
Iovinus *usurp.* v. p. 141.
Isaac 4 31. 32.
*Iuba:* Iubas 26 3. 38.
Iudas Maccabaeus 9 9.
Iugurtha 26 35.
Iulianus *I. II impp.* v. p. 140.
Iulius *Aeneae f.* 10 15.
C. Iulius Caesar v. p. 139.
Iulius Proculus 11 15.
Iupiter (Iuppiter 22 28. 29) 11 5. 16 22. 22 28. 29. 33 33. Iupiter Feretrius 11 1. 22 31. Iupiter stator 11 6.
Iusta *filia Valentiniani* v. p. 140.
Iustina *uxor Valentiniani I* v. p. 140.
Iustinianus *imp.* v. p. 141.
Iustinus *imp.* v. p. 141.
Iustinus Germani *f.* v. p. 141.
Iuventas 13 18.

Laban 4 36.
Labdon 5 29.
*Labienus:* Labinius 31 14. 16. 19.
Laevinus 19 6. 24 24. 26 23.
Lagidae 30 6. 32 24.
Lamech 3 22. 23.
Lamperes 5 24.
Lampeto 67 10. 12.
Lamprides 5 21.
Laosthenes 6 14.
Latinus 5 31. 6 1. 6.
Lavinia 5 32. 6 3.
Lentulus 32 16. 17.
Leo *I. II impp.* v. p. 141.
Leo papa *a. 440—461* 115 5.
Leonidas 20 35.
Leontius 45 30. 31.
Levvi 5 8.
Liber 17 20.
Liberius *patricius* 51 28. 136 4. *Cf. Procopius b. Goth.* 3, 39 *ad a. 549:* βασιλεὺς .. στόλον τε ἀγείρας νηῶν καὶ στράτευμα λόγου ἄξιον ἐκ καταλόγων πεζῶν ἐν τῷ στόλῳ τούτῳ ἐνθέμενος, ἄρχοντα δὲ Λιβέριον αὐτοῖς ἐπιστήσας πλεῖν κατὰ τάχος ἐπὶ Σικελίας ἐκέλευσε καὶ τὴν νῆσον (*quo Totila cum Gothis irruperat*) διασώσασθαι δυνάμει πάσῃ· ἀλλ' οἱ ἄρχοντα τοῦ στόλου καταστησαμένῳ Λιβερίῳ αὐτίκα δὴ μάλα μετέμελεν· ἦν γὰρ ἐσχατογέρων τε ὁ ἀνὴρ μάλιστα καὶ ἀμελέτητος πολεμίων ἔργων. Ἀρταβάνη τε ἀφεὶς τὰ ἐς αὐτὸν ἐγκλήματα (*vide sub Artabano*) καὶ στρατηγὸν καταλόγων τῶν ἐπὶ Θράκης καταστησάμενος ἐς Σικελίαν εὐθὺς ἔπεμψε. *de Liberii Artubanisque rebus gestis in Sicilia agitur* 3, 40. 4, 24. *propter expeditionem eidem commissam a. 551 in Hispaniam v. praef. p.* XV.
Licinius *imp.* v. p. 140.
Lilingis 46 8.
Litorius 104 10. *Cf. Prosper ad a. 439:* Theodosio XVII et Festo. Litorius qui secunda ab Aetio patricio potestate Hunnis auxiliantibus praeerat ... pugnam cum Gothis imprudenter conseruit ... tantam ipse hostibus cladem intulit, ut, nisi inconsideranter proelians in captivitatem incidisset, dubitandum foret, cui potius parti victoria adscriberetur ... pax cum Gothis facta, cum eam post ancipitis pugnae lacrimabile experimentum humilius quam umquam antea poposcissent. *Hinc Iordanes sua sumpsit.*
*cit. Livius:* Libius 56 6.
Livius Salinator 25 26. Livius 26 1.
Lodoin *rex Francorum* 134 10. *Intellegitur Chlodovechus regnans ab a. 481 ad a. 511,* Luduin (*sic vel* Luduin *optimi libri*) *dictus Cassiodorio var.* 2, 41. 3, 3. 4.

# I. INDEX PERSONARVM.

Χλωθοσίος *Agathiae* 1, 3. 'Vercor ut aut librarii aut editores litterarum apices recte distinxerint. haud facile enim mihi persuaserim Cassiodorium duo vel etiam tria prorsus diversa vocabula scribendo confudisse, et vih (*Got.* vêns, *Theod.* wân, *conf.* Hunuil) et vini (*amicus*) et denique vi sive vih; de quo vocabulo vide Iacobi Grimmii *mythologiam* (1844) *p.* 58 *et intellectum eius in nominibus propriis repete ex Taciti Germ. c.* 7. *altius profecto rimandi ac diligentissime et acutissime inspiciendi sunt veteres libri etiam circa haec nomina*: Assuin (Assio, Assum) *Cassiodor. var.* 1, 40; Osuin (Osuni, Osum) 4. 9. 9, 8. 9; Guduim 5, 28, Gudui 30; Tulum 8, 9—11. 25. *illis in* vih (vêchus, vicus) *exeuntibus praeter* Μουνδίουγος (*conf.* Mundzucus) *vocabulum adnumerandum esse puto nomen Goticum Alavivus apud Ammianum Marcellinum,* Ἀλάβιγος *apud Sozomenum,* Ἀλλίβηγος Ἑλλέβηγος *Hellebicus apud alios, Theod.* Alawih, *Anglos.* Alvih, Alveo, *Norr.* Olvir, -vér'. MUELLENHOFF.
*cit.* Lucanus 65 2.
Lucius *imp. v. p.* 140.
Lucius 27 17. 20.
Lucretia 13 21. 14 17.
L. Lucullus 30 14.   Lucullus 30 8.
M. Lucullus 28 14.
Lupa 7 6.
Lupicinus 93 3. 11. 94 1 (*cf. adn.*).
Lutatius Catulus 22 3.

Maccabaeus 9, 10.
Macrinus *imp. v. p.* 140.
Macrochir 8 15.
Macthaleus 5 7.
Madidus 7 8. 9. 17.
Maenius 15 21.
Magii 8 9.
Magnus 138 4.
Magog 61 9.
Maharbal 24 13.
Maiorianus *imp. v. p.* 141
Malelehel 3 18. 19.
*Mamaea:* Mama *v. impp. p.* 140.
Mamilius 15 13.
Mamilus 5 10.
Maminthus 5 5.
Manasses 7 20.
Maneae(m) 6 32.
Manlius 15 25. 29. 16 21.
Manlius Torquatus 17 7. 8. 12.
*Manlius Volso:* Manlius Visus 29 2.
Marcellinus *avunculus imp. Nepotis* 119 13.
Marcellus *dux in Africa sub Iustiniano* 48 23: *cf.* Cyrillus.
Claudius Marcellus 24 33.  Marcellus 22 30. 24 26. 25 1.
Marciana *soror Traiani v. p.* 139.
Marcianus *imp. v. p.* 141.
Marcius 32 11.
Gnaeus Marcius Coriolanus 15 19.
Marcius *v.* Ancus.
Marcus *imp. v. p.* 140.
Marcus *Basilisci f. v. impp. p.* 141.
Maria *virgo* 33 20.
Maria *v. impp. p.* 140.
Marinus 42 3.
Marius 26 37.
Marpesia 67 10. 12. 15.
Mars 7 1.  10 10. 14 12. 22 27. 64 14. 16. 105 21. 106 5.
Martinus 48 22. 50 9, *dux in Africa a.* 536 (*cf.* Stotzas); *mag. mil. per Orientem post Belisarium inde avocatum in Italiam a.* 542 *teste Procopio bell. Pers.* 2, 21. 24.
Mascezel 41 12.
Mathesuentha *v. p.* 141.
Mathusala 3 21. 22.

Maximianus *imp. v. p.* 140.
Maximinus *imp. v. p.* 140.
Maximus *usurpator* (*a.* 383 *et a.* 409 *et a.* 455) *v. p.* 140. 141.
Maximus *dux* 40 16. 93 3. 94 1 (*cf. adn.*).
Maximus *v.* Fabius.
Medopa 72 15.  *Cf.* Athenaeus (*v. adn.*) *et Stephanus s. v.* Γετία: ἔστι καὶ θηλυκῶς Γέτις (*libri* γέτης)· οὕτως γὰρ ἐκαλεῖτο ἡ γυνὴ τοῦ Φιλίππου τοῦ Ἀμύντου.
*cit.* Pomponius Mela 58 4.
Melanis *v.* Menalippe.
Memmius Regulus 33 31.
*Menalippe:* Melanis 69 16.
Metellus 21 25. 26 37. 27 15.
Mettus Furetius 12 8.
Micca 36 23.  78 13.
*Micipsa:* Mecipsa 26 36.
Minucius 28 12.
Misahel 47 5. 7.
Mithraeus 5 28.
*Mithridates:* Mitridatis 29 12. 17. 30 20. 21.
Moyses (*sic* 5 10. 12. 13. 16; *gen.* Moysi 9 8, Mosei 3 12 — *acc.* Moysen 5 9) 3 12. 5 9. 10. 12. 13. 16. 9 8.
Mucius Scaevola 15 2.
*Mundiuchus pater Attilae:* Mundzucus 105 4. 124 14, Μουνδίουγος *Prisco* (*cf. adn.*). 'Mundzucus *barbare scriptum est, ut* Scandza *pro* Scandia, Burgundzones *pro* Burgundionibus. *sed et* Mundiuchus *a vero tantundem abest atque* Gundiuchus (*vel* Gnudiuchus) *in proximis. intra Galliam puto illo tempore doctissimus quisque ut hunc* Gundevechum (*pro* Gundiuih, -ui), *ita illum* Mundevechum (*pro* Mundiuih) *nominasset, cf.* Lodoin. *nomen nimirum Germanicum est, ut filiorum Mundiuchi nomina* Attila *et* Bleda, *fortasse et fratrum, qui teste Prisco* Octar *et* Roas *sive* Ῥούας, *secundum alios plane Gotico more* Uptar *et* Ruga, Rugila *vocabantur* (*cf.* Hauptii *act. litt.* 10, 160 *sq.* 168 *sq.*). *inter Attilanos grassatorum rex* Mundo *avi nomen ex parte referebat*'. MUELLENHOFF.
Mundo *dux Gothorum a.* 505 46 12. 135 9. 11. 12. *Cf.* Marcellinus (*v. adn.*) *et* Ennodius *paneg. c.* 12 *p.* 411 *Sirm. postquam narravit Sirmium captum esse a Pitsia duce Theoderici: quibus* (Pitsia *exercituque eius*) *ibi ordinationem moderantibus per foederati Mundonis attrectationem Graecia est professa discordiam secum Bulgares suos in tutela deducendo* . . . . *quid strages militum revolvam et Sabiniani ducis abitionem turpissimam?*
Mundo *dux contra Gothos a.* 535 52 8 (*cf. adn.*).

Nabad 6 19.
Nabochodonosor 7 29. 32.
Nachor 4 11. 12.
Narbazaicus 41 18.
Narseus *rex Persarum* 38 18. 32. 34. 86 15.
Natius 21 5.
Nave *v.* Iesus.
Navius *v.* Attius 12 19.
Nepos *imp. v. p.* 141.
Nepotianus 43 27.
Nero *imp. v. p.* 139.
Claudius Nero 25 39.  Nero 25 40.
Nerva *imp. v. p.* 139.
Nestorianus 44 12.
*Nicomedes:* Nicomedis 28 29.
Nidada *proavus Geberichi regis Gothorum* 87 9.  *Cf.* Ovida.
Ninias 4 29.
Ninus Beli f. 4 21.  Ninus 1 15.  4 7. 15. 22. 26. 27. 29.
Noe 3 23. 24.  4 1.
C. Numicius 19 12.
Numa Pompilius 11 18. Pompilius Numa 11 27. Pompilius 12 12. Numa 13 29.
Numerianus *imp. v. p.* 696.
Numitor 7 2. 10 17.

# I. INDEX PERSONARVM.

Obsidius 19 7.
Ochozias 6 21. 22.
Ochus 8 21. 23.
Octar *patruus Attilae* 105 4. *Comparavit Valesius locum Socratis hist. eccl.* 7, 30 *ad a. c.* 430: τοῦ βασιλέως τῶν Οὔννων ὑπὸ ἀδηφαγίας ἐν νυκτὶ διαρραγέντος, ᾧ ὄνομα Ὀπτάρος ἦν, οἱ Βουργουνζίωνες ἀστρατηγήτοις ἐπιθέμενοι ὀλίγοι τε πρὸς σφόδρα πολλοὺς συμβαλόντες ἐνίκησαν.
Octavianus *imp. v. p.* 139.
Odenathus 37 29.
Odoacer 44 18. 45 8. 13. 120 8. 14. 133 21.
Oduulf *Amalus v. p.* 143, 10.
Olybrius *imp. v. p.* 141.
Onias 9 4.
Ophrataeus 6 18.
Ophrathanes 6 21.
Oppius Savinus 76 4. 6. *Cf.* Dorpaneus *ibique citt., item Borghesi opp.* 5, 52 *sq*
Optila 43 10. *Praeter Marcellinum idem nomen habent Iohannes Antiochenus fr.* 201, 4. 5, *ubi est* Ὀπτήλας, *et Gregorius Turonensis hist. Franc.* 2, 8 *ubi est* Occylla *buccellarius Aetii*.
Orestes 44 17. 120 2 *bis.* 7. 9.
Orgiacon 29 7.
Orodes 30 29.
*cit.* Orosius Paulus 70 6. Orosius 54 10. 65 7. 89 6. *Pauli nomen praeter Iordanem libri quoque Orosiani habent.*
Ostrogotha *Amalus v. p.* 143, 6.
Ostrogotho *Theoderici f. v. Amali p.* 144, 32.
Otho *imp. v. p.* 139.
Ovida *avus Geberichi regis Gothorum* 87 9. *Cf.* Cniva. 'Et Ovida *nomen et patris eius* Nidada *obscurissimum est et vix sanum, utrumque tamen pari modo sine dubio derivatum. igitur grammatica non minus atque historica ratione levissima est coniectura* Cnivam *victorem Decii* Ovidae *illi subesse arbitrantis'.* MVLLENHOFF.
Ozias *v.* Azarias.

Pacorus 31 13. 16. 19.
Pales 20 6.
Panias 5 25.
Pansa 14 6.
Papirius, -rii 17 30. 18 7.
Paresatis 8 19.
Paria *avus Iordanis* 126 22.
Patriciolus *Asparis f.* 43 26. 119 9.
Paulus *ad Cannas caesus* 24 8.
Paulus *apostolus* 34 13.
Paulus *devictor Persei* 27 15.
Paulus *satelles Vitaliani* 47 12.
Paulus *v.* Orosius.
Penthesilea 70 1.
Perdiccas 73 10. *Cf.* Sitalces.
Perseus 27 14.
Pertinax *imp. v. p.* 140.
C. Petronius 33 33.
Petrus 34 13.
Phacee 6 33. 7 9.
Phara *v.* Fara.
Philippus *pater Alexandri* 72 14. 17.
Philippus *victus a Flaminino* 27 13.
Philippi *impp. v. p.* 140.
*Phinees:* Fineës 5 19.
Phraortes 7 23.
Picus 5 31. 6 5.
Pilatus *v.* Pontius.
Piso 32 13.
*Pitza:* Petza 135 17. Pitzamus (*si lectio vera*) 135 7. *Cf.* Ennodius *paneg. c.* 12 *p.* 410 Sirm.: Sirmiensium civitas olim limes Italiae fuit, in qua seniores domini excubabant . . . haec postea per regentium neglectum in Gepidarum iura concessit . . . urebant animum principis (Theoderici) dolosi blandimenta commenti et circa alios Gepidas, quorum ductor est Gunderit, intempestiva Traserici familiaritas . . . postquam liquido Traserici patuere commenta, Gothorum nobilissimos Pitzia, Herduic et pubem nullis adhuc dedicata proeliis destinasti, ut, si oblatis pactionibus adquiescerot, semel invaso locorum potiretur arbitrio. . . . fugit sponte aliena et sine impulsu exercitus tui deseruit quod debebat. continuo Pitzia . . . non adquisitam esse terram credidit, sed refusam. *eiusdem meminit* Cassiodorius *var.* 5, 29: huius modi calumnias Pitziae (*sic et hic et mox libri boni omnes*) comitis celebratae opinionis viri sibi examinatione summotas, *et fortasse* Procopius *bell. Goth.* 1, 15 *ad a.* 536: Πίτζας Γότθος ἀνήρ.
Pius *imp. v. p.* 139.
Placidia *filia Theodosii I v. p.* 141.
Pompeius *adversarius Caesaris* 9 23. 29 16. 30 10. 12. 18. 19. 24. 26 *bis.* 28.
Pompeius *sub Anastasio et Iustiniano* 46 13. 47 22. 24.
Pompilius *v.* Numa.
*cit.* Pompeius Trogus 66 17. 71 6.
Pomponius *v.* Mela.
Pontius 18 3.
Pontius Pilatus 33 29.
Porsenna 14 32.
Postumius 18 1. 22 19.
Priamus 70 11. 71 2.
Priscus *v.* Tarquinius.
*cit.* Priscus 84 10. 89 17. 104 16. 105 21. 114 23. 123 18. 124 7.
Pritiades 6 16.
Probus *imp. v. p.* 140.
Procopius *usurpator v. p.* 140.
Proculus *v.* Iulius.
Pseudophilippus 27 14.
Ptolemaeus: Pthomeus (*sic perpetuo primitiva scriptura*) 9 8. 17. 30 4. 6. 32 21. 25.
  Pthomeus Alexander 9 15.
  Pthomeus Dionisus 9 19.
  Pthomeus Epifanis 9 5.
  Pthomeus Euergetis 9 1. 11.
  Pthomeus Lagi *f.* 8 29.
  Pthomeus Filadelfus 8 31.
  Pthomeus Filomitor 9 7.
  Pthomeus Filopater 9 3.
  Pthomeus Fiscon qui et Soter 9 13.
*cit.* Claudius Pthomeus 58 3. Pthomeus 58 15.
Publicola *v.* Horatius.
Pulcheria *uxor Marciani v. p.* 141.
Pupienus *imp. v. p.* 140.
*Pylaemenes:* Pylemenis 29 18.
Pyrrhus 18 27. 19 2. 24. 27 11.

T. Quinctius 15 24.
Quintillus *imp. v. p.* 140.
*Quirinius:* Quirinus 32 20.
Quirinus 11 17.

Radagaisus 41 19.
Ragan 4 9. 10.
Rea quae et Ilia 7 3. Rea Silvia 10 10.
Recimer 118 14. Ricemer 119 6.
M. Atilius Regulus 21 2. Regulus 21 11. 17. 25.
Regulus *v* Memmius.
Remus 10 12. 20. 23.
Respa *dux Gothorum* 85 18. 'Sine dubio pro Hrēspa, Hrispa *scriptum est, quo nomine item equus Heimonis carminibus epicis praedicatur'.* MVLLENHOFF.
Retemeris *v. reges Vesegotharum p.* 145.
Ricemer *v.* Rocimer.
Riciarius *rex Suavorum Hispaniae a.* 448—456 116 16 *bis.* 23. 117 6. Dahn *Kön.* 6 *p.* 562.
Rimismundus *rex Suavorum in Hispania a.* 458 *sq.* 117 22. Dahn *Kön.* 6 *p.* 565.
Riotimus (Rintimus 119 2) *rex Brittonum* 118 19. 119 2.

*Ad hunc data esse creditur epistula Sidonii* 3, 9 Sidonius Riothamo suo. *Cf. Gregorius Turonensis hist.* 2, 18. Britanni de Biturica a Gothis expulsi sunt multis apud Dolensem vicum peremptis.
Roas v. Ruas.
Roboam 6 16. 26. 31.
Rodulf *rex ut videtur Herulorum* 60 3. *Procopius b. Goth.* 2, 14 *narrat Rodulfum* (Ῥοδοῦλφον) *regem Herulorum tertio postquam Anastasius imperator factus est anno, id est 493 a suis coactum Langobardis bellum intulisse: eos cladem gravissimam perpessos ipso quoque Rodulfo in proelio caeso post varios casus ab Anastasio sedes in partibus Romanis accepisse, id quod referri solet ad a.* 512 (*cf. Clinton ad h. a.*). *eodem in summa re redeunt quae de proelio inter Langobardos sub rege Tatone Herulosque sub rege Rodulfo huiusque occisione narrantur in Origine gentis Langobardorum c.* 4 *et apud Paulum hist. Lang.* 1, 20. *idem Rodulfus nihil impedit quominus quo tempore Theodoricus in Moesia morabatur, id est ante a.* 489, *ad eum profectus sit eiusque patrocinium impetrarit; nam quod additur eum proprium regnum contempsisse, pertinet sine dubio ad inanem Gothicorum auctorum magniloquentiam. rex Herulorum is quem per arma Theodericus adoptavit* (*Cassiodor. var.* 4, 2) *diversus fuerit necesse est. Iordanes autem quae de Rodulfo habet, sive auctor hic quoque balbutivit sive additamentum est scriptoris insertum loco non suo, ad Herulos respicere existimo, neque enim assentior iis qui verba ita accipiunt Rodulfum regem fuisse sive Granniis et qui sequuntur sex populis, quae opinio est Gutschmidii p.* 232, *sive, in qua opinione Muellenhoffius est, solis extremo loco nominatis Raniis. parum enim probabile est septem populos illos sub uno rege fuisse, nec magis probabile, si eiusmodi rex ad Theodericum confugisset, eius rei aliam notitiam nullam extare. Ranios illos Muellenhoffius iudicat Thrauandios esse Norvegiae populum, ab eoque proficisci quae de Scandia refert Iordanes ex narratione indigenarum petita.* 'Nomen Gotica lingua Hróthvulfs, Northmannis forma contracta Hrólfr etiam postero tempore usitatissimum erat'. MUELLENHOFF.
Romulus 1 10. 23. 7 9. 10 5. 10. 17. 11 5 15. 18. 13 28. 22 31.
Ruas *patruus Attilae*: Roas 105 4. (*Cf. Priscus* (v adn.) *et Tiro Prosper ad a.* 433: (Chunnorum genti) tunc Rugila praeerat *et ad a.* 434: Rugila rex Chunnorum . . . moritur, cui Bleda succedit. *Valesius praeterea comparavit quae narrat Socrates hist. eccl.* 7, 43: μετὰ τὴν τοῦ τυράννου (Iohannis) ἀναίρεσιν (a. 425) οἱ βάρβαροι οὓς ἐκεῖνος πρὸς βοήθειαν κατὰ Ῥωμαίων ἐκάλεσεν ἕτοιμοι ἦσαν καταπρέχειν τὰ Ῥωμαίων πράγματα . . . . θνήσκει μὲν αὐτῶν ὁ ἔξαρχος ᾧ ὄνομα ἦν Ῥούγας βληθεὶς κεραυνῷ.
Rufinus *patricius* 41 5. 7.
Rufinus *dux sub Anastasio et Iustiniano* 46 22. 48 1. *Cf. Marcellinus ad a.* 516; *Hermae vol.* 6 *p.* 358.

Sabinianus: Savinianus 46 12. 135 8. 17. *Cf. Mundo.*
Sabinus v. Oppius.
Saddoch 6 11.
Safrac *regulus Vesegothorum* 93 3. 95 7.
Sala 4 3.'4.
Salina v. Alexandra.
Salinator v. Livius.
Salmanassar 7 17.
Salomon 6 12. 14. 16. 8 11.
Samson 6 7.
Sangibanus (Sanguibanus 109 11) *rex Alanorum* 108 16. 19. 109 11. *Cf. Prosper Tiro ad a.* 440: deserta Valentinae urbis rura Alanis, quibus Sambida praeerat, partienda traduntur.
Sapor 37 15. 39 18. 86 16.
Sardanafalus (Sardanaphalus 86 7) 4 23. 6 25. 29. 86 7.
Sarus *Gothorum rex* 41 20. *Cf. Olympiodorus vol.* 4 *p.* 58 *Muell.*: Σάρον καὶ αὐτὸν Γότθον ὄντα καὶ πλήθους μὲν ὀλίγου ἐπάρχοντα (ἄχρι γὰρ διακοσίων ἢ καὶ τριακοσίων ὁ λαὸς ἐξετείνετο), ἄλλως δὲ ἡρωικόν τινα καὶ ἐν μάχαις ἀκαταγώνιστον . . . Ῥωμαῖοι ἡταιρίσαντο δι' ἔχθρας Ἀλαρίχῳ ὄντα. *Frater eius Segericus post Ataulfum a.* 415 *rex creatus est Vesegotharum* (*Olympiodorus fr.* 26 *vol.* 4 *p.* 62 *Muell.*).
Sarus Rosomonus 91 17. 'Sarum et Ammium, *fratres Sunildae sive Svanhildae a Northmannis* Sǫrli *et* Hamđir (Hamthêr), *a Theotiscis* Sarulo *et* Hamadeo (Serilo *et* Hamedie) *dictos, a Gothis pariter* Sarvila *et* Hamathius *vocatos esse putabis. neque simplicissima prioris nominis forma a deminutiva vel hypocoristica in -lla derivata magnopere differt, sed quae Gotice erat sine dubio* Sarvs (*non* Sarvus), *Latine accuratius* Sarvus *reddi poterat. iam vero etiam Gothus quidam ab Olympiodoro* Σάρος *dicitur et Ammius profecto tam longe ab Hamathius vocabulo recedit, ut Graecus homo, non Romanus haec primum litteris mandasse videatur*'. MUELLENHOFF.
Saturninus *imp.* v. *p.* 140.
Saturnus 5 31. 6 5.
Saul 6 10.
Scaevola v. Mucius.
Scipio 23 26. 28. 25 13. 26 9. 19. 20. 27 4. 29 25. 55 13. 116 21. *Cf. ind. locorum.*
Cn. Scipio 25 8.
P. Scipio 25 8.
Scipio Africanus 29 25.
Scipio Iunior 27 6.
Scipio v. Cornelius.
Scopas 9'5. 6.
Sebastianus *usurpator* v. *p.* 141.
Segericus *rex Vesegothorum* v. *p.* 145.
Sellum 6 32.
Sem 4 1.
Semiramis 4 27. 29.
Sempronius Gracchus 24 35. Sempronius 20 3. 23 30. Gracchus 25 5.
Senator Cassiodorius 53 6.
Sergius (vere Hirtius) 14 6.
Seruch 4 10. 11.
Servius v. Tullius.
Servilius 28 27.
Servilius Isauricus Cilicusque 29 30 *bis.*
Seth 3 15. 16.
Severa *uxor Valentiniani I* v. *p.* 140.
Severianus *imp.* v. *p.* 141 (Severus).
Severus *I. II impp.* v. *p.* 140. 141.
Sigericus *rex Vesegothorum* v. *p.* 145.
Sigismundus *rex Burgundionum a.* 516—523 134 19.
Silvii 6 2. 7 1.
Sinderith 48 20. 137 6. *Deditionis Syracusarum a.* 535 *meminerunt Procopius b. Goth.* 1, 5 *et Marcellinus ad eum a., ducis Gothorum nomen non ponunt.*
Sirach 9 1.
Sitalces: Sithalcus 73 9. *Anno a. Chr.* 429 *Sitalces rex Odrysarum foedere inito cum Atheniensibus expeditionem suscipit adversus regem Macedoniae Perdiccam II exercitumque in eum misit CL milium auctore Thucydide* 2, 98: τὸ πᾶν πλῆθος λέγεται οὐκ ἔλασσον πεντεκαίδεκα μυριάδων γενέσθαι καὶ τούτου τὸ μὲν πλέον πεζὸν ἦν, τριτημόριον δὲ μάλιστα ἱππικόν· τοῦ δ' ἱππικοῦ τὸ πλεῖστον αὐτοὶ Ὀδρύσαι παρείχοντο καὶ μετ' αὐτοὺς Γέται. *Getarum item Thucydides c.* 96 *meminit sic*: ἀνίστησεν . . . τοὺς ὑπερβάντι Αἷμον Γέτας καὶ ὅσα ἄλλα μέρη ἐντὸς τοῦ Ἴστρου ποταμοῦ πρὸς θάλασσαν μᾶλλον τὴν τοῦ Εὐξείνου πόντου κατῴκηται· εἰσὶ δ' οἱ Γέται καὶ οἱ ταύτῃ ὅμοροι τε τοῖς Σκύθαις καὶ ὁμόσκευοι πάντες ἱπποτοξόται. *haec non afuisse a Geticis Dionis Chrysostomi probabile est indeque repetita esse a Cassiodorio, ut tamen male intruderet Perdiccam successorem Alexandri magni et ita quodammodo Atheniensibus imperantem, quorum propterea partes in bello illo invertit.*

# I. INDEX PERSONARVM.

Sogdianus 8 17.
Solomon *mag. mil. per Africam a. 534—536 et 539—544.* 48 24. 26. 51 17.
Sornus *rex Medorum* 66 14. *Cf. praef. p.* XXX.
Sosares 5 22.
Sosarmus 5 26. 6 34.
Sparethus 5 12.
Sphaerus 5 8.
Stilico 41 21. 88 2. 96 18. 98 6. 8. 12.
Stotzas 48 22. 51 17. 22. *Rebellionem Africanam a. 536 narrat Procopius b. Vand. 2, 14. 15 sic finiens:* οἱ δὲ στασιῶται ... Στότζαν τῶν Μαρτίνου δορυφόρων ἕνα τύραννον σφίσιν εἵλοντο. *Martinus apud Procopium b. V. 1, 11 et alibi nominatur inter duces foederatorum, ut magister militum quod est apud Iordanem non ad eum pertinere videatur, sed ad ipsum Stotzam rebellium militum ducem.*
Stotzas iunior *v.* Iohannes.
*cit.* Strabo 56 19.
Strabo *v.* Theodericus.
*Sulla:* L. Sylla 30 14. Sylla 27 5. 73 16.
Sunilda *mulier Rosomona* 91 15. 'Sunilda *mulier carminibus epicis Germanorum olim celebris, a Northmannis* Svanhildr *similiterque ab Alamannis ut videtur (vid. Hauptii acta litteraria 12 p. 302 sqq.)* Suanahilt *appellata. at* Sunilda *aut litteris male conceptum aut longe diversum lingua Theodisca erat* Sônhilt, *mox* Suonhilt, *lingua Gotica* Sônahildi'. MUELLENHOFF.
Superbus *v.* Tarquinius.
Symmachus *bibliorum interpres* 35 35.
*cit.* Symmachus *rerum scriptor* 78 11. 80 11.
Syphax 26 11.

Tacitus *imp. v. p.* 140.
Tanaquil 12 29.
Tanausis (*acc.* -im 67 4) *rex Gothorum* 66 8. Thanausis 66 9. 67 4 (*cf. adn.*).
Tarpeia 11 2.
Tarquinius, -nii 12 23. 29. 30. 13 32. 14 32. 15 10.
Tarquinius Priscus 12 16.
Tarquinius Superbus 10 8. 13 5. Superbus 13 34.
Tatius 11 7. 17 14.
Tautanes 5 29.
Telefus 70 7. 10. Thelephus 71 1.
Tellus 20 4.
Terminus 13 18.
Tetricus *imp. v. p.* 140.
Teutaeus 6 7.
Teutana 22 34.
Thara 4 12. 13.
Tharnarus 85 18. *Cf.* Thuruarus.
Theocritus 47 7.
Theodahadus *Amalus v. p.* 144, 34.
Theodemir *Amalus v. p.* 144, 22.
Theodepertus *v.* Thiudebertus.
Theodericus *v.* Theodoricus.
Theoderidus *I. II reges Vesegotharum v. p.* 145.
Theodora *uxor Constantii I v. impp. p.* 140; *uxor Iustiniani v. impp. p.* 141.
Theodoricus *Amalus v. p.* 144. 26.
Theodoricus Triarii f. Strabo *rex Gothorum* 44 21. Theodericus Triarii f. 128 5.
Theodoridus *I. II reges Vesegotharum v. p.* 145.
Theodosius *pater imp. v. p.* 140.
Theodosius *I. II impp. v. p.* 140. 141.
Theodotion 36 3.
Thermantia *v. impp. p.* 140.
Thesander 70 16.
Theseus 69 17.
Thineus 6 8.
Thiudebertus (Theodepertus 49 19) *Chlodovechi f. rex Francorum* 49 19. 134 12. *Cf.* Celdebertus.
Thiudemer *Amalus v. p.* 144, 22.
Thiudigisclus *rex Vesegotharum v. p.* 146.
Thiudigoto *Theoderici f. v. p.* 144, 31.
Thiudimer *Amalus v. p.* 144, 22.
Thiudis *rex Vesegotharum v. p.* 145.
Thola 5 26.
Thonos Concoloros 4 22. 6 25.
Thorismud *Amalus v. p.* 144, 20.
Thorismud *rex Vesegotharum v. p.* 145.
Thrasamundus *rex Vandalorum a. 496—523* 102 14. 135 5.
Thrasaricus: Trasaricus *dux Gepidarum* 135 8 *Sirmium obtinens.* 'Sic scribendum cum aspiratione, ut Thrasamundus et Got. thrasabalthei, id est rixandi ferocitas'. MUELLENHOFF. *Cf. Ennodius paneg. p.* 410 (v. sub Pitza) *et* Dahn Kön. 2, 133.
Thraustila: Thraufistila *satelles Aetii* 43 10, *cf. adn.;* Θραυστίλας Iohannes Antiochenus fr. 201, 4 *et fr.* 211, 4.
Thraustila: Trapstila *pater Thrasarici* 135 8. *Paulus hist. Rom. 15, 15:* Theodericus ... *prius quam Italiam adventaret, Trapstilam Gepidarum regem insidias sibi molientem bello superans extinxit.* 'Cum sit Gotice thrafstjan παραμυθεῖσθαι, thrafstjan sik θαρσεῖν, Thrafstila *est unice vera nominis forma,* Θραυστίλας *et* Trapstila *inde quodammodo depravatae'*. MUELLENHOFF.
Thuruarus 85 18. 'Thuruarus *est nominis forma emendata; priorem partem derivatam habes in gentili* Thuringus'. MUELLENHOFF.
Tiberinus 10 12.
Tiberius *imp. v. p.* 139.
Tigranes 30 11. 15. 24.
Titus *imp. v. p.* 139.
Tomyris: Thomyris 71 6. 8. 11. 13.
Torquatus *v.* Manlius.
Totila (*acc.* Totilam 51 4, Totilanem 51 7. 28) qui Baduila 50 29. Baduila 50 19. Totila 51 4. 7. 10. 16. 28. *Rex Gothorum a. 541—552 in nummis appellatus d. n. Baduila rex (Friedlaender Münzen der Ostgothen p. 46 sq.).*
Traianus *imp. v. p.* 139.
Trapstila *v.* Thraustila.
Trasaricus *v.* Thrasaricus.
Triarius *v.* Theodoricus.
Troglita *v.* Iohannes.
Trogus *v.* Pompeius.
Troianus 70 1.
Tullus Hostilius 11 27. Tullus 13 30.
Tullia 13 8.
Servius Tullius 12 28. Servius 13 6. 33.

Vadamerca *Amala* 122 6. 'Nemo puto *Germanorum unquam filiam* mercam *sive* mircam *h. e. obscuram, tenebricosam appellavit. vera nimirum vocalis aut servata aut restituta est libris OBXY: nomen ab utraque parte valde notabile et rarum'*. MUELLENHOFF.
Valamir *Amalus v. p.* 144, 21.
Valaravans *Amalus v. p.* 143, 15.
Valens *imp. v. p.* 140.
Valentiniani *I. II. III impp.. item usurpator v. p.* 140. 141.
Valeria Galerii *v. impp. p.* 140.
Valerianus *imp. v. p.* 140.
Valerianus *dux, quem Iustinianus a. 547 exeunte in Italiam misit (Procop. b. Goth. 3, 27),* 50 28.
Valerius Corvinus 17 9. 10.
Valja *rex Vesegotharum v. p.* 145.
Vandalarius *Amalus v. p.* 144, 19.
Varro 24 8.
Veducus *dux Gothorum* 85 18. 'Non desunt exempla eiusdem formationis, Saxonicum Widuc, Theodiscum Wituh; sed praeferenda erat alia, aut Veducius, Theod. Witubhi, aut Veduca, Sax. Widuco. vid. Hauptii acta litteraria 12, 258 sq.'. MUELLENHOFF.
Venetharius *Amalus v. p.* 144, 17.
Ventidius Bassus 31 15. Ventidius 31 19.
*cit.* Vergilius 64 15. 67 15. Mantuanus 55 17.

20*

Verina *uxor Leonis* v. p. 141.
Verus *imp.* v. p. 140.
Vesosis 65 5. 66 7. 9. 12.
Vespasianus *imp.* v. p. 139.
Vesta 11 23. 16 17.   Vestalis 7 3.
Vetericus *Amalus* v. p. 144, 30.
Veturius 18 1.
Vibius 32 7.
Vidigoia 65 4. 104 18. 'Gothorum fortissimum Sarmatum dolo interfectum, qui Gothorum cantibus celebrabatur, natione Veseyothum fuisse et virisse saeculo quarto probasse mihi videor in Haupti actis litterariis 12 p. 255 sqq. fortasse idem ille est. quem postero tempore et Anglosaxonica et Theodisca carmina fortissimum Gothorum primumque omnium contra Hunos propugnatorem praedicabant. nomen, cuius legitimam Goticam formam Vidugauja fuisse pro certo affirmari potest, ab Ammiano Marcellino, Graeco homine, duobus locis (27, 10, 3. 30, 7, 7) Vithigabius pro Vithigavius scriptum erat, nequaquam, ut prave editur vel contra librorum auctoritatem, Vithicabius. Theodiscum erat olim Witugouwo, mox et Witege, Saxonicum Widugô, Anglosaxonicum Vudgā *et* Vidia'. MUELLENHOFF.
Vidimer *pater et f. Amali* v. p. 144, 24. 29.
Vigilius 1 3. *Cf. praef.* p. XIV.
Vinitharius *Amalus* v. p. 144, 17.
Viridomarus 22 29.
Visimar *rex Vandalorum* 87 11. 19. 'Nominis prior pars sine dubio eadem est quae in Theotiscis Wisugart, Wisigart, Wisurih, Wisirih *et in* Visogast *apparet. sed altera valde mira neque quod conferas exemplum suppetit; nam vulgatissimum illud Theotiscum* mâr *Gothorum Vandalorumque lingua erat* mêr, *a saeculi quinti et sexti hominibus* mîr *pronuntiatum*'. MUELLENHOFF.

Vitalianus 46 16. 17. 20. 47 10.
Vitiges (*sic plerumque*, Vitigis 49 6. 15. 51 13. 77 11. 12. 137 18. 20; *numquam declinatur, sed pro accusativo est* 49 1. 6. 137 14. 138 13, *pro ablativo* 49 15. 51 11. 77 12) *rex Gothorum a. 536—540* 49 1. 6. 15. 51 13. 77 11. 12. 137 14. 15. 18. 20. 138 3. 6. 13. *In nummis est* d. n. Vvitiges rex (*Friedlaender Münzen der Ostgothen* p. 41).
Vitellius *imp.* v. p. 139.
Vlixes 70 17.
Vlzindur *consanguineus Attilae* 127 2.
Volusianus *imp.* v. p. 140.
Vrsus *interfector usurpatoris Maximi* 118 7.
Vulcanus 22 30.
Vullla 127 6.
Vultvulf *Amalus* v. p. 143, 13.

Xanthippus 21 16.
Xerxes 8 16. 36 18. 72 10.
Xerxes qui et Balaeus 4 34.
Xerxes fil. Darii 8 13.

Zacharias 6 31.
Zalmoxes 64 7. 9.
Zameis 4 29.
Zeno *imp.* v. p. 141.
Zeno Isaurus 43 6. *De Theodosii II adversus Zenonem suspicione scribunt Priscus* fr. 14 (4 p. 98 Muell., *item eum cum Attila coniungens, Priscumque secutus Iohannes Antiochenus* fr. 199 (*l. c.* p. 613); *eum mortuum esse imperante Marciano praeter Iordanem nemo refert.*
Zeuta *eruditus Gothus* 64 8. *Subest fortasse Seuthae nomen, quo secundum Suidam (s. v) Abaris pater usus est: certe Abaridis mentio recte loco conveniret.*
Zorobabel 8 10.

## II. INDEX LOCORVM.

Ad indicem personarum quae exposui, pari fere ratione ad hunc pertinent. scilicet nomina aut ex auctoribus qui supersunt descripta aut ita comparata, ut si qui forte ignorat, ex vocabulariis et enchiridiis de iis certior fieri possit, nude rettuli: rarioribus aut reliqua quae extant testimonia adscripsi aut lectorem remisi ad commentarios virorum doctorum, maxime Zeussii (*die Deutschen und ihre Nachbarstämme*. Monachi 1837): quae Iordanes solus habet non pauca, id ipsum volui ut ex indice intellegeretur. de regionibus civitatibusque imperii Romani ab auctore nominatis ut legenti facile constaret, curam egi. de populis quos memorat disputare nec meum est nec per indicem perfici potest. Muellenhoffii tamen cura et diligentia hic quoque effectum est, ut de plerisque eorum quid Germanice docti hodie statuant quaeque vocabulis Iordanianis ex Gothica lingua illustratio allata sit, ex hoc indice percipiatur.

Abraxes v. Araxes.
Abrittus 37 8. 84 15.
Acatziri 63 8. *Cf. adn. et Zeuss* p. 714.
Achaia 18 32. 28 5. 95 7.   Achivi 27 12.
Achillis insula 66 5.
Actiacus 33 1.   Actiaticum litus 9 26.
Adiabenni 35 32.   Adiabennicus 35 35.
Adogit *gens* 58 17. '*Nomen corruptum, intellegendi sunt* Alogii, Halogii, Hâleygir, *incolae* Hâlogalandi, *regionis Norvegicae maxime borealis hodie* Nordland *dictae utraque polarem circulum porrectae*'. MUELLENHOFF.
Adr- v. Hadr-.
*Aegatae:* Aecatae insulae 22 4.
*Aegimurus:* Egimurus 21 32.

Aegyptus 4 35. 5 3. 8 22. 30. 30 6. 32 30. 33 5. 38 29. 66 10. 85 2. Egyptus 5 1. 2. 7. 14. 38 19. Aegyptii 5 11. 66 7. 9.   Egyptii 5 6. 12.
Aelia = *Hierusolyma:* Elia 35 8.
Aemilia v. Italia.
*Aeolia:* Eolia 67 20.
*Aequi:* Equi 15 23.
Aeragnaricii *gens* 59 12. '*Ragnaricii nomen rectissime vel etiam accuratius paulo* Rahnaricii *scribi docet vox Theodisca* birahanen *cum Norroenis* ræna *et* rân *conlata.* Rânriki *autem erat olim regio Norvegica, nunc Sueonum* Bohuslän, *inter* Gautelfam (Göta elvam) *et* Svinasund *iuxta mare sita. Zeuss* p. 503'. MUELLENHOFF.
Aesti 63 7. 89 3.

## II. INDEX LOCORVM.

Aethiopia 13 5. Aethiopes 66 12.
Aetnaeus ignis 17 13.
Africa (Affrica 15 20) 15 20. 18 32. 21 2 bis. 9. 23 21. 28. 24 40. 25 13. 26 9 bis. 10. 21 bis. 22. 24. 27 9. 38 18. 30. 41 10. 11. 43 13. 15. 23. 48 21. 24. 25. 51 17. 25. 52 2. 54 11. 86 18. 99 1. 6. 101 17. 102 1. 6. 21. 103 7 bis. 118 6. 120 3. 135 4. 137 1. Afer 35 31. Africanus 25 18. 42 19. 49 27. 51 29. 138 21. Africus 21 32. 34.
Agrigentum 20 31.
Ahelmil (v. l. Athelmil, Athelnil) gens 59 10. 'Eos qui post orientalis litoris partisque australis Scandiae (vide Theustes, Vagoth, Bergio) incolas primi memorantur cum Hallandiam incoluisse oporteat, dubitari vix potest quin Hallenti vel Allenthi pro Allanthi (Hallanthi) in litteris illis lateant'. MUELLENHOFF.
Alamanni 38 31. 40 13. 130 19. 22. Alamannicus 75 13.
Alani 36 23. 37 18. 41 23. 100 5. 108 16. 109 12. 110 23. 111 24. 115 20. 116 2. 4. 10. 118 10. 14. 15. 125 22. 126 20. Halani 78 13. 90 13.
Alba Latii 10 15. 12 9. Albanum 6 2.
Albani Latini 6 2. 7 1. 11 29. 12 5.
Albani ad Caucasum 30 28. 61 19. Albania 62 2.
Alcildzuri gens Hunnorum 90 11. Cf. adn. et Zeuss p. 708.
Aleria 20 38.
Alexandria 8 26. 32 27. 33 34. 35 6. 85 1. 86 17. Alexandrini 9 16. 32 24. 43 5.
Alis v. Halys.
Allia 16 8.
Allophyli 5 20, cf. 23.
Almus 127 3 (cf. adn.).
Alpes 16 5. 22 14. 20. 32. 23 24. 24 18. 25 39. 62 13. 84 7. 130 20. Alpinus 22 23. Alpinae gentes 31 31.
Alpes Cottiae v. Italia.
Alpes Noricae 31 28.
Alpidzuri gens Scythica 90 10. Cf. Zeuss p. 708.
Alsium 15 14.
Altinum: Altenum 35 23.
Altziagiri gens Scythica 63 11. 12. Cf. Zeuss p. 715.
Aluta fl. 62 12 (?). 75 12.
Amantini 27 21.
Amazones nom. 69 18. Amazonarum 65 6. 9. Amazonas 67 18. 69 8. 18. 85 21.
Ambiani 39 30.
Ambuleius ager 115 6. Alibi non nominatur.
Anaplus 44 25.
Anchiali 86 7. Anchialitanus 86 10.
Angisciri gens Hunnorum 128 24. Cf. Zeuss p. 709.
Anio 17 7.
Antes 52 10. 62 16. 63 3. 89 1. Anti 121 19.
Antiochia 37 31. 94 5 Antiocia 40 17. Anthiochia 49 26. 29. Antiocheni 3 3. 38 2. Antiochenses 9 16.
Antium 15 20.
Apamea: Appamia 38 3.
Apenninus: Appininus 99 3.
Apollonia 28 18.
Apulia v. Italia.
Aqua nigra fl. 127 11. Alibi non nominatur.
Aquileia 36 26. 37 25. 80 10. 114 16. Aquileiensis 114 5.
Arabes 30 12. 31 1. 34 35. 35 33. Arabicus 35 35.
Araxes 61 16. 68 15. Abraxes 71 8.
Arcades 10 27.
Arcadiopolis 126 25 (cf. adn.).
Archelais: Archilais 36 11.
Ardea 13 12.
Arelate: Arelatum 41 33. 101 9. 120 19. 121 5.
Arethusa 25 4.
Areverni v. Arverni.
Argentarium 40 13.
Aricinum nemus 15 17.

Ariminum 49 17. Ariminensis 138 9.
Armenia 30 8. 16. 17. 27. 31 11. 22. 34 9. 35 10. 67 19. Armeni 31 23. 24. 69 5. Armenius 65 2.
Armenia maior 30 24. 26.
Armenia minor 30 20.
Armeniae portae 69 2.
Armoriciani 108 3. Cf. Zeuss p. 579, item Iohannes Antiochenus fr. 201, 3 (4 p. 615 Muell.): κατηγωνίσατο δὲ (Aetius) καὶ Γότθους τοὺς ἐν Γαλατίᾳ τῇ πρὸς ἑσπέραν τῶν 'Ρωμαίων ἐμβατεύσαντας χωρίοις· παρεστήσατο καὶ Ἀρμορίχιανοὺς (cod. αἱμοριχιανοὺς) ἀφηνιάσαντας 'Ρωμαίων.
Arochi gens 60 2. 'Scribendum erat Arothi, pro Harothi, Haruthi, Harudes. ii lingua Norroena Hörðar (Anglosaxonice Häreðas) dicti, a Rugis (q. v.) occidentalis Norvegiae non solum proprium partem Hörðaland, sed et Sygnafylki et Firðafylki videntur tenuisse. vid. infra Ranii. Zeuss p. 507'. MUELLENHOFF.
Aroxolani v. Roxolani.
Arsia fl. 22 33.
Artaxata 30 25.
Arverni: Arevernus 119 5. 15. Arevernas (?) 119 20.
Arusinus v. Sybarusinus.
Asconis fossa 97 6. Alibi non nominatur. Cf. Cluverius Ital. p. 398.
Asculum 19 11. 20 3.
Asdingi 87 11. Astringi 81 12. Cf. Zeuss p. 461.
Asia 1 16. 28 21. 29 26. 27. 54 11. 61 11. 17. 62 7. 63 12. 65 13. 66 13. 16. 67 2. 13. 20. 68 4. 71 7. 85 19. 86 3. 5.
Assyria 35 10. Assiria 4 20. Assyrii 1 15. 17. 4 7. 15. 18. 26. 6 14. 27.
Astici 28 8 (cf. adn.).
Astringi v. Asdingi.
Astures 27 7. 32 21.
Asturica 117 4.
Ateria v. Aleria.
Athaul gens 88 9. Cf. Rogas.
Athenienses 73 9. 11.
Aventinus mons 10 20.
Avernus 17 21.
Aufidus 24 9.
Augandzi gens 60 2. 'Granios sive Grannios (q. v.) Norvegiae meridionalis gentem, ab occidente iuxta mare exceperunt Egðir et regio Agðir; unde nomen a Cassiodorio scriptum Agadii fuisse conicimus'. MUELLENHOFF.
Augusti Vindelicorum: Augustae Vindicae 27 21.
Auha fl. 83 16. Alibi non nominatur. Cf. Galtis.
Aureliana 108 17.
Autrigones: Austrogonia 116 20. Autrigones vere degebant ab occidente Gallaeciae. Cf. Mela 3, 1, 15, si recte huc trahuntur ibi dicta Auarigini; Plinius 3, 3, 27; Ptolemaeus 2, 6. 7. 53; Florus 2, 33 [4, 12]; Orosius 6, 21; Chron. Pasch. p. 60 ed. Bonn.; C. I. L. II p. 394.

Babylonia 4 27. 7 32. 34 37. Babyllonia 73 10. Babylonii 7 19. 30 13.
Bacaudae 38 16.
Bagradas: Bracadas 21 10.
Baiae 17 21. 24 19. 35 13.
Baiovari: Baibari 130 18. Cf. praef. p. XXXIII.
Baleares 55 15.
Barbarici campi 49 2. 137 15. 18. Eodem nomine locus alibi non nominatur; intelleguntur campi Pomptini inter Romam et Terracinam ad Tripontium; de quibus sic Procopius b. Goth. 1, 11: (Γότθοι) ἐς χωρίον ξυνελέγησαν 'Ρώμης ὀγδοήκοντα καὶ διακοσίοις σταδίοις διέχον, ὅπερ 'Ρωμαῖοι καλοῦσι 'Ρέγετα· ἐνθένδε γὰρ ἐνστρατοπεδεύσασθαι σφίσιν ἔδοξεν ἄριστον εἶναι· πεδία γὰρ πολλὰ ἐνταῦθά ἐστιν ἱππόβοτα et quae sequuntur; cf. C. I. L. X p. 691.
Barcino: Barcilona 100 12.
Bardores gens Hunnorum 128 21. Cf. Zeuss p. 709.

Basentus v. Busentus.
*Bassiana*: Basiana 128 24.
Basternae 75 11.
Beata insula 55 10.
Bergio *gens* 59 8. 'Bergio Hallin Liothida *nomina sunt depravata nationum incolentium partem Scandiae maxime australem fere a Bleikingia (vide Theustes, Vagoth) usque ad Hallandiae fines (vide Ahelmil); eo enim ducit et ordo narrationis et vivida regionis descriptio*'. MUELLENHOFF.
Beroa Thraciae 84 5.
*Beroea Macedoniae*: Bereu 132 9.
Bessi 28 15. Bessorum lingua 75 16. Bessicus 43 16. '*Lingua Bessorum Hister vocatur Danuvius: scilicet omnium Thraeum Bessi diutissime linguam patriam in saeculum usque sextum ipso sacro cultu retinuerunt*'. MUELLENHOFF.
Beturiges v. Bituriges.
*Blemmyes*: Blemmes 43 5.
Bithynia 28 28. Bithinia 85 21.
Bittugures *gens Hunnorum* 128 24. Cf. *Agathias* 2, 13: Οὐννιχὸν τὸ ἔθνος οἱ Βίττορες *et Zeuss p.* 709.
*Bituriges*: *acc.* Beturigas 118 19.
*Bisye*: *acc.* Bizzim 126 25 (*cf. adn.*).
Boisci *gens Hunnorum* 90 12, *cf. adn. et Zeuss p.* 708.
Bolia *fl.* 130 3. *Alibi non nominatur.*
Borysthenes v. Danaper.
*Bosporus*: Bosforus 30 22. 61 16. 65 12. Bosforani 34 35. Rosforiani 30 28.
Bovillae 15 15.
Boutae 75 9. *Alibi non nominantur.*
Bracadas v. Bagradas.
*Breuni*: Brenni 31 29.
*Brigetio*: Bregitio 39 33.
Brittania 34 1. 4. 39 25. 56 4. 57 16. 64 1. Brittaniae 38 17. Brittones 32 21. 118 18. 119 2. Brittanicus 36 4.
Brittii v. Italia.
Brittones v. Brittania.
Brundisium 20 5. 32 36.
Bruttii v. Italia.
Bubegenae *gens* 88 10. *Cf.* Rogas.
Budalia 37 6.
Bulgari 47 21. Bulgares 52 10. 63 9.
Buriates 22 18.
Burgundiones 100 4. 108 3. Burgundzones 83 5. 117 2. 118 4. 130 18. Burgunzones 121 5. Burgutiones 39 31. Burgundzoni 134 19.
Busentus *fl.* 99 11. *Alibi non nominatur.*
Byzantium v. Constantinopolis.

Caeninenses 10 32.
Caenofrurium 37 33.
Caepionis monumentum v. Scipionis m.
Caesarea *Cappadociae* 29 13. 33 28.
Caesarea *pars Ravennae* 97 13. *Cf. Sidonius ep.* 1, 5: (Ravennae) veterem civitatem novumque portum media via Caesaris ambigas utrum conectat an separet. *Geogr. Rav.* 4, 31 = 5, 1 (*ex Iordane ut videtur*): Ravenna . . . . Caesarea Classis.
Caesoriacum 15 18.
Caieta 17 21.
Calabria v. Italia.
*Caledonia*: Calydonia 57 7. Calydonii 57 10. Calidonius 18 16.
Callaecia v. Gallicia.
*Callatis*: Galatum 28 18.
Callinicus 49 26. *Cf. Procopius b. Pers.* 1, 18.
Callipidae 66 4 (*cf. adn.*).
*Callipolis*: Callipolida *abl.* 62 5 (*cf. adn.*).
*Cambyses*: Cambises *fl.* 68 16. *Cf. Plinius h. n.* 6, 13, 39.
Camerinienses 20 32.
Campania v. Italia.

Candidiani pons 96 19. *Cf. Cassiodorius chron. ad a.* 491: Odovacar cum Herulis egressus Ravenna nocturnis horis ad pontem Candidiani a d. n. rege Theoderico memorabili certamine superatur. *Rivus hodie appellatur* Candiano.
Cannae 23 38. 24 18.
Cantabri 27 7. 32 21.
Capitolium 15 16. 22 25. 26. 24 12. 25 35. 37 23. Capitolinus mons 16 21.
Cappadocia 29 16. 39 5. Cappadoces 29 11. 33 26.
Caprae palus 11 13.
Capua 17 24. 24 18. 25 26. 30.
Caralis 25 7.
Careon 62 5 (*cf. adn.*).
Caria 28 24.
Carpi 38 24. 81 12.
Carrhae 15 17.
*Carthago Africae*: Chartago (*semper*) 17 25 (*cf. v. l.*). 21 6. 14. 24. 22 5. 12. 24 10. 15. 26 6. 13. 42 4. 43 23. 48 9. 26. Chartaginisii 27 8.
*Carthago Hispaniae*: Chartago Spaniae 25 18.
Caspiae pylae 67 16. Caspiae portae 69 2.
Caspium mare 61 17. 62 1. 65 15. 68 15.
Castra v. Choatras.
*Castra Martis*: Castramartena urbs 126 18. Castra Martis *oppidum est Daciae ripensis; cf. Hierocles p.* 655.
Castrum Herculis 131 26. *Videtur intellegi mansio ad Herculis tabulae Peutingeranae a Naisso m. p. XIV Scodram versus* (*cf. C. I. L. III p.* 268).
Catalauni 37 27. Catalaunici campi 108 5. 109 6. 113 26. 116 6.
Caucasus 61 16. 68 6. Cauchasus 67 14. 69 6.
Caudinae furculae 18 1.
Celtiberes 27 5.
Celticus 108 4.
Cemandri 126 17.
Cenni 31 30.
Cerru v. Cyrrhus.
*Chalcedon*: Chalcedonia 44 7. 9. 72 5. 85 22.
Chaldaea 4 28. Chaldaei 7 17. 33. 8 12.
Chanaan 5 4.
Chaones 26 31.
*Cherson*: Chersona 62 5. 63 12.
*Choatras*: Castra 69 5.
Chrinni 65 14. Γρυναῖοι *Ptolemaei* 6, 13, 3 *comparantur a Muellero ad Dionysium perieg. v.* 752; *cf. Muellenhoff Weltkarte p.* 32.
Cibalenses 39 20.
Cilicia 33 11. 37 17. 49 29. 67 19. Cilices 29 29. Cilicus 29 32. 69 2.
Cilicae portae 69 2.
Ciminius saltus 18 14.
*Classis pars Ravennae* 97 13.
Clupea 21 7.
Clusium 16 6. 8.
Coche 38 8.
Codanus sinus 58 4.
*Coelesyria*: Cylesyria 50 3.
Colchi 30 28. 34 36.
Coldae *gens* 88 10. *Cf.* Rogas.
Coloscobegi v. Tolistobogi.
Consentinus 99 11.
Constantinopolis 39 26. 41 2. 9. 13. 42 15. 17. 45 6. 46 1. 77 12. 95 17. 102 18. 104 6. 119 8. 123 2. 130 24. 138 14. Constantinopolitanus 40 21. 41 4. 128 16. Byzantium 37 33; Bizantium 72 5.
Corcyra 97 2.
Corinthus 12 17.
Corioli 15 18.
Corniculum 15 14.
Corsica v. Italia.
*Cotyaeum*: Cotzialum 46 6.
Creta 28 5.
Ctesifon 38 8. 39 11. Tesifon 34 36.
Cumae 17 23.

## II. INDEX LOCORVM.

Cures Sabini 11 18.
Cyclades 25 26. 54 15.
Cynocephali montes 26 33.
Cyprus 30 1. 3. Cypri 30 1.
*Cyrrhus:* Cerru 132 8. Cerrae 132 11.
*Cyrus:* Cysus *fl.* 68 16.

{ Dacia 32 15. 38 21. 62 13. 63 17. 64 7. 75 5. 9. 116 1. Daci 32 16. 34 35. Daces 27 25.
Dacia antiqua 75 5. *Eadem significantur* 27 25. 32 15. 34 35. 38 21. 62 13. 116 1, *ubi iungitur cum Pannonia.*
Daciae duae 28 4. Dacia utraque 42 21. *Eaedem nomine Daciae videntur significari ubi Dacia iungitur cum Thracia et Moesia* 63 17. 64 7.
Dacia mediterranea 28 1. *Haec est Dacia loci Hieronymiani* 38 21.
Dacia ripensis 28 1. 37 26. 92 19. 94 11. 127 3. }
Dadastana: Dadasthana 39 19.
Dalmatia 28 4. 43 30. 97 3. 126 15. Dalmatiae 120 4. 129 2. 3. 4. Dalmatae 32 6. Delmata 38 13.
Danaper *fl.* 61 14. 63 4. 65 15. Borysthenes qui et Danaper 65 9. Boristhenis 62 4. Danaber Hunnis Var 127 19. *praeterea* 68 18, *ubi Ister legitur, requiritur Danaper. — Nomen barbarum Borysthenis praeter Iordanem ex antiquis unus novit anonymus auctor peripli Ponti Euxini, qui non ante quintum saeculum scripsit, c.* 58 (1 p. 417 *Muell.; cf. idem p.* 425): εἰς Βορυσθένην ποταμὸν ναυσίπορον τὸν νῦν Δάναπριν λεγόμενον. *vocabulo var pro fluvio Hungari adhuc utuntur.*
Danaster *fl.* 61 13. 63 2. 4. *Id nomen novit praeter Iordanem ex antiquis unus Ammianus* 31, 3, 3: Alatheus et Saphrax . . . *cautius discedentes ad amnem Danastrum (libri danastinum) pervenerunt inter Histrum et Borysthenem per camporum ampla spatia diffluentum, Graecum nomen Tyrae Iordanes iuxta ponit, quasi diversum esset.*
*Danuvius:* Danubius (*semper*) 27 19. 23. 26. 28 19. 32 15. 16. 17. 37 28. 62 11. 70 14. 15. 72 7. 8. 75 8. 11. 12. 19. 76 3. 9. 78 9. 81 6. 8. 16. 17. 92 19. 94 4. 115 7. 126 15. 129 14. 130 13. 17. 20. 131 2. 135 13. 15. 20. Hister Bessorum lingua 75 16; Hister 68 18 (*ubi requiritur* Danaper). 87 17; Ister 61 12. 62 3. 12; (H)ister qui et Danubius 62 3. 87 17.
*Daphne:* Dafnensis 31 3.
Dardania 28 2. 4. Dardani 27 18.
Decii ara 84 17. *Alibi non memoratur.*
Decilates 22 17.
Delmata v. Dalmatia.
Dertona 43 18. 118 10.
*Dius:* Sium 132 9.
Dorostorenus 104 7.
Draus *fl.* 27 21. 23. 32 4.
Dricca *fl.* 104 17 (*cf. adn.*).

Edessa 36 9.
Eluri 88 13, *cf. adn.*
Emilia v. Italia.
Emimontium v. Haemimontium.
Emmaus 36 13.
Emus v. Haemus.
Ephesus 68 2. Ephesius 85 20.
Epirus 18 32. 19 3. 32 36. 36 20. 50 27. Epyri duo 28 5. Epiri 95 7. 97 3. Epirotae 18 28. 27 11.
Erac *fl.* 122 5, *cf. adn.*
Eridanus v. Padus.
Eryx 20 31.
Etruria, Etrusci v. Italia.
Euagre *gens* 59 11. *Cf.* Otingis.
Eunixi *gens* 60 2. '*Nomen postera aetate videtur interiisse. nam de* Sugniis, *qui* Sygnir *a* Northmannis *vocabantur, propter ordinem rerum non est cogitandum cum Zeussio p.* 507'. MUELLENHOFF.

*Euphrates:* Eufrates (*semper*) 15 18. 35 11. 47 20. 68 11.
Europa *pars mundi* 55 14. 56 2. 62 7. 65 13. Eoropa 54 11.
Europa *provincia* 28 13.
*Europus:* Europa 132 9.
Euscia v. Novae.
*Exampaeus:* Exampheus fons 66 2.

*Faesulae:* Fesulae 15 17.
Falernus mons 17 22. Falerni saltus 24 32.
Falisci 15 31. 33.
Faventinus 50 20.
Ferrata turris 38 4.
Fervir *gens* 59 10. '*Finnaithas* (*q. v.*) *ab oriente excipit Verendia regio, cuius incolae* Virđar *dicebantur. Virđar autem rectissime Latine* Verthi *sive* Virthi, *minus recte* Verti *s.* Virti *redduntur, unde partim perversis litteris* FERVIR *factum esse vides*'. MUELLENHOFF.
Fidenates 12 5. 15 31. 33.
Finnaithae *gens* 59 10. '*Ab* Hallandia (Ahelmil) *in orientem versus est regio olim sine dubio* Finnhaithi, *mox* (*pro* Finnheiđi) Finneiđi *sive* Finnhēđ, Finnhēđi, *Finnorum tesqua vel etiam* Finnviđ, *hodie* Finveden, *Finnorum silva appellata.* Finnéđi *apud Adamum Bremensem,* Finnesnes *apud Saxonem grammaticum incolae dicuntur. Zeuss p.* 504'. MUELLENHOFF.
Finni 59 13. '*Finni mitissimi qui cognominantur,* Raumariciis *et* Ragnariciis *adiuncti, quin silvas in confinio australis Norvegiae et Sueciae sitas, quae* markir *vel etiam singulari nomine* Eiđaskógr *vocabantur, olim pererraverint, eo minus dubites quod postera quoque aetate eorum aliqua memoria in illis regionibus durabat* (Fornald. sög. 2, 6 sq.)'. MUELLENHOFF.
Flaminia v. Italia.
Flutausis *fl.* 62 12, *cf. adn.*
Forentanea turma 19 6.
Formiae 17 25.
Fortunata insula 55 11.
Forum Flamminii 37 10.
Forum Iulii Aemiliae civitas 99 23. *Erravit Iordanes aut in oppido aut in regione, nam in Aemilia Forum Livii est, Forum Iulii et in Venetiis et in provincia Narbonensi. denique nuptias illas probi auctores* (Olympiodorus *fr.* 24 *vol.* 4 *p.* 62 Muell.; Idacius *p.* 18 Ronc.) *scribunt celebratas esse Narbone.*
Fossatisii 127 4. *Vocabulum ex Latino* fossatum *declinatum Graece, ut* Sacromontisii *ex sacro monte,* Chartaginisii *ex Carthagine, alibi non reperitur.*
Franci 48 13. 49 19. 21. 73 17. 100 4. 104 9. 108 3. 113 19. 20. 130 18. 134 11. 135 19. 20. 22. 23. 136 13. *Rex* Lodoin.
Fregellae 15 15. 18.
Frig- v. Phryg-.

Gabii 13 12. 14.
Gaditanus fretus 55 10. 102 1.
Galatia 29 1. 10. 67 20.
Galatum v. Callatis.
Gallia 38 6. 40 13. 45 5. 56 13. 119 5. Galliae 37 18. 27. 38 17. 40 14. 30. 41 32. 42 1. 48 12. 56 4. 88 3. 96 7. 98 2. 100 2. 4. 7 *bis.* 10. 14. 101 7. 104. 106 12. 113 16. 118 10. 17. 120 2. 121 4. 131 16. 20. 28. 135 19. 136 14. Galli 16 8. 10. 24. 17 12. 19 32. 22 20. 28. 32 21. 38 1. 57 8. 95 9. 100 11. 104 2. 108 6. 134 14. 15. Gallicus 17 2. 108 7. *Cf.* Senones.
Gallicia (*vere* Callaecia) 55 11. 13. 101 14. 116 19. Gallici 27 8.
Gallograecia 29 1.
Galtis oppidum 83 15. *Alibi non nominatur. potest cogitari de oppido Transilvaniae* Galt *ad fl.* Alutam.
*Gangra:* Gargara 67 19.

Garamantes 32 20.
Gargara v. Gangra.
Gaurus mons 17 22. Gaurani saltus 24 32.
Gauthigoth *gens* 59 10. 'Gaut(h)igoth sunt sine dubio Γούται (leg. Γαύτοι, Ptolemaei, Γαυτοί Procopii, Géatas Anglosaxonum, Gautar Northmannorum, Götar mox a se ipsis et Sueonibus dicti, et quidem secundum ordinem quo enumerantur Östgötar: iis enim vetere iurisdictionis nexu (Corp. iur. Sueogot. 2, 399) Smalandiae borealis incolae aliique deinceps (vide sub Otingis) iuncti erant. sed qua nominis forma usus sit Cassiodorius, parum liquet. erat composita quaeque proposuit Zeussius p. 505. 511, ipsis sermonis legibus contraria sunt. litterarum apices suadent, ut fuerit aut Gautthiod, Gautthioda, aut Gautgothi sive Gautigothi, scilicet si Cassiodorius sibi formam finxit qua Gautos et Gothos simul et comprehenderet et distingueret'. MUELLENHOFF.*
Gepedoios insula 83 1. *Cf.* Oium.
Gepidae (Gipid- 47 21; *nom. pl. est* Gepidae 82 19. Gepidas 42 22. 82 10. 16. 83 11. 87 14, ut haec forma barbara fuisse videatur illo casu retenta; apud ipsos vocabulum ea aetate finlisse videri aut in -thôs aut in -thas, -thus quaerenti respondit Muellenhoffius. *gen. pl.* Gepidarum, *acc. plur.* Gepidas, *abl. pl.* Gepidis *passim, acc. sing.* Gepida 125 21) 42 22. 52 4. 8. 62 10. 75 6. 82 9. 10. 16. 18. 19. 83 3. 14. 18. 19. 20. 87 14. 92 17. 109 21. 113 19. 21. 122 12. 125 10. 21. 23. 126 3. 11. 130 1. 135 12. Gepidi 126 8. Gepidia 75 10. — *Reges*: Ardaricus — Fastida — Thrasaricus — Thraustila. — *De gepanta vocabulo* 82 15, *ad quod Gepidarum nomen Iordanes revocat, adnotat* MUELLENHOFFIUS: 'gepanta fortasse navis dicebatur lata et crassa ideoque tardior. sed vocabulum adiectivum esse ex eoque paulatim et corrupte (corruptione?) nomen Gepidarum natum quod traditur, aperte falsum est. potest quidem esse participium praesentis in -anda sive in andô neutrius generis; sed nullum est verbum Germanicum gĕpan vel gâpan, Goticum gipan vel gêpan, quod pigrescere, tardare vel simile quiddam significet; et ut fuerit, nullo modo Gepidarum nomen inde derivari potuit, nisi per ludibrium aut fabula, ut ait auctor, pro gratuito convicio ficta. Gepidae ab Anglosaxonibus Gifdas sive Gefdas dicti beati potius fortunatique sunt'. MUELLENHOFF.
Germani 32 21. 36 21. 37 18. 19. 60 5. 62 1. 70 9. 73 17. Germania 34 15. 56 5. 11. 57 6. 61 12. 89 5. 108 4. Germanicus 35 25. 124 15.
Germanicum mare 58 11. Germanicus oceanus 89 4.
Gessoriacum v. Caesoriacum.
Getae (Gaetae 64 11) 37 8. 43 21. 49 18. 53 7. 64 14. 70 5. 71 6. 7. 12. 81 7. 82 8. 10. 88 17. 89 9. 91 10. 92 12. 137 4. 138 19. Geticus 2 2. 49 13. 50 5. 64 16 (*ex Vergilio*). 65 2 (*ex Lucano*). 138 21. Getica *Dionis* 70 5.
Gilpil *fl.* 87 15. *Alibi non memoratur.*
Gnosius 30 2.
Golthescytha *gens* 88 8. 'Golthescythae nominis prior pars postero tempore plane ignota erat. ab ea enumerari incipiunt gentes Fennicae, quas Ermanaricus rex Gothorum, non ante, ut Iordanes perverse rettulit, sed post ceteras orientalis Europae nationes, Herulos iuxta Maeotidem paludem, Venethos et Aestos, hoc est Slavicos et Lituanicos sive Prusicos populos subiugasse ferebatur. hinc probabiliter adsequimur gentem illam circa Fennicum sinum ab extremis olim Aestis in orientem versus supraque Venethos degisse nominisque parti alteri a priore distinctae non vetus Scytharum nomen subesse, sed illud quo universae Fennorum gentes a Russis antiquitus Čjudĭ dicebantur, ab Adamo Bremensi Scuti'. MUELLENHOFF.
Gothi (*sic semper*) 37 18. 21. 28. 40 14. 19. 20. 27. 41 6. 15. 20. 42 23. 44 23. 25. 29. 48 31. 49 5. 50 14. 52 8. 60 4. 7. 14. 21. 61 5. 8. 64 10. 16. 65 8. 66 7. 9. 67 7. 70 3. 6. 10. 71 13. 72 1. 3. 12. 16. 73 1. 2. 9. 12. 15. 17. 20. 22. 74 18. 75 5. 76 2. 5 *bis.* 10. 13. 81 2. 8. 10. 15. 82 12. 16. 83 6. 12. 18. 20. 84 6. 16. 85 4. 16. 18. 86 2. 19. 87 4. 16. 18. 20. 88 5. 16. 89 7. 16. 91 12. 92 3. 93 12. 94 2. 3. 6. 8. 95 1. 4. 6. 10. 13. 96 10. 12 *bis.* 97 18. 98 4. 10. 11. 100 1. 6. 9. 11. 101 4. 9. 13. 103 6. 104 5. 10. 106 15. 107 17. 112 8. 15. 113 1. 5. 11. 22. 119 8. 120 13. 121 10. 122 1. 7 *bis.* 125 20. 126 11. 127 16. 128 15 *bis.* 18 *bis.* 27. 129 1. 2. 4. 5. 10. 14. 15. 16. 20. 24. 130 3. 7. 15. 16 21. 131 8. 10. 132 8. 9. 11. 133 18. 134 2. 10. 13. 15. 136 7. 18. 137 3. 5. 13. 138 3. 6. Gothicus 36 23. 117 13 128 6. Gothica lingua 70 8. 92 10. 18, *cf.* 74 6. 76 13. 82 15. Gothia (Gotia 75 9) 73 15. 75 9.
Gothi minores 127 5. *Cf. Zeuss* p. 430.
Gothiscandia: Gothiscandza 60 9. 82 13 'Gothiscandza vox a fabulatore quodam docto, ut videtur, fortasse ab ipso Cassiodorio ficta hybrida est et monstrosa. quis enim credat Gothos Scandiae vel Scandzae vocabuli forma non ipsa Germanica, sed quam Cassiodorius a Ptolemaeo mutuatus est, usos esse, ut nomen componerent, cuius priorem quoque partem sermonis regulis minus respondere vel Gutthiuda docet?' MUELLENHOFF.
Graeci: Greci (*sic constanter*) 1 19. 21. 4 18. 5 30. 8 3. 27. 33. 12 17. 36 1. 56 19. 62 6. 64 11. 12 66 4. 70 9. 88 19. *cit* Greci auctores 56 10; historiae Grecae 54 8. Grecia 18 28. 26 23. 37 18. 70 16. 18. 73 13. Greciae 41 6. Greculus 26 29. semigrecus 19 2.
Grannii *gens* 60 2. 'Ad sinum maritimum, qui meridionalem Norvegiam intersecat, a parte dextra sive occidentali, ubi nunc est praefectura Bratsbergensis, fere primi erant Grenir, Latine rectius Granii quam Grannii appellati: eratque Grenafylki cum regionibus Grenland et Grenmar, illa interiore, hac maritima, ita ut Raumaricii (q. v.) ad eorum usque fines pertingentes utramque oram sinus Christianiensis tenuisse videantur'. MUELLENHOFF.
Greotingis (*si ita iungendum*) *gens* 59 11. *Cf.* Otingis.
Grisia *fl.* 87 15. *Cf. Constantinus Porphyrogen. de adm. imp.* 40: οἱ δὲ ποταμοὶ (*Hungariae*) εἰσιν οὗτοι· ποταμὸς πρῶτος ὁ Τιμήσης (*Temes*), ποταμὸς δεύτερος Τούτης, ποταμὸς τρίτος ὁ Μορήσης (*Maros*). τέταρτος ὁ Κρίσος (*Körös*), καὶ πάλιν ἕτερος ποταμὸς ἡ Τίτζα. *Zeuss p.* 447.

*Hadria*: Adria (*aut sic aut* Atria) *mare* 18 31. 99 3. Atria 28 25. Adrianum mare 17 15. 22 33. Adriaticum mare 50 27. Adriaticus aestus 137 9. Atriaticus sinus 114 6.
*Hadrianopolis*: Adrianopolis 28 16. 46 13. 94 7.
*Haemimontium*: Emimontium 127 7. Emimontii 28 8. 15.
*Haemus*: Hemus 84 2. 5. Emus. 86 6. 8.
Halani v. Alani.
Hallin *gens* 59 8. *Cf.* Bergio.
*Halys*: Alis 67 18.
Hebraei 5 18. 20. 26. 29. 6 7. 14. 17. 7 20. 8 29. 9 20. Hebrei 3 27. 4 6. 5 5. 7. 14. 6 10. 8 19. 33. 35 12. 36 1. Ebrei 5 21.
*Hebrus*: Ebrus 28 12.
Hellas 97 3.
*Hellespontus*: Hellispontus 41 14. Ellispontus 28 24. Hellispontiacus 86 3. Ellispontiacus 85 19.
Heraclea *Italiae* 37 33.
*Heraclea*: Eraclea *Thessaliae* 132 1.
*Heraclea*: Eraclea *Thraciae* 19 5.
Herculaneum 17 23.
Herculis columnae 25 15.
Herculis templum *in promunturio insulave* Galliciae *et* Lusitaniae 55 11. *Intellegitur insula sita e regione oppidi Onobae, hodie Huelva, vere adscripta provinciae Baeticae; cf. Strabo* 3, 5, 5 *p.* 170: εἰς νῆσον

## II. INDEX LOCORVM.

Ἡρακλέους ἱερὸν κειμένην κατὰ πόλιν Ὄνοβαν τῆς Ἰβηρίας.
Hercynius saltus: Hercylius saltus 15 18. Herquinius saltus 18 16.
Hermundulus: Hermundolus 87 16.
Herta turris 135 15. Alibi non nominatur.
Heruli 47 21. 59 15. 88 11. 18. 120 8. 125 22. Heroli 44 19. — Rex: Halaricus.
Hiberi ad Caucasum 34 35. Hiberia 31 1. 62 2.
Hiberes Hispaniae 32 21. Hiberia 34 15. 117 4.
Hiericho 36 8.
Hierusolyma (plur. neutr. 9 20. 34 18. 23, sing. fem. 7 28. 31 2. 35 6. 8) 7 28. 35 6. Hiernsolima 35 8. Hierosolyma 34 23. Hierosolima 9 20. 31 2. 34 18. Hierosolimitanus 33 33.
Hippopodes: Hippodes insula 55 4, cf. adn.
Hiscus v. Oescus.
Hispania: Spania (sic semper) 23 6. 22. 24 42. 25 14. 18. 37. 26 16. 27 3. 35 5. 45 5. 94 13. 101 14. 116 17. 19. 135 1. 21. Spaniae 37 19. 42 7. 20. 56 4. 98 2. 100 8. 13. 14. 101 3. 102 1. 103 8. 116 23. 121 4. 131 20. 135 23. Spani 32 21. 38 1. 40 24. 57 8. 100 11.
Hister v. Danuvius.
Histria v. Italia.
Hunni 40 14. 27. 41 20. 42 13. 22. 46 20. 61 19. 63 10. 70 10. 89 6. 16. 91 13. 19. 92 1. 3. 6. 101 12. 103 13. 104 4. 10. 13. 105 6. 10. 107 9. 20. 108 20. 24. 109 8. 14. 110 9. 111 2. 4. 7. 24. 112 10. 113 3. 9. 11. 16. 21. 114 20. 116 2. 10. 121 15. 18. 122 1. 4. 8. 18. 123 8. 13. 15. 124 12. 13. 125 22. 24 bis. 126 2. 4. 8. 12 bis. 17. 127 3. 20. 128 21. 26. 27. 129 1.
Hunuguri gens Hunnorum 63 14. Cf. Zeuss p. 712.
Hymmae v. Immae.
Hypanis: Hypannis 66 4.
Hyra v. Ira.

Iamnesia insula 55 4, cf. adn.
Ianiculum 14 33.
Iatrus fl. 83 26.
Iazyges 75 11. 12.
Ilium 86 4.
Illyricum (Inlyricum 27 11. 44 26; Illiricum 37 21) 18 32. 27 11. 37 21. 42 18. 24. 44 26. 45 2. 3. 4. 46 12. 47 20. 76 8. 126 18. 128 8. 131 25. 27. 132 20. Illyria 27 16. Illyri 31 33. Illyres 22 32. Illyricus 28 2. 135 8. Illyricianus 135 11. *Missis locis descriptis ex Floro Rufove 18 32. 22 32. 27 11. 16. 28 2 (ubi secundum Rufum significatur utrumque Illyricum tam Occidentis quam Orientis) 31 33, ubi ipse auctor loquitur, intellegit fere Illyricum dioecesim imperii Orientis, ut est apud Hieroclem, et ita quidem, ut potissimum cogitet de provinciis ad septentrionem Moesia superiore Dardania Daciis duabus, ulterioris, ut Macedoniam et Thessaliam, modo ei adscribat, modo opponat. iungitur scilicet cum Thraciis 45 2; cum Macedonia 37 21 (ex Orosio); omne Illyricum cum Thracia, Dacia utraque, Moesia, Scythia 42 24. tribuuntur ei Naissus Daciae mediterraneae prima urbs Illyrici venienti a Sirmio 131 25; regio ad Margum 46 12. 135 8. 11; Castra Martis Daciae ripensis 126 18; civitates Thessaliae 131 27. tota Illyricus 42 18 significat Illyricum utrumque tam Orientis quam Occidentis, perverse omnino, cum hoc solum ei loco conveniat.*
Imaus: Lammus 69 4.
Immae: Hymmae 37 31.
Imniscaris gens 88 9. *'A tergo eorum, qui Merens, Mordens nominantur, trans Wolgam usque ad Permios (v. Vasinabroncas) agitabant qui Ceremisi a Russis etiam nunc vocantur. quo Imniscaris vocabuli elementa perversa quidem et perplexa, integra tamen fere omnia litteris syllabisque iisdem continentur, ita ut palatalis č (tsch) aut simplice c, ut in Κερχέται, aut per s*

*vel ac significata sit. Cf. Zeuss p. 688'*. MUELLENHOFF.
Inaunxis gens 88 9. Cf. Thiudos.
India 34 37.
Indicum mare 68 8. Indicus oceanus 55 4.
Ingauni 22 18.
Insani montes 25 6.
Insubres 22 20.
Ionia 67 20.
Ionium mare 26 23. 97 1.
Ira fl.: Hyra 118 1. Cf. C. I. L. V p. 828.
Israhel 6 22. 24. 31. Israhelitae 6 17. 18. 26. 33. 7 8. 17.
Isauri 29 29. 41 16. 43 6. 44 6. 45 15. 32. 46 4. 10. 51 10. Isauria 35 1. 44 9. 45 32. Isauricus 29 32.
Ister v. Danuvius.
Istrus 28 18.
Italia 5 30. 6 5. 7 2. 14 31. 16 5. 17 5. 17. 18 12. 27. 29. 20 12. 21 32. 23 9. 20. 24. 24 39. 40. 25 23. 36. 40. 26 1. 2. 14. 16. 27 11. 41 7. 42 13. 44 19. 45 2. 4. 6. 8. 11. 12. 46 15. 48 11. 29. 50 8. 13. 23. 29. 51 16. 96 19. 97 7. 13. 98 5. 10. 99 2. 5. 20. 106 14. 114 22. 115 9. 118 6. 15. 120 9. 14. 131 12. 14. 16. 133 23. 134 4. 8. 18. Itali 5 32. 45 5. 49 21. 97 21. Italici 12 18. 20 8. 25 24. *provinciae:*
Aemilia 99 24. Emilia 50 20. 98 15.
Alpes Cottiae 98 9.
Apulia 18 30. 19 11. 23 38. 24 40. Apuli 18 26. 19 33.
Bruttii 19 33. Brittii 99 1. Bryttii 99 2.
Calabria 18 30. 32 36.
Campania 17 17. 19 5. 24 16. 40. 44 20. 49 2. 50 24. 51 7. 98 19. 120 10. 137 8. 19. Campani 17 19. 18 26. 24 19. 34.
Corsica 20 38.
Etruria v. Tuscia.
Flaminia: Flamminia 98 15.
Histria 18 32. 70 15. 97 4.
Liguria 50 14. 98 14. 114 20. Ligures 22 14. Liguricus 22 14. Metropolis Mediolanum 114 20.
Lucania 18 30. 19 16. 24 35. 98 19. Lucani 18 26. 19 33.
Picenum 98 15. Picentes 20 3. 5.
Raetia 37 13.
Samnium 17 31 bis. 24 32. Samnites 17 18. 25. 18 9. 13. 19 32.
Sardinia 20 38. 23 9. 24 42. 25 5. 26 24.
Sicilia 18 32. 20 37. 21 26. 23 9. 24 42. 25 1. 26 24. 48 19. 25. 26. 51 1. 6. 9. 11. 28. 99 1. 6. 134 7. 8. Trinacria 137 8.
{ Tuscia 12 24. 16 6. 98 15. 136 19; Tusci 10 27. Etruria 17 11. 18 14; Etrusci 14 29. 32. 18 12. 25. 20 8.
Tuscia utraque 138 2.
Tuscia annonaria 50 21.
Venetiae 97 4. 114 6. 133 19. Veneti 22 32. Venetes 114 22. 115 6.
Italica Hispaniae 35 8. 40 24.
Itimari gens Hunnorum 90 12, cf. adn. et Zeuss p. 708.
Iuda tribus regnumve 6 11. 22. 23. 31. 33. 7 20.
Iudaei 5 24. 6 17. 7 16. 25. 28. 8 5. 23. 31. 32. 9 3. 9. 11. 14. 15. 17. 20. 22. 34 22. 35 8. 36 1. Iudei 5 25. 28. 6 18. 25. 7 8. 23. 9 7. 33. 34. 34 20.
Iudaea 8 6. 9 5. 33 29. 34 17. Iudea 31 2. 32 27.

Lacedaemon: Lacedemon 21 17. Lacedemonii 18 29. 19 3.
Lammus v. Imaus.
Langobardi 52 3.
Larissa 132 1.
Latium 7 1. 10 15. 13 12. 14 29. Latini 5 33. 10 27. 15 13. 23. 17 13. cit. Latinae historiae 54 5; Latini auctores 56 10.
Lavinium 10 15.

## II. INDEX LOCORVM.

Laurentum 7 1.  Laurentes 6 1.
Lazi 67 17.
Lemnus *Cappadociae* 44 15. *cf. adn.*
Liburnia 97 4.  Liburnes 22 32.
*Libya:* Lybia 30 4. 48 7.
Ligeris *fl.* 115 21.
Liguria *v.* Italia.
*Lilybaeum:* Lilybeum 20 31.
Lingones (*acc.* Lingonas) 38 31.
Liothida *gens* 59 8.  *Cf.* Bergio.
Liparae 20 25.
Liris 19 5.
Liticiani 108 3.  *Cf. Zeuss p.* 580.
Lorium 35 16.
Lucania *v.* Italia.
Lucrinus 17 21.
Lucullanum castellum 44 20. 120 10.
*Lusitania:* Lysitania 55 11. 116 19. 22.  Lysitani 27 8.
Lycia 28 28.
Lydia 28 24.
Lysitania *v.* Lusitania.

Macedonia 19 4. 26 32. 27 13. 28 5. 37 21. 70 14. 73 10. 13.  Macedones 1 19. 8 25. 19 33. 26 25 *bis.* 27 16. 70 9. 72 16. 73 4 *bis.*  Macedonicus 28 6.
Macra *fl.* 22 14.
Madianea 31 21.
*Maeatae:* Meatae 57 11, *cf. adn.*
*Maeotis:* Meotis (*nusquam* Maeot.) *aut decl.* 3 (Meotis 65 12; Meotidis 61 15. 65 10; Meotidem 63 17. 64 5; *aut decl.* 1 (*gen.* Meotidae 89 20; *acc.* Meotidam 90 3. 8 *sive* Meotida 61 15. 62 8. 88 12. 89 17; *gen. pl.* Meotidarum 111 5).  Palus *add.* 63 17. 65 10. 88 12. 89 17. 90 3; *praeterea absolute.*
Magaba 29 5.
Magnesia 29 26.
Mantuanus 55 17.
Marcianopolis 42 25. 81 20. 82 6.  metropolis Moesiae 81 18.
Marcomanni 27 23. 80 17.  Marcomanus 87 16.
Margum (*auctor* Margo) planum 135 10.  *Nota sunt duo oppida Moesiae superioris* Horrea Margi *et* Margus; *hoc videtur intellegi, sed planum alibi non appellatur.*
Margus *fl.* 38 12. 46 12. 135 10.
Marisia *fl.* 87 15. 18. *Cf. Strabo* 7, 3, 13 *p.* 305 *et s. v.* Grisia.
Marmarides 32 20.
Marpesius 67 15 (*ex Vergilio*). 68 5.
Massicus mons 17 22.
Massilia 120 19.
Mauri pacifici 52 1.
Mauretania 26 37. 27 1 *bis* (*errore* Mauratania).  Mauri 26 38. 51 17. 29. 103 2.
Mauretania Caesariensis 27 1.
Mauretania Sitifensis 27 1.
Mauriaci campi 108 6.  *Redeunt (cf. praef. p.* XXXVI) *apud Gregorium Turonensem hist. Franc.* 2, 7: (Attila) Mauriacum campum adiens se praecingit ad bellum.
Mazaca 29 13. 33 27.
Meatae *v.* Maeatae.
Medi 1 16. 17. 18. 4 18. 23. 24. 6 28. 29 *bis.* 30. 7 8. 18. 29. 31. 8 1. 12. 66 14.  Media 5 12.
Mediana *v.* Methone.
Mediolanum 37 19. 40 30. 36. 114 20.
Meot- *v.* Maeot-.
Merens *gens* 88 9.  '*Gens Fennica olim degens inter Wolgam superiorem civitatemque fere Mosquensem, a Russis* Merja *dicta; videntur autem* Merens, Mordens *sequiores Gotici plurales in* -jans *fuisse*'. MUELLENHOFF.
Mesopotamia 30 10. 17. 27. 35 10. 37 29. 39 18. 68 13.
Metaurus 25 39.
*Methone:* Mediana 132 9.
Mevania insula 55 16.

Misenus portus 17 21.
Miliare *fl.* 87 15.  *Alibi non nominatur.*
Mincius *fl.* 115 6.
Mixi *gens* 59 11.  *Cf.* Otingis.
Moesia 27 25. 37 10. 70 13. 71 14. 72 6. 17. 73 13. 75 8. 81 6. 18. 83 24. 84 15. 85 7. 92 8. 12. 20. 127 7. 134 17.  Mysia 27 28. 42 24. 25. 63 17. 64 7. 72 9. 78 9. 84 5. 85 5.  Moesi 32 8.  Mysi 27 18.  Moeses 104 7.  Moesiacus 71 16.  Moesia inferior 126 21.  Moesia superior 28 4. 126 14.  *Significatur plerumque Moesia antiqua, scilicet superior inferiorque aetatis melioris coniunctae; fines qui indicantur* 70 13 (*sept.* Danuvius — *occ.* Histria — *or.* ostia Danuvii — *mer.* Macedonia) *et* 75 8 (in conspectu Moesiae Dacia antiqua) *quamquam occidentem versus nimii* (*vere enim inter Moesias et Histriam interiacent Pannonia et Dalmatia*), *in summa re veri sunt. eodem pertinet, quod iungitur* Moesia cum Thracia et Dacia (ripensi mediterraneaque, ut videtur) 63 17. 64 7, *cum* Thracia et Dacia ripensi 92 20, *cum* Thracia 72 6. 9. 78 9. 81 6. 92 8 (*pars Moesiae sive Thraciae*) *et quod Moesiae pars dicitur* Scythia minor 71 14.  *ad eandem Moesiam recte rediguntur loci plerique significationis minus certae* 27 18. 25. 28. 32 8. 37 20. 71 16. 73 13. 83 24. 85 5. 7. 92 12. 134 17.  *sed tamen, ubi de Moesia in universum auctor loquitur, potissimum cogitat de Moesia inferiore saeculi quarti et deinceps, quam diserte enuntiat* 126 21, *quippe quae eius nominis sola provincia esset in imperio Orientis.  ita* 42 24 *Mysiam opponit utrique Daciae et Scythiae, oppidaque quae ad Moesiam refert, ea ipsa sunt quae huic provinciae attribuuntur ab Hierocle* Abrittus 84 15; Marcianopolis metropolis 42 25. 81 6; Dorostorus 104 7; Nicopolis 127 7; Novae 84 8; Odessus 72 17.
Mogontiacum 36 20. 80 7.
Molossi 19 33.
Mordens *gens* 88 9.  '*Fennorum omnium maxime meridionales, intra Okam Wolgamque fluvios usque ad superiorem Choperem degentes,* Mordwa *a Russis dicti similiterque ab aliis* (Zeuss *p.* 690).  Mordens *respondet gentili Gotico in* ja (*vid.* Merens). *regionis nomen* Μορδία *est apud Constantinum Porphyrogennetam*'.  MUELLENHOFF.
Mucelli 50 21.  *Cf. praeter Marcellinum in adn. cit. Procopius b. Goth.* 3, 5: ἀνεχώρησαν εἰς χωρίον Μουχέλλην ὄνομα Φλωρεντίας διέχον ἡμέρας ὁδόν.
Mursianus lacus 63 1.  Morsianus stagnus 61 13.  *Palus intellegitur infra Mursam proxime a Cibalis; apud antiquos dicta* Hiulca (*Victor Caes.* 41, 5; *cf. Dio* 55, 32: πρὸς τοῖς Οὐολκαίοις ἕλεσι *et C. I. L. III p.* 422).
Myrmicion 62 1, *cf. adn.*
Mys- *v.* Moes-.

Naissus 131 25.  Naisitanus 132 3.  *Scytharum obsidionem Naissi enarrat Priscus fragmento nuper reperto* (*Wescher poliorcet. p.* 305).
*Narbo:* Narbona 38 6.
Natissa *fl.* 114 6.  Natiso Ammiano 21, 12, 8 *aliisque.*
Navego *gens* 88 9.  *Cf.* Rogas.
Neapolis *Italiae* 48 30. 137 19.
Nedao *fl.* 125 15.  *Alibi non nominatur.*
Neocaesaria 49 26.  *Videtur intellegi oppidum Euphratensis provinciae, cuius praeterea unus meminit Procopius de aedif.* 2, 9.
Nicomedia 39 21.
Nicopolis = *Emmaus* 36 13.
Nicopolis Actiaca 36 19.
Nicopolis iuxta Iatrum = Victoriae civitas 83 26. 84 1.  Nicopolitana regio 127 7.
Nilus 66 11. 75 18.
Ninive 4 21.
*Niphates:* Nifates 69 5.
*Nisibis:* Nitzebis 30 10.  Nitzibis 30 17. 39 17.

## II. INDEX LOCORVM.

Nola 24 35.
Noricum 27 25. 126 15. Norici duo 28 3. Norici 31 28.
Novades *v.* Nubades.
Novae *eadem* Euscia 83 25. 84 7, *cf. adn.*
*Noriodunum:* Novietunum 63 1. *Videtur intellegi Noviodunum Moesiae inferioris prope Isaktscham, ad quod certo pertinet fragmentum Prisci nuper repertum (Wescher poliorcet. p. 304) sic incipiens:* Οὐάλιψ ὁ παλαὶ τοὺς Ῥούβους τοῖς Ῥωμαίοις ἐπαναστήσας τοῖς ἑψοις καταλαβὼν Νοβίδουνον (ὀβίδουνον *cod.*) πόλιν πρὸς τῇ ὄχθῃ κείμενον τοῦ ποταμοῦ. *verum est ad id parum convenire lacum Mursianum ei postpositum: at vix licebit cogitate de Nevioduno oppido ignobili Pannoniae superioris (C. I. L. III p. 498).*
*Nubades:* Novades 43 4.
Numantia 15 20. Numantini 27 5.
Numidia 26 35. Numidicus 26 11, *v. p.* ζζζ.

Ocriculum 13 12.
*Odessitanus:* Odyssitanus 72 17.
*Oescus:* Hiscus 127 3. Vscus 84 9.
Oium 60 15. 61 1. 'Scripsisset Vulfila aujôm. est dativus pluralis eiusdem vocis, cuius nominativum pluralem habemus in Gepidoios quaque etiam nunc terram et aquis circumfusam et irriguam au vel auo appellamus. dativo illi mente subicias praepositionem qua locus indicetur. obversabantur autem Gothorum memoriae fertiles illae ab utraque parte Danapri regiones infra vel supra paludes Volhyniae. Cf. Spali'. MUELLENHOFF.
Olbia 20 38. 62 5.
Olibriones 108 4. *Cf. Zeuss p.* 579.
Olympus 29 4.
Orcades 34 4. 55 16.
Orontes 50 1.
Osroene 36 9. Hosroine 30 9. Osroeni 34 35.
Ostia 12 13.
Ostrogothae 59 12. 64 22. 78 7. 83 9. 91 20. 92 3. 17. 103 13. 109 18. 23. 111 22. 121 2. 11. 12. 14. 122 14. 17. 127 12. 'Eorum populorum qui procedenti per orientalem australemque Scandiam ad Vetterem usque lacum exteriores sunt, iisque igitur adversus caurum et mare exterius obtendebantur, primi erant Uestrogothae (Vestgötar), *non Ostrogothae; unde coniicias* 59 12 *nomen illud Iordanis aetate minus usitatum vixque notum in hoc ab eo mutatum esse'.* MUELLENHOFF.
Otingis gens 59 11. 'Scribendum omnino mihi videtur, posito post prumtissimum commate, dehinc mixti Evagreotingis. quamquam Eva quid sit non intellegimus, Greotingi tamen proxinnis verbis hi omnes excisis rupibus quasi castellis inhabitant apte illustrantur. griot enim lingua Norroena dicuntur saxa et lapides; Greotingi igitur, a quibus ad litteras et singulas voces Greutungi Gotici haud differunt, sunt saxicolae. intellegendi autem sunt qui montana infra Vetterem lacum incolebant'. MUELLENHOFF.
*Orybii:* Oxuvii 22 17.

Padus 16 5. 23 25. 50 14. 96 21. 97 6. 7. 133 23. Eridanus 97 7.
Palaestini 30 12.
Palatinus mons 10 20.
Palmyrenus 37 29.
Pamphylia 28 28.
Pannonia 35 23. 45 2. 87 22. 95 8. 101 13. 116 1. 125 15. 126 14. 127 12. 128 24. 133 19. Pannoniae 37 19. 96 18. 130 3. 24. Pannonii 32 4. 129 3. Pannones 27 19. 39 20. Pannonia utraque 27 20. 100 6. Pannoniae duae 28 4. Pannonia interior 128 21. *Fines significantur* 126 14 (*sept.* Danuvius — *occ.* Noricum — *mer.* Dalmatia *cf.* 129 3 — *or.* Moesia sup.) *satis recte, scilicet Pannoniarum duarum aetatis melioris. oppida Pannoniae non attribuuntur nisi ipsa ea quae a Hierocle quoque in Pannonia imperii Orientis provincia ponuntur* Sirmium 96 18 *et* Bassiana 128 24: *contra in Pannonia tum non constituta sub imperio fluvii nominantur* Nedao 125 15 *et* Bolia 130 3.
Panormus 20 31. 21 26.
*Paphlagonia:* Paflagonia 29 17.
Papirium castellum 45 33.
*Paractonium:* Paretonium 33 5.
*Paropamisus:* Propanissimus 69 4.
Parthenopolis 28 18.
Parthi 1 18. 19. 30 18. 31 13. 20. 22. 24. 26. 35 11. 19. 32. 36 19. 30. 37 17. 39 8. 10. 18. 43 3. 46 13. 47 17. 18. 20. 48 1. 49 25. 28. 50 4. 10. 66 17. 67 1. 3. 71 10. 12. 80 7. 86 8. Parthicus 31 6. 34 10. 35 34.
*Patmus:* Pathmus 34 29.
*Pella:* Pellae 132 9.
*Pelso lacus:* Pelsois lacus 127 15. Pelsodis lacus 129 8. *Cf. C. I. L. III p.* 523.
Pelusium 33 6.
Pentapolis 30 4. Pentapolitanus 126 19.
Pergameni 26 26.
Persae 1 18. 4 18. 7 30 *bis.* 33. 8 2. 4. 5. 12. 31 2. 15. 35 11. 36 9. 18. 37 15. 29. 38 18. 39. 40 29. 71 5. 72 1. 86 16. Persi 49 29. *Persis:* Persida (*acc.* Persidam 30 18. 38 7, *abl.* Persida 62 2) 30 18. 38 7. 62 2.
Perusia 138 1. Perusinus 49 13.
Petina *v.* Pydna.
Peuce (*gen.* Peucis) insula 81 16. Peucini 81 15.
Phasis *fl.* 66 8.
Philippopolis 28 16. 37 5. 84 3. 10.
*Phoenice:* *genet.* Foenicis 30 27.
*Phrygia:* Frygia 46 7. Fryges 10 27. 71 2. Friges 5 32. Frigiae utraeque 28 24. Frygia salutaria 39 27.
Piccis mons 114 7. *Alibi non nominatur.*
Picenum *v.* Italia.
Pineta 134 1. *Pineti ad Ravennam item mentio fit in chronicis Ravennatibus ad a. 476 et 491 et apud Anonymum Valesianum c. 37. 53. 54.*
Pisidia 28 28. 67 20.
Placentia 119 18.
Poeni (*sic libri* 23 11. 25 27; pyn- 21 1; paen- *vel* pen- *locis reliquis*) 20 31. 21 1. 6. 26. 23 11. 15. 24 12. 25 9. 27. 48 17. Punicus 20 30. 21 3. 7. 19. 22 2. 13. 23 1. 22. 29. 33. 25 9. 10 *bis.*
*Pollentia:* Polentia 98 9.
Pompei 17 24.
Pomptinus ager 17 8.
Pontus regnum 29 16. 37 34. 62 2. Ponticum regnum 30 16. Ponticus 35 12. 36 3. 62 4.
Pontus mare 61 3. 66 2. 68 17. 71 16. 75 14. 78 5. 80 14. 81 16. Ponticus 28 16. 62 4. Ponticum mare 63 3. 9. 14. 17. 64 21. 126 1.
Portus Romanus 119 13
Potamus *fl.* 83 2.
Praeneste 15 16.
Praevales 28 5.
Propanissimus *v.* Paropamisus.
Pulpudeva 28 16. 37 5. *Cf. praef. p.* XII.
Punicus *v.* Poenus.
Puteoli 17 23.
*Pydna:* Petina 132 9.
pylae *v.* Caspiae.
*Pyrenaeus:* Pyreneus 101 4. Pyrineus 25 15.

Quadi 27 23. 35 22. 37 19. 80 17.
Quinquegentiani 38 18. 30. 86 18.
Quirinalis mons 16 32.

Raetia *v.* Italia.
Ragnaricii *v.* Aeragnaricii.
Ranii *gens* 60 2. 'Arochi cum vere sint Arothi, facile tibi persuadebis hos apices Ranii vel Rannii reliquias esse nominis a th incipientis. iam Northmannorum

21*

Thrœndir *sive* Thrændir, *Anglosaxonum* Thróvendas, *praeterquam quod Theotisci eodem vocabulo* Thröant, Thruoant, Thrûant *utebantur, certe ab ipsis North- mannis Latine loquentibus saeculo sexto* Thrauandii *appellandi erant. qui vero cum late patentem Nor- vegiae tractum ab Harothis usque ad gentem* Adogit *sive* Halogios *tenerent, iam omnis Scandiae eiusque populorum situm plenissime et accuratissime habes descriptum, cuius relationis primarius auctor quin fuerit rex illorum Rodvulf* (q. v.) *non est quod dubi- tes*'. MUELLENHOFF.
Ravenna 37 18. 42 11. 43 28. 45 13. 11. 49 7. 10. 14. 17. 50 26. 97 13. 119 12. 120 3. 7. 16. 133 24. 134 6. 137 16. 20. 138 1. 7. 9. Ravennas 96 20. 136 21.
Raumarici *gens* 59 12. 'Vetustum nomen Raumarikis servat Romerige regio Norvegiae meridionalis infra lacum Miösen ab utraque parte fluvii nunc Glommen, olim Raumelfr dicti. sed nomen initio saeculi quinti in occidentem versus latius videtur patuisse* (vid. Grannii). *incolae Raumar, apud Anglosaxones Réamas vocabantur. Zeuss p. 503'. MUELLENHOFF.
Regilli lacus 15 13.
Regium *Siciliae* 137 10.
Rhenus: Renus 39 32. 56 12.
Rhipaei montes: Riphei montes 62 8. 65 11. 68 18. Rifeus 69 6.
Rhodope · Rodope 28 12.
Rhodus: Rodus 28 25. Rodii 26 26.
Rhoemetalces: Romaetalcas 32 12.
Ripari 108 3. *Cf. Zeuss p. 343*.
Rogas *gens* 88 9. 'Rogas Tadzans Athaul Navego Bubegenas Coldas *nominibus, quae aliis scriptoribus prorsus ignota videntur esse, gentes ante memoratis in orientem versus remotiores, extra Wolgam perque montes Uralienses ac latius etiam diffusae haud dubie significatae sunt'*. MUELLENHOFF.
Roma 7 11. 10 2. 8. 11 17. 12 10. 16 8. 17 24. 24 11. 16. 25 25. 29 15. 28. 32 28. 30. 33 35. 34 5. 12. 15. 18. 31. 36 28. 37 13. 32. 42 2. 17. 43 12. 13. 20. 21. 44 24. 50 23. 24. 51 7. 10. 81 2. 87 3. 95 8. 98 16. 17. 99 19. 114 23. 115 2. 5. 118 7. 12. 13. 119 7. 120 3. 14. 137 20. 138 2. Roma- ni 1 2. 8. 21. 22. 3 1. 4 18. 7 10. 9 12. 22. 24. 27. 10 2. 5. 29. 12 7. 22. 32. 13 22. 26. 34. 14 11. 28. 15 3. 15. 16 6. 11. 17 5. 12. 15. 25. 18 9. 13. 35. 36. 19 25. 28. 29. 20 1. 12. 21 15. 18. 24. 27. 22 3. 6. 27. 29. 35. 23 10. 23. 24 5. 20. 37. 39. 25 23. 24. 26. 26 8. 10. 15. 23. 31. 36. 27 1. 2. 3. 4. 6. 10. 12. 14. 16. 17. 18. 22. 24. 28 8. 10. 13. 14. 17. 20. 21. 22 *bis*. 23. 26. 29 11. 12. 15. 16. 18 *bis*. 19. 22. 23. 27. 31. 30 3. 4. 6. 8. 9. 11. 24. 31 15. 19. 25. 26. 27. 30. 32 9. 12. 23. 30. 34 10. 36. 35 11. 34. 36 31. 37 3. 38 25. 40 17. 41 5. 42 20. 43 6. 12. 25. 44 21. 26. 45 11. 12. 14. 47 20. 48 1. 32. 49 10. 11. 15. 50 5. 20. 51 14. 52 3. 4. 10. 56 7. 59 5. 67 17. 70 9 *bis*. 73 15. 18. 74 *bis*. 76 3. 5. 10. 79 8. 80 12. 81 4. 13. 84 6. 19. 86 20. 93 12. 19. 94 2. 95 14. 96 4. 97 1. 18. 100 5. 101 6. 9. 13. 102 23. 24. 104 4. 9. 10. 105 12. 106 15. 20. 107 15. 25. 108 4. 109 9. 11. 110 21. 112 15. 113 11. 21. 114 4. 8. 19. 115 19. 118 8. 17. 119 2. 15. 120 11. 14. 19. 123 16. 124 16. 126 6. 9. 13. 128 7. 15. 18. 130 6. 132 7. 133 2. 17. 134 5. 10. 136 3. 10. 137 7. 12. 19. 138 5. 7. 8. Romania 32 16. 35 33. 40 15. 92 7. 127 4.
Rosomoni *gens* 91 13. 'Rosomoni *nomen epicum est et haud dubie mythicum neque historicum, sed cum proxi- mis* (q. v.) *primum fortasse a Graeco quodam homine litteris minus accurate conceptum ita ut, quid signifi- cet, frustra quaeras. de Rhoxolanis in mythis fabulis- que Gothorum cogitare absurdum est'*. MUELLENHOFF.
Roxolani: Aroxolani 75 10. 12.
rubrum mare 68 13.
Rugi 60 2. 125 21. 126 25. 130 2. Rogi 44 18. 133 8.

'Rugi, Rygir *apud suos postera aetate vocati, regio- nem* Rogaland *tenebant, primi ab Augandzis, id est Aydiis, in occidentali latere Norvegiae'*. MUELLENHOFF.

Sabini 11 2. 17 13. 19 32. *Cf.* Cures.
Sabiri: Saviri *gens Hunnorum* 63 11, *cf. adn. et Zeuss* p. 711.
Sacromontisi 127 4. *Alibi non nominantur. Cf.* Fossatisii.
Sacrum promuntorium 116 21, *cf.* 55 13 *et* Scipionis monumentum.
Sadagarii 126 20. *Cf. Zeuss p.* 709.
Sadagis 128 20. 25. *Cf. Zeuss l. c.*
Saguntus 23 6. Saguntini 23 19. 23. 27 3.
Sallentini: Salentini 20 5.
Salluvii 22 17.
Salona 43 30. Salonitanus 120 5.
Samaria 7 19. Samaritis 35 35.
Samnium *v*. Italia.
Saraceni 31 1. Saracini 30 9.
Sardicensis 51 14.
Sardinia *v*. Italia.
Sarmatae 32 17. 37 19. 70 9. 75 11. 84 1. 108 3. 129 25. 131 3. 6. 22. Sarmates 104 18. Sarmaticus 38 8. 58 5. Sauromatae iidem Sarmatae 126 17. Sauromatae 34 35. — *Reges* Babai — Beuca.
Satricum 15 14.
Savia *provincia*: Suavia 28 4. *Cf.* Suavi.
Saviri *v*. Sabiri.
Sauromatae *v*. Sarmatae.
Savus *fl*. 32 4. Saus 26 31. 27 21. 131 22.
Saxones 39 31. 108 3.
Scandia 60 1. Scandza 55 19. 58 2. 6. 14. 59 13. 60 6. 82 12. 89 9. Scandzia 57 17.
Scarniunga *fl*. 127 14. *Alibi non nominatur*.
Scipionis monumentum 55 13. 116 21. *Intellegitur monumentum Caepionis in ipso mari scopulo magis quam insulae impositum* (Mela *3, 1, 5*; Strabo *3, 1, 9 p. 140*) *situm prope ostia Baetis. cum Callaecia Lusitaniaque male coniungitur confunditurque cum promuntorio sacro* (Cap St. Vincent).
Sciri 44 19. 29. 120 8. 129 13. 22. 26. Scyri 126 20.
Sclaveni 62 15. 63 1. 89 1. Sclavini 52 11.
Scordisci 28 8.
Screrefennae 59 1 (*cf. adn.*). 'Screrefennae *perperam scriptum est, ab ipso ut videtur Iordane, pro eo quod est* Scretefennae, Scrithefennae, Scrithefenni *vel, quod praestat*, Scridifinni. *eo vocabulo hoc loco omnes Fennicae originis homines, et Lappones et qui iam perierunt Quænii supra Northmannos* (Norvegienses) *et Sueonas* (vide Suehans) *comprehenduntur'*. MUEL- LENHOFF.
Scythia 42 24. 46 16. 58 6. 60 15. 61 3. 12. 19. 62 7. 9. 63 10. 18. 64 5. 68 4. 18. 78 5. 17. 89 5. 90 8. 9. 12. 103 13. 104 14. 127 19. Scythae 28 19. 34 35. 41 19. 61 9. 62 6. 65 5. 69 6. 90 5. 10. 105 21. Scythicus 11 5. 65 13. 68 14. 17. 89 9. 90 4. 7. 121 13. 123 15. 124 15. Scythica lingua 60 15. 67 1.
Scythia magna 71 15. *Haec, secundum auctorem per- veniens ad septentrionem ad Oceanum* (62 1), *ad occidentem Vistula fluvio a Germania divisa* (58 6. 62 1. 63 2), *complexa Daciam antiquam* (61 9) *et extensa fortasse ad caput usque Danuvii* (61 12. 62 3), *meridiem versus a Romano imperio divisa fluvio Danuvio* (61 12. 62 3. 63 1), *deinde Ponticum litus septentrionale comprehendens* (61 3. 62 4. 64 5 *cet*.), *ut ad fines usque Albaniae et Hiberiae, id est ad Caucasum montem et ultra adeo, errore auctoris opi- nor, ad mare Caspium pertingat* (62 2), *denique ad orientem habens Sericam* (61 19. 20) *incipientem et ipsam a Caspio mari* (62 1), *ubivis intellegitur ubi* Scythia *nude nominatur praeter unum locum quem sub* Scythia minore *posui*.
Scythia minor 71 15. 126 20. 127 2. *Eadem est* Scy- thia 42 24.

## II. INDEX LOCORVM.

Seleucia *Babyloniae* 34 36. 35 20.
Seleucia Isauriae 35 1.
Seleucia *Syriae* 50 1.
Selonites 6 15.
Sennahar campus 3 26.
Senones 17 6. Galli Senones 16 1.
Serdica 38 21. 47 7.
Seres 61 19. 20.
Seticania 27 9, *cf. adn.*
Sicilia *v.* Italia.
Sidon 8 21.
Silefantina *insula* 55 7, *cf. adn.*
*Silures:* Silores 57 6.
Singidunum 131 5.
Sirmium 37 23. 40 24. 96 18. Sermium 38 4. Sirmis 133 19. Syrmis 126 16. Sirmiensis 136 7.
Solis perusta *insula* 55 4, *cf. adn.*
Sontii pons 133 20, *cf. adn. et C. I. L. V p.* 75. 935.
Sora 15 14.
Sorae *v.* Surae.
Spali *gens* 61 2. 'Superatis Volhyniae paludibus quod Gothi in terris Olum Spalos, non Venethas vicisse perhibentur, sane est quod mireris; neque tamen certi quicquam in hac re inde lucramur, quod gigas vetere lingua Slavica spolin sive ispolin dicebatur et inter permultas alias gentes Spalaeos quondam Tanain transiisse Plinius (6, 22) narravit. Cf. Schafarik Slaw. altert.* 1, 319 *sq.* 51'. MUELLENHOFF.
Spania *v.* Hispania.
Spartiatae 9 12.
Spesis provincia 82 20. *Ignota praeterea.*
Sporades 54 35.
*Stobi:* Stobis 131 27.
Suavi *in Germania* 41 23. 104 9. 122 10. 125 22. 129 1. 4. 6. 11. 24. 130 17. 19. 22. Suavia 129 3. 12. *Cf. Procopius bell. Goth.* 1, 12: ᾤκουν Σούαβοι ὑπὲρ Θορίγγων καὶ Ἀλαμανοὶ ἰσχυρὰ ἔθνη. *fines eorum* 130 18. *componuntur cum Francis* 104 9 (*cf. Procopius bell. Goth.* 1, 15: Σούαβοι οἱ Φράγγων ὑπήκοοι) : *cum Alamannis* 130 19 : *cum Alanis et Vandalis* 41 23. *errore Suavia dicitur Dalmatiae vicina* 129 1, *scilicet quod confudit auctor Suavorum regionem et Saviam (ipsi Suaviam dictam* 28 4) *provinciam, in qua est Siscia, Dalmatiae conterminam (vide C. I. L. III p.* 482): *ipsa narratio satis demonstrat Ilunimundum in Dalmatiam venisse non a Siscia, sed ex Germania.* — *Duces eorum* Hunimundus — Halaricus.
Suavi *in Hispania* 116 16. 23. 117 2. 5. 9. 11. 19. 21. 22. — *Reges ducesque eorum* Agrivulfus *s.* Aiulfus — Riciarius — Rimismundus.
Suavia *provincia v.* Savia.
Suebi *v.* Suavi.
Suehans 59 4. 'Suëans *principalis est forma nominis populi Scadinavici circa Mälarem et Hjelmarem lacus habitantis. ad eam et ea qua ipsi hodie utuntur Svear et Anglosaxonum* Sveon *et scriptorum medii aevi* Sueones *proxime accedunt, neque multum differt Tacitina* Suiones, *plus Northmannorum* Svîar. *Cf. Zeuss p.* 514'. MUELLENHOFF.
Suessa Pometia 13 12.
Suetidi *gens* 59 14. 'Nomine *corruptissimo Zeussius p.* 505. 514 *male usus est. requiruntur scilicet post Ragnaricios Vingulos Raumaricios Finnosque australis Norvegiae ii qui circa lacum Miösen colebant. sunt igitur* Suetidi *aut Northmannorum* Heiðnir (Heinir), *Ptolemaei* Χαιδεινοί, *a Cassiodorio verisimiliter* Aethini *scripti, aut, adsumptis ultimis vocabuli* Vinoviloth (*quod vide infra*) *litteris qui efficiuntur* Othsuetidi *erant apud illum* Aethsevii *vel* Aethsaevii *h. e.* Eiðsivar *vel* Heiðsævir. *quibus enim praeter Raumaricios commune erat* Eiðsivaþing *vel* Heiðsævisþing, *in commune etiam tam hoc quam illo vocabulo apud suos finitimosque appellari poterant'*. MUELLENHOFF.

*Surae:* Sorae 49 26. *Cf. Procopius Pers.* 1, 18.
Sybarusini campi 19 17.
Syracusae 25 2. Syracusanus 20 15. 137 5.
Syria 8 22. 9 4. 6. 29 22. 30 27. 31 5. 11. 16. 18. 37 17. 45 31. 46 14. 49 25. 67 19. 68 10. 13. 69 5. Syriacus 29 1.
Syria Coele 30 11.
Syrtes 21 34.

Tadzans *gens* 88 9. *Cf.* Rogas.
Taetel *gens* 60 2. '*Ex* Taetel (thethel, tethel *al.*) *facile efficiuntur* Thelae, *a Northmannis* Thilir *dicti, qui regionem* Thelamörk, *hodie* Tellemarken, *a tergo Graniorum et Agdiorum (vid.* Graunii, Augandzi) *incolebant. Zeuss p.* 507'. MUELLENHOFF.
Tagus *fl.* 116 22.
*Tanais:* Thanais 62 8. 65 10. 11.
Tapae 72 7. 75 9. *Cf.* Dio 67, 10. 68, 8.
Taprobane 55 6.
Tarabostesei (Tarabostes?) 64 12.
Tarentum 24 16. 25 26. Tarentus 18 29. Tarentinus 18 25. 27. 19 2. 29. 34. 20 3.
Tarraconenses 27 8.
*Tarsus:* Tharsus 37 35.
Taurus *Asiae* 29 21. 27. 31. 41 17. 61 14. 69 5.
Taurus *Scythiae* 61 14. 15. 68 19. 69 6.
Tectosagi 29 5.
Tesifon *v.* Ctesifon.
Teutonii 31 30.
Theodosia 62 5.
Thermopylae 20 35.
*Theros insula* 55 7, *cf. adn.*
Thessalia 19 3. 28 5. 95 6. 132 1. Thessalii 27 12. Thessales (Thessali *Florus*) 19 33.
Thessalonica 40 26. 87 2. 132 4. 6.
Theustes *gens* 59 8. 'Nationum *orientale litus Scandiae incolentium post Sueones* (Sueans) *quae prima memoratur, eius servat nomen regio per medium aevum* Thiust, *hodie* Tiust *vocata, provinciae Calmariensis pars septentrionalis'.* MUELLENHOFF.
Thiudos *gens* 88 8. 'Thiudos Inaunxis *nuper Zeussio p.* 687 *felicius interpretatus est vir doctus Fennicus, Koskinen* 'les Tchoudes en Aunus ou Aunuksen-maa'. maa *enim Fennis dicitur terra, regio,* Aunus *Russis est* Olónets; Aunuksen-maa *igitur est regio inter Ladogam et Onégam lacus, quae in aquilonem versus excipit regionem* Golthescytharum (q. v.). *scribendum igitur videtur esse* Thiudos in Aunxis. *apparet nomen Slavicum id, quocum* Golthescytha *compositum est, in* Thiudos *plane Goticum factum;* thiuda *erat enim Gotice gens* et thiudos *gentes'.* MUELLENHOFF.
Thracia (Trac- 40 17. 42 24) 28 4. 37 4. 40 18. 42 24. 63 17. 64 7. 72 6. 9. 78 10. 13. 86 6. 92 8. 20. 95 5. Thraciae 28 6. 40 17. 45 2. 81 6. 94 5. 11. Thraces 28 7. 32 11. Thraciscus 79 11. *Iungitur cum Illyrico, Dacia utraque, Moesia* 42 24, *cum Dacia ripensi et Moesiis* 92 19, *cum Dacia ripensi* 94 11, *cum Illyrico* 45 2, *cum Moesia II. cc. sub h. v. intellegitur fere Thracia provincia ante Diocletianum (ut ad Thraciam referuntur quae sunt in provincia Diocletiana Haemimontio* 86 6): *Thraciae tamen provinciae Diocletianae* Philippopolis *est* 37 4. *dioeceseos Thraciarum, qua comprehenduntur inter alias provinciae Moesia inferior et Scythia, auctor non meminit.*
Thule *v.* Thyle.
Thuringi 130 19. 135 5. Thyringi 59 4. — *Rex:* Herminefredus.
Thyle 55 17. 18.
Tiberis 15 18. 51 5. Tiberinus 12 13. *cf.* 10 12.
Tibisia *fl.* 104 17, *cf. adn. et C. I. L. III p.* 247.
Tibur 15 16.
Ticinum 114 21. Ticinus 23 25. 29.
Tigris *fl.* 38 9. 68 11.

Tingitana v. Seticania.
Tisia fl. 62 11. 104 17, cf. adn. et C. I. L. III p. 247.
Titulus fl. 22 33.
Tolistobogi: Coloscobegi 29 4.
Tolosa 103 9. 114 1. 116 10. 27.
Tomi: Thomi 28 18. Thomes (ortum ex ablativo Tomis, ut videtur, usurpatur pro fem. sing. indecl.) 71 16. 73 1.
Torcilingi 120 8. Thorcilingi 44 18. 133 8.
Trapezus: Trapezunta abl. 62 5.
Trasumenus lacus: Tharsymenus l. 23 32.
Trebia 23 29.
Trinacria v. Italia.
Tripolitanus 35 31.
Troia 5 30. 34 12. 86 4. Troianus 71 3.
Tuncarsi gens Hunnorum 90 11, cf. adn. et Zeuss p. 708.
Tuscia v. Italia.
Tusculanus 15 13.
Tyra fl. 61 13. Cf. Danaster
Tyrrhenus: Tyrrenus 99 1. Tyrrenum mare 51 1. 102 2. 137 9. Tyrrenum 117 7.
Tzorta fl. 46 13, cf. adn.; praeterea non nominatur.

Vadimonis lacus: Vadi montis lacus 17 11.
Vagosola fl. 61 13. Alibi non memoratur, si vero ordine fluvii recensentur, intellegatur necesse est dictus olim Hypanis, Constantino Porphyrogennetae (de adm. imp. c. 42) Βογοῦ, hodie Bog.
Vagoth gens 59 8. 'Nationis post Theustes (q. v.) in orientali Scandiae litore habitantis nomen fortasse ex Augothi, Avigothi corruptum, quo et insulares Gauti insulae Ölandiae et insulares Guti (Eygutar) Gotlandiae appellari poterant'. MUELLENHOFF.
Vagus fl. 58 8. Eundem esse fl. Bangim apud Ravennatem 4, 21, Muellenhoff existimat (Weltkarte p. 31). 'Omnis sinus cuiusdam vel brachii maris in Oceanum effusio cum a Northmannis vâgs flôđ, vâgs flóí?, vâgs straumr vel similiter dici posset, ea appellatio in re ficta tota pro vero nomine videtur accepta esse'. MUELLENHOFF.
Valeria Illyrici provincia 27 23. 28 4.
Vandali 41 23. 42 19. 21. 43 4. 21. 48 6. 7. 60 11. 80 16. 87 17. 19. 21 bis. 95 9. 98 2. 100 5. 12. 14. 101 13. 17. 103 6. 106 7. 118 6. 120 20. 135 4. Vandalicus 48 9. 18. 50 5. 87 10. 102 23. 137 1. 2. 138 21. — Reges: Gizericus a. 427—477 — Hunericus a. 477—484 — Gunthamundus a. 484—496 — Thrasamundus a. 496—523 — Ilderich a. 523—530 — Gelimer a. 530—534.
Var v. Danaper.
Varanius fons 17 14.
Varni 117 13.
Varus fl. 22 14.
Vasianensis regio 68 11. Significatur opinor regio quaedam Armeniae, ut Βασιλισηνή (Ptolemaeus 5, 13, 13).
Vasinabroncae gens 88 9. 'Golthescythas circa Fennicum sinum fere ab oriente, Thiudos in Aunxis ab euronoto circa album lacum (Bjelo ozero) exceperunt Wesy a Russis, Wizi (Albani) ab Adamo Bremensi, Visu ab Arabicis scriptoribus dicti, rursusque eosdem Thiudos magis in aquilonem versus Russorum Permy, Northmannorum Biarmar, Anglosaxonum Beormas, quos Latine dicas Bermos. eorum populorum nomina sub monstroso illo Vasinabroncas latere suspicari licet. sequuntur his australiores'. MUELLENHOFF.
Veii 16 17. Veientes 10 32. 15 31. 33.
Venethi 88 18. 89 1. Venethae 62 11. 'Recte ita scribuntur; Gotice enim sunt Vinithós, Theodisce Vuinida'. MUELLENHOFF.
Venetiae v. Italia.
Vergellus torrens 24 10.
Veronenses campi 133 22.
Verulae 15 15.

Vesegothae 41 29. 42 5. 64 22. 78 7. 83 9. 91 20. 92 5. 15. 94 11. 97 16. 99 5. 16. 103 14. 105 12. 106 7. 8. 17. 19. 107 3. 21. 109 9. 10. 110 2. 24. 111 24. 112 22. 113 13. 114 3. 115 1. 19. 116 3. 8. 15. 117 4. 7. 118 1. 17. 119 1. 5. 19. 120 19. 121 2. 7. 11. 12. 15. 122 18. 123 13. 131 17. 19. 134 18. 136 1.
Vestiliani domus 35 25.
Vesuvius 17 23.
Vidivarii 63 6. Vividarii 83 1. 2. 'Vox, quam habes altero loco misere detortam, hybrida est ut nomen Baiuvariorum. ut enim hi ex Boiohaemo, ita illi ex insulis inter ostia Vistulae stagnumque contiguum sitis nomen traxerunt. eae a Germanis per medium aevum in commune Widland, ab indigenis sine dubio Widsemme appellatae sunt, usis vocabulo eodem, quo a cognatis eorum Letticis omnis Liflandia etiamnunc appellatur, Livonum Fennicorum Vidu-maa (h. e. Viduland), Heinrici Lettici Idumaea'. MUELLENHOFF.
Vienna 40 31. 41 31. 101 10.
Vindelici: Vendilici 31 30. Cf. Augusta Vindelicorum.
Vindobona: Vindomina 126 16. Vocabuli formae diversis modis corruptae compositae sunt C. I. L. III p. 505. 'Ex Vindobona (-όβονα apud Ptolemaeum), nomine scilicet non composito, sed effecto ex Vindobna inserta vocali, factum est Vindomna. quod et Vindomona et Vindomana parique iure Vindomina scribi poterat. ex eadem forma Vindom-na, suppressa nasali nimirum, item legitima, diversa tamen ratione hodierna nomina orta sunt, et nostrum Wien et puto die Wieden ac Boëmorum Polonorumque Wideń'. MUELLENHOFF.
Vinoviloth gens 59 13. 'Ex nominis corrupti litteris septem primis facillime eliciuntur Vinguli, incolae regionis Norvegicae inter Raumaricios et Ragnaricios (q. v.) sitae, cui erat nomen Vingulmörk. quae Zeussius p. 686 commentus est, improbanda sunt'. MUELLENHOFF.
Viscla v. Vistula.
Vistula fl. 58 5. 62 1. 11. 63 5. Viscla 63 2. 82 20. 'Ex antiquissima nominis forma Germanis cum Aestis et Venethis (sive Prusis et Slavis) olim communi Visla enata est apud ipsos Germanos altera Vistla, quae est veteribus scriptoribus maxime usitata Vistula. sed tertia quoque Viscla obtinuit apud Romanos Graecosve; quippe horum linguas Vislam nullo modo admisisse et Sclaveni Σκλαβηνοὶ (Σθλαβηνοὶ Σθλάβοι) pro Slaveni, Slowene docent et nomina virorum in gisl desinentia (cf. Thiudigisclus). iam apud Plinium 4, 100 legitur Visculus, et Viscla saeculo adhuc undecimo in usu fuit apud monachos sancti Huberti (MG. 8, 591. 12, 52)'. MUELLENHOFF.
Vividarii v. Vidivarii.
Vlbius fl. 117 3. Immo Vrbicus teste Idacio chron. p. 39 Rono., hodie Obrego prope Astorgam.
Vlmerugi 60 9. 'Rugi, qui Oceani ripas vel potius insulas in Vistulae (non Viaduae) amnis ostiis sitas insedisse ferebantur, a Gothis sine dubio Hulmarugeis vocati sunt, sicut Holmrygir a Northmannis, qui insulas i. e. holma circa Rogaland (vid. Rugi) incolebant. ab Anglosaxonibus quoque Holmryge carminibus epicis celebrati sunt. Zeuss p. 484. I. Grimm GDS. 469'. MUELLENHOFF.
Vlpiana 131 26. Cf. C. I. L. III p. 268. 1024.
Vitzinzures gens Hunnorum 128 24. Cf. Vitzindur in ind. I et Agathias 5, 11: ἅπαντες κοινῇ μὲν Σκύθαι καὶ Οὖννοι ἐπανομάζοντο· ἰδίᾳ δὲ κατὰ γένη, τὸ μέν τι αὐτῶν Κοτρίγουροι, τὸ δὲ Οὐτίγουροι, ἄλλοι δὲ Οὐλτίζουροι, καὶ ἄλλοι Βουρουγοὐνδοι. Zeuss p. 709.
Vscudama 28 16.
Vscus v. Oescus.
Vtus 127 3 (cf. adn.).
Vulsci 15 23. 19 31.
Vulsinii 20 8. Bulsiniensis lacus 136 22.

## III. ORTHOGRAPHICA.

Orthographiam, si ei vocabulo in hoc auctore locus est, quomodo constituerem, diu haesitavi deprehensus scilicet inter scopulos diversos: nam et hoc evitandum erat, ut pro librario ipsum auctorem emendarem, et illud, ut apparatus obscurus et molestus evaderet pusillis et futilibus adnotationibus oneratus: denique lector non sine iusta causa impediendus erat barbarismis fortasse ab auctore alienis. ea incommoda cum pariter omnia effugere non possem, quantum licuit mediam viam tenui. primarium librum, id est Heidelbergensem, in principio autem Romanorum Geticorumque fine deficiente eo Palatinum, aut in textu repraesentavi aut in adnotatione variam lectionem etiam in his plenam adscripsi. ex reliquis libris meis varietatem orthographicam plenam attuli ad nomina propria praeter vulgaria et usitata. plenam eam ibi quoque adscripsi, ubi varietas vere orthographica item ad sententiam pervenit, ut fit in *possit* et *posset* similibusque. item ad *m* finalem male omissam quae pertinent, attuli omnia: nam quamquam quodammodo verum est *Romanum, Romanu, Romano* promiscue apud Iordanem usurpari, aliqua certe differentia inter eas formas vel hic intercedit, et omnino usu doctus intellexi eiusmodi varia lectione lectores non recte posse carere. idem valet de *n* littera in *nactus nanctus, vicesimus vicensimus* cet. in iis quae ita restabant ubi orthographia barbara libri primarii redibat in aliis item bonis, saepenumero eiusmodi consensum adnotavi; nam cum librarii quo antiquiores sunt, eo diligentius traditam scribendi rationem retineant eaque per gradus expellatur et ad vulgarem reformetur, libri primarii orthographia accedentibus testibus aliis magnopere confirmatur. praeterea orthographicam varietatem fere suppressi, ne minima quaeque per deteriores libros persequens non minus ingenti quam futili apparatu utilia obscurarem[1]. — In lectione constituenda quae vel antiqua aetate ita diverse scribebantur, ut neutra scriptura magnopere improbaretur, qualia sunt *sed set, obtulit optulit, inlustris illustris, Phrygia Frygia*, expressi ad librum primarium, nec multum in talibus respexi codices sequiores, cum in agrammato auctore eiusmodi codicum diversitas exiguam utilitatem habeat: quamquam qui rem diligenter exsequetur, certam consuetudinem apud Iordanem quoque hic illic deprehendet. ita in supra citatis *inlustris* ut apud aequales ita apud Iordanem quoque regnat, item *f* littera aspiratam Graecam non ubivis, sed plerisque locis expulit. ex soloecismis admisi maxime eos, in quibus librarium Heidelbergensem sibi videbam ita constare, ut archetypum eum in his expressisse dubium non esset, ut sunt *pene, Grecia, nepus, aduliscens* aliaque similia. ex reliqua barbarie in adnotatione collocavi non solum ea quae a librario magis quam ab auctore proficisci viderentur (ut ubi *oe* diphthongus in *e* vel *ae* abiit, quamquam fortasse in ea re erravi), sed ea quoque quae orationem per se perplexam sine ulla utilitate etiam magis obscurassent. ita *possit posset, triumphatur triumphator, bonus bonos, videre videri* (3, 8) ubi ita confunduntur, ut ne eiusmodi quidem auctori ipsi talem errorem recte imputes, nolui prae nimia religione molestus fieri admisique scripturam si non traditam, certe iustam aliisque locis ab auctore recte positam.

Primaria in orthographicis quaestio, scribendi ratio in libris inventa quatenus ad ipsum auctorem redeat (ut exempli causa accusativi plur. 4 in *uus* vestigia non incerta in libris Plinianis a Detlefseno deprehensa sine dubio ab auctore veniunt), apud Iordanem ita comparata est, ut certius quam plerumque fit scribendi proprietates quaedam tam in bonam quam in malam partem ipsi scriptori tribui possint. sane vel solae proborum librorum in orthographicis differentiae ostendunt apud Iordanem quoque mature librarios a tradita scriptura passim ad suam deflexisse; quid quod vel primi ordinis libri aliquot errores habent redeuntes ad orthographicas mutationes in communi eorum archetypo admissas ab auctore alienas. ita 55, 16 cum Iordanem scripsisse constet ex consensu librorum classis secundae tertiaeque aut *aliam Mevaniam* aut *alia Mevania*, inventum in libris primi ordinis *alia evania* aperte effectum est ex hac lectione abiecta littera *m*, quasi non initialis esset, sed finalis. similiter 55, 15 *quem* pro *quae*, 57, 5 *multam* pro *multa* errores sunt non Iordanis, sed archetypi classis primae, quod etiam in gravioribus non semel peccasse suo loco vidimus. multo magis in orthographicis unius libri Heidelbergensis testimonio defensis non pauca inerunt ab ipsius scriptore male mutata, ut sunt 29, 26 *cummisso* pro *commisso*, 29, 28 *rumae* pro

---

[1] Vt intellegatur quid ita suppresserim, ex praefatione Romanorum, ubi soli libri *PV* suppetunt, adscripsi quae non adnotavi inventa in *V*: p. 1, 4 *muctae*] macte — *erumnus cognuscere*] aer. cognoscere — 9 *imaginariue*] -rie — 13 *auctoritate*] aut- — 17 *distructo*] destructo — 19. 21 *grecorum*] graecorum — 22 *consolum*] consulum — p. 2, 2 *gelice*] geticae — *ededissem*] edidissem — 3 *conperta*] comperta — *erumna*] aerumna — 6 *dilegere*] diligere — *que*] quae — 9 *nouilissime*] nobilissime.

*romae*, 73, 17 *quans* pro *quas*, 79, 5 *intercampidinem* pro *intercapedinem*, 96, 13 *reretes* pro *verentes*, 112, 13 *spelucae* pro *speluncae*, fortasse etiam p. 10, 31 *expectaculum* pro *spectaculum*. nihilo minus rationem scribendi, quam et Heidelbergensis liber et reliqui optimi quique proponunt, iam ostendemus et per universum opus ita aequabilem esse cum in rectis tum in falsis, ut eiusmodi constantiam ipsius auctoris esse necesse sit, et eam rationem plane convenire cum certis monumentis saeculi sexti. in excerptis autem ex Floro quod ut grammaticae ita orthographicae quoque mendae (ut *m* finalis omissa) rarius inveniuntur, id vel maxime confirmat quod contendimus libris nostris bonis in summa re orthographiam auctoris repraesentari.

Barbarismi in consonantibus scribendis offenduntur non multi. — Commutantur perpetuo *b* et *v*. — *m* finalis saepissime omittitur, raro male adicitur. — Male adicitur interdum etiam *n* littera. — *p* inter duas consonantes perraro male omittitur (ut semper recte scribitur *peremptus temptare*), nusquam fortasse male inseritur (nam *dampnavit* in solo libro *II* semel inventum vix ad auctorem redit, *Pemptapolis* autem error est generis diversi). — *c* et *t* perpetuo accurate distinguuntur, scilicet in Heidelbergensi libro (alii enim non ita ab hoc vitio immunes sunt, ut est in Palatino 63, 15 *commertium*, 71, 6 *exiciabile*, 91, 21 *intencione*, 106, 19 *eciam*, 61, 17 *ozeuno*; in Valenciennensi 73, 13 *graetiam*): perpetuo ibi legitur *condicio, dicio, perniciosus, solacium, contio* et sic deinceps, modo primam manum attendamus. nam secunda manus passim haec ad sui temporis barbarismos reformavit. egregium hoc testimonium est fidei librarii etiam in minimis, quod liber hic saeculi octavi ab hoc vitio tam religiose abstinet quam digestorum Florentinus. — Etiam *quidquid* et *quicquam* (28, 5) perpetuo inveniuntur recte scripta. — *c* ante *t* ut omittatur, paucis locis accidit, sed plerumque recte scribitur *auctor, arctous* cet. — Consonantium denique geminatio quamquam non raro aut male neglegitur aut male introducitur, nihilominus magis obtinent vera, ut *litterae, sollemnis, sollers*, e contrario *conubium, ilico* (90, 11. 92, 15. 93, 17. 94, 1. 111, 25), *litus* (126, 1), *milia*. — Post *x* litteram *s* raro adscribitur quamquam ab etymo requisita, sed scribitur *extare, existere*, ut solebat scribi aetate meliore; exceptionem facit 12, 1 *exsuperat*. praeterea solita huius aetatis consuetudine pro *x* modo adest *cx*, modo, scilicet in vocabulis in *x* finientibus, *s*; sed utrumque rarum est.

Vocales multo magis perturbatae sunt: maxime *e* et *i*, *o* et *u* perpetuo confunduntur, ita tamen, ut hic quoque et verae scripturae reliquiae quaedam adsint, ut *neglegere, internicio*, et e contrario in ipsis erroribus quasi quaedam leges observentur: ita *nepos* casu primo semper fit *nepus*, *copia* cum derivatis *cupia, orbis* qui est, *urbis*. — Non melius agitur cum diphthongis, ut tamen hic quoque inter sordes aevi labentis aliqua vetustatis memoria remaneat. in prima declinatione genetivos dativosque singularis nominativosque pluralis raro reperies diphthongo sua carentes: *caelum, maestus* constanter scribitur, non minus constanter *cena: que* et *quae* ubi permutantur, intellegendo potius auctor (maxime Florum describens, quem saepe non satis adsecutus est) quam scribendo librarius peccavit. sed in falsis quoque eadem constantia est: ita quod toties legitur *pene* bis tantum diphthongum suam habet, ut sine illa id vocabulum ab auctore scriptum esse evidenter appareat. diphthongus *oe* quamquam item in quibusdam locum suum tenuit, ut semper scribitur *proelium, oboedire*, alibi abiit in *e* et *ae*, ut *coepit* et *cepit* perpetuo commutantur, item ex *foedo* et *foedere* fit *fedus*, e contrario *ephebus, fetus, praemium* diphthongum *oe* male admittunt. hoc genus vitii cum ad librarios potissimum redire videatur, in adnotatione magis quam in verborum ordine exhibui.

Haec perveniunt ad orthographiam vocabulorum origine Latinorum. peregrina omnia et maxime nomina propria multo magis corrupta sunt et omni genere errorum inquinata, sed ut hic quoque in ipso ignorantiae cumulo aliqua constantia deprehendatur. *i* et *y*, *e* et *ae* cum perpetuo confundantur, in *Scythis* scriptor religiose veram litteram ponit, in *Greco* et *Meotide* pari religione falsam. aspiratio cum passim tamquam casu aut adsit aut absit, *Gothum* et *Getam* Iordanes non permutat. *Chartago, Ptholomeus, Thomi* cum aspiratione perversa perpetuo enuntiantur.

Quae ita paucis complexus sum, laterculi subiecti latius explanabunt: quos ut non spondeo plenos esse (neque ullo modo id perfici potest, quoniam neque ad unum solum librum rem redigere licet nec plurium diversitas eiusmodi tabulis recte repraesentaretur), ita aliquatenus singula elucidaturos esse confido. personarum locorumque vocabula non omnia recepi receptisque numeros nullos adscripsi utpote petendos ex indicibus primo secundoque.

Sententiam quam de auctore alibi tulimus, ut cum sermonis proprietate, ita cum orthographicis his ratiocinationibus recte convenit. tenemus hominem non scholastica doctrina imbutum, ut imbuti fuerunt aequales Boethius et Cassiodorius, sed ex genere eorum qui catacumbarum memoriis titulos inscripserunt, in Latinis vocabulis consuetis et sollemnibus aliquatenus sibi constantem modo in veris modo in falsis, in peregrinis rarioribus a fortuitis potissimum pendentem. eo autem nomine infimi ordinis scriptor hic utilis est, quod ea aetate apud semidoctum vulgus quae obtinuit scribendi ratio praeterea brevibus epitaphiis potissimum testata hic compareat in libellis duobus pro re amplis et variatis. summa autem similitudo quo luculentius intellegatur, placuit laterculis nostris interponere barbarismorum conspectum selectorum ex epitaphiis scriptis in urbe Roma sub Iustino et

## III. ORTHOGRAPHICA.

Iustiniano inter a. 518 et 565, quae collecta edidit Iohannes Baptista Rossius in syllogae inscriptionum christianarum urbis Romae vol. I n. 966—1116, plura eius generis qui requiret, diligenter composita reperiet cum apud alios tum apud Hugonem Schuchardt (*der Vokalismus des Vulgärlateins* voll. III). sed qui in ea re adhuc elaboraverunt viri docti neque tempora sic ut par est distinxerunt nec satis constanter librariorum editorumque mendas procul habuerunt, in titulis maxime admittentes fere quidquid circumfertur typis expressum. nobis satius visum est comparationem restringere ad eiusdem aetatis titulos non multos, sed certos et diligenter recensitos. vel in his duo genera illa apparent, de quibus supra dixi, scripturae doctae et vulgaris. nam inter Rossiana illa quae inveniuntur tam nobiliorum virorum epigrammata quam carmina fere omnia (ut Rossii n. 1003. 1029. 1044. 1047) et diligenter exarata sunt et emendate fere scripta; vulgaria autem cum Iordanianis libris ita conveniunt, ut neque adsit apud Iordanem soloecismi genus ullum a titulis illis alienum et quae absunt a titulis vitiorum genera postea demum admissa, absint pariter a probis libris Iordanianis.

---

**ad** *praepositio pierumque non adsimilatur consonanti sequenti*, ut adgregati 63 6, adsidet 63 7 cet.: *exceptionem faciunt quae sequuntur*:
*adc-*: acc- *passim*; adcommodus 73 23.
*adf-*: affect- *semper* — affixit 47 6.
*adl-*: allidunt 114 22 — alloquio 110 1. 12.
*adm-*: ammirari *cum derivatis* 10 1. 21 23. 25 29. 26 17. — ammissis 11 4. — ammodo 36 27, ammodum 8 2. 23 28. 40 26. 79 1. — ammones 1 12. — ammovit 10 13.
*adn-*: annitente 12 31, annisus 14 19. 19 27. — annuo 110 4. 126 10. 133 15.
*adp-*: apparere *semper*.
*adr-*: arripere *semper*.
*ads-*: asciscitur 50 19, ascitus 6 23. 44 25. 85 7. — asserens 106 16. 131 17, assertam 17 3.
*adt-*: attendebant 110 4 (adtend- 51 2. 99 23. 114 23).

**ae** *et* **e** *permutatae*:
e (raro i) *pro* ae [1]):
*gen. sing. 1 et nom. pl. 1*: 2 2. 7 10. 10 31. 12 25. 26. 19 6. 24 24. 37 6. 38 13. 40 13. 27. 55 3. 57 12. 61 12. 64 18. 99 23. 108 5. 111 11.
*aedes*: edem 13 20.
*aeger*: egram 91 18. egrae 133 15. egritudine 132 11. egrotans 95 6. 116 11.
*aemul-*: emul- 12 9. 52 4. 87 3.
*aerumn-*. erumn- 1 6. 2 3. 93 11.
*aestus*: estus 20 13. 14. 55 15. 102 2.
*-aeus*: Gneus 15 19. 22 37. — Iudei — Ptholemeus — Pyrenei — Ripheus — tropeum 22 29. 135 19.
*aevum*: grandevus 92 1.
*caedes*: cedes 88 18. 125 28.
*Decaeneus*: Dicineus.
*Gallaecia*: Gallicia.
*Graecus*: Grecus *semper*.
*haec*: hec 1 20.
*Haemus*: Hemus, Emimontium.
*haerere*: herentem 26 14, erentibus (?) 111 11.
*laesio*: lesio 35 15. 44 9. 116 10.
*Maenius*: Menius.
*Maeotis*: Meotis *semper*.
*maeror*: meror 58 19.
*nomina propria plura v. in indd. I. II.*
*paene*: pene *semper exceptis duobus locis* 104 14. 131 2.

**ae** *et* **e** *permutatae*:
*puenitere* (*sic* 7 21 *cet.*): penitens 44 13. 115 14.
*prae* (*sic* 111 4. 5. 10. 16. 112 18. 113 12. 24. 114 8. 117 10. 118 3. 124 7. 13 *cet.*) *cum compositis*: pre 19 6. 26 25. 29 7. 59 3. 64 19. 65 11. 74 1. 12. 86 11. 93 14. 100 9. 106 8. 114 13. 15. 115 8. 116 4. 5. 17. 25. 26. 117 4. 119 12. 125 27. 131 21. 133 18.
*praeda*: predas 50 2.
*quae*: que 3 26. 7 3. 9 19. 10 4. 11 22 (quedam). 13 8. 10. 15 21. 19 6. 22. 28 20. 31 18. 56 4. 57 5. 59 1. 61 3. 62 10. 108 21.
*quaerere*: querere 23 9. 60 14. 133 2. quesitis 56 8. queritant 59 1.
*saepe*: sepe 30 13. 35 21. 22.
*saepire*: sepsit 22 18. septa 111 25. 112 17. circumsept- 31 17. 51 4. 54 10. 84 16.
*saevus*: sevirae 22 11. desevunt 89 2. sevitiam 13 11.
*scaev-*: sceva 118 3. Scevola.
*taedium*: tedium 14 7.
*taeter*: teter 89 15. 105 19.
*ae pro e*:
*abl. sing. 3 et 5* [2]): aciae 84 9. — barbariae 105 2. — consulae 23 30. — diae 37 25. 39 15. 45 22; meridiae 23 32. 62 2. 75 11. — iurae 27 2. — mensae 34 5. — mollitiae 97 14. — partae 6 31. — planitiae 16. 126 14. — Praenestae 15 16. — progeniae 43 16. — seriae 3 7. — silvestrae 56 16. — Stiliconae 88 2. — ventrae 58 8.
*nom. sing. neutr. 3 et adverbia in e*: ambiguae 113 15. — corruptae 82 15. — egrae 133 15. — ferae 17 27. — (h)odiae 17 6. 31. — horribilae 23 31. — imaginariae 1 9. — industriae 12 32. — latae 21 11. — longissimae 22 33. — mactae 1 6. — maximae 17 32. 57 6. — novissimae 15 1. — quae *enclit*. 16 24. 26 20. 60 14. — tacitae 32 32.
*nom. pl. in es*: Arabaes 30 12.
*infinitivus*: sevirae 22 11.
*Aquileia*: Aquilaeia 37 25.
*cecid-*: caecid- 24 2. 25 10.
*cedere*: caedentis 24 36.
*celebrare*: caelebravit 37 4; caelebrabant 124 22 (adn.).
*celer*: caeler 6 19. 20 21.
*edocere*: aedocuit 7 5.
*egere*: aegebat 24 21.
*emicare*: aemicant 18 35.
*eminere*: aeminet 12 27.
*epulari*: aepularetur 93 14.

---

[1]) *Rossius*: ancille 975 — basilice 1004 — propine 1055 — que 977. 991. 1062 — Romane 1078 — Rome 989 — sre 1098 — secunde 972 — sexte 1096. *Item* hec 1098 — pref. 978 — prepositus 975. 1004 — presentis 975 — presumserit 1090.

[2]) *Rossius*: diae 1098.

## ae et e permutatae:

*equus*: aequis 11 10. aeques 24 23. 24. aequitum 23 37. aequestris 24 10.
*fregisse*: perfraegit 23 24.
*Geta*: Gaeta *semel*.
*Graeca*: aethymologiam 67 3. — Haeraclianus.
*inedia*: inaedia 49 16.
*medietas*: mediaetas 60 16.
*penitus* (*sic* 96 19): paenitus 90 6. 98 18. 114 8. 123 11.
*preces*: praecibus 17 17. 101 19. 124 17.
*prehendere*: conpraeh- 20 22. 47 8. 104 21. depraeh- 15 26. 22 21. 60 20.
*premere* (*sic* 133 13): praemere 24 36. praemebantur 125 13. 131 17. praemeretur 113 11. praessus 112 13. oppraemens 33 34. depraement 5 5.
*pretium*: praetium 11 3. 18 24. 20 6. 64 2. 80 2. 16. praetiosus 125 1.
*queri*: quaeri 23, 12. quaeritans 83 10.
*sepultura*: saepulturae 99 13.
*severitas*: saeveritate 95 2.
*spretus*: spraeto 41 23.
*supremus*: suppraemo 112 19.
*Vesegothae*: Vesaegothae *semel* 116 15.

## b et p permutatae:

*adoptasse*: adobtasse 14 25.

## b et v permutatae:

v pro b[1]):
-*bo*: -memoravimus 29 22 (*H*). — explanavimus 56 3.
-*bilis*: innumeraviles 7 1. — lacrimaviliter 85 2. — miravilis 20 21.
*habenae*: avenis 22 7.
*labor*: lavoribus 89 5.
*nobilis*: novilissim- 2 9. 38 7.
*nomina propria*: Ablavius — Eusevius — Favius — Gavii — Novades — Savinianus, Savinus, Savini — Trevia.
*sorbere*: sorvebant 111 19.
*superbia*: superviae 34 26.

b pro v[2]):
*perfect. ind.*: introibit 100 13. — libabimus 69 8.
*boves*: bobes 15 28.
*cadaver*: cadaber 5 3.
*exuviae*: exubiae 64 19.
*iuvare*: 24 21, iubit 83 18, iubaverit 56 1. 78 2, iubante 47 16. 52 2. 75 19, iubatus 5 23.
*iuventus*: iubentus 24 21.
*navalis*: nabali 28 27.
*nomina propria*: Abitus — Ariobisto — Baįbari — Bobillae — Danubius *semper* — Iobianus — Labinia, Labinium — Libius — Vesubius.
*ovare*: obans 45 12. 101 3.

## c ante t omissa:

*arctous*: artoa 55 19.
*auctor*: autor 23 14. 56 10.

## d et t permutatae:

*3. pers. verbi*: inquid 12 21. 22. 15 5. 23 17. 26 5. 32 10. 35 28. 95 18. 22 (*H m. 1*) 107 15. 114 13. 133 6. — misissed 21 17 (*H*). — pugnad 5 23. — reliquid 7 22. 28 30. 29 16. 20. 35 11. 80 10. 100 17. 119 7. — soled 24 14.

---

[1]) *Rossius*: Vilisar- 1055. 1059. 1060. 1061; Vvilisar- 1057; Velesar- 1062 (Bilisar- 1056. 1058) — Voeti 980 — presviteris 975 — sivi 977.

[2]) *Rossius*: conparaberunt 977 — Maburti- 1011. 1013. 1014. 1017; Maborti- 1015 — Nobembris 1094 — octaba 1088 — obans 1098 — parbulus 979 — remobat 980 — Seberus 1057 — Baticano 1077 — vib- 975. 1100 (?). 1109; biv- 1101 — bixit 1099; bissit 978.

## d et t permutatae:

*ad*: at 59 10.
*aliquot*: aliquod 17 10.
*at*: ad 49 4. — adque 6 6. 11 21. 14 29. — adquin 12 21.
*haud*: haut 62 4. 1 3 11.
*Noviodunum*: Novietunense.
*velut*: velud 23 25. 59 4. 91 1.

## di et dz permutatae:

Burgundzones — Mundzuco — Scandz(i)a.

## e et i permutatae:

*nom. gen. sing. 3. decl.*[3]):
is pro es: cladis 16 9. 18 1. 27 3. — comis 41 19. 21. 42 3. — fertilis (?) 59 9. — fortis 6 7. — milis 46 11. — prolis 69 9. — sedis 25 26. — superstis 125 29. — *in Graecis passim*: Deiocis — Epifanis — Euergetis — Herculis — Iordanis — Pylemenis — Selonitis.
es pro is (*sed errarunt magis librarii*): confines 61 12. — gentes 83 9. — hostes 21 20. 29 9. — nobiles 18 31. — Astiages (*gen*.) 7 31. — Scipiones 55 13.
*nom. sing. ix pro ex*: iudix 6 7. — treplix 25 3.
*gen. sing. 2 e pro i*: male 98 9 (*adverbium potius*).
*dat. abl. sing. 3. decl.*:
i pro e: agmini 109 21. — amori 49 9. — cautioni 109 12. — clienti 116 12. — *in comparativis* 94 14. 101 4 (*contra grandiore* 105 18, prolixiore 104 22 *cet.*). — internicioni 118 16. — iuri 94 4. — quiescenti 51 9. — venationi 89 18.
e (ae) pro i *in substantivis*: hoste 91 11. 117 7. — iurae 77 2. — mare 55 3. 68 8. — salute 93 9. — stabilitate 88 16; *in adiectivis* descendente 126 24. — fatale 132 11. — grande 47 27. 65 15. — inbelle 100 13. — incolume 73 23. 124 18. — lacrimabile 94 6. — omneque 85 7. — principale 57 27. — ripense 127 3. — septentrionale 95 5. — tale 68 4. — virile 124 4. — vulgare 57 15.
*acc. 3. decl.*:
Bizzim 126 25. — Vlixim 70 17 *cet.*
*in coniugatione*:
is, it pro es, et: fovit 138 1. — imminit 18 33. — movit 36 9. — possit 12 20. 17 16. 24 16. 32 30. 104 21. — praebit 5 27. — restituerit 25 21. — vellit 82 2. 131 11. — videris 74 14.
es, et pro is, it[4]): addes 1 8. — adseret 111 4. — anget 107 10. — consistet 8 8. — desinet 112 14. — diriget 92 14. 110 8. — dividet 102 1. — excedet 87 15. — exeget 103 4. — inquiret 112 8. — prodet 91 3. Cf. *ind. IV s. v.* coniugatio.
i pro e *in inf. praes. act.*: laxari 53 4.
e pro i *in inf. praes. pass.*: deferre 103 15. — invenire 108 10.
*dicebatur*: dicibatur 6 1.
*edicemus*: edicimus 78 2.
*sequemur*: sequimur 107 16.
*in compositis e non mutata in i*:
*dedisse*: addedi 54 5, ededissem 2 2, subdedit 131 7. — *decem*: duodece(m) 12 23. 18 12. 53 6. 74 8, tredecem 120 16, quindecem 15 29. — *legere*: collegi 113 22, collegere 3 8, recollegeret 50 7, dilegere 2 6, elegere 103 16, elegens 71 9, elegentes 67 10, elegitis 23 16, elegendis 24 26, elegeret 88 15. — *premere*: depraement 50 5, opprimitur 26 34, opprae-

---

[3]) *Rossius*: mensis 1101 — Octobris 1013 (*similia passim*) — tris 985 — Eutychis 1069 — Iohannis 1055.

[4]) *Rossius*: requiescet 1012. 1100; requiscet 1027 — vixet p. 443, viset 1026, visse 1097.

## III. ORTHOGRAPHICA.

e et i *permutatae*:
   mens 33 31. — *regere*: diregitur 50 25. — *sedere*: consedebant 65 11, insedebant 90 12, obsedebat 33 2, possedeam 133 11, possedebo 133 13, resedere 100 6, resederet 48 21, resedentes 99 1 (*at* possiderunt 102 11, residerunt 66 16).
   — *stetisse*: obstetissent 66 11. — *tenere*: contenuit 136 1, conteneretur 13 4, obtenuit 14 1. 33 22. 120 17, obtenuerunt 14 4, sustenuit 15 1. *Similiter a capere* acceperent 11 16, intercepit 113 17, praecepis 133 9, receeperentur 12 15, receeperetur 21 21 (*at* praecipisset 91 17) — *ab agere* exegit 80 12, subegeret 88 12 (*at* abigerunt 67 9, exigisti 54 7, exigerunt 117 17, redigerunt 14 31, subigisset 117 13).

i pro e[1]):
   *beneficium*: benificium 109 8. 110 10.
   *ceteri* (sic 130 2): citeri 92 12. 106 18. 117 1. 125 26. 127 29.
   *de-*: dibacchari 45 31. 48 21. — dilabitur 65 15, dilapsus 99 12. — diliciae 19 34. — discendit 5 1. 68 17. — disciscunt (desc- 32 22) 32 12, disciverant 31 18. — discripsit 11 21, discriptor 58 1. — distinare 50 6. 118 13, distinatus 23 23. 48 3. — disperavit (desp- 95 10) 24 8, disperationem 95 5. — districtus 100 18. — distructus 1 17. 7 30. 78 2. — divolvitur 62 13.
   *depactus, depectus*: depicta 48 3.
   *-edo*: intercapidinem 79 5. — nigridinis 91 1, nigridine 59 7.
   *equester*: equistri 48 30.
   *-esco*: adulisco *cum der.* 4 28. 5 10. 41 28. 78 17. 130 26. 135 22. 136 16. — delitisceret 94 8. — duriscit 65 13. — pavisc- 44 28. 91 11. — rarisceret 69 9. — recrudiscentes 50 15. — stupiscent 73 5.
   *expeditio*: expiditionem 37 31, expiditi 91 7 (*H*).
   *gleba*: gliba 14 28.
   *Graeca et nomina propria*: Appininus — Calydonia — Dioclitianus — Dripana — Fossatisii — Ellispontiacus — herimum 89 13 — Herineus — Filomitor — Pyrineus — Sadagis — Sacromontisii — Siricus 71 13. 124 10.
   *quatenus*: quatinus 2 2.
   *querella*: querillam 18 37.
   *relegare*: religavit 136 22.
   *segnis*: signis 46 9.
   *trecenti*: tricenta 81 11.
   *valetudo*: valitud- 91 19. 103 10.
   *venio*: vintum 33 2, advinit 56 2.
   *vexare*: vixaverit 21 10.

e pro i[2]):
   *cartilago*: chartellaginem 66 1.
   *citerior*: ceterior 54 19.
   *citrus*: cetri 58 3.
   *comissatio*: commessatio 124 21.
   *deficit*: defecit 108 13.
   *delicta*: delecta 3 26.
   *didicit*: dedicit 5 10, dedicerant 90 9.
   *di-*: demicante 112 5. — demiserat 50 26.
   *dolium*: doleis 16 16. — doleo 36 8.
   *fremitus*: fremetibus 112 14.
   *Graeca et nomina propria*: Beturiges — Duellius — Falesci — Helarianus — Herineus — Mesenos.
   *hilaritas*: helaritatem 126 5.
   *origin-*: origenis 105 19.
   *ostia*: ostea (*sed osteum etiam acta Arvalium C.*

e et i *permutatae*:
   *I. L. VI n. 2104 a v. 27 bis et n. 2109 v. 7, item titulus C. I. L. VIII, 1310*) 62 3.
   *primicerius*: primicyrius 39 15 (*HP*).
   *privignus*: prevign- 33 24. 38 22.
   *prosilire*: prosilerent 129 15.
   *redimitus*: redemito 47 24.
   *simus*: semo 105 19.
   *tradere*: contradedit (tradidit *Hieronymus*) 39 18.
   *tria*: trea 81 13. — trepertito 54 12. — treplix 25 3. — trecensimo 4 29. 5 1. 6 12.
   *triginta*: trigenta 4 24.
   *veridicus*: veredici 3 12.
   *veritus*: vereti 129 24.
   *utrimque*: utremque 69 3.

e et oe *permutatae*:
  oe pro e *vel* ae:
   *cepit*: coepit (*H*) 40 31. — coeperat (*HV*) 129 11. — coepisset (*vel* caepisset) 21 12. 29.
   *ephebi*: efoebi 91 6.
   *fetus*: foetos 114 11.
   *praemia*: proemiis 79 5. 15.
  e *vel* ae pro oe:
   *coepit* (sic 33 3): cepit 26 10. 32 32, cepta 33 1.
   *foedare*: fedavit 12 2; faede 18 37; fedaque 21 18; fedforem 57 2.
   *foedus*: federa (*H*) 15 2.
   *Poenus* (sic 27 27): Pen- 21 26. 23 15. 24 12. 25 9. Paen- 20 31. 21 6. 48 17. Pyn- 21 1.

g et v:
   *leuga*: leuva 108 6.

*geminatio consonantium male omissa*:
  c: sucessione 114 2.
  f: affixit 47 6.
  l: Polentia. — polentem (sic *H*) 135 2. — pulularunt 63 11 (*errore om.*); pululabat 123 5. — solemne 16 32. 40 5.
  m: agramatus 126 24. — comemorans 61 9. — incomodum 85 10.
  n: Appininus — Hirineus — nonulle 131 27. — tyrranicus 117 11. 133 12, tyrranis 133 8.
  p: aplicavere 60 11. — oportun- 109 6. 110 7. 116 18.
  s: Basiana — Casandra — effosum 47 13.

*geminatio consonantium male admissa*:
  f: Affrica 15 20.
  l: Babyllonia — chartellago 66 1. — nollit 53 9. — pilleat- 74 21 bis.
  m: commessatio 124 21. — Flammin-.
  n: Iordannis.
  p: suppraemo 112 19.
  r: Arrianus — tyrrannicus 118 5, tyrranicus 117 11. 133 12, tyrranis 133 8, tyrrannus 107 4 (*H*).
  s: occassione 18 3. — promisserat 22 30. — trecessimo 4 29.

h *omissa*[3]):
   *distrahit*: distrait 12 9.
   *exhalare*: exalare 57 1.
   *exhaurire*: exausto 100 2.
   *habenae*: avenis 22 7.
   *habitus*: abitus 13 33. 134 9.
   *hactenus* (sic 1 8. 136 2): actenus 9 27. 25 4. 128 27.
   *haerentibus* (?): erentibus 111 11.
   *haruspex*: aruspices 108 22. 111 23.
   *hasta*: astilibus 46 1. — astatus 19 13.
   *hesperius*: esperius 39 24. 44 17. 50 12.

---

[1]) *Rossius*: Agapit- 967. 1017 — dipositus 1026. 1097 — si 977 — Vilisar- *cf. p.* 170 n. 1.
[2]) *Rossius*: deposeta 1099 — menus 1037 — possedatur 980.
[3]) *Rossius*: Boetius *semper* — Crisogon- 975 — eredium 977 — Yppolitus 1090 — olografus 1055 — ortolanus 1020 — Pascasius 1020 — Symmacus plerumque (Symmachus 979. 982) — Tyca ... 1095,

## III. ORTHOGRAPHICA.

**h omissa:**
  *historia* (sic 61 6. 64 11). *istoricus* (certe in cod. H) 88 12. 89 17. 104 16. 105 22. 114 23. 123 18. 124 7: cf. sub littera s.
  *hoc*: oc 26 34.
  *hodie*: odi(a)e 17 6. 60 8. 75 2.
  *horribilis*. orribile 18 7.
  *hortus*: ortus 97 11.
  *hospitium*: ospitio 12 15.
  *hostis* (sic 12 7. 8): ostis 12 2. 6. 13 11. 18 3. 35. 20 24. 34. 24 27. 25 24. 29 4. 32 3.
  *nomina propria*: Adria *cum der.* — Gotia *semel* — Ellispontiacus — Emimontium — Renus — Rodii — Tyrren- *aliaque plura*.

**h addita[1]):**
  *abundare*: habundans 127 8.
  *cartilago*: chartellaginem 66 1.
  *coartare*: choartem 53 8.
  *corus*: chorum 62 11.
  *eremum*: heremo 5 11, herimum 89 13.
  *etymologia*: aethymologiam 67 3.
  *nomina propria*: Anthiocus *semper* — Archadius — Cauchasus — Euryphylus — Ptholomeus *semper* — Sardanaphalus — Sithalcus — Thelephus — Thomyris — Thomi *cet.*
  *oriens*: horienti 38 18.
  *ora*: horis 16 4.
  *ostium*: hostium 21 32, hostia 17 22. 56 12.
  *umere*: humente 22 23.
  *umerus*: humero 19 16.

**m finalis omissa[2]):**
  in Grecorum dicione rem p. demutavit 1 19.
  vocat in terra Chanaan 5 4.
  tam annorum seriae quam gesta collegere 3 6.
  in terra fugit Madia 5 12.
  accepta filia in uxore 5 32.
  usque exortu 7 14.
  regredi in Iudaea 8 6.
  post morte Darii 8 28.
  ex Hebrea lingua vertit in Greca 8 33.
  Anthioco Scopa superante 9 6.
  sociat in amicitia 9 6.
  secundum Danielis prophetia 9 28.
  ordine actosque inquirere 10 2.
  duodece 12 23.
  inportunitate tolerare 13 23.
  Romana classe vident 18 35.
  in urbe intravit 19 30.
  post Tarentina clade 20 3.
  praeda Marti devotasset 22 27.
  Romana fecit provincia 27 22.
  Apollonia, Galato, Parthenopolim, Thomos, Istro 28 18.
  loca cepisset, id est Lydia Caria Ellispontu utrasque Frigias 28 24.
  in honore Caesaris Caesaream appellaverunt 29 13.
  in Madianea ingressus 31 21.
  in Armenia . . . fugit 31 22.
  in Romania transeuntibus 32 16.

---

[1]) *Rossius*: Horestis 1037.
[2]) *Rossius*: annu 977. 1036 — consolatu 1100 — quartu 1099 — quindeci 977 — undecim 1096 — unu 977. — *Inter ea quae hic recensentur ut quaedam insunt, quae item inter ablativos pro accusativo positos redigi poterant, ita qui comparabit quae sub eo capite proponuntur, ibi praesertim, ubi in praepositio praecedit, hanc explicationem praeferet. sed cum res ad liquidum perduci nequeat, utile autem sit, maxime investigantibus casuum permutatio quatenus perveniat, haec omnia coniuncta habere, placuit hic componi quaecumque ex m littera omissa explicari aut debent aut certe possunt.*

**m finalis omissa:**
  ab oriente in occidente, a septentrione in meridie 33 15.
  Archelaum Cappadocum rege 33 26.
  expeditionem in Brittania insulam 34 1.
  regni moderatione suscepit 36 17.
  ad idolorum cultura 39 6.
  in deditione accepit 39 10.
  Valentiniano fratre de Iustina . . . natu . . . consortem adsumit 40 1.
  laudante Severa . . . pulchritudine Iustinae 40 2.
  venientes in Romania 40 15.
  in casa deportatur vilissima 40 19 (sic *Epit.*).
  Dominica . . . multa pecunia plebi largita 40 21.
  veniensque Thessalonica 40 25.
  Hesperia plaga . . . inundavit 41 18.
  tyrannide moliuntur 42 1.
  ut . . . Chartagine fugiret 42 3.
  invitat in Italia 42 3.
  dum in offensa Valentiniani venisset 42 20.
  in Africa rediens 43 15.
  ea (Carthaginem) pecuniis vendidit 43 24.
  vitaque . . . amiserunt 44 16.
  ob corporis debilitate 46 8.
  ut omittam intestina clade et pugnas 46 14.
  Misahelu et Ardaburem Serdica in exilio misit 47 7.
  ante quarto mense 47 13.
  invice 48 3.
  in duce Solomone saeviebat 48 24.
  a Sicilia in Africa 48 25.
  Campania ingressus 49 2.
  exercitus favore . . . except 49 3.
  Ravenna revertentem 49 7.
  Hunnila ductante superat 49 13.
  Belesario . . . rege regina opesque palatii reportante 50 13.
  Ravenna ingressus est 50 26.
  Sicilia properavit 51 28.
  praeter illa (pugnam) 52 7.
  (Oceanus) habet . . et alia Mevania 55 15.
  magnitudine . . . circumvectus est 56 5.
  correptam latitudine 56 12.
  geminoque latere longiorem Galliae praetendi 56 13.
  ob nimium frigore 58 16.
  luce clara nescire 58 19.
  ob nimia proceritate 60 1.
  tantu (e coniectura) 61 9.
  stirpe comemorans 61 9.
  magnumque illu (*libri* illud) Danaprum 61 14.
  in aquilone vergit 62 14.
  mansione prima (legimus) 63 16.
  in servitute redact- 64 1. 80 17.
  chartellagine . . . habentes 66 1.
  expeditione gerentibus 67 7.
  qua patratae victoria 67 9.
  duas . . . Lampeto et Marpesia . . . subrogarunt 67 10.
  habet . . . a meridie Macedonia, ab occasu Histria 70 14.
  regina . . . tanta praeda potita 71 14.
  in Thracia repedavit 72 9.
  inopia pecuniae passus 72 17.
  qua (iniuriam) fecissent 73 13.
  extra nostro urbe 73 20.
  terreno orbe . . . excedat 74 10.
  ab ortu in occasu 74 12.
  solu 74 19.
  magna potiti victoria 76 12.
  genealogia percurram 76 14.
  post prima aetate et rusticana vita 78 15.
  Severo . . . natalis die celebrante 78 15.
  habens honore 80 4.
  vectos ad ripam . . . id est Gothiscandza 82 13.

## III. ORTHOGRAPHICA.

**m *finalis omissa*:**
secessu ... cognoscens 84 3.
se parat in acies 84 9.
praeda potitus 84 10.
Prisco duce sibi foederavit 84 10.
in Vandalica gente extendere 87 10.
contra Visimar eorum rege 87 11.
infortunata patria relinquentes 87 22.
iuxta Meotida palude 88 12.
post Herulorum cede 88 18.
post egressu 89 8.
ulteriore ripa insidens 89 18.
quiete conturbans 89 19.
ad Scytharum invidia 90 5.
qua (viam) dedicerant 90 9.
fiducia prodet aspectus 91 3.
mulierem Sunilda nomine 91 15.
in Ostrogotharum parte movit 91 20.
in Romania direxerunt 92 7.
nancti occasione votiva 93 19.
in ducum ... armantur occisione 94 1.
vera fide petentibus 94 10.
in perfidia declinasset 94 10.
Thracias Daciaque ripense potiti 94 11.
post gloria 94 12.
disciplinam reposita 94 14.
ob incursione 95 9.
Gratiano imperatore pepigisse 95 14.
Aithanaricoque rege ... sibi sociavit 95 15.
regia urbe ingressus 95 17.
situm urbis commeatuque navium ... prospectans 95 19.
milite ordinato aspiciens 95 21.
manu moverit 95 23.
victoriaque potitus 96 8.
ob audacia 96 15.
uno angustissimo introitu ut porta relicta est 97 5.
utraque pollicitatione formidans 97 20.
post discessu 98 5.
in fuga conversum 98 12.
in Liguria ... revertuntur 98 13.
iniuria inrogare 98 18.
igne supponunt 98 18.
per Campaniam et Lucania 98 19.
iuxta Consentina civitate 99 11.
ob generis nobilitatem formeque pulchritudine et integritate castitatis 99 22.
casu dolere 100 11.
veniens in offensa 101 18.
in Oceani estu egeritur 102 2.
tyrannide praesumpsit 102 16.
in libertate revocata est 102 23.
in Africa persequi 103 7.
in Africa tendenti 103 7.
generis sui amplitudine ... suppressit 103 19.
in pristina concordia redierunt 104 12.
barbariae tota tenenti 105 2.
in concussione gentium natus 105 13.
in fide susceptis 105 17.
addebat ei confidentia 105 20.
in Italia misit 106 14.
serens ... discordia 106 15.
citera epistula ... oppleverat 106 18.
quantitate metitur 108 8.
erga Attila 109 22.
perpendens ... sagacitate sua 109 22.
vindicta manu querere 110 16.
in ordine coeunt 110 22.
acies testudineque conectunt 110 22.
cita victoria quaerere 110 24.
in hoste tela coiciam 111 8.
in pugna cuncti praecipitantur 111 9.
invadunt Hunnorum caterva 111 24.
quem fortiter demicante ... equo deiecit 112 5.

**m *finalis omissa*:**
in potestate hostium perveniret 112 20.
hostium absentia sunt ... silentia consecuta 113 23.
cernens hostium solutione 114 4.
deposuit exercitatu furore 115 6.
graviora se in Italia inlaturum 115 8.
Tolosa migravit 116 10.
habentes ab oriente Austrogonia 116 20.
gente ... prosternens 117 5.
usque ad internicione 117 5.
hoste fugiens 117 6.
in nave conscendit 117 6.
animu ... commutans 117 10.
ea (provinciam) subigisset 117 12.
circa Vesegotharum gente 118 1.
et multitudine Alanorum et regem eorum superatos prostravit 118 15.
in Beturigas civitate 118 19.
Riutimum Brittonum rege ... effugavit 119 2.
in societate coniungerentur 119 2.
secessit Placentia 119 17.
relicta patria maximeque urbem Arevernate 119 19.
Ravenna pervenit 120 3.
genealogia actusque ... exponere 121 14.
virtute imitatus 121 17.
suaque dum nititur ostendere virtute 121 18.
quanta strage ... fecit 122 3.
contra Suavorum gente 122 10.
magna potitus victoria 122 13.
gente secutus 122 18.
stirpe iam divisa coniunxit 122 20.
per successione 123 7.
inlatumque serviendi pudore detersit 125 12.
furentem Gepida 125 21.
se in Romania dediderunt 127 4.
inter Scarniungam et Aqua nigra fluvios 127 14.
in fuga versa 127 19.
remisit in Suavia 129 12.
gente concitans 129 13.
se suaque iniuria ulciscuntur 129 18.
tam Suavorum gente quam etiam Alamannorum utrasque ... foederatas devicit 130 22.
super Babai Sarmatarum rege discurrit 131 3.
victoria potitus 131 3.
familiaque et censu depraedans 131 4.
bella alimonia prestitissent 131 9.
ut in parte Italiae accederet 131 12.
in deditione accipiunt 131 27.
loca tradidit id est Cerru Pellas Europa Mediana Petina Bereu et alia quae Sium vocatur 132 8.
in urbe venire 132 14.
ingressus in Italia 134 8.
Zenonemque ... consultu 134 9.
germanam ... Africa ... coniuge dirigit 135 4.
Trinacriaque ingressus 137 5.
praemissis Ravenna fidelissimis 137 16.
Ravenna profectus 137 20.
Gothorum manu armis conserta mittit Perusia 138 3.
Ravenna se recepit 138 9.

**m *finalis adiecta*** (*meri errores omnes sive auctoris sive librariorum*):
abruptam 26 31.
annitentem 12 31.
armam 23 11.
dignitatem 22 1.
imperatorem (H pro imperaturae) 24 15.
Romam 16 10.
unam 18 28.

**n *inserta*** (*plerumque errore librariorum*):
*accessus*: accensos 18 18; inaccensam 56 7.
*credebatur*: credebantur 97 10.

## III. ORTHOGRAPHICA.

n *inserta*:
  *iter*: inter 111 5.
  *occasio*: occansione 22 16.

n *omissa* (*errore librariorum magis quam auctoris*):
  aberat 34 3.
  incodita 16 1.

o *et* u *permutatae*:
  u *pro* o[1]):
    *nom. sing. 3*:
    *custos*: custus 11 23.
    *abl. sing. 2*:
      arctu 62 1. — campu 20 1. — consultu 80 8. 134 9. — immensu 58 9. — intentu 104 21. — nasu 105 19. — pelagu 54 16. — sonu 130 21. — storicu 61 4.
    *acc. plur.* 2[2]):
      egressus 101 15. — inferus 15 12. — Hunnus 61 19. — interemptus 19 26. — murus 114 7. — Tarquinius 14 32. — varius 50 17. — uicturus 111 3.
    *Capitolium*: Capitulio 25 35.
    *cognoscere*: cognuscere 1 6. 136 6.
    *consobrinus*: consubrin- 35 5. 48 14. 122 16. 123 6. 136 19.
    *comae*: cumae 57 7.
    *copia*: cupia 26 11. 51 7. 59 4, cupiosus 57 4. 68 12.
    *cos*: cutem 12 22.
    *fabulosus*: fabolusae 23 24.
    *maesoleum*: mausuleum 33 10.
    *nepos*: nepus (*semper in nominativo, sed in hoc solo*) 4 1. 7 31. 12 12. 32 28. 34 7. 38 20. 46 20. 48 11. 50 19, *cf. ind. I s. v.*
    *nomina propria*: Curioli.
    *offocare*: offucatus 38 19, offucandus 29 7.
    *orbis* (*sic certe cod. H* 107 4. 110 12. 133 7): urb- 25 28. 64 3. 73 20. 74 9. 79 10. 102 22. 124 16.
    *-orius*: evocaturia 132 14. — Maiurianus — preturio 93 14. — tenturia 124 10.
    *promptus*: prumtissimus 59 11.
    *potare*: putantes 111 19.
    *robur*: rubor 109 16.
    *suboles* (*sic* 10 16. 134 16): sobulem 123 4.
    *toruus*: turvus 91 3.
  o *pro* u[3]):
    *nom. sing. 2*:
      filios 8 23. — abiectos 10 12. — humiliatos 83 20. — Mesenos 17 21. — muros 25 3. — populos Romanos 12 32. 20 12 (*cf.* 26 8). — terminos 65 14. — puerulos 128 16. — Tarquinios 14 32 (*meri errores omnes*).
    *abl. sing.* ō (*nisi haec trahenda sunt ad declinationis formam mutatam iungendaque cum genetivo* ō *in* -ui):
      exercito 22 5. 45 34. — laco 63 1. — obsidato 29 28. — permisso 92 20. — porto 119 13. — redito 21 22. — sino 56 4. 96 22. — suggesto 15 21. — tumulto 80 8.
    *acc. plur.* ō (*nisi de his quoque similiter statuendum est*):
      accensos 18 18. — actos 10 2. 6. 14 7. — arcos

---

[1]) *Rossius*: luminusus 1092 — patrunus 972 — Petrunia 977 — oxure 980.

[2]) *Apud Rossium in titulis a. 518—565 annus* (n. 972. 975. 978. 984. 990. 1004. 1011. 1021. 1024. 1027 bis. 1032. 1086. 1092. 1094) *sive anus* (n. 1100) *legitur sedecies*, annos quater (n. 979. 991. 998. 1013); *item se vibus* (n. 975; si vivos n. 977), *qui sunt accusativi absoluti.*

[3]) *Rossius*: ortolanus 1020 — Maborti 1015 — oxure 980.

---

o *et* u *permutatae*:
  91 8. — conflictos 125 23. — curros 12 8. — exitos 123 23. — foetos 114 11. — grados 80 2. — sinos 80 15.
  *adulescens* (*sic plerumque*): adolesc- 4 25. 5 10.
  *bucula*: bocula 106 1.
  *consul* (*sic* 14 3. 5. 7 *cet.*): consol- 1 22. 10 6. 13 37. 14 10. 18 23. 102 19.
  *copulare*: copolat 49 9.
  *cumulare*: comulabat 69 15.
  *ductor*: doctores 81 17.
  *euroborus*: eoroboro 61 17.
  *fabulosus*: fabolusae 23 21.
  *furculae*: forculas 18 1.
  *incolumis*: incolomis 16 33.
  *lucus*: locus 10 26.
  *locusta*: locustarum 99 20.
  *luxuria*: luxoria 34 7. 102 4.
  *munire*: monimina 49 12. — monitiones 110 20. — monitissimo 45 33.
  *nomina propria*: Aristobolus — Eoropa — Hermundolus — Novades — Ocricolum — Romolus — Silores — Tuscolanus.
  *numen*: nomine 16 23.
  *nutus* (*sic* 115 11. 134 4): notus 48 9. 99 7. 110 4.
  *pecus*: pecodum 15 27.
  *puerulus*: puerolus 128 2.
  *purpureus*: purporeus 32 34. 33 3.
  *quantulum*: quantolum 47 3. 74 13.
  *robur*: rubor 109 16.
  *rubor*: robore 72 14.
  *suboles*: sobulem 123 4.
  *urbs*: suborbana 46 18.

oe *mutatum in* y:
  Mysia.
  Pyn- 21 1 (*alibi* Poen-, Paen-, Pen-).
  tragydia 52 12.

o *et* um *permutatae*:
  o *pro* um[4]):
    in vicensimo quarto anno 1 23.
    uno et hoc parvissimo libello confeci 1 24.
    diligenti mundo 2 5.
    et usque diluvio 3 11.
    supra scripto familiarum serie currentes 4 8.
    et usque quadragesimo secundo anno 4 15.
    bello (bellum *Florus*) pacemque porto 23 16.
    o populo (populum *Florus*) dignum 25 25.
    Apollonia Galato Parthenopolim Thomos Istro 28 18.
    Romano confirmavit imperio 30 11.
    Bosforo (in Bosforos *Rufus*) venit 30 22.
    Crassiano interitu oblivisci 31 20.
    per eodem Claudio Caesarem 31 30.
    Pathmo eum insulam relegavit 34 29.
    ammodo 36 27.
    Maximino occidentes 36 28.
    millesimo anno quod expleverat 37 3.
    apud Tharso 37 35.
    pristino matrimonio repudiantes 38 24.

---

[4]) *Mature pro um syllaba substitutum esse apud vulgus o ostendunt inter alia exempla certa haec*: so = sum *in titulis Orell.* 4810. 4811 *saeculi qui videntur tertii*; annoro *in titulis a.* 372 (*Rossi n.* 229) *et a.* 407 (*Rossi n.* 572); *similia complura vide apud Schuchardtum Vokalismus* 2, 164 sq. *fines tamen cum difficulter regantur inter hoc vitium auris hebetatae et confusionem casuum, placuit exempla alterius utrius erroris hic componere coniuncta. in his libellis* um *pro* o *non ibi reperitur, ubi ex eiusmodi mutatione procederet verbum ipsum nullum* (unde non scribitur so pro sum, co pro cum *cet.*), *sed tum tantum cum inde efficitur quod per se non offendit.*

o *et* um *permutatae*:
    Valentiniano fratre de Iustina ... natu ... consortem adsumit 40 2.
    fugiens Hellisponto piratico ritu vivebat 41 14.
    palatio invadentem 41 25.
    invasit imperio 41 32.
    locoque eius ... invasit 43 19.
    regno potitus legitimo 43 28.
    super solito 45 30.
    ad postremo 46 14.
    ut Ilio a se recedenti perimeret 45 27.
    solo usque 46 11.
    ante quarto mense 47 13.
    locoque imperatoris iam occupante 47 24.
    regnoque suo confirmans 49 7.
    se suoque filio commendaverat 48 15.
    conperit ... civilia bella intestinoque proelio dibacchari 48 21.
    pleroque 57 7.
    ad ... gremio 60 4.
    consilio sedit 60 13 (sedit consilium *Ammian.* 19, 7, 6).
    quod proelio ... occurrit 66 8.
    in Aegypto usque persecutus 66 10.
    iugo dedere vocabulo 69 7.
    extra nostro urbe 73 20.
    terreno orbe ... excedat 74 10.
    ductore Fusco ... amnem ... transmeare coegit 76 8.
    Hunimundus genuit Thorismundo 77 8.
    transiens ... Danubio 81 5.
    Prisco duce ... sibi foederavit quasi ... pugnaturum 84 10.
    paterno affectu non ferens 84 14.
    ad Abritto Moesiae civitatem 84 15.
    imperio adepti sunt 85 15.
    ad duodecimo miliario (*si lectio vera*, *cf.* 35 16) 86 9.
    post intervallo 89 6 (*nisi ablativus est*).
    Danubio transmeantes 92 19.
    aperto dolo cognoscens 93 17.
    repperit ... Gratiano imperatore pepigisse 95 13.
    Althanaricoque rege ... sibi ... sociavit 95 15.
    milite ordinato aspiciens 95 21.
    inter paludes et pelago 96 21.
    super mare Ionio 97 1.
    uno angustissimo introitu ut porta relicta est 97 5.
    ne foedus ... inito turbaret 100 20.
    non diu tenens regno praesumpto 101 8.
    otio ferre 111 9.
    regno pervaderent 113 13.
    Alarici ... obicientes exemplo 115 1.
    propter Hunnorum dominio 122 18.
    luctu funereo mixto gaudio explicabant 124 22.
    Vto et Hisco Almoque potiti sunt 127 3.
    qui gladio evadissent 129 9.
    exitio ... vereti 129 24.
    eoque ... interemit 131 4.
    filioque suo Theodorico sociatis ... comitibus ... transmisit Vlpiana 131 25.
    Theodorico ... regem audiens ordinato 132 13.
    insigne regio amictu adsumit 134 9.
    quem ... utroque parente orbato ... fovet 134 20.
    ad civitatem cognomine Margo planum 135 9.
    eodem regno ipse invadens 135 23.
    occiso Theodahado rege qui adveniebat populis nuntiat 137 17.
  um *pro* o:
    in ipso Samnium 17 31.
    in promuntorio sacrum ... monumentum 116 21 (*requiritur sacro, sed erravit auctor*).

p *inter duas consonantes*:
  *omissa*[1]):
    *contempserat*: contemserat 10 16 (*cf.* contempto 60 3; *item* contempti *pro* contenti 16 5).
    *promptissimus*: promtissimus 59 11.
  *admissa*:
    dampnavit 120 10 (*H*).
    Pemptapolim 30 4 (*HP*).
ph *et* f[2]):
  *ephebus*: efoebi 91 6.
  *elephantus*: elefantus 19 4. 8. 19. 21 28. 29 24.
  *nomina propria*: Bosforus, Ctesifon, Fasides, Fryg-, Nifates, Rifeus, Telefus *cet.*
  *phalerae* (*sic* 12 25): falerae 125 1.
  *physica*: fysica 74 5.
  *triumph-* passim.
  *philosophus*: filosophus 9 8.
  *prophet-* 6 15. 9 28.
ph *et* p:
  p *pro* ph: Ioseppus.
  ph (f) *pro* p: Bosforus, Euryphylus, Sardanaphalus
qu *et* c[3]):
  *quoque*: coque 13 12. 16 28. 18 11. 19 24. 25 25.
  *quotidie*: cotidie 134 6; cotidiani 15 23; cottidiana 52 10.
  *reliquus*: relicuum 112 9; relicorum 22 28.
  *sequi*: secuntur 50 2.
s *impura*:
  *spectaculum*: expectaculum 10 31.
  *spoliatus*: expoliatam 43 14.
  *historia*: istor- *v. sub littera* h, stor- 3 6. 61 4 65 2. 70 4. 78 4. 85 2.
  *Hispania*: Span-.
  *instrumenta*: strumenta 33 31.
  *excubitor*: scubitorum 47 4.
t *omissa*[4]):
  pos 83 23.
x[5]):
  *senex*: senis 5 22; senes 34 32.
  *excubitor*: scubitorum 47 4.
  *Xerxes*: Xerses.
  *sescenti*: sexcentorum 3 24.
  x = xc[6]): iuncx- 25 38, coniunex- 26 3, 27 4. 26 24, extincx- 40 34. 52 2; *cf.* ancsius 39 13.
y *et* i:
  i *pro* y[7]):
    *Graeca*: Astiages — Bithinia — Bizantium — Cambises — Fiscon — Frig- — Hippolite — Hyppolitus — Lybia *cet.*
  *lynter*: lintres 130 16.
  y *pro* i[8]):
    *Graeca*: hystoria 80 11. — phylosophia 74 3. — tyaris 74 22.
    *nomina propria*: Calydonia — Epyrus — Gyzericus — Hyero — Hyppodem — Lybia — Lygur- — Scyri — Syrmis — Tyberinus — Xantyppus *cet.*
y *pro* u:
  *nomina propria*: Lysitan- — Sylla — Thyle — Thyringi; *cf.* Calydonia.

---

[1]) *Rossius*: presumserit 1090.
[2]) *Rossius*: olografus 1055 — Stefan- 1005. 1085 1088.
[3]) *Rossius*: Pasqua[sius] 1100.
[4]) *Rossius*: pos 1100.
[5]) *Rossius*: bissit 978, visit 1092. 1094, viset 1026, visse 1097.
[6]) *Rossius*: depincxerat *in titulo emendate scripto* 1003.
[7]) *Rossius*: Crisogon- 975 — Dionisius 1050 — Yppolitus 1090 — martiris 985 — Olibrio 1006. 1007. 1008.
[8]) *Rossius*: Yppolitus 1090.

# IV. LEXICA ET GRAMMATICA.

Vocabula quae ad rem publicam pertinent in indicem ita recepta sunt, ut omitterentur reperta in prima parte libelli prioris (fere ad p. 46), utpote descripta ex auctoribus qui extant et paucis exceptis parum apta ad sermonem Iordanis ipsius elucidandum.

a, ab: Theodosio ab Spania electo 94 13.
    *amittere ab aliquo*: quomodo (terras) ab ignaris rectoribus amiserit 52 14.
    dilucidus ab aliquo scriptore 55 8.
    *cf.* peregrinus, privare, vacuus.
abactor 135 14.
abhinc *de loco* 82 8.
*ablativus pro accusativo*:
    1. *Ablativus post praepositiones, quae accusativum solum admittunt, raro reperitur, scilicet post* per:
      longo per tempore 1 3.
      per viris 14 2.
      [per eodem Claudio Caesarem 31 30 *magis acc.*].
      plus per decem milibus 130 9.
      per castro Herculis 131 26.
    *fortasse etiam post* post:
      post . . . témpore 71 5.
      post . . . intervallo 89 6.
    *nam quae similia videntur apud* Tharso 37 36 *et propter* Hunnorum dominio 122 18, *item pro accusativis haberi poterunt, quod autem legitur* 3 5 *ad* inquisitionibus, *pro uno vocabulo.*
    2. *in praepositio apud Iordanem passim ibi ablativum adsumit, ubi requiritur accusativus: neque a mero casu res pendet, quamquam non exiguae eius partes in hoc auctore sunt, sed sunt quaedam locutiones, ut* succedendi in regnum, uxoris ducendae in matrimonium, *in quibus ablativus dominatur. quapropter utile visum est haec aliquatenus componere. omisi autem quicumque loci ad accusativum ita redigi possunt, ut in finalem addas, admisi in his quae in* o *exeunt vocabula: ea enim quamquam non raro et ipsa ad accusativum redigenda sunt, ubi, ut in his, constanter adest* o, *dubium non est ablativos significari.*
      a Romulo in (= *usque ad*) vicensimo quarto anno Iustiniani 1 23.
      civilissimus in omnibus (civilissime vixit in cunctos — in cunctis *codd. alii* — liberalissimus *Eutropius*) 33 15.
      accipere in matrimonio 41 31; adsumere in matrimonio 43 1; copulare in matrimonio 43 27, in coniugio 122 6. 134 18; iungere in matrimonio 42 6. 52 4. 135 3; petere in matrimonio 134 11; postulare in matrimonio 72 1; sociare sibi in matrimonio 40 3. 101 2. 123 19. 137 21; sumere in matrimonio 51 12. 77 13; suscipere in matrimonio 42 17.
      adsumere in regno 38 20 (in regnum *Hier.*) 40 1; asciscere in regno 6 23. 34 17. 39 16. 42 29, in consortio suo 38 15; conscendere in regno 75 6. 123 7; destinare in imperio 43 21; inducere in imperio 44 8; ingredi in imperio 37 1, in regno 80 3. 119 11; levare in imperio 37 13, in regno 38 14. 137 15 (levare in rege 137 14); ordinare in imperio Orientale 44 1; subrogare in orientali principatu 94 13; succedere in imperio 41 28, in regno 36 21. 44 30; sumere in imperio 96 3.
      coartare in uno et hoc parvo libello 53 8.
      concitare in zelo 45 18.
      convertere in spectaculo (spectaculum *Florus*) 19 8.

*ablativus pro accusativo*:
    descendere in Aegypto 4 35. 5 1.
    destinare in exilio 44 15; in imperio 43 21 (*item* Romae d. 118 13; ubi d. 136 4; *sed* in Constantinopolim d. 42 15).
    devenire in Romanorum imperio 9 27.
    dirigere in proelio 31 14.
    ducere in Aegypto (Aegyptum *Hier.*) 8 29.
    egredi. videns Valia Vandalos in suis finibus, id est Spaniae solum egressos 101 13.
    extendere in longo latoque 55 5; in duobus milibus trecentis decem stadiis latitudo fertur extendi 56 14.
    ferire in capite 45 28.
    impetu facto in eo 49 5.
    inicere manus in ipso principe 51 26.
    invitare in convivio 93 12.
    mergere in Ponto 75 14 (m. Ponto 81 16).
    mittere in exilio 47 7; m. in fervente oleo 34 29; transmittere in usibus Romanorum 59 5.
    movere arma in parentibus 82 10.
    offerre in solacio 81 5.
    persequi in Aegypto 66 10.
    porrecta planities in longo 126 14.
    recedere in Hemi partibus 84 2; recedere a Roma in Gallis 95 9.
    redigere in dominio 8 26. 28 17; rediguntur in auxilio Romanorum contra Parthos rogati 86 13.
    reducere aquas in suo alveo 99 14.
    refugere in quodam praedio 94 6.
    reponere in meliori statu 94 14.
    resolvere in omni lascivia 85 18.
    reverti in regno 7 22; in regno proprio 44 14.
    ruere in bello 98 10.
    subterfugere in episcopio 45 21.
    suscipere in partibus Moesiae 92 12.
    transducere in montibus (montes *Hier.*) 7 18.
    transire in Epiro 32 36.
    venire in loco illo 104 17.
    vindicta facta in suis 81 9.
    3. *Ut post praepositiones, excepta una* in, *ita alibi quoque ablativus raro locum accusativi occupavit. exempla inveni haec fere numero pauca et fortasse ex parte alio modo explicanda.*
      uno et hoc parvissimo libello conferi 1 24 (*modo recte haec iungantur neque verbum in praecedentibus* post hec *quomodo obiectum suum habeat*).
      hoc nomine nanctus est 36 5.
      luctu quodam . . . gerens 45 22 (*et hic et similibus locis* 48 30 92 1 *Vahlenus iudicat ablativum ita positum esse, ut non regatur a participio, sed hoc libere ei adiungatur*).
      tam navali quam equistri agmine ductans 48 30.
      ducentis tantum pedibus in altum aquam in alveo habet profundam 75 17.
      tam vulneris dolore quam etiam Hunnorum incursionibus non ferens 92 1 (*magis confudit duas loquendi formas ablativum instrumentalem et rem non ferre*).
      Hunnorum populus suis antiquis sedibus occupare 126 12 (*magis confudit duas locutiones* sedere aliquo loco *et* sedes occupare).

## IV. LEXICA ET GRAMMATICA.

*ablativus pro accusativo:*
   non minore tropeo adquisivit 135 18.
   eodem regno invadens 135 23.
*comparari potest* seriae 3 7 *pro* seriem, aciae 84 9 *pro* aciem, barbariae 105 2 *pro* barbariem.

4. *In universum accusativi et ablativi usum apud Iordanem qui considerabit, diversitatem duorum casuum non negabit ne apud eum quidem prorsus periisse. accusativum sane infra videbimus late regnare et saepenumero in locum ablativi sese insinuasse; ablativus tamen et antiquos fines aliquatenus retinet et post in praepositionem ultra eos progressus esse invenitur, ut ille tanquam victoris locum obtineat invadentis territorium alienum, hic victi magis quam expulsi. ad oblitterandam casuum duorum diversitatem multum contribuit sonorum o et um aequiparatio apud hebetatas huius saeculi hominum aures vulgo admissa, quae tamquam attractione quadam etiam ad terminationes alias sese propagavit. ita invadendi vocabulum, quo passim Iordanes utitur, cum fere accusativum secum habeat, de quo dubitari nequeat* (6 29. 8 22. 12 28. 13 20. 30 1. 37 30. 40 34. 42 8. 43 11. 45 29. 84 10. 101 7. 118 5. 11. 119 16. 126 13. 131 5. 138 2), *quod legitur* 41 32 invasit imperio *et* 43 19 locoque invasit *non sextus casus est male admissus, sed quartus male expressus. at in exemplo quod supra citavi eodem regno invadens quartus casus ita formatus, ut sexti similis fieret, ita ad pronomen translatus est, ut in hoc excusatio deficiat: similiterque explicanda erunt pleraque exempla supra composita ablativi admissi in locum accusativi, ut hoc libello, luctu quodam, minore tropeo, item per eodem Claudio Caesarem.*

*ablativus nude positus loco praepositionis, qualis est ab, ex, in, ob (cf. p.* 191 *s. v.* locorum *):*
   occiduali axe iacentes 32 21.
   eo regno evulso 34 14.
   silvis commanentes 39 6.
   accolas contiguo vocatos 57 9.
   qua septentrione patet 68 9.
   vicinis gentibus concubitum petierunt 69 9.
   qua necessitate suorum Domitianus Illyricum properavit 76 7.
   qui orientali plaga tenebat 78 6.
   hac re (= *ob hanc rem*) aedificavit 81 21.
   dum Spesis provincia commanerent 82 19.
   orientali plaga sedere 92 3.
   vastantes itinere suo Troiam 86 4.
   rex Asdingorum stirpe 87 11.
   generis nobilitate principatum deferre 103 14.
   oceano e navibus egressu 118 19.
   parte Illyrici ad Castramartenam urbem sedes sibi datas 126 17.

*ablativus absolutus:*
  *verbi impersonalis:*
   nerdum quantulum respirato 22 13.
   nec diu intercedente 51 26.
  *loco obiecti in enuntiato primario omissi positus aut ita adiectus ad obiectum, ut subiectum ipsius ablativi omittatur:*
   ex qua genitis duobus geminis rex exponi praecepit 9 5.
   sedentibus (sedentes *Florus*) in curulibus suis praetextatos senes 16 24.
   resistentibus Sylla consul sedavit 27 5.
   evocatis exinde legionibus in Mysia collocavit 27 28.
   resistentibus . . . Appionis consilium Romano populo subdidit 30 5.
   bis et aliis rebus . . . bene gestis unius foedavit avaritia 31 5.
   Dacos . . . transeuntibus (= *cum transirent*) . . . vicit 32 16.
   ut Illo a se recedenti . . . perimeret 45 27.
   piscesque . . . gignit ossa carentibus chartellagine(m) tantum habentes 65 16.

*ablativus absolutus:*
   quos . . . vera(m) fide(m) petentibus in perfidia(m) declinasset 94 10.
   quos excepit diuque fatigatis . . . prostravit 127 18.
  *subiectum ablativi absoluti idem atque subiectum enuntiati primarii:*
   Anthioco Scopa(m) superante Iudaeam sibi sociat . . . Antiochus 9 6.
   Traianum se vivente elegit 34 33.
   ut . . . revertentibus . . . patri redderet (= *revertentes patri redderent*) 69 10.
  *part. pass. regens obiectum (quamquam horum pleraque etiam ad accusativos absolutos redigi possunt admisso accusativo in o):*
   regnum ab Aristobolo sublato 9 23.
   foedus percusso 31 2 (percussumque foedus 29 26).
   caput eius dempto et circumlato 31 17.
   regnum in provinciam verso 33 27.
   excepto oppida vel possessiones 55 6.
   quod proelio rex Vesosi occurrit 66 8.
   foedus inito 73 7. 87 4 (inito foedere 132 7).
   perpetrato facinus 80 4.
   iugum Hemi montis transacto 84 4.
   quod in omni lascivia resoluto 85 18.
   quod comperto 92 11. 128 25.
   ignemque . . . supposito 94 8.
   nec quicquam mali . . . perpetrato 98 5.
   quod praetermisso 121 9.
abnepos pro pronepote 5 31.
abscidere *aliqua re:* naribus abscisam truncatamque auribus 106 11; abscisa nervis mox membra relabuntur 110 25. — *Cf.* torquere.
absolvere *absolute:* de Brittania . . . paucis absolvam 56 4; quomodo Getae Gepidasque sint parentes. paucis absolvam 82 10.
absolute: quem cum Amazonarum viris absolute pugnasse cognoscimus 65 8.
absque 72 14. 80 8. 110 5.
*abstracta pro concretis:* cuius licet magnitudine(m) olim nemo circumvertus est 56 5; Hunni populorum rabiem pullularunt 63 10; triumphus Instiniani imperatoris a deo sibi donatus (= *Iustinianus imperator triumpho a deo sibi donato*) quod inchoaverat ad pacem usque perduxit 103 3.
*abundantia inanis, ita ut bis idem dicendo vis orationis infringatur, inter proprietates auctoris primum fere locum cum obtineat, sufficit exempli quaedam componisse nullo negotio augenda. pleraque apparet inde originem trahere, quod scriptori infanti et barbaro ubi duae locutiones sese offerebant, fames et penuria, cumba et lynter, regia et palatium et sic deinceps, ut neutra periret, ambas ponere maluit.*
   famis penuria 5 1; penuria famis 93 1.
   ultra fortia fortissimus 6 7.
   prima Olympiades coepta est nominari 6 34.
   omnium non modo Italiae tantum (tantum om. *Florus*), sed pene toto orbe terrarum pulcherrima 17 18.
   clarissimum Epyrotarum (Ep. om. *Florus*) Graeciae regem 18 27.
   classe navigera 30 1.
   finem terminumque 35 11.
   ideo . . . eo quod 36 5.
   dum nullum genus obscenitatis quod non faceret praetermittebat 36 15.
   urbem nominis sui in Thracia, que dicebatur Pulpudeva, Philippopolim reconstruens nominavit (urbem nominis sui in Thracia construxit *Hier.*) 37 3.
   revertens Zeno rursus in regno proprio 44 14.
   ante ab Hunnis capitur . . . antequam . . . 46 20.
   maior octogenario aetatis anno 47 1.
   effossum (= *confossum*) peremit 47 13.
   vivens . . . degebat 48 12.
   affatim refertus 55 8.

## IV. LEXICA ET GRAMMATICA.

*abundantia*:
   nec mora ilico 61 1.
   professa voce testatur 65 7.
   ad Ripheos usque in montes extenditur 68 16.
   Parthos devictos superant atque prosternunt 71 12.
   unde origo coepta 76 14.
   quomodo et qualiter 78 1.
   ibi . . . ibi 78 5.
   nam ut dicit Symmachus inquiens 78 11.
   hac re aedificavit eo quod *cet*. 81 21.
   superba admodum elatione laetatus 83 7.
   Anchialos civitatem adgressi mox adeunt 86 7.
   hos, ut refert antiquitas, ita extitisse comperimus 89 7.
   quas patrio sermone Halurunnas is ipse (*sermo*) cognominat 89 11.
   ob audacia virtutis 96 15.
   post se unde iam transierant 98 14.
   revertens iter ad Romam 99 19.
   integritate castitatis 99 23.
   audaci temeritate 101 14.
   ita convenit pacisci 101 15.
   nec mora mox 101 16.
   ne de regni ambitione intentio (= *contentio*) esset 102 8.
   fieret sequens successor 102 9.
   exercitus movit procinctum 104 10.
   qui erat famosa inter omnes gentes claritate mirabilis 104 14.
   refert . . . inquiens 104 22.
   sorbebant potantes sanguinem 111 19.
   vitam maturae senectutis conclusit 111 21.
   gloriosos manes patris . . . patris exequias prosecutus 113 7.
   praebet hac suasione consilium 113 12.
   graviter . . . et quod peius est miseriterque pugnaret 113 14.
   Veterici filius natus est Eutharicus 122 19.
   inter gaudia laetus 124 15.
   ad hilaritatem libertatis votivam 126 5.
   armenta diversi generis pecorum 127 8.
   silva lignarum 127 8.
   ergo ut . . . revertamur . . . contigit ergo 127 12.
   cumbarum lintres 130 15.
   ante regiam palatii 132 19.
   captivitatis servitio 133 12.
   filios credens hac societate cum gente Gothorum inito foedere sociari 134 13.
   ad pacis concordiam 134 13.
   de Attilanis quondam origine descendens 135 12.
ac si = *utpote, prout*: ac si iuvenilem . . . regnum despiciens 41 11, Aetium . . . ac si seniorem . . . consuluit 113 9; *item* 45 10. 14. 83 2. 89 4. 110 4. 136 9; *nusquam invenitur sensu negativo*.
accedit mors = *contingit* 30 23.
*accersere* = accersientes 130 1; accersitum 136 19.
*accipere* = *in matrimonium accipere* 38 22. 23. 40 6.
*accusativus post praepositiones requirentes casum diversum*:
  a:
   ab originem . . . primaque creatione 3 10.
   ab Spaniam 25 37.
   a Marcianopolim 42 25.
   ab ostea sua 62 3.
   a . . . corpus 102 24.
   ab alterutrum 104 13.
   a Pannonios fines 129 3.
  cum (*cum abl. passim*):
   cum Latino Fauni filio Pici nepotem Saturnique abnepotem 5 31.
   cum illud, quod captivaverat, tertio regno 8 1.
   cum quadringenta milia 35 20.
   cum ducenta milia suorum 41 19.
   cum filiis Ardaburem et Patriciolum 43 25 (*cf.* 119 9).
   cum successores 67 8.

*accusativus post praepositiones*:
   cum sua septingenta et auxiliarium ccc milia armatorum, rostratas naves mille armatas, onerarias tria milia 72 11.
   cum eorum solacia 86 15.
   cum multas opes 99 14.
   cum omne genus suum opibusque 102 17.
   cum duodecim milia 118 19.
   cum paucis satellitibus et Romanos qui aderant 134 5.
   cum Mathesuentha iugale regiasque opes 138 10.
  de:
   de origine actusque 2 2. 53 6.
   de Spanias 42 7.
   de Scythiam 46 16.
   de fines Italos 49 21.
   de Siciliam 51 9.
   de quo trepertito orbis terrarum spatium 54 12.
   de quas 65 7.
   de Audefledam 134 16.
   de Tyrreni maris sinu vastissimum 137 9.
  ex:
   ex vicina loca 127 10.
   ex latissima prata 138 23.
  in (*similia ex Floro, Bambergensi scilicet*, 26 10. 32 34).
   defunctus in Aegyptum 5 3.
   in terras 27 26.
   in Nicopolim Acticam, id est Epiro 36 19.
   in Frygiam Salutariam extinctus est 39 27.
   in imperium conlocavit 44 18.
   in Syriam 46 14.
   salsumque (salsoque *Marcellinus*) in gurgite iacuit 47 9.
   in suspicionem habens 47 11.
   in contiones et iurgia concertant 50 28.
   in urbem 51 23.
   quamvis nonnulli promuntoria in oceani insulas ponant 55 11.
   in Scythiae medium est locus 62 7.
   in Mysiam, Thraciamque et Daciam (habitasse) 63 17.
   in corporis continentiam 64 1.
   in totum mundum 64 9.
   in feminas (sermo) perseverat 70 3.
   in magnum omnes superans 75 18.
   in Mysiam Thraciamque vixisse 78 9.
   in ostia Danubii iacet 81 16.
   commanere in insulam vadibus circumactam 82 20.
   in solitudinem errare 89 12.
   dum in ripam venationes inquirent 89 20.
   civitatem in Alpes Cottiarum locatam 98 9.
   quidquid in utrumque latus fuit 98 16.
   in praedas vastare 101 15 (*cf.* in cum abl. pro abl. nudo).
   in Scythiae terras 103 13.
   in campos monitiones efflagitant 110 20.
   in fastigia domorum nidificant 114 11.
   in campos Catalaunicos 116 5.
   in Constantinopolim 119 8.
   in (= *contra?*) utramque rem publicam decernere 121 3.
   in eos regna deficiunt 121 9.
   in extrema minoris Scythiae sedes delegit 127 1.
   in campos Barbaricos 137 15. 18.
  sine:
   sine controversiam (-sia *Florus*) 19 23.
   sine ipsos 86 19.
  sub:
   sub cuius tempora 5 25. 26.
   sub tribunos plebis fuit 14 3.
   primum sub Philippum, deinde sub Perseo 27 13.
   sub Arsacem eorum regem 30 14.
   sub clamidem 47 24.
   sub Alexandrum 80 6.
*accusativus pro ablativo instrumentali vel locali*:
   cladem Crassianam Ventidius Pacori caput Labinique morte pensavit 31 19.

## IV. LEXICA ET GRAMMATICA.

*accusativus pro ablativo*:
  turbas munitus 44 19.
  teli acumen paventisque equi sui inpulsione fixus 44 27.
  litus Caspii maris commanentibus 61 20.
  dextrum latus Epiros radens 97 3.
  his et similia legati regem permoverunt 107 14.
  nihil habundans nisi armenta . . . et pascua silvaque lignarum 127 8.
  egrediens Naisitanam urbem 132 3.

*accusativus pro casu obliquo diverso verbi adiectivive*:
  advolvere: se Belesarii pedes advolvens 137 12.
  aperire: iter maiores nostros aperuit 111 5.
  carere: ossa carentibus 66 1.
  committere: Iohannem patricium cognomine Troglitam Africae procuratione commissa 51 24.
  consentire: populi vota consentit 44 6; non fuit vota patris fortuna consentiens 125 27.
  credere: commeantium attestationem credere licet 60 20.
  dissimilis: per dissimiles anteriores vias recurrens 115 20.
  expellere: quomodo eos fines Italos expelleret 97 21.
  fraudari: donativum ab isto fraudantur 46 5.
  frui: frui regni Romani bona 133 2.
  incidere: ne quid incidisset adversi Gothos, inquiret 112 8 (*sed melius iungitur* Gothos inquiret).
  indigere: nec cumbarum indigeat lintres 130 15.
  invidere: quem Antonius dum invideret 32 29.
  meminisse: nomina meminit Ptholomeus 58 15.
  nescius: dolum nescius 93 13.
  reminisci: quod dolum reminiscens 73 8; quod nomen Gothi reminiscent 75 1.
  studere: nec libertatem studens 117 14.
  subvenire: ut anhelantem suique adventui suspectam subveniret Italiam 48 29.
  supersedere: multa supersedi 14 8.

*accusativus pro nominativo* (*exempla certa rara sunt et ita comparata, ut ex confusione potissimum procedere videantur*):
  Satricum adque Corniculum Soraque et Alsium eorum urbes captas provinciaque effecta 15 14 (*magis est acc. absol. sine apodosi*).
  Ligures . . . implicitos dumis silvestribus victitabant 22 14 (*auctorem vitiose exscripsit Iordanes*).
  et sunt Norici duo, Pannonias duas . . . Moesia superior, Dardania, Dacias duas . . . Epyros duos, Praevales, Creta 28 3.
  coepit sibi dominationem parare nec tacite, sed patriae . . . oblitum totum (oblitus totus *Florus*) in monstrum illud desciverat 32 32.
  postquam in fervente oleo missum non potuisset extingui 34 29.
  Emmaus . . . constructa et Nicopolim nominata 36 13.
  partes Hesperias . . . vastandas (= *partium Hesperiarum vastatio*) obvenit 45 1.
  terrae circulum ab incolis possidetur 55 3 (*nisi est generis mutatio*).
  in modum spinae, quem costas ut cratem intexunt 75 15.
  (erat illis) a meridie Histrum 87 17.
  ut orientalem imperium Ostrogothas, hesperium Vesegothae vastarent 121 2.

*accusativus absolutus pro ablativo absoluto*[1]):
  Sardanafalum occisum 6 29.

---

[1]) *Abusus hic casus quarti quam mature coeperit, tituli Latini aetatis labentis ostendunt maxime per formulam usitatissimam illum se vivo vel illos se vivis monumentum sibi fecisse (hoc enim saepius ponunt quam quod sermo emendatus requirit vivum vel vivos); neque enim quicquam frequentius est in titulis sequioris aetatis etiam ethnicis quam se vivum et se vivos formula per accusativum concepta.*

*accusativus absolutus*:
  clusum . . . exercitum (cluso . . . exercitu *Florus*) 18 2.
  loca eorum in provinciam redacta 28 10.
  percussumque foedus 29 26.
  Libyam Romanis concessam 30 4.
  omnemque Armeniam invasam 30 17.
  Tetricum (Tetrico *Hier.*) . . . prodente exercitum suum 37 26.
  quem occisum 37 30.
  pene omnem Persidam vastatam 38 7.
  Aegypti tyrannum octavo mense devictum 38 29.
  omnesque inimicos superatos 40 35.
  uxoremque eius exulatam 41 9.
  vastatam Italiam 41 29.
  opesque . . . depraedatas 41 30.
  Gallias occupatas 41 32.
  Placidia creatam Augustam 42 9.
  datamque . . . totam Illyricum celebratis nuptiis secessit 42 18.
  eamque urbem rebus omnibus expoliatam 43 14.
  Nepotem imperatorem fugatum 44 17.
  suoque in lectulo eandem . . . collocatam 45 20.
  neminem scientem 45 21.
  acceptamque fidem 45 24.
  nanctam oportunitatem 45 26.
  sociosque eorum . . . proscriptos 47 27.
  Mathesuentham Theodorici regis neptem et a Vitigis mortuo derelictam tradente sibi principe in matrimonio sumptam 51 12.
  Stotzam peremptum 51 23.
  Mauros . . . superatos 51 29.
  recrudiscentes animos 52 11.
  correptam latitudine . . . retro abstractam 56 12.
  effusas sedes 63 13.
  deserta suorum agmina 66 16.
  hic Amazonas commanentes confortati sunt 67 17.
  facta nundina 69 10.
  nomen mutuatum 71 15.
  pontemque . . . constructum 72 6.
  Romanos devictos, Oppii Savini caput abscisum 76 8.
  multas . . . civitates populatas 85 19.
  militaremque disciplinam mox in meliori statu reposita 94 14.
  donationem sacro oraculo confirmatam 98 1.
  collecta captivorum agmina 99 13.
  quasi adunatam Gothis rem publicam 100 1.
  occubuit . . . ilia perforata 100 14.
  vicinas sibi gentes expulsas 100 21.
  foederatos Gothos Romanosque 101 9.
  invasam Pannoniam 101 13.
  quem . . . de regno eiectum et interemptum 102 14.
  foedusque firmatum . . . fida pace peracta recessit uterque 104 12.
  quattuor filios domi dimissos 107 21.
  relictamque victoriam 109 1.
  quod responsum non ambiguae susceptum, relictis Hunnis, redit ad Gallias 113 15.
  relicta infesta 117 6.
  amplam partem exercitus amissam 119 3.
  relicta patria maximeque urbem Arevernate 119 19.
  Orestem mag. mil. ordinatum 120 2.
  Orestem interfectum 120 9.
  omnem Italiam subiugatam 120 14.
  cadaver terra reconditum 124 22.
  parum tritici . . . terras fecundas 127 9.
  quamvis divisa loco, consilia tamen unita 127 13.
  etiam ipsum regem Hunimundum captum 129 9.
  praedas ereptas 132 2.
  castraque soluta 133 23.
  Zenonemque imp. consulta 134 8.
  plus triginta milia Francorum in proelio caesa 135 19.
  subversumque Neapolim 137 19.

*accusativus absolutus et ablativus absolutus permixti*:
  captivitatem Iudaeorum relaxatam muneribusque Eleazaro pontifice . . . placato 8 31.

23*

*accusativus et ablativus absoluti permixti:*
    iunctis secum Gepidas ... Gothosque ... diversasque alias nationes 42 22.
    Hypatium Pompeiumque regni sui insidiatoribus ... circum ingressis et Hypatio ... redemito locoque ... occupante, Pompeium vero ... luricatum et iam palatium invadentem 47 22.
    cui numerosos fortissimosque milites deputatis 48 5.
    Cyrillum Marcellum Faram aliosque diversos iudices ... dolo peremptis 48 23.
    quem ... discussum manibusque truncatis in patibulo fixit 51 23.
    suas opes Barcilona ... derelictas plebeque inbelle 100 12.
    machinis constructis omniaque genera tormentorum adhibita 114 17.
    his peractis paceque cuncta munitis 118 1.
    collectis secum qui videbantur remansisse Vltzinzures cet. venientesque 128 22.
    instanti hiemali frigore amnemque Danubii solite congelato 130 13.
    acceptis muneribus simulque mandata a Glycerio 131 18.
*acies:* futuri belli se parat in aciae 84 9.
*activum significatione passiva* (*sed magis aliud genus vitii subest*): ut una gens utraque credere (= *credi*) possit 97 18. — facilius sibi credens principatum a parentibus deferre (= *deferri*) 103 15.
*activum forma deponentis v. deponens.*
*actus:* in bonis actibus conversare 74 7; cuius actus seriemque successorum eius 7 12; Ostrogotharum genealogia actusque exponere 121 14; de origine actibusque (actusque 2 1. 53 6) gentis *cuiusdam* 1 1. 2 1. 53 1. 6; regum consolumque annos actosque demonstrare 10 6; omnium consulum nomina actosque inquirere *vel* conscribere 10 2. 14 6.
*ad* = *contra:* dum utrique ad se venissent 122 5.
*adcommodus* 73 23.
*adesse:* haec causa felix affuit nationibus 126 4.
*adgressio* 114 5.
*adiectivi neutrum singularis pro substantivo usurpatum:* Asiaticum (*v. ind. loc.*) — arctoi gentes 88 6. — in editum collis 109 7. — in longum 108 6; post longum 88 2. 103 10. — pro magno 93 6. — medium (*s. v.*). — non post multum 48 15. — in plenum 135 3. — solidum mentiebatur 104 20. — Tyrrhenicum 117 7. — in ultimo plagae 55 17.
*adiectivi neutrum pluralis pro substantivo:* eluctati collis excelsa 110 9; excelsa quaerunt 110 19. — extrema minoris Scythiae 127 1. — exercitum ad fortia provocavit 95 3. — geminata sustenuit 116 9. — ab imis emersit 82 3. — relicta infesta 117 6. — magna egit et fortia 35 20; ut semper magna confideret 105 20. — pigra gepanta dicitur 82 14. — recessit ad propria 82 9. — undique sibi prospera provenire 131 24; quem nobis tot prospera promiserunt 111 8. — sera suae paenitudinis (= *seram paenitentiam*) gerens 102 20. — ut mortem superna (= *deus*) regnantibus indicarent 124 8.
*adimplere legem* 2 8.
*adinquisitio* (*si ita iungendum*) 3 5.
*adnihilare rem publicam* 96 11.
*adoptare* in arma 132 16 (*cf.* 133 11). — adoptare 129 11.
*adprobare:* qui in commune omnium se adprobat inimicum 107 8 (*cf.* 19 28 *ex Floro*).
*adquiescere:* quid non auri sacra fames compellit adquiescere? 93 4; libenter adquiescens 95 17.
*adsignare:* humani sermonis imaginem adsignabat 89 16.
*adsumere,* unde nobis sermo est adsumpturus (= *incepturus*) 55 19.
*adversitas* 99 9.
*advivere* 136 5. 11.
*adunare:* quasi adunatam Gothis rem publicam 100 1; *item* 34 23. 105 10. 110 18. 111 7. 126 3.

*aegre ferre:* his auditis aegre tulit Theodori us 117 1; aegre ferens Hunnorum imperio subiacere 121 17.
*aequalis:* certatum est ex aequali 87 18; aequali sorte 114 21.
*aestimare* = *magni aestimare, gloriari:* Vidimir servire fratribus aestimabat 123 10.
*affectare:* nomen sibi affectant praecipuum 60 1.
*affectio:* affectionis gratia 92 17. 96 2; mutua affectione se tueri 123 11.
*affectus:* imperatorisque in affectu coniunctus 138 14.
*affigere* = *cruci affigere* 121 20 (*cf.* 51 23).
*agere absolute.* deinde fortiter egit 121 20; egit, ut ... Iugales se ipsos peremerent 9 25. — Gothis Dorpaneus principatum agebat 76 5.
*agram(m)atus* 126 24.
*aliquanti* = *aliquot, quidam* 55 9. 67 3. 86 2. 99 8. 116 13.
*aliqui* = *quis, quidam:* si aliqui ei obstaret 131 23; post temporis aliquod 88 5; aliquid incommodum 44 10; libet aliqua ... intimare 81 20. — *In enuntiatis negativis* = *quisquam, ullus:* sine aliquo fuco verborum 3 10; *sim.* 37 17. 44 9. 10. 98 15. 110 5. 14. 112 20. 116 10. 122 3. 123 15. 128 11.
*aliter:* Thracias non aliter nisi occasio belli Macedonici fuerit adgredere 28 6.
*allidere:* vicina loca saevientes allidunt demoliuntque 114 22.
*alteruter:* locus qui Asiam Europamque ab alterutro dividit 62 7.
*ambire:* cornua multiplices populi ... ambiebant 109 17.
*ambitio* 116 26; a. regni 102 8.
*ambitus:* area curtis ingenti ambitu cingebatur 105 1. — fit omnibus ambitus pugnae 107 19; ambitus potentiae 125 5; ambitum suum brachio metitur 107 6.
*amittere:* quomodo (res p. terras) ab ignaris rectoribus amiserit 52 14.
*amplexari:* expetenda vel amplexanda societas 107 13.
*anhelare:* ut anhelantem subveniret Italiam 48 29.
*animare:* odium in se cunctos animavit armari 108 10.
*animositas* 72 13.
*annua munera similiaque v. dona.*
*annuere aliquid:* quod ... annuit imperator 126 10; annuit quae poscebat 133 15.
*ante* = *potius:* ante ea ... vendidit regi Vandalorum quam in Romanorum potestatem redigeret 43 21. — ante nisi = *ante quam,* quam non ante populus adiit nisi cepisset 28 23.
*antefatus* 68 14. 70 15. 96 16.
*antehac* 54 4.
*anterior de tempore:* per dissimiles anteriores vias 115 20.
*antestare* = *resistere:* nec valens antestare 119 19.
*antiquitas:* narrat antiquitas 111 13.
*apparatus* 84 3. 85 8.
*apparere:* imperatoris in eum ultio apparuit 102 16; ut campus ... ut ... rubrum pelagus appareret 130 7.
*applicare* = *addere:* Vandalos suis aplicavere victoriis 60 11. — = *pervenire:* ad pontem applicavit Candidiani 96 19; cum in eius vicinitate applicuisset exercitus 97 16.
*appositio per nominativum:*
    adhibitis Taifalis ... sed et Carporum tres milia 81 12.
    nomina ediderunt, id est Venethi *cet.* 89 1.
    sub rege Valamir eiusque germani Thiudimer et Videmir 127 13.
    Gothis nihil mali sperantibus, praesertim ... confisi 129 16.
    ad Ravennam ... castra composuit tertio fere miliario ab urbe locus qui appellatur Pineta 133 24.

## IV. LEXICA ET GRAMMATICA.

*appositio perturbata aut male admissa* (*cf. gen. dat. abl. permutati, item* milio, *item Rossi inscr. chr.* n. 972: [de] regione secunde):
ab urbe Romae conditione 10 1.
tantum Romano populo addit opes (tantum hominum, tantum agrorum redactum est in potestatem *Florus*) 17 15.
propter necem Aterbalae et Empsalae Mecipsae liberos (ob necatos Adherbalem et Hiempsalem filios Micipsae regis *Rufus*) 26 36.
Romano portu se recepit statione 51 1.
nonnullae insulae ... sunt, ut Hyppodem cet. 55 3.
(Amazones) fretae maioris audacia 67 9 (*magis videntur corrupta*).
in uno pane aut decem libris carne 93 7.
de Corcyra atque Hellade partibus 97 2.
nec me quis in favorem gentis ... quasi ex ipsa trahenti originem aliqua addidisse credat 138 24.
aptus *participium*: Illyricus cuncta ad unum corpus apta est 28 2.
area = *proelii locus*: fit area innumerabilium populorum pars illa terrarum 108 8.
argumentum = *indicium*: significantes tali argumento 124 24.
arguti motus 91 7.
armiger *regis Gothorum* 135 20. 137 14.
arripere iter 98 13; a. expeditionem 37 32.
asciscere = *in regnum asciscere* 50 19. — *Cf.* in.
attendere *cum dat.*: notibus (= *nutibus*) Attilae attendebant 110 4. — *cum acc.*: quam (urbem) ut destructam et desolatam attendit 51 2; quam ob generis nobilitatem ... adtendens 99 23. — cum ad Romam animus fuisset eius adtentus accedere 114 23.
attestatio 124 7.
Augustalis (= *imperatoria*) potestas 9 29.
ausculta *cum acc.*: ausculta Iohannem 2 5
auxiliarii (*sic plerumque*, auxiliares 46 20. 72 11. 104 1. 108 3. 20), *opp.* milites Romani 108 4. — *Romanorum Gothi* 86 14. 96 12. — *Hunni* 46 20. 104 4. 10. — *alii* 108 3. 20. 109 9. — *Gothorum* 117 2. — *Hunnorum*: aliae gentes Hunnis auxilium ferentes 125 24. — *aliorum* 120 8. 129 25. — *Cf.* foederati, solacia.
axis = *caelum* 32 21. 58 20.

bacchari: baccabantur (vagabantur *Florus*) 16 5.
baptizare 39 29. 40 26.
belagines *leges Gothorum* 74 6. '*Legibus, quibus Dicineus Buruistae consiliarius* fysicam tradens *Gothos, id est Getas instruxisse fertur, veros Gothos usos esse profecto nemo unquam animum induxisset, nisi Iordanes adderet quas usque nunc conscriptas belagines nuncupant. at constat teste Isidoro in chronicis Gothos ante Euricum regem ab anno 466 usque in 484 regnantem scriptas leges nullas habuisse; neque unquam illi, quod scimus, carmina sive epica sive gnomica, de quibus vv. dd. de Gabelentz et Loebius cogitaverunt, litteris conscripserunt. denique neque leges populi scitu latas neque praecepta more vetusto religionis sancita bilageineis i. e.* ἐπιτάξεις, προστάξεις *nuncupassent vocabulo nostrae aetatis legum lationi magis apto quam veteri aetati. itaque probabile est Iordanem Cassiodoriumve Dionis Getis relationem male in laudem Gothorum convertisse*'. MUELLENHOFF.
bellare = *pugnare* 42 26.
beluinus: beluina saevitia 60 5. 91 9; ritu beluino 59 12.
breviatus 14 9.

caballus 64 2.
Caesar = *imperator* 79 14 (*in Symmachianis*)
cani *substantive*: canis aspersus 105 19.
cantiones 75 2.

capere bellum: intra quindecim dies captum (coeptum *Florus*) peractumque bellum 15 29.
capillati 75 1.
captare: adversam eius valetudinem captans 91 19.
captivare regnum = *capere* 8 1. 31 2.
captus 52 14.
carcerare 47 8.
carere *aliquid*: ossa carentibus 66 1.
caritas: ignem caritatis ad gehennae ignem detorquere 94 10.
castellum *opp.* civitas 76 6. — Lucullanum 44 20. 120 10. — Papirium 45 33. 34.
castrum *opp.* civitas 68 1.
causa = *res gesta*: haec causa Ardarici 126 3.
causari = *reprehendere*: si hic murmuras et me venire causaris 116 26; severitatem eius nimiam et parcitatem quidam crudelitatem et avaritiam causabantur (interpretabantur *Hieron.*) 39 23.
census = *bona* 131 4.
centuriatus 80 2 (*in Symmachianis*).
cernere = *comperire*: quod cernens per nuntios 138 3.
certatus: crebris certatibus 28 9.
certus: certum tempus 67 14; certum temporis 67 17; certi ex *illis* 40 14. 131 1; certi eorum 127 10; certi Alanorum 126 20.
ceterum: de cetero 92 16.
Christianitas 39 6.
cicatrix: *abl. pl.* cicatricis 91 6.
circumactus = *circumdatus*: in insulam ... vadibus circumactam 82 20.
circumcirca 128 20. 131 16.
circumfluus *sensu passivo*: mari tardo circumfluam 56 16.
citharae 65 3. 73 3.
cives *opp.* peregrini 94 3.
civitas = *municipium coloniave* 28 13. 17. 85 20. 87 3. 105 2. 124 16. — *opp.* paludes silvaeque 63 2, castellum 76 6, castrum 68 1, vicus 104 19. 115 3. — c. regia Constantinopolis 46 11 (plerumque urbs r.). — c. Abrittus 84 15. — Anchiali 86 7. 10. — Antiochena 38 3. — Aquileiensis 114 5. 11. 14. 18. 21. — Arevenna 119 5. 15. — Aureliana 108 17. — Bassiana 128 24. — Biturigae 118 19. — Cerrae 132 10. — Clypea 21 7 (*ex Floro*). — Consentina 99 11. — Cotyaeum 46 7. — Dorostorena 104 7. — Forum Iuli Aemiliae civitas 99 23. — Gangra 67 19. — Heraclea 132 1. — Italica 40 24. — Larissa 132 1. — Magnesia 29 26. — Marcianopolis 82 6. — Margum planum 135 9. — Mazaca 29 13. 33 27. — Nicopolis = Victoriae civitas 84 1. — Novietunensis 63 1. — Odessitana 73 1. — Pollentia 98 9. — *Ravenna* 97 9. — Sardicensis 51 14. — Singidunum 131 6. — Sirmium 126 16, Sirmiensis 135 7. — Tomi 71 16. — Vindobona 126 16, *Vocabulum ubi statim sequitur, in oratione* (*non in laterculis*) *adiective potissimum enuntiatur.* — *Cf.* oppidum, urbs.
clades = *sanguis*: fluenta mixta clade 111 18.
clarere 35 9.
cliens (clientulus 42 13. 48 22) 42 13. 43 28. 116 12. 131 1. — *opp.* dominus 117 10. 13. 18; patronus 117 14. — *imperatoris rex Gothorum* 45 9. — *magistri militum* 48 22. — *Cf.* famulus, servus.
cognoscere: quem ... pugnasse cognoscimus 65 8.
collectio *concreto sensu*: adunata collectio 111 7.
colligere expeditionem 128 26.
collocatio verborum:
  particulae *loco non suo*: tantam multitudinem in Hierosolymis autem paschalis festivitas adunaverat 34 23; de vero innumeranda variaque multitudine hostium 130 11; lucto quodam quasi (= *tamquam luctum quendam*) gerens 45 22; sunt quamquam et horum positura cet. 60 1.
  praepositio *substantivo postposita*: magna parte cum gentis suae 87 19; campum plus per decem milibus oppleverunt 130 9.

*collocatio verborum*:
  *alia male traiecta*:
    morbo apud Baias faciente obiit (= *m. f. obiit apud Baias*) 35 13.
    quem uxor sua occisum orientis tenebat imperium 37 30.
    quod nec remis facile impellentibus cedat 56 17.
    quem cum Amazonarum viris absolute pugnasse cognoscimus (= *pugnasse cognoscimus absolute*) 65 8.
    multa castella et civitates invadentes de parte imperatoris 76 6.
    ubi omnino datis auxiliariis fideliter (= *d. a. omnino fideliter*) decertati sunt 86 14.
    sic quoque milite ordinato (= *militem quoque ordinatum*) aspiciens 95 21.
    relictoque de cacumine eius iugo (= *relictoque iugo de cacumine eius*) certamen ineunt 109 9.
    adhuc inter bella (= *inter bella adhuc*) furentia 113 2.
    ibique supervenientis Attilae iam motibus (= *motibus iam*) praeparatus occurrit 116 4.
    et necdum Olybrio (= *Olybria necdum*) octavo mense in regno ingresso obeunte 119 11.
*comes*. cum paucorum comitatu 93 13.
  comes *imperatoris* Bonifatius 42 19. — Gaina 41 7. 13. 104 6. — Magnus 138 4. — Marinus 42 3. — Stilicho 41 21.
  comes Africae Gildo 41 10.
  comes excubitorum 47 4.
  comites Gothi 136 7 (*cf.* 107 19). — Astat *Thiudimeri* 131 25. — Bracila *Odoacri* 120 15. — Ibba *Theoderici* 135 19. — Invilia *Thiudimeri* 131 26. — Pitza *Theoderici* 135 6.
*commanere* 67 18. — in prima sede Scythiae commanentes 64 5; ubi eos diximus in Scythia commanere 78 5; dum Spesis provincia commanerent in insulam Visclae amnis 82 19; silvis commanentes 32 6; litus commanentes 61 20.
*commeatus* navium 95 19.
*commemorare* = *meminisse*: si tu . . . commemoras 54 7.
*communis*: in commune recolitur 61 4; optata cunctis nationibus in commune mors 123 16; in commune omnium inimicus 107 8. — = *humanus*: nimis aequissimus omniumque communis 35 29.
*commutare* 117 10.
*compacatus* = *pactus*: compacatus cum citeris gentibus 117 1.
*comparativus loco superlativi*: currus falcatos quam plures 29 14; omnium imperatorum potior 34 34; in duobus milibus latitudo eius, ubi patentior, fertur extendi 56 14; eligentes duas audentiores 67 10; nobilissimos prudentioresque viros 74 19; filius Attilae maior natu 125 25 (*cf.* 29); iunior Attilae filius 127 1.
*compati*: membra quae unius passioni compaterentur 125 17.
*compellere*: fugire compulit 116 7; fames compellit adquiescere 93 4.
*complurimus*: aliae conplurimae gentes 69 6.
*composita verba pro simplicibus (praepositione scilicet tamquam mortua)*:
  condolere: (Romam) ut desolatam adtendit, condoluit 51 3; inopiam condolere 93 2.
  confugere bella 112 11.
  congaudere 86 1. 103 1.
  componere castra 133 24. 137 10.
  comportare: foetos per rura extrinsecus conportare 114 11.
  compromittere: Augustam suspicionis innoxiam compromittit 45 24; de futuro tribuere compromittit 128 11.
  conscribere: quod et noster conscribit Cyprianus 85 3.

*composita verba pro simplicibus*:
  continere regnum 45 14; sacerdotium 5 18.
  contradere: nomen illis pilleatorum contradens 74 21; *item* 39 18 (tradidit *Hier.*). 93 6.
  contrahere: egram vitam corporis imbecillitate contraxit 91 18.
  dedere: se in Romania dediderunt 127 4.
  derelinquere: suas opes Barcilona derelictas 100 12; *sim.* 100 1. 103 9.
  describere: ubi Gothos sedisse descripsimus 126 1.
  deservire: ut Attilae imperio deservirent 123 13; *sim.* 136 5.
  desperare: Francis de regno puerili desperantibus (= *spem concipientibus*) 136 13.
  detinere: nimia desperatione detentus 30 22.
  deterrere: rogans pariter atque deterrens, nisi suam peragerent voluntatem 72 2.
  edicere: necesse est edicere 61 10; *sim.* 69 5. 74 9. 78 2. 108 14. 132 17.
  efficere: pacem effecit 50 10; finem effecit 76 15; effectus est imperator 78 12. 80 8; *sim.* 45 7. 31. 48 23. 50 17. 64 21. 81 3. 92 16. 110 9. 117 5. 119 11. 120 3.
  effugare 31 16. 49 17. 51 5. 119 3. 130 12.
  elambere: muros amnis elambit 114 6.
  increscere: montibus increscere 56 16.
  influere: per mediam influit civitatem 97 8.
  percurrere: austrinis signis percurrit 58 22.
  praeoptare: Romanos Vesegothasque subdere praeoptabat 105 12.
  praetermeare: qui inter Asturicam Hiberiamque pretermeat 117 4.
  praevalere: Honorio nihil resistere praevalente 99 21.
  relegere: libros antehac relegi 54 3.
  reparare: quo Valamer habitum repararet virilem 122 15.
  reservare: patrono fidem reservans 117 14.
*composita permutata vide sub singulis*:
  concedere  *pro*  accedere
  effodere  —  confodere
  intentio  —  contentio
  pervadere  —  invadere    *v. s. v.*
  provenire  —  evenire
  rebellare  —  debellare
  refodere  —  defodere
*compositus*: homo summa moderatione compositus 104 2.
*comprehendere*: ut vix ab intentu possit iunctura tabularum conpraehendi 104 21.
*concedere*: cunctos in Calydoniorum Meatarumque concessisse (συγκεχώρηκεν Iordanis *auctor Dio*) nomina 57 10; ad imperium concedens (= *accedens*) 36 24.
*concertare* = *bellum gerere* 46 14.
*concertatio* = *bellum* 83 6.
*concupiscentia* 2 7.
*confidere* de amicis 129 16.
*conflictus* = *proelium* 72 13. 76 11. 84 11. 108 21. 125 23. 135 9.
*confortare* = *fortiorem facere*: Amazonas . . . confortati sunt 67 17; ad confortandos animos militum 84 13; regno suo confortato 120 16.
*confossus* clade 112 11.
*confragosus*: confragosis montibus 65 13; globos dissonis vocibus confragosos 113.
*confusio locutionum duarum similesque sermonis perturbationes*:
  ut non solum vobis tantum, quantum et aliis vigiletis (= *ut non solum vobis, sed et aliis vigiletis et ut quantum vobis, tantum et aliis vigiletis*) 1 5.
  et se et illa amittunt (= *et se perdunt et sua amittunt*) 30 7.
  claret eum invidum factis Traiani . . . exercitum ad se revocans Mesopotamiam . . . reliquid 35 9.

# IV. LEXICA ET GRAMMATICA.

*confusio locutionum duarum*:
   leges propter illam concessit ut omnes bina matrimonia susciperent (= legem dedit ut *et* concessit ut) 40 3.
   Illyricum saepe ab Herulis devastantibus (= Illyrico ab Herulis devastato *et* Illyricum Herulis devastantibus) 47 20.
   Taprobanem, in qua ... decem munitissimas urbes decoram (= in qua sunt urbes decem *et* decem urbibus decoram) 55 6.
   Brittania, quae ... inaccensam Romanis ... Caesar ... aperuit 56 7.
   de qua ... Mela ... positam refert (= de qua refert positam esse *et* quam positam refert) 58 3.
   nemo qui nesciat animadvertat (= nemo nescit *et* lector animadvertat) 70 8.
   solisque globum igneum quantum terreno orbe in mensura excedat ostendit 74 10.
   graviores corporum velocitate (= quam corporis velocitas patitur) 82 19.
   gens quantum velox, eo amplius superbissima (= gens velox eoque amplius superba *et* gens quantum velox tantum superba) 88 14.
   qui et terras Scythicas ... introisse superius a nobis dictum est 89 9.
   index viae se tribuit 90 2.
   quod spiritus ... ad Scytharum invidia id egerunt 90 4.
   legatos direxerunt ad Valentem ... ut ... eius se legibus eiusque vivere imperiis subderentur (= ut eius se legibus subderent eiusque se victuros esse imperiis profiterentur) 92 8.
   negotiationem a Lupicino Maximoque Romanorum ducum expetere 93 3.
   principe meliore mutato (= principe meliore creato *et* principe mutato) 95 4.
   ut in modum insulae influentium aquarum redundatione concluditur (= ut insula est *et* in modum ... concluditur) 97 1.
   erat quamvis non adeo proceritate staturae formatus, quantum pulchritudine corporis cultuque decorus (= quamvis non ... tamen *et* non adeo ... quantum) 99 17.
   Africa quae dudum ignavis dominis ducibusque infidelibus a rei publicae Romanae corpus gentilis manus abstulerat (= quae ablata est *et* quam abstulerat), ... nunc revocata hodieque congaudet 102 23.
   nota vobis sunt quam sint levia Romanorum arma 110 21.
   magna plerumque agenda rerum occasione intercepit 113 17.
   quae inter Danubium Margumque fluminibus adiacebat (= inter flumina iacebat *et* fluminibus adiacebat) 135 10.
   Riotimus ... oceano e navibus egresso (*requiritur* ad oceanum e navibus egressus) susceptus est 118 19.
   quatenus et illius memoriae semperum haberent in ore (= quatenus et illius meminissent *et* illius memoriam in ore haberent) 122 15.
congelascere 130 14; congelatus 130 13.
congressio = *pugna* 40 16. 113 19. 121 19.
congruus 60 14. 117 17.
*coniugationes permutatae*:
   secunda pro tertia (*cf. Rossi inscr. chr. n. 1085 anni 544*: requiescent): cognoscent (*praes.*) 127 10. — deprement 5 5. — inquirent 90 1. — reminiscent 75 2. — stupiscent 73 5. — tradent 99 16. — trahent 82 16. — vivent 9 23. — *Item* obstrepebit 64 3.
   tertia pro secunda: indulgi = *indulgeri* 69 15
   quarta pro tertia: fugire 116 7, fugiret 42 4, fugierunt 46 10. — moriretur 43 7.

*coniunctivus locum indicativi usurpavit praesertim post pronomen relativum*, ut Savini, qui belli socii extitissent, subiecti 17 13; Iubas rex, quae pugnae fuisset occasio, veneno hausto defecit 26 38: *similiter* 2 2. 28 13. 36 28. 39 32. 40 28. 43 29. 48 1. 66 11. 68 3. 72 13. 86 7. 87 21. 96 7. 98 2. 100 4. 7. 101 15. 104 6. 8. 106 9. 107 18. 123 13. 128 4. 15. 21. 129 9. 25. 131 6. 9. 134 16. 136 14: *item post* qualis 69 2; quicumque 99 7; quisquis 107 5. 130 15 *et post particulas* dum (v. *sub v.*), postquam (v. *sub v.*), prout 63 13, quamdiu 136 11, quando 74 13. 112 17, quia 45 8. 92 13. 95 9. 122 17, quod 22 27. 57 9. 84 17. 94 7. 97 11. 108 24. 124 6. 130 10, quousque 126 22, si 110 13, ubi 110 4. *inveniuntur in eiusmodi locutionibus etiam coniunctivus indicativusque coordinati*, ut qui Romam trivisset ipseque regnum reliquid Olybrio 119 6, *item post* quando 108 11, *post* quia 115 2, *post* quod 20 36, *post* ubi 88 20. *In enuntiatis primariis ubi coniunctivus reperitur perperam admissus* 93 14. 115 17, *oratio perturbata est*.
coniungere: cuius affinitas generis sic ad eam coniuncta est 77 6.
conscendere in regno 75 6. 123 7; ad Eusciam 83 25 (*cf. adn.*).
conscius virtutis 103 14.
consentire in sententiam 61 6; in hac pace 95 15; hac ordinatione 98 4; populi vota consentit 49 6; non fuit vota patris fortuna consentiens 125 27.
conserere: manus armis conserta = *manus armata* 138 3.
consiliarius *regis Decaeneus* 74 1.
consilium: ex senatus consilio 29 17.
consimilis: triquadram eam ... dixere consimilem 56 10 (*si lectio vera*).
consistere 50 14. 58 16. 108 17; quamvis senis, tamen adhuc consistit Aod 5 22.
consors regni 47 14.
conspiratio = *insurrectio* 3 27. 125 25.
construere: Romani armis construxerunt (orbem terrarum) 3 2; construere aciem 73 6; constructo exercitu 48 29.
consuetus: quid aliud vos quam bellare consuetum? 110 15.
consules 52 11; ex consule 88 3; consul ordinarius 47 11. 48 9. 132 17; exconsul ordinarius 102 18; consulis ordinarii triumphus = *processus consularis* 45 7 (*cf.* 35 21. 36 19. 47 28. 48 9. 18. 132 16); fasces 48 18. — Belisarius 45 9. 28. 49 10. 18. 23. 50 5. 12. 102 18. 138 13. 22. — Hierius et Ardabures 101 16. — Iustinus 49 27. — Stilicho et Aurelianus 96 16; Stilicho 88 3. — Theodericus 45 7. 132 17. — Theodosius et Festus 104 4. — Vitalianus 47 11.
contendere lixis (cum his qui *cet. auctor Iordanis*) 79 2.
continentia: in corporis continentiam 66 1.
continere: extremitatem terrae continent 55 13; inde ... unde se continet bellum 110 24; in continenti = *ilico* 39 25.
contingere annos adulescentiae 130 26.
contradere v. *composita*.
contrarius: contrarius cum exercitu venerat 48 27.
contristare 133 15.
convenio: victuros nulla tela conveniunt 111 3.
conversari 7 7; in bonis actibus conversare 74 7.
*conversatio*: nec conversationi (voluit *fortasse* conversioni) meae convenire potest nec peritiae 1 12.
converso: ante conversionem meam 126 24.
convertere se ad deum 2 5; convertere in Hunnos 128 26; conversus a Gallis (in Latinos *add. Florus*) 17 13.
coperculum = *cooperculum* 124 23 (*si lectio vera*).
copia: ut praestent satietatem ad cupiam genti 59 3.

*copula inter membra tria plurave*:
  *asyndeta trium membrorum* 15 33. 40 31. 48 23. 59 11. 89 1. 123 7.
  *plurium* 28 3. 18. 24. 32 21. 59 8. 10. 12. 60 2. 88 8. 108 3. 111 12. 128 23.
  *extremo loco ex tribus*:
    et 4 6 (*ex Floro*). 6 22. 15 31. 25 26 (*ex Floro*). 54 11 (*ex Orosio*). 56 4. 61 13. 19. 68 15. 93 2. 125 1. 130 23.
    que 1 22. 41 23. 44 18. 49 26. 50 13. 90 13. 92 19. 97 3. 120 8. 136 9. 138 22.
    atque 8 13. 15 13. 18 26 (*ex Floro*). 27 6. 32 17. 89 15. 113 24.
  *extremo loco ex pluribus*:
    et 27 8. 62 4. 65 4. 90 11. 132 8.
    que 114 17.
    atque 6 5. 19 33 (*ex Floro*). 31 29 (*ex Floro*). 62 2.
  *omnibus locis praeter primum*:
    —, et, et: 77 4. 109 19. 126 17. 20 134 12.
    —, que, et: 35 10. 63 17. 64 7. 104 17. 126 19. 135 14.
    —, et, que: 34 36. 85 18. 127 3.
    —, et, atque: 88 2.
    —, ac, et: 138 19.
    —, et, que, et: 40 7.
    —, atque, que, et: 15 14 (*ex Floro*).
  *in quattuor membris pluribusve modo posita modo omissa*:
    —, et, —, et: 6 19. 77 2. 107 22.
    —, —, et, et: 6 21. 47 5. 87 14.
    —, que, et, —, et: 42 14.
    —, et, —, —, —: 34 35.
    —, —, que, —, —, que: 67 19.
copulare in coniugio 134 18; coniugio 70 11; matrimonio 99 24.
cornu: cornum 109 10; cornua 109 17.
corona: in modum coronae ambiens fines 55 1; (Dacia) . . . ad coronae speciem arduis Alpibus emunita 62 13; patria . . . corona montium cingitur 75 7. — *Cf. Cassiodorius var.* 8 32: (fons) cannis cingentibus in coronae speciem riparum suarum ora contexit. 11 14: circa (lacum Comensem) conveniunt in coronae speciem excelsorum montium pulcherrimae summitates.
corpus rei publicae 48 7; rei publicae Romanae 102 24; sese cum Vesegothis iungens unum corpus efficiunt 131 19; ex corpore militari 36 21.
creber: duobus mensibus crebris (proeliis *videtur excidisse*) fatigatus 72 7.
crepare: ante inflatus crepuit quam penitens stare potuerat 44 13.
crescere in populis 89 19.
cubicularia 45 19.
cubicularius 47 6.
cultura = *cultus*: Martem asperrima placavere cultura 61 16; huius perfidiae cultura 92 17; cultura huius sectae 92 18; Gothorum globos funeri reddidisse culturam 113 1.
cum *particula cum coniunctivo passim, cum indicativo* 26 38. 38 17. 42 13. 59 7. 138 1.
currere = *percurrere* 4 8. 17.
curtis 105 1.

dare: mortis occasio dedit Hunnis praevalere 92 2.
*dativus pro in cum acc. vel ad*: advenire finibus 89 16. — delati partibus Bithiniae 85 21. — directus quasi piratico bello 28 28. — ducitur ad urbem Constantinopolitanam Leoni principi 128 15. — ingredi regno 49 6 (*plerumque* in regno, *v. abl.*). — intrare finibus 133 23; partibus Asiae 86 2. — mergere Ponto 81 16. — redigere suae dicioni 105 21; privatae vitae redactus 102 21. — reverti Epiro 50 27. — succedere principatui 6 22 — transmittere orienti 48 4.

de = *ex* 46 16. 50 25. 51 9; de gente (= *gentis*) principia 61 8; nancti occasione de secessu Vesegotharum 114 3; de futuro (= *in futurum*) tribuere 128 11; de secundo = *iterum* 81 17. — *Cf.* studere.
debacchari: dibacchari 45 31. 48 21.
debellare = *vincere*: eum graviter debellans 66 10.
decernere: in utramque rem p. hostibus decernentibus 121 3.
decessio: decessione a Vesegothis divisos 121 15.
decessor *v.* predecessor.
decessus = *obitus* 72 10. 87 8.
declinatio mutata:
  us *nom. sing.* 2 *mut. in* um:
    dolus: quod dolum 73 8; dolum quod conceperat 42 22.
    flosculus: floscula 19 3. 6.
  um *nom. sing.* 2 *mut. in* us:
    bellum (?): ecce alterum bellum . . . terribilis (terribilius *Flor. et fortasse etiam Jordanes*) 23 3
    gaudium: feliciorem . . . gaudium 128 1.
    Illyricum: Illyricus cuncta 28 2; totam Illyricum 42 18 (*sed* Illyricum totum devastavit 128 8).
    imperium: puerilem . . . imperium 44 3; Orientalem imperium 121 2; indignum ducens eius imperium qui perpetrato facinus fuerat adquisitum 80 4.
    ingenium: naturalem . . . ingenium 74 3.
    iugum: iugus antefatus 68 14.
    mancipium: quemlibet mancipium 93 7.
    regnum: distructo regno Assyriorum in Medos eum convertit 1 17; iuvenilem regnum 41 11; regnum occidentalem 42 8; regnum orientalem 131 13.
    solum: solum genitalem potiti 94 12.
    stagnum: stagnus Morsianus 61 13.
    tropaeum: non minore tropeo . . . adquisivit 135 18.
  us *nom. sing.* 4 *mut. in* um:
    principatus: Hesperium regnum populique Romani principatum, quod . . . coepit periit 44 20.
    procinctus: felix procinctum 107 23.
    introitus: per quas uno angustissimo introitu ut porta relicta est 97 5.
  us *gen. sing.* 4 *in* ni (*cf.* laci 136 21):
    adventus: sui adventui suspectam 48 29.
    exercitus: exercitui 47 19. 67 13.
    principatus: principatui 73 11.
  u *abl. sing.* 4 *in* o  } *cf. supra p.* 174 o pro u:
  us *nom. acc. pl.* 4 *in* os
nominum propriorum declinatio:
  *accusativus Graecus in* -a *pro nominativo usurpatur in vocabulis* Callipolida — Chalcedona — Chersona — Meotida — Narbona — Persida — Trapezunta; *similiter explicandum* Amazone.
  *nomina populorum Graeco more declinantur haec* acc. Beturigas — Illyres — Liburnes — acc. Lingonas — acc. Macedonas — gen. Moesium — gen. Sarmatum — Thessales — gen. Venetum.
  Hierosolyma *interdum est sing. fem., ut* diadema. Bocchus *quod fit* Boerho, Gentius Gentio, *e contrario* Dio 72 17 *ablativi loco ponitur, magis errores sunt quam sermonis vitia*.
  *indeclinabilia in Graecis Latinisve pauca offenduntur*: Parthi 67 4 *sic usurpatur propter interpretationem additam*; Stobis 131 27 *et* Thomes *pro* Tomis (*v. ind. III*) *ablativi videntur esse in nominativi locum substitut. contra barbara nomina propria quamquam et ipsa saepe adsumpta Latina terminatione declinantur, eidem passim usurpantur tamquam indeclinabilia. illud ubi fit, terminatio non raro fluctuat, ut iuxta invenitur* Hisarna *et* Hisarnis, *item* Thiudimer, Valamir, Vidimir *modo* 2 *decl. sunt, modo* 3, *ut inveniuntur* Antes, Anti — Bulgari, Bulgares — Burgun-

## IV. LEXICA ET GRAMMATICA.

*nominum propriorum declinatio*:

diones, Burgundzoni — Gepidae, Gepidi aliaque complura *ex indice locorum cognoscenda. hoc magis in nominativo fit quam in casibus obliquis et ibi maxime, ubi barbara nomina ordine quodam procedunt, ut in Amalorum stemmate Hermenerig est qui alibi perpetuo appellatur Hermanaricus, item in catalogis populorum* 58 17—60 2. 88 8. *singillatim haec videbantur adnotanda esse.*

-a (-as *in* Valia *semel inventum graecissat*): *declinantur omnia, nisi quod exceptionem facit* Eterpamara *gen.* — *Accusativus in* -anem *adest in* Attila *et* Totila.

-c, -ch, -g: *pleraque nomina et magis nota omnia constanter declinantur, ut* Amalaricus, Athalaricus, Euricus, Eutharicus, Friderichus, Gizericus, Halaricus, Segericus, Theodericus, Thrasaricus, Vetericus, *item* Gundiuchus, Mundiuchus. *alternant* Hermenerig *in stemmate, ut dixi, alibi* Hermanaricus; *item* Gadaricus *nom. genetivum facit* Gadarigis *tamquam a* Gadarig. *praeterea adsunt* Berig *acc. abl.,* Dintzic *nom.,* Guntharic *acc.,* Geberich *nom. abl.,* Ilderich *nom.; item* Candac *abl.* (*sed* Candacis *gen.*), Ellac *nom.,* Erac *acc.,* Hernac *nom.,* Safrac *nom., item* Ascale *abl.*

-d: *declinantur semper, ut* Heldebadus, Theodahadus, Atanagildus, Theodoridus.

-i: Babai *acc. abl.*

-l: Agil *nom.,* Gilpil *acc.; praeterea in stemmate Amalorum* Amal, Athal, Hulmul, Hunuil: *cf.* Israel, Misahel.

-mundus *plerumque*: *v.* Gesimundus, Gunthamundus, Hunimundus, Rimismundus, Sigismundus, Thrasamundus. *e contrario* Beremud *nom. acc.* (*gen.* Beretmodi 134 21), Evermud *nom. acc.*, Thorismud *nom.* 112 3. 113 6. 25. 116 3. 9. 122 11 (Thorismund *nom.* 77 8). *acc.* 107 22 (*gen.* Thorismudi 123 6, Thorismodi 134 21, *acc.* Thorismundo 77 8, *abl.* Thorismundo 103 11. 110 8).

-n: *raro non declinatur, ut* Huldin *nom.,* Lodoin *acc.*

-o: Ildico *acc.,* Ostrogotho *acc.,* Thiudigoto *acc., nomina mulierum omnia.*

-r: *declinantur* Odoacer (Odoacrum *acc.*), Ricimer (-rem *acc.*, -re *abl.*); *non declinantur* Filimer *nom. abl. acc.*; Gelimer *nom. acc.*; Thiudimer *nom. passim, gen.* 128 1, *dat.* 45 1, *acc.* 77 4. 130 4. 131 10. 132 6, *abl.* 123 7. 127 13 (?), (*gen.* -meri 127 21, -meris 128 12, *abl.* -mire 109 19); Valamir *nom. passim, gen.* 123 9, *acc.* 77 4. 127 17, *abl.* 42 23. 123 7. 127 13 (*gen.* -meris 129 5. 130 10, *acc.* -merem 109 23, *abl.* -mero 44 29, -mire 109 19); Videmir *nom. passim, acc.* 77 4. 131 15, *abl.* 123 7. 127 13 (?). 130 5. (*abl.* -mere 109 19, -mero 44 30. 45 1 *bis*); Visimar *nom. acc.*

-s, -z: *declinantur pleraque, ut* Thiudis *facit* Thiudem, (Retemeris) Retemerim. *sed exceptionem faciunt inter hominum nomina* Boz *acc.,* Ganthicis (*q. v.*), Vitigis (*q. v.*), *ut mittam quae sunt in stemmate Amalorum* Augis, Valaravans, *item inter nomina populorum* Galtis *acc.,* Gepidas (*q. v.*), Sadagis *acc.*

-t: *non declinantur* Alathort *nom.,* Astat *abl.,* Gapt *nom.,* Hilderith *abl.,* Himnerith *acc.,* Sinderith *abl.*

-vulfus: *solent declinari, ut* Agrivulfus, Athaulfus, Evervulfus, Hunvulfus; *exceptionem faciunt* Roduulf *nom. et in stemmate quae sunt nomina* Achiulf, Ediulf, Oduulf, Vultuulf.

decollare 45 34.

decus aulae 42 12. 115 11; aulicum decus 125 2; primum in mundo decus *consulatus* 132 17.
dediticii 121 21.
deducere ad medium = *in medium proferre* 61 10.
defetigare 40 28.
deficere = *obire* 26 39. 35 25. 120 4. 136 2.
deformis = *foedus* 105 9.
deformitas = *ignominia*: ad necem totius Italiae suamque deformitatem 98 10.
degere 44 17. 48 13. 51 29. 79 15. 136 20.
deicere exercitum = *fundere* 98 13.
deinceps = *deinde* 56 8.
deitas 33 29.
delectare: solacia illorum, quibus delectat subire discrimina 107 24.
deliberare = *constituere*: aliqua scribere delibero 3 3; quidnam deliberarent, ambigebant 92 6; *item* 45 18. 72 17. 93 10. 99 1. 100 12.
*deminutiva*: aliquantulum 72 9. 103 2; quantulum 22 13. 47 3. 86 4. 108 24; quantolumcunque 74 14. — bocula 106 1. — clientulus *v.* cliens. — storiuncula 3 6. — infantulus 128 12. 136 7. — pauculi 84 7.
demorari 138 14.
demutare 1 19.
*deponentia*:

*deponentia usurpata ut activa*:
adgredere 28 6.
adipiscunt 61 2.
antefatus 68 14. 70 15. 96 16. praefati 64 6.
demoliunt 114 22. demolivit 135 12. demoliti sunt 27 7. demolita Roma 50 24.
depacisci: pax depicta est 48 3.
depraedavit 129 2. depraedarunt 76 7. depraedasset 86 17. opes depraedatas 41 30. depraedatis Vandalis 87 20.
digressimus 75 19. 80 12 (digressi sumus 120 18, *cf. adn.*).
dimetiunt 54 14.
emensus 48 25. 50 17. 61 1. 130 17. 131 2. 137 19. remensus 50 27.
evagaret 88 16. pervagant 63 13.
experti sunt 17 13. labore experta 89 18.
famularunt 88 2.
frustrarunt 72 3. frustratus est 46 15. frustratus 15 4 (*item* Florus). 138 7. 9.
largierat 46 6.
lavat 82 1.
lamentaverit 103 2.
luctare 79 12.
mederi = *sanari* 70 18.
mercarent 93 7.
metaret 38 9. metassent 39 32.
mutuavimus 80 11. nomen mutuatum 71 15.
nanctus: nancta occasione 114 3. nanctam oportunitatem 45 26. navis tardior nancta 82 14.
oblivisci *passive* 107 9.
populatus 85 19.
reminiscent 75 2.
remuneratus 48 9.
remorasse 121 16.
sortitus 45 3.
suspicaret 111 24.

*activa usurpata forma deponentis*:
certare, decertare: diu certati 122 2; decertatus est 86 20; decertati sunt 86 15.
degere: milites fecit vitae privatae degi 81 7. comperit Eutharicum in Spania degi 135 1.
navigare: qui recto cursu navigatur 97 3.
patrare: qua(m) patratae victoria(m) 67 9.
resistere: dum resisti contra Parthos non praevalet 50 10.
struere: Alanum gravi, Herulum levi armatura aciem strui 125 22.

depraedari: depraedare (*sic certo* 76 7. 86 17. 129 2) 37 18. 41 30. 42 2. 76 7. 86 17. 87 20. 88 3. 129 2. 131 4.
desaevire *absolute* 23 29 (*ex Floro*). 89 2; in pignora 91 3; thesauros 45 33.
descendere de prosapia 126 24; de stirpe 135 1; de origine 135 12.
describere: in provincias Romanas descriptae sunt 27 10.
descriptor: descriptor Gothorum gentis 61 5; orbis terrae discriptor 58 1.
desiderium: habetis desiderium vestrum 107 15.
desperare *cf. composita pro simplicibus.*
despicere: armis despecti 88 19.
destinare = *mittere*: munera ab utroque sibi invice principe distinata 48 3; conligatum ei tyrannum destinavit Iohannem 51 22; contra quem consul distinatur 50 5; *item* 42 15. 43 21. 44 15. 48 17. 117 15. 118 13. 132 14. 136 4.
destrictus 100 18.
deteriorare 137 11.
detractio = *infamia* 45 17.
detruncare: ante portas urbis detruncatus est 41 8.
devotare = *devovere* 22 27.
diadema: *acc.* diademam 30 25. 40 30.
dicere: parum dictum (= *explanatum*) est 54 7.
dies *feminine* 38 31 (*ex Eutropio*). 45 21. 52 1. 5. 69 10. 79 6. 94 2. 112 9.
difficile *adverbium* 86 20.
dignus tragydiae 52 12.
digredior: Scythia vergens ad Hunnos . . . usque digreditur 61 19.
dilectio 99 10.
dirigere = *mittere*, plerumque *cum ad vel contra*: directo (destinato *Hier.*) Scopa 9 5. *item* 18 25. 30 1. 19. 31 14. 41 17. 42 8. 43 22. 45 30. 48 2. 49 1. 7. 50 25. 81 6. 83 23. 92 7? 14. 100 19. 101 5. 106 19. 107 3. 110 7. 115 15. 117 19. 118 14. 121 1. 127 21. 132 4. 133 8. 21. 135 4. 6. 137 8.
discessio = *seditio* 125 13.
discurrere: in Grecia discurrentes 73 13; super rege discurrit 13; Illyricum discurrentes devastant 128 8; Flaminiae aggerem discurrentes 98 15; discurrit exercitum 111 20.
discursare 41 16.
discutere: captum catenatumque discussit 47 25; quem discussum manibusque truncatis in patibulo fixit 51 23.
dispareo: mox terra apparuit, cerva disparuit 90 4.
dispendium 49 21. 85 6.
dispensator 54 3.
disponere = *constituere* 51 12. 78 1. 99 6.
distendere: sinu distento 58 11; *sensu reflexivo* distendunt supra mare Ponticum Bulgarum sedes 63 8.
divagari 135 13.
diversi = *varii, plures*: diversae gentes 2 3. 67 13. 107 17. 138 12; diversae nationes 42 23. 59 7. 83 2. 109 17. 110 3. 116 2; diversa proelia 40 28; diversi iudices 48 23; non unius, sed diversorum varios apparatus 50 18.
dividere: dividentes se ab Alanis 111 24; noctis confusione divisus 112 7; civitatem spoliant dividunt vastantque 114 17.
divinitas = *deus* 102 7. 124 5.
dominus = *deus* 51 9. 52 2. 54 8. 56 1. 3. 133 9. 138 18. — dominus (dominatio 127 16, dominium 8 26. 28 17. 122 18. 123 15) *in re publica* (*de privata cf. cliens*) *potissimum usurpatur de Attila*: dominus Hunnorum omnium 104 14, dominus tantarum gentium 112 21, dominus fortissimarum gentium 124 14, *similiter* 116 8. 123 14. 15. 127 16; dominium Hunnorum 122 18. 123 15, Romanorum dominium 28 17; dominus noster *Theodericus* 134 4.
dona annua ab imperatoribus ex constituto gentibus pro auxilio praestita: dona consueta 96 12. 126 11. 128 4. — ad instar strenuae 128 4. — munera annua 81 5; munera praeterita et instantia 128 10; munera 95 11. — stipendia 81 3 (*cf.* 132 18). — victualia 95 11. — sollemnia annua 126 9. 128 7. *accepta* ab imperatore 128 19. — expensae imperatoris 133 9. 14. — *Cf.* foedus.
dubius: terra paludibus dubia 66 6.
ducatus 5 16.
ductor *is qui exercitui praeest, sive rex est* 87 20. 109 14, *sive alio loco imperat* 9 24. 9. 76 8. 81 17. 87 20. 93 12. 103 1. 109 1. 132 8. 137 7. 14. novus ductor 109 14; ductare 17 6 (duce *Florus pro* ductante). 13. 30 12. 48 30. 104 10. 109 19. 119 1. 130 22. 131 11.
dudum *ad substantivum adiunctum* dudum Aviti imperatoris filius 119 16; dudum imperator 120 5; dudum decessores 133 6; dudum possessores 96 21; militia illa dudum sub Constantino principe foederatorum 96 5. — *Similiter usurpantur* tunc (a principe tunc Marciano 126 5), postea 40 12, quondam (*q. v.*).
dum (*temporale semper*) *cum ind. praes.*: dum nititur excusare, mentita est 7 4, *item* 3 3. 27 7. 36 9 (?). 13. 44 27. 45 19. 22. 27. 46 5. 19. 49 9. 18. 28. 50 10. 16. 28. 51 12. 67 11. 70 16. 83 7. 91 13. 93 10. 110 21. 111 20. 113 9. 16. 114 10. 116 11. 118 4. 121 18. 125 6. 128 13. 129 1. 134 20. 138 9; dum lavat in flumine exindeque vellit aquam haurire 82 1. — *cum coni. praesentis in oratione obliqua* 3 9, *in directa*: Ioseppus (consensit) dum conservet regulam et origines revolvat 61 6. — *cum indic. imperfecti* dum nullum genus obscenitatis . . . praetermittebat, occisus est 36 15. — *cum coniunct. imperfecti nulla significationis diversitate*: eos dum regnaret amisit 27 27; *item* 29 18. 19. 30 23. 24. 31 34. 32 29. 37 13. 16. 38 9. 10. 42 12. 44 7. 48 20. 60 4. 78 14. 82 20. 83 21. 84 5. 85 8. 93 14. 15. 95 9. 99 9. 115 3. 11. 127 11. 128 4. 129 10. 18. 132 5. 20. 134 6. 15. 136 5. 15; dum Lucullus . . . expelleret omnemque Armeniam invasam ad Mesopotamiam venit 30 15. — *indicativus perfecti semel tantum reperitur*: dum locutus est, Augustum concitavit 45 17; *coniunctivus perfecti item semel*: dum felicitas fuerit subsecuta 112 22; *saepius coniunctivus plusquamperfecti nec tamen nisi ubi agitur de re praeterita*: dum ad restaurationem missus fuisset, arrepta tyrannide oppressus est 38 2; *item* 41 12. 42 20. 46 9. 66 13. 89 13. 91 15. 118 10. 121 22. 122 5. 136 24 *excepto uno loco*: regnum usque dum ille Theodosium ordinasset servavit 40 23.
dux *qui exercitui praeest* 40 16. 70 16. 76 4. 85 18. 93 5. 15. 94 1. 119 15. 126 20. 131 3. 137 3. 6. 138 3 *cet.*, *etiam rex qui praeest suis* 107 19. 129 1 (*cf.* 9. 24), primates et duces qui regum vice praesunt 93 4.
dux limitis 84 8.
dux Pentapolitanus 126 19.

ebibere: tribus faucibus fluenta Vistulae fluminis ebibuntur 63 5.
ecclesia 40 46. 44 12. 47 1. 92 13.
edere: ab una stirpe exorti tria nomina ediderunt 88 21.
efferare 104 5.
efferus 32 7.
effodere = *confodere*: filius hostilibus telis effossus 31 7; sedecim vulneribus effosum peremit 47 12.
egregius *neutrum comparativi* 111 14.
elatio tyrannica 117 12.
elatus = *superbus* 105 15.
eligere: elegens vincere 71 9; elegit potius . . . querere victum quam ipse otiose frui . . . et gentem suam mediocriter victitare 133 1.
ellipses et sententiae imperfectae:
quomodo Octavianus . . . perduxit (*scil.* demonstravimus) 1 20.

*ellipses et sententiae imperfectae*.
  sub quo Iudeorum (*scil*. rex fuit) Azarias, Israelitis vero (*scil*. regnavit) Roboam 6 25.
  novem annos sub tribunos plebi (*scil*. Roma) fuit 14 2.
  aequo iure ubique subactae (*scil*. gentes, *quod vocabulum est apud Florum in praecedentibus ab Iordane omissis*) 26 22.
  Epyrotae qui Inlyrico (= *id est Illyricum*) 27 10.
  filios eius . . . regnare genitali loco concessit (*scil*. senatus) 29 28.
  sic quoque . . . Octavianus quo nullus . . . fuit 33 13.
  ad triduanam lectionem dispensatoris eius beneficio (*scil*. acceptos) libros ipsos antehac relegi 54 3.
  regem illis (*scil*. fuisse) commemorat Telefum 70 6.
  Thomes civitatem suo de nomine (*scil*. appellatam) aedificavit 71 16.
  Gepidae . . . in insulam . . . quam . . . dicebant (*scil*. transierunt) 82 19.
  quamvis velocitas eorum ab aliis crebro bellantibus (*scil*. in auxilium vocata extra fines) evagaret 88 15.
  unius tantum (*scil*. viae) patet accessus 96 21.
  tali Africa (= *cum in tali statu Africa esset*) 102 6.
  magnum munus a natura (*scil*. datum) animos ultione satiare 110 16.
  inde nobis cita(m) victoria(m) quaerere (*scil*. debemus), unde se continet bellum 110 24.
  ad fratris Thiudimeri (*scil*. domum) gaudii nuntium direxit 127 21.
  loca eis tradidit, id est Cerru . . . et alia(m *scil*. civitatem) quae Sium vocatur 132 8.
  antequam ex Audefleda subolem haberet, (*scil*. habuit) naturales ex concubina 134 16.
cluctari 110 9.
emergere: clades emerserat 50 8; emersit momentanea mors 125 3.
enim *abundat* 15 32 (*om. Florus*). 78 5.
eoum *pro substantivo* 62 12 (*cf.* 28 20).
episcopatus 120 5.
episcopium 45 21.
episcopus 43 30. 45 23. 119 14. 18.
*eremus*: per herimum 89 13.
ergo *abundat* 10 4. 33 28. 104 6.
erigere: Alpes erectos 130 20; arma erecta 37 7.
eripere = *liberare*: neptem imperatoris ereptam 51 20; a Vandalico iugo erepta 102 23; a Vandalorum incursibus eripere 100 12; ab imminenti morte ereptos 93 18; *item* 31 23. 64 1.
erudire: qui eos sapientiam erudirent 64 10; ethicam eos erudiens 74 4.
esse sunt incolentes 127 6; erant manentes 87 14; fuit consentiens 125 27; esto diligens 2 8; ausus fuerat 34 2; exempta fuisset 123 23; peremptus fuisset 46 9; secutus fuisset 122 18; fuisse exortos 64 3; victus fuero 133 13. — cernere erat 125 20.
esse *omissum ratione insolita*: sciet unde orta, quomodo aucta, qualiterve sibi cunctas terras subdiderit 52 12; qui Asdingorum stirpe 87 11.
et *abundat*:
  *post relativum* (qui, unde, ubi *cet*.): qui et Silvii sunt vocitati 6 2, *similiter* 6 34. 7 26. 9 4. 10 8. 17 8. 33 27. 38 22. 40 11. 41 26. 42 10. 46 8. 48 13. 64 10. 15. 65 7. 67 15. 69 17. 73 2. 76 17. 77 14. 81 2. 84 19. 99 21. 122 19. 127 6. 134 7. 136 4.
  et nec 50 21. 85 6; nec non et 33 32. 34 37. 59 13. 114 21.
  etiam et 103 7; sed etiam et 132 18; verum etiam et 54 13. 73 7; simul quoque et 121 5; adhuc et 112 18.
  et usque (usque *nudum raro legitur*) 1 14. 16. 3 10. 26. 4 6. 14 *bis*. 22. 7 14 (et huius usque). 8 2. 9 27. 10 8. 53 7. 128 27.
  nec mora et 114 17.

et ipse 5 30. 42 1. 43 19. 50 18 *et alibi*.
et si = *etiamsi* 15 32.
etenim (*collocatur secundo loco plerumque post* hic, tunc, *sim*., *primo* 34 8. 93 11) *abundat* 6 34. 8 21. 34 8. 35 27. 32. 36 8. 27. 37 1. 38 1. 13. 25. 42 28. 44 6. 75 17. 93 11. 113 17.
etiam *abundat post* quam: tam maiores quam etiam minores 54 15, *sim*. 3 7. 9 16. 31. 92 1. 121 11. 128 10. 130 22. 132 3; *alibi* 64 9.
evadere: evadissent 129 9.
evagari: quamvis velocitas eorum ab aliis crebro bellantibus evagaret 88 15.
evaginare: evaginato gladio 93 17.
evangelizare 92 17.
evellere: de regno evulsum 44 20; dum Magnum evellere cupiunt, ipsi evulsi et omnino extincti sunt 138 4.
eunuchus 115 12; spado 43 11.
evocare: evocitus 47 10.
evocatoria 132 14.
euroborus: ab oceano eoroboro 61 17.
exardescere: exarsit in (= *invasit*) Gothos 89 7.
excedere rebus humanis 75 5. 88 5 *al*.
excidio, -onis: ab excidione eum urbis retorquet 132 7.
excipere in deditionem 31 1.
exconsul *v*. consul.
excubitores: ex comite scubitorum 47 4.
excursus: Oceani crebris excursibus 57 1.
exercere *sensu reflexivo*: Romani armis et legibus exercentes 3 1.
exercitare: deposuit exercitatu furore 115 6.
exercitus *ubivis solita significatione*; *opp*. familiae 60 13; exercitus Ostrogotharum *pars copiarum Attilae* 109 18; exercitus Aithanarici manet in servitio *imperatoris* 96 4.
exhinc 114 19.
exigere: tam regis sui mortem quam suam iniuriam ex rebellionibus exigentes 129 21.
eximere = *transigere*: necdum Etrusco bello exempto 18 25; pars diei exempta 123 23.
exinde *de loco* 14 8. 27 28. 32 15. 49 17. 60 13. 61 3. 82 2. 84 9. 86 13. 98 19. 99 1. 6. 116 23.
existere = *esse*: ignobili (*sic libri*) fortunae existens 36 17; de quo . . . innumerabiles pene scriptores existunt 54 12; usque dum eorum praevius existeret Ostrogotha 83 21; sui sanguinis reus existit 95 23.
expensae 35 7. 133 9. 14.
experio: Latini experti sunt et devicti 17 13; venationi tantum nec alio labore experta 89 18.
expers *aliqua re*: ut nec consilio suo expertem nec convivio faceret alienum 103 22; expertes = *expertos* 74 7.
explicare luctu(m) 124 22 (*si lectio vera*); *cf*. 18 19 *locum Flori*.
exponere = *quaerere* 112 24.
exponere: Dionysio storico exponente 85 2.
exquisitor consiliorum 109 3.
exulare = *in exilium mittere*: uxorem eius exulatam 41 9; se solum exulari 44 10.

fabricare civitatem 84 1.
facere: facientibus peccatis 47 18. 89 2; morbo faciente obiit 35 13; faciente necessitate 35 9; vitae terminum faciens 84 16; Caesar eos redegit fecitque in provincias 29 10; in provinciam facta est 29 16.
facies: post assertam a Manlio faciem *de urbe* 17 3.
familia = *servi domini cuiusdam* 125 9 (*cf*. 11. 131 4); *opp*. census = *bona* 131 4; exercitus cum familiis 60 13.
  = *genus*: divisi per familias (Amalorum et Balthorum) populi (Gothorum) 64 22; familia Amalorum 103 12; (Venetharum) nomina per varias familias et loca mutatur 62 16.
famosus = *clarus* 81 18. 109 21. 113 18. 116 7.

24*

famulus (famulatus 91 14), famulari *de subditis qui domino militarem operam praestant* 46 16. 91 11. 126 4. 133 4. 137 12; privatae vitae famulari 102 21. — *Cf.* servus.
fasces *v.* consul.
fatum: regis animus in antiqua fata revortitur 113 25.
favere (= *indulgere*) doloribus 107 11.
feralis 123 22.
fertur *cum acc. cum inf.* 112 18.
fidei doctores 34 13.
fidelis 100 13.
fiducialiter 73 4.
fines *terra* 95 5. 97 21. 99 2 *al.*
fluctuari 133 8.
fluenta mixta clade (= *sanguine*) 111 18; fluenta Histri 62 12. 68 18; nonnulla fluenta Danubium influunt 130 20; *item* 63 5. 66 11. 68 13. 96 21. 127 19.
fluvida 57 8.
foedus, foederati *etsi usurpantur de quovis pacto inter duos populos facto, ut inter Romanos et Parthos* 48 3, *inter Gothos et Macedones* 73 7; *item* 84 11. 100 21. 101 9. 104 12. 119 5. 129 15. 130 23. 134 13, *praesertim significant pactum, quo gens imperio alieno ita se subicit, ut pro annua remuneratione milites ei praestet. ita Gothi sunt foederati rei publicae Romanae* 81 4, *item* 76 2. 85 15. 87 4. 6 (quadraginta milia). 95 12. 96 5. 6. 104 5. 128 5. 132 7. 19. *simile est foedus factum cum Vitaliano* 47 10; *item foedus Gothorum cum Hunnis* 122 2. *translate* consanguinitatis foedus 83 6.
forinsecus exportare 114 12.
formare: non adeo proceritate staturae formatus 99 17.
formidabilis 105 14.
frater *in adlocutione amici* 1 3. 2 9. 53 4. 54 8.
fratruelis *fratris filius* 77 13. 123 2; *fratris pronepos* 123 5.
frequentatio 115 6.
*frequentativa*: ductare *q. v.* — lectitare 3 10 (*cf. corr.*). — quaesitare 59 2. 83 10. — territare 126 3. — victitare 22 14. 63 8. 133 3. — vocitare 6 2. 28 16. 33 28. 97 6. — votare (voverat *Hier.*) 39 10.
fretus 99 8. 102 1.
frustrare (= *reicere*) legationem 72 3.
funereus cantus 124 13; funereus luctus 124 22.
funus: funeri reddidisse culturam 113 1; crudeli funere confodiunt 84 12; fugati ipso funere tristiorem 108 22; ut turpe funus (= *spectaculum funestum*) miserando semper offerret 106 12.

gehenna 94 10.
generare *de matre* 6 13.
generosus = *nobilis* 64 13.
*genetivus, dativus, ablativus permutati*:
  *genetivus pro dativo*:
    ductorem exercitus praeponens 49 1. — loci nomen dedit 67 14. — ipsius urbis ferre subsidium gestiens 84 1.
    par: par tantae calamitatis 21 19 (*ita Florus quoque*); pares eorum 59 13; expeditionis quam parabat par 105 6; impar sollertiae 75 4.
  *ablativus pro genetivo*:
    rebus (= *rerum*) praesciis 114 15. — immemor exitu 41 34. — dolis gnarus 110 1. — nec consilio suo expertem nec convivio alienum 103 22.
  *ablativus pro dativo*:
    Romano iurae se subegerunt 27 2. — senectute sua consulens 47 13. — antequam parte adversa sese inimicum ostenderet 46 21. — quo favente deo 48 6.
  *genetivus dativusque coordinati*:
    spem utriusque generi 138 18. — acri omnino ingenii 95 1. — ex Priami Frygum regi germana 71 2. — sedes erant Attilae regis ... tenenti 105 2.
  *dativus pro genetivo*:
    impatiens tantae crudelitati 50 29. — suae parti fautores 92 14.
*genetivus adiectivum determinans*: elationis erectus 83 20. — virtutis et nobilitatis eximius 87 8. — supplicantium exorabilis 105 17. — species pavenda nigridinis 91 1. — prudentiae maturum 113 9.
*genetivus passiva significatione*: munus soceri (= *socero datum*) 42 18; egressus Scandzae insulae 89 8; (Attilam) Gyzericus ad Vesegotharum bella precipitat 106 7.
genitalis locus 29 28; solum genitalem 94 12.
genius Herculis 70 12 (*corruptela videtur*; *cf. adn. crit.*); sceptris genio mancipatus 47 16.
gens *populus suo regi suisve rectoribus parens*: *ita gens Gothorum ante divisionem scribi solet* 54 8. 56 1. 61 58. 64 4. 71 13. 78 4. 80 11. 14. 81 17, *dicunturque Ostrogothae et Vesegothae utrique eiusdem gentis populi* 83 9. *post divisionem utrique gentes tam Ostrogothae quam Vesegothae* 121 11, *reperiturque gens de Ostrogothis* 122 17. 127 12. 132 13. 20. 133 2 *bis*. 8. 18. 134 9. 138 11, *de Vesegothis* 98 3. 105 12. 118 4. 122 18. *saepe tamen gentis Gothorum vocabulo alteri utri soli significantur, ut ad Ostrogothos pertinet* gentis Gothorum vestitus 134 9, *Vesegothae promittunt sic in Italia cum Romanorum populo vivere, ut una gens utraque credere* (= *credi*) *possit* 97 18. *similiter gens Acatzirorum* 63 7. — Adogit 58 17. — Alanorum 108 20. 130 22. — Burgundionum 100 3. 119 4. — Franci 100 3. — Gepidarum 62 10. 82 14. 83 4. 126 11. 135 13. — Gothorum minorum 127 7. — Herulorum 88 11. 12. 15. — Hunnorum 89 6. 20. 90 9. 92 6. 109 16. 123 19. 124 6. 18. 129 1. — Lazorum 67 17. — Rosomonorum 91 13. 15. — Rugorum 130 2. — Scirorum 129 13. 22. — Spalorum 61 2. — Suavorum 117 5. 130 22. — Suehans 59 4. — Suetidi 59 14. — Vandalorum *s.* Vandalica 87 10. 20. 102 15. — Vidivarii 83 1. *imperia ita ordinata, ut complures gentes uni domino pareant, gentibus quodammodo opponuntur*: *unde raro legitur* gens Romana, *ut* 120 10 *et* gentes primae mundi Romani Vesegothaeque 105 12 (*cf.* 70 9). *at in exercitu Romano contra Attilam* dissonae gentes militant 110 18. *item regno Attilae solet significari plures gentes comprehendi, ut* gentes aliae Hunnis parent 105 11. 123 8, multiplices populi et diversae nationes in dicione eorum opponuntur genti Hunnorum 109 17, Hunni fortissimorum gentium caespes 63, 10, gentes dividunt qui Attilae succedunt 125 8 (*cf.* 11. 13. 16). *eadem significatione* Odoacer appellatur rex gentium 120 14 (*cf.* 120 8: Torcilingorum rex habens secum Sciros Herulos diversarumque gentium auxiliarios); *item* Theodericus rex gentium et consul Romanus 45 12, *verius* Gothorum Romanorumque regnator 134 10. *eodem pertinent* gentes Scythiae 68 17. 101 14, gens aliqua Scythica 123 15. 124 9. 12, *quoniam Scythia non gentis unius est*: *fortasse etiam* gentes Screrefennae 59 1. 4, (Scandia) officina gentium aut vagina nationum 60 6. *nullo vocabulo addito* gentes proprie sunt barbari 40 5. 45 9, gentium idola 7 23, *ut solent* gentes 98 18, gentes terrentur adunata Gothis re publica 99 24, (Africam) a rei publicae Romanae corpus gentilis manus abstulit 102 24, regnum gentis Gothorum et populi Romani principatus 45 14, *et minus proprie sic saepe* 59 6. 9. 60 4. 6. 65 1. 67 7. 13. 68 20. 69 3. 7. 9. 70 9. 83 5. 86 19. 88 7. 17. 89 19. 91 12. 92 13. 100 22. 102 11. 104 15. 105 13. 107 4. 17. 110 12. 111 4. 112 21. 113 8. 117 1. 119 8. 124 24. 128 20. 131 8. 17. 132 5. 136 4. 138 12. 20; catalogus gentium 88 21, turbo gentium 90 13. *semel est pro stirpe*: gens Amala 123 6.

genus *aut indolem significat*, ut genus hominum (*vel* genus *nude*) bellicosissimum cet. 59 10. 63 7. 81 13. 87 12. 89 14. 15. 91 10, *aut originem, ut genere* Rugus *cet.* 3 14. 27. 44 18. 66 17. 67 1. 117 21. 119 8. 126 18. 128 6, *ubi componitur cum stirpe* Amalae, *item* genus Amalorum 109 20, Aniciorum 138 18 (*ubi item componitur cum stirpe Amala, deinde appellantur* utrumque genus), Balthorum 96 14; amator generis Gothorum 96 10, generis nobilitas *similiave* 87 9. 103 14. 19, affinitas generis 77 6, *aut denique est pro domo:* cum omne genus suum 102 17.

genus *mutatum*. *exempla cum formae mutatione coniuncta pleraque satius visum est recensere in declinatione mutata. in plerisque, quae iam exhibentur, ambiguum est, utrum substantivi genus male mutaverit auctor an de alio vocabulo cogitans, aliud ponens duas locutiones male miscuerit*:

agmen *fem.*: agmine sumpta 67 12.
Alpes *masc.*: Alpes erectos 130 20; arduis Alpibus, iuxta quorum latus 62 13.
Amazones *masc.*: (Amazones) confortati sunt; unde egressi 67 17.
cautes *masc.*: cautes Marposios, quas 68 5.
Epirus *masc.*: Epyros duos 28 5.
finis *fem.*: fines dispositas 27 25.
fons *fem.*: ab imo suae fontis 86 10.
gens *masc.*: gentes fortissimi 63 10; regnum gentis uti et Romani populi 45 14; utrique gentes 121 11 (*cf.* 125 12).
genus *masc.*: vestium genere erogans 36 6; Balthorum ex genere ... qui ... acceperat 96 14.
Lares *fem. v. s. v.*
Manes *fem.* 124 9.
natio *masc.*: indomiti Scytharum nationes 62 5.
Neapolis *masc.*: subversumque Neapolim 137 19.
nemus *masc.*: nemus Aricinus (-num *Florus*) 15 17.
pelagus *masc.*: is ipse immensus pelagus 55 18; *cf.* inter paludes et pelago 96 20.
sedes *masc.*: sedes plani ac fertiles (*lectio dubia*) 59 8.
series *masc.*: supra scripto familiarum serie 4 8.
strages *masc.*: magno strage 133 22.
turbo *fem.*: quasi quaedam turbo gentium 90 12.

Vt *in his prior interpretatio magis probabilis est*, *ita altera praeferenda in enuntiatis per relativum adiunctis similibusque genere numerove abhorrentibus a vocabulo primario, qualia sunt haec*:

volumen ... quam iam dudum ededissem 2 2.
in pauperrimo regno locoque angusto, quod dicebatur agro Laurentum 6 1.
Mauretaniae ... formidine tacti se subegerunt 27 2.
Spanias ... Scipio tamen eos ... coniunexit 27 4.
Deiotarum senatus praefecit Galatiae: sed post haec Caesar eos redegit 29 9.
occiduae plagae infesti sunt 31 27.
legiones ... qui ... dederunt 34 9.
omniaque quod constituerat 34 31.
populosas fore gentes, quia hoc apud eos solemne est 40 5.
eandem, qui rem suggesserat 45 20.
post diuturnum immanemque laborem quod ... fuisset gestum 47 28.
mortem ... doluit nec passus est inultum transire 48 16.
volumina ... descendentem (*quasi scripsisset* librum) 53 7.
(oceanus) inpermeabilis esse sentitur et nulli cognita nisi ei qui eam constituit 54 19.
ad Scandziae situm, quod superius reliquimus 57 17.
Vistulae fluminis, qui ... ortus ... inlabitur 58 5.

genus *mutatum*:

quas Graecis permiserunt condere sibimet commercia praestituros 62 5.
latus, qui in aquilone vergit 62 14.
in eo loco, ubi Alexander portas constituens Pylas Caspias nominavit, quod ... gens custodit 67 18.
fluvium quod ... praeterfluit transeuntes 67 18.
secundum locum quale fuerit 69 2.
lateribus ... desectis, qui ... nuncupantur 69 3.
in modum spinae, quem costas (= *costae*) ut cratem intexunt 75 15.
pars eorum qui ... tenebat 78 5.
in flumine illo, qui ... oritur 82 1.
nimii limpiditatis saporisque 82 1 (*zeugma quodammodo, ut alia quoque*).
Gepidarum natio ... invidia ductus arma movit 82 9.
istius necessitatis consimilis, quod ... experti sumus 84 20.
delectati lavacris, quae ... sunt siti ... ignei scaturrientes et ... omnino praecipua et efficacissima 86 9.
Asdingorum stirpe, qui inter eos eminet 87 11.
quas ... dum vidissent et eorum conplexibus ... miscuissent 89 13.
genus hoc ferocissimum ediderunt quae fuit ... genus 89 14.
paludem Meotidam, quem impervium ut pelagus aestimant 90 3.
mare, ad quam qui navigatur 97 2.
Bryttiorum regio ... sortitus 99 2.
animi pondere qua valebat eximio 103 18.
pro animi fortitudine et robore mentis, quam non poterat occultare 103 23.
turbaverat eos Gothorum manus, qui ... efferasset 104 5.
aliaeque nonnulli (*al.* nonnullae) Celticas vel Germaniae nationes 108 5.
multiplices populi et diversae nationes quos ... subdiderat 109 17.
intra septa castrorum, quam claustris vallatum habebat 111 25.
candidas aves, id est ciconias, qui ... nidificant 114 10.
ceteras (gentes) qui pariter praemebantur 125 12.
quae ... invenerant, nisi ipsi ... se ipsos discerperent, fortissimas nationes 125 19.
nationibus, qui ... inviti famulabantur, eorumque cet. 126 3.
quas Danabri amnis fluenta praetermeant, quam Hunni Var appellant 127 19.
ipsasque Scirorum reliquias ... acrius pugnaturos 129 26.
qui valuit evadere, perquaquam effugati vix ad sua inglorii pervenerunt 130 12.

gepanta *v. ind. loc. s. v.* Gepidae.
germanitas *de consobrinis* 136 19.
germanus, *-na* 4 34. 7 9. 11. 39 21. 24. 42 12. 15. 29. 71 2. 82 6. 91 17. 99 21. 100 22. 105 4. 6. 109 19. 113 13. 115 9. 116 15. 123 9. 125 29. 126 19. 23. 128 3. 129 5. 131 11. 135 4.
gerundium: ad vastandum Moesiam 83 23.
gestus rei 90 8.
globi Gothorum 113 1.
grassator: regem se suis grassatoribus fecerat 135 16; genus expeditissimum multarumque nationum grassatorem 91 10.
grataner 130 25.
gratias referre (= *agere*) 1 3; deo magno gratias 1 4.
gratuitus: pro gratuito (= *sponte sese offerente*) convicio 82 17.
gratulari = *sibi gratulari, gaudere*: munere gratulatus 106 3; gratulabundus annuit 92 11.

## IV. LEXICA ET GRAMMATICA.

habere: habiturus 23 29 (*si lectio vera*) habendus (= *eximius*) 104 3 (*si lectio vera*).
habitaculum 105 3.
haruspices 108 22.
heres regni designatus 132 12 (*cf.* 136 9). heres regum multorum 103 15.
(h)esperius. hesperia plaga 41 18. 50 12. 108 1. 133 6; partes hesperiae 45 1. 48 19. 122 18; pars (h)esperia 44 17; hesperia 133 18; hesperium regnum 39 24. 44 20; hesperium imperium 120 10. 121 2.
hic = *huc* 130 21.
humatus: post humatum patris 138 16.
humiliatus 83 19.

iactare: superba admodum elatione iactatus 83 7.
iam *abundat* 88 2.
ibi = *eo* 99 5.
id est = *scilicet* 4 32. 30 6. 87 5. 107 21. 114 10. 123 2. 6. 132 8. 134 18.
idem *de homine cognomine*: pro postumo Aeneae idem Enea 6 3; filium suum idem Philippum 37 2; cum Philippo idem filio 81 1.
idola 7 23. 39 6. 7. 84 17.
idoneus: dum gentem suam non omnino idoneam aut refertam audiret 133 1.
igitur *initio enuntiati* 17 3. 115 3. 116 1. 133 17 (*ita Florus quoque* 12 12. 14 10. 23 21).
ignotus = *ignorans* 90 4.
imaginarie 1 9.
imbuere ad disciplinam 79 7.
immemor exitu 41 34.
impedire: urbes huc atque illuc variis deflexibus impedivit 79 10 (*cf.* Vergilius Aen. 5, 584: alternos orbibus orbes impediunt *et* 8, 448).
imperator *non dicitur nisi Romanorum*: imperare, imperium *ad reges quoque pertinent, praesertim Attilam* 74 19. 75 6. 83 9. 121 18. 122 1. 123 10. 12. 13. 124 8. 125 6. 7. 128 23.
imperialis 128 16. 138 2.
imperium Romanum 76 3. 103 9. 113 11. 126 9. imperia utraque Romani orbis 124 15.
imperium Occidentale 118 9. imperium Hesperium 121 2. imperium Romanae gentis 120 10. imperator Occidentalis 42 9.
imperium Orientale 44 1. 121 2. imperator Orientalis 41 26. 118 8. 136 24.
impetere 95 4.
impetrare pacem totius Africae 52 2.
in *cum abl. pro ablativo nudo*:
  in armis fretus 95 11.
  in bello prosternere 40 14; in praeda diripere 98 16. 99 15; in praeda ferre 69 17; in praeda temptari 67 7; in praeda devastare 128 8.
  in omni decore disponere 104 22.
  in summa iustitia populos iudicare 75 5.
  in nomine germanae nuncupare 82 6; in suo nomine condere, dicare 8 26. 68 1. 87 3; in tuo nomine libello (= *libellum*) confeci 1 24; in nomine unum, multiplex in victoriis (unum nomine et titulo, victoriis multiplex *Florus*) 18 25.
  in nullo violare 106 16.
  in uno pane aut decem libris carne mercari 93 7; in unius caballi praetio eripi 64 1.
  in tempore facere 113 10; in nostris temporibus 52 6; in eo tempore foederatam 119 4; in ipso tempore 137 2; in huius regno 5 21; in anni spatio 87 13; in quibus annis 3 13; in eadem nocte 124 6; in die sabbati 47 19; in brevi 117 10. 136 6. 17; in initio dicere 82 11. 88 21.
  in his verbis legationem direxit 107 3.
inaccessibilis 131 27.
incolae 83 8. 88 2.
inconscius: inconscio patre 131 2.
incrementum: septem annorum incrementa conscendens octavum intraverat annum 128 12.

increscere: Gothis fastidium eorum increvit 96 12; montibus increscere (= *crescere, eminere*) 56 16.
incurrere ad carpenta 112 5.
indicare: (Asdingorum stirps) genus indicat bellicosissimum 87 11.
*indicativus in oratione interrogationeve indirecta coniunctivi locum usurpans*. vis quando coepit (mundus) vel quid ad nos usque perpessus est edoceri 1 6; *similiter* 1 20. 4 19. 61 10. 74 9. 76 14. 78 3. 7. 90 1. 97 19. 120 18. 122 3. 124 9. 127 10; *coordinatus cum coniunctivo* 1 7; 124 21. — *indicativus post ut videatur sub ut*. — *indicativus pro coniunctivo hypothetico*. quae numquam contra se pares invenerant, nisi se ipsos discerperent fortissimae nationes 125 18.
indicium: ad indicium (= *notitiam*) posteritatis 86 2.
indulgere: inpunitatem Suavorum indulsit 117 21.
ineffabilis 130 9.
infestare: cum Parthis et Vandalis omnino (= *omnia*) infestantibus 43 4.
inflari de victoriis 107 16.
influere: Danubium influunt 130 20, ripas influit oceanus 58 4.
inglorius 128 26. 130 11.
inhabitare rupibus 59 11.
inhiare *cum dat.* 47 5. 9; *cum acc.* regnum inhians 41 23; imperium quod inhiabat 85 10.
inibi 59 9.
inimicus = *hostis* 113 1 *et passim*.
innectere: praedas innectens vicinis 135 16.
innoxius: suspicionis innoxiam 45 24.
innumerandus 130 11.
inquirere Romanarum rerum ordine actosque 10 2.
inquisitor 114 13.
inradiare = *splendere* 133 10
inreparabiliter 60 17.
inservire sensui *auctoris* (= *auctorem recte intellegere*) 54 2.
insignia potestatis *regiae* 130 5; i. principatus 121 16; insignis regius amictus 134 9.
insinuare: erat religionis insinuatus affectus 64 19.
insidere ripas 60 10; in (provinciis) 116 1; inter flumina 27 21.
instar: **ad instar** (*alias cum gen.*, ad instar murale 29 24) 29 24. 34 12. 76 9. 104 19. 125 9. 128 4; in instar pontium 72 5.
instituere *aliquem aliquid* 74 10; *alicui aliquid* 127 6.
instruere *aliquem aliquid* 74 3. 6.
insurgere adversus Romanos 27 5; contra Romaniam 35 33; contra Valentem 39 26.
intentio = *contentio*: ne inter ipsos de regni ambitione intentio esset 102 8; *item* 91 21. 112 6.
intercedere *impers.*: nec diu intercedente 51 26.
interesse in conspiratione 3 27.
interiacere: regio australi interiacens parti 99 2.
interminor: interminans 115 3. 131 23.
intermiscere 54 15.
interpellare = *in auxilium vocare* 32 24.
*interrogativae sententiae interpositae*: et hoc quare? 58 20; quid multa? 81 6. 83 14; quid multum? 131 17; quid plurimum? 104 1. 129 4. *similiter* rogo 69 15. 74 13; si quaeris 82 11. — *Cf. Cassiodorius var.* 11 5: quid plura?
intimare 81 20.
intra: opusculum intra manus habeo 53 5; nobilitatus intra Spanias 103 8.
intransmeabilis 54 16. 66 11.
intrinsecus 114 8.
invadere *regnum vel locum quendam passim* (*v. supra* p. 177 *sub capite acc. pro abl.*); invasa tyrannis 37 12; invasa Pannonia 101 12.
invenire: ut (= *quod*) desiderabat invenit 60 3.
invitare: invitavit accedere 95 16.
involvere: Scythia in eo latere oppidis haut obscuris involvitur 62 4.

## IV. LEXICA ET GRAMMATICA.

ipse (ipsud 82 15. 85 12. 129 22) = is 3 25. 5 21.
8 19. 36 14. 37 29. 38 8. 40 6. 14. 45 30. 54 3.
59 15. 63 14. 67 6. 72 4. 78 1. 6. 86 19. 88 15.
94 9. 95 11. 97 13. 100 20. 102 8. 112 17. 115 21.
124 6. 126 11. 127 5. 128 1. 129 22. 130 5. 19.
131 6. 138 25. 26. idem ipse 30 9. 89 4. is ipse
55 15.
ire: exiente 58 10, exientes 60 8, transientes 104 17.
— percurram et ... redeam (= redibo) 7 13.
is loco pronominis reflexivi: veritae ne eorum prolis
rarisceret 69 9; sim. 72 8. 92 8. 96 13. 131 23.
item abundat 3 17. 26.
iubere: gentem capillatos dicere iussit 74 22. pro
altero iubebat (expectes laborabat: vivebat proposuit
Vahlus) ornando 123 9.
iudicat populos rex et pontifex Gothus 75 5.
iudices = duces provinciarum Romanarum 47 21. 48
23. 50 22 (cf. 14 3. 38 25. 75 5).
iugalis = coniux 9 26. 39 30. 51 19. 138 10. 15.
iugiter 50 4.
iunior et senior appellantur homonymi aetate diversi,
licet nulla parentela coniuncti, ut in consulibus sollemne est 41 28. 51 18. 92 8. 104 10: senior et
posterior 102 9.
iuramentum subditorum 122 1.
ius: ius dominatioque Romanorum 1 21; ius Romanum
42 20. 77 2; partes suo iuri tenere 94 4; civitatem
in eius iura transducere 108 17.
iuvare: iubatus 5 23; iubaverit 56 1. 78 2.
iuvenilis: iuvenile regnum 41 9; puerile imperium 44 3.
iuxta: iuxta omne scelus et parricidium addidit facinus
34 10.
-izare: v. baptizare, evangelizare, tyrannizare.

labores = praedia (cf. Ducange s. v. et lares): omnibus Scythiae ac Germaniae nationibus ac si propriis
lavoribus imperavit 89 5.
lacrimabilis 65 6. lacrimaviliter 85 2.
laesio: sine aliqua lesione 44 9. 116 10.
lares: in laribus propriis 136 20; Gallias Spaniasque
sibi tamquam lares proprias vindicare 98 2.
lectitare 3 10 (cf. corr.).
legatus 48 2. 83 8. 12. 92 7. 106 14. 107 14. 115 15.
116 24; legatio 72 3. 97 17. 101 5. 104 15. 107 3.
128 5. 10. 132 6. 134 7. 10.
leuva 108 6.
libare: de eius continuatione pauca libabimus 69 7.
liber = filius: non suscepit liberum 77 11.
libertas regni Romani Africae reddita 102 23 (cf. praef.
p. X); libertas dissoluto Attilae imperio 126 5.
licet cum indicativo 1 11. 56 5. 84 13. 91 12; sine
verbo 55 8.
lignum: gen. pl. lignarum 127 9.
limbus = ripa 39 32. 54 10 (ex Orosio). 78 5. 86 8.
limes 84 8. 87 12.
litare: quantoscumque habuerunt, litavere victoriae 90 10.
locare: civitatem in Alpes Cottiarum locatam 98 9.
locatim 69 1.
locorum indicandorum proprietates:
1. Discrimen inter oppidorum terrarumque vocabula,
ut in illis nudi casus ponantur, in his praeposi-
tionibus solito more locus sit, apud Iordanem esse
desiit, et ita quidem, ut modo oppidorum vocabulis apponantur praepositiones, non solum apud et
ad, sed etiam in:
in Constantinopolim 42 15. 119 8.
in Ravenna 120 7.
in Thessalonica 87 2.
modo, et id quidem saepissime, regionis vocabula
nudis casibus enuntientur (cf. supra p. 177 ablativus nude positus):
Africam 43 22. Africa 51 17. 135 4.
Asiam 85 19.
Bosforo (in Bosforos Rufus).
[Campaniam Tarentumque 24 16 (ex Floro)].

locorum indicandorum proprietates:
Dalmatias 120 4.
Gallias 100 2. 131 18. 136 14.
Hellisponto 41 14.
Spanias 100 8. Spania 35 5.
Illyricum 44 26. 76 8. Illyrico 27 11. 46 12.
Ioniam Aeoliamque 67 20.
Isauriam 44 9.
Italia 45 4.
Latio 7 1.
Osroene Edessa 36 9.
Ponto 81 16.
Scythia 68 4. 18.
Siciliam 51 6.
2. Genetivus locativus exolevit (nam Theodosius Spa-
nus Italicae divi Traiani civitatis 40 24 diversum
est et pro Scythiae genitae 68 4 cum bonis libris
restituendum Scythia) excepto uno vocabulo Romae:
sed mira diversitate id semper ita legitur, ubi
iustus sermo Romam requirit: sic Romae advenire
29 15. — deducere 29 28. — destinare 118 13.
— ingredi 36 25. 98 17. 118 7. 137 20. — per-
ducere 37 32. — proficisci 34 15. — repedare
34 5. — simile est domi dimittere 107 21.
3. Accusativus ut plerumque directionem significat,
ita non raro ibi reperitur, ubi Latina lingua requirit ablativum genetivumve:
occisus Sirmium (apud Sirmium Orosius) 37 23.
Constantinopolim insurgens 39 26.
funduntur in Tracias 40 17.
Constantinopolim (per Const. Marcellinus) circumductum 41 9.
Constantinopolim (apud Const. Marcellinus) civile
bellum commovens 41 13.
Spanias se recluserunt 100 9.
qui Constantinopolim effarasset 104 6.
in Constantinopolim interiit 119 8.
quod Gallias (= in Galliis) occupasset eis concessit 136 14.
4. Ablativus et ibi mansit, ubi vetustus usus eum
requirit, et genetivi antiqui vices facit (ut Aquileia
36 26. 37 25; Sermio 38 4; Mogontiaco 36 20.
80 7 cet.). aliquot locis 30 22. 41 14. 50 26 cum
-a et -o vices faciant accusativorum in am et um,
certum exemplum ablativi ibi positi, ubi directio
significata accusativum postulat, repperi nullum:
nam 131 26: tam eam quam Stobis in deditionem
accipiunt vocabulum Stobis recte referetur inter indeclinabilia.
5. Denique observandum pro appositione sollemni, ut
sunt urbs Roma, Danuvius fluvius, passim reperiri
in illis adiectivum ut urbs Romana, in his genetivum,
ut amnis Danubii 75 11. 76 9. substantiva ex ethnicis declinata ad agrum terramve significandam,
ut Francia, Gepidia, Romania, invenientur in indice secundo.
lusus verborum: vigilantiae vestrae, nobilissime frater
Vigili, gratias refero ... ut non sinam vobis ...
vigiletis 1 3; dum resistere moliuntur, plenissime
demoliti sunt 27 7; quia caritas dei et proximi in
illos refrixerat, frigore consumpti sunt (fame extabuit auctor Iordanis) 44 15; non dico vulnere sed
ipso pulvere 110 21; copia quam inopia successorum
125 7.

macte: mactae virtutis et meriti 1 6.
magister militum: Alathort 46 22. — Arnegisclus 42
25. — Calluc 52 7. — Guntharic 51 19. — Gunthigis 126 23. — Martinus 48 22. — Orestes 120 2.
— Rufinus 46 22. — Saturninus 38 2 (magister
exercitus Hier.). — Stilicho 88 3.
m. m. Illyricus: Sabinianus 135 9.
m. m. Orientalis: Belisarius 102 15.
m. m. praesentis: Artabanus 51 26. — Theodericus
45 7. — Vitalianus 47 11.

## IV. LEXICA ET GRAMMATICA.

magister officiorum: Hermogenes 48 2. — Illus 45 15.
magnanimis 106 4. 112 19.
maiestas: nil triste pavet cui maiestas (= *imperator*) adriserit 107 19; Gothi armis insonantibus regiam deferunt maiestatem 113 6.
maius *sensu adverbiali*: quia Gothi Theodosio fatali desperatione succumbente maius saevirent 95 9.
mancipare: ut quidquid praecepisset effectui manciparent 74 1; sceptris genio a suo avunculo mancipatus est 47 16.
manere = *considere* 58 14. 87 14. 127 13.
mansio 63 4. 16.
manus: manu manibus congrediuntur 111 12.
Mars = *bellum*: aperto Marte 108 9; iterato Marte 71 11; plus piratico quam publico Marte 46 15.
medietas = *pars dimidia* 60 16.
medius: in medio 54 6; ad medium sui 65 16; de medio sui 89 12; in medio alvei 99 12.
membra orationis dissoluta:
   ablativus accusativusve absolutus diremptus ab enuntiato suo copula:
     Valens imperator lege data ut monachi militarent nolentesque (nolentes *Hier.*) iussit interfici 40 10.
     spraeto Honorio regnumque eius inhians 41 23.
     qui eum in convivium trucidatum neptemque imperatoris ereptam ad urbem principi dirigit 51 20.
     Domitiano imperatore regnante eiusque avaritiam metuentes 76 1.
     suscepto exercitu et contra hostes egrediens 120 2.
     Vidimer fratre iuniore accito et cum ipso curas belli partitus 130 5.
     Campaniam accedens subversumque Neapolim 137 19.
     post quorum discessu nec quicquam mali in Italia perpetrato 98 5.
     post cuius decessum et exercitu eius expeditione(m) gerentibus 67 6.
     tertioque anno ingressus sui in Italia Zenonemque imp. consultu 134 8.
     similia 48 29. 51 11. 94 7. 96 17. 97 20. 114 3. 128 22. 131 1.
   *similiter separantur per copulam male interiectam membra orationis alia*:
     curiosis hominibus et qui de hac re scribere voluerunt 55 2.
     paululum se subtrahens ab illis suaque dum nititur ostendere virtutem 121 18.
     spectaculum admirandum et sollemniter exhibetur 124 11.
     ibi, ubi erant, expeditionemque solventes 128 25.
     sed ut adsolet rerum mutatio et principum voluntate diversa 51 8.
   *item protasis aut ab apodosi dirempta aut solitaria*:
     cumque . . . votum suum nequivit explere, facinusque cum Eugenio committit 42 13.
     postquam Ravenna ingressus est nec . . . invenit, remensoque mare Epiro revertitur 50 26.
     nam imperator . . . dum . . . exercitum ad fortia provocaret 95 1.
     cum . . . Vesegotharum . . . exercitus . . . legationem misisset 97 16.
     quod dum Iustinianus audisset, et quasi . . redundaret, sic est commotus 136 24.
   *participium praesentis casu primo solitarium vices faciens verbi finiti*:
     XLII milia prosternens castraque succendit 30 20.
     flumina profundens continuatoque iugo extenditur 68 15.
     primitias regni sui extendere cupiens 87 10.
     ibi veniens Alaricus et exinde transire disponens 99 5.
     postera die arbitrantes 112 9.
     qui puellam sibi socians (= *cum sociaret*) eiusque in nuptiis . . . vino somnoque gravatus iaceret, redundans sanguis extinxit 123 18.

*membra orationis dissoluta*:
   sed ille parturiens 129 12.
   quam ille concessit suosque filios credens sociari 134 11.
   filium regem constituit eisque in mandatis denuntians 136 9.
   *similia* 4 8. 29 25. 75 17. 83 8. 84 3. 89 8. 17. 18. 95 7. 11. 98 9. 99 2. 14. 100 19. 103 14. 115 5. 119 14. 123 18. 126 14. 129 4. 130 26. 138 27 (?).
   *etiam participia perfecti* 31 25. 51 2. 60 15. 101 17. 105 4. 113 6. 119 11. 122 2. 128 15. 137 4. 15 sic potius explicanda erunt quam ex legitima omissione verbi substantivi.
   *adiectivum solitarium*:
     nimis aequissimus omniumque communis 35 29.
     bellum atrox multiplex immane pertinax 111 12 (*potest referri ad legitimam omissionem verbi substantivi*).
   *ablativus absolutus solitarius*:
     ordinato super se rege 96 13.
   *nominativus solitarius*:
     Theodosio ab Spania Gratianus imperator electo (= *Gratianus imperator cum Theodosium elegisset*), Gothus pertimuit 94 13.
     qua pace Attila Hunnorum omnium dominus et . . . regnator . . . qui . . . erat . . . mirabilis 104 13.
membratim 43 12.
memorare 91 15. 106 7. 111 15.
mercimonium 56 8.
merere: meruit gratiam imperialem habere 128 16.
mergere *intransitive* 75 14. 81 16.
meta: cursus sui metam explevit 78 3.
metiri: leuva una mille et quingentorum passuum quantitate metitur 108 7; passuum miliariumque dimetiunt quantitatem 54 14.
metropolis: Aquileia Venetiarum 114 5. — Marcianopolis 81 18. — Mediolanum Liguriae 114 20. — Rodus totius Atriae insularum metropolis 28 25.
metuere *cum inf.* 108 21.
miles *cum in Romanis in universum appelletur quicumque sub signis imperatoris est* 41 7. 46 11. 48 5. 22. 50 1. 16, *in Geticis* miles Romanus (108 4. 118 8) *sive* miles Romanorum (114 8) *sive* milites rei publicae (76 8, *cf.* 3 12. 79 5. 81 7) *sive* miles nude (96 5. 131 22) *opponuntur* foederatis (96 5), auxiliariis (108 4: quondam milites Romani tunc vero iam in numero auxiliariorum exquisiti), Sarmatis (131 22) *significanturque ita milites non adsumpti ex gentibus*.
miliarium 35 16. 96 20. 133 24; passuum miliariumque quantitas 54 14; quarto urbis milio 44 25 (*si lectio vera*).
mille: mille pondo auro (auri *Florus*) 16 34; mille milia spatia 27 27; onerarias tria milia 72 12; paene sex milia viros 131 2; *cf.* qui plus ducenta milia advenerant 49 19; DCC milia armatorum produxit exercitum 72 4; per mille ducentorum passuum milia 75 14.
minuere *intransitive*: minuentibus spoliis 131 8.
miscere *intransitive*: dum eorum conplexibus in coitu miscuissent 89 14.
misericorditer 93 10.
miseriter 113 14.
modernus 40 9.
modulari: patriis diis voce supplici modulantes 73 3.
momentaneus: emersit momentanea (= *eodem momento eveniens*) mors sepelientibus cum sepulto 125 3.
monachus 41 33. 101 8.
motus: eius motibus obviabat 109 2; bellorum motus (= *initia*) 108 15.
movere *intransitive* 137 11.
mox *adverbium* 42 25. 94 5; *plerumque pro coniunctione* (= *mox ut, simulatque*) *cum indicativo*: mox

superatum se sensit 26 39; *sim.* 36 27. 38 14. 45 3. 85 15. 90 4. 11. 96 16. 131 14. 134 18, *cum coniunctivo*: mox venisset, extinctus est 71 3; *sim.* 44 3. 49 2.

mucro: in mucrone vel lingua Atriatici posita sinus 114 6.

multus: multum amator 129 10; gens multa (= *numerosa*) 127 7.

munus: extremum fati munus reddens 131 14. — *Cf.* dona.

munire: vallo muniri (= *circumvallari, obsideri*) Thessalonicam 132 5.

munitio = *castellum* 67 17.

murale: ad instar murale (= *muri*) 29 24.

murinae pelles 63 15.

nam *abundat* 5 30. 10 9. 12 2 (*om. Florus*). 30 28. 34 17. 35 9. 36 6. 39 20. 64 8. 70 1. 75 12. 76 13. 77 6. 80 14. 87 3. 88 5. 89 7. 100 5. 101 12. 126 5. 135 20.

namque (*semper collocatur post enuntiati vocabulum primum*) *abundat* 17 18 (*om. Florus*). 27 23 (*om. Rufus*). 33 30. 34 21. 46 17. 76 1. 80 17. 94 2. 103 8. 105 4. 127 20.

natalis (*gen.*) dies: Severo natalis die(m) filii celebrante 78 15.

natio *quamquam non raro ibi ponitur, ubi etiam gens poni potuit (at nusquam usurpatur de Gothis), ut* natio Aestorum 89 3 — natio Gepidarum 82 9 — Hunni 89 17 — Rugi aliaeque nationes nonnullae 126 25 — nationes Theustes cet. 59 8 *in Scandia* — natio Venetharum 62 15, *universae* natione 91 10, *opponuntur etiam* universae nationes *Romanis* 123 18, *tamen plerumque ita accipitur, ut partis quaedam significatio subsit. ita ubi de terris agitur habitatis a diversis populis, ii saepius quam* gentes *appellantur* nationes: Asiae nationes 67 2. — nationes Scandiae 58 15. 60 1, Scandia vagina nationum (*sed item officina gentium*) 60 6 — Scytharum nationes 62 6, Gothi natione et vocabulo Scythae 61 9, omnes Scythiae et Germaniae nationes 89 5 — nationes Celticae vel Germaniae 108 5. *similiter* nationes *passim dicuntur Romanis quae parent gentes, ut* agmen diversarum nationum *Belisarii exercitus* 48 18, *item quae parent Hunnis* multiplices populi et diversae nationes 109 17, diversae subditae nationes 116 2, diversae aliae nationes 42 23, diversae nationes 110 4, *cf.* 125 19. 126 4. *denique gentis quoque partes sunt* nationes, *ut* Vidivarii ex diversis nationibus aggregati gentem fecerunt 63 6. 83 2, *item omnis* natio linguae Gothicae *memoratur* 92 18, *scilicet* Vesegothae, Ostrogothae, Gepidae.

nativitas Abrahae 4 6. 14. 26.

naturales ex concubina filiae 134 16.

naturaliter 74 5.

nec din = non *diu* 87 17; nec dum = *nondum* 22 13. 43 18. 51 3. 93 1. 114 19. 119 11.

nec mora *adverbialiter* = *statim* 61 1. 73 5. 101 16. 114 17. 137 2. 11. 138 10 *et alibi*.

necessitas = *iussus* 123 14: necessitas domini etiam parricidium si iubet, implendum est; de calamitate 84 20, *cf.* 2 5.

negotiari vinum 127 10.

negotium: ancipiti negotio 115 4.

nigredo 59 6. 91 1.

nimis = *valde*: nimis aequissimus 35 29; *sim.* 81 13. 100 18. 103 20.

nimius = *ingens, optimus*: pisces nimii saporis 65 16; *sim.* 30 22. 31 3. 60 1. 65 16. 82 1. 90 15. 99 10. 107 1. 109 21. 130 20.

nobilis, nobilitas 74 19. 81 17. 87 8. 88 6. 96 14. 99 22. 103 14. 109 20. 117 14. 119 16. 138 19.

nomen vel genus *Gothorum* 66 17. — Venethi tria nomina ediderunt *Venethorum, Antarum, Sclavenorum* 89 1.

nominare: quorum et numerus et militia usque ad praesens in re publica nominatur (= *monet*) 87 5.

non solum: non solum describere quis (= *nemo*) adgressus est, verum etiam nec cuiquam licuit transfretare 54 16.

nosci: praefati regem habuisse noscuntur 64 6; *sim.* 68 7. 75 7. 83 3. *item* cognosci: pari tenore et in Alaricis provenisse cognoscitur 121 7; referri: hae feminae referuntur tenuisse regimen 70 1; sentiri: (oceanus) impermeabilis esse sentitur 54 18.

notarius 126 22. 25 (*cf. praef. p.* VI).

nudare: cunctos senatores nudatos 50 24.

nullus: *gen. sing.* nulli 46 24; *dat. sing. fem.* nullae 90 4. in nullo (= *nulla re*) 106 16.

numeralia: post pene quinquaginta annorum 101 12.

numeri permutati, *modo* κατὰ σύνεσιν *ibi ubi plures res singulari significantur vel e contrario una res plurali*: praeerat Deborra et Barach 5 24 (*cf.* 6 24).

loca eorum (*Thracum*) in provincia redacta iugum excepit (*Thracia*) Romanum 28 10.

omnia quod (= *quidquid*) constituerat inritum fore 34 31.

ut nostris verbis choartem 53 6.

gens quae velud Thyringi equis utuntur eximiis 59 4.

haec pars optatum potiti solum 60 21.

pene omnem Asiam subiugavit et ... Sorno ad persolvendum tributum subditos fecit 66 13.

exercitu ... in aliis partibus expeditionem gerentibus 67 6.

revertentibus in id ipsum, quidquid partus masculum edidisset, patri redderet 69 10.

pars eorum qui orientali plaga tenebat eisque praeerat Ostrogotha dicti sunt Ostrogothae 78 5.

imperante Diocliziano et Maximiano 81 14.

pigra gepanta dicitur 82 14.

quibus evenit ut adsolet genti necdum fundatis, penuria famis 93 1.

intra septa castrorum, quam plaustris vallatum habebat 111 25.

omnem exercitum eum qui gladio evadissent 129 9.

*modo verbo ad partem tantum sententiae quam claudit cogitatione relato vel e contrario relato ad omnia quod ad singula pertinet*:

regnum cognatis (*Gratiano et Valentiniano*), usque dum ille (*Gratianus*) Theodosium ordinasset, servavit 40 22.

caput eius et dextera manus ... circumductum 41 8.

Valamir intra ... fluvios, Thiudimer iuxta lacum ..., Vidimer inter utrosque manebant 127 14.

Suavorum reges Hunimundus et Halaricus in Gothos arma moverunt freti auxilio Sarmatarum, qui ... auxiliarii ei advenissent 129 24.

seseque cum parentibus Vesegothis iungens corpus efficiunt 131 19.

numerositas 88 19. 105 11.

obsecundare: illius ad nutum res publica obsecundabat 134 4.

obses 128 11. 15. 130 25.

obsidatus 19 28.

obstrepere: nobis aliquid obstrepebit 64 3.

obturare 92 13.

obviare *cum dat.* 1 12. 29 25. 50 27. 109 2; *cum acc.*: adventum Parthorum obviare 49 28.

occidentalis 55 17. 56 11. 118 9. occidualis 32 21. occiduus 28 20. 31 27. 55 9. 74 16. 78 7. 92 5. 130 20.

offa 91 2.

offocare: odore prunarum offocatus 39 19.

Olympiades *nom. sing.* 6 34.

omnino: cum Parthis et Vandalis omnino infestantibus 43 3; insulam omnino sui spatio in longo latoque

extensam 55 5; insulam omnino gratissimam 55 7; omnino extincti sunt 138 5; *similiter* 63 7. 75 16. 83 13. 86 11. 14. 95 1. 17. 105 5. 128 6. 130 20. 133 1.
opinatus = *clarus* 62 10; opinatissimus 28 25. 68 15. 85 20.
opinio = *fama* 65 4. 68 11.
oportere: nec vobis oportet audire 110 15.
oppidum: loca urbium oppidorumque monimina 49 12; decem munitissimis urbibus *opp.* oppida vel possessiones 55 6. — oppida Borysthenes *cet.* 62 4. — Callippides et Hypanis 66 4. — Faventinum 50 20. — Galtis 53 15. — Perusinum 49 13. — Reglum 137 10. — Syracusanum 137 5. *Geticorum pars Cassiodoriana praefert vocabulum* civitas.
oppressio Romanorum 114 4; Ariminensis oppressio 138 8.
optare: unde cum excipi libenter optaret 106 18.
ordinare = *magistratum sacerdotemve creare* 40 22. 41 10. 25. 3. 42 11. 43 17. 21. 28. 44 1. 3. 12. 47 14. 48 11. 50 15. 64 13. 96 13. 118 1. 13. 119 13. 18. 120 2. 7. 132 13; *constituere publice* 48 20. 102 8. 103 19.
ordinatio 98 4. 109 18.
ordines ducere 80 1 (*in loco Symmachiano*).
orientalis 31 27. 38 7. 39 24. 41 26. 44 4. 48 4. 55 4. 74 17. 78 6. 7. 92 3. 94 13. 102 18. 118 8. 12. 121 2. 131 13. 136 10. 24; orientalis hiemalis plaga 32 20.
oritur amnis *de ostiis* 61 12.
*ornatus orationis perversi exempla ubivis obvia sunt: ut rariora vocabula et poesi propria communibus vulgo substituta,* iugalis pro coniuge, pignora pro filiis, germanus pro fratre, procinctus pro exercitu, repedare pro redeundo, Lares pro domo, Mars pro bello *et sic deinceps: quaere in singulis. eodem pertinent Latinis usitatioribus substituta Graeca vocabula, qualia sunt* Geta *et* Trinacria.
orthodoxus 39 29.
ovare = *gaudere* 45 12. 101 3.

pacare: pacati regnaverunt 85 12.
paene *auctor solet inserere contra auctorem protestans tamquam exaggerantem res traditas* 16 10. 17 18. 18 23. 27. 22 15. 31 6. 34 4. 46 7. 18 (?). 101 12: *etiam ineptius adicitur* 14 8. 72 5.
paenitudo 102 20. 110 20.
paganus 41 25.
palatium 49 22. 50 14.
pandere 1 11.
papa 115 5.
parentes: successio parentum 123 7; parentes Gothi et Gepidae 82 10. 92 17; Ostrogothae et Vesegothae 92 5. 103 15. 110 2. 123 13. 131 17. 19.
pars (= *regio*) australis 99 2; occidua 74 16. 136 4; esperia 44 17; orientalis 48 4. pars Italiae 131 12, Ostrogotharum 91 20. partes interiores Galliciae 101 14. — septentrionales 94 4. — Hellade 97 3. — hesperiae 48 19. 122 18 *cet.* — Moesiae 92 12. — Thraciarum 94 6: *similiter passim.* pars terrarum de loco proelii 108 8. pars de duobus adversariis: suae parti fautores 92 14; pars adversa 51 29; partes victoris 138 10; pars imperatoris 76 6; pars Gothorum 130 7; pro Hunnorum parte pugnare 113 20. de hac parte consuluit 113 10.
particeps regni 48 14.
*particulae nulla propria vi orationi insertae quantopere Iordani propriae sint, index sub vocabulis monstrat: hoc addendum, ibi quoque, ubi auctorem aliquem ad verbum exseribit, ut Marcellinianos annales et maxime Florum, saepenumero talia addita reperiri, inter alia autem* 19 2. 22 26. 32. 23 1. 32 11. — et 18 35. — itaque 25 35. — nam 21 18. — namque 29 1. — paene (*v. s. v.*). — que 32 18. — tamen 31 31. — ubi 16 6. 10. — vero 20 5. 25 8. 26 18. 32 4.

s. — ut 32 5. *idem copulandi et amplificandi vel potius enervandi studium produnt mutationes aliae similes, ut* missis ex more legatis *pro* missi ex more legati 16 7. — unde et Torquatus est dictus *pro* unde Torquati 17 8, *item* 17 10. 18 9. 25. 22 27. 32 18.
parturire 85 9. 106 13. 129 13.
parvus: parvissimus 2 1.
pascha 47 19; paschalis festivitas 34 23.
passio 125 17.
pati: non passus est nisi et gentem Herulorum suae subegeret dicioni 88 10.
patria = *terra* 29 21. 45 9. 48 20. 66 12. 83 19. 21. 87 22. 119 19. 121 16; ad patriam sibi traditam proficiscuntur 98 5. — Africa 99 6. — Dacia, nunc Gepidia 75 7. — Italia 45 9. — Moesia 81 18. — Pannonia 126 16. — Scythia 61 19. — Sicilia 48 20.
patricia ordinaria Mathesuentha 77 13.
patricius (patriciorum primus 119 8; ex patricio 43 21; olim patricius 119 9) Aetius 104 6. 107 25. 113 9. — Anthemius 43 21. 118 13. — Ardabures 119 9. — Aspar 43 25. 119 8. — Belisarius 102 18. 137 1. — Bessa 126 19. — Constantius 42 6. — Germanus 49 27. 51 12. 77 13. 138 16. — Hilarianus 132 5. — Iohannes Troglita 51 25. — Liberius 51 28. 136 4. — Marcellinus 119 13. — Maximus 43 9. — Rufinus 41 5. 48 1. — Stilicho 88 3. 98 6.
patrius: cives patrii 9 31; incolae patrii 83 8.
patronus *v.* cliens.
pauper: *fem.* paupera 127 8.
pax *de quovis pacto inter duos populos* 128 14. 15 *cet.*; *idem est* foedus.
pellax 45 30.
penitus = *omnino* 96 19. 98 18. 114 7. 123 11.
peragere pacem 104 13.
perditio: perditio unius militis 84 13; cum sua perditione 109 2.
perditor: famam perditoris (= *victi*) abicere 116 8.
peregrinus a lingua Gothica 70 7.
perfidia = *fides heterodoxa* 92 13. 15. 17. 94 10.
permittere *absolute* 88 20.
perquaquam = *ubicumque* 46 10. 55 2. 130 12.
perseverare: vidua perseverare disponit 78 1.
pertinax bellum 111 13.
pervadere = *invadere*: regnum pervadunt 7 33; Babyloniam pervasit et tenuit 34 36; Siciliam pervadit 48 19; castra pervasit 52 5; ne germani regno pervaderent 113 14; qui eum de regno pervaso deicerent 117 15; cum Siciliam pervasisset 137 7.
*phylarchi:* filarchi 30 9 (*ex Rufo*).
pignora *de liberis* 93 9; *de uxore* 106 10.
pii *sacerdotes* 73 2.
pileati 64 12; sacerdotes pileati 74 21.
placitum 101 2.
plaga Campaniae 17 19 *ex Floro; apud ipsum auctorem semper est caeli regio*: orientalis hiemalis plaga 32 20, inter septentrionalem occidentalemque plagam 56 11, *item* 28 20. 31 27. 41 15. 48 6. 50 12. 55 4. 17. 74 17. 78 6. 92 3. 97 5. 108 1. 133 6.
plebs 100 13.
plene: urbem plenissime spoliavit 48 32.
plectere capite 34 14. 41 16. 117 18.
*pluralis pro singulari:* in amicitias Romanorum se sociantes 9 22 (amicitiae *similiter* 27 3. 29 11. 31 25. 72 15. 106 18. 128 7) — ad bella consurgunt 50 15 (bella *similiter* 50 10. 83 14. 106 7. 13. 112 11. 113 2. 123 22) — secedere ad sua regna 42 19, regna firmare 72 16 — longa silentia 113 23 — patrociniis uti 115 13 — regi temulentia pudendos exitus dedit 123 22.
plus *adverbialiter:* plus vigore terribilis 70 11; ut plus fugientes Tiberi demergerentur quam gladio caderent 51 5; plus velociter 32 5. — quid plurimum *v.* interrogationes. — *Cf.* complurimus.
pondus animi 103 18.

## IV. LEXICA ET GRAMMATICA.

pontifex: rex et pontifex 75 4. — pontifex et primas Vitilas 127 6. — pontificalis reverentia 117 20.
populari: multa (oppida) vi populatus est (vi expugnavit *Eutropius*) 39 11. multas civitates populatus 85 19.
populus *exceptis formulis* populus Romanus 44 2. 45 14 *et* senatus populusque Romanus (*cf.* senatus) *raro ita ponitur*, *ut sequatur vocabulum proprium*, ut populus Getarum 137 4 — Hunnorum 126 12. *plerumque significat multitudinem: ita in magna urbe qui degunt*, ut de Constantinopoli populi diversarum gentium 95 20, populo spectante 48 8, populo spectaculum fuit 102 19; *de Antiochia* 49 29. *ita gens numerosa* populus immensus 127 5, magna populi numerositas 60 12, crescens populus 83 7, natio populosa 62 15, populosae gentes 40 5, *similiterque* repperit in populo suo quasdam magas mulieres 89 10, populi vota 49 6, populum universum adunare 105 10, cum Veseyothis sic vivere populum Romanum (= *degentes in Italia*), ut una gens utraque credere possit 97 18. *denique* populus filiorum 125 8. *eam ob causam saepe usurpatur plurali numero significationeve: Ostrogothae et Veseyothae* utrique eiusdem gentis populi 83 9, iidemque divisi per familias (*Amalorum et Balthorum*) populi 64 22, omnis Gothorum populus 122 8, Hunnorum multiplices populi et diversae nationes 109 17, Hunni populorum rabiem pullularunt 63 11, populi Gepidarum 75 7, *nec raro pluralis ita ponitur, ut numerus hominum eo significetur*: populi regesque populorum 57 10; reges *s.* regna cum populis 129 9. 17; populis imperare 102 12; populis nuntiaro 137 18, populi colunt 67 5, in populis crescere 89 19, innumerabiles populi 108 8, strages populorum 108 12, urbes et populos devastare 85 7.
positio 97 13. 109 6.
positura 60 1.
possessores 55 8. 94 3. 96 21. possessiones 55 6.
possidere populum 122 7; p. regna 124 15.
post: in Liguriam post se, unde iam transierant, revertuntur 98 13.
posterior (= *successor*) eius 102 10.
postquam *cum coni. plusquamperfecti* 7 18. 34 29. 36. 49 27. 86 15. 89 19. 100 14. 136 6.
potentes: epulae potentum 66 9.
potiri *cum accusativo certo* 8 1. 61 1. 68 1. 73 15. 84 19. 86 3. 94 12. 98 11. 103 8. 126 8. 132 1; *ambigui sunt loci propter* -a = -am 71 14. 76 12. 84 10. 96 8. 122 13. 131 3 *vel* -o = -um 43 25. 127 3; *certum exemplum ablativi non reperitur*.
praebere consensum 133 18; ducatum populo 5 29 (*cf. Florus 3, 21, 2: si ducatum sceleri praebuissent*).
praecedens (= *ante commemorata*) causa 110 11.
praecipitare = *instigare, rapere* 106 7. 111 3.
praecupidus 118 3.
praedicator 92 14.
praeesse in populo 35 26.
praefectus (urbis) 35 26. 51 23.
praefecti Maurorum 52 3.
praelabi 111 16.
praelatus (= *praepositus*) militibus 76 8.
praeminere 109 18.
praenotare (= *antea indicare*) 14 6.
praepositiones *cum adverbio*: ab invicem 63 1 — longe 60 21 — ab olim 53 7 — ad invicem 130 22 — ex tunc 5 33 — in invicem 125 18. *praepositio cum infinitivo*: inter ire et non ire animus fluctuat 115 4.
praepositus palatii 47 5.
praescius 114 15.
praestare: praestaturos 62 6.
praesul bellorum Mars 64 17.
praesumere aliqua re = *confidere alicui rei, superbire de aliqua re*; ipso eo telo praesumere 124 6, pede, sagitta praesumere 125 22, affinitate praesumens 116 17; de cuius animo minus praesumebant 109 12. — *item* = *usurpare* regno praesumpto 101 8; tyrannide praesumpsit 102 18; ut nec temptare praesumeret 116 25; gaudia praesumuntur 113 24.
praesumptio: plus praesumptione quam electione Caesar effectus 119 12.
praetumidus 116 26.
praevalere. nihil praevalere 39 27. 114 7. 137 6; Getis nihil praevalet 81 7; Honorio nihil resistere praevalente 99 20; resisti contra Parthos non praevalet 50 10; nec temptare in conflictu praevaluit 72 13, praevalere in Gothis 92 2; nec praevalent ad tantam multitudinem 131 23.
praeventus est: immatura morte praeventus 99 9; equo sub se decidente praeventus est 42 26.
praevius eorum et in bello et in consilio 46 8; praevius eorum 83 21.
primas: primates et duces qui regum vice praesunt Veseyothis 93 2; rex Antarum cum filiis et primatibus LXX 121 21; primates gentis *Gothorum* 136 7; primates Scirorum 130 1; pontifex et primas *Gothorum minorum* 127 6; primatus Heber 4 6.
primicerius domesticorum 39 16.
primitiae 87 10.
primo, secundo, tertio (*non* -um) 27 12. 15. 30 15. 29. 37 32. 38 33. 46 18. 49 14. 63 17.
princeps, principatus. princeps mundi totius Attila 106 4, *cf.* 107 5. *praeterea* princeps *est* imperator *Romanus*: princeps Romanus 118 17. 126 1; principatus populi Romani 44 21. 45 14; princeps Orientis 115 15. 124 6. 136 16, Orientalis 136 10, principatus Orientalis 94 13; princeps 78 16. 79 8. 83 24. 85 5. 88 1. 92 20. 95 1. 4. 96 1. 2. 98 7. 100 5. 101 5. 18. 106 14. 115 9. 118 13. 119 6. 10. 126 6. 128 16. 133 3. 137 13. 138 20, principatus 85 17. uterque princeps Romanorum et Persarum 48 3. *at* principatus *etiam de Sulla usurpatur*: Sylla potitus est principatum Romanorum 73 16, *item de Theoderico*: regnum gentis sui et Romani populi principatum continuit 45 14, *de Gothis* 76 4. 89 9. 103 15. 121 16. 122 12, *de Amazonibus* 67 10, *de Atheniensibus* 73 11: princeps *numero singulari similiter non invenitur. item* principes Quadorum sunt eorum primates 80 17.
principaliter 62 16.
prius = *primum*: prius inchoantes 1 13; prius violavit 83 6; quantoscunque prius in ingressu Scytharum habuerunt 90 10; prius laetaretur 106 9.
privare *aliqua* re 120 6; ab *aliqua* re 87 2. 120 4. 134 8.
privilegium: ordo obtenuit privilegium (= *ordinatio mansit*) 14 1.
pro. Silvii sunt Albanique vocitati pro Albano urbe et (Silvio) 6 2.
procedere: consules processissent 101 15; dum processibus Chalcedona degeret 44 7.
procerus corpore 70 11, procera statura 79 2. proceres 76 12, proceres palatii 132 15.
procinctus = *exercitus*: non cum minori procinctu 101 4; felix procinctum 107 23; procinctum movere 36 9. 39 32. 49 25. 83 15. 91 20. 104 10. 114 5. 116 2. 118 10. 121 19. 137 2.
procurator *Honoriae* 42 15.
procurator urbis Alexandrinae 43 5.
prodecessor: decessores prodecessoresque 43 1. 120 12. 133 6, *cf.* 44 23.
profiteri: professa voce testatur 65 7.
progenies = *genus* 43 16. 90 5. 135 3. 138 20.
prolabi = *erumpere* 43 5.
prolixus: prolixior 58 20.
promerere: opes cunctas promeruit 41 9.
promovere *intransitive* 60 9. 13.
proprius = *suus* 68 5. 81 7. 108 20. 113 12. 120 20. 121 6. 122 8 *cet.*
prosapies = *genus* 66 17. 82 16.

## IV. LEXICA ET GRAMMATICA.

proselytus 36 1.
protector 33 31 (ex Hier.).
provincia = *terra imperio comprehensa* 76 4. 103 9. 115 15. 117 12. Amazones Ioniam Aeoliamque deditas sibi provincias effecerunt 68 1. provincia Africana 49 28. — Asia 85 20. — Dacia (antiqua) 116 1. — Galliae 98 2. — Moesia 70 14. — Pannonia 116 1. — Spaniae 98 2. — Spesis (?) 82 20. *solet referri non ad provincias saeculi sexti, sed ad statum imperii Romani qui fuit ante Diocletianum.*
protoplastus 3 15.
proturbare 84 8.
provehi: provectus (= *auctus*) est rivulus 111 16.
provenire = *evenire* 121 8. 123 16. 131 24.
proventus felicitatis 124 17.
provisor 32 30.
puella: Marciae sororis suae puella (= *ancilla*?) 81 21.
pullulare: quae (suboles) trino flore pululabat 123 1; bifariam populorum rabiem pullularunt (= *procreaverunt*) 63 11.
pulsare: saeva suspicione pulsatus est 118 3.
pyra 112 19.

quaeritare v. *frequentativa*.
qualis = *quis*: quali tempore 4 19.
quam *non antecedente comparativo*: elegens armis eum vincere quam locorum beneficio submovere 71 9; suasit eos suo labore quaerere quam alienis subiacere 96 16; nec me quis aliqua addidisse credat quam quae legi et comperi 138 24; *sim.* 93 10. 125 7.
quam etiam *non antecedente* tam: felicitatem suam quam etiam filii 132 3.
quamquam = *item* 60 1.
quamvis *cum coniunctivo* 27 3. 11. 55 11. 81 1. 86 1. 88 15. 103 2. 105 20. 107 16. 111 11. 23. 133 15; *cum indicativo* 3 8. 54 4. 59 14. 85 11. 89 2. 133 3. 136 13. *abundat* 159 14.
quandoque 99 14.
quantulum = paulo v. *s. v. deminutiva*.
quasi = *tamquam* 45 22. 86 18. 89 15 *cet.*; = *utpote* 80 5. 84 10. 100 1. 124 6.
que: numquamque 134 15.
quia *abundat*: etenim non solum quia non profuit rei publicae, immo obfuit 34 8.
quidam: numinis quoddam 82 5.
quiescere: quiescens bellare (= *pugnare*) 42 26; quiescere (= *non inquietari*) a Gothis 129 1; = *mori* 43 8. 46 2 *cet.*
quippe: quippe quos commoverat 83 16.
quis: aut bello aut pace vel quo (= *aliquo, quoquo*) modo 74 16. 101 1; aliter quam quod (= *ut*) nos diximus exortos 64 2.
quod: quod nobis videtur (= *cum videatur*) sol ab imo surgere, illos per terrae marginem dicitur circumire 58 22.
quondam *ad defuncti nomen additum* 115 1. 119 13. 122 9. 135 12. 137 21.
quoque *abundat* 3 23. 4 5. 13. 29 19. 30. 31 27. 32 31. 33 13. 35 34. 38 8. 44 20. 46 1. 23. 47 13. 48 4. 50 4. 57 3. 77 4. 90 4. 92 15. 19. 104 10. 120 10. 122 19. 127 1. 130 23. 135 6.
quousque· quousque Candac ipse viveret 126 22.

rabies populorum = *populi feri* 63 11.
rebellare = *debellare* 9 31. 81 6.
rebellio = *rebellis* 129 21.
recludere = *claudere* 93 15. 100 8.
recolere = *recordari* 54 4. 61 4. 107 1.
recolligere se = *redire* 50 6.
recondere (reconderunt, *ubi Florus* recondunt, 16 16) 9 29. 16 16.
recrudescere: recrudiscentes animos (*acc. abs.*) 50 15.
rector 52 14. 117 19.

redemptio: dudum bella concepta Gyzerici redemptione (= *instigatione*) parturiens 106 11.
redigere: eos redegit focitque in provincias 29 10.
redire: rediens quo venerat iter 115 7. ad propositum redeamus *similiterve* 40 10. 64 5. 75 9. 78 3. 80 13. 103 5. 120 18.
redundare: quasi susceptorum suorum morte ad suam iniuriam redundaret (*videtur voluisse* mortem referret) 136 24.
referre: quem (= *de quo*) supra rettulimus 128 12; Tarentum retulerant (*ad nos redierat Florus*) 25 26.
refertus = *copiis abundans* 133 1.
refodere = *defodere* (*hoc Florus*) 16 16.
regere (= *possidere*) Alpes 130 20.
regia urbs, civitas v. *sub his voce*.
regimen = *regnum* 70 1. 111 22.
regina *Augusta* 45 20. 27; *gentis* 69 18. 71 6. 8. 12. 14. 99 4.
regio Bruttiorum 99 2 — Nicopolitana 127 7 — Vasianensis 68 11.
regnare *cum dat.*: magnae parti regnabat Hunnorum 105 10, *sim.* 6 5. 14. 21. 33. 7 8. 16. 25. 8 13. 9 17. 32 12.
regnator = *rex* 104 14. 134 10.
regnum v. rex.
regulus *proprie* rex regi parens 109 23. 117 22. 122 5: *item sic appellatur* 93 12 *unus ex primatibus et ducibus qui Vesegothis vice regum praesunt; item* 50 15 *Heldebadus rex non legitimus. sed iidem saepius regis nomine utuntur (cf.* rex).
relator annalium 61 7.
remorari 72 10. 114 10. 120 3. 121 16.
repedare 10 5. 34 5 (rediit *Orosius*) 68 5. 72 9. 131 5.
reputare: unum eorum fortunae reputatum est 85 13.
res publica Romana 81 15. 104 8; utraque res publica 41 1. 96 11. 121 3. 124 25; res publica hesperiae plagae 118 1; rem publicam (= *imperium Romanum*) intravit 102 6. *ad gentes* res publica *non refertur nisi uno loco*: duo reges (Vandalorum et Gothorum) duaeque res publicae 49 24.
residere 48 20. 63 5. 97 17. 18. 99 1. 100 5. 129 3. 132 20. 138 4.
resistere: *perf.* resisterunt 67 8, resistere (restitere *Florus*) 13 18.
resolvi = *effeminari* 85 18. 96 13.
restituere: originis suae signa restituens 105 19.
retorquere: ab excidione eum urbis retorquet 132 7.
revehere triumphum 35 22.
revolvere 121 11.
rex *de imperatore Romano raro usurpatur* 85 16, *usurpatur* regina (*q. v.*), *item passim tam* regius: regius apparatus 101 3, regia palatii 132 18 *et* regales opes 115 10 *quam* regnare *et* regnum: regnum Romanum 96 22. 126 13. 133 2. 136 3. 137 12; regnum utrumque 41 11; regnum orientale 131 13; regnum occidentale 42 8, hesperium 44 21. — rex omnium regum *Attila* 110 6: *cf.* turba regum 110 3. rex, regnum *gentis passim*: Aegyptiorum, Alanorum, Antarum, Brittonum, Burgundionum, Gepidarum, Gothorum, Herulorum, Hunnorum, Macedonum, Ostrogotharum, Persarum, Phrygum, Rugorum, Sarmatarum, Suavorum, Thuringorum, Torcilingorum, Vandalorum, Vesegotharum: *quos qui quaeret, reperiet in ind. II.* — regna Asiae 68 4 — regna Scythica et Germanica 124 15. — regnum Amalorum 78 1. — *Rex regi parens vel non legitime agnitus ut proprie* regulus (*q. v.*) *nuncupatur, ita saepe ipso regis nomine utitur: unde* rex regum *dicitur Attila (vide supra) eique imperatorive Romano subditi passim regum nomine utuntur: ita* rex civitatis Sirmiensium 135 7 *regulus est* Gepidarum, *item* Mundo Hunnus *dicitur regem se suis grassatoribus fecisse* 135 16.
rotatus caeli 74 16.
rumpere fata = *interficere* 69 13.

## IV. LEXICA ET GRAMMATICA.

sabbatum sanctum paschae 47 19.
sacerdotes *Gothorum* 64 13 ; *cf.* pii, pileati; sacerdotes locorum = *episcopi* 117 19.
sacrum oraculum 98 4.
saevire certamine = *certare* 117 9; saevire bello cum *aliquo* 119 7.
salutifer 99 12.
salutarius: Frygia salutaria 39 27.
sappherinae pelles 59 6. *alibi non nominantur (Ducange enim s. v.* saphirinus *quem citat locum monachi Sangallensis* l. 2 c. 9 *Mon. Germ. SS. II p.* 752: pallia Fresonica alba cana vermiculata vel saphirina *conferendum cum* altero l. l c. 34 *l. c. p.* 747: pallium canum vel saphirinum quadrangulum duplex, *ii vix huc quadrant), nec satis constat quaenam intellegantur, cum caerulei significatio nec per se apta sit et parum conveniat nigredini ab Iordane laudatae. subelicae quas dicuntur recentioribus a vocabulo Russico sobol ut re aptae forent, ita et originem aliam habent neque probabile est sexto eas saeculo notas fuisse.*
satellites *regis cuiusdam* 43 10. 47 7. 12. 131 1. 134 5. 136 23: opp. Romani 134 5.
scamara: plerisque abactoribus scamarisque et latronibus undecumque collectis 135 14. *Cf. Menander* p. 35 (*4 p.* 237 *Muell.*) τῶν Ἀβάρων σπεισαμένων (a. 570) καὶ ἐς τὰ οἰκεῖα ἀπερχομένων οἱ σκαμαρεῖς ἐγχωρίως ὀνομαζόμενοι ἐνεδρεύσαντες ἀφείλοντο ἵππους τε καὶ ἀργυρον καὶ ἑτέραν ἀποσκευήν. *Theophanes p.* 673 *ed. Bonn.:* ἀποστείλας ὁ βασιλεὺς λάθρα εἰς Βουλγαρίαν . . . κατεσχέθη . . . Χριστῖνος ἀπὸ Χριστιανῶν μαγαρίτης καὶ πρῶτος τῶν σκαμάρων. *Eugippius vita Severini c. 10:* Istri fluenta praetermeans latrones properanter insequitur, quos vulgus scamaras (al. scameras) appellabat. *vocabulum partibus Danuvianis proprium et propterea Moesiaco scriptori aptum posteriore aetate etiam ad Langobardos pervenisse intellegitur ex edicto Rotharis c. 5 (Mon. Germ. LL. 4 p. 13):* si quis scamaras intra provincia caelaverit aut anonam dederit, animae suae incurrat periculum. *Cf. I. Grimm Rechtsalterthümer p. 635.*
scaturrire 86 10. 95 21.
scripturae divinae 8 32. 36 1. 7. 20; scripturae *eodem sensu* 35 12. 36 3.
se: *genetivus* sui *positus pro adiectivo* suus: sui causa 44 10; sui spatio 55 5; sui prodidit situm 56 8; in ipso sui principio 61 20; usque ad medium sui 65 18; regem inter numina sui populi coluerunt 67 5; de medio sui 89 12; nimia sui (= *eius*) dilectione 99 10.
se *omissum in reflexivis*: minuere (*s. v.*) — miscere (*s. v.*) — movere (*s. v.*), promovere (*s. v.*) — tenere (*s. v.*); *item ubi* se *in accusativis cum infinitivo requiritur*: cubiculariae pedissequi scelus eadem nocte facturum 45 19; ratus exercitum integrum reperire 50 25; *sim.* 108 17. 128 11. 137 3.
secedere ad sua regna 42 19.
secta *Arianorum* 92 18.
sed *abundat* 33 19.
sedare: Novadas Blemmesque sedavit 43 5.
sedere: consilio (= *consilium, cf. p. 175*) sedit 60 13; cui sententia sedit 98 1.
semperum = *semper* 122 7. 15.
senatus populusque Romanus 45 11. 49 11. 133 16. 136 10; senatus 47 4. 97 21. 133 12; senatus consultum 80 8 (*in Symmachianis*); senator 50 24. 119 16.
senior *v.* iunior.
*sententiae finales*:
  *enuntiatum relativum loco sententiae finalis*:
    quasi pendens e verbo credendi 31 28 (*male explicato Floro*).
  quatenus = *ut*: regreditur Siciliam, quatenus Romae annonae faceret copiam 51 6; quod breviter tetigimus, quatenus lector cognoscat 52 15; *sim.*

2 2. 54 2. 80 11. 98 1. 109 16. 115 21. 121 1. 122 15. 129 3. *permixti sententia finalis per* quatenus *et accusativus cum inf.*: quatenus . . . sic eos cum Romanorum populo vivere 97 17.
quia *pro acc. cum infin.*: quamvis non legatur, quia condidit, sed quia reparavit 4 28 , *refert* quia dicti sunt 78 1; *utrumque genus dicendi mixtum*: concessit, ut omnes viri bina matrimonia susciperent, quia ideo populosas fore gentes 40 4; ferebatur quia Honoria . . . Attilam invitasse 115 10.
quod *pro acc. cum infin.*: scito quod necessitas imminet 2 4 ; coniectavere nonnulli , quod ex his accolas acceperit 57 9; ignorantibus, quod imperator delitisceret, Gothis 94 7; qui quod aliquando portus fuerit, hortus ostendit 97 11 , praedixere quod ductor occumberet 108 24.
quomodo *pro acc. cum inf.*: apparet quomodo invitabantur 86 20 ; animadvertunt, quomodo cerva se illis optulit 90 1.
*infinitivus post* occasio dedit 92 2; concedere 30 26; permittere 117 9; remittere 32 26; statuere 34 31.
*accusativus cum inf. post* permittere 38 1; poscere 125 8; praecavere 14 8; praecipere 7 5. 11. 33 18. 34 26. 38 25. 66 11. 120 1.
seponere privatum abitum 134 9.
septentrionale *pro substantivo*: pro arcto id est septentrionali 62 1.
sequi *cum dat.*: maiorum secutum scriptis 138 23.
sorvire, servus (133 10, *cf.* fugacia mancipia 127 16), servitus (129 10), servitium (29 13. 32 23. 96 4, *cf.* mundi generale servitium *de Attila* 107 5) *de subditis qui domino militarem operam praestant* 29 13. 64 23. 96 4. 104 9. 109 19. 123 10. 129 10. 12. 133 10. 137 12. *reyes regi parentes ita subditis* imperant ut regi suo deserviant 123 12. amicitia aut subiectione deservire 136 5. — *Cf.* famulus.
si: nec si sunt alibi cognoscent (= *nesciunt num sint alibi*) 127 10.
si quidem = *scilicet* 46 17. 117 13. 124 10; *abundat* 9 24. 22 13 (*add. ad Floriana*). 16 (*item*). 25 36 (*apud Florum diverse*). 29 9. 24. 35 8. 37 14. 38 24. 39 8. 56 7. 61 12. 78 16. 97 12. 99 2. 103 6. 104 16. 127 5. 129 15.
sic = *deinde* 97 3; *abundat* 7 30; sic quoque *abundat* 33 13. 39 2. 43 30.
silentiarius 46 3.
simpliciter *pro vituperio* 3 8.
simul *in additione numerorum* 4 11. 28 3.
singularis ad exercitum = *dux praecipuus* 118 15.
*singularis sensu collectivo*: Gothus 87 16. 95 1. 134 15 et Geta 82 5; Hermundolus 87 16; Marcomanus 87 16; Romanus 4 18. 16 6 (*ex Floro*); miles 46 11. 95 21. 96 5. *Cf. Cassiodorius var. 8, 10*: mittitur igitur Franco et Burgundio decertantibus rursus ad Gallias tuendas; *12*, 5: dum belligerat Gothorum exercitus, sit in pace Romanus. *Schirren p. 10*.
sive *pro* item: vicina flumina sive Meotis et Bosforus 65 12.
societas = *nuptiae* 99 24.
socii 49 7. 91 20. 92 5. 93 18. 119 3.
solacium = *consolatio* 108 24; *auxilium*: suorum solacio destitutus 117 17, in solacium offerre 87 6; in solacia venire 135 11. solacia = *auxiliarii* 28 27. 86 15. 101 6. 107 24. 118 18 (*cf.* 119 3). 130 2.
solite 50 5. 123 21. 130 13.
sollemnia *v.* dona.
solutum *sc.* soluto ab orientali parte exercitu 48 4.
sors: qua sorte = *quo modo* 45 25.
spado *v.* eunuchus.
species = *facies* 91 1.
sperare = *expectare*: Gothis nihil mali sperantibus 129 16.

spiramen 54 18.
spiritus = *mali genii* 89 13. 90 5.
spoliare: divitias de castris militum spoliant 76 11.
statua equestris 132 18.
stilus: Greco stilo 64 12.
stipatores corporis principalis = *protectores* 79 15 (in *Symmachianis*).
stipendia *v.* dona.
stirps *de gentis origine* 59 15. 61 9. 89 1. 18; *de hominis origine ex gente aliqua*: Moesium 104 7, Varnorum 117 13 *genereve aliquo*: Amalorum 122 20. 128 6. 135 1. 138 18, stirps regalis 103 20.
strava: stravam super tumulum eius quam appellant (*Hunni*) ingenti comessatione concelebrant 124 20. *ad Statii Theb. 12, 62*: bellicus agger curribus et clupeis Graiorumque omnibus armis sternitur: hostiles super ipse it victor acervos *scholia Lactantiana haec adnotant*: acervos] exuviarum (excubiarum *cod. Monac. 6396*) hostilium moles: exuviis (excubiis *Monac.*) enim hostium extruebatur regibus mortuis pyra: quem ritum sepulturae hodieque (sic *Monac.*, hodie quoque *Lindenbr.*) barbari servare dicuntur quas trabas (sic et *Monac. codex citatus et alter n. 19482*, quem strabas *Lindenbr.*) dicunt lingua ‧sua. *sed haec verisimile est scholiastam ex ipso Iordane sumpsisse, adhibito praeter hunc locum altero de pyra p. 112, 19. — Ipsum vocabulum Schottius vir doctissimus negavit redire usquam apud gentes Vgrofinnicas, adeoque ab eorum idiomate plane abhorrere. contra viri Germanice docti, Gabelentz et Loebe in glossario Gotico s. v.* straujan, *Iac. Grimm kl. Schr. 3, 135, Muellenhoff in programmate de poesi chorica p. 27 derivant a vocabulo Gothico* straujan στρωννύναι, *ut significet feretrum regium Attalicis constratum. de Slavorum* strava, *quod cibum significat, etiam cenam funeraticiam (Miklosich gramm. 2, 6 sq.) cogitari non debere, cum tam Attila ipse quam comites eius Gothice appellentur et aulam eius praeter Latinum sermonem Gothico usam esse constet. denique Slavi post tempus id de quo agitur in his partibus versari coeperint. hoc fieri posse, ut Slavi id vocabulum a Gothis sumpserint.*
strenua 128 4, *cf.* dona; *item inscriptio urbana anni 153* (*Orelli* 2417 = *C. I. L. VI, 10234*): pr. non Ian. strenuas dividerent; *item Consentius (gramm. Lat. ed. Keil. vol. V p. 396*): qui dicit strenuas, barbarismum facit . . . debuit enim dicere . . . strenas.
strenuitas 80 2.
struere: magnis aggeribus urbem struunt 108 18.
studere libertatem 117 14; de (de om. *Florus*) revocandis regibus 14 23.
suadere: ab Eudoxio Arrianorum episcopo suasus 39 29; suasit eos suo labore quaerere regna 96 16; quos numina venerare suasit 71 20; in bonis actibus conversare suasit 74 7, Iohannis Guntharic secum suadet (= *ut se ipsi adiungat persuadet*) 51 18.
suasio 113 12. 117 10.
sub: sub tempore 5 5. 93 11; sub tempora 5 25. 26. — sub nimia feritate subtilis 107 1; proelium sub trepidatione committit 109 4; his sub admiratione conpertis 82 5; sub uno 59 9 (*si lectio vera*).
subdere = *subicere* 28 18. 30 4. 52 13. 105 12. 120 18. 121 15. 129 10. 131 6.
subiacere imperio 83 8. 121 8. 122 1; *sim.* 88 16. 96 17. 103 13.
subigere se = *subicere se*: ultro se subegerunt 27 2.
subicitio 100 22.
subreptio 116 18. 122 4.
subreptive 134 1.
subrumpere: subruptus (subrutus *Florus*) pons 32 2.
subrogare principatui 67 10.
subsidere: palus nusquam octo ulnis altius subsidens 62 9.
substantia = *res familiaris* 34 27.
subtrahere a Romano iure 42 20.

subvehi: regia maiestate subvectus 113 26.
succedere *transitive*: ab aliis succedebantur 13 38.
suffulcire: maiore honore a principe suffultus 96 1.
suggerere 45 21.
summitates = *cacumina* 68 20.
super = *contra*: hostes super se venientes 67 8; super Gothos ad bellum profectus 72 12; (milites) stipemeare coegit super exercitum Dorpanei 76 8; super Vinitharium duxit exercitum 122 2; super Babai Sarmatarum rege discurrit 131 3.
superare: bellum feliciter superavit 38 8.
superius = *supra* 4 15. 6 5. 27 3. 50 25. 57 17. 64 9. 21. 68 5. 78 9. 89 10. 91 12. 100 5. 103 12. 104 1. 109 11. 119 11. 121 7. 122 17.
superlativus pro positivo: quod quamvis simpliciter reor dictum videri doctissimis 3 8; nimis acquissimus 35 29; quod nec ipsud credo falsissimum 82 18; gens quantum velox eo amplius superbissima 88 11; nullae ante aetati notissimum 90 7; elegerunt viri fortissimi (= *ut viri fortes*) 93 19; ultra fortes fortissimus 6 7. — *Cf.* quid plurimum *s. v.* interrogationes.
superna = *deus* 124 9.
supersedere: multa supersedi 14 8.
supplicare veniam 134 7.
supremo adv. 112 18.
suscepti in fide 105 17; *absolute* 136 24; *cf.* 48 15 commendare se.
suscipere = *accipere* 45 13. 22. 49 18. 54 7. 60 2. 75 1. 105 17. 113 15. 120 2. 121 1. 126 11. 132 13.
suspectus = *suspicio* 49 3.
suspicere: vox iam suspectis (= *suspiciosis*) auribus intonaret 93 16; ut iam anhelantem suique adventui suspectam (= *cupidam*) subveniret Italiam 48 29.
suus *loco pronominis demonstrativi*: quem uxor sua occisum Orientis tenebat imperium 37 30; naribus truncatam patri suo ad Gallias remiserat 105 12; *sim.* 27 16. 40 2. 44 7. 48 13. 54 19. 99 10. 109 22. 116 24. 121 20. — *Cf.* is.
suus *praepositum substantivo ibi, ubi propriam vim non habet*: Gentione suo rege 27 16; cum suo rege Mitridate 29 17; *sim.* 46 16. 47 17. 21. 48 15. 29. 70 18. 71 16. 72 13. 75 1. 4. 6. 76 18. 89 10. 93 9. 18. 97 8. 21. 99 24. 100 12. 101 19. 105 9. 108 20. 21. 109 1. 21. 114 2. 115 17. 120 20. 123 12. 124 9. 125 16. 128 26. 130 10. 132 15. 135 6. 19. 20. 137 6.
synonymus *filius patri* 131 15.
tabulare: navibus in instar pontium tabulatis atque consertis 72 5.
tamen *nulla adversativa significatione* 1 24. 3 14. 17 4. 32 12. 57 10. 133 17.
tantus = *insignis* 63 15. 106 9. tanti = *tot* 108 10.
Tarabostesei *vel* Tarabostes 64 12.
tardare *intransitive* 115 4. 128 4.
tempora permutata:
  pro imperfecto ind. praesens ind.: actum est (erat *Florus*), si vir ille se cum fratre iunxisset 25 38.
  pro imperfecto coni. praesens coni.: ne amici petitionibus obviemus, sparsa collegimus 1 12; *sim.* 2 1. 74 10. 138 23.
  pro imperfecto plusquamperfectum: ante inflatus crepuit quam penitens stare potuerat 44 13; qua superbia sic respondit, ut senserant tamen 13 16; ita sunt proeliati, ut pene . . . non remansissent 129 21.
  pro perfecto ind. plusquamperfectum ind.: quibus successerat Maneae 6 32: quod dixeramus 85 20, *sim.* 92 3.
  pro plusquamperfecto coni. imperfectum coni.: pene Attilam trucidarent, nisi fugisset 111 25. — *perfectum coni.*: ut solacia ubi usus exegerit non

denegaret 101 6; cum haec omnia egerit, occubuit 124 17.
*pro infinitivo futuri infinitivus praesentis*: quod quamvis simpliciter reor dictum videri doctissimis 3 8; ratus omnem exercitum integrum reperire 50 15; *sim.* 72 10. 92 10. 97 18. 19. 100 5. 103 15. 108 17. 128 11. 134 12. 137 3.
*pro infinitivo praesentis infinitivus perfecti*: videres Gothorum globos funeri reddidisse culturam 113 1.
*pro participio aoristi perfective Graeco participium praesentis*: primum eos superans dehinc fugit 31 21; perpetrans . . . statuens . . . oppraemens postremo . . . occisus est 33 32; decedente Dicineo pari veneratione habuerunt Comosicum 75 3; *sic passim*: 1 14. 6 18. 9 6. 29 15. 30 7. 9. 33 32. 34 26. 36 14. 29. 38 24. 40 2. 41 20. 26. 42 6. 43 24. 44 4. 14. 45 14. 29. 48 11. 14. 26. 31. 49 7. 50 13. 52 3. 71 14. 75 5. 77 12. 81 5. 7. 11. 83 2. 84 11. 85 11. 16. 88 5. 92 6. 19. 94 5. 6. 98 7. 99 1. 14. 100 13. 101 7. 10. 18. 102 7. 104 16. 105 8. 106 6. 112 8. 116 12. 15. 117 16. 118 6. 9. 12. 18. 119 11. 17. 18. 120 1. 122 7. 128 12. 24. 130 2. 5. 131 1. 4. 133 3. 17. 135 23. 136 2. 18. 22. 137 19. *in deponentibus id non fit*: egressus urbe regia Theodoricus et ad suos revertens Hesperiam tendit 133 17.
temptare *absolute*: nec temptare in conflictu praevaluit 72 13 (*cf.* 50 16).
tendere = Scythia longe se tendens 61 19.
tenere *intransitive*: qui orientali plaga tenebat 78 6.
— teneri = *custodiri*: tenta a germano est 42 15.
tenor: pari tenore 15 31. 98 15. 114 21. 121 14. 127 7. 138 9; simili tenore 116 5.
terere (= *spoliare*) Romam 118 7.
terra *vel* terrae *et* continens *passim et pars eius, ut* Germanorum 73 17, Scythicae 68 14, Syrorum 68 13.
terribilitas 91 1.
territare *v. frequentativa*.
testamentalis vox = *testamentum* 28 29. 29 15. 136 9.
testari: provinciarum testans (= *denuntians*) vastationem 115 15.
texere: omnem Gothorum texamus originem 121 10.
timor et tremor 110 5.
torquere: torti crine et nigro nascuntur 57 7.
tracula: plaustra et traculas vel quidquid vehiculi fuit 130 15. — *Cf.* tragula *apud Varronem l. L.* 5 139 *et Ducange s. v.* traga.
transfretare 54 17.
transfundere: divinas scripturas ex Hebreo sermone Greca lingua transfudit 36 2.
transigere *amnem, montem* 84 4. 133 23.
transmutare: senatores Campaniae terra transmutat 50 24.
tremulus: tremulis paludibus 60 18.
tribuere: index viae se tribuit (= *indicem viae se praebuit*) 90 2.
tribunus militum 43 16; tribunatus 80 4. 6 (*in Symmachianis*).
tributarius 73 21.
triduanus 54 3.
trinus: trino vocabulo 97 12; trino flore 123 4.
triquadrus 54 10. 56 3.
tristari: nemo tristetur 84 13.
trisulcus 58 6.
triumphus *v.* consul.
tropaeum 94 12. 135 18.
truncare: crinium parte truncata 124 2; = *capite plectere* 43 11. 47 6.
tumor: declivi tumore in editum collis ascendens 109 7.
tumulare: tumulatos cadaveribus campos 112 10; arma et cadavera in modum collium tumulata 130 8.
tunc *v.* dudum.
tutor regis 135 21 23.
tyrannicus 43 29. 48 24. 117 11. 118 5. 133 12.

tyrannis 37 12. 38 4. 42 1. 43 19. 48 22. 51 19. 22 85 7. 102 17. 133 8.
tyrannizare 39 27.
tyrannus, tyrannis *de usurpatoribus imperii* 38 29. 39 25. 40 29. 31. 42 11. 45 31. 46 5. 51 22. 85 7. 96 7. 9 *cet.*, *item de regibus ab imperatore regeve legitimo non agnitis* Agrivulfo 117 11, Gelimero 102 16, Odoacro 133 8. 12. tyrannus orbis *Attila* 107 4. *opp.* regnum legitimum 43 28.
vacillatio regni 120 19.
vacuus ab exercitu 49 29.
vadari = *vado traicere*: Danubium vadati 81 17.
vadum: *abl. pl.* vadibus 82 20.
valere *cum infinitivo*: 32 11. 66 13. 119 19. 122 3. 130 12.
vallare = *obsidere* 46 23. 48 30. 49 15.
vaporare 65 13. 68 9.
vastare exercitum 84 6.
uber: uberior fides 92 10.
ubi = *quo*: intulit bellum, ubi proficiscens 39 9; *sim.* 9 27. 42 4. 101 15. 136 4.
vectigal annuum *ab Attila exactum* 124 16.
vel = *et* 1 6. 4 17. 61 12.
velut = *ut*: velud Thyringi equis utuntur eximiis 59 4; *sim.* 61 3. 126 5.
venire: similiter suae fortunae posse venire 85 6.
verecundia = *ignominia* 72 4.
vergere: fluenta nimio cum sonu vergentia 130 20.
vero *post relativum* 60 12.
verticosus 62 12.
verumtamen *sine notione adversativa* 60 19.
vester *v.* vos.
vicino pro adverbio 37 31.
victitare *v. frequentativa*.
victualia *v.* dona.
vicus ad instar civitatis amplissimae 104 19.
virtus = *viri, robur*: cum omni virtute sua 76 7; = *miraculum*: in signis et virtutibus 5 14. 10 1.
ulcisci se de aliquo 29 19.
unde *non solum sensu locali pro* ex quo 36 4. 58 7. 90 5. 113 4. 130 20. 138 23, *sed item pro* per quem: pontem unde transiret 31 34; classem unde Indiae fines vastaret 34 37; *sim.* 60 16. — *pro* de quo: gens unde agimus 78 4. 80 11. 127 12; unde loquimur 64 6; unde nobis sermo est 55 19. 56 14; dicere unde res non exigit 103 4. — *pro a quo*: unde cum excipi libenter optaret 106 18. — *pro* ubi: inde nobis cita(m) victoria(m) quaerere unde se continet bellum 110 24.
unire: consilia unita 127 14.
universitas = *mundus* 126 2.
unus = *quidam*: unam boculam 106 1. — unus . . . alter 35 23. 37 13. — unus . . . alius 134 17. 18. — unus post alium 6 22. 24. — unus post unum 98 7. 102 12.
unusquilibet = *aliquis* 64 1.
vocare: cadaber vocat in terra Chanaan 5 4 (*si lectio vera*).
vocitare *v. frequentativa*.
vos, vester *in allocutione* 1 3. 4. 5. 133 4 *sq.* (*singularis adest* 1 6 *sq.* 53 3 *sq.* 133 8 *sq.*).
votare *v. frequentativa*.
votivus = *desideratus* 69 13. 74 1. 93 19. 126 5.
urbs:
    Roma caput orbis et domina 133 7, urbs Romana 41 5. 49 10. 138 8, urbs 48 32. 51 2. 3. 96 20. 97 13. 14. 98 16. 99 22 120 11. 138 8.
    Constantinopolis: urbs regia 46 18. 48 8. 86 1. 95 17. 133 17, urbs Constantinopolitana 41 4. 14. 128 16, urbs 45 9. 51 21. 87 4. 95 19 *bis*. 132 14. 20.
    Ravenna: urbs regia 96 20. 133 23; urbs 49 16. 134 2.
    Mediolanum urbs regia quondam 114 21.

urbs Anchiali 86 7. — Antiochia 49 28. 50 2. — Arevernas 119 19. — Aureliana 108 19. — Castramartena 126 18. — Consentia 99 12. — Isaurorum 46 11. — Marcianopolis 81 18. 21. 82 4. — Naissus 131 25. 132 4. — Odessus 73 6. — Philippopolis 84 4. — Thessalonica 132 7. — Ticinum 115 1.

urbes 50 23. urbibus *opponitur* oppida 50 2. 55 7; loca 54 14; populi 85 7.

usque: ad Hunnos usque 61 19; et usque ad *sequente accusativo* 1 14. 4 14. 8 2; et usque in *sequente accusativo* 4 22. 9 27; et usque *sequente accusativo* 3 11. 26. 4 6. 14. 7 14. 10 8; solo usque 46 11; et usque hactenus 9 27. 128 27; usque nunc 74 6. 126 10; nunc usque 127 4; et usque nunc 53 17; usque dum viveret 138 1.

ut *consecutivum cum indicativo* 13 16. 32 8 (ut om. *Florus*). 65 11. 74 13. 114 18; *cum coniunctivo et indicativo* 34 25. 130 7. — *omissum*. causa exegit . . . redeamus 80 12.

ut puta *pro utpote* (?) 81 9 (*cf. adn.*).

uterque = *ambo* 31 15. 41 1. 3. 11. 42 24. 47 25. 48 2. 3. 52 5. 60 19. 96 11. 98 7. 100 6. 101 5. 104 11. 13. 109 7. 121 3. 124 25. 134 20. 138 2. 18; utrique = *ambo* 2 4. 9 26. 27 1. 20. 28 24. 33 3 (*ex Floro*). 37 6. 38 24. 41 1. 22. 45 3. 83 9. 85 16. 108 9. 113 18. 121 11. 122 5. 123 12. 124 15. 127 24. 129 16. 130 22. utraque (*paludis et voraginis*) confusio 60 13. utrique *de tribus* 123 12.

utilitas animi corporisque 104 3.

utrum . . . an *pro sive* . . . sive 78 6.

VERLAG DER WEIDMANNSCHEN BUCHHANDLUNG IN BERLIN.

# MONVMENTA GERMANIAE HISTORICA
INDE AB ANNO CHRISTI QVINGENTESIMO VSQVE AD ANNVM MILLESIMVM ET QVINGENTESIMVM
EDIDIT
SOCIETAS APERIENDIS FONTIBVS RERVM GERMANICARVM MEDII AEVI

| AVCTORVM ANTIQVISSIMORVM TOMI I<br>PARS PRIOR<br>## SALVIANI<br>## PRESBYTERI MASSILIENSIS<br>LIBRI QVI SVPERSVNT<br>RECENSVIT<br>### CAROLVS HALM<br>(VII u. 176 S.) hoch 4. geh.<br>Ausgabe I. auf Schreibpapier 7 *M* 50 *Sj*.<br>Ausgabe II. auf Druckpapier 5 *M*. | AVCTORVM ANTIQVISSIMORVM TOMI III<br>PARS PRIOR<br>## VICTORIS VITENSIS<br>## HISTORIA<br>PERSECVTIONIS AFRICANAE PROVINCIAE<br>SVB GEISERICO ET HVNIRICO<br>REGIBVS WANDALORVM<br>RECENSVIT<br>### CAROLVS HALM<br>(X u. 90 S.) hoch 4. geh.<br>Ausgabe I. auf Schreibpapier 4 *M* 60 *Sj*.<br>Ausgabe II. auf Druckpapier 3 *M*. |
|---|---|
| AVCTORVM ANTIQVISSIMORVM TOMI I<br>PARS POSTERIOR<br>## EVGIPPII<br>## VITA SANCTI SEVERINI<br>RECENSVIT ET ADNOTAVIT<br>### HERMANNVS SAVPPE<br>(XVII u. 36 S.) hoch 4. geh.<br>Ausgabe I. auf Schreibpapier 2 *M* 40 *Sj*.<br>Ausgabe II. auf Druckpapier 1 *M* 60 *Sj*. | AVCTORVM ANTIQVISSIMORVM TOMI III<br>PARS POSTERIOR<br>## CORIPPI<br>## AFRICANI GRAMMATICI<br>LIBRI QVI SVPERSVNT<br>RECENSVIT<br>### IOSEPHVS PARTSCH<br>ADIECTA EST TABVLA<br>(LXII u. 195 S.) hoch 4. geh.<br>Ausgabe I. auf Schreibpapier 12 *M*.<br>Ausgabe II. auf Druckpapier 8 *M*. |
| AVCTORVM ANTIQVISSIMORVM TOMVS II<br>## EVTROPI<br>## BREVIARIVM AB VRBE CONDITA<br>CVM<br>## VERSIONIBVS GRAECIS<br>ET<br>PAVLI LANDOLFIQVE ADDITAMENTIS<br>RECENSVIT ET ADNOTAVIT<br>### H. DROYSEN<br>(LXXII u. 430 S.) hoch 4. geh.<br>Ausgabe I. auf Schreibpapier 24 *M*.<br>Ausgabe II. auf Druckpapier 16 *M*. | AVCTORVM ANTIQVISSIMORVM TOMI IV<br>PARS PRIOR<br>## VENANTI HONORI CLEMENTIANI<br>## FORTVNATI<br>PRESBYTERI ITALICI<br>## OPERA POETICA<br>RECENSVIT ET EMENDAVIT<br>### FRIDERICVS LEO<br>(XXVII u. 427 S.) hoch 4. geh.<br>Ausgabe I. auf Schreibpapier 18 *M*.<br>Ausgabe II. auf Druckpapier 12 *M*. |

POETARVM LATINORVM MEDII AEVI TOMVS I
# POETAE LATINI
AEVI CAROLINI
RECENSVIT
## ERNESTVS DVEMMLER
Tomus I. (652 S.) hoch 4. geh.
Ausgabe I. auf Schreibpapier 25 *M* 50 *Sj*. — Ausgabe II. auf Druckpapier 17 *M*.

LIPSIAE, TYPIS BREITKOPFII ET HAERTELII.

Lightning Source UK Ltd.
Milton Keynes UK
UKHW050657260722
406393UK00006B/867